BİRİNCİ Kİ

GİRİŞ

TARİH VE TARİHİMİZ ÜZERİNE

Milliyetçilik akımlarının XIX. Yüzyıl sonlarına doğru ilk filizlenmeye başladığı günlerden beri, ülkemizde Türk tarihine karşı büyük ilgi doğar. Cumhuriyet, bu ilgiyi artırır.

Millî Misak sınırları içinde, kendi deyimiyle bir «Türkiye halkı», bir ulus yaratma çabasındaki Atatürk'ün başlıca uğraşlarından biri, ulusuna bir tarih vermek olur. Atatürk, iç çelişkilerden uzak bir bütün saydığı ulusa, pozitivist bir görüşle, dünya uygarlık tarihi içinde üstün bir yer bulmaya çalışır.

27 Mayıs'tan sonra sol düşüncenin canlılık kazanmasıyla, tarihimize karşı yeni bir ilgi uyanır. Bu düşünce, toplumsal bilimleri tarihselleştirmeye ve tarihi bir toplumsal bilime dönüştürmeye yönelir. Tarihimizi, insanlığın evrim tarihi ile ilişkileri içinde, diyalektik yöntemle açıklamaya çalışr.

«TARİHSİZ» ULUSLAR

Atatürk'ün uygarlık tarihi içinde bir yer arama çabası, Osmanlı ve Batı düşüncesine karşı bir tepkiden kaynaklanır.

XVIII. Yüzyıldan sonra dünya egemenliğine yönelen Avrupa için, «Dünya Tarihi», Batı Avrupa tarihi diye anlaşılır. Avrupa ulusları, tarihsel uluslardır; ötekiler «tarihsiz uluslar»dır. Engels bile, bâzı yazılarında, Hegel'in etkisiyle, «tarihsel uluslar»ın yanı sıra, gerici ve yok olmaya mahkûm «tarihsiz uluslar» ile barbar uluslardan söz eder.

Tarihin eski, orta, yeni zamanlar diye bölünüşü dahi, 476 yılında Roma İmparatorluğu'nun çöküşü, 1492'de Amerika'nın keşfi ya da Avrupa tarihinden benzer bir başka olay ile belirlenir. Böylece, Yunan-Roma ve Avrupa tarihinin birtakım olayları, bütün insanlığın tarih sürecini üç döneme bölmek için nirengi noktaları sayılır. Rusya, Avrupa uygarlığının dışında tutulduğundan, bu anlamsız bölmeyi, panislâmizm savunucusu Danilevski alaya alır: «Ben doğmadan önce» eski zamanlar, «okulu bitirdiğim tarih» orta zamanlar, «evlenmemden sonra» yeni zamanlar...

Halikarnas Balıkçısı da, «evren ne için yaratıldı sorusuna, Batılılar, Batı uygarlığını yaratmak için karşılığını verirler» diyerek Avrupa'nın bu kendini beğenmişliğini anlatır.

Avrupa uygarlığı, en ileri uygarlıktır, ilerlemeye açıktır. Bu üstünlük, Avrupa ırkının yüceliği (Gobineau), Grek uygarlığının tek mirasçısı olma, hıristiyanlık, özellikle protestanlık (Weber) vb. gibi çeşitli kuramlarla açıklanır. Öteki topluluklar ise, uygarlık dışıdırlar; eski Çin ve Roma tarihçilerinin kullandığı deyimle barbardırlar. Örneğin Türkiye'de ün yapan, çağın hıristiyanlığa karşı «akılcı-rasyonalist» düşünürlerinden E. Renan, «İslâm ve Bilim» konulu Sorbonne Konferansı'nda, islâm topluluklarını «akılcılığa kapalı» diye eleştirir :

«Kafasını çeviren bir cins demir çember, müslümanı kesinlikle bilime kapar, onun herhangibir yeni fikre açılmasını ve herhangibir şey öğrenmesini olanaksız kılar».

Afganlı Cemalettin'in «islâm akılcıdır» biçiminde bir yanıtlamasına yol açan Renan'ın görüşü, kilisenin islâm düşmanlığından ve «Haçlı» zihniyetinden ayrılır.

Bu düşünce, XIX. Yüzyıl akılcılığının yaygın inancı olan bir cins ideolojik antisemitizme dayanır. Akılcı akım, fikir tarihinde, genellikle helenizme ve helenizmin ırkçı bir açıklamasına bağlanır. Buna göre, ilk hıristiyanlık da dâhil, yahudilik ve islâmlığın yaratıcısı samî ırk, özgür düşünce ve sanatlara karşı olan, donmuş beyinli kişiler topluluğudur. Renan, müslüman diye «samî» saydığı Türkleri, «zekâdan yoksun, kaba ve hoyrat bir kavim» görür. Avrupa'nın mirasçısı olduğu Helen'ler ise, akıl ve özgürlük yolunu açarlar.

HELENİZM HAYRANLIĞI

Avrupa'nın ileriliğinin Helen mirasına bağlanması, günümüzde de, hatta marksistlik iddiasındaki yazarlar arasında bile görülür. Örneğin «Asyagil» topluluklar araştırıcısı Guy Dhoquois, öteki topluluklar yerinde sayarken yalnızca Avrupa'nın sanayi devrimine ulaşışını, Avrupa kapitalizminin özgüllüğünün yanı sıra, İsa'dan bin yıl önce Yunanistan'da başlayan gelişmelerle açıklar. Ona göre, Grek ve Roma'da kölecilik egemen sistem olmakla birlikte, özel girişim ve değişim ilişkileri kapitalizm öncesi koşullar yaratır. Özel mülkiyet hukuku doğar. Ayrıca özgür insan-köle karşıtlığı paradoksal biçimde, özgürün toplumsal onurunu artırır ve demokrasiye evrimin nedenlerinden biri olur...[1] Batının «sivil» toplum (demokratik), Osmanlı'nın ise «antisivil» toplum (despotik) oluşunun nedenlerini arayan İdris Küçükömer de benzer görüşler geliştirir : Grek ve Roma'nın köleci büyük arazi sâhiplerinin ve Avrupa feodallerinin üretici çiftçi, hiç değilse üretim etmeni olmaları ve bu sâyede politik yaşama katılmaları nedeniyle, Batı Avrupa, sivil topluma ve kapitalizme doğru ilerler. Oysa Osmanlı'da savaşçı-çoban göçebe topluluklardan (ordu-toplum) miras kalan toplumsal ilişkiler, üretimin dışında ve bir cins kast teşkil eden bir egemen sınıf ve merkezî-üniter-bürokratik-politik düzen ve «devlet fetişizmi»ne yaklaşabilen bir ideoloji meydana getirir. Üretim etmeni olmayan ve bir cins kast teşkil eden tepedeki bu «politik toplum», altında yer alan doğrudan üreticilerin (alt toplum) özgürleşmesini, bilim, teknoloji ve ekonomi alanlarında gelişmeyi engeller, «anti-sivil» toplum ögesi olur, üretime dayalı yeni güçlerin «politik toplum»a katılmasına izin vermez[2]. Böylece Grek ve Roma mirası kurumlar Batıda ilerleme ve demokrasi yolunu açarken, Osmanlı Türklerine Orta Asya'dan miras kurumlar durgunluğa, giderek geriliğe ve anti-sivil (despotik) topluma yol açar.

DOĞU VE BATI YOLU

Özgürlükçü Batı toplumlarının üstünlüğü ile despotik Doğu toplumlarının geriliğini açıklamaya yönelik *«iki yönlü bir evrim»* kuramının en çarpıcı ve çok gürültü koparan bir örneğini Kral Wittfogel, «Doğu Despotizmi» adlı yapıtında verir. Eski bir komünist olan ve Çin'de devlet kuran X. Yüzyıl Asya göçebe boyları konusunda değerli bir araştırması bulunan Wittfogel, soğuk savaş yıllarında, Marx'ın yeterince açıklığa kavuşturmadığı «Asyagil Üretim Biçimi» kavramına dayanarak, «hidrolik» Doğu toplumlarında geniş çapta drenaj ve sulama işlerinin merkezî bir otorite tarafından yürütülmesi gerekliliğinin, özel mülkiyetin yokluğuna ve despotik devlete yol açtığını ileri sürer. Batı feodal toplumları, burjuva kapitalizmine doğru gelişme olanakları sağlarken, Çarlık Rusyası da dâhil, Asya bürokrasileri daha modern yapılara doğru evrime tamamen elverişsiz kalırlar. Wittfogel'e göre, Rusya ve Çin gibi eski Doğu despotizmi imparatorluklarında, komünizmin getirdiği yeni siyasal yapılar, eski geleneksel despotizmin kopyalarıdır ve modern toplumun bir alt tipi sayılamazlar. Bu nedenle Sovyetler Birliği ve Çin, öteki halkların özlemlerine bir yanıt getiremez. Tek ilerleme yolu, «modern mülkiyete dayalı uygarlıklar» yönündedir. Bu Batı yolu, sosyalizme değil, «çok merkezli ve demokratik toplum»a götürür. Bu, bir ara Türkiye'de de moda olan deyimle, «açık toplum»dur. Doğu yolu ise, durgunluğa, geriliğe ve kapalı topluma çıkar. Bu iki yönlü evrim kuramı, aslında gerçek bir evrim kuramı bile değildir. Zira yolların biri, İdris Küçükömer'in Asyagil üretim biçiminin göçebe-Turangil kolu gibi, kendi iç dinamiği ile evrime ve ilerlemeye kapalıdır. İlerleme, ancak «Batıgil» yola açıktır...

. İlginçtir ki, XIX. Yüzyıl Avrupasına egemen olan Batı kültür ve uygarlığının üstünlüğü görüşünü, XX. Yüzyıl başlarında yadsıyan Batılı düşünürler de, gerçekte sömürgeci politikaların destekçileri olurlar. Örneğin bu görüşün önde gelen temsilcilerinden Ruth Benedict, bütün kültürlerin eşit değerde bulunduğunu, insan yaratıcılığının çeşitli örneklerini meydana getirdiğini, ilkel sanılan kültürlerin aslında çevreyle ince bir uyum sağlayan gelişmiş kültürler olduğunu, Batı kültürü teknolojik ve ekonomik gelişmede beceri gösterirken, onun geri kaldığı alanlarda öteki kültürlerin ileri gittiğini yazar. XIX. Yüzyıl Batı üstünlüğü savunucuları, öteki toplulukların Batının ilerleme yoluna girmelerini önerirken, bu yeni düşünürler pek yücelttikleri Avrupa dışı toplulukların modern teknolojiyi almaktan kaçınmalarını ve yaşam biçimlerini korumalarını isterler. O tarihlerde sömürgeci devletlerin zorla uyguladıkları politika, bu «insancıl» görüşe uygun düşer...

Bâzı Batılı düşünürler ise, Batı uygarlığının üstünlüğünü yadsımakla da kalmaz, Batı uygarlığının çökeceğini, başka üstün uygarlıkların kurulacığını ileri sürerler. Fakat birçok toplulukları yine de uygarlık dışı saymakta devam ederler. Örneğin Yunan ve Roma uygarlıklarının Avrupa değil Akdeniz, hatta Doğu Akdeniz uygarlığı olduğunu, Yunan uygarlığının Atina'dan önce Anadolu'da geliştiğini, Yunan'ın Avrupa'yı barbar saydığını belirten ve Avrupa uygarlığının çökme yolunda olduğunu söyleyen Danilevski, «uygarlık yaratıcı» ve «uygarlık yıkıcı» topluluklar ayırımı yapar. Mısır, Çin, Eski Samî (Asur, Bâbil, Finike, Keldanî), Hint, İran, İbranî, Yunan, Roma, Yeni Samî (Arap), Germen-Roma (Avrupa) kronolojik sırayla on büyük özgün uygarlık, ya da olumlu tarih-kültür tipleri teşkil ederler. Danilevski, şöyle devam eder:

«Yukarıdaki olumlu kültür tiplerinin ya da uygarlıkların yanı sıra, insan evreninde Hunlar, Mogollar ve Türkler gibi aralıklarla parlayıp sönen gelip geçici etmenler vardır. Bunlar yıkıcılık görevlerini yerine getirdikten, can çekişen uygarlıkların ölmesine yardım ettikten ve kalıntılarını dağıttıktan sonra, önceki hiçliklerine dönerler ve ortadan kaybolurlar. Onlara tarihin olumsuz etmenleri diyebiliriz»[3].

Danilevski'ye göre, XIX. Yüzyıl Osmanlı İmparatorluğu «hasta adam» değil, ölüdür. Batı uygarlığının ölümünü açıklayan ünlü Spengler de, Mısır, Bâbil, Hint, Çin, Yunan-Roma, Arap, Meksika ve İsa'dan sonra bin sıralarında meydana çıkan Batı olmak üzere sekiz büyük kültür sayar. Bu yüksek kültürler, eşittir. Her kültür son aşamada kendi uygarlığını yaratır ve ölür. Göçebeler ve köylüler ise, «kültür öncesi» dönemde yaşarlar.

HAYVAN ÇOBANLIĞINDAN İNSAN ÇOBANLIĞINA

Türk dostu bilinen Toynbee, tam gelişmiş uygarlıklar, güdük kalmış uygarlıklar (Uzak Batı hıristiyan, İskandinav ve Süryanî) ve büyümeleri durdurulmuş uyagrlıklar ayırımı yapar. Polinezya, Eskimo, Sparta, Osmanlı ve göçebe uygarlıkları, büyümeleri erken bir aşamada durdurulan, sonra da ölüp gömülen uygarlıklardır. Toynbee'ye göre, göçebe Türkler, başka uygarlıklara bağlı toplulukları yönetimleri altına almakla, dağcılık bilmeden sarp bir kayaya tırmanmaya kalkışan gözükara sporcunun yaptığına benzer tehlikeli bir işe girişmiş olurlar. Kayanın belli bir yerine kadar da tırmanırlar, ama orada durmak zorunda kalırlar. Ne o tehlikeli yerden inebilirler, ne de tepeye tırmanabilirler. Geri kalan bütün enerjilerini, durdukları yarı yolda tutunmaya harcarlar. Çünkü göçebenin yerleşik uygarlıkları yönetmeye kalkışması, başka deyimle hayvan çobanlığı yerine insan çobanlığına özenmesi, olanaksız bir işe girişmek demektir.

Demek oluyor ki, Atatürk'ün yaşadığı dönemde, Avrupa uygarlığının üstünlüğü konusundaki inanç çok güçlüdür. Bu üstünlüğü reddeden Batılı düşünürler dahi, Türkleri uygarlık dışında tutarlar. Tanzimat'tan sonra bu görüşler, Osmanlı okumuşları üzerinde etkili olur. Tanzimat, esasen, Prof. Fuat Köprülü'nün deyimiyle, «*Batı uygarlığının İslâm-Osmanlı uygarlığına üstünlüğünün kabul edilmesi*» anlamınadır. Batılılaşma, ya da uygarlığa yöneliş çabaları, bu aydın ezikliği ve şaşkınlığı içinde, sağlıksız ve güvensiz bir düşünce düzeyinde gelişir. Örneğin Kurtuluş Savaşı'na katılan ünlü tarih hocası ve yazar Abdurrahman Şeref, Batılı uygarlık tarihçilerinin görüşlerini benimser:

«Türkler, nesnel etkinlikleri ölçüsünde zihinsel etkinlik gösterememiş idiler. Çünkü fikir planında yaratıcılıkları ve uygarlıkta ilerlemeleri hakkında tarihte hiçbir yapıt yoktur. Batıda islâm uygarlığına, Doğu'da da Çin uygarlığına çok kolay mahkûm olmaları bundan ileri gelir»*.

---

* Dr. Rıza Nur, Türkçülük hareketinden önce Avrupa'ya okumaya giden «her Osmanlı-Türk genci, kozmopolit gelirdi, artık şiddetli nasyonalist dönüyor» der. Başta Şinasi olmak üzere, Tanzimat aydınlarını kınar: «Onlar bize Avrupa'yı cennet, insanlarını melek gibi göstermek hatâsını yapmışlardı. Bu telkin Türk'ten benliğini silmiş, kendini pek aşağı gördürmüş, Frenk'i baş tâcı ettirmiştir. Bu zihniyet, Türk'ü iki yanlı yıkmıştır. İlkin benliğini yitirdiğinden sendelemiş, sonra Avrupalıların zararlı propagandalarına geçerlik kazandırmıştır» (Türk Tarihi, I, s. 171 ve 182).

1908 Hareketi ile seslerini duyurabilen Türkçüler ise, bu görüşe sert tepki gösterirler ve Türk uygarlığının büyüklüğünü kanıtlamaya koyulurlar. Bu tepki, Cumhuriyet döneminde genişler*.

Cumhuriyet'in tarih anlayışı, aynı zamanda Osmanlı'ya karşı tepki olarak gelişir.

OSMANLI TARİH ANLAYIŞI

Osmanlı İmparatorluğu, Osmanlı tarihine bile sâhip çıkmaz. Tanzimat'a kadar okullarda Osmanlı tarihi okutulmaz. İslâm Tarihi okutulur. «Kavm-i necip» sayılan Araplara baş rol tanınır. Türk ve Türkmen deyimi, gerek Osmanlılarda, gerek Selçuklularda göçebe anlamına kullanılır. Kentlerde Türk ileri gelenleri kendilerine «rumî» derler. Osmanlı, yerleşikliğe geçen Türkmen için «Türkmenlikten çıktı» deyimini kullanır. Anadolu için Rum (Roma) ve Yunan diyarı sözleri geçerlidir. İlk kez Anadolu'ya «Türkiya» adını Haçlılar verir. Anadolu deyimi de Bizans kökenlidir. Selçuklu ve Osmanlı'nın gözünde Türk, «uygarlık dışı, yağmacı» göçebedir. Mevlâna, tıpkı Danilevski gibi, «Tanrı'nın Türkleri yıkmak için yarattığını» ileri sürer. Bu nedenle, medreselerde okutulan İslâm Ümmeti Tarihi'nde Türk'e hiçbir yer verilmez. XIX. Yüzyılda yurtseverlik duygusunu geliştiren Namık Kemal dahi, «Osmanlı ümmetinin milletçe islâm, hıristiyan ve yahudiden meydana geldiğini» yazar. Millet, «ulus» değil, dinsel topluluk anlamınadır.

Bu tutum, Türkçülük akımı gelişince, sonradan çok eleştirilir. Örneğin Atatürk'ün görüşlerini yansıtan

* Hasan Âli Yücel, Atatürk'ün tepkisini şöyle açıklar: «Gözüyle gördüğü gerçeği, bilim denilen otoritenin ters söylemesini asla kabul etmedi. Okullarda okunan tarih yapıtlarıyla, Batılı yazarların yapıtlarını bizzat incelemeye başlaması, bu konuda dimağında burkulan soru işaretini çözmek içindi» (Belleten, Sayı 29, s. 12).

Prof. Afet İnan şöyle der :

«Türkler, IX. Yüzyılda islâmlığı kabul ettikten sonra, özellikle Osmanlı Devleti zamanında islâm tarihi temel alınmış, islâmdan önceki Türk tarihine önem verilmemiş ve Türklerin islâm uygarlığına katkıları belirtilmemiştir».

OSMANLI BİLİNCİ YARATMA

Öte yandan Osmanlı tarihçileri de, devletin kurumlaşmasına karşı göçebe Türk ve «savaşçı gâzi» tepkilerini yansıtan Aşıkpaşazâde gibi bâzı ilk tarihçiler sayılmazsa, islâm ve hanedan tarihleri yazarlar. İran ve Arap tarihçilerini taklit ederler. Bu tarihlerde Türk'e değil, hiçbir halka yer yoktur. Halklar yerine padişahlar vardır. Tarih değil, övgü yazılır. «Fatih Mehmet» yazarı Babinger, biraz da insafsız biçimde, Osmanlı tarihçilerini suçlar :

«Salt eski Osmanlı kaynaklarına dayanılırsa, eski Osmanlı İmparatorluğu'nun iç ilişkilerinin doğru anlatılması zordur... Askerî yenilgileri süsleyip yengi yapar, Sultan'a dalkavukluk eder, ayaklanmalar ve huzursuzluklar karşısında susar».

Arşiv belgelerine dayalı ilk tarihler, Tanzimat'tan sonra yazılır. Cevdet Paşa bu yolu açar*. Tarih, yalnız siyasal olaylara yer verirken Mustafa Paşa, Ahmet Vefik Paşa, kurumlar ve fikir yaşamı üzerinde dururlar. «Batılılar gibi» tarih yazmaya özenirler. Hammer'in Osmanlı Tarihi, Tanzimat tarhiçilerinin baş kaynağı olur. Bu dönemde, okullarda Osmanlı tarihi okutulmaya başlanır :

«Tanzimat ilân edilip müslüman olmayan ögelere

---

* Cevdet Paşa, tutucu ve sağ bir tarih anlayışına sâhiptir. Fransız İhtilâli'ni umacı sayar. Irkçı görüşleri paylaşır: Beyaz ırk üstündür, sarı ırk hayli aşağıdır, kara ırk ise yarı insan, yarı hayvandır.

-de eşit haklar tanınınca, bu devlet tarihi anlayışı gelişti. Bu anlayış, Türk tarihinin başlangıcını Osmanlı tarihinde görüyor, Osmanlı İmparatorluğu'nu oluşturan etnik ögeler arasında ortak değerler arıyor, böylece bir Osmanlılık bilinci yaratıp çeşitli ögeleri biribiriyle kaynaştırmak ve devleti ayakta tutmak amacını güdüyordu. İslâm tarihine paralel olarak yürütülen bu devlet tarihçiliği içinde, doğal olarak, Osmanlılardan önceki Türk tarihinden hiç söz edilmiyordu»[4].

TÜRKÇÜLÜĞÜN DOĞUŞU

Ne var ki, Osmanlı tarihinin okutulması ,bir Osmanlı bilinci yaratmaya yetmez. Rum, Ermeni, Arnavut ve Arap mliliyetçiliği gelişir. Tıbbiye Okulu'nda Arap öğrenciler, milliyetçilik amacı güden bir dernek kurup Türk öğrencileri horlayınca, Türk öğrenciler gizli gizli Karacaahmet Mezarlığı'nda toplanıp dertleşirler ve Türk Ocağı'nı kurarlar. Bu sıralarda Avrupa'da Orta Asya tarihi ile ilgili çalışmalar gelişir. Çinceden eski Orta Asya tarihi ile ilgili çeviriler yapılır. Orhun yazıtları bulunur. Kutadgu Bilig ve Şecere-i Türk gibi yapıtlar Avrupa'da basılır. Radlof ve Vambery, Orta Asya gezilerini ve Türk kültürü ile ilgili çalışmalarını yayınlarlar. Leon Cahon, coşkun bir «Türk-Mogol Tarihine Giriş» yapıtı yazar. Bir Türkoloji dalı doğar. Rıza Nur, *«pantürkizm ve panturanizmi Avrupalı türkologlar, yâni yabancılar doğurmuştur»* der[5].

Bu çalışmalar, Türkiye'de ilgi çeker, Ahmet Vefik Paşa, Şemsettin Sami, Süleyman Paşa yapıtlarında bu kaynaklardan yararlanırlar. Necip Asım'ın Leon Cahun'den esinlenen yapıtı büyük ilgi görür. Bir Türkçülük akımı geliştiren Rusya Türkleri ile giderek bağlantı kurulur. Rusya Türklerinin Türkçülük akımına büyük etkisi ve katkısı olur. Bir dünya tarihi yazan Harbiye'nin başındaki Süleyman Paşa, genç subaylar arasında

Türkçülük tohumları eker. Dünya tarihine ve aynı zamanda Fransız İhtilâli'ne karşı ilgi uyandırır.

ABDÜLHAMİT VE TÜRKÇÜLÜK

Fransız İhtilâli'ne ve Osmanlılık dışında Türk tarihine ilgi, olumlu ve olumsuz yönleriyle ilginç bir kişi olan Abdülhamit'i ürkütür. Okul programlarını değiştirmek ister. Harbiye programlarına pek fazla dokunamazsa da, Mülkiye ve öteki yüksek okullar üzerinde baskıyı artırır. Abdülhamit, okul programlarının yeniden düzenlenmesi ve dinsel inançların güçlendirilmesi amacıyla, Şeyhülislâm başkanlığında bir kurul kurar. Babıâli'ye yolladığı buyruğunda Sultan, «Mülkiye ve öteki islâm okullarında yetişen öğrencilerin dinsel inançlarında zayıflama görüldüğünü, oysa hıristiyan okullarında dinsel inancı pekiştirmeye büyük önem verildiğini» belirtir ve «ders programlarının öğrencilerin dinsel inançlarının güçlenmesine hizmet edecek yolda düzenlenmesini ve düzeltilmesini» ister[6]. Mülkiye'ye, liselere ve öteki okullara medrese kökenli müfettişler yollayarak dinsel inançlara aykırı öğretim yapılıp yapılmadığını denetletir. Tarih derslerini ilkokullardan kaldırır, öteki okullarda dondurur. Saray ve çevresini yakından tanıyan Halit Ziya Uşaklıgil'e göre, Abdülhamit, tarih dersinden özellikle çekinir :

«En çok korkulan tarihti : Fikrin asıl uyanışına hizmet edecek, ibret alanında bir aydınlık yaratabilecek olan bu tarih belâsı, yönetimin huzurunu kaldıran bir kâbustu. Ve hergün bir çılgın el, avucunda tarihten koparılmış bir küme yaprakla koşarak ganimetini Yıldız'ın iştihası bir türlü doyurulamıyan ağzına götürürdü. Memleketin tarihinde ayaklanma, ihtilâl, tahttan indirme, suikast adına ne varsa, yönetim kötülüklerine, hırsızlık ve yolsuzluğa, bu yönetimin durumunu akla getirebilecek nitelikte ne bulursa, bunlar kaldırılır; hemen baştan başa bunlarla dolu olan, bunlar çıkınca ortada anlamsız, cansız bir ceset biçiminde kalan Türk tarihi, yalnız padişahların ululuğuna, savaş ve fetihlerin daima Osmanlı hanedanının yüceliğine yönelik övgülerden ibaret kalırdı. Hele Genel Tarih, perdesinin ucu kaldırılmayacak, yalnız bir deliğinden karanlıkta bakılabilecek bir sahneydi»[7].

ATATÜRK'ÜN TARİH ANLAYIŞI

Yeni Türkiye'nin tarih anlayışı, İslâmcı-Osmanlı tarihe ve Batının uygarlık tekelciliği tutumuna karşı bir tepki olarak gelişir.

Türk Kurtuluş Savaşı, yalnızca emperyalist devletlere karşı verilmiş bir savaş değil, aynı zamanda Saray'ın körüklediği pek çok sayıda iç ayaklanmalarla belirlenen bir iç savaştır. Bu iç savaşın sonucudur ki, Saltanat ve kurumları çöker, Hilâfet kaldırılır ve lâiklik ilkesine dayalı, çağın Avrupasının bilim anlayışı pozitivizme inançlı bir toplum düzeni ve ulusal bir yeni devlet kurmaya yönelinir. Millî Misak sınırları içinde inşasına çalışılan «ulus»a yeni bir tarih gereklidir. Bu tarihin yıkılan Osmanlı Devleti'nin tarihi olamıyacağı, bu tarihin küçük görüleceği ve horlanacağı açıktır*.

---

* Günümüzde yalnız sağ çevreler değil, bir kısım sol çevreler de Atatürk'ün Osmanlı dönemini horlamasını eleştiriyorlar. Yaygın Yüksek Öğretim Kurumu'nun hazırladığı «Türkiye Tarihi»nde bu tutum şöyle belirtiliyor: «Dünya görüşü ve uygarlıkta bâzı ayrılıklar bulunması, Türkiye Cumhuriyeti'nin Osmanlı Devleti'nden bambaşka olduğunu göstermez..... Türkiye Cumhuriyeti, Osmanlı Devleti'nin bir devamıdır.... Cumhuriyet'in ilk dönemlerinde olagan sayılacak bâzı menfî propagandaları artık kafalardan silmenin zamanı gelmiştir. Gerçeği söylemekte bir sakınca kalmamıştır». Bâzı sol çevrelerde de değerli romancı Kemal Tahir'den esinlenen bir duygusal Osmanlı hayranlığı, bir ara televizyona bile egemen olur ve yeni Cumhuriyet'in Osmanlı'ya karşı tutumu eleştirilir. Oysa bu eleştiri, Çarlık Rusyasını temelinden yıkmaya yönelen Lenin'i Çarlık Rusyasını toptan yadsıyor diye eleştirmek kadar haksız olur. Fransız İhtilâli'ni yapan burjuvanın, kralın temsil ettiği feodalizmi

Bir ulusal tarih zorunludur. Nitekim çağımızda bütün ezilen uluslar, bağımsızlıklarını elde edince, bir ulusal tarih ortaya koymaya büyük önem verirler. Enternasyonalist görüşlü Sovyet yazarları dahi, bu gerekliliği belirtirler. Bir Sovyet düşünürü şöyle der:

«*Kurtulan halk, yalnız ulusal ve antiemperyalist devlet kurmakla ve ulusal ekonomi ile yetinemez, ulusal tarih ortaya koymak zorundadır. Çünkü tarih, halkın ruhudur*».

A. W. Gulyga, onu tamamlar:

«*Eski sömürgecileri tarafından tarihleri yok edilip yadsındığı için, kendi geçmişlerini hatırlama, Asya ve Afrika halkları açısından özellikle önemlidir. Bir geçmişe sâhip olmayan bir toplum, bir devlet düşünülemez. Tarih, insanlığın belleğidir*».

TÜRK'ÜN UYGARLIK TARİHİNDEKİ YERİ

Atatürk, bu gerçeğin bilincindedir. Daha 1923 yılında, o günlerin en seçkin tarihçilerini toplayan İstanbul Üniversitesi Edebiyat Fakültesi Profesörler Kurulu'na yazdığı bir yazıda, «Türk kültürünün mihrakı» saydığı fakülteye, «*ulusal bağımsızlığımızı bilim alanında tamamlama*» görevini verir.

---

ve kurumlarını lânetlemesi, tarihsel bir zorunluluktur. Yeni Cumhuriyet'in Osmanlı'yı horlaması da «menfi propaganda» değil, kaçınılmaz bir gelişmedir. Elbette ki bizler artık mirasçısı olduğumuz Osmanlı düzenini, bütün yanlarıyla ve serinkanlılıkla inceleme durumundayız. Fakat bu, okullara bir «Osmanlı ideolojisi» yaymaya çalışanların güttükleri amaçları eleştirmemizi engellemez.

İlginçtir ki, bugün bâzı çevrelerde yüceltilen «Arap kavm-i necibi» Arap milliyetçiliği gelişip, emperyalist İngiltere ve Fransa'nın desteğiyle Osmanlı İmparatorluğu'ndan ayrılınca, Osmanlı Türkünü baş düşman ilân eder. Yazılan Arap tarihlerinde yüksek Arap uygarlığının Osmanlı Türkünün elinde nasıl boğulduğu anlatılır. Bağımsızlığını kazanan Balkan uluslarının tarih yapıtlarında da, «uygarlıklarının gerilemesinden» Osmanlı Türkü sorumlu tutulur.

Osmanlı Devleti'ni ikinci plana itecek, Osmanlı yerine Türk'ü ön plana çıkaracak ve Türk'ün uygarlığa katkılarını belirtecek bir tarih arayışı, Atatürk'ün başlıca uğraşlarından biri olur. Atatürk, 28 Eylül 1928'de Samsun'da şöyle konuşur :

«Bizim ulusumuzun yaşamsal temelini düşünelim. Bu düşünce bizi elbette altı-yedi yüzyıllık Osmanlı Türklüğünden yüzlerce yıllık Selçuk Türklerine ve ondan önce, bu dönemlerin her birine denk olan Büyük Türk Çağı'na kavuşturur».

Atatürk, «Büyük Türk Çağı»nı aramaya koyulur. Atatürk'ün tarihçiliğe yönelttiği Prof. Afet İnan, 1928-1929 yıllarında Atatürk'ün Istanbul Üniversitesi'nde okutulan tarih notlarını okuyup üzerine işaretler koyduğunu, Wels'in cihan tarihini Türkçeye çevirttiğini yazar. Prof. İnan o tarihte bir Fransız okulunda öğrencidir. Fransızca bir coğrafya el kitabında, Türklerin ikinci derecede sayılan sarı ırktan olduklarının yazıldığını görür. Bunu Atatürk'e bildirir ve ileri sürülen görüşün Prof. Pittard'ın «Irklar ve Tarih» yapıtındaki görüşe uymadığını söyler. Türklerin uygarlık alanındaki yapıtlarına Fransız tarihlerinde yer verilmediğini, hatta bâzen «istilâcı barbar kavim» diye geçtiğini, bundan üzüldüğünü sözlerine ekler. Atatürk,

— Hayır, böyle olamaz. Bunların üzerinde çalışalım, karşılığını verir. Yeni kitaplar getirterek çalışmaya ve çevresindekileri çalıştırmaya koyulur. Çözülecek sorun şudur :

Türklerin cihan tarihinde en eski çağlardan beri gerçek yeri nedir ve uygarlıkta hizmetleri neler olmuştur?[8]

Atatürk, Nisan 1930'da Türk Ocakları Kurultayı'nda, tarih hocalığına başlayan Afet İnan aracılığıyla harekete geçer. Afet İnan, Atatürk'ten aldığı direktifle, «Türk tarih ve uygarlığını bilimsel biçimde inceleyecek» bir kurul kurdurmak amacıyla Kurultay'da özet olarak şöyle konuşur:

«— Tarih öğretmenliği yaptığım için hissediyorum ki, Türk ulusunun tarihi hakkındaki bilgi eksiktir. Bize, hepimize geçmişin okullarında bu hususta öğretilmiş şeyler hem eksik, hem de yanlıştır. Yazık ki, bu yanlış yol, bugüne kadar önümüzdeki kuşağı yetiştiren bilgi ocaklarında da izlenmiştir. Geçmişten miras kalan bu sisli yolu aydınlatmak, Türk ulusunu, Türk çocuklarını yeni bir tarih yolundan yürüterek geleceğin parlak ufuklarına eriştirmek önemlidir... Bence bu amacın aydınlatılması için en nurlu güneş, Türk'ün kökenini, uygarlığını, ululuğunu tanıtan tarihtir... *İnsanlığın en yüksek ve ilk uygar kavmi, vatanı Altaylar ve Orta Asya olan Türklerdir. Türk, uygarlıktır, Türk tarihtir*»[9].

ATATÜRK, TARİH YAZDIRIYOR

Bu konuşma üzerine Türk Ocağı Türk Tarihi Kurulu meydana getirilir. Bu kurulun üyelerinden Afet İnan, Tevfik Bıyıklıoğlu, Samih Rıfat, Yusuf Akçura, Dr. Reşit Galip, Hasan Cemil, Sadri Maksudî Arsal, Şemsettin Günaltay, Vasıf Çınar ve Yusuf Ziya Özer, çok kısa bir süre içinde derleme, çeviri ve telif yoluyla «Türk Tarihinin Ana Hatları» diye 606 sayfalık bir yapıt hazırlarlar. Fakat yapıt ancak 100 adet bastırılır ve eleştiri için ilgili kişilere sunulur. Atatürk'ün de yapıtı hazırlayanlar arasında bulunduğu anlaşılır. Hikmet Bayur, kendi anlattığına göre, «İnsanlığın Evrimi» adlı bir Fransızca yapıtlar dizisinden alınan bir parçanın aslı, «falanca yazar bu kavme Türk derse de yanlıştır» biçiminde olduğu halde, son kısım atlanıp «falanca yazar bu kavmin Türk kökenli olduğunu belirtir» diye aktarılmasını eleştirince, Atatürk, değişikliği kendisinin yaptığını söyler ve tutumunu şöyle savunur:

«— Bir tarihçi o kavime Türk dediğine göre, herhalde kanıtları vardır. Onun bu konu ile ilgili yazıları ele alınıp incelenmelidir ve onun düşüncesini beğenmeyenlerin yazılarıyla karşılaştırılıp bir yargıya varılmalıdır. Benim istediğim bundan ibarettir».

Bayur, yapıtta yazarların aşırı gayret gösterdiklerini ileri sürer :

«Yapıtın amacı, her çağda kurulmuş olan uygarlıklarda ve devletlerde Türk etkisini ve Türklerin payını belirtmekti, bu konuda benim görüşüme göre, aşırı gayret gösterilmişti. Şu da var ki, yapıt bir denemeydi; daha doğrusu ilerideki çalışmalara yön verecek çıkış noktalarını belirtiyordu. O noktalardan başlayıp araştırmaları sürdürecek olanlar elbette kesin kanıtlar ya da çok güçlü olasılıklarla karşılaşmadan yargıya varmayacaklardı»[10].

Gerçekten yapıt bir müsveddedir ve kamuya sunulmayıp gizli tutulması da bunu gösterir. Prof. Semavî Eyice'nin deyişiyle, «birçok hatâlı görüşlere, eksik ve aksak yanlara sâhip bulunmakla» birlikte, bu yolda ilk toplu denemedir[11]. Yapıt, Dünya Tarihi'ne özel yer verir ve bunun içinde Türk Tarihi'nin yerini arar. Osmanlı Tarihi, 606 sayfalık çalışmanın ufak bir bölümüdür.

1931 yılında Atatürk görüş değiştirip Türk tarihi hakkındaki ana görüşleri kamuya sunma kararı alır. «Türk Tarihinin Ana Çizgileri - Giriş Bölümü» adlı 87 sayfalık yapıt, 30 bin basılır ve 15 kuruş fiyatla satışa çıkarılır. Bu yapıt, 606 sayfalık ilk müsveddenin bir özeti ya da giriş bölümü değil, yeni bir çalışmadır. Yapıta ayrıca, Türk-Mogol tarihi ve «Gök Bayrak» romanı yazarı Léon Cahun'un «Fransa'da arî dillerden önce konuşulan lehçenin turangil kökeni» adlı incelemesi eklenir.

Bu sentez çalışmasının amacı şöyle açıklanır :

«*Bu yapıtın amacı, yüzyıllarca çok haksız iftiralara uğratılmış, ilk uygarlıkların kuruluşundaki hizmet ve emekleri yadsınmış Büyük Türk Ulusuna, tarihsel gerçeklere dayanan şerefli geçmişini hatırlatmaktır».*

Açıklamanın ardına Atatürk'ün sözleri eklenir :

«Ey Türk Ulusu! Sen yalnız yiğitlik ve savaşçılıkta değil, fikirde ve uygarlıkta da insanlığın şerefisin... Belleğindeki binlerce ve binlerce yılın anısını taşıyan tarih, uygarlık safında lâyık olduğun yeri sana parmağıyla gösteriyor. Oraya yürü ve yüksel! Bu senin için hem bir hak, hem de bir ödevdir».

Bu görüşlere uygun biçimde dört ciltlik yeni Tarih basılır, 1931-1939 döneminde liselerde okutulur. Bizim kuşak, Türk tarihini ve dünya uygarlık tarihi içinde Türk'ün yerini, özenle basılmış bu tarihten ilk kez öğrenir*. Bu dört ciltlik yapıtın önsözünde «*yadsınmış ve unutturulmuş*» Türk tarihinin bütün gerçekleriyle meydana çıkarılmasının amaçlandığı açıklanarak şöyle denilir :

---

* 1939 yılında okullar için tarihin yeniden yazılmasına girişilir. Şemsettin Günaltay'ın hazırladığı ilk cilt 1939'da basılır, liselerde kullanılır. Fakat girişim yarıda kalır. 1942'de Mansel, Baysun ve Karal'ın üç ciltlik yeni tarihi okutulur. Bu yapıt, daha ölçülü ve yargılarında daha dikkatlidir. Demokrat Parti döneminde ise, belki de Batı ile yeni tip ilişkilerin sonucu, genel tarih içinde Türk tarihinin payı artırılır. Liselerde okutulan 735 sayfalık tarih derslerinin 522 sayfası genel tarihe, 213 sayfası Türk tarihine aittir. Pek çok Türk bilim ve sanat adamına yer verilmez. Tanıtılmaya lâyık görülen 76 Türk bilim ve sanat adamının ancak ikisinin (Sinan ve Kâtip Çelebi) hayatı ve yapıtlarına yer verilir. Fakat bu bilgi dört satırı aşmaz (Bedii N. Şehsuvaroğlu, Tarih Öğretimi, VI. Türk Tarih Kongresi, s. 615). Son yıllarda Türk tarihinin payı artırılır. 1976'da Lise I'de okutulan Kafesoğlu-Deliorman tarihinde Orta Asya'ya verilen pay büyük ölçüde genişletilir. Sümer ve Hititlerin Türk kökenli olmasından vazgeçilir. Tarih, «İslâmcı-Türkçü» görüşle işlenir. «Yalnız İslâm dini, Türklerin çok eski inançları ile uygunluk gösterdiği için, Türklüğü güçlendiren bir din olmuştur» denilerek islâm öncesi ve islâm sonrası biribirine bağlanır (s. 210). Türk kültüründe yiğit (alp) tipinin ideal insan sayıldığı belirtilir. Atatürk döneminden farklı olarak kültür ve uygarlık özenle biribirinden ayrılır (s. 178). Türk dü-

«Son yıllara gelinceye kadar, Türk tarihi memleketimizde en az incelenmiş konulardan biri durumunda idi.

Bin yıldan fazla süren İslâmlık-Hıristiyanlık dâvalarının doğurduğu düşmanlık duygusuyla bağnaz tarihçiler, bu dâvalarda yüzyıllarca islâmlığın öncülüğünü yapan *Türklerin tarihini, kan ve ateş maceralarından ibaret göstermeye savaştılar.* Türk ve İslâm tarihçiler de Türklüğü ve Türk uygarlığını, islâmlık ve islâm uygarlığı ile kaynaştırdılar; islâmlıktan önceki binlerce yıla ait dönemleri unutturmayı ümmetçilik siyasasının gereği ve din gayreti borcu bildiler. Daha yakın zamanlarda Osmanlı İmparatorluğu içindeki bütün ögelerden tek bir milliyet yaratmak hayalini güden Osmanlılık akımı da Türk adının anılmaması, ulusal tarihin yalnız savsaklanması değil, hatta yazılmış olduğu sayfalardan kazınıp silinmesi yolunda üçüncü bir etken biçiminde ötekilere eklendi.

Bütün bu olumsuz akımlar, doğal olarak, okul programları ve okul yapıtları üzerinde dahi etki gösterdi ve *Türklüğün çadır, aşiret, at, silâh ve savaş kavramlarıyla eş tutulması geleneği okul kitaplarımıza kadar girdi*».

Onun içindir ki, bu dört ciltlik tarih, Türklerin uygarlığa katkısını göstermeye ağırlık verir. Arkeolojik araştırmalarla kanıtlanmamış olmakla birlikte, Türklerin Orta Asya'da en eski uygarlığı yarattığı, MÖ. VIII.

şüncesinde «otoriter» devletin önemli yeri bulunduğu yazılır (s. 224). Türk düşüncesinin temellerinde «beylik gururu» bulunduğu anlatılır (s. 223). Eski Türk topluluğunda toprak ve öteki alanlarda özel mülkiyetin var olduğu açıklanır ve özel mülkiyetin kişi hak ve özgürlüklerinin garantisi olduğu (s. 191). özenle vurgulanır. Eski Türklerde güneşin doğduğu yer, «sol» ve kutsal sayıldığı halde, bu «sağ kutsaldır» diye çevrilir! (s. 196).

binde hayvanları ehlileştirdiği, V. binde maden sanatlarını herkesten önce geliştirdiği, yazıyı ilk Türklerin bulduğu belirtilir. Fakat kuraklık nedeniyle, Türkler uygarlıklarını dört yana ve Anadolu'ya taşırlar. Orta Asya uygarlığı sönmezse de geriler. Sümer ve Anadolu uygarlığını, bu göç zorunda kalan Türkler meydana getirir. Yunan ve Roma uygarlıkları, Anadolu'dan giden Türkler eliyle kurulur. «Yunan bilim, sanat ve felsefesinin bütün pınarları» Anadolu'dadır.

Ne var ki, Atatürk, «çok acele» gerçekleştirilen bu çalışmaları yeterli bulmaz, hatta beğenmediğini belirtir[12]. Yeni bir «Türk Tarihinin Ana Hatları» çalışmasına girişilir. Bu yeni çalışmada «Türklerin uygarlığa hizmetleri» bölümüne en büyük ağırlık tanınır. Hazırlanan planda «Türklerin siyasal ilerlemeye, toplumsal kurumların ilerlemesine, felsefe ve öteki bilimlere, güzel sanatlara, ekonomik yaşama hizmetleri» vb. alt bölümler hâlinde ayrıntılı biçimde ele alınır. 66 broşür hazırlanır. «Boyacılıkta Türkler», «Türklerde Beden İdmanları», «Türklerde Sanayi», «Türklerde Tiyatro», «Türklerde Maliye», «Türklerin Pedagojiye Hizmetleri», «Deri Sanayiinde Türkler» vb. incelenen konular arasındadır.

Bu dağınık ve hayli sistemsiz çalışmalar da yeterli bulunmaz. Atatürk, 1939 yılında yeni bir araştırma programı hazırlatır. Programı, Afet İnan ile Hasan Cemil Çambel'e dikte eder. Programda, «*genel ve canlı bir tarih seferberliği*», «*memlekette bilinçli, canlı ve sürekli bir tarih inşa çağının açılması*», «*Türk ulusunun kültür kahramanlığı alanında kendi kültür ve tarih binasını kendi kurması*» gibi deyimler yer alır. Bütün uzmanlar, öğretmenler, aydınlar, geniş halk tabakaları ve bütün devlet kuruluşları, tarihin inşasıyla yükümlü tutulur. Anadolu'daki kazılara, arşiv ve müze çalışmalarına büyük önem verilir. Anadolu'daki «*tarih mallarının, asıl sâhibi olan Türk Halkı eliyle korunması*»nın sağlanması istenir.

Programda Türk dili konusunda da yeni görüşler geliştirilir. Batılı bilginler Türk dilini Mogol, Tunguz dilleriyle birlikte Altay grubuna korlarken, 1931 Tarih yapıtında Türkçe onlardan ayrılarak bağımsız bir dil sayılır. Fakat Hint-Avrupa dil grubu ile Türk dili arasında ilişki kurulmaz. Bu kez, belki de bâzı Avrupalı bilginlerin uygarlıkları, Hint- Avrupa dil grubuna giren toplulukların tekeline vermelerine ve hatta bir dil grubunu belirten bu deyime ırkçı bir anlam kazandırmalarına bir tepki olarak, Türk dilinin, Hint-Avrupa dillerinin ve bütün dünya dillerinin anası ve kaynağı olduğu görüşünün kanıtlanması istenir. Sümer, Eti ve öteki eski Anadolu kavimlerinin, Mısır, Yunan, Roma kültürünü yaratan toplulukların anadilinin Türk dili olduğu açıklanarak, «bugünkü modern Batı uygarlığına ana kaynak olan bu en eski yüksek uygarlıkları» Türklerin meydana getirdiklerinin ortaya çıkarılması amaçlanır[13].

Böylece insanlığın ortaklaşa malı olan dünya uygarlığına, bu uygarlığı yaratan insanların soyundan gelen bugünkü Türklerin büyük katkıda bulunduğu kanıtlanmaya çalışılır. 1937 yılında, yabancı bilginlerin de katıldığı İkinci Türk Tarihi Kongresinde, Türk Tarih Savı'nın «ilke bakımından bilimsel nitelikte» olduğu, uzun tartışmalardan sonra kabul edilir.

Atatürk, ölüm döşeğinde, «Türk tezi olgunlaştı, onun üzerinde yürümek, durmadan çalışmak gerektir. Bâzı imansızlar olabilir, bunlar yol kesenlere benzer, aldırmayınız» derse de[14], onun istediği yönde araştırmalar ve sentez çalışmaları yavaşlar ve durur. Sınırlı alanlarda daha ciddi belgelere dayalı ve bilimsel niteliği daha güçlü yapıtlar yazılırsa da, «Dünya Uygarlığında Türk ve Türkiye Uygarlığının Yeri» incelemeleri son bulur*.

Prof. Fuat Köprülü, 1940 yılında yazdığı bir yazıda, kendisinin de ilk yapıtlarında zaman zaman romantizm etkisinde kaldığı, fakat *«romantik bir ulusal tarih görüşü»* döneminin giderek son bulacağını belirtir :

«Her nasyonalizmin gelişme tarihi incelenirse, ilk dönemlerde ulusal tarih'in tamamiyle romantik bir görüşüne rastlanır ve tarih incelemelerinin önem kazanmasında ve genişlemesinde bu ruhsal hamlenin büyük bir yararı da olur... Ulusal tarih görüşünün romantik dönemini, Türk nasyonalizmi de doğal olarak görmüştür. *Avrupa tarihçiliğinin Türkler hakkında hiçbir bilimsel temele dayanmayan çok haksız, olumsuz düşünceleri karşısında, bizim romantik tarihçiliğimizin tepkisi de ister istemez çok aşırı ve abartmalı olacaktı ve gerçekten öyle de oldu.* Bütün bilimsel ilerlemelerin temeli olan eleştiri fikrinin gelişmesi ve akılcı çalışma yöntemlerinin yerleşmesi, dünyanın her yerinde olduğu gibi bizde de yarım yüzyılı aşan bir zamandan beri aralıklarla süren bu romantik tarih dönemini kapatacaktır, fakat yine de her yerde olduğu gibi, bizde de bu romantik görüş, ulusal tarih incelemelerine karşı genel bir ilgi uyandırmak ve Genel Tarih içinde Türklerin rolünü araştırmaya yöneltmek bakımından, ruhsal bir hamle yaratmıştır»[15].

ATATÜRKÇÜ TÜRK TARİHİ VE TURANCI TÜRK TARİHİ

Atatürk'ün yönlendirdiği Türk Tarihi Savı, romantik bir coşkunluk taşımakla birlikte, «romantik tarih

* Türk Kültürünü Araştırma Enstitüsü, 1976 yılında 1472 büyük sayfa tutan bir «Türk Dünyası El Kitabı» yayınlarsa da, bu, bir «Türkiye Tarihi» kurmak isteyen Atatürk'ün tarih savından ayrı yöndedir. Kafesoğlu'nun yukarıda bir iki cümle ile dokunduğumuz görüşleri ile anti-sovyet ve Turancı eğilimler ağır basar. Yapıtı, yine de yararlı bulduğumuzu belirtelim.

görüşü»nün Turancı kolundan çarpıcı ayrılıklar gösterir. Atatürkçü sav, ırkçı bir anlayışa yer vermez. Afet İnan adıyla çıkan «Medenî Bilgiler, 1930» yapıtında ve 1931 Lise tarihinde ırkçılık yadsınır. «Medeni Bilgeler» hazırlanırken, Atatürk, «ulus» tanımı için notlar alır. Anayasa kitaplarından ve ansiklopedilerden aldığı kendi elyazısıyla notlarda ulus ögeleri arasında «ırk birliği» önemle belirtilir. Yine bu notlarda Erişigil'in «ırk birliği»ne ağırlık tanıdığı görülür. Fakat Atatürk, Medenî Bilgiler'de, ırk ögesini çıkartır ve ulus'u «dil, kültür ve ülkü birliği ile biribirine bağlı vatandaşların siyasal ve toplumsal kuruluşu» diye tanımlar[16]. Dört ciltlik Lise Tarih yapatında, «Irklar arasında bugün görülen farkların tarih açısından önemi pek azdır. Kafatası biçimi ırkların sınıflandırılmasında kullanılırsa da, toplumsal hiçbir anlamı yoktur» denilir. İnsanlığın ilerlemesinde ırkın değil, aklın egemen olduğu ve ulusların çeşitli ırkların karışmasından meydana geldiği belirtilir[17]. CHP programında da ulus, «dil, kültür ve ülkü birliği» ile tanımlanır. Turancı tarihte ırk, ulusun oluşumunda baş ögedir. Ünlü Gök Börü (bozkurt) dergisinin kapağında, Orhun yazıtında kullanılan harflerle «Irkların üstünde Türk ırkı» yazılıdır.

Atatürk, ırk ile değil, «uygarlık» ile ilgilidir. Uygarlığı, «bir insan topluluğunun, siyasal ve ekonomik yaşamda, bilim ve güzel sanat alanlarında yapabildiklerinin bileşkesi» diye anlar ve çağdaş uygarlığı amaçlar. Turancılarda uygarlık kavramı, «teknik»e yaklaşır. Turancılar kültürü teknikten özenle ayırırıar ve geçmişe dönük bir kültür özlemini dile getirirler. Tarihi, hatta yaşamı savaş sayarlar. Turancıların önde gelen liderlerinden Atsız, «Türk gençliği nasıl yetişmeli?» yazısında, ilerlemenin savaşla olduğunu ileri sürer :

«Biyolojik bakımdan yaşam bir savaştır. Tarih de yaşamın uluslar arasındaki çarpışmalardan ibaret olduğunu ve uygarlığın ilerlemesine de savaşların neden olduğunu kesin olarak kanıtlıyor»[18].

Bu nedenle Turancı tarih, savaş ve savaşçılığa övgü niteliği alır*. Liselerde günümüzde okutulan tarih, Türk kültüründe yiğit (alp) tipinin, ideal insan sayıldığını yazar.

Atatürk'ün tarih savı, Millî Misak sınırları içindeki «Türkiye halkı»nın tarihini kurmayı amaçlar. CHP Programı, vatan kavramını, *«topraklarının derinliklerindeki yapıtlarıyla, bugün üstünde yaşanan siyasal sınırlarla çevrilmiş kutsal yurt»* diye tanımlar. Turancı anlayışta vatan, «tutsak Türklerin» yaşadıkları alanları da kapsar. 1 numaralı Türkçü ve lider ilân edilen Rıza Nur, Türk Tarihi yapıtının ilk sayfalarında, Türklerin bir «irredenta»sı, yâni tutsak Türkleri kurtarma dâvası vardır, der ve Çin, Rusya ve İran'a geçmiş toprakların kurtarılmasını ister[19]. Hitler'in 1941'de Kafkaslara doğru ilerlediği günlerde açıkça belirtilen bu ülkü, günümüzde, «tutsak Türklere kültürel ilgi ve dayanışma» diye hafifletilirse de, amaç değişmez**.

Türk tarih savında, Orta Asya, Türklerin geçmişte yaşadıkları yurttur. Günümüzdeki Orta Asya toplulukları, bu tarihte yer almaz. Turancılar için Orta Asya, günümüzde de yurttur ve Turancı tarih «tutsak Türkler»e ağırlık verir. Atatürkçü tarih, bugünkü Türkiye toprakları üzerindeki bütün geçmiş tarihe sâhip çıkar, Hitit, İyonya vb. uygarlıklarını benimser; Turancı tarih ise, yadsır.

TÜRKLERİN ANAYURDU TARTIŞMALARI

Günümüzde de hâlâ tartışılan bu konuyu biraz aç-

---

* Savaş meydanlarından gelen Atatürk, savaş için şöyle der: «Savaş zorunlu ve yaşamsal olmalıdır. Ulus yaşamı tehlikeye düşmedikçe, savaş bir cinayettir».

** Bununla birlikte günümüzün Turancı el kitabı «Ülkücüye Notlar»da «Yurtta sulh, cihanda sulh» sloganı «pısırıklık, miskinlik, korkaklık, uyuşukluk» telkin ediyor diye eleştirilir ve «dünyanın neresinde bir Türk varsa, bizim doğal sınırlarımız orada başlar» denilmesi istenir.

makta yarar vardır. Prof. Afet İnan, Atatürk'ün çözmek istediği sorunu şöyle açıklar :

«Atatürk 1930 yıllarında Türk tarihi üzerinde bizzat çok meşgul idi. Okuyor, okutuyor, tartışıyor ve fikirlerini telkin ediyordu. Bütün uğraştığı ve çözmek istediği nokta, Türkiye topraklarında bugün yaşayan halkın tarihsel kökenini bulmaktı.

İlk önceleri Akdeniz uygarlığı çerçevesi içinde Anadolu halkının otokton (yerli) oluşu üzerinde durmak istemişti. Oysa Anadolu'ya türlü dönemlerde göçler ve istilâlar olduğu kesin idi. Bu göçler, islâm döneminde ve tarihsel dönemlerde olduğu gibi, daha önceleri de olmuştu. O halde bu göçler zincirinin halkalarını tamamlamak ve Türk kavmi ile ilgisini bulmak gerekti. Özellikle Anadolu'daki tarihsel temelimizi derinliklerde aramak gerekiyordu»[20].

Demek ki, asıl ilgi, bugünkü Türkiye'nin geçmişinedir. Göçler ve istilâlar olmasa, Atatürk, Akdeniz uygarlığı çerçevesinde «binlerce yıldır Anadolu'da yaşayan halkın tarihini» derinlemesine araştırmakla yetinecektir. Orta Asya ile ilgisi, Anadolu'ya oradan birçok göçler olması nedeniyledir. Fakat yine de Anadolu'daki tarihsel temele en büyük ağırlığı verecektir. Nitekim Afet İnan, çeşitli yazılarında Türk Tarih Kurumu'nun araştırmalarına temel olan bu görüşü işler :

«Türk Tarih Kurumu çalışmalarında, Atatürk'ün istediği, *yurdumuzun eski uygarlıklarını meydana çıkarmak, böylece bugünkü Türkiye halkının* ve genellikle Türk kavminin tarih boyunca biribirleriyle ilgisini kurarak, genel Türk tarih uygarlığını, yeni bilimsel araştırmalara göre, tutarlı bir biçimde yazabilmekti».

«Türkiye tarihinin çeşitli dönemlerine gelince, bu toprakların en eski dönemlerinden en yeni zamana kadar geçen siyasal ve uygar varlığının hangi ad altında olursa olsun, bu yurda yerleşmiş olanlar tarafından meydana getirilmiş olmasıdır. *Türk topluluklarının fetih yoluyla ya da göçlerle buraya gelişleri, Türkiye'nin bugünkü halkını teşkil etmiştir. En eski uygarlıkların yapıcısı olan, örneğin Hititler ya da Urartular, buradan başka yere göç etmemişlerdir. Buna göre, yurdumuzdaki bütün uygarlık yapıtlarına, bugün burada yaşayan Türk Ulusu sâhip ve mirasçıdır. Yâni bu yapıtlar, bugün buralarda yaşayanların atalarından kalmadır»*[21]

Nitekim Atatürk, Türkiye'deki arkeolojik çalışmalara büyük önem verir. Anadolu'daki bulgularla Türkiye halkının, dünya uygarlığına katkısının meydana çıkacağına inanır. 1 Kasım 1936'da Türkiye Büyük Millet Meclisi'ni açış konuşmasında, Atatürk, şöyle konuşur :

*«Türk Tarih Kurumu'nun Alacahöyük'te yaptığı kazılar sonucunda meydana çıkardığı 5500 yıllık nesnel Türk tarih belgeleri, cihan kültür tarihini yeni baştan incelettirecek ve derinleştirecek niteliktedir»**.

Görüldüğü üzere, Atatürkçü tarih savı ile Turancı

---

* Ankara Belediye Başkanı Dalokay'ın Alacahöyük kazılarında bulunan bir Hitit heykelinin kopyasını Sıhhiye alanına diktirmeye kalkışması, günümüzde fırtınalar yarattı ve bunun «Atatürkçülük» olup olmadığı Senato'da ve basında tartışıldı. Rusya pantürkistlerinden Sadri Maksudî Arsal'ın kızı Senatör Adile Ayda, «Bu, bir puttur ve Türk olmayan Hint-Avrupa kökenli Hitit'ler ile onların karıştığı kökeni meçhul eski Anadolulu Hatti'lere ait bir puttur. Atatürk, bu konudaki bilgilerin azlığı nedeniyle Hitit'leri Türk sanmıştır. Türk olmadıkları şimdi kesinlikle anlaşıldığından put dikilemez» biçiminde Senato'da konuştu ve basında yazdı. Adile Ayda'nın savına Senato'da gerçeğe daha uygun düşen şu yanıt verildi: «Atatürk, Hitit'lerin Türk olmadıklarını pekâlâ biliyordu.... Atatürk, Hitit'lerin Türk olduğunu söylemekle, bugün Anadolu'da yaşayan Türk ulusunun öyle XI. Yüzyılda buldukları uygarlıkları yok eden istilâcılar olarak buraya gelmediklerini, Anadolu'da yaşamış uygarlıkları benimseyerek ve onları özümseyerek devam ettirdiklerini anlatmak istemiştir».

Adile Ayda ise, «Sıhhiye'deki Put» başlıklı yazısında «anıt dikilirse, bunu tarih, Türklerde ulusal ve dinsel bilincin iflâsı olarak yazacaktır» der (Tercüman, 24 Ekim 1977).

Bu örnek, görüşler arasındaki karşıtlığı belirtmek bakımından çarpıcıdır.

tarih savı arasında temelli yöneliş ve amaç ayrılıkları vardır. İçten Turancılar, bu büyük ayrılıkları saklamazlar. Nitekim «Türk tarihine bakışımız nasıl olmalıdır?» yazısında Atsız, Atatürkçü tarih görüşünü, *«Türk tarihi, tımarhane yöntemlerine göre kurulmak istenmiştir»* diye eleştirir[22].

GÜNÜMÜZDEKİ TÜRKİYE TARİHİ VE TURAN TARİHİ

Atatürk'ten sonra Turancı tarih anlayışı güç kazanır. Birinci Dünya savaşı sırasında olduğu gibi, İkinci Dünya Savaşı günlerinde de, Almanya, Türkiye'yi savaşa sokmak için «tutsak Türkleri kurtarma» propagandasına önem verir. O günlerin ünlü «Almancı» paşalarından Erkilet, «soy, kan... vb.'nin birleştirdiği bir ulusun çeşitli bölümlerini tutsak iseler kurtarmak, biraraya getirmek, milliyetçiliğin amacıdır» diye yazar. Yay-Kur eski yöneticisi Reha Oğuz Türkkan, «ufuktaki o dağlara» yâni Kafkaslara ve belki de Altaylara «bizi yıldırım hızıyla yarın ya öbürgün yanaştırması» için «birden bir olayın patlamasını», yâni savaşa katılmamızı bekler[23].

Hitler'in yenilgisinden sonra ABD, «soğuk savaş» aracı olarak «tutsak Türkleri kurtarma» savını ele alır. Batı Almanya'da «Türk Kültürü» ile ilgili sözüm ona enstitüler kurar. CIA radyolarında yayınlar yapar. Türkiye'de de devlet bütçesinden para alan enstitüler ve kurtarma dernekleri kurulur, siyasal partiler oluşur. Okul programlarında Turancı tarih görüşü giderek ağır basar.

TÜRKİYECİLERİN GÖRÜŞLERİ

Bu yöneliş, yeni tartışmalara yol açar. Atatürkçü tarih görüşünü, bütün mantıksal sonuçlarıyla ve belki de biraz daha aşırı bir düzeyde, Sabahattin Eyüboğlu,

Melih Cevdet Anday, Halikarnas Balıkçısı gibi yazarlarımız coşkun bir inançla savunurlar.

Yunan uygarlığını, Anadolu uygarlığının kötü bir taklidi sayan Halikarnas Balıkçısı, Orta Asyacılık tutkusunu tarihsel gerçeklere aykırı sayar :

«Gelelim Turancılara: Bunlar Anadolu'nun binlerce yıllık kültür ve görenek verilerini, günümüz Anadolusunun etkin birliğini - göz göre göre - bir yana teperek Turan ve muran efsanelerini ulusal kültür diye benimseyekorlar. İşte bu şimdiye dek hiçbir zaman, hiçbir yerde, hiçbir ulusça usda da, düşde de görülmemiş bir garabettir. Araplarla Yahudiler samî (semitik) oldukları halde, kültür köklerini Firavnî Mısır'da ya da Asurîlerde aramazlar. Got'lar, Sakson'lar, Ang'lar, Alemanni'ler ve Vandal'ların kimi Kuzey Avrupa yoluyla, topu da Asya'dan gelmedir. Frank'lar, Lombard'lar, Gol'lar da öyle. Seltler ya da Keltler, İsa'dan iki bin yıl önce Asya'dan gelerek Anadolu üzerinden Batıya göç ettiler. Bugün Almanlar, Fransızlar, İngilizler 'kültürümüz' deyince, hangi uluslarla karışmışlarsa, hangi koşulların etkisinde kalmışlarsa bu etkilerin toplamına 'kültürümüz' demişlerdir... Bu toplumların hiçbiri bugünkü kültürlerini eskiden gelmiş oldukları yerdeki eski varlıklarında aramazlar».

«İnsan denilen yaratık, günümüzün insanı olarak - yâni Rodin'in Düşünen Adam'ı olarak - Orta Asya'da bir yerde gelişmiş ve orada üreyip türemiştir. Göçler, Türkistan ve Ural-Altay yönlerinden kopar. İnsan sürüleri karışa-kaynaşa dört yana, ama özellikle Batıya dağılır. Uygarlık öyle bir üründür ki, onun tohumunu salt bu soy ya da şu soy ekmiş olamaz. İnsansal olan uygarlık, hiçbir zaman salt bir soyun tekeli olmamıştır».

Halikarnas Balıkçısı, «şekerin, tuzun bir aşda eriyip yok olmayışı» biçiminde bir soylar karışmasıyla bir «*Türkiye Türkü*»nün meydana geldiğine inanır :

«Türkler ve onlarla birlikte Selçuklular ve Oğuzlar ve onlardan önce Anadolu'nun taş döneminden gelen Anadolulu kuşakların kanları karışınca, Anadolu'nun Türkiyeli Türkü denilen adamını peydahlamış ve böylece Türkiye denilen etnik bir birliği, bir gerçeği ve bir kültürü yaratmıştır. Bu kültür Selçuk ve Osmanlı uygarlıklarını ortaya koymuştur».

«Anadolu ya da Türkiye çok değişik evreler gösteren upuzun tarihinde, ancak dokuz yüz yıldan beridir ki, tam bir etnik bütünlüğe ve birliğe kavuşmuştur. İsa'dan iki bin yıl önce koca Hitit, ondan sonra Frig, Lidya, Pers, Büyük İskender, Bergama, Roma ve Bizans imparatorlukları bile Anadolu'da bir birlik sağlayamamışlardır. Etnik ve kültürel bakımdan Türkiye, doğal olarak Millî Misak sınırları içindedir. Çünkü, *şimdi Türkiye Anadolu'da ister geri densin ister ileri, etnik ve kültürel bir bütün ve bir gerçekliktir.*

Türkiye'nin ve Türkiyelilerin - ki bunlara kısaca Türk deniliyor - tarihi, Türkiye'de gelmiş geçmiş koşullarca etkilenmiş bütün etnik ve kültürel varlıkların tarihidir. Bu tarih de Anadolu'nun tarih öncesi geçmişinden göbek bağı kesilerek dipdiri ele alınır. Türkiye tarihini Selçuk ya da Osmanlı İmparatorluğundan, şu sultan, bu sultandan başlatmak, onu göbek bağından değil, belinden sepetlemesine kesmektir*. Türkiye tarihini, kendi doğal ayakları üzerine dikmek gerekir.

Anadolu, Asya değildir. Akdenizdir. Ama Akdeniz'in asıl aşırılıkla Akdeniz olduğu yer, Doğu Akdenizdir... Dünyanın başka yerleri - o da varsa - yalnız biricik uygarlıkla övünebilirler, ama Doğu Akdeniz ve çevresi Sümer, Akad, Bâbil, Asur, Mısır, Hitit, İran, Minoen, İyonya ve Yunan uygarlıklarıyla göğüs kabartabilir»[24]

---

* Yahya Kemal Beyatlı, bizim tarihimizin kesinlikle 1071 Malazgirt Savaşı ile başladığını öne sürer ve «yeni bir yurt, yeni bir ulus yaratır» der.

«TURAN DENİLEN ÖTE YURT»

«Dede Korkut, Akdeniz'in soluğunda Homeros ile elele veriyor» diyen Sabahattin Eyüboğlu aynı coşkunlukla benzer bir görüşü savunur :

«Bu memleket niçin bizim? Dörtyüz atlıyla Orta Asya'dan gelip fethettiğiniz için mi? *Böyle diyenler gerçekten benimsemiyor, anayurt saymıyorlar bu memleketi. Gurbette biliyorlar kendilerini yaşadıkları yerde.* Hititler, Frikyalılar, Yunanlılar, Farslar, Romalılar, Bizanslılar, Mogollar da fethetmişler Anadolu'yu. Ne olmuş sonunda? Anadolu onların değil, onlar Anadolu'nun malı olmuş.

Bu memleket bizim olduğu için bizim, fethettiğimiz için değil. Aramızda dışarıdan gelmeler çoğunluk olsa bile - ki değil elbette - kaynaşmış; halleşmiş hepsi. Fetheden de biziz artık fethedilen de. Eriten biziz, eriyen de. Biz, bu toprakları yoğurmuşuz, bu topraklar da bizi. Onun için en eskiden en yeniye ne varsa yurdumuzda öz malımızdır bizim. *Halkımızın tarihi, Anadolu'nun tarihidir...*

Anadolu olarak bizim bu kültürdeki payımız en az Yunanistan'ınki kadar büyüktür. Ne var ki biz bu payı yüzyıllarca hor görmüş, kendi malımızın dışarıda değerlendirildikten sonra, tekrar bize gelmesini beklemişiz... Anadolu uşağı Homeros'u bir biz kalmışız benimsemedik... Selçuk ve Osmanlı atalarımız, en uyanık zamanlarında, Rum diyarı dedikleri Anadolu'daki antik değerlerle uzlaşma, kaynaşma yollarını aramışlar. Ne var ki bu uyanık günler kısa sürmüş, softalar her yerde ve her zaman açılma gayretlerimizin hakkından gelmiş ve islâmlık öncesi kültür değerlerimizin yüze çıkmasını önlemişler.»

«Tam hacıyağlarından kurtulup Kaz dağının çam kokularını alabileceğimiz sırada Turan diye yeni bir 'öte-yurt' çıkarılmış başımıza. En belâlısı da bu olmuş bence; çünkü bu öte-yurdun yurttaşı olabilmek için bir

Anadolu çocuğunun, müslümanım der gibi Turanlıyım demesi yetmez: Kanını, kafatasını, adını, sanını değiştirmesi gerekir. Turan öyle bir yurttur ki, orasını bırakıp kaçan, oradaki gerçek yurttaşlarının kaderini paylaşmayanlar, Anadolu'yu kurtarmak için kanlarını vermişlerden daha soylu sayılır.

Anadolu'yu anayurt saymaya, topraklarımızın tarihini onunla eşlemeye Atatürk'le başlamışız. Hitit'leri Türk saymanın asıl anlamı Anadolu'yu bütün geçmişiyle benimsemekti. *Yeni Türkiye, din ve ırk kavramları üstüne değil, yurt ve dil kavramları üstüne kurulmuştur*».

«Ziya Gökalp'in tarihsel zorluklarla uzak ve meçhul ülkelerde aradığı vatan, *anavatan bizim için adalar ve Rumelisiyle Anadoludur.* Başka yerlerde kardeşlerimiz, uzak yakın akrabalarımız olabilir. Ama Türkiye'nin asıl kökleri Türkiye'dedir. Atatürk'ün dil ve tarih kuramlarını da yanlış anlamamalı: Bunlar, onun bu topraklardaki bütün değerleri benimseme gayretinden doğuyordu. Yunan, Türktür demekle, biz bu memleketin Yunan'dan önce de sâhibiydik, asıl Yunan da zâten Anadolu'dan kopmadır, demek istiyordu»[25].

MEGALO İDEA VE TURAN

Niyazi Berkes, ayrı bir bakış açısından, Yunan Megalo İdea'sı ile «Turancılık hastalığı» arasında ilişki kurar ve bunun felâketli sonuçlar verebileceğini belirtir:

«Kimi ulusların kolaylıkla kendilerine geçmişte tarih bulmak gibi bir talihliliği var. Kimilerinde bu, bir talihsizlik de olabiliyor. Özellikle uzun ve geçmişte ayrı dönemleri olan bir tarihi benimseme iddiasında olanlar için. Çünkü böyle bir tarihin mirasının altından kalkmak güç bir iş.

Roma İmparatorluğunun tarihi bunlardan biri. Birçok ulusların uygarlığına çok şeyler bıraktığı halde, bugün onu hiçbir ulus kendi tekeline almıyor. Böyle bir iddiayı yapmaya en yakın sayabileceğimiz İtalyanlar bile, kendilerine Romalı demiyorlar. Buna karşılık bugünkü Yunanlılar bir değil, iki değil, üç kocaman tarih döneminin birden mirasçısı olmak sanısındalar. Antik çağların Grek uygarlığının, ilk hıristiyanlık döneminin, koca Bizans İmparatorluğunun!

Büyük tarihlerin mirasçılığını taslayan ulusların başına kimi zamanlar bu miras bir dert de olabilir. Özellikle o mirası yitirmişler ve bulamıyorlarsa! Sorun kafalarında bir kâbus gibi yaşar. Bir çeşit ulusal nevrozluk olur. Tarih, o zaman tarihlikten çıkar, ya efsaneleşir ya da palavra hastalığı olur.

Bu kırık dökük düşünceleri Turancılık hastalığı dolayısıyle yazdığımı sanmışsanız haklısınız, ama hayır; ondan değil, onun Yunanlılardaki benzerinden söz etmek için not etmiştim»[26].

ANAYURT ORTA ASYA İSE, ANADOLU NE?

Melih Cevdet Anday da, «anayurdumuz»u Orta Asya'da aramanın, Yunanistan'ın Anadolu'daki genişleme iddialarına hak vermek gibi bir anlam taşıdığını belirtir :

«Bugün ilkokul, ortaokul tarih kitaplarımızda Orta Asya'dan Anayurdumuz diye söz edilmesi, çocuklarımızın kafasını karıştıran korkunç bir yanılmaya yol açmakla kalmıyor, yurt olarak bellememiz gerekli yer konusunda, sâdece Türk'e düşman olanların ekmeğine yağ süren bir sakıncayı da ortaya çıkarıyor: Bizim Anayurdumuz Orta Asya ise, Anadolu nemizdir? Buna 'cici anne yurdumuz' diye mi karşılık vereceğiz? Anadolu'da gözü olanlar 'işte biz de bunu söylüyorduk, Anadolu Türklerin yurdu değildir, onların buradan çekilip Orta Asya'ya gitmeleri gerekir' demezler mi? Demiyorlar mı?»[27]

Gerçi Atatürk'ün hazırlattığı Lise Tarih yapıtında da «Anayurt, Orta Asya'dır» denilir. Buna dayanarak tarih doçenti Aydın Taneri, Anday'ı eleştirir[28]. Ne var ki, bu yapıt Orta Asya'yı uzak geçmişteki bir anayurt olarak ele alır. Nitekim Üçüncü Tarih Kongresi'ni açarken, Kongre Başkanı olan Eğitim Bakanı, Atatürkçü Tarih Savı'nın Orta Asya'yı *«kaynak»* ve bugünkü Türkiye'yi «özyurt» saydığını açıkça belirtir[29].

Melih Cevdet, «ırkçı» tutuma götürebileceği kaygısıyla Atatürk'ün Orta Asyacılıktan kaçındığı kanısındadır :

«Gerçi Atatürk'te bir Orta Asya görüşü vardı, fakat bunun 'ırkçı' bir tutuma yol açabileceğini gören büyük adam, Orta Asya'yı sâdece bir *'insanlığın ve uygarlığın ürediği bölge'* olarak bırakıp Anadolu'nun geçmişine sarılmakta gecikmedi».

Kanımızca, «ırkçı» tutumdan kaçınmak için değil, başından beri aslında Anadolu ile ilgili bulunduğu için, Atatürk, Orta Asyacılığa yönelmez. Enver Paşa Turancılığını en sert biçimde eleştirir. Orta Asya ile ancak, «özyurt Anadolu» ile bağlantılı olduğu ölçüde ilgilenir. Orta Asya, Sümerlerin ve Hititlerin bırakmak zorunda kaldıkları «eski yurt»tur. Anadolu'da 5500 yıllık Hitit öncesi bir uygarlık bulunca bütün dikkatini oraya çevirir ve 1936 yılı Meclis açış konuşmasında Anadolu'daki bulguların «Cihan Tarihi'ni yeni baştan incelemeyi ve derinleştirmeyi» gerektireceğini bildirir. Melih Cevdet de başka bir yazısında bu görüşü belirtir :

«Atatürk, hiçbir zaman ırkçı ve Asyacı* olmamış-

---

* «Irkçı» bir Türkçülük anlayışına dayalı Anadoluculuk da vardır. Nitekim Rıza Nur, Turancılığı kademelendirir. Panturancılık Mogol, Macar, Eston ve Finleri de kapsar. Pantürkçülük bütün Türklerin birliğidir. Bütün Türkmenlerin birliği, Pantürkmencilliktir. Türkiye'deki Türklerin ulusçuluğu ise Türkçülüktür. Rıza Nur, ilk aşamada Türkçülüğü savunur ve «bütün gücün Türkiye'ye verilmesini, Türkiye sınır dışı ile uğraşıp gücü dağıtmaktan kaçınılmasını» ister (Türk Tarihi, I, s. 179). Ziya Gökalp'te de kademelendirme görülür. Bundan başka Rumelili'ye tepki olarak «coğrafyacı», «ırkçı» bir Anadoluculuk da vardır. Doğaldır ki, Atatürk'ün hümanizmaya yönelik Anadoluculuğu ile öteki Anadoluculuklar temelinden ayrılır.

tır. Ayrıca, Anadolu tarihinin bilimsel yöntemlerle yeni baştan incelenmesi onun büyük bir tutkusu idi. Nitekim Türk arkeologları, yönettikleri yeni kazılardan çıkarılan değerli belgelerle adlarını bütün dünyaya duyurdular. Bu kazılardan sonra Hitit tarihinin yeniden yazılması, ilkçağ bilgilerimizde çok önemli düzetmeleri gerekli kıldı. Batıda Batı üstünlüğü amacına yönelik bilim verileri, bu kez Anadolu'da insanlığın daha eski aşamalarını gösteren verilerle karşılaşıyordu»[30].

Böylece, tarihimizin - Afet İnan'ın deyimiyle - «yeni bir hümanizma»ya yol açması[31] beklenmekteydi.

TÜRK ULUSU VE «SON TÜRK DEVLETİ»

Melih Cevdet Anday'ın Turancı tarih anlayışına yönelttiği önemli bir başka eleştiri, bunların bugün var olan Türk ulusunu, tarih boyunca «ulus olarak» bulunmuş, varsaymalarıdır. Pek çok tarihçimiz ve okul kitapları bu görüşü paylaşır. Örneğin Orhun yazıtlarında geçen «Türk budun» deyimi, «Türk ulusu» diye çevrilir. Oysa Orhun yazıtlarında, daha pek çok Türk saydığımız budunların adı geçer: Dokuz Oğuz budun, Karluk budun, Türgiş budun, Onok budun vb. gibi. «Türk budun» Türk ulusu ise, Oğuz budun'un ve ötekilerin Türk olmayan uluslar kabul edilmesi gerekir.

«Türk budun» öteki Türkçe konuşan budunları zorla bağımlı kılar, fakat onlar devamlı ayaklanırlar ve bağımsız kalmaya çalışırlar. Bu durumda hepsi Türkçe konuşan budunların bir ulus teşkil ettiği söylenemez. Çünkü bir ulusal bilinç yoktur, toplumsal dayanışma ancak birkaç bin kişilik bir topluluk olan budun ile sınırlıdır. İslâmiyetten sonra da Buhara, Taşkent gibi kentlerde oturan Türkler ve İranlılar, dilleri ayrı olduğu halde, kendilerine Buharalı, Taşkentli derler, Türk ya da İranlı demezler. Temasta bulundukları islâm göçebelere Türkmen adı verirler. Türkmenlerin islâm olmayanları Oğuz adını taşır. Selçuklu ve Osmanlı zamanında da bu ayırım görülür. Batı Anadolu ve Rumeli'de yaşayan bölümüne daha sonra Yörük adı verilecek olan göçebe Türkmenler, Selçuklu ve Osmanlı devletlerinde bir «anarşi» ögesi olarak âdeta «toplumun dışında» ve ekonomik bakımdan ayrı ve yıkıcı sayılırlar. Osmanlı'da ulus yoktur, «ümmet» anlamına, hıristiyan, yahudi ve islâm milletleri vardır. Alevi Türkmenler, «İslâm milleti»nin dışında tutulur. Soy ve dil bakımından ayrı Boşnak, Pomak vb. gibi topluluklar din değiştirince, İslâm milletinin ötekilerden farksız üyeleri olurlar. Bu koşullarda, bugün anladığımız anlamda bir ulustan söz edilemiyeceği açıktır. Türk ulusu, öteki uluslar gibi tarihsel bir süreç içinde ve yakın zamanda meydana gelir. Melih Cevdet şöyle der :

«Ulusça Orta Asya'dan gelmiş olduğumuzu ileri süren düşüncenin, bence anlaşılmaz ya da tartışmalı kalan yanı u'us olgusunu tarihsel bir süreç saymaması, onun zamanını, oluşumunu hiç dile getirmemesi, kısacası Türk ulusunu tarih boyunca 'ulus' olarak bulunmuş varsaymasıdır. Oysa, ulus denilen toplumsal olay, yakın çağların ekonomik, siyasal bir ürünüdür. Bütün ulusların tarihleri, bilemediniz iki yüz yıl içinde dolaşır, durur. Bize gelince, biz ulus olma zorununu duyduğumuz ve bunun ekonomik koşullarının başlangıcı içine girdiğimiz zaman, ulus kavramını Batıdan aldık. Başka türlüsü olamazdı da ondan... Avrupa uluslarının hiçbiri, tarih boyunca 'ulus olarak' bulunmuş olduklarını savunmazlar, çünkü savunamazlar ve buna lüzum da duymazlar... Biz alışmışız, ama garip geliyor onlara. Bunca eski bir ulusal tarih, bir Batılı için akıl alır şey değildir».

«CUMHURİYET, İLK ULUSAL TÜRK DEVLETİDİR»

Türkiye'de uluslaşma geç gerçekleşir ve Türkiye Cumhuriyeti, ulus'un adını taşıyan *«ilk ulusal Türk devleti»* olur. Turancı çevreler için ise, Türkiye Cumhuriyeti «son Türk devleti»dir. Bu konuda da tartışmalar sürer. Melih Cevdet, bilimsel açıdan yanlış ve ağlamaklı bulduğu «son Türk devleti» deyimini eleştirir:

«Son Türk devleti sözünde bir acınma kokusu duyduğum için üzülüyorum. 'İşte bu kaldı elimizde, başkası yok» demek istiyorlar. Elbette bir o var ve başka yok. Ama elimizde kalan değil, yarattığımız, kurduğumuz, ölümsüz olmasını dilediğimiz, bireyleri Türk olmanın bilincine ermiş, yurdunu ve tarihini kesin sınırlarıyla benimsemiş Türkiye Cumhuriyeti Devleti».

«Bence, Türkiye Cumhuriyeti ilk Türk devletidir. Bunda üzülecek hiçbir şey yok. Bu devletin, bütün ulusların tarihine benzer bir geçmişi vardır elbet ve bu geçmiş ancak 'ulus' anlayışı açısından, başka bir deyişle, ulus oluşumuna ermiş bir toplumun, bu oluşumdan önceki dönemleri olarak değerlendirilebilir... Osmanlı Devleti ulusal bir devlet değil idi, onu sâdece bir ulusun, yeni uluslaşmaya başlamış Türk'ün devleti saymaya, yapmaya kalkmak, imparatorluğun sonu olurdu. Nitekim öyle de olmuştur. Bütün uluslar, bütün ulusal devletler yenidir»[32].

Niyazi Berkes de ulus'un adını taşıyan ilk Türk devletinin Cumhuriyet olduğunu belirtir ve Turancılığın direnişlerine karşın, bu adı Atatürk'ün koyduğunu anlatır:

«Bu adın alınışı, Cumhuriyet döneminde ve Atatürk'ün ısrarıyla olmuştur. Sultanlık ile Halifeliğin kaldırılmasından sonra, geçici olarak 'Türkiye Büyük Millet Meclisi Hükümeti' devleti olarak adlanan devletin gerçek adının ne olacağı TBMM'de hararetli tartışmalara konu olmuştu. O zaman Mustafa Kemal karşıtı olan ırkçı, Turancı, Anadolucu, mukaddesatçı ne kadar eski eğilimli tanınmış kişiler varsa Turan, Oğuz, Selçuk, Anadolu devleti gibi adlar önermişler ve yalnız Mustafa Kemalcilerin yeni devletin adının Türk devleti ve ülkesinin adının Türkiye olması üzerinde direnmeleri sâyesinde tarihte ilk Türk Devleti kurulmuştur»[33].

NASIL VE NE ZAMAN ULUS OLDUK?

Peki ulus değildik de neydik? Konunun yeterli açıklığa kavuşturulabilmesi için, bu sorunun somut biçimde yanıtlanması gerekir.

Ulus yoktu, fakat islâmın yayıldığı dönemde ortak bir dil konuşan, özgül yönlerine karşın ortak sayılabilecek bir kültüre sâhip bulunan ve bunun bir parça bilincinde olan, boy, oymak, budun aşamasını geride bırakma yolunda az çok adım atmış bir topluluk, bir etnik grup vardı. Sovyetler, boy, oymak aşamasını aşmış, fakat uluslaşmamış kuruluşlara «narodnost» adını verirler. Kuşkusuz, Türkçenin çeşitli kollarından birini konuşan bütün topluluklar bu aşamaya ulaşmış değillerdi. Örneğin XX. Yüzyıl başlarında bile, Altay dağlarının uzak köşelerindeki topluluklar ve Kuzeydoğu Sibirya'daki Yakutlar, bağımsız klanlar, boylar hâlinde yaşamakta idi: Her Yakut boyunun atası ve totemi olan bir hayvan vardır. Tavşan atadan inen boy, geyik atadan inen boydan kendini özenle ayırır. Tavşan atalı boy bu hayvanı ulular, onu öldüremez ve yiyemez, fakat geyikleri öldürür ve yer. Geyik atalı boy da bu hayvana dokunamaz, ama tavşanı yer. Yakut boyları, biribirlerine bu kadar yabancı topluluklardır. Aralarında bir dayanışma olmadığı gibi, savaşma olagan durumdur. Fakat genel durum bu değildir. Giderek boylar gruplaşırlar, birkaç boy birleşip tek bir boy olur, onlar da aralarında dayanışma ve ittifak olan boy grupları, budunlar teşkil ederler. Budunları biraraya getiren siyasal birlikler ya da boy ve budunlar konfederasyonu kurulması, ortak düşmanlara karşı verilen savaşlar, sürek avları, yeni soy kütükleri düzenlemeler vb. — aralarındaki bağlar gevşek bile kalsa — daha büyük göçebe toplulukların meydana çıkmasına yol açar. Örneğin Gök Börü (bozkurt) ilkin bir boyun totemi ve atası iken, bu boy geniş bir boylar topluluğu üzerinde egemenlik kurunca, kurt onların da atası olur*. Dili farklı olan boylar kendi dillerini unuturlar, egemen boyların dillerini kabullenirler.

İslâm Araplar ile savaşlar, yenilgiler, Arap egemenliğine düşüş, Arap sömürüsü ve bu sömürüye karşı verilen mücadelede — boy ve oymak bağları zayıfladığı ve çözüldüğü ölçüde — bir etnik bilinç, sınırlı da olsa gelişir.

İslâmiyetin doğuşuna yakın günlerde Arap kabileleri de benzer bir durumdadırlar. Bir Arap ulusu yoktur, fakat nesnel olarak ortak bir dil ve az çok yakınlaşmış bir kültüre sâhip kabileler, bir etni teşkil ederler. Kabileler, kendilerini biribirlerinden ayrı saymakla ve aralarında genellikle savaşmakla birlikte, yabancılar tarafından hepsi Arap sayılırlar. Hatta yabancılar, kendilerine Arap demiyen, Araplara yabancı diyen, Güney Arabistan dili konuşan topluluklara da Arap etiketini yapıştırırlar. VIII. Yüzyıl başlarında islâmlığın meydana çıkışı ve fetihlerle, Muhammet, bütün Arap kabilelerini islâm olmaya zorlar. Tek tanrılı hıristiyan ve yahudiler, vergi karşılığı dinlerini korumakta serbest bırakılırlarsa da, Araplar zorla islâm yapılır. Böylece ortak bir dilin yanı sıra, ortak bir ideoloji Arap kabilelerini birleştirir. Hızla gelişen fetihler ve bağımlı kılınan topluluklardan alınan haraçlar, Arap etnik grubunu zenginleştirir. Arap olmayan berberîler, Mısırlılar, Arap dil ve dinini kabul ederek Araplaşırlar ve Arap sayılırlar. Arap üstünlüğüne ve Arapların onları köle durumunda tutup sömürmelerine karşı, Türk ve İranlı ögeler arasında, bütün müslümanların eşitliğini (şu'ûbiyye) amaçlayan bir tepki gelişir. Prof. Köprülü'nün deyimiyle, bir «kavim bilinci şiddetle uyanır»[31]. Bu tepkiyle, Arap üstünlüğüne dayalı Emevî İmpara-

---

* Anadolu Türkmenlerinde kurt ata yoktur. Genellikle geyikgiller kutsal sayılır ve ululanır.

torluğu yıkılır. Türk, İran, Arap etni'lerinin eşit olduğu bir isâlm imparatorluğu (Abbasîler) kurulur. Daha sonraki yüzyıllarda islâm olan Türklerin sayısı artar. Giderek göçebe Oğuzlar, islâmiyeti kabul ederler ve onlara Türkmen adı verilir. Türkmen bir boy ya da budunun adı değil, yabancıların ortak dil ve kültüre sâhip bir göçebe topluluğa, bir etnik gruba verdiği genel addır. Türkmenler de zamanla bu adı benimseyerek kendilerini öteki etnik gruplardan ayırırlar ve böylece, sınırlı da olsa, bir etnik bilinç elde ederler. XI. Yüzyıl ortalarında İslâm İmparatorluğu içinde egemenliğin Türkmen soylarına geçişiyle, bu bilinç biraz daha güçlenir. Doğaldır ki, bir ulusçuluk akımı yoktur. Çeşitli etnik gruplar, islâm ideolojisi çerçevesinde birleşirler. Arap, Türk, İranlı değil, islâm vardır.

ANADOLU'NUN TÜRKLEŞMESİ

Anadolu'nun fethini, savaşmaktan çok yerleşmek için karıları, çocukları ve sürüleriyle dağınık gruplar hâlinde gelen ve aralarında da savaşan bu Türkmenler yapar.

Anadolu, geçmişte bir «diller ve yazılar» ülkesidir: Hitit, Urartu, Frigya, Lidya, Likya, Karya, Kappadokya, İsauria, Ermeni, Kürt, Grek, Yahudi, Kimmer, Pers vb. Anadolu'da yaşamış, ayrı diller konuşan çeşitli gruplardır. Kalıntıları yaşarsa da, zamanla bu dillerin bir kısmı unutulur, o dilleri konuşanlar, öteki gruplar içinde erirler. Bâzı tarihçilerimiz, örneğin Mükrimin Halil Yinanç, Türkmenler geldiklerinde Hititlerin eskisi gibi var olduklarını düşünürse de, herhangibir kanıt getiremez. Anadolu'da Türkçe konuşan hıristiyanların 4 bin yıllık «Turan» halkı olduğu iddiası da herhangibir temele dayanmaz.

Türkmen geldiğinde, Batı ve Orta Anadolu'da Kappadokya'ya kadar, Grek dil ve kültürü egemen gözükür. Doğuda ise, Ermeni, Süryanî, Kürt, Gürcü, Arap, Laz dilleri çoğunluğun konuştuğu dillerdir. Sürekli dinsel kavgalar ve toplumsal çalkantılar olmakla birlikte, hıristiyanlık yaygındır.

XI. ve XII. yüzyıllarda Türkmenler Anadolu'ya milyonlarca kişi olarak gelmediler. Mükrimin Halil, 1 milyon der. Prof. Kafesoğlu 550 ilâ 600 bin rakamını ileri sürer. C. Cahen 200 ilâ 300 binden fazla olamıyacağına kesinlikle inanır. O tarihlerdeki Anadolu nüfusu, 8 milyon hesaplanır. Mogol istilâsıyla Anadol'ya yeni bir akın olur. Türkmenlerin dışında Kıpçak, Peçenek, Harizmli vb. gibi öteki Türkçe konuşan boylar ile Mogollar Anadolu'ya yerleşirler. Türk, İran vb. kökenli ulema, zenaat sâhipleri, bürokrat vb. Anadolu kentlerine gelir. Bu kentli nüfus, Anadolu Selçuklu Devleti'nin iskeletini teşkil eder.

Anadolu'da hızlı bir islâmlaşma görülür. Kentlerde ahîlik ve mevlevîlik yoluyla, hıristiyan yüksek tabaka islâmlaşır. Kırsal bölgelerde ise, göçebe Türkmenler, Türkmen gâzileri ve Orta Asya şaman geleneklerini sürdüren dervişler etkin olur. Mucizeler gösteren, açları doyuran bektaşi babaları, hıristiyan köylüleri islâmlaştırmakta önemli rol oynarlar.

Kırsal bölgenin islâmlaşması, Türk dilinin egemen oluşuyla birlikte gider. Dağlar, ovalar, nehirler ve köylerin eski Grekçe adları unutulur, Türkçe adlar yerleşir. Hıristiyan kalan nüfusun büyük çoğunluğu bile kendi ana dilini bırakır, Türkçe onların da ana dili olur. Kentlerde ise, Selçuklu soyu Farsçayı egemen kılar. Fakat kırsal bölgenin Türkçeye yönelmesi ve devletin çöküp beyliklerin kurulmasıyla, Türkçe kentlerde de üstünlük sağlar. Doğu Anadolu'da Uzun Hasan, Kur'anı bile Türkçeye çevirtir. Osmanlı, Germiyan vb. beylikleri, Arapça ve Farsça önemli yapıtları Türkçeye kazandırırlar. Anadolu'da Türkçe edebiyat gelişir.

İslâmlaşma ve dilde Türkleşme süreci, 400 yıl kadar sürer. Vergi kayıtlarına göre, XVI. Yüzyıl başında vergi ödeyen hânelerin yüzde 92'si islâm, ancak yüzde 7,9'u hıristiyandır*. Öte yandan göçebe Türkmen giderek yerleşikliğe geçer. Prof. Barkan'ın hesaplarına göre, 1520-1535 döneminde Anadolu islâm nüfusunun ancak yüzde 16,29'u göçebedir. 1691'de kapsamlı bir göçebeyi yerleştirme siyasası izlenir, göçebe nüfus daha da azalır.

Göçebelikten yerleşik yaşama geçiş, boy ve oymak dayanışmasının yok olması, arazi komşuluğuna bağlı yeni dayanışmaların meydana çıkması ve böylece uluslaşma sürecinde hızla yol alınmasında etkin bir yöntem olur. İslâmlaşan Rum, Ermeni vb. ile Türkmen karışımı olan ve Türkçe konuşan Anadolu köylüsü, bu süreç içinde gelişir. Tarım ve zenaatla ilgili birçok deyim (düğen, kiremit, tuğla vb. gibi) Türkçe'ye geçer. Doğu Akdeniz uygarlığının börek, baklava ve şiş kebabı, Türk mutfağının seçkin yemekleri arasına girer.

Uluslaşma sürecinde, yerleşikliğe geçişin yanı sıra, bir merkezî devletin varlığı da önemli rol oynar. Devlet aygıtını elinde tutan egemen sınıf, Anadolu'da bir ölçüde ekonomik birlik sağlar. Daha Selçuklular zamanında, XIII. Yüzyılın ilk yarısında, Sinop ve Alanya limanları alınarak ve kervansaraylar kurularak ticaretin geliştirilmesine, kentlerin belli zenaatlarda ihtisaslaşmasına, köy ve kent arasında alış-verişin çoğaltıl-

---

* Rumeli'de daha kalabalık hıristiyan nüfusun kalışı, buraya daha geç yerleşmeyle ve yükselme dönemi padişahlarının en fazla «Batılı» ve «Batılılaşma» yanlısı bulunan ve «Roma İmparatoru» olmaya özenen Fatih Mehmet'in, islâmlaştırma yerine, hıristiyanları «millet» hâlinde örgütlendirmeye yönelmesiyle ilgilidir. Fatih'in fethettiği Pontus'ta da (Doğu Karadeniz), Rumca konuşan hıristiyan nüfus kalır. Fatih politikasından sonra, XVI. Yüzyıldan itibaren Anadolu'da islâm nüfusa göre hıristiyan nüfusun oranı artar. Özellikle XIX. Yüzyılda Adalardan Ege bölgesine önemli Rum göçü olur. Yeni kurulan Rum okulları, ana dili Türkçe olan hıristiyanlara Rumca öğretmeye çalışır.

masına çalışılır. Osmanlı yükselme döneminde, bu ekonomik birlik daha belirginleşir*.

Toplumsal mücadeleler, savaşlar, dil ve kültür ortaklığını giderek pekiştirir. XVIII. Yüzyılda hıristiyan-devşirme ordu ve kapıkuluna dayalı Osmanlı bürokrasisi çöker. XVII. Yüzyıl başlarından beri köylü topraklarını ele geçirerek ve daha başka çeşitli yollardan zenginleşerek çiftlik, han, hamam vb. sâhibi olan yöresel aileler, 1726 yılından sonra illerde ve sancaklarda yönetici atanır. «Âyanlar rejimi» doğar. Prof. Akdağ'a göre, devletin kapıkulunun tekelinden çıkıp Anadolu'nun büyük Türk ailelerinin yönetime katılması, ekonomik bakımdan gerileme, Türkleşme yolunda ise ileri bir adımdır[35].

Prof. Akdağ'ın görüşünü şimdilik tartışacak değiliz. Fakat devlet yönetiminde Anadolu ve Rumeli'nin güçlü Türk ailelerinin ağırlığının artması, Arabistan'da da yöresel eşrafın politik güç ve önemini artırır. Merkezkaç isyanlar ve hareketler meydana çıkar. Örneğin Suudî Arabistan'da egemen Vahabî'lik, bir dinsel reform hareketi gibi gözükmekle birlikte, Osmanlı Tür-

---

* Fransız ve İngiliz ulusları, burjuvazinin feodalizmi yıkıp ulusal pazarı birleştirmesiyle doğar. Lenin, ulusçuluk akımının ekonomik temelini, «meta üretiminin kesin yengisi»ne bağlar. Bu yengi, «iç pazarın burjuvazi tarafından fethini, ortak bir dille sâhip nüfusun oturduğu arazilerin bir devlet çatısı altında birleştirilmesini, ortak dilin gelişmesini zorlaştıran bütün engellerin kaldırılmasını ve bir edebiyatın doğmasını gerektirir» der. Lenin, ulus olmada ekonomi ve dile büyük ağırlık tanır. Ulus kuramcılığıyla ün kazanan Stalin, «ortak kültür biçiminde meydana çıkan ruhsal bir oluşum» birliği üzerinde durur. Stalin'in ünlü ulus tanımlaması şöyledir: «Ulus, ortak dil, arazi, ekonomik yaşam ve kültür birliğiyle belirlenen ruhsal oluşum temeli üzerinde doğup tarihsel olarak meydana gelen istikrarlı insan topluluğudur». Stalin, içinden çıktığı Gürcüleri, servajı kaldıran 1863-1867 reformuna kadar ulus saymaz. Gürcülerin ortak dil ve arazileri vardır,- fakat ulus değildirler. Zira biribirinden kopuk ufak prensliklerde otururlar, yüzyıllardır aralarında savaşırlar, biribirlerini karşılıklı yok ederler. Şanslı bir kral, onları geçici bir süre için birleştirse

küne düşman nitelik kazanır ve bir Arap devletine (1744-1818) dönüşür. Onu Mısır'daki Mehmet Ali'nin Arabistan (1816) ve Suriye fethi (1832-1840) izler. Rumeli'den gitme Mehmet Ali ve oğlu İbrahim, bir Arap devleti kurma çabasındadır. Bu gelişmeler, Maxime Rodinson'a göre, Avrupa devlet adamları ve özellikle Fransızlar ile Arap ileri gelenleri arasında, Arap özerkliği fikrini yaratır[36].

Osmanlı Devleti ise, Kütahya'ya kadar ilerleyen ve Çukurova'ya pamuk ekimini getiren İbrahim'den kurtulmak için İngiltere'ye sığınır ve ünlü 1838 İngiliz Osmanlı Ticaret Antlaşması, biraz da bu nedenle imzalanır. Osmanlı arazisi, Avrupa kapitalizmine en avantajlı biçimde açılır, ticareti köstekleyen iç gümrükler engeli, dış gümrükler gibi etkisiz kılınır.

MİLLİYETÇİLİK İDEOLOJİSİNİN DOĞUŞU

Emperyalizmin girişi, geleneksel sanayi ve zanaatleri yıkıcı etkilerinin yanı sıra, yollar, demiryolları yapılması ve pazar ekonomisinin yayılması ve bağımlı bir kapitalizmin gelişmesi yoluyla, uluslaşma sürecine olum-

---

bile, birlik çabuk çöker. Stalin'e göre, ekonomik parçalanma nedeniyle, bunun başka türlü olmasına olanak yoktur. Gürcüler, XIX. Yüzyılın ikinci yarısında, serfliğin kalkması, ekonominin gelişmesi, yolların yapılması, bölgelerarası işbölümünün çıkması ve ekonomik birliğin sağlanmasıyla ulus olurlar.

«Eşitsiz gelişme» konusunda son yıllarda ilginç kuramlar geliştiren Samir Amin ise, ulusun zorunlu olarak kapitalist üretim biçimine bağlanmasına karşı çıkar. Kapitalizm öncesi dönemde merkezî devlet aygıtını ele geçiren bir sınıfın da ekonomik birliği kurabileceğini ileri sürer. Örneğin, gelirini uluslararası ticaretten sağlayan savaşçı-tüccar sınıf, islâmın yükselme döneminde Arap ulusunu meydana getirir. Ama Samir Amin'e göre, uluslaşma süreci geriye doğru da işler. Savaşçı-tüccar sınıf çökünce, «Arap ulusu» yeniden az çok akraba bir etni'ler yığınına dönüşür. Samir Amin'in görüşü, aşırı görünmekle birlikte, sürekli bir merkezî devletin uluslaşma sürecine katkısını vurgulaması bakımından ilginçtir.

lu ve olumsuz yönde katkıda bulunur. Fakat bu kapitalist gelişme, aynı zamanda çeşitli etnik gruplar, özellikle hıristiyan toplulukları arasında ulusçuluk akımlarına güç verir. Bu topluluklar içinde, daha çok ticarete ve bir ölçüde sanayie yönelik bir kapitalist sınıf, bir burjuva sınıf gelişir. Ulusçuluk akımı, yanlış olarak sanıldığı üzere, Istanbul'daki ortodoks kiliselerinin değil, bu burjuvazinin ideolojisidir. Ortodoks Kilisesi zaman zaman geçmişe dönük bir Bizans İmparatorluğu kurmayı düşlese de, birçok durumda Fransız İhtilâli görüşlerinden esinlenen bu burjuva ile kilise çatışır. Bir kısmı Avusturya, Rusya ve Avrupa'da ticaret yoluyla zenginleşmiş bulunan bu ulusal burjuvalar, ileride daha ayrıntılı biçimde inceleyeceğimiz üzere, Batı okullarında yetişmiş aydınları desteklerler, okullar açarlar, ulusal dil ve edebiyatın ve ulusal tarihin geliştirilmesi yolunda para harcarlar. Emperyalist devletlerin de baskısıyla, Balkanlardaki uluslar, özerklik ve giderek bağımsızlık kazanırlar. Anadolu içinde de, emperyalist ülkeler, sayıca çoğalan ve zenginleşen Rum ve Ermeni tüccarlara dayanırlar ve onları güçlendirirler. Açılan misyoner okulları, Rum ve Ermeni ulusçuluğunu destekler. Hıristiyan ve islâm nüfus, Anadolu'da yüzyıllar boyunca barış içinde yaşarlarken, çatışmalar ve kırımlar başlar.

Yıkılan zenaatçı, ezilen köylü kitlesi gibi, bir kısım geleneksel «seçkinler» de hıristiyan ulusçuluğu yükselten, islâm kitleyi ezen Avrupa emperyalizmine karşı tepki gösterirler. Bu tepki ilkin geleneksel islâm ideolojisi çerçevesinde dile getirilir. Namık Kemal ve Cemalettin Afganî, emperyalizme karşı islâm topluluğu çerçevesinde bir mücadeleyi önerirler. Cemalettin hakkında bir yapıtın yazarı olan Nikki R. Keddie bu «pan-islâmist» tepkiyi, ön-ulusçuluk (protonasyonalizm) diye niteler. Maxime Rodinson, «dinsel islâm ulusçuluğu» der. Abdülhamit, daha çok kendi baskı yönetimini tutmak için, «pan-islâmist ön-ulusçuluk»tan yararlanır.

Fakat Abdülhamit dahi, Avrupa'dan yayılan fikirlere açık birçok yüksek okul açmak zorunda kalır. Bu okullarda, genç aydınların kafalarını kurcalayan en büyük soru, «Avrupa üstünlüğünün sırrı»nın çözülmesidir. Bugün bize hayli saçma gelen pek çok görüş, ciddi ciddi tartışılır. Avrupa'nın ezici üstünlüğü hıristiyanlığa, hükümet biçimine, bilinmeyen ırksal etkinliğe, bilime, cinsel davranışa, eğitime vb. bağlanır. Türkiye gibi daha birçok ülkede sorun tartışılır ve genellikle Mannheim'ın «liberal-hümaniter» ideoloji dediği görüş egemen olur. Bu ilerici burjuva ideolojisinin ana fikri şöyle özetlenebilir : *Eğitim, bilim ve sanatlarda aydınlatılmış, yasa karşısında herkesi eşit sayan ve parlamentoculuk ve kuvvetler ayırımı yoluyla özgürlük getiren bir siyasal temele dayalı bağımsız ulus, kültür, kudret ve refah alanlarında sınırsız bir ilerleme yoluna girer.*

Bu «siyasal» ulusçuluk, Fransa'da 1848 İhtilâli'nde barikatlarda döğüştüğü iddia edilen Şinasî'den itibaren Osmanlı Türkleri arasında gelişir. İslâmcı gözükmeye dikkat etse de, islâmlığın ilerleme dini olduğunu söylese de, modernleşmeyi amaçlayan bir milliyetçilik için «islâmcılık» bir taktik sorunudur. Batıdan aktarma bu ilerici burjuva ideolojisi, akılcı, pozitivist ve laikliğe yönelmiş bir temele dayanır. Osmanlıcılık akımı da etnik grupların ve bireylerin yasa karşısında eşitliği ve parlamentoculuk çerçevesinde, egemen etnik grubun, yâni Türk'ün üstünlüğünü sürdürmeyi umut eden bir ön-ulusçuluktur.

Olayların akışı, bu «ön-ulusçu» akımı açıklığa kavuşturur. Osmanlılığa bağlı gözüken öteki islâm toplulukları, örneğin Araplar, Osmanlı Devleti çerçevesinde özerklik sağlama çabasındadır. Türk Osmanlıcılar ise, merkeziyetçi devletten yanadırlar. Bu tutum ve Osmanlı yönetiminden yakınmalar, Arap ulusçuluğuna yol açar. Suriye ve Lübnan bölgesinde, kapitalizmin girişiyle zenginleşen hıristiyanlar, Arap ulusçuluğunun öncülüğünü yaparlar. Bu hıristiyan azınlıklar, Arap dil ve edebiyatını kabul ederler ve Arap ulusçuluğunu savunurlar. Bu görüş, giderek islâm Arap ulusçularına da yayılır ve Arap ulusçuluğu, hem Avrupa emperyalizmine, hem de Türk egemenliğine karşı gelişir. Böylece Türk ulusçuluğundaki islâmcı öge, imparatorluğu kurtarma bakımından önemini yitirir.

RUSYA'DAN GELEN TÜRKÇÜLÜK

Öte yandan, Rusya'da kapitalizmin gelişmesiyle, özellikle Kazan islâm burjuvazisi meydana çıkar. Zayıflayan büyük feodal toprak soylularının yerini bu burjuvazi alır. Orta Asya ticaretinin tekelini eline geçiren Kazan burjuvazisi, hızla zenginleşir, kapıtalizm yolunda büyük başarı sağlar. Dev ticaret şirketleri ve sanayi kurarlar. Örneğin önde gelen Türkçülerin en yeteneklilerinden Yusuf Akçura, bir fabrikatör ailesinden gelir. Bu burjuvazi, Rusya içinde Türk ve İslâm birliği akımının gelişmesinde önayak olur. Okullar, üniversiteler kurar, öğretmen ve aydınları destekler, gazeteler yayınlatır. Amaçları, Rusya devleti çerçevesinde bir dil ve kültür birliği kurmak, Kazanlıların islâm pazarında egemenliğini pekiştirmektir. Türkistan ticaretinin tekelini ellerinde tutan Kazanlılar, XIX. Yüzyılın ikinci yarısında Rusların Türkistan'ı fethi üzerine, ticaret tekelini yitirme tehlikesiyle karşıkarşıya kalırlar. Bu Rus rekabeti, Kazan burjuvazisini Orta Asya'da kendi egemenliği altında bir birlik duygusunu geliştirmeye daha çok iter. Petrol bölgesi Azerbeycan'da da, başka koşullar altında, Rus destekli Ermeni burjuvazisi ile çıkarları çatışan bir sanayi burjuvazisi gelişir. Toprak soyluları ile işbirliği halindeki bu burjuvazi, Rusya içindeki Türk ve islâm birliğine az ilgi gösterirse de, Türkiye ile yakından ilgilidir. 150 bin nüfuslu ufak Kırım, Kazan'ın etkisindedir.

Rusya'daki bu Türkçüler, daha çok «islâm birliği» sloganı kullanmakla birlikte, Batı kültürü içinde yetişmişlerdir. İslâmcılıktan çok uzaktırlar. Mercanî, Musa Carullah, Rızaettin Fahrettinoğlu gibi en önde gelen din adamları bile Batılılaşmadan ve laiklikten yana pozitivist düşünceli kişilerdir. Kazan'da Cedid'ler (yenilikçiler) ile Kadim'ciler (gelenekçiler) arasındaki çatışmada ikinciler pek az etkili olurlar*. Onun içindir ki, «pan-islâmist» Abdülhamit, bu Rusya pan-islâmistlerinden hiç hoşlanmaz. Onları Türkiye'den uzak tutmaya çalışır. Fakat onlar eliyle Türkçü fikirler Türkiye'ye gelir. Rusya'daki 1905 hareketinin başarısızlığa uğraması ve baskıların başlaması ve Türkiye'de 1908'de İttihatçıların iktidara gelmesi üzerine, Rusya Türkçüleri, Istanbul'a akarlar. Eskiden pantürkizmi «Rusya'nın bir iç sorunu» diye düşünürlerken, Türkiye'de Türkçülük yeni bir boyut kazanır. Osmanlıcılığın yerini, Türkçülük ve Turancılık alır. E. Durkheim'ın dayanışmacı, pozitivist görüşlerinin yayıcısı ve savunucusu Ziya Gökalp, dıştan gelen bu fikir ve kadro desteğiyle, Türkçülük ve Turancılık ideolojisinin şampiyonu ve İttihatçıların ideologu olur**.

---

* Başkurt kökenli Prof. Zeki Velidî Togan, İttihatçı Tevfik Rüştü Aras'ın çıkarttığı Bilgi dergisinde din konusunda şöyle yazar: «Teokratizm, Türkler için baş belâsı olan bir zihniyettir. Biz Batı uygarlığına katılırken, islâm da ona uymalıdır. Türkler tarihte her zaman saltanatı hilâfetten ayırmışlardır. Türk ve Mogol yönetim sisteminde dinle bağlı birşey yoktur. Cengiz'in yasa sisteminin uygulanması, İslâm Dünyasında yeni bir çığır açmıştır». Bu yazı, tutucuların «Şimal müverrihi (Kuzey tarihçisi) Zeki Velidî, bizim Türkiye Türklerinin devlet yönetimi sorununda ne arar» gibi eleştirilerine yol açar (Z. V. Togan, Hatıralar, s. 123).

** Görüldüğü üzere, islâmcılık ve Türkçülük ayrı çizgide gelişir. Bu nedenledir ki, değerli bir Türk şairi olan islâmcı ve ümmetçi Necip Fazıl Kısakürek, Türkçülük ve Turancılığın fikir babası Ziyal Gökalp'e ateş püskürür ve şöyle yazar: «Türkçülük sorununda, Ziya Gökalp'e tek cümleyle yönelteceğimiz teşhis şudur ki, o, **islâm haini** olduğu kadar, mücerret ilme ve hocası yahudi filozof Durkheim'a da ihanet etmiş ve onun dinî muhteva (dinsel içerik) zarfı hâlinde gördüğü milliyetçiliği mazrufundan (zarfın içindekinden) ayırıp araya **ırkçılığı**

«Türkiye Türkçülüğü» ve «Turan Türkçülüğü» arasında bocalayan bu ulusçu akım, ulusça bir kurtuluş savaşı kazanıldıktan sonra, berraklık kazanır ve Millî Misak sınırları içinde yaşayan Türkiye halkı, «Türk Ulusu» ilân edilir. Ulusçuluk, yeni devletin temel ögelerinden biri olur ve «ulus öncesi» dönemden miras kalıntılar temizlenerek ve ulus'un güçlenmesini önleyen engeller kaldırılarak ulusal bilincin geliştirilmesine çalışılır. «Ulusal ekonomi», «ulusal kültür» ve «ulusal tarih» önemle ele alınır.

Cılız «ulusal burjivazi»ye dayanarak ve onu âdeta yaratmaya kalkışarak, yarı- kapitalist, yarı ağa büyük arazi sâhiplerini ticaret ve sanayie yönelterek ve kompradorların «ulusallık» kazanacağını umarak girişilen ulusal ekonomi denemesinin iç pazarı ne ölçüde bütünleştirdiğini ve ulusallaştırdığını burada tartışacak değiliz. İç pazarın sınırlı kaldığı, dışa bağlılık iliş-

---

yerleştirmekle, yöntemini borçlu olduğu adamı elçabukluğuna getirmiş bir sahteci...» (Tercüman, 18 Ekim 1977). Ne var ki, bugün MHP, bir koluna Ziya Gökalp'i ve Turancılığı, öteki koluna da Necip Fazıl'ı almış durumdadır Orta Asya Türkleri ile bir ilişkisi bulunmayan, gözü Arabistan'a dönük MSP, kendi çizgisinde tutarlıdır. MHP ise, tam bir oportünizm içinde birleşmezleri birleştirmektedir. MHP'li Ticaret Bakanı O. Agâh Güner, bir Türk-İslâm-Osmanlı sentezinden söz eder. Oysa Gökalp ve Kısakürek'i kolkola koymakla bu sentezin yapılamıyacağı açıktır.

Öte yandan, pantürkizm ilkin dilde sâdeleşme, halkın anlayacağı, «bütün Türkler için ortak tek bir dil yaratma» biçiminde ortaya çıktığı, Arapça ve Farsça deyimleri bu dilden atıp Orta Asya'da kullanılan sözcükleri yerleştirmeyi amaçladığı halde, günümüzün Turancıları, Osmanlıca yanlısıdırlar. Türkçülüğün atası Kırımlı İsmali Gaspıralı'nın ömrünü Arapça ve Farsçadan arınmış ortak tek Türk dilini yaymaya harcadığını hatırlatalım.

Yılmaz Öztuna, Lise III'te okutulan Tarih yapıtında Atatürk'ün Farsça ve Arapça'dan arınmış öz Türkçe çabalarını, «komünist» marifeti sayar! Ne var ki, pek çok Osmanlıca sözcük kullanan Öztuna'nın dilini, lise öğrencilerinin anlaması olanaksızdır!

kilerinin kırılamadığı, bir toprak reformu ile kapitalizm öncesi üretim biçiminin kalıntılarının tam yok edilemediği ve pazarın yeterince genişletilemediği ve böylece ulusun ekonomik temelinin zayıf kaldığı ileri sürülebilir. Fakat artık ulusun varlığı açık ve kesindir.

ORTA ASYA TÜRK ULUSLARININ MEYDANA GELİŞİ

Görüldüğü üzere, «Türk Ulusu» yeni bir oluşumdur. Orta Asya'dan «ulus» olarak gelmediğimiz, Anadolu'da yerli topluluklarla karışarak ulus olduğumuz açıktır. Ulusun oluşumunda, Orta Asya'dan gelen, Selçuklu ve Osmanlı devletlerini kuran Türkmen boylarının katkısı büyüktür. Fakat Anadolu'ya gelmeyip de Orta Asya'da kalan öteki Türkmen boyları «ulus» olabilmişler midir? Bugün başka Türk ulusları var mıdır? Bunlar ayrı uluslar mıdır? Yoksa, örneğin Turancıların ileri sürdükleri gibi, tek bir ulusun parçaları mıdırlar?

İncelemeyi biraz uzatmak pahasına da olsa, okullarda milyonlarca gencin kafasını karıştıran bu konuya tam bir açıklık getirmenin yararlı olacağı inancındayız. Turancılığın temelsizliği ve bilimsel yanlışlığı, sanırız, böylece daha iyi görülebilecektir.

Enver Paşa'nın Türk birliğini kurmak için Türkistan savaşlarına katıldığı, Anadolu'da ise Ulusal Kurtuluş Savaşı verildiği günlerde, öteki Türk topluluklarının durumu nedir?

Çoğu Rusya sınırı içinde bulunan, İran ya da Türk kökenli diller konuşan çeşitli topluluklar, «İslâm» genel adıyla belirtilir. 1917 İhtilâli öncesi, Rusya'daki islâm nüfusun 18 milyona ulaştığı hesaplanır*. Bu nüfus, Kazan'dan Pamir'e, Sibirya bozkırlarından Aral

---

* 30 milyon rakamını ileri sürenler var. Biz Batıda genellikle kabul edilen rakamı aldık.

gölüne kadar uzanan çok geniş bir bölgede dağınık biçimde yaşar. Bir arazi birliği yoktur. Rus yerleşme bölgeleri nedeniyle, islâm bölgeleri biribirinden yalıtılmış biçimde bulunur. Kafkasya'da hıristiyan-islâm karışıktır.

ORTA ASYA'DA BİR TÜRK ULUSU YOKTU

Rus himayesindeki Buhara ve Hiva hanlıkları sayılmazsa, 16 milyona inen nüfusun yüzde 75'ini çeşitli Türk toplulukları teşkil eder. Türk topluluklarının çoğu, Türkistan ve Kazak bozkırlarında yaşar, Tatarlar ve Başkurtlar Volga-Ural arasındaki bölgededir. Kafkasya'nın Doğusunda Azerîler çoğunluktadır. Kuzey Kafkasya'da Kumık, Karaçay, Balkar Türkleri ufak adacıklar teşkil ederler. Kırım'da 150 bin kişilik ufak Türk topluluğu, Ruslarla çevrilidir. Sibirya'da, Baltık kıyılarında önemsiz Türk toplulukları vardır. İslâm Türklerin yanında Gagavuz, Çuvaş gibi hıristiyan, Yakut ve Altaylı gibi şamanist Türk toplulukları görülür. Geri kalan islâm nüfus içinde İranlı diller konuşan Tacik'ler vb. önemli yer tutar.

Türkçe konuşan topluluklar, İran ve Mogol dili konuşan topluluklarla, uzun bir süreç içinde hayli karışmışlardır. Diller dilleri yutmuş, lehçeler farklılaşmıştır. İranlılaşan Türkler, Türkleşen İranlılar, Mogollaşan Türkler ve Türkleşen Mogollar vardır. Cengiz'in Mogol istilâsından önce biçimlenen Türkmenler arasında dahi Salur, Sarık, Yomut, Yemrili, Çavuldur, Göklen vb. gibi Oğuz kökenli boy topluluklarının yanı sıra Ab, Şıh, Hoca, Said vb. gibi Türkmenleşmiş Araplar ile Oğuz kökenli olmayan eski ve yeni göçebe toplulukları yer alır.

Kısaca, Rusya islâmları arasında arazi birliği bulunmadığı gibi, dil ve etni birliği de hayli zayıftır. Dinsel birlik de gerçek olmaktan çok görünüştedir. Resmen büyük çoğunluk hanefî ve sunnî'dir. Dağıstanlılar şafiî'dir. 2 milyona yakın Azerî ve Türkistan'ın büyük kentlerine yerleşmiş bâzı topluluklar 12 imamlı şiîlerdir. İsmailî, Bahaî, Gulat (aşırı şiî), Yezidî ufak gruplar teşkil eder. Asıl önemlisi, XVI. ve XVIII. yüzyıllarda islâmı kabul eden Kazak ve Kırgız göçebelerin, islâmdan çok eski dinlerine bağlı oluşlarıdır. Kazak ve Kırgız köylerinde (aul) pek az hoca ve molla bulunur. Şaman etkilidir. 1921 yılı sonlarında Zeki Velidi Togan, bozkırda hastalanınca, ateş yutan ve ruhları çağıran bir şaman (bahşi) tarafından iyileştirilir. Yerleşikler ne kadar koyu müslüman iseler, göçebeler o kadar yapay müslümanlardır. Peçe kullanılışından bile bu anlaşılabilir. Yerleşik Tacik ve Uygurlar sıkısıkıya peçelidir. Daha geç tarihte toprağa yerleşen Özbekler, peçeye daha az önem verirler. Göçebe kadınlar ise, peçeden hoşlanmazlar, erkeklerden kaçmazlar. Esasen XVIII. Yüzyıl ortalarında hocalar, göçebeleri islâmlaştırmaya çalışırken, Kazaklar, bu «islâm misyonerleri»nden kendilerini koruması için Rus Çarı'na başvururlar. Bozkır hakkında pek az bilgisi olan Çarlık yönetimi, Kazak ve Kırgız'ı islâm saydığından bu öneriyi reddeder![37]

Öte yandan, çeşitli islâm toplulukları, farklı evrim aşamasındadırlar. Kazan, Azerbeycan ve Kırım'da kapitalizm gelişme yolundadır. Fakat oralarda dahi toplumsal yapı, değişiktir. Kazan Tatarları arasında, burjuvazi toprak soyluluğunun yerini alır, Kırım'da toprak soyluluğu ayrıcalıklarını korur. Azerbeycan'da ise, toprak soyluluğu ve sanayi burjuvazisi biraradadır. Buna karşılık, Kazak, Kırgız, Türkmen ile bir kısım Özbek ve Karakalpaklar aşiret yapısını korurlar, «feodalizm öncesi» aşamada bulunurlar*. Türkistan yerleşiklerinde

---

* Türkmenler konusunda uzman Prof. Faruk Sümer şöyle yazar: «Türkmenler, bütün gezginlerce Orta Asya'daki Türk illerinin en savaşçısı... gösterilmekle birlikte, bir devlet kurmak şöyle dursun, Nogay ve Kalmuklara bile direnemedikleri gibi, nefret ettikleri Özbeklere de yüzyıllar boyunca vergi vermek zorunda kalmışlardı» (Oğuzlar, s. 142). Anadolu'da Türk ulusunu oluşturan Türkmenlerin, Orta Asya'da kalan toplulukları, bir ulus olmaktan çok uzaktır.

aşiret yapısı çökmüştür, feodal düzen egemendir. Bu koşullarda bir ekonomik birlikten söz edilemez. Panislâmist ve pantürkist akımlara sempatizan iki Sorbonne'lu araştırıcı, 1917'deki Türk ve islâm topluluklarının durumunu şöyle özetler :

«Büyük bir islâm kitlesi içinde, her topluluk, yalnız Ruslardan değil, özgül toplumsal ve kültürel geleneklerle ayrıldığı kendi din kardeşlerinden de yalıtılmış bir evrende yaşamakta devam etmekteydi»[38].

ÇARLIK RUSYASININ TÜRK VE İSLÂM POLİTİKASI

Koşullar böyle olunca, Rus fethi kolay gerçekleşir. 300 yıl Altın Ordu egemenliğinde yaşayan Ruslar, XVI. Yüzyılın ikinci yarısında eski bir parlak uygarlık merkezi olan Kazan Hanlığını alırlar. Aşağı Volga'ya doğru ilerleyerek Astrahan Hanlığına son verirler. Buralarda yönetici sınıf yok edilir. İslâm nüfus, büyük kentlerden ve iyi topraklardan sürülür. En iyi topraklar Rus soylularına, manastırlara ve giderek göçmen Rus köylülerine ayrılır. Stroganov tüccarlarının para ve silâh sağladıkları bir kazak atamanı ise, pek az kuvvetle, 1598'de Sibir Hanlığını yıkar. Buraları Rusya'ya katılır ve halk, hıristiyanlara tanınan haklardan yoksun, ikinci sınıf Rus uyruğu sayılır.

XVIII. Yüzyılda Rus ilerlemesi yeniden başlar. Ural'dan Tanrı dağlarına ve Sibirya'dan Türkistan çöllerine kadar uzanan büyük Kazak bozkırı, genellikle silâh patlatmadan Çarlık Rusyasının eline geçer. Bozkırda dört büyük kabile federasyonunda gevşek biçimde toplanmış, aralarında savaş eksik olmayan ve Batı Mogolistan'ın Cungar'ları ve Volga Kalmuk'ları ile ölüm-kalım savaşına tutuşmuş bulunan Kazak boyları yaşar. Rusya'dan yardım bekleyen Kazaklar, kendi istekleriyle, XVIII. Yüzyılın ilk yarısında Rus himayesine girerler. Rus fethini, verimli topraklara Rus göçmeni yerleşmesi izler. Kazak otlakları daralır, bu yüzden ayaklanmalar olur. İsyanları bastıran Ruslar, Kazakları boy beylerinin yönetiminde kendi hallerine bırakır. Kazaklar, Rus uyruğu sayılmazlar ve askerlik yapmazlar.

Kırım, soyluların Rus yanlısı- Osmanlı yanlısı diye bölünmesinden yararlanılarak 1783'te Çarlık topraklarına katılır. Ruslar, Kırım soylularına çok iyi davranırlarsa da, en iyi arazilere Rus soyluları el koyduklarından, topraksız kalan Kırım Tatarları, 1738-1893 döneminde Türkiye'ye göçerler. Kırım'da Ruslarla çevrili ufak bir Türk azınlığı kalır. Biribirinden dil, etni ve din bakımından ayrı mozayik toplulukları ve dağınık kabileleri barındıran Kafkaslarda ise, XVIII. Yüzyıl ortasında yerliler, verimli ovalardan dağlara sürülür. Kuban ve Terek'e Kazaklar yerleşir. Dağlara çekilen yerliler, Nakşibendî tarikatının çevresinde, Mansur ve Şâmil liderliğinde, 1859'da silâhları bırakana kadar Ruslara şiddetle direnirler. Osmanlı ve İran arasında yüzyıllar boyu çekişme konusu olan Azerbeycan ise, XIX. Yüzyıl başında direnişsiz Ruslara geçer. Azerzeycan'a Rus göçmen getirilmez. Toprak soyluları, ekonomik bakımdan güçlü kalır. Petrolün keşfi, burjuvazinin gelişmesine yol açar.

Sıra en son, Türkistan'a gelir. Burada Buhara, Fergana vâdisinde Hokand ve Harzem'de Hiva emirlikleri vardır. Geçmişin bu parlak uygarlık merkezleri, emirliklerin aralarındaki savaşlar ve göçebe ayaklanmaları nedeniyle, zayıf ve geri durumdadır. Çarlık, 1865-1876 döneminde burayı alır, Hokand Hanlığını kaldırır, Buhara ve Hiva hanlıklarını himayesine sokar. Nihayet Türkmenler, Rus egemenliğine düşer.

Rusya bu çeşitli Türk ve İslâm topluluklarına karşı farklı politikalar izler : Volga-Ural Tatarlarını hıristiyanlık yoluyla özümlemeye ve Ruslaştırmaya çalışır. Özümlenmez sayılan Tatar feodal soyluları yok edilir, toprakları alınır. 300-400 bin Tatar zorla hıristiyan yapılır*. Hıristiyan olan Tatarlar vergi ödemezler ve askere alınmazlar. Onların vergileri müslüman Tatarlara yüklenir. Hıristiyan olmayı reddeden birçok Tatar, Başkurt ülkesine, Kazak ve Türkistan bozkırlarına göçerler. Ural-Volga bölgesinde, daha XVI. Yüzyıldan beri kitle hâlinde Rus köylüsü yerleştirilir. Ural-Volga Tatarları, kalabalık bir Rus ve hıristiyan kitleyle çevrili bir azınlık olarak kalırlar, Katerina II., hıristiyanlaşmayı durdurup islâm yararına bâzı yatıştırıcı önlemler alırsa da, Aleksandr II., daha ince yöntemlerle hıristiyanlaştırmayı sürdürür: Yalnız hıristiyan Tatarlara açık, Tatarca öğretim yapan yüksek okul kurulur. Burada yetişen hıristiyan Tatar misyonerler, yoğun bir propaganda ile hıristiyanlığı yayarlar. Propaganda etkin olur ve 100 binden fazla Tatar, hıristiyanlığa geçer. Buna tepki olaraktır ki, Tatar burjuvazi, ulema ile elele islâmda reform ve modernleşmeyi benimseyerek hıristiyanlaşmayı önlemeye çalışır.

Kırım'da ise, Çarlık yönetimi islâma dokunmaz. Feodal Tatar soylularını, Rus soyluları ile eşit koşullarda Rus toplumuna ve orduya kabul eder. Bu nedenle, Kırım soyluları ayrıcalıklarına ve Çarlığa bağlı kalırlar. Kırım'da, Kazan'daki gibi gerçek bir ticaret burjuvazisi yetişmez. İsmail Gasprinski gibi Istanbul'da yetişmiş birkaç parlak aydın dışında Tatar rönesansının savunucuları Kırım'da pek fazla sayıda görülmez.

---

* Zeki Velidi Togan, zorla hıristiyan yapılan Tatarlardan Nogaybeklerin kilisede Tatarca ibadet ettiklerini, evde bâzı müslüman duaları okuduklarını ve kendilerini islâm saydıklarını yazar. Başkurt ordusu, Nogaybekleri kurtarınca, Togan onlara özgürlüğün geldiğini, istedikleri dini seçebileceklerini söyler. Onlar kiliselerini bırakmazlar. Başkurt askerleri kiliseyi yakınca kadınlar ağlarlar. Prof. Togan olayı şöyle yorumlar: «İki yüz yıl süren bu zoraki hıristiyanlık zamanında, bu yeni dinlerine ya da iki dinli olmak âdetine hayli alışmışlar. Bundan sonra da onlar bizim özerklik hareketimize katılmadılar, ulusal duyguları silinmişti» (Hatıralar, s. 269).

Kazak bozkırlarında ise, Çarlık yönetimi, yapay islâm göçebe Kazakları koyu islâm Tatarlara ve yerleşik Türkistanlılara karşı, kendi safında koz olarak kullanabilmek için, bir cins «ulusçuluk» akımının gelişmesine yardımcı davranır. Eski göçebe Kazak soyluları, Kırımlılar gibi Rus soyluluğu içine kabul edilmemekle birlikte, zengin ve güçlü kalır. XIX. Yüzyıl ortasında bu soyluluk içinden Kazak reformcu aydınları çıkar. Cengiz Han soyundan Çokan Velihanov ve soylu etnograf Altınsarın gibi aydınlar, Türk ve islâm modelini reddedip Rus modeli aracılığıyla Kazak topluluklarını modernleştirmeye yönelirler. Aşırı Batıcı Cengiz prensi Velihanov, «Kazaklar, Ruslarsız Azyat*'tır» der. Kazak kültürünü, son zamanlarda gelen islâm katkısından arındırmak ister. Göçebeleri uygarlık yoluna ancak Rusların sokacağına, onlarla işbirliğinin zorunlu olduğuna inanır. Kazaklar, böylece, Rus desteği ile bozkırda Tatar etkisini silmeye çalışırlar. 1841'den itibaren Rus-Kazak okulları açılır. Genç Kazaklar, Rus askerî okullarında subay yetişirler. Bir Kazak edebî dili geliştirilir. Bu Rus-Kazak işbirliğinin önündeki en büyük engel, büyük sayıdaki Rus köylü yerleşmesinin Kazakları en iyi otlaklardan yoksun bırakması ve otlak darlığının bir sürü ayaklanmalara yol açmasıdır.

Türkistan'da ise Ruslar tam bir sömürge politikası izlerler. Pamuk işletmeleri kurulur. Halk, dış dünyaya kapalı tutulur. Çarlık, islâmın en geri biçimini ve hocaları destekler. Kur'an okulları açılır. Hocalar ve Türkistan emirleri, cedid denilen az sayıdaki reformcu aydınlara karşı, Ruslarla birlikte mücadele ederler. Koyu İslâm Buhara Emiri, o kadar Çarlık yanlısıdır ki, Çarlık devrilip bolşevikler işbaşına geldikten sonra dahi Moskova'ya bağlılıktan ayrılmaz. Bolşeviklere karşı özerklik savaşına tutuşan Başkurtlar, Aral gölü ve Akmescit arasındaki demiryolunu tutmasını rica edin-

* Azyat, Asyalı anlamına gelir, ama burada barbar anlamına kullanılıyor.

ce, Mangıt soyundan Buhara Emiri, şu gerekçeyle öneriyi geri çevirir :

— Moskova'da kim oturursa, antlaşmayla bağlandığımız Rus hükümdarı odur. Onlar bozsa da, ben antlaşmaya bağlı kalırım*.

Bu koşullarda reformcu bir akım ve en ufak bir ulusal bilinç belirtisi Türkistan'da görülmez. Türkistan kentlerinde, Türkçe ve Farsça konuşan kentliler, kendilerini önce islâm sonra da Buharalı, Taşkentli, Semerkantlı vb. sayarlar. Buharalılık, Taşkentlilik vb., din ve etni ayrılıklarından çok daha güçlüdür. Bu Türk ve İranlı kentliler için en büyük düşman, ister Türk, ister İranlı olsun göçebedir. Göçebe de, İranlı ve Türk ayırımı yapmadan «Sart» adını verdiği kentliye düşmandır ve bütün göçebelerin bilinci, aşiret çerçevesini pek aşmaz.

Türkmenler arasında belki ufak bir birlik bilinci, şiî İran'a ve Hiva Hanlığına karşı boyların birlikte verdiği uzun ve sürekli savaşlarda az çok belirir. Kazaklarda ise, lehçe farkları azdır, bir dil birliği vardır. XIX. Yüzyılda halk lehçesine dayalı edebî bir dil gelişir ve bu dil XX. Yüzyıl başında Kazan Tatarcası ve Çagatay gibi eski geleneksel edebî dillerin yerini alır. Kırgızlar da bu yeni edebî dili kullanırlar. Tek bir Kazak dili, az sayıdaki moderncı Kazak aydınları arasında bir «ulus bilinci» yaratırsa da, göçebe Kazak boyları biribiriyle boğuşmakta devam eder. Bu boylar, Sovyet Rusya'daki iç savaş sırasında, geleneksel aşiret düşmanlıklarına göre, Kızıllar ve Beyazlar safında yer alıp dö-

---

* Başkurt lideri Zeki Velidî Togan, Buhara Emiri'nin tutumunu «Eşeği süren adam ölmüş gitmiş, fakat bu eşekler, eşeklikleri ve câhillikleri yüzünden, hâlâ yüklerini sırtlarında taşırlar» diye yorumlar. Togan ve Emir Alim Han, bolşeviklere yenilip Afganistan'a sığınınca, orada Togan'dan «Türkistan'ın son hükümdarı»nın elini sıkması istenir. Togan, şu karşılığı verir: «Sovyetleri Çarın halefi ve kendisinin efendisi sayan ve Enver Paşa'ya Lakay'ları saldırtan kimsenin elini sıkmam» (Hatıralar, s. 222 ve 512).

ğüşürler. Tek bir edebî dil, bir ulus yapmakta yetersiz kalır. Fakat çeşitli gruplarda, kendine ait bir edebî dil eğilimi görülür. XVIII. Yüzyıl sonunda Çagatay'ın yanı sıra bir Özbek edebî dili belirir. Türkmenlerde de, Çagataycadan pek az arınmış bir yazı dili meydana gelir. Türkistan'da ise aydınlar iki dillidir. Edebî dil Farsça, bütün aydınlarca bilinir. Konuşulan lehçelerden hayli uzakta bulunan Çagatayca ise, Türk uygarlık dilidir. Yeni yeni edebî dillerin çıkması, pantürkizm açısından birleştirici değil, ayırıcıdır.

Kısacası, Istanbul'daki Osmanlı Türk aydınları pantürkist rüyalar görmeye başlarken, Osmanlı ülkesi dışındaki Türk toplulukları, son derece parçalanmış gruplar hâlindedirler ve bu topluluklarda dayanışmaya bağlılık duygusu aşiret, köy, kent vb. sınırlarını pek az aşar. Ancak Kırım, Azerbeycan ve Volga-Ural toplulukları bir «ulus» olmaya yaklaşmış gözükür.

KAZAN TURANCILIĞI, ISTANBUL TURANCILIĞININ KARŞITIDIR

1908'de sayıları 150 bine ulaşan Kırım Türkleri, etni ve lehçe farklılıkları gösteren iki gruba (Nogay ve Tatar) ayrılmakla birlikte, eski bir tarihsel geleneğe, eski bir edebî dil ve kültüre sâhiptir. Fakat sayıca çok az oluşları, bir ulus olmaya doğru evrimlerini engeller.

Ulus olmaya az çok yaklaşan topluluk, XX. Yüzyıl başında nüfusu 3 milyona ulaşan Kazan Tatarlarıdır. Bunlar, eski bir edebî dile, tarihsel geleneğe ve güçlü bir burjuvazi ile çok sayıda etkin aydınlara sâhiptirler. Kazanlar, Tipterler ile Mişer vb. gibi ayrı etnik grupları ve öteki ufak toplulukları özümlerler. Hatta kültür ve ticaret tekelleri sâyesinde, uygarlık dili olarak Kazan Tatarcasını Kuzey Kafkasya'ya, Kazakistan içlerine, Başkurtlara yayarlar.

1917'de nüfusu 2 milyona ulaşan Azerbeycan da,

şiî-sunnî bölünmesine, şiî din adamlarının gözünün İran'a, ötekilerin Türkiye'ye çevrik olmasına karşın, yükselen burjuvazisi ile, eski ve zengin dil kültürü ile uluslaşma yolundadır. Fakat pantürkizm ve panislâmizm, henüz bir hayaldir ve bu hayalin bile, Istanbul'da görülen Turan rüyalariyle hiçbir ilişkisi yoktur. Bu gerçeği, «Turan İhtilâl Ordusu Türkistan Cephesi Komutanı» unvanını kendi kendine veren Enver Paşa'ya, onunla birlikte Türkistan'da döğüşen silâh arkadaşı Zeki Velidî Togan, *«arkadaşlarınız, islâm uluslarının ve Türklerin birliğini neden istemiyorlar?»* sorusu üzerine açıklamak zorunda kalır :

«Türkistan'da avam (halk), ancak Osmanlı Halifesini bilir. O da Türkiye Sultanı'dır. Türkiye Türklerinin Türkçe konuştuğunun farkında değildir. Aydınlar bunu bilir ama, kültür birliğimizden habersizdirler... Hiç unutulmaması gereken başka bir nokta da, bunca Türk halkının ancak kendi dertleriyle uğraşmaları, Türk siyasal birliği sorunlarını hiç işitmemiş olmalarıdır. Bu fikri, hacılar bile bilmez. Bilen varsa Istanbul'da okuyup gelen birkaç öğrenciden ve 'Türk Yurdu' okuyucularından ibarettir, başka hiç kimse yoktur... *Hazer Denizi'nin Güneyinde İranlı, Kuzeyinde Rus ahalinin yoğunluğu konusunda istatistik bilgisi olan adamlar, Türkiye ile Türkistan'ın ortak siyasal dâvâsı olacağını düşünmezler bile*»[39].

Zeki Velidî'nin açıkladığı son nokta, Turan fikrinin Istanbul'da haritaya bile bakmadan yaratıldığını göstermek bakımından önemlidir. Fakat Türkiye ile Türkistan, Kazakistan ve Kazan arasında aşılması güç yabancı insan duvarları bulunduğunu bilen Orta Asya aydınları haritaya bakmışlardır ve kendi yöresel dâvâları peşindedirler. Yalnızca Kazan burjuvazisi ve aydınları, pantürkizm ve panislâmizm dâvâsının şampiyonluğunu yaparlar. Fakat bu dâvâ da, Istanbul Turancılığının tamamen dışında, arazi birliğine dayanmayan bir kültür birliği dâvâsıdır.

Daha önce de belirttiğimiz üzere, Kazan burjuvazisinin kültür birliğinde ekonomik çıkarı vardır. XVII. ve XVIII. yüzyıllarda toprak soylularının yerini alan Kazan burjuvazisi, genç Rus kapitalizmi XIX. Yüzyılın ilk yarısında Orta Asya pazarının fethine yönelirken, aracılık yapar ve bu ticaretten büyük ölçüde zenginleşir. Dil ve kültür avantajları, Kazan burjuvazisine bu ticaret aracılığı tekelini sağlar. Orta Asya'ya Tatar tüccar kolonileri yerleşir. XIX. Yüzyılın ikinci yarısında Rusya'nın Orta Asya'yı fethi üzerine, Rus burjuvazisinin Tatar burjuvazisinin aracılığına ihtiyacı kalmaz. Eski işbirliğinin yerini rekabet alır. Rus burjuvazisi ile rekabet edebilmek, Türk ve isâlm pazarını elinde tutabilmek için, Kazan burjuvazisi, ideolojik birlik savına sarılır. Birlik ideolojisi etnik, dinsel ya da kültürel olabilir. Önemli olan bu ideolojinin Rusya islâm pazarında Kazan burjuvazisine üstünlük sağlaması ve bir cins «ekonomik emperyalizm»in aracı olmasıdır. Kazan burjuvazisinin Rusya islâm toplulukları üzerinde ekonomik, ideolojik ve dinsel hegemonya kurması görüşünü, Kazanlı ulema ve aydınlar paylaşır. Burjuvazinin sağladığı para ile, pantürkizm ve panislâmizm görüşleri Tatar aydınlarınca ortaya atılır. Panislâmizm sempatizanı. Benningsen, ekonomik temelli bu ideolojiyi şöyle açıklar :

«Genç intelligentsia ve modernist ulema tarafından desteklenen Tatar burjuvazisi, (Rus ekonomik rekabetine) başarılı biçimde direnebilmek için, Rus emperyalizmine başka bir emperyalizmle karşı çıkmak, ekonomik ve kültürel egemenliğini Rus İmparatorluğunun bütün islâm halkları üzerine genişletmek, dil akrabalığı ve dinsel birlikten yararlanarak Rusya islâmının öncüsü olmak ve her yerde panislâm ve pantürk fikirleri yaymak gerektiğini algılar»[40].

İslâmda reformla başlayan hareket, küçük toprak soylusu Gaspıralı İsmail'in (1851-1914) ortak bir tek dil görüşüyle devam eder. Tek dil akımı, Kazak, Türkmen,

Özbek vb. gibi ayrı ayrı edebî diller yapılması biçiminde gelişen yöresel hareketleri engellemeyi amaçlar. Gaspıralı İsmail, Farsça ve Arapça sözcükleri atıp yerine Kırım Tatarcasından sözcükler koymak ve Osmanlı Türkçesini de göz önünde tutmak yoluyla ortak bir Türk dili hazırlar. Gaspıralı'ya göre bu dili «Balkanlar'dan Çin'e», «Boğaziçi'ndeki kayıkçıdan Kaşgar'daki deveciye değin» bütün Türkler anlayacaktır. Gaspıralı'nın sloganı, «dilde, fikirde ve işde (eylemde) birlik»tir. Yayınladığı Tercüman gazetesi ile Gaspıralı, bu görüşlerini yayar, başarılı da olur. Volga-Ural bölgesinde, hatta Türkistan'da bâzı islâm gazeteleri, ufak tefek değişikliklerle bu ortak dili kullanırlar. Fakat 1905'ten sonra her topluluğun ayrı edebî diller kullanması eğilimi ağır basar ve dil birliği hareketi çöker*.

Dil birliği hareketini eğitimde reform çabaları izler. 1916 yılına kadar Gaspıralı'nın öngördüğü biçimde modern eğitim veren 5 bin okul açılır. Gaspıralı, bu reformculuğu Rusya ile işbirliği hâlinde düşünür. Nitekim iki önemli yapıtının adları «Rusya İslâmı» ve «Rusya ve Doğu Anlaşması»dır. O, Rusya ve İslâm Dünyası arasında devamlı bir işbirliğinin islâmın çok yararına olacağını savunur.

1905 İhtilâli'nden sonra gelen kısa özgürlük döneminde de, Rusya ile işbirliği görüşü egemendir. İlk Rusya İslâm Kongresi, 1905'te toplanır. Kongreye Kırımlı İsmail Gaspıralı, Azerî Topçubaşı ve Kazanlı Yusuf Akçura başkanlık ederler. Kongre. Ruslarla bireysel planda eşit haklar ister, Rus liberal partileriyle işbirliğini savunur. Ocak 1906'da toplanan İkinci İslâm Kongresi'nde, Yusuf Akçura'nın deyimiyle, «İslâm çıkarına en çok yararlı» gözüken Anayasacı Demokrat Kadet Partisi'ne (K.D.) katılma kararı alınır. Tutucu Türkler, Çarlık yanlısı Rus partileriyle işbirliğine yönelirken,

---

* Kazan Tatarcasından bir örnek: Tıpırçındıgız tıpırçındıgız da, tıpırçıngan bilen gene iş bulmi bit ul. Yâni, «Çırpındınız çırpındınız da, çırpınmakla iş bitmiyor».

reformcular K.D.'ye girerler. K.D., aslında merkeziyetçi devlet görünüşü savunur, islâm topluluklarına az çok özerklik tanıyacak federal bir Rus devleti kurma görüşüne şiddetle karşıdır. K.D., ulusçuluğu, mutlakiyetçiliğin bir alt ürünü sayar, demokrasi kurulunca ulusçuluğun da son bulacağına inanır. Bununla birlikte bu parti, Çarlığın Ruslaştırma politikasını yanlış bulur, bir toprak temeline dayanmayan kültürel özerkliği öngörür. Kazan Tatarlarının da diledikleri bundan başka birşey değildir. Nitekim Üçüncü İslâm Kongresinde, dinsel özgürlük ve eğitim reformu istenmekle yetinilir. İslâm milletvekilleri, yeni açılan Rus Meclisi'ne girerler. Fakat Çarlık yönetimi, islâm topluluklarının hiçbir isteğini yerine getirmez ve 1908'den sonra yeniden baskı rejimine döner. Bunun üzerine, Abdülhamit de işbaşından uzaklaştığından, bir kısım pantürkstler Türkiye'ye gelirler. Yusuf Akçura 1911'de «Türk Yurdu»nu kurar. Ne var ki, Rusya pantürkistlerinin Istanbul'da savundukları görüşler, Rusya'da savundukları görüşten 180 derece farklıdır. Rusya'da her türlü federalist düşünceye karşı çıkan ve merkeziyetçi Rusya devleti çerçevesinde toprak temeline dayanmayan bir kültür özerkliğini savunan ve pantürkizmi Rusya'nın bir iç işi sayan Kazan aydınları, Istanbul'da «Turan devleti kurma» umutlarını yayarlar. Yusuf Akçura, Atatürk döneminde, «Turancılık, Osmanlı emperyalizmidir; Türkçülük, halkçılık demektir» diye görüşlerini değiştirecektir, ama «Turan devleti» fikri, Türk milliyetçilerinin pek çoğunca benimsenecektir.

İlginçtir ki, 1917 yılında Çarlık devrilip Rusya'da başarı sağlama umutları yeniden doğunca, Kazan aydınları, yeniden «merkeziyetçi Rusya devleti çerçevesinde toprak temeli olmayan kültürel özerklik» formüllerine dönerler ve bunu bağnazlıkla savunurlar. Oysa Türkistan, Kazakistan, Azerbeycan ve Başkurdistan'ın milliyetçi aydınları, feodal bir Rusya çerçevesinde toprak temeline dayali özerklik görüşünü benimserler.

«Kültürel özerklik» ile yetinmenin «Tatar hegemonyası» kurma anlamına geleceğini düşünürler. Daha önce belirttiğimiz üzere, Kazan burjuvazisinin, emperyalist gelişmesine karşı Kazaklarda ve öteki Türk topluluklarında bir direniş vardır. Kazan burjuvazisi ise, her topluluğun konuştuğu dili kendi edebî dili yapmasına karşı çıktığı gibi, yöresel özerklik akımlarını da, bir bütün olarak düşlediği islâm pazarını parçalayacağı kaygısıyla, bütün gücüyle önlemeye çalışır. Rusya'daki Türk milliyetçileri arasında en büyük kavga ve bölünme, «federal Rusya mı, yoksa merkeziyetçi Rusya mı» konusunda çıkar. Federalizm yanlısı Zeki Velidî Togan, anılarında ünitaristlerle kavgalara geniş yer verir. «Turancılık»ın Rusya'da nasıl yapıldığını bilmek bakımından bunları kısaca belirtmekte yarar vardır.

KAZAN PANTÜRKİSTLERİ, MERKEZİYETÇİ RUSYA DEVLETİ İSTİYOR

Çarlık devrilir devrilmez, Mart 1917'de toplanan Kadet Partisi kongresinde, parti üyesi Sadri Maksudî Arsal, Rusya müslümanlarının Kadet Partisi'ne bağlı kalacaklarını bildirir. İktidardaki bu partinin kongresinde yeni Harbiye Nâzırı Radiçev, savaşa devam etme, Istanbul'u alıp Türkiye'yi yok etme planını açıklar. Kazanlı lider Arsal, bu plana oy vermez, fakat bu kararı alan kongrede sonuna kadar bulunur. Bir gazeteye verdiği demeçte, Istanbul'un işgalinin islâmları üzeceğini söylemekle birlikte, «30 milyon müslümanın Rusya'nın tam yengisine kadar savaşı sürdürmesini istediğini» açıklar ve şöyle der :

— Türkiye'nin perişan edilmesine râzı olmayışımız, bizim Rus yurtseveri olmamıza engel değildir.

Bu sözler, federalistlerce protesto edilir. Fakat Kazan aydınları ısrarla merkeziyetçi Rusya devleti savını savunurlar. Toplanması kararlaştırılan Rusya İslâmlar Kongresi'nin hazırlık çalışmalarında kongre çoğunluğunu Kazanlıların teşkil etmesini isterler. Bu görüş, güçlükle engellenir. Togan, Taşkent'e gidip Türkistan'da özerklik propagandası yapar. Taşkent'te toplanan ilk «Ülke Müslümanları Kongresi»nde ünitarist görüş yenik düşer. Arsal, Kadet L'vov Hükümeti'nin yolladığı «Türkistan Geçici Yönetim Kurulu Üyesi» olarak Rusya hükümeti adına Taşkent'e gelir. Kazanlılar ikinci «Türkistan Müslümanları Kongresi»nde federatif devlet savını reddettirmeye çalışırlar. Togan'ın deyimiyle, Kazanlı aydınlar, federalizm aleyhinde bir dağ gibi dururlar. Arsal, 16 Nisan 1917'de verdiği demeçte, «Sartlar* için özerklik yersizdir» der. Fakat 17 Nisanda güçlükle de olsa özerklik kararı alınır. Nihayet 1 Mayısta Moskova'da «Rusya İslâmlarının Genel Kongresi» toplanır. Kongrede Kazanlılar, nüfus sayılarından daha çok temsilci getirdikleri halde, Azerbeycan, Kırım, Türkistan, Başkurt ve Kazak-Kırgız temsilcileri özerklik yanlısı olduklarından, bu görüş 271'e karşı 446 oyla kabul edilir. Benningsen, bu kararı, «*1 Mayıs Kongresi, pantürkizmin yas çanını çaldı*» diye yorumlar. Fakat ünitaristler yenilgiyi kabul etmezler. Kongrenin kurduğu yürütme kuruluna (Ikomus) girerler. Duma'daki islâm grubunun başkanı olan Ahmet Salikov, Ikomus'e de başkan seçilir, Salikov, Rusçadan başka bir dil bilmeyen Kafkasya Osetin müslümanlarındandır. Rusya islâmlığını tek bir topluluk sayar ve «Müslüman Rusyalılar» diye açıklar. Puşkin, islâm-hıristiyan bütün Rusyalıların şairidir ve ona göre federasyon, bu kültürden ayrılmak demektir. Ikomus'ta Kazanlı aydınları Ayaz İshakî ve daha başkaları temsil eder. Salikov ve İshakî, yine hükümette bulunan Kerensky'nin İhtilâlci Sosyalist Partisi'nin (gerçekte popülist) üyeleridirler. Kerensky'ye sürgündeyken bile bağlı kalırlar ve onun 1924'te Berlin'de çıkardığı gazetede, «Rus demokrasisinin birliği ve ünitarizm yolunda kendi müslüman

---

* Sart, Türkistan'ın İranlı ve Türk kentli ve yerleşik nüfusu.

kardeşleriyle çarpıştıklarını» övünçle yazarlar. İşte bu Ikomus üyeleri, Moskova Kongresi tutanaklarından «özerklik» sözlerini çıkartırlar. Temmuz 1917'de Tatar liderleri Kazan'da yeni panislâmist kongreler toplarlar. Azerîler ve Türkistanlılar, bu yeni kongreye katılmayı reddederler. Kongrede Kazan Tatarları ezici çoğunluktadır ve federalist görüşü reddederler. Kongre, «Rusya ve Sibirya Türklerinin kültürel özerkliğini sağlamak» amacıyla «Millî İdare» adlı bir organ kurar. Pantürkist hareket ikiye bölünür. Rusya islâmları liderleri, son kez topluca Moskova'da Ağustos sonlarında toplanan «Rusya Devlet Kongresi» dolayısiyle biraraya gelirler. Daha önce islâm temsilcileri arasında yapılan toplantıda, federalizm yanlıları Finliler ve Ukraynalıları örnek göstererek, «kendi işlerimize kendimiz sâhip olalım, araziye dayalı özerklik isteyelim» görüşünü ileri sürerler. Buna, «biz, Finliler ve Ukraynalılar gibi özerklik dâvâlarına karışamayız. Biz Rus ulusuyla tarihsel olarak bağlı bulunduğumuzdan bu yola gidemeyiz» karşılığı verilir. İshakî, Arsal ve daha başkaları Hükümet Başkanı L'vov'a gidip ona «biz Ukraynalılar gibi sizden ayrılmak istemiyoruz, sizinle birlik olmak istiyoruz» derler. İki karşıt görüş uzlaşmaz, fakat Rusya Devlet Kongresi'nde tek bir sözcü ortadan bir konuşma yaparak anlaşmazlığı açığa vurmaz. Ne var ki, bolşevik ihtilâli, her islâm topluluğunun kendi başının çâresine bakmasına yol açar, her yerde ayrı özerk yönetimler kurulur. Pantürkizm ve panislâmizm dâvâsı bu kez bolşeviklerin elinde başka bir yön kazanır. Bununla birlikte, Avrupa'da sürgünde Rusya Türkleri arasında unitarizm-federalizm dâvâsı sürer. 1926 başlarında Paris'te yapılan birleşme toplantısında Sadri Maksudî Arsal, «Biz gemilerimizi yakmak fikrinde değiliz. Bağımsızlık dâvâsına karşıyız. Rusya'da yaptığımız gibi, büyük demokratik Rusya için uğraşacağız ve müslümanların haklarını bu koşullar içinde savunacağız» der*. Anlaşma olmaz. Berlin'de Tatar-Türk tartışması yapılır. Kazan'ın önde gelen aydınlarından Fuat Toktar, Zeki Velidî Togan'ın Cengiz Han'ı Türk-Mogol ortak kahramanı göstermesini eleştirir, onun yalnızca Tatar kahramanı olduğunu söyler. Ayaz İshakî de Togan'ı tarihe ekonomik konular karıştırarak milliyet anlayışını çığırından çıkartmakla suçlar. Berlin'deki Türkiyeli, Azerbeycanlı ve bâzı Türkistanlı aydınlar hakem olurlar. Ayaz İshakî, «ekonomik sorunlar Rusya islâmlığını ayırır, bize ancak kültür ve din konuları üzerinde birleşmek gerek» diye kendini savunur. Hakem Türkiyeli iktisatçı Harun Bey, sorunu çözer :

— Ekonomik programı olmayan bir ulusal dâvâ olamaz. Size yahudilerin özerkliği gibi kültür özerkliğini her rejim verir. Bunun için dış memleketlere çıkmanıza gerek yok[41].

Biraz fazla ayrıntıya dalmış olmakla birlikte, ayrıntılar, Turancılığın Türkiye'de ve Türkiye dışında nasıl görüldüğünü belirtmek bakımından anlamlıdır. Almanya'nın da teşvikiyle Enver Paşa, Hazer Denizi'nin Güney ve Kuzeyinden ilerleyerek Türkistan'a ulaşmak için Sarıkamış saldırısını başlatırken, Rusya Türkleri'nin Enver Paşa'nın anladığı biçimde bir Turan dâvâsı yoktur. Birinci Dünya Savaşı sırasında, Türkiye ve Rusya Türkleri sık sık karşı saflara düşerler. 1917 yılında bolşeviklere katılan birkaç milliyetçinin dışında, Zeki Velidi de dâhil, milliyetçilerin büyük kısmı, Istanbul'u alıp Osmanlı Devleti'ni yok etme kararı alan L'vov ve Kerensky'nin partilerinin üyeleridirler. Karardan üzülmekle yetinirler. 1918'de Alman ve Türk orduları Kaf-

---

* Devlet desteğiyle çıkarılan ve parasız dağıtılan bir dergide, Arsal'ın Duma'da şöyle konuştuğu yazılır: «Dünyada büyük bir Türk milleti vardır, olmuştur, olacaktır ve bu milletin varlığına ve geleceğine hiçbir kuvvet engel olamıyacaktır» (Dergi, Sayı 9, s. 38, 1957). Oysa Çarlık yönetiminde Duma'da Türk'ün değil, Rusya islâmlarının Ruslarla eşit haklara sâhip olmasından öte bir istek yoktur.

kasya'da ilerleyip Astrahan Kazakları ile bağlantı ararlar. Kazak, Hokand ve Başkurt temsilcileri konuyu görüşürler, mücadelelerini Rusya çerçevesinde bırakmak kararını alırlar. 1919 İngiliz - Afgan savaşı sırasında Ankara'ya bağlı Türk subayları, bolşeviklerle savaşan Türkistanlıları vazgeçirmek isterler, o sırada bolşeviklerle uğraşmanın Türkiye'ye karşı bir hareket olduğunu söylerlerse de, etkili olamazlar. Cemal ve Halil Paşaların da çabaları sonuç vermez. O sırada Türkistan'da bir ulusal hareket geliştirmeye çalışan Zeki Velidî Togan, bu çabaları şöyle eleştirir:

«Cemal Paşa, daha bir yıl önce Taşkent ve Buhara üzerinden geçerek Kâbil'e gelmişti. Halil Paşa ile Hacı Sami Bey de Taşkent'e gelmişlerdi. Kaşgar taraflarından geçmek istiyorlardı. *Bunların Orta Asya sorunuyla ilişkileri, salt Türkiye'nin çıkarları bakımındandı.* Onların fikri Türkistan işini Türkiye'ye yardım bakımından yürütmek, Batıda müttefiklere karşı yürütülen savaşı, Orta Asya'da sürdürmekti... *Biz ise Türkistan dâvâsına ancak Türkistan ölçüsünde yapılacak bir iş gözüyle bakıyorduk. Bunun Türkiye'deki hareketle... karıştırılmasına karşıydık*».

Türkistan Millî Birliği, Cemal Paşa'ya yazdığı mektupta, İslâm Âleminin kurtuluşu için düzenlenen planlarla ilgili bulunmadıklarını, dâvâlarının Rusya çerçevesinde Türkistan, Kazakistan ve Başkurdistan'da iç işlerinde 'yerli müslümanlara' özerklik sağlamak olduğunu, bolşeviklerle bunun için çatıştıklarını bildirir. Enver Paşa saf değiştirip bolşeviklere karşı savaşmak için «Turan İhtilâl Ordusu Türkistan Cephesi Komutanı» olmaya heveslenince, Türkistan milliyetçileri ona, isteklerinin «*Ulusal Kızıl Orduya dayalı Ulusal Türkistan Sovyet Hükümeti*» olduğunu söylerler. Zeki Velidî Togan, Enver Paşa'ya şöyle der:

«— *Sizin hareketinizi panislâmizm ve panturanizm olarak tanıtacaklardır. Oysa bunlar burada bizde popüler değildir*»[42].

Enver Paşa, Togan ve daha birçok Türkistan aydını, Türkistan'da Rus sömürgecisi iken, ihtilâl olunca Sovyet iktidarı kuran yöresel Rusların yağmaları ve Hokand kentini ateşe vermeleri üzerine ayaklanan Basmacı'ların safına geçerler. Basmacılık, haklı bir tepki olmakla birlikte, yöresel bir tepkidir, ulusal değildir. Genellikle boy dayanışmasına dayalı ufak kuvvetlerin başındaki Basmacı şefleri, bir merkeze bağlı olmadan, zaman zaman kendi aralarında da boğuşurlar. Bu savaşa katılan aydınlar, Basmacıları «biribiriyle çarpışan, her türlü ulusal ülküden yoksun, olsa olsa Mollaların etkisinde bulunan küçük zümreler» diye tanımlarlar. Nitekim Basmacıları örgütleyip ulusal bir askerî güç yapmak için Zeki Velidi Togan'ın getirdiği birçok Başkurt subayı, Basmacılar tarafından öldürülür. Enver Paşa da Basmacıların elinde tutsak kalır ve ancak Afgan Hanının baskısıyla kurtulur. «Turan Ordusu» kurma çabasındaki Enver Paşa, Basmacıları zayıf biçimde örgütleyebilir. Kazakistan'dan asker toplama çabaları başarısız kalır ve bir çete vuruşmasında ölür, İttihatçıların «Turancılık» düşleri, böyle acı biçimde sona erer*. Zira bırakınız büyük ve tek «Turan Ulusu»nu, yöresel «Turan Ulusları» bile yoktur. Olsa olsa, biribirlerine gü-

---

* Yalnızca Ermenilerle amansız bir çatışma içinde bulunan Azerbeycan'da şiî din adamlarının gözü İran'a çevrik iken, ulusal akım liderleri umutlarını Türkiye'ye bağlarlar. Fakat 1920 yılında Atatürk, Sovyetlerle coğrafi bir bağlantı kurmayı, Ulusal Kurtuluş Savaşı'nın başarısı için bir ölüm-kalım sorunu sayar. Bu nedenle, Ankara'nın direktifi üzerine, Halil Paşa ve Azerî milislerini örgütleyen Türk subaylarının desteğiyle, Azerbeycan'da bolşevik yönetim kurulur ve Kızıl Ordu'nun bir an önce gelmesi sağlanır. Öteki yerlerde, Türkiye Turancılığına kültürel bir ilgi bile çok zayıftır. Bakû Kongresi sırasında Cemal Paşa, Türkçesini birkaç aydından başka kimsenin anlamayışından yakınır. Zeki Velidî, Türkiye Türkçesine ilgi gösterilmesini, birçok Orta Asyalı ilerici aydının «Osmanlılık hesabına dolandırıcılık» saydığını yazar. Bu, kendi topluluklarını, «Türklük hülyası adına kumara basmaktır» (Türk Dünyası El Kitabı, s. 1363).

vensiz, aralarında da boğuşan Kazak, Kırgız, Özbek, Tacik, Türkmen vb. gibi etnik gruplar vardır: Buharalı ve Taşkentli, rekabet ve çatışma hâlindedir. Buharalı ve Taşkentli, ancak göçebelere ve Kazaklara karşı duydukları güvensizlikte birleşirler. Tacik, Kırgız ve Kazak, Özbeklerden hoşlanmaz. Zeki Velidî, Türkistan dâvasında işbirliği yaptıkları İranî dil konuşan Tacik aydınlarını kaçırmamak için «Türk» diyemediklerinden, «müslüman» ya da «Türkistanlı» deyimini kullanmak zorunda kalmalarından yakınır. Kazan Tatarları da, Başcnların egemenliğini kabul etmeyip «yapay» bir Başkurt dâvâsı çıkarttı diye Zeki Velidî Togan'ı kınarlar. Prof. Ahmet Temir, 1918 Tatar-Başkurt anlaşmazlığını, «kişisel ve Zeki Velidîvâri» sayar ve onun bu toplulukları ikiye böldüğünü iddia eder[43]. Hive'de (Harizm) Türkmen-Özbek kavgası vardır. Hive Hanı İsfendiyar, Cüneyt Han'ın göçebe Türkmenlerini ezer. İsyan eden Cüneyt, İsfendiyar'ı öldürünce, bu kez Özbek kırımına girişir. Koş Muhammet Han ve Gulam Ali gibi beylerin Türkmenleri de, Cüneyt Han Türkmenlerine karşı çıkarlar. Hem Türkmen Cüneyt Han'a, hem de Özbeklerin hanına meram anlatamayan az sayıdaki Hive aydınları (Genç Hiveliler), bolşeviklerle birleşmekten başka çâre bulamazlar. Kızıl Ordu eliyle, Genç Hiveliler, bölgede egemenlik kurarlar. Buhara'da da özerklik yanlısı Genç Buharalılar, Kızıl Ordu eliyle Emir'i devirip yönetime egemen olurlar. Kazan Tatarları ve başta Zeki Velidî olmak üzere Başkurtlar, Kazaklar, Kırımlılar vb. bu kez bolşevik olarak, bolşevik desteği ile özerklik emellerini gerçekleştirmeye yönelirler.

«KOMÜNİST TURAN» PROJESİ

Bolşeviklerin kurduğu «İslâm Merkezi Komiserliği» ve «İslâm Askerî Merkez Koleji» gibi örgütlere egemen

Sultan Galiev ve Molla Nur-Vahitov gibi Kazanlı komünistler, 1918 yılından itibaren milliyetçi Kazan Tatarlarının eski özlemi olan, «toprak temeline dayalı olmayan özerklik» ve Özerk İslâm Partisi kurma görüşlerini dile getirirler. Bu kez, Bolşevik İhtilâli belirince, 1917 sonlarında Kazan Tatarlarınca benimsenen toprak temeline dayalı Volga-Ural (Tatar-Başkurt) özerkliği de isteklere eklenir. İslâm Dünyasına, Asya'ya komünizmi yaymak için bir arazi üssünün gerekliliğine inanılır. İdil-Ural Özerk Devleti aracılığıyla, komünizm önce Türkiye ve İran'da gerçekleştirilecek ve sonra bütün İslâm Dünyasına yayılacaktır. Bolşevikler, Galiev'in fikirlerini gerçekleştirmesine izin vermezler. 1923'ten sonra muhalefete geçen Sultan Galiev ve yandaşları, «Turan Cumhuriyeti» kurulmasını kararlaştırırlar. Turan Cumhuriyeti, Volga-Ural Cumhuriyetinin yanı sıra, Kazakistan, Kırgızistan, Özbekistan, Türkmenistan ve Tacikistan'ı kapsayacaktır. Bâzıları bu listeye Azerbeycan ile islâm olmayan Altaylı ve Çuvaş Türklerinin arazisini de eklerler. Bu «Turan Sosyalist ve Halkçı Federatif Cumhuriyeti» bütün mazlum halkları, Sömürgeler Enternasyonalinde birleştirecektir. Üniversitelerimizde hocalık yapan Rusya Türklerinden Prof. Ahmet Temir, «Sultan Galiev'in planı, Sovyet Sosyalist Cumhuriyetleri Birliği içindeki bütün Türkleri birleştirip kurtarmak yolundaki girişimlerin en büyüğüdür» der[44]. Fakat bu da bir ütopi olarak kalır ve komünistliğe geçen bütün eski milliyetçilerin tasfiyesi ile sonuçlanır.

TURAN ULUSU YERİNE, AYRI AYRI ULUSLAR YARATMA

Bolşeviklerin ihtilâlden önceki belli başlı «ulus» kuramcısı olan Stalin, «ulus»u zamanla son bulacak tarihsel bir kategori saymakla birlikte, onun gerçekliğini kabul eder. Kimi klanik, kimi feodal, kimi de ka-

manları, Çarlık Rusyasına karşı verdikleri ortak mücadele ile islâmlık ve Arapça bir ölçüde bağlar. 1919 başında Sovyetler önce bunları birleştirmeyi denerler. Kabarda, Çeçen, İnguş, Çerkes, Osset, Balkar ve Karaçay olmak üzere yedi topluluğu Dağlılar Özerk Cumhuriyeti'nde toplamak isterler. Ayrıca Dağıstan Özerk Cumhuriyeti kurulur. Bu «çok uluslu» cumhuriyetler ve tek dil sorunu büyük güçlükler çıkarınca, 1924-1938 döneminde Kabarda, Çeçen, İnguş, Osset, Karaçay, Balkar, Adıge, Çerkez, Abaza gibi «ulusçuk»lar ve edebî diller meydana getirilir, yeni idarî bölümler kurulur. Dağıstan'da da İran, Türk, İbero-Kafkas dil ailelerine mensup, çok farklı gelişme aşamalarında 20 kadar topluluk vardır. Ülke ekonomik, toplumsal ve kültürel birlikten yoksundur. Yöresel dillerden hiçbiri üstünlük sağlayamaz. 1917'den önce yazıya sâhip Avar, Dargın, Lak ve Kumık gibi diller, yarı edebî diller olarak kalır. Dinsel çevreler, Arap dil ve kültürü çevresinde birleşmek isterler, Cedid'ler Azerî ve Kumık dilinde birleşmeyi yeğ tutarlar. Sovyetler Arapçayı yasaklarlar, Azerî dilini 1928'e kadar tek okul dili yaparlar. Fakat 1930'da her topluluğa ayrı dil vermeye yönelirler. Üçü Türk (Azerî, Kumık, Nogay) onbir resmî ve edebî dil meydana getirilir. Bu aşırı bölünmede Rus dilinin üstünlük sağlayacağı açıktır. Azerbeycan'da ise, Sovyetler, karşıt bir politika izlerler ve Taliş, Tat dillerinin yerini Azerî dilinin almasını ve bu toplulukların «Azerî ulusu»nca özümlenmesini uygun bulurlar.

Orta Asya'da ise Sovyetler, göçebe Kazak-Kırgız, Türkmen ve Özbek-Tacik gibi henüz ulus olmamış, fakat az çok gruplaşmış topluluklarla karşılaşırlar. Eski idarî yapıyı kaldırarak etnik gruplara dayalı «uluslar» meydana getirmeye yönelirler. Yalnız bu etnik gruplar, biribiriyle içiçe bulunduklarından, sınırların çizilmesi kolay olmaz. Yeni cumhuriyetler içinde azınlık grupları kalır. Türkmenistan, Özbekistan, Kırgızistan, Taçikistan, Karakalpak özerk cumhuriyetleri kurulur. Bunların bir kısmı önce özerk bölge, özerk cumhuriyet iken, giderek Sosyalist Cumhuriyetler olurlar.

Bu yeni siyasal birimler kurulduktan sonra, ikinci aşamada, halkın değil, fakat seçkinlerin bildiği diller olan Kazan Tatarcası, Farsça ve canlı dil olmaktan çıkmış Çagatayca yerine ulusal edebî diller geliştirilir ve güçlendirilir. Benningsen; «*Türkistan'ın ulusal olmaktan çok dinsel olan eski topluluğunun yıkıntıları üzerinde, böylece modern uluslar meydana gelir*» der[45].

Kazaklar ise, «ulus» ögelerinin bâzılarını daha önceki yüzyıllarda geliştirmiş bulunur. Arazi birliği, dil birliği vardır. XIX. Yüzyılda bir edebî dil meydana gelmiştir ve Kazaklarda lehçe farkı azdır. Kazak ulusu kolay oluşturulur.

Türkmenlerde de Yomut ve Teke boylarının halk lehçesi, daha önceden edebî dil yapılmıştır. Bu dil 1921'de resmîleştirilir ve boy federasyonları, bir Türkmen ulusunda birleştirilir. Tacikler ise, aşiret bağlarından uzak yerleşik bir topluluktur. Tacik dili, Farsçadan az ayrılır. Belüş, Afgan, Hazere, Pamir boyları vb. gibi ufak topluluklar Tacik dilini kabul eder ve Tacik ulusu içinde özümlenir. Tacik Cumhuriyetindeki Özbekler ise özümlenmez. Onlar için Özbekçe öğretim yapan okullar açılır. Buna karşılık, Özbekistan'daki 321 bin Tacik, Özbek Türkleri içinde özümlenmeye bırakılır.

Özbek ulusunun meydana getirilmesi ve sağlamlaştırılması daha güç olur. Zira yerleşik Sartlar ile göçebeler ve yeni yerleşikler arasında önemli kültür ve lehçe ayrılıkları vardır. Birleşme, 1923'ten sonra eski Çagataycanın yerini alan yeni Özbek edebî dili çevresinde yapılır. Göçebeler hızla yerleşik yaşama geçirilir. Farklı özellikler gösteren Fergana vâdisi Kıpçakları, karmaşık bir topluluk olan Kurama'lar, Fergana Türkleri, Araplar, Buhara yahudileri gibi ufak topluluklar Özbekler içinde özümlenir.

Böylece konuşulan halk dillerinden ya da şivelerinden yaratılmış edebî dillere dayalı ulusal oluşumlar meydana getirilir*. Geleneksel göçebe-yerleşik karşıtlığı ve kabilelerarası boğuşmalar son bulur. İlkin zayıf yapılı ve hayli yapay olan yeni uluslar giderek güçlenir, ulusal bilinçler gelişir.

Doğaldır ki, bu oluşum kolay olmaz. Özerk cumhuriyetlerdeki Rus nüfus ve yerleşmelerinin artması, sınıf mücadelesinin hızlandırılması gibi toplumsal sorunların yanı sıra, kültürel sorunlar, milliyetçilikten komünizme gelmiş yerli yöneticilerin direnişleriyle karşılaşır. «Komünist Turan» planlayan Sultan Galiev ve yandaşları, ayrı diller yaratılmasına, Tatarcanın etki alanının sınırlanmasına karşı çıkarlar ve hiç değilse gelecekteki bir dil birliğinin yolunun açık tutulmasını sağlamaya çalışırlar. 1926 Bakû Türkoloji Konresinde Kazanlı komünist Alimcan İbrahimov, bir dil federasyonundan söz eder :

«Ortak bir Türk dili meydana getirmemiz olanaksızdır, fonetik, morfoloji ve özellikle sosyo-ekonomik durum buna engeldir. Fakat biz Türk toplulukları kendi kendimizi yalıtlayamayız. Bu yüzden bir dil federasyonu gereklidir. Her Türk lehçesi özerktir, fakat onların temeli, yasaları ve esas hatları ortak olduğundan, bu ortak yönler gözönünde tutulmalıdır»[46].

Özellikle Kazanlılar Lâtin alfabesinin de kabulüne karşı çıkarlar, Arap alfabesinin kullanılmasını isterler. Oysa Lâtin alfabesi, Cedid'lerin ve özellikle Azerîlerin eski bir isteğidir. Kazanlıların amacı, alfabe farklılaşmasını önlemektir. Reşit Rahmetî Arat, biribirinden az

---

* Pantürkistler, bu oluşumu «Türk boylarını, ulus olarak göstermе» diye eleştirirler. Fakat gerçekte biribirlerini ayrı sayan ve ayrı adlar taşıyan boy toplulukları vardır. Ayrıca «Türk ulusunun tek dili» varsayımından hareket edildiğinden, «şivelerin ya da lehçelerin dil yapılması» eleştirilir. Durum, Lâtin dilini hatırlatır: Lâtince, «Lâtin Ulusu»nun tek dili midir, yoksa Lâtin kökenli Fransız, İtalyan ve İspanyol dilleri, Fransız, İtalyan ve İspanyol uluslarının ayrı dilleri midir? Bu dillere, şive denilebilir mi?

çok farklı biçimde düzenlenmiş Lâtin alfabelerinin kabulünü, «her Türk kabilesine ayrı fonetik alfabe yapma» diye eleştirir. Daha sonra 1940'larda, örneğin 38 sesli Özbek diline 26 harfli Lâtin alfabesinden 32 harfli Kiril alfabesi daha uygun düşeceği gibi gerekçelerle Kiril alfabesine geçilir. Bunun yanı sıra, Cedid'likten gelme komünistler, biçimde ve özde «feodal ve klerikal» olsa bile yöresel kültürün korunmasını savunurlarken bolşevikler «biçimde ulusal, özde proleter kültür» görüşünü gerçekleştirmek isterler. Bu farklı tutum da çatışmalara yol açar, sonunda Cedid'likten gelme burjuva kökenli eski kuşak, bütün Türk ve islâm komünistler, bâzen kanlı biçimde, tasfiye edilir. Onların yerini, proleter kökenli, eski tartışmaların dışında yetişmiş genç kadrolar alır.

Peki Sovyetler ,ayrı ayrı uluslar kurma denemelerinde başarılı oldular mı? Kendi halklarıyla sınırlı ayrı ulusal bilinçler meydana geldi mi? Sorunun yanıtını Benningsen'e bırakalım :

«Sovyet yazarları, bunun varlığını ileri sürerler... Buna karşılık, Batıya göçmüş islâm yazarları, Cedid'lerin eski savlarına sâhip çıkarak bu dar ulusal bilincin, Rusya'nın bütün islâm halklarının birliğini olanaksız kılmak için Sovyet Hükümetinin icadı bir masal olduğunu belirtirler... Fakat objektif olarak kabul edilebilir ki, başlangıçta yapay olmakla birlikte bu bir gerçek olma yolundadır. Her cumhuriyette özgül ekonomik çıkarların varlığı, ulusal kadroların yükselmesi, eskiden biribirine hayli yakın dillerin farklılaşması, dinsel dayanışma duygusunun kaçınılmaz biçimde gevşemesi gibi olgular, mevcut ulusların biçimlenmesine katkıda bulunur»[47].

Böylece, «Turan Ulusu» yerine Özbek, Kazak, Azerî ,Türkmen, Kırgız, Tacik, Tatar, Kabarda, Başkurt vb. gibi ayrı ayrı uluslar meydana gelir. Benningsen'e göre, uluslar arasında bir dayanışma duygusu olsa bile, bu, pantürk gerçek bir ulusal bilincin doğması anlamına gelmez. Belki bâzı genç yerli aydınlar, böyle bir rüya görebilirler.

KÜLTÜR ULUSÇULUĞU

Öte yandan «ulus», marksistlere göre, donmuş ve değişmez bir kategori değildir. Ortak yaşamın toplumsal ve ekonomik koşullarının dönüşümüyle, ulus da değişir. Amaç, donmuş uluslar yaratmak değil, giderek tek bir «Sovyet halkı», bir «Sovyet insanı» yaratmaktır. Daha işin başında, Sovyet Devleti, «Özerk cumhuriyetlere dayalı federal bir devlet» olmakla birlikte, aynı zamanda herşeye egemen tek bir Komünist Partisi ve merkezî plan yoluyla aşırı merkeziyetçi ,ya da «demokratik merkeziyetçi» bir devlettir. Özerklik sınırlıdır ve yalnızca nüfus hareketleri bile Sovyet toplumunun ne kadar değiştiğini göstermeye yeterlidir: 1926'da beş Orta Asya cumhuriyetinin yüzde 78'ini islâm nüfusu teşkil ederken, bu oran 1965'te yüzde 55'tir. 29 milyon nüfusun 16 milyonu Türk ve islâmdır, 13 milyonu değildir. Kazaklar 1959'da Kazakistan toplam nüfusunun ancak yüzde 35'ini teşkil ederler. Taşkent'te nüfusun yüzde 57'si, Aşkabad'da yüzde 64'ü, Alma-Ata'da yüzde 82'si Türk ve islâm olmayanlardır. Volga-Ural'da Tatarlar ve Başkurtlar, ufak bir adacık hâlindedir. 1959 sayımında 5 milyon Tatarın yüzde 7'si ana dilinin Rusça olduğunu söyler. Rus Cumhuriyeti (RSFSR) kentlerinde yaşayan Kazakların yüzde 11,6'sı, Özbeklerin 13,2'si, Türkmenlerin yüzde 15,9'u, Azerîlerin yüzde 13,6'sı ana dillerinin Rusça olduğunu belirtir. Karışık evlenmeler hızla artar ve Orta Asya cumhuriyetlerinde 1959'da yüzde 15'i aşar. Karışık kolhozlar, kırsal bölgelerin yapısını değiştirir. Ekonomi, ulus çerçevesinin ötesinde, federasyon çapında bütünleştirilir. Benningsen'in deyimiyle, «ulusal özerkliklerinden arınmış» çok sayıda «standard» entellektüel tipi yetişir*. 1917'de de

---

* Doğu Türkistan (Sinkiang) Türkleri üzerinde durmadık. Ba-

temelsiz olan Turan hayalleri, bugün daha da boşluktadır*. Bununla birlikte, bugünkü aşamada, yeni Türk uluslarının kendi ulusal kültürlerine ve geçmişlerine büyük ilgi gösterdikleri görülür. Stalin'in son günlerinde Dede Korkut, Manas, Alpamşa, Er Sayın vb. gibi destanlar, «saldırı savaşlarına, kan dökücülüğe övgü, halkların dostluğuna engel, feodal» gibi gerekçelerle suçlanırken Kazak, Kırgız ve Türkmen aydınları kendi destanlarını savunurlar ve sonunda görüşlerini kabul ettirirler. Tarihlerine sâhip çıkarlar. Le Monde yöneticisi André Fontaine, 1975 Ekiminde Semerkant'tan şöyle yazar :

«Buhara ve Semerkant'ın bütün taşları islâmın şiirini ve büyüklüğünü dile getirir. Medreselere, türbelere, câmilere, zümrüt kubbelere geçmişteki görkemliliklerini kazandırabilmek için zevk, sabır ve para hazineleri harcanmıştır».

Laplace'ın en büyük astronomi gözlemcisi dediği Uluğ Bey ve o zamanki aydınlık çağ ile, Özbek komünistleri çok övünürler[48].

Le Monde, uluslararası üne kavuşmuş, yapıtları Batı dillerine ve oradan da Türkçeye çevrilmiş ünlü Kırgız, Kazak, Türkmen yazar ve ozanlarıyla konuşmalar yapar. Bu sanatçılar, konuşmalarda, ısrarla geçmiş kül-

---

tı kaynaklarında 4 milyon, pantürkist kaynaklarda 12 milyon gösterilen Doğu Türkistanlılar, kitle hâlinde Çinli göçü ve komün sisteminin uygulanmasıyla, milyarlık Çin kitlesi içinde özümlenme yolunda gözükür.

* Prof. Ahmet Temir, önce Sovyetler Birliği **«sert bir sarsıntı»**ya uğramalı, diyor. Bu sert sarsıntı, Üçüncü Dünya Savaşı'na benzer birşey olmalıdır. Profesöre göre, ancak o takdirde, Türk topluluklarının büyük bir Türk ulusu grubunu, bir ulus olarak yeniden ortaya çıkarabilmek için gerekli birlik ve gücü gösterip gösteremiyecekleri anlaşılacaktır (Türk Dünyası El Kitabı, s. 1314).

Sovyet yazarları ise, «Yeni bir tarihsel topluluk: Çok uluslu Sovyet halkı»nın oluştuğundan söz ediyorlar (M. Kuliçenko, 1974, Yurt ve Dünya, **Sayı 2**).

türlerini savunurlar. Kazak Kerimoğlu, «Bir zamanlar büyük bir uygarlığımız vardı bizim. İskenderiye'den sonra dünyanın ikinci büyük kitaplığı Otrar'da idi» der. Şair Süleymanov, «büyük ve güçlü geçmişleri, tarihleri olduğunu» hatırlatır ve «modern olmak için geçmişi yadsımanın yanlışlığını» vurgular. Süleymanov, kökleri çok derinde olan bir ağaca benzetir halkını. Türkmenistan'da Aşkabad'dan Simaşka, orayı «Doğu ile Batının karşılaştığı yer» sayar ve geçmişteki ünlü kişilerin ve olayların romanını yazar. İnsan eşitliği fikrinin ilk kez, yaşadığı topraklarda ortaya atıldığını övünçle belirtir. Yapıtları hemen bütün Batı dillerine çevrilmiş bulunan Kırgız Cengiz Aytmatov, Kırgız yaşamının özelliklerini, Kırgız insanının eski ve yeni inançlarını, değişen ya da biribiriyle uyuşan eski ve yeni âdetlerini büyük bir ustalıkla dile getirir.

GÜNÜMÜZDE TURANCILIK

Orta Asya şimdi çağdaş ve geçmiş kültürü ile dünyaya açılmıştır. Turancılarımız, değişen dünya koşulları karşısında «Orta Asya Türkleri ile ilgimiz, kültürel bakımdandır» derler. Fakat geniş kapsamlı bir kültür antlaşması imzalayıp Orta Asya kültürleri ile bağlar kurma olanağı meydana çıkınca, Turancılarımız bu antlaşmaya karşı çıkarlar! Antlaşmayı Turancılığa karşı olan CHP savunur, Turancılar yan çizer. Antisovyetizm, Turancılıktan daha ağır basar!.. Aslında Turancılarımızın bugün yaptıkları, pantürkizm değildir, dünya çapındaki sosyalizm-kapitalizm ideolojik mücadelesidir. Bu mücadele, ABD'nin kanatları altında yürütülür ve Türkçülük, «soğuk savaş aracı» olarak kullanılır. Yılmaz Öztuna, «Tarih Lise III» yapıtında ABD'nin savunma giderlerini azaltmasını hastalıklı, sakat, yanlış (sakim) politika sayarak, Amerikan gücüne dayalı, «ambargolu» Turancılığın çarpıcı bir örneğini verir.

İşin başka bir acı yanı, ortaokul ve liselerde büyük Turan ulusu öyküleriyle yetiştirilen gençlerimiz, üniversiteye geldiklerinde ABD kuramcılarının geliştirdikleri «azgelişmişlik» kavramını duyarlar ve Türkiye'nin «az gelişmiş bir ülke» olduğunu öğrenirler. ABD kuramcıları, XIX. Yüzyıl pozitivizminin insanlığın evrensel ilerlemesi inancını ve evrim kuramlarını, bilimsel değil diye reddettikten ve 1920'lerde yapısal-işlevci denge modelleri içinde «âhenk ve istikrar» aradıktan sonra, 1950'lerde daha ilkel ve daha az bilimsel evrimci kuramlar geliştirirler. Ülkemize sık sık gelen toplumbilimci Daniel Lerner, geleneksel toplumdan modern topluma geçişi açıklar*. Rostow, geleneksel toplumdan «uçuş» aşamasına geçerek, kendi kanatlarıyla uçma aşamasına ve giderek tüketim ekonomisine ulaşmayı anlatır. Siyasalbilimciler, geleneksel siyasal yapıdan modern siyasal yapılara geçişi dile getirirler. Bu modellerdeki «modern toplum» Amerikan toplumudur; «modern ekonomi» kapitalist Amerikan ekonomisidir. «Modern siyasal yapılar» Amerikan demokrasisidir. «Azgelişmiş», yâni henüz bebeklik çağındaki ülke, Sam Amca'nın sunduğu reçeteleri uygular ve verdiği mamaları yerse, günlerden bir gün ideal sayılan Sam Amca zenginlik, özgürlük ve eşitlik düzeyine ulaşacaktır. Ama henüz azgelişmiş bir bebektir. Amerikan üniversitelerinde yetişmiş hocalarımızın pek çoğu, derya içindeki balıkla-

* Genelkurmay Başkanı Memduh Tağmaç, 12 Mart öncesi günlerde durumu, Daniel Lerner kuramına göre değerlendirir. Buna göre, geleneksel toplumda durgunluk vardır, olanakları sınırlıdır, ama bir lokma, bir hırka zihniyeti egemendir. Denge vardır. Modern topluma geçiş döneminde ise, kitlelerin durumunu iyileştirme isteği gelişir. «Artan umutlar patlaması» olur, fakat olanaklar bu umutları gerçekleştirecek düzeyde değildir. Tağmaç, bu geçiş dönemi bunalımını, «isteklerin ekonomiyi aşması» diye yorumlar ve 12 Mart olur. Modern topluma ulaşınca ise, istekler ile olanaklar arasında denge kurulur. Siyasal ve toplumsal istikrar sağlanır. Geçiş döneminin dengesizliği, otoriter rejimlerle giderilebilir. Demirel'in bâzı konuşmalarında da bu kuram, satır aralarından okunabilir.

rın suyu bilmeyişi gibi, kapitalizmden ve emperyalizmden habersiz biçimde, bu Amerikan kuramlarını ciddî ciddî bilimsel gerçekler diye okuturlar. Gençlerimiz, tarihten önce var olan ve tarihten sonra da var olacak olan «Turan Ulusu»nun azgelişmişliğini öğrenirler ve bu kez de arayışlarını Orta Asya'dan Atlantik ötesine çevirirler.

Atatürk geleneklerine göre yetişmiş Prof. Afet İnan, sağ olsaydı Atatürk'ün «azgelişmişlik» deyimini şiddetle reddedeceğini ve kullanılmasına izin vermeyeceğini söyler :

«İkinci Dünya Savaşı'ndan sonra uluslararası alanda ulusları iki bölüme ayırmak âdet oldu: 'Az gelişmiş memleketler', biraz daha hafifletilmiş biçimiyle, 'ekonomik bakımdan geri kalmış memleketler' ya da 'gelişmekte olan memleketler'.

Bu terimler, sanayileşmiş zengin memleketlerin, öteki ulusları geri kalmışlık suçlaması altında bulundurmasıdır. Bu hem toplum olarak, hem birey olarak manevî bir baskının dile getirilişidir ve bu deyime lâyık görülen ulusları aşağı görme durumunun manevî olarak yaratılmasıdır. İşte bu zihniyet bize Atatürk'ün telkinlerinden ve özellikle ilkelerinden pek çok uzaklaşmayı ve ayrılmayı amaçlıyor.

Atatürk, en kritik ve bütün memleketin en kötümser ve yoksul olduğu dönemde dahi, hiçbir zaman aşağılık duygusuna kapılmamış ve ulusu da bundan sıyırmak için en büyük manevî kuvveti, ulusunun gücüne, yeteneğine inanarak telkin etmiştir...

Türk uygarlık tarihinde kökünü bulan bir ulus, hiçbir zaman 'azgelişmişlik' sıfatını benimseyemez. Bunu birey olarak, ulus olarak tamamen üzerimizden atmak gerekmektedir... Bu deyimi, Atatürk sağ olsaydı mutlaka en büyük kuvvetle reddeder ve hiçbir zaman kullanılmasına râzı olmazdı»[50].

Prof. Mehmet Köymen de, Atatürk «malî kapitülasyonlar gibi, bilimsel kapitülasyonlardan da kurtulmayı, bilimsel bağımsızlığa kavuşmayı amaçlamıştı»[31] der. Fakat bugün Türk ulusunun ekonomisi malî, ticarî, teknolojik vb. her bakımdan dışa bağımlıdır. Kalkınma, Samir Amin'in deyimiyle, «azgelişmişliğin gelişmesi» biçimindedir. Emperyalizmin tüketim toplumu modeli, ideolojisi ve bu ideolojiye uygun bilimsel üretimi egemendir. Bu koşullarda, Türkiye'deki ulusun sorunlarına gözlerini kapayıp «Turan Ulusu» özlemleri yaratmaya yönelik bir «drusçuluk» anlayışı* ve tarih yazıcılığı, bir aldatmaca olmaktadır.

ORTA ASYA VE TÜRKİYE

Peki, Türk ulusu Anadolu'da meydana geldi diye, Orta Asya tarihi ile ilgimizi keselim mi? Halikarnas Balıkçısı'nın yazılarından böyle bir izlenim ediniliyor. Kanımızca bu çok aşırı bir tutum. Türkiye halkının kültürü ile ilgilendiğimiz zaman, bu kültürü tarihsel gelişmesi içinde anlayabilmek ve değerlendirebilmek için, Orta Asya bozkır topluluklarının kültürünü bilmek gerekiyor. Yapısalcı-işlevci yöntemle yürütülen bir araştırmaya göre, günümüzdeki Anadolu Türkmeni, XI. Yüzyıl Türkmeninin kültür özelliklerinin yüzde 39'unu koruyor. Günümüz Merv Türkmeninde ise bu oran yüzde 69. Anadolu halkının dinsel inançlarını, tarikatları,

* Milliyetçiliğe, bugün ona en az lâyık olanlar sâhip çıkmaya çalışıyorlar. İlerici çevrelerde ise milliyetçilik genellikle kuşkuyla karşılanıyor ve biraz «demode» sayılıyor. Oysa toplumsal mücadele, ulusal bir çerçeve içinde veriliyor ve belki daha uzun bir süre verilecek. Ulusal bir burjuvazi, günümüzün koşullarında mevcut değil. Yerli burjuvazi, XVIII. ve XIX. yüzyıllar Batı burjuvazisinin yaptığı gibi, bütünleşmiş bir ulusal pazar kurmayı başaramadı. Emperyalizmin biçimlendirdiği, geniş kitlenin gereksinmelerini hiçe sayan, «tüketim toplumu» modeline uygun, sınırlı, çarpık ve dışa tam bağımlı bir iç pazar meydana geldi. Ulusal burjuvazi, uydu burjuvazi oldu. Milliyetçi küçük burjuvazi, dünya kapitalist sisteminden bağımsızlaşmış ve bütünleşmiş bir ulusal pazar kurmakta sınıf olarak yetersiz kaldı. Dünya kapitalist sisteminin zincirlerini kı-

alevîliği, yapıtlarını, şiirini, oyunlarını, doğa ile ilişkilerini vb. değerlendirebilmek için, işe Orta Asya bozkırlarından başlamak zorunlu oluyor.

Öte yandan tarihsel evrim yasaları çerçevesinde, Selçuklu ve Osmanlı toplum düzeninin biçimlenişi ve evrimini anlayabilmek için, hem İran-Arap-Bizans karışımı islâm toplumsal yapısını, hem de bu yapı üzerine oturtulan Orta Asya Türk-Mogol yapısını evrimi içinde incelemek gerekiyor. Bu nedenle tarihimizi, Anadolu'daki köklerinden de, Orta Asya'daki köklerinden de kopartma olanağı, kanımızca yok. Orta Asya bozkır tarihini, şimdiye kadar yapılan «bozkurtçu tarih» anlayışı dışında, bütün yönleriyle incelemek zorunlu.

UYGARLIK TARİHİ

Atatürk'ün başlattığı uygarlık tarihi çalışmaları ne oldu? Bu konuda sentez çalışmalarına ulaşıldığı söylenemez. Türk Tarih Kurumu, üniversiteler ve çeşitli araştırıcılar bu yolda çabalarını sürdürüyorlar. Pek çok kaynakların toplandığı, belgelerin yayınlandığı, geniş çapta arkeolojik araştırmalar yapıldığı açık. Halil İnalcık ve Ömer Lütfi Barkan gibi tarihçilerimizin Osmanlı tarihi ile ilgili araştırmaları, Türkiye'de de, dış ülkelerde de önemli kaynaklar olarak değerlendiriliyor. Fakat

---

rarak iç pazarı bağımsızlaştırmak ulusal bir görev. Fakat günümüzde bağımsız ve bütünleşmiş bir pazarın kapitalist pazar olma olanağı yok. Bu görev, sosyalizmi kuracak toplumsal güçlere düşüyor. Proletarya, içiçe geçmiş, daha doğrusu bütünleşmiş ulusal ve toplumsal devrimi, iç ve dış bütün antiemperyalist güçlerle elele, kendi öncülüğünde gerçekleştirme durumunda. İşte özde sosyalist böyle bir milliyetçilik söz konusu. Günümüzde başarılı devrimleri ve en köklü dönüşümleri, böyle bir milliyetçilikle sosyalizmi bütünleştiren uluslar gerçekleştirdi. «Proleterler milliyetçiliği»nin sığ ve dar küçük burjuva milliyetçiliği ile, şovenizm ile ilgisi yok. Uluslararası dayanışmaya ve tarihsel gelişme içinde aşılmaya açık. Ve böyle bir milliyetçilik, kanımızca, «demode» değil, güncel.

çok kez bu çalışmalar, Batılı tarihçilerin «barbar Türk» peşin fikrine karşı duyulan haklı tepkilerin yarattığı duygusallıklardan ve komplekslerden kurtulamıyor. Bu nedenle, bizim Batılı tarihçilerden yakındığımız gibi, Batılılar da bizim tarihçilerden yakınıyor, arada bir diyalog hayli güç kuruluyor. Örneğin Anadolu Selçuklu tarihi yazarı C. Cahen, «Modern Türkler, atalarının göçebe olabilmesi düşüncesine karşı bir cins aşağılık kompleksinden acı çekerler ve bu nedenle aralarında bulunabilecek yerleşik ögeleri vurgulama eğilimindedirler» der[53]. Gerçekten pek çok tarihçimiz, «göçebe» deyimini bile kullanmaktan kaçınır. Prof. Kafesoğlu, «atlı kültür» gibi deyimlere bile karşı çıkar. Göçebe yerine genellikle «konar-göçer» denilir ve Selçuklu, Osmanlı tarihleri anlatılırken, yalnız göçebe Türkmen'in değil, ulema, şeyh ve zenaatçının da Anadolu'ya geldiği ve ileri bir uygarlığı getirdiği özellikle vurgulanır. Kuşkusuz XI. Yüzyıldan sonra Suriye, Mısır, İran, Türkistan vb.'dan pek çok islâm kentlinin Anadolu kentlerine aktığı ve Selçuklu, Osmanlı devletlerinin kadrolarını oluşturduğu doğrudur. Fakat iş yalnız bunlara kalsa, Anadolu'daki bu devletlerin Farsça ya da Arapça dillere sâhip bir islâm devleti olacağı ve belki de kısa bir sürede çökebileceği aynı ölçüde doğrudur. Anadolu, göçebe Türkmenin büyük sayıda akını, yerleşmesi ve yerli halklarla karışmasıyla Türkleşmiştir. Türk ulusunun kurucusu, kuşkusuz göçebe Türkmendir. Bu Türkmen göçebe diye, bundan bir kompleks duymamak gerekir*. İskandinav ulusları, ancak 200-300 yıldır Avrupa uygarlığına katkıda bulundukları[54] halde, «barbar» sayılan geçmişlerinden bir kompleks duymazlar.

Selçuklular tarihi hakkında değerli çalışmaları olan,

---

* Günümüz Turancılarının sayısız çelişkilerinden biri de, mezhep farkı nedeniyle, Orta Asya Türkmenine en yakın özellikleri gösteren, onların deyimiyle «en katkısız Türk» olan gruplara karşı takındıkları düşmanca tutumdur. En katkısız Türklere karşı bu olumsuz tutumlarıyla «bozkurtlar», mezhep çatışmalarını körüklemekte katkıda bulunuyorlar.

Mükrimin Halil Yinanç ve daha başka tarihçiler, Anadolu'da Türk ulusunun 4 bin yıldır var olduğunu kanıtlamaya çalışırlar. Prof. Uzunçarşılı, Osmanlı Devleti'nin oluşumunda, Bizanslı ve hıristiyan etkiyi yok sayar. Osmanlı tarihinin masallıktan çıkarılmasında büyük katkısı olan Fuat Köprülü dahi, Bizans'ı, Osmanlı Devleti'nin oluşumundan büsbütün çıkarmak ister. En ciddî tarihçiler dahi, belki Balkan devletleri tarihçilerinin «Batı Avrupa gelişme düzeyindeydik. Türkler geldi, ilerlememizi durdurdu» biçimindeki haksız iddialarına karşı bir tepki olarak, bunun tam tersi bir görüşü savunurlar. Prof. Akdağ, İnalcık'ın da haklı eleştirilerine yol açan[55] göçebe Türk-yerleşik Rum ekonomik bütünleşmesi yoluyla, Osmanlı'nın bir Marmara ekonomik birliği kurduğu savı ile Osmanlı Devleti'nin kuruluş ve genişleyişini açıklar. Orta Asya tarihçileri, Türk tarihini «Cihan hâkimiyeti ülküsü»ne indirgerler. Tarih içinde değişmez bir Türk insanı ve Türk kültürü tipi çizerler. Çok tanrılı eski Türk dinini, tek tanrılı sayarlar ve hatta İslâmiyetle özdeştirirler. Devlet kurulunca, hükümdarlara dalkavukluk için yazılmış övgüleri, tarihsel gerçekler diye sıralarlar.

Örnekleri çoğaltmak kolaydır. Bu tutum, yabancı tarihçilerin sert tepkilerine yol açar. Örneğin Babinger, tarihçilerimizi «tek yanlı, yüzeyde, ekonomik ve toplumsal tarih hakkında eksik bilgi verme, öteki araştırıcılara saygılı ve içten tutum takınma yeteneğinden yoksun» olmakla suçlar. Tveritinova, 1953'te yazdığı bir incelemeye «Kemalist tarihçilikte Ortaçağ Türkiyesi tarihinin tahrif* edilmesi» başlığını koyar. A. P. Novoselçev, «şovenistlikle, pantürkizm ve panislâmizm etkisinde» olmakla suçlar. Alman tarihçisi E. Werner, benzer eleştiriler yöneltir[56]. Fuat Köprülü de, bir ölçüde bu eleştirilere katılır ve tarihimizin henüz objektif biçimde ortaya konulamadığını kabul eder :

---

* Bilerek yanlış yazılması.

«Türk ulusunun cihan tarihindeki büyük rolünü, bugünkü bilim zihnıyetiyle objektif olarak ortaya koyabildiğimiz zaman, dünya bilim âleminin bunu kolaylıkla kabul edeceği ne kadar kesin ise, bunun Türk ulusuna en büyük bir hizmet olacağı da o ölçüde kesindir»[57].

Doğaldır ki, buradaki objektiflik Batı akademik tarihçiliğinde egemen pozitivist yöntem ile ilgilidir. Bu yöntem günümüzde eleştirilir. Eleştiriler, Türk tarihçiliği için de geçerlidir. Örneğin İngiltere'de Birbeck Üniversitesi'nde Modern Tarih kürsüsünde öğretim üyeliği yapan E. J. Hobsbawn, akademik tarih anlayışının bilimselliğini çok sığ bulur:

«Akademik tarihçiler, felsefe ya da yöntem konularında şaşırtıcı bir saflık gösterirler. Gerçi bu saflığın sonuçları, doğa bilimcilerinin çeşitli tartışmalardan sonra da olsa, bilinçle ve isteyerek kabul ettikleri, genel olarak pozitivizm diye niteleyebileceğimiz yöntemle pek güzel çakışıyordu. Bunlar belli bir konuyu (örneğin siyasal, askerî, diplomatik tarih) ya da belli bir coğrafî alanı (örneğin Batı ve Orta Avrupa) nasıl en önemli olarak kabul etmişlerse, bilimsel düşüncenin popülerleştirilmiş biçimlerini de, başka edinilmiş fikirlerle birlikte, öylece kabul etmişlerdi; böylece 'olgu'ların incelenmesinden otomatik olarak varsayımların doğuvereceğini, bir dizi neden ve sonuç zinciri toplamının gerekircilik (determinizm) ve evrim kavramlarından söz etmenin, açıklama yapmaya yeteceğini varsayıyorlardı. Bilimsel bilgi dedikleri şey, cilt cilt yayınladıkları kesin metinleri, belgelerin gerçek sıralanışını nasıl ortaya koyuyorsa, tarihin kesin gerçeğini de aynı biçimde ortaya koymalıydı...

XIX. Yüzyılın beşerî ve toplumsal bilimlerinin oldukça mütevazi standardları açısından bakıldığında bile, tarih geri kalmış, hatta kasıtlı olarak geri bırakılmış bir dal idi. İnsan toplumunun anlaşılmasına yaptığı katkı, önemsiz ve rastlantısaldı. Ama insan toplumunun anlaşılması, tarihin anlaşılmasını gerektirdiğine göre, insanın geçmişini araştırmanın daha başka ve daha verimli yolları ergeç bulunmalıydı»[58].

TOPLUMCU TARİHÇİLİK

Marksizm, ister marksist olsun ister olmasın, toplumbilime ve tarih yazımına yeni ufuklar açar. Compte ve Spencer'in sığ toplumbilimciliği ve evrim kuramları, tarih yazımını pek az etkiler. Toplumbilim ve tarih ayrı yollarda gelişir. Tarih yazımının dönüşümü için temel etki, ekonomide Alman Tarih Okulu ve marksizm gibi tarihsel eğilimli toplumsal bilimlerden gelir. Tarihin ekonomik ve toplumsal boyutları ağırlık kazanır. Fakat sanılmamalıdır ki, tarihin ekonomik yorumu, altyapının üstyapıyı mekanik biçimde belirlediği iddiaları, marksist tarihçiliktir. Örneğin Prof. Akdağ, «ekonomik olayları, temel olaylar» sayar ve Osmanlı Devleti'nin kuruluş ve genişlemesini «Marmara ekonomik birliği» savı ile açıklar ve Osmanlı bunalımlarını genellikle «para darlığı»na bağlar. Fakat Akdağ'ın tarihi, asla marksist bir tarih değildir. Kendini marksist sanan pek çok tarihçinin sığ bir «ekonomik determinizm»e ve evrensel tek yönlü çizgisel evrim kuramına dayalı yapıtları, marksizmden hayli uzaktır*. Bununla birlikte, özellikle

* Marksizmin ne olduğunu, ne olmadığını burada tartışacak değiliz. Yalnız Prof. Hobsbawn'dan esinlenerek bir iki cümleyle marksizmin tarih ve toplumbilim açısından önemini belirtelim: Marksizm, insanlık tarih sürecinin bütününü açıklayan tek yaklaşım sayılabilir. Tarihteki temel sorunu da, insanlığın ilk âlet kullanan insansı varlıktan günümüze dek nasıl geliştiğidir. Marksizm, iki konuyu vurgular: 1) Toplumsal olayların (altyapı-üstyapı gibi) hiyerarşisi: Altyapı ve üstyapı karşılıklı biribirlerini etkilerler, fakat uzun bir sürede ve son çözümlemede altyapı, üstyapıyı belirler. 2) Her toplumda, toplumun kendini devam ettirme eğilimine karşı tepki yapan içsel gerilimler (çelişkiler) vardır.

Bu iki özelliğin önemi tarih alanındadır: Toplumların neden ve nasıl kendilerini dönüştürdüklerini, yâni toplumsal evrimin olgularını açıklar. Her toplumsal yapının varlığını, hem

İkinci Dünya Savaşı'ndan sonra, Batıda sosyo-ekonomik tarih yazma eğilimi artar. Fikirleri, tarihin açıklaması olarak kullanmak, eski genelliğini ve özelliğini yitirir. Açıklamalar, toplumsal güçlere dayandırılır. Tarihi bir

---

de tarihselliğini, yâni içsel dinamiğini vurgular. Toplumsal olayların hiyerarşisi, tarihin neden bir yönü olduğunu göstermek için gereklidir: İnsanın doğaya olan bağımlılığı giderek azalır ve doğayı denetleme gücü artar, bir ilerleme olur. Yalnız bu ilerleme, yeni tekniklerin ortaya konulması gibi salt üretim güçlerinde değildir, toplumsal üretim ilişkilerini de içerir. Marx'ın tarihsel düşüncesinin temel ayırıcı özelliği, ne salt toplumsal, ne de salt ekonomik oluşudur. Üretim ve yeniden üretimin toplumsal ilişkileri, yâni en geniş anlamıyla toplumsal örgütlenme ve üretimin nesnel koşulları biribirinden koparılmaz. Onun içindir ki, 'geri teknolojiden ileri teknolojiye geçiş' ya da 'doğa ekonomisinden para ekonomisine geçiş' gibi bir evrim sıralaması değil, sosyo-ekonomik sistemler sıralaması söz konusudur. Ne var ki, bu sıralama, bütün toplumların Asyagil, antik, feodal vb. gibi biribirini ardarda mekanik biçimde izleyen evrensel, tek yönlü çizgisel evrim kuramı anlamına gelmez. Bu nedenle kapitalizm öncesi sosyo-ekonomik sistemlerin sıralanması, hâlâ büyük tartışma konusu olur. Sorunun, somut tarih çerçevesinin dışında tartışılması güçtür.

Tarihsel gelişimin bu verili yönelimi içinde, sosyo-ekonomik sistemlerin içsel gerilimleri, çelişkileri, gelişmeye dönüşebilecek değişim mekanizmalarını oluşturur. Sosyo-ekonomik sistemi, hem dengeye getiren, hem de dengeden çıkaran ögeler eş zamanda bulunur. Başka bir deyişle, çelişkiler, her zaman değişime yol açmayabilir ve sistem tarafından özümlenebilir, özümlenmeyebilir de. Ve iç çelişkiler, yalnızca sınıf çatışmasının çelişkileri de değildir. Marx eski Roma toplumunun yıkılışında, köle isyanlarının rolünü ikinci planda görür (Birikim, Sayı 3, s. 53-63). Kısaca, marksizm, toplumbilime ve tarihe büyük aydınlık getirir, fakat marksist tarih yazılmasının sayısız güçlüklerini ve bol araştırma yapma, bilgi toplama zorunluluğunu ortadan kaldırmaz. 'Bir tarihçi olmaktan daha çok daha ender birşey varsa, o da marksist tarihçi olmaktır' diyen Fransız tarihçisi P. Vilar'a hak vermek gerek.

Başka planda önemli bir güçlük, tarih olaylarına marksist global bakış açısıyla, ulusal bakış açısını birleştirmekte çıkar. Kapitalizm, tarihi evrenselleştirse bile, birleştirebilmiş değil. Ulusal çevreyi yadsımak olanaksız. Güçlük, iki bakış biçimi arasında ilişki kurarak giderilmeye çalışılıyor.

toplumsal bilime dönüştürmeye yönelik çalışmalar hız kazanır. Çeşitli Batılı toplumbilimciler, yapısalcı-işlevci âhenk ve istikrar modelleri yerine, gerilim ve çatışmaya dayalı denge modelleri kurmaya yönelirler. Böylece düzeni değişimin önüne koyan eski toplumbilimden, «Durkheim dayanışmacılığı»ndan bir ölçüde uzaklaşarak, marksizme yaklaşırlar. Toplumsal bilimler, tarihselleşmeye yönelir.

Marksistler arasında, özellikle kapitalizm öncesi dönemler üzerinde durulur. Marx'ın bu konudaki yaklaşımının eksilikleri tamamlanmaya çalışılır, Asyagil Üretim Biçimi üzerinde durulur. Somut tarihsel bilgi çerçevesi dışında tartışılması güç olan bu konular, yeni tarih araştırmalarına yol açar. Yeni ülkelerin bağımsızlıklarına kavuşmaları, «Avrupa'ya dönük» tarihin, dünya çapında zenginleştirilmesi ve yenilenmesi olanaklarını getirir. Tarihin yeniden inşasına yönelinir.

ASYAGİL ÜRETİM BİÇİMİ TARTIŞMALARI

Türkiye'de özellikle 27 Mayıs'tan sonra, dünyadaki bu gelişmelerin ışığı altında, tarihimize karşı yeni bir ilgi uyanır. Bu ilgi, Türkiye'nin toplumsal düzeninin ve ona uygun düşen devrim stratejisinin saptanması biçiminde başlar. Osmanlı düzeninin ne olduğu, nasıl bir evrime uğradığı araştırılır. Osmanlı düzeni, Asyagil Üretim Biçimi ile açıklanmaya çalışılır. İlkin, yeterli bir tarihsel araştırmaya ve bilgi toplamaya yönelmeden, Marx'ın bu üretim biçimiyle ilgili varsayımları, Osmanlı toplumunun tarihsel gerçekleriymiş gibi açıklanır. Temelde tarımla elsanatlarının birliği nedeniyle, kapalı ve binlerce yıllık durgunluğa mahkûm köy topluluklarının varlığı düşünülür. Kent ile köy arasında ekonomik bağlantıların varlığı reddedilir. Kentler, ufak bir hükümdar karargâhı sayılır. Tepede de, memurları eliyle köy topluluğunu sömüren, bâzılarına göre «kerim», bâzılarına göre de «despotik» devlet yer alır. Bu üretim biçiminin egemen bulunduğu toplumsal kuruluşun, kendi iç dinamiği ile evrime elverişsiz olduğu, kapitalizme geçemiyeceği ileri sürülür. Fakat tarihsel bilgi, Osmanlı kuruluşunun bu şemaya uygun düşmediğini gösterir. Osmanlı köyünün, Rus mir'inden farklı olduğu, bireysel aile ekonomisine dayandığı, Batıdaki serf topraksız iken, Osmanlı köylü ailesinin özel mülkiyete hayli yaklaşan bir toprak tasarruf hakkı bulunduğu ve pazar için üretimin hayli geliştiği görülür. İmparatorlukta iç ve dış ticaretin önemli rol oynadığı, geniş devlet manüfaktürünün varlığı ve iç pazar için ihtisaslaşmış bir zenaat üretiminin yaygınlığı anlaşılır. Osmanlı düzenini, belgelere dayanarak ilk kez geniş biçimde inceleyen Prof. Barkan, Asyagil kuramcılarını, «uluslararası ticaret yollarını denetleyen büyük liman ve kentlere, gelişmiş bir para ekonomisine, iç ve dış pazar ilişkilerine sâhip bulunan... bir imparatorluğun ekonomik yapısına ait gerçekleri yadsıdıkları» için[59] sert biçimde eleştirir. Fakat «evrime elverişsizlik» iddiasını reddeden bâzı araştırıcılar, «Asyagil» etiketini kullanmakta devam ederler. Örneğin A. S. Akat, feodal üretim biçimi ile Asyagil biçim arasında pek az bir ayırım yapar. Birinde artığı feodalin, ötekinde merkezî devletin aldığını belirtir, fakat daima biribirlerine dönüşme eğilimi taşıdıklarını, eşdüzeyde olduklarını vurgular. Kapitalizme yol açtı diye, Batı feodalizmine üstünlük tanımayı reddeder. Toprakta devlet mülkiyetinin kapitalizme geçişi engellemiyeceğini ileri sürer:

«Bu bakış açısı, burjuva ideologlarının toplumsal gelişmeyi her zaman ve her yerde özel mülkiyet ile özdeş tutan ve insanlığın bütün başarılarını özel mülkiyete indirgeyen efsanesine çok benzemektedir. Kavram karışıklığına neden olan, toprakta özel mülkiyet ile üretilmiş üretim araçlarında* özel mülkiyetin ayrı ayrı şeyler olduğunun farkına varılmamasıdır. Kapita-

* Kapitalistin sermayesi, makinalar, âletler vb.

lizm, teknolojide üretimin ağırlığını topraktan teçhizata (âletlere) kaydıran köklü bir değişme sonucu ortaya çıkmaktadır. Toprakta devlet mülkiyetinin, üretilmiş üretim araçlarında (sermaye) özel mülkiyet olmaması anlamına gelmesi ya da teknolojinin gelişmesini engellemesi için hiçbir neden olmadığı gibi, özel toprak mülkiyetinin bu teknolojik kaymaya yol açmasını geciktirecek bir neden de yoktur».

Akat, toprakta özel mülkiyet yokluğu ile despotik devlet arasında paralellik kurulmasına da karşı çıkar ve köylüler açısından, Asyagil biçimin çok daha az despotik olduğunu, Batı feodalitesinde «kast benzeri bir toplumsal akışkansızlık» bulunduğunu, buna karşılık Asyagil'de sömürülen ve sömüren sınıflar arasında toplumsal akışkanlığın varlığını ileri sürer[60].

Bu gözlemler, kanımızca geçerlidir. Fakat durum bu iken, Akat'ın neden hâlâ Asyagil kavramını kullandığını anlamak güçtür. İdris Küçükömer, bu kavrama sıkısıkıya sarılmakta haklıdır. Zira o, Asyagil despotik devletin ve bu devletin «kast nitelikli politik toplumunun», yâni devletle özdeşleşmiş sömürücü sınıfın, ilkel birikimi ve kapitalizme geçiş yolunu kapadığı iddiasındadır. Küçükömer, öteki yazarlardan* farklı olarak,

* Osmanlı düzeninin evrime elverişli olup olmadığı konusunda Divitçioğlu'nun tutumu pek açık değildir. Muzaffer Sencer ise, Marx'ın varsayımlarını en dogmatik biçimde yorumlar ve komünal mülkiyetin ya da topraktaki devlet mülkiyetinin evrim yolunu kapadığını, meta üretiminin gelişmesine izin vermediğini yazar (Osmanlı Toplum Yapısı, s. 281). Sencer, «Osmanlı toplumunun Batı gibi feodal olduğunu ileri sürenler, neden yalnızca Batının kapitalizme evrimleştiği, ötekilerin evrimleşmediği sorusuna inandırıcı bir yanıt veremiyorlar» der (s. 87) ve bu mantıkla Osmanlı düzeninin feodal olamıyacağını ileri sürer. Ona göre, sanki bütün feodal toplumlar eş zamanlı olarak feodalizme geçmek zorundadırlar. Eşitsiz gelişme yasası ve bunun frenleyici, geriletici etkileri söz konusu değildir. O halde kapitalizmin ilk filizlendiği İtalyan cumhuriyetleri, Portekiz ve İspanya'yı da kapitalizme geçemedikleri,

«kararlılık» dediği «Asya'nın bin yıllık durgunluğu» görüşünü, tarım ve zenaatın birarada yapıldığı «cilâlı taş dönemine benzer» kapalı köy topluluklarının varlığına ve kapalı bir ekonomik yapıya değil, «merkezî-üniter-bürokratik-politik düzen»e bağlar. «Alt toplum» dediği sömürülen sınıflar, neredeyse köleleşmişlerdir. Batı feodalleri ise, özgürlükçü «sivil toplum» yolunu açmışlardır[61].

Görüldüğü üzere, Akat ve Küçükömer, Osmanlı toplum düzenine «Asyagil» etiketini yapıştırdıkları halde, biribirine karşıt sonuçlara varırlar. Kuramlarını geliştirmekte, tarihsel araştırmaya hayli yer veren Huri İslâmoğlu ve Çağdaş Keyder de, Osmanlı toplumsal kuruluşunda egemen üretim biçiminin Asyagil (ATÜT) olduğunu ileri sürerler. Bu yazarlar, devletin özgür köylü üreticinin artık ürününe vergi olarak el koyduğu bir durumu ATÜT'le tanımlarlar. Artığa el koyan sınıf sâdece devlet görevlilerinden oluşur. Bu nedenle ATÜT'ün yeniden üretiminin temel mekanizması, merkezî otoritenin artığın ve üretimin edinimi üzerinde kontrolüdür. Devletin ideolojisi, ekonomi üzerindeki politik denetimiyle uyum içindedir. Köylü, hükümdarın toprağa sâhip olduğuna inanır. Devlet, tarımsal birikimi önler, zenaat ve ticareti sıkı denetim altında bulundurur. Ticarî birikimin sınırlarını çizer.

Bu tabloya göre, ATÜT'ün evrime az elverişli bir biçim olduğu düşünülebilir. Fakat İslâmoğlu-Keyder, aynı zamanda hayli parasallaşmış bir ekonominin, gelişmiş bir işbölümünün, yaygın bir iç ve dış ticaretin varlığından söz ederler. İç ticaretin (köylü üreticileri

---

öncülüğü İngiltere ve Hollanda'ya kaptırdıkları için feodal değil, Asyagil saymak gerekecektir. XV. ve XVI. yüzyıllarda merkantilist gelişmeler, Batıda feodal toplumun çözülmesine yol açarken, aynı olaylar Doğu Avrupa'da feodalizmin iyice pekişmesine, köylünün âdeta köleleştirilmesine yol açar. Doğu Avrupa toplumları, Batıdakinin tersi bir gelişmeye uğradılar diye feodal sayılmıyacaklar mıdır?

ve vergi toplayan devlet görevlileri ile) ATÜT'le kentlerdeki küçük meta üretiminin bağlantısını kurduğunu, Osmanlı toplumsal kuruluşunun eklemlenmesi açısından en önemli işlevi yerine getirdiğini belirtirler. Hatta bir yerde, kapitalizme geçişin olanaklı olduğunu, iç bunalımın bunu önlediğini yazarlar:

«Kent nüfusunun artması ve tarımda meta üretiminin yaygınlaşması yöresel pazarları ve bölgesel ticareti geliştirmişti. Merkezî otoritenin ve eyalet idaresinin zayıflamasıyla birlikte, bu gelişme ticaret sermayesinin devlet denetiminin tamamen dışına çıkmasıyla sonuçlanabilirdi. Ama Celâlî ayaklanmalarını izleyen köy terkleri, köylülerin kente kaçışları ve göçebeliğe dönüş, tarımsal üretimin bütünüyle meta üretimine dönüşme eğilimini önledi»[62].

Öte yandan yazarlara göre, «Atlantik ekonomisinin yükselişi, Osmanlı sisteminde ticaret sermayesinin önceden var olması nedeniyle, yıkıcı bir rol oynar. Çatışma, özgür köylü ile artığa el koyan iki temel sınıf arasında çıkmaz, sömüren sınıflar arasında çıkar..... Artığın yöresel düzeyde gaspı artar. Ekonomik ve politik denetimin bölünmesi yönünde eğilimler, ya da pazar alanını genişletip ekonomi üzerinde politik denetimi zayıflatan eğilimler işler. Bu eğilimler, karşıt yönde çalışan güçlerden ve onları tarihsel somutta ortaya çıkaran dışsal etkenlerden ayrı gözlenmez. Yükselen Atlantik ekonomisinin baskısıyla, XVI. - XIX. yüzyıllar arası dönemi kapsayan bir süreç sonucu, Osmanlı kuruluşu, artık kendini yeniden üretebilen bir birim olmaktan çıkar, dünya işbölümünün bir parçası hâline gelir, periferi olur. Asya tipi bir devlet mekanizmasından, kolonyal devlete geçilir».

Bu çözümlemenin geçerliliğini yeri gelince tartışacağız. İslâmoğlu ve Keyder, dış etkenler ortaya çıkmadan önce, meta üretiminin genişlemesi yoluyla beliren evrimi ve özerk bir kapitalist gelişme olanağının bulunup bulunmadığını açıklıkla belirtmezler ve bunu incelemezler. Evrimi dış etkene bağlar görünürler, fakat bir ara Celâlî isyanlarının tarımın bütünüyle meta üretimine dönüşme eğilimini engellediğini söylerler. Eğer sistemin iç dinamiği ile kapitalizme evrim olanağı varsa, «Asyagil» etiketi pek fazla bir anlam taşımıyacaktır*.

Öte yandan, en kaba çizgileriyle bakılırsa, Asyagil kuruluş, artığa memurları aracılığıyla el koyan merkezî devletin evrimi sınırlaması, güçleştirmesi ve hatta engellemesi biçiminde ele alınır. «Asyagil» denilen devletin, mutlaka ve her zaman gelişmeleri engelleyici olduğu tam kanıtlanabilmiş değildir. Batıda yükselen monarşiler, tüccarlarla işbirliği yaparak, denizaşırı ticareti destekleyerek, feodalizmin çözülmesine katkıda bulunurlar. Dış ticaret, kralların gelirlerini artırır, ordu kurma ve feodalleri tasfiye ederek merkezî bürokrasi meydana getirme olanakları doğar. Ticaret, feodalizmin

---

* Keyder ve İslâmoğlu gibi merkez-periferi kuramını benimseyen ve Atlantik ekonomisinin yükselmesiyle bu gelişmenin ortaya çıktığını ileri süren Samir Amin, «Avrupa'ya dönük» Avrupa üstünlüğü inancının dile getirilişi saydığı «Asyagil» deyimini uygunsuz bulur. O, kapitalizm öncesi sınıflı toplumlarda genel üretim biçiminin «vergisel» (tributaire) biçim olduğunu söyler. Mezopotamya, Çin ve Mısır bunun ilk örnekleridir. İlkin köy topluluğu toprağın sâhibi iken, mülkiyet, vergisel tipin ileri biçimlerinde yönetici sınıfın eline geçer. Batı tipi feodal üretim biçimi, «merkezî» vergisel kuruluşların perifderideki türüdür. Daha önceleri, eski Grek ve bir ticaret ideolojisi olan islâmın yükselme döneminde büyük kentlere ve dış ticarete dayalı Arap Dünyası, «vergici-tüccar» toplumsal kuruluşlardır. Merkezî vergici kuruluşlar, üretim güçlerinde hayli ileri bir gelişme sağladıkları halde, evrime daha dirençlidirler. Periferideki vergisel tür (Batı feodalitesi), Germen barbarlığından çıktığı, olgun vergisel biçime göre daha geri ve gecikmiş olduğu için, esnektir ve bu esneklik kapitalizmin istisnaî olarak orada gelişmesine yol açar. Kapitalizme geçiş sorununu, Çin ve islâmın başarısızlığıyla değil, Avrupa'nın başarısıyla açıklamak gerekir. Eğer Avrupa hızla kapitalist olmasaydı. Arap, Çin vb. toplumları içindeki çelişkiler, kapitalist ilişkilerin gelişmesine yol açabilecekti (Eşitsiz Gelişme, Arap Ulusu, Yeni Tarımsal Sorun). İleride bu konuları inceleyeceğiz.

çözülmesini hızlandırır. Merkezî devletin güçlenmesi ile kapitalizme doğru evrim birlikte gider. Osmanlı Devleti de, bir yandan ticareti denetim altında tutmakla birlikte, İslâmoğlu ve Keyder'in belirttikleri üzere, iç ve dış ticaretin gelişmesine büyük önem verir. İtalya'ya Osmanlı, tüccar kolonisi yerleştirir; İran, Mısır ve Akdeniz seferleri, Habeşistan ve Aden'e yayılma, Hint Okyanusu savaşları ticaret yollarının ele geçirilmesiyle ilgilidir. Bunda başarılı olabilseydi, merkezî devletin yine de Batı monarşilerinden farklı olarak, kaçınılmaz biçimde engelleyici bir rol oynayacağı pek belli değildir. Bundan başka, Osmanlı Devleti'nin ne ölçüde merkeziyetçi olduğu, tartışılması gerekli bir konudur. Örneğin 1527-1528 bütçe rakamlarına göre, bugünkü Türkiye'nin çok büyük kısmını kapsayan Anadolu, Karaman, Zulkadriye ve Rum eyaletlerinde, devlet tarımsal verginin ancak yüzde 26'sını alır. Evkaf ve mülk gelirleri yüzde 17'ye ulaşır. Geri kalan yüzde 56'nın büyük kısmı, tımar ve zeamet sâhiplerinin kendi olanaklarıyla köylüden topladıkları gelirlerdir[63]. Tımar sisteminde, sipahi'yi devlet memuru saymak da hayli yanıltıcıdır. Yükselme döneminde tımarlar, genellikle, hıristiyan ve islâm soylulara verilir ve tımarın soylulara ayrılmasına özen gösterilir. Ve mülk tımarları, serbestçe satılan, geri alınamıyan ve miras yoluyla geçen ve devletin içine giremediği arazilerdir. XV. ve XVI. yüzyıllarda sipahi, yalnız köylüden aldığı vergiyle yaşayan savaşçı kişi değildir. Kendisinin de «hassa çiftliği» ve «hassa çayırı» vardır. Sipahi ailesi tarım ve hayvancılık yapar. Öte yandan, tımar sistemi, genellikle Tuna ve Toroslar arasında uygulanır. Örneğin tımar sisteminin dışında kalan ve eski bir parlak uluslararası ticaret ve sulu tarım merkezi olan Mısır'da, Tuna ötesi Eflâk ve Buğdan'da gelişmeler ne biçimde olmuştur? Bunları da tımar sistemi ile karşılaştırmalı incelemek uygun düşer. Zengin tüccar ve esnaf liderlerinden meydana gelen ayan ve eşrafın eskiden beri varlığı, bunların kent yönetiminde ve zenaat işlerinin yürütülmesinde oynadıkları rolün açıklığa çıkarılması gerekir. Nitekim Yaşar Yücel, Osmanlı Devleti'nin sanıldığından çok daha az merkeziyetçi olduğunu meydana koyar*[64]. Bundan başka, Anadolu Selçuklu Devleti, XIII. Yüzyılda geniş arazilere sâhip büyük ailelerin egemenliğinde ve görünüşe göre feodal bir devletti. Osmanlıların da ilk yükselme döneminde, Evranuzlu, Mihallu, Turahanlu gibi beyler, fethettikleri arazinin egemenleriydiler. Bu beyler karşısında padişah, İnalcık'ın deyimiyle, «eşitler arasında birinci»dir. Şehzadeler, çok uzun bir süre kendi bölgelerini hükümdar gibi yönetirler. Osmanlı, Konya ötesinde, Sıvas, Amasya bölgesinde, Suriye'de büyük arazi sâhipleriyle karşılaşır. Bu arazi sâhiplerinin toprak üzerindeki hakları korunur ve «malikane-divanî» sistemi doğar. Ancak Fatih Mehmet, merkeziyetçi devleti ve tımar sistemini kurmayı başarır. Fakat o da vakıf ve mülklere el koymada başarısız kalır ve belki de bu yüzden zehirlenerek öldürülür. Yerine geçen İkinci Bayazıt'ın ilk işi, 20 binden fazla köy ve mezraı kapsadığı ileri sürülen bu araziyi geri vermek olur. 1527-1528'de yüzde 26 devlet payına karşılık, vakıf ve mülklerin yüzde 17'ye ulaşması, denetim dışı arazi mülkiyetinin önemini gösterir ve devlet payı giderek azalır. Merkeziyetçi devlet çöker.

Bu nedenlerledir ki, aşırı merkeziyetçi Asyagil mo-

---

* Wittfogel, hidrolik Asyagil toplumsal kuruluşları, aşırı merkeziyetçi sayar. Hidrolik toplum içinde köy, loncalar ve ikincil dinsel örgütlerin az çok özerkliğini, siyasal bakımdan geçersiz bulur. «En iyi durumda olanlar, bir cins Dilenciler Demokrasisi teşkil ettiler» der. Bu karşıt güçlerin özgürlüklerini, «modern temerküz kamplarının sınırları içindeki özgürlük»le eş tutar. Küçükömer de Osmanlı Devleti için benzer bir görüş ileri sürer. Fakat araştırıcılar, aşırı merkeziyetçilik iddialarını, «son derece abartmalı» bulurlar. Hidrolik toplum için, Weber'in feodal siyasal yapının bir alt türü olarak geliştirdiği «patrimoniyal bürokrasi» kavramının tarihsel gerçeğe daha uygun düştüğünü belirtirler (W. F. Wertheim, Evolution and Revolution, s. 27).

deller geliştirme ve bununla Osmanlı kuruluşunun evrime elverişsizliğini açıklamadan önce, kanımızca, somut tarihsel araştırmalara daha fazla önem vermek gerekir.

İlginçtir ki, islâm çevreler de bu sistem tartışmalarına katılır. Fakat onlar, «Osmanlı üretim biçiminin, kapitalizm öncesi bir ekonomi olduğu varsayımı»nın yeniden gözden geçirilmesini isterler. Bu yaklaşımın, «geleneksel altyapı-üstyapı analizini, sınıf analizini belirli ölçülerde dışarda bırakabileceğini, hatta kapitalizmin biribirini izleyen üretim aşamalarından sonra gelen ileri bir üretim biçimi olduğu varsayımından vazgeçmek gerekebileceğini» ileri sürerler. Osmanlı toplumunu «kapitalizm öncesi» değil, «kapitalizm dışı» tutmaya çalışırlar[65]. Doğaldır ki, bu «kapitalizm dışı» olma, tarihsel gerçeği değil, bir özlemi dile getirir.

ORTA ASYA'YA VE GÖÇEBE TOPLUMSAL KURULUŞA YÖNELİŞ

Merkeziyetçi devlete dayalı Osmanlı toplumsal kuruluşunun nasıl meydana çıktığı sorunu, gözleri göçebe fatihlerin eski üretim biçimi ve toplumsal kuruluşu üzerine çevirir. Bu konuda ayrı bir bakış açısından ilk çalışmayı Hikmet Kıvılcımlı yapar. Kıvılcımlı. uygarlardan üstün saydığı, fakat «barbar» dediği alpleri ve gâzileri, ahlâklı, ülkücü, yiğit, eşitlikçi ve kollektif eylem üretici güçlerini taşıyan ve yaşatan insanlar olarak göklere çıkartır. Bu yaklaşımıyla Kıvılcımlı, alp ve gâzi kahramanlıklarını dile getiren romantik ulusçu tarih anlayışımıza çok yaklaşır:

«Barbar, ilkel de kalsa, 'sosyalist bir kamu düzeni'nin çocuğu idi. Eşitsizlik bilmiyordu. O yüzden yalanı ve korkuyu kendi içine sokmayan alabildiğine ülkücü yiğitti. Böyle yüce karakterli kişilerden derleşik olan barbar topluluğu, ne denli az kalabalık olurlarsa olsun, var olan bütün üyeleriyle bir tek vücut gibi düşünüp davranıyordu. Uygarlık insanları ise, ne denli çokluk olurlarsa olsunlar, içlerine kurt düşmûş kuru kalabalıktılar. Binbir çelişkiyle biribirlerine düşmüşlerdi. İlkel kamu düzeninin katışıksız Eşitlik-Doğruluk-Yiğitlik gelenekleri ve kankardeşliğinden doğma yaman kollektif eylem güçleri, uygarlık insanında tükenmişti»[66].

«Barbar alpler», «tarihcil devrimler» yaparlar. Kıvılcımlı, barbar ruhlu, yüksek ahlâklı gâzi Türklerin Anadolu'da özel mülkiyeti kaldırıp adaletçi bir düzen kurduklarını tekrar tekrar söyler. Türk'ü, bir Ordu-Ulus sayar :

«Türk, bir Ordu-Ulus olarak, sellerin karaları sardığı gibi ülkelere yayılmıştır. Ordu-Ulus, korku-yalan bilmeyen eşit ve özgür kankardeşleri örgütü örneğidir».

27 Mayıs bile, «genç ordu güçlerinin kollektif eylemi» ile başarılmış bir «demokratik devrim»dir ve «Türk Ordusunun Horasan erleri çağından kalma Tarihcil devrim, gelenek ve göreneklerinin ürünüdür»[67].

Görüldüğü üzere, 12 Mart'ın «umacılaştırdığı» Kıvılcımlı, Turancılarımızın tarih tezini ilk ve ortaokullarda okutabilecekleri coşkun bir «Alp Türkler» yazarıdır. Kıvılcımlı'nın tam karşıtı olarak, İdris Küçükömer, Osmanlı despotik devletinin ilerleme ve evrime elverişsiz toplumsal kuruluşunun «tarih öncesi»ni, Orta Asya göçebe Türk imparatorluklarında bulur. Küçükömer, «sürüyü üretmekle üretilen insan, savaşçı olarak üretilebilir», «toplum hareket hâlinde bir kervandır, ordudur», «savaş ilişkileri üretim ilişkileridir» gibi, kanımızca gerçeğe yakın gözlemlerden yola çıkar. Sonra bu ilişkilerin lojiğini araştırır ve oymak, kabile, hatta kabile federasyonu düzeyini aşan, «insicamlı ve tâbiyet özellikleri birlikte bulunan» üniter bir politik düzeni bozkırda yaşamın yeniden üretiminin koşulu sayar[68]. Oysa, bozkır göçebe topluluklarının tarihi açıkça gösterir ki, en güçlü imparatorluklar bile üniter değildir, çok gevşek bir boy ve budun konfederasyonudur ve en ufak bir darbede hemen dağılır. Konfederasyonlar çok kısa ömürlü olur. Boy ve budunlar, biribirlerinden çok uzaktaki otlaklarında, kendi kendine yeten özerk ekonomi ve savaş birimleri olarak yaşarlar. Pek ender halde, daha büyük kuvvetlerle, yerleşik toplumlarla savaşmak gerektiğinde, geçici bir başbuğ seçerler, fakat savaş bitince, boy ve budunlar, eski bağımsız yaşamlarına dönerler. Boy üyelerinin çoban-savaşçı niteliği, «tâbiyet ilişkileri ve onunla uyumlu ideoloji» yaratmaz. Engels'in «Ailenin Kökeni»nde belirttiği üzere, herkes kendi silâhına sâhip savaşçı olduğundan, boy üyelerinin eşit söz sâhibi bulunduğu «daha demokratik ve daha eşitlikçi» bağımsız topluluklar yaratır. Bu nedenle, «despotik Osmanlı Devleti'nin prototipi» olmaktan çok uzaktırlar, Engels'in «askerî demokrasi» kavramı, göçebe toplulukları tanımlamaya çok daha uygun düşer. Ancak XIII. Yüzyılda göçebe feodalizmi iyice geliştiği, sınıf ayırımı keskinleştiği ve Cengiz Han gibi imparatorlar kabile kökenlerinden koparılmış, kendilerine bağlı askerî birlikler kurduklarında, merkezîleşmeden söz edilebilir. M. Sencer'in geliştirdiği «göçebe Asyagil üretim biçimi» modelini de[69] tarihsel bilgiler kesinlikle doğrulamaz. Çetin Yetkin ve Oya Sencer ise, «göçün organizasyonu nedeniyle, göçebe devletin despotik olacağını» ileri sürerler[70]. Bu, Türkmenlerin Anadolu'ya disiplinli milyonluk bir ordu gibi geldikleri varsayımına dayanan bir yanılgıdır. Oysa Türkmenler, Anadolu'ya birkaç yüz kişilik dağınık ve bağımsız oymaklar hâlinde geldiler.

A. S. Akat ise, Asyagil topluma giden iki yoldan ilkinin, devletin sulama hizmetleri nedeniyle ortaya çıkan «hidrolik toplum», ikincisinin ise göçebe hayvancılığının tarımı fethi olduğunu yazar. Oysa göçebenin yerleşik tarımcıyı fethi, çok çeşitli üretim biçimlerine ve toplumsal kuruluşlara yol açar. Göçebe Germen'in yerleşik'i fethi ve yerleşmesi, Batı feodalizmine varır. Vergilemeyle yetinen Attila fethi, yerleşik'in durumunda herhangibir değişiklik yapmaz. Romanyalı toplumbilimci H. H. Stahl, Mogol, Boyar ve Osmanlı fetihleri altında ülkelerinde «ne Asyagil, ne feodal, ne de köleci» bir kuruluş meydana gelmediğini, «vergisel bir kuruluş» ortaya çıktığını ileri sürer[71]. Göçebe toplumsal kuruluşu, merkezî bir devlet yaratmaya en az elverişli bir türdür. Yerleşiklerin fethi ile kurulan Attila devleti gibi, Tuğrul Bey'in devleti de merkezî devletin karşıtı devletler idi. Merkezî devlet, İran ve Bizans arazi rejimi ve siyasal düzeni çerçevesinde, fetihten çok daha sonra meydana çıkar. Merkezî devlet, göçebe fethinden önce de oralarda vardır. Bu nedenle göçebe çobanın tarımcıyı fethi ile Asyagil kuruluş arasında doğrudan ve her durum için geçerli bir bağ kurmak hâtâlı gözükür.

Doğu Perinçek, örneğin Göktürk federasyonunun bir devlet olmadığını, «kabile sistemi ve örgütlenmesinden devlete yükseliş yolunda bir basamak» olduğunu yazarak ve «devletin tohumunun toprağa düşüşü» saydığı «askerî demokrasi» savını benimseyerek, somut tarihsel gerçeğe bozkırda «merkezî despotik devlet» arayan kuramcılardan daha çok yaklaşır[72].

Görülüyor ki, acele kuramlar geliştirmeden önce, daha bir hayli tarihsel araştırma yapmak ve bilgi toplamak gerekir. Kuşkusuz, kuram olmadan araştırma olmaz ve araştırıcı, olaylar kaosu içinde boğulur. Fakat geniş araştırma olmadan da kuram olmaz. Hele kapitalizm öncesi dönemler, Hobsbawn'ın belirttiği üzere, «somut tarihsel bilgi dışında güç tartışılabilir»[73]. Biz, bu anlayış çerçevesinde, belli bir bakış açısıyla, «Türklerin Tarihi»ni, binlerce yıl önce Altaylardan başlayarak Cumhuriyet'e kadar incelemeye çalıştık. «Türklerin Tarihi»nin bir ilk deneme olmaktan öte bir iddiası yok. Marksist tarih anlayışından elimizden geldiğince yararlanmaya çalıştık. Fakat marksist bir tarih yazabildiğimiz iddiasından çok uzağız. Althusser, «tarih kavramının kendisinin bundan sonra tanımlanacağını» vurgular! P. Vilar ise, haklı olarak, marksist tarihçiliğin son derece güç bir iş olduğunu belirtir :

«*Herhangibir kimse, kendisine 'tarihçi' diyebilir. Herhangibir kimse, uygun görürse bu unvana 'marksist' terimini de ekleyebilir. Herhangibir kimse, istediği herşeye 'marksist' diyebilir. Oysa bir tarihçi olmaktan daha zor, daha ender birşey varsa, o da marksist bir tarihçi olmaktır. Çünkü bu terim, ayrıntılı bir kuramsal inceleme yönteminin bilimsel konulardan en karmaşıklarından birine, insanlar arasındaki toplumsal ilişkilere ve bu ilişkilerin değişme biçimlerne uygulanması anlamına gelmelidir. Bu tanımlamanın ortaya koyduğu yüksek ölçülere, şimdiye kadar ulaşılıp ulaşılmadığı sorulabilir*»[74].

Ali Gevgilili, «tarihimizin gelecek on yıllarda yeni baştan yazılacağını» söylerken kanımızca çok iyimser bir davranış içindedir. Gevgilili'nin görüşü şöyle :

«Tarih, büyük olasılıkla, gelecek on yıllarda belki de yeni baştan yazılacaktır, Türkiye'de... Salt Osmanlı'nın, salt cumhuriyet sonrasının değil, dünyanın tarihi de toplumsal yöntemlerle, yarın adına yepyeni sonuçları üretmek üzere yeniden yazılacaktır. Zira, tarihe göz kapamanın ya da onu yadsımanın sona erdiği dönemlere giriyoruz. Yeni dönemde söz konusu olan, geçmiş tarihin yüzeysel ilişkilerinden ana temellerine inmek, milyonlarca insana egemen olmuş ilişkilerin özüne varmaktır. Yarım yüzyıldır gerçekleştirilemeyen tarih sentezlerine ancak öyle varılabilir ve tarih, cansız figürler arasındaki bir hortlaklar dansı olmaktan kurtarılabilir. Tarihin ete ve kemiğe kavuştuğu yerde ise, bütün bir geçmişin, daha ileri ve toplumsal amaçlar adına aşılabilmesinin nesnel koşulları da aydınlığa çıkarılabilecektir.

Tarih anlaşılmadıkça ya da özümsenmedikçe darboğazlar aşılamaz. Tarih aşılmadıkça da geçmişin ancak kötü bir tekrarına sürüklenilebilir. Türk halkının yaşadığı topraklar üstünde yaratacağı yeni değerler, yeni uygarlıklar, tarihsizlikten giderek tarihin gerçek ilişkilerini ifşa eden koşullara yöneliş süreçleriyle birlikte yoğurulup oluşturulacaklardır»[75].

Gevgilili'nin beklediği biçimde bir tarihin yazılabilmesi için, çok uzun araştırmalara, arşivlerimizin didik didik edilmesine, yabancı arşivlerin derinlemesine incelenmesine gerek var. Güvenilir rakam ve istatistik dizilerine dayalı bir Osmanlı ekonomi tarihine bile henüz sâhip değiliz. Fakat hâlen yalnız Türkiye'de değil, Balkanlarda, Orta Asya'da, Arap ülkelerinde, Sovyetler Birliği ve Batı merkezlerinde pek çok araştırıcı, Gevgilili'nin önerdiği yönteme uygun biçimde, Türk tarihi üzerinde araştırmalar yapıyorlar. Bütün bu çabalar biraraya geldiğinde ve Türkiyemizde gerçek bir tarih inşasına elverişli siyasal koşullar geliştiğinde, Gevgilili'nin özlediği tarih belki yazılabilir.

Sınırlılıklarını ve yetersizliklerini çok iyi bilen «Türklerin Tarihi»nin böyle bir iddiası yok. Elimizden geldiği ve sınırlı kaynakların izin verdiği ölçüde, Türklerin gerçek tarihine yaklaşmayı denedik. Bu deneme, genç araştırıcılarda, tarihimizin çeşitli bölümlerini daha derinlemesine araştırma isteği uyandırırsa, amacına ulaşmış sayılabilir.

I — ANADOLU'NUN TÜRKLEŞMESİ VE TÜRKMENİN DRAMI

«*OLMAK YA DA OLMAMAK*»

«Türk, titre, kendine dön»* diyorlar.

Ülkemizin kendine dönmeye ve kendini bulmaya gerçekten ihtiyacı var. Yalnız nasıl ve nereye döneceğiz? Orta Asya bozkırlarına ve yukarıdaki sözlerin sâhibi Göktürk Bilge Kagan'a mı yöneleceğiz?

Bilge Kagan, «kendine dön» deyimini, «Ötüken ormanında kal. Oradan ayrılma. Çin'den uzak dur» anlamına kullanır. Türk budun'a, Ötüken dağ ve ormanında avcılık ve hayvancılık yaparak, bir otlaktan öteki otlağa göçerek yaşamayı önerir. Bâzı Batılı yazarların «Türk Bismarck'ı» dedikleri Kagan'ın başdanışmanı Bilge Tonyukuk ise, bu yaşam biçimini özlemle anar :

«Karakurum'da tavşan** yiyerek, geyik yiyerek oturuyorduk. Budunun boğazı tok idi. Düşmanımız çevrede ocak gibi idi, biz ateş idik».

---

* Bu sözün aslı şöyle: Türk budun ertin ökün. Hüseyin Nâmık Orkun, «ertin ökün»ü kendine dön diye çeviriyor. Muharrem Ergin ise, hemen hemen eş anlamdaki ertin ve ökün sözlerinin «eseflenmek, pişman olmak, kendine dönmek, kendi kendine geçmek, vazgeçmek, dönmek» vb. gibi anlamlara geldiğini ileri sürerek «Vazgeç, pişman ol» çevirisini uygun buluyor.

** Prof. Abdülkadir İnan, tavşanın vahşi hayvan karşılığı kullanıldığını ileri sürmektedir. (Türk Tarih Kongresi tutanakları 1970, s. 171).

Kagan ve başdanışmanı, Çin'in çekiciliğinden ve Çin'e yaklaşmaktan korkarlar. Geçmişte Çin yaşam biçimine özenmek, çadırı bırakıp kent ve saraylarda yaşamak yüzünden, Göktürk siyasal kuruluşunun dağıldığını düşünürler. Bilirler ki, 630 yılında Çinlilerin eline düşen Doğu Göktürk Kaganı Kieli, Çin sarayının içinde kurduğu çadırında ağlayarak ölmüştür. Göktürk beylerinin çoğu, Çince adlar almışlar, Çin Ordusu'nun sâdık generalleri olmuşlardır. «Türk Bismarck'ı» Tonyukuk bile Çin'de babadan oğula geçen bir memuriyete sâhip idi...

Kagan ve başdanışmanı «Türk budunun ölümü» saydıkları bu duruma yeniden düşmek istemezler. Çâreyi Çin'den uzakta Ötüken ormanında ataları gibi göçebe gelenek ve göreneğine göre yaşamakta bulurlar. Bilge Kagan coşkunlukla şu öğütte bulunur :

«Tabgaç (Çin) budunun sözü tatlı, ipek kumaşı yumuşak imiş. Tatlı sözle, yumuşak ipek kumaşla aldatıp uzak (Türk) budunu öylece yaklaştırmış... Türk budun, Çin'in tatlı sözüne, ipek kumaşına aldanıp çok öldün. Türk budunu öleceksin! Güneyde Çogay ormanına, Tögültün ovasına konayım dersen Türk budunu öleceksin... Ötüken ormanında oturursan, sonsuza dek il tutarak yaşayacaksın».

Ne var ki, Göktürklerin illi ve kaganlı siyasal örgütü, pek kısa ömürlü olur. Bilge Kagan öldükten az sonra, Doğu Göktürk siyasal kuruluşu tarih sahnesinden silinir. Son Göktürk Kaganı Özmiş'in kesik başı Çin sarayına yollanır. Uygur Kaganı, kendi için diktirdiği yazıtta, bu durumu övünerek açıklar :

«Tuttum hâtununu orada aldım. Türk budun orada bütün yok oldu..... Çok asker, at sürüsü tuttum».

Uygurlar, Göktürklerden aldıkları Ötüken'e yüz yıl egemen olurlar. Fakat Bilge Kagan ve Tonyukuk'un öğütlerine karşıt bir tutum izlerler. Çin ile yakın ilişkiler kurarlar. Kent yaşamına, yerleşikliğe, tarıma ve ticarete yönelirler. İranlı tüccar Soğd'luların etkisiyle, Prof. Bahattin Öğel'in «tüccar dini» dediği Mani dinini ve daha sonra da Buda dinini kabul ederler. Avcı ve göçebe bozkır topluluklarının dini olan şamanizmi bırakırlar. Yeni din, insan öldürmeyi, yâni savaşı iyi gözle görmez. Bozkır insanının temel besini olan et ve hayvansal ürünlerin yenmesini yasaklar, sebze yenilmesini ister. Bu, temelli bir değişikliktir. Uygur Kaganı diktirdiği yazıtta, bu temelli değişikliği gerçekleştirmekle övünür ve Göktürk kaganının önerdiği yaşam biçimini hor gördüğünü belirtir. Uygur kaganı, Prof. Bahattin Öğel'in çevirisine göre, halkına şu buyruğu verir :

«— *Bu memleket, sıcak kan içicilik gibi barbar âdetlerini bırakarak, sebze ile beslenen bir memlekete dönsün. Bir cinayet (öldürme) devleti, iyiliklere teşvik krallığına* dönüşsün*»[1].

İşin ilginç yanı, yazıtında Çin yaşam biçiminden sakınmayı öneren Bilge Kagan da birara göçebeliği bırakıp yerleşmeye, Çin usûlü surlarla çevrili kent kurmaya, din değiştirmeye, budist ve taoist tapınaklar yapmaya niyetlenir. Onu bu görüşlerinden Çinlilerin «İhtiyar Kurt» dedikleri Çin'de yetişmiş, ama Çin yaşamına düşman bürokrat ve komutan Tonyukuk caydırır. Başdanışmanın gerekçeleri şöyledir :

«— Türkler Çinlilerin yüzde biri kadar bile değildirler. Su ve otlak peşindedirler. Avcılık yaparlar. Belli bir yerleri yoktur ve savaşçıdırlar. Kendilerini güçlü görünce, ordularını yürütürler, güçsüz bulunca kaçarlar ve gizlenirler. Çinlilerin sayı üstünlüklerini böylece etkisiz kılarlar. Türkleri surla çevrili bir kentte toplarsanız ve bir kez Çin'e yenilirseniz, onların tutsağı olursunuz. Buda ve Lao-tse'ye gelince, insanlara yu-

---

* Mani dininin eline, beline, diline egemen olma biçimindeki üç temel ahlâk kuralı, Bektaşilikte de vardır (Prof. Fuat Köprülü, İslâm Medeniyeti Tarihi, Diyanet İşleri Başkanlığı Yayını, s. 89).

muşaklık ve alçak gönüllülüğü öğretir. Bu, savaşçılara uygun düşen bir öğreti değildir».

UYGARLIK PROFESÖRLERİ

Uygurlar, göçebe savaşçılara uygun düşmeyen bu öğretiyi benimserler. Mani dini rahiplerini, ülke yönetiminde danışman yaparlar. Uygur tüccarları, Çin kentlerine yerleşirler. Soğd'lu tüccarlarla birlikte, Orta Asya ticaretinde önemli bir rol oynarlar. Uygur rahipleri Çin'de Mani dinini yayarlar. Uygur ustaları Çin'de tapınaklar kurarlar. Ne var ki, Kırgızlar tarafından Ötüken'den kovulunca, siyasal bakımdan önemlerini yitirirler. «İlli ve kaganlı» siyasal kuruluş olmaktan çıkarlar. Fakat IX-XIII. yüzyıllar döneminde Orta Asya'da yüksek bir kültür geliştirirler. Türk edebiyatının ilk örneklerini onlar verirler, Türk-Mogol topluluklarında uygarlık yolunda öğretmenlik yaparlar. Cengiz Han'ın başdanışmanları Uygurlar arasından seçilirler. René Grousset, Uygurlar için «Altay'dan Orhon'a, Naymanlardan Cengizhanlılara kadar Türk-Mogol devletlerinin *uygarlık profesörleri* oldular» der[2].

Kitanlar, Kırgızları Ötüken'den kovup Batı Kansu'da yerleşik düzene geçmiş olan Uygurları eski yurtlarına dönmeye çağırınca, Uygurlar, bu cömert dâveti olumsuz karşılarlar ve yerlerinden kıpırdamazlar. Bozkırda bağımsız yaşamayı, Bilge Kagan'ın deyimiyle «*kendilerine dönmeyi*» reddederler.

«Olmak ya da olmamak» biçiminde özetleyebileceğimiz bu sorunla, bozkır toplulukları çok eskiden beri karşılaşırlar. Asya Hunlarının ünlü Tanhu'su (kagan) Mo-tun* (Mete), askerî bakımdan bütün Çin'i

---

* Türk yöneticilerinin çoğunun adları, Çinlilerin yazdıkları biçimde bilinmektedir. Çince yazılan addan gerçek Türkçe adı bulmak, birçok durumda çetrefil bir bilmeceyi çözmekten zor olmaktadır. Bu nedenle çeşitli adlar ortaya çıkmaktadır. Biz, mümkün olan her yerde Kafesoğlu-Deliorman Lise I Tarih ya-

kolayca ele geçirebileceği halde, Çin'den uzak durur. Mo-tun, Çin İmparatoru Kao-tsu'yu kuşattığı halde, bundan yararlanmayıp imparatoru serbest bırakır. Baltı Hun Attila, kapılarına kadar geldiği Istanbul'u almayı denemez; kolayca alabilecek duruma geldiği Roma önünden ansızın çekiliverir. Ankara'da uzun yıllar Çin tarihi profesörlüğü yapan Eberhard'a göre, Motun'un çekingenliğinin nedeni, bozkır göçebe yaşam ve siyasal örgütlenme biçimini yitirme ve Çinlileşme korkusudur. Mo-tun'un Çinli danışmanı, istilâya karşı şöyle konuşur :

«— *Eğer sen Çin bölgelerini yensen dahi, yine orada yaşayamazsın!*»*

ENGELS YASASI

Çin'de yaşamak, göçebeliği, sürüleri ve göçebe siyasal örgütlenme biçimini bırakmak, tarıma ve kent sanatlarına dayalı Çin yaşam ve siyasal örgütlenme biçimini kabullenmek, yeni bir üretim biçimine geçmek anlamına gelmektedir. Eberhard, Mo-tun ve çevresindeki beylerin, benliklerini korumak için Çin'in tüm istilâsını reddettiklerini, Çin'e akın ve yağmalarla yetindiklerini, Kuzeyde tarlaları otlaklara dönüştürdüklerini yazar[3]. Attila da, Runciman'ın deyimiyle, «tarımın yararlarını anlamaktan çekinir ve kentlerin güç ve karışık ekonomik yaşamından tiksinir»[4].

---

pıtında ve İslâm Ansiklopedisi'nde yer alan yazış ve okunuş biçimlerini yeğ tuttuk. Mete'nin adını tarihçilerimiz yakın bir zamana kadar Mao-tun diye yazıyorlardı. Bu yazılıştaki «Mao» çağrışımı, Mete'yi «Maolaştırma» eleştirilerine yol açmıştır.

* Timur'un Hindistan istilâsına, beyleri aynı gerekçeyle karşı çıkarlar ve Timur'a şöyle derler: «Gerçi Hindistan'ı alabiliriz, ama orada oturacak olursak soyumuz yitirilir. Ve oğullarımız, torunlarımız Türklükten çıkar. Hint dili öğrenirler». Bunun üzerine Timur çok kızar ve beyleri, beylikten çıkartmayı düşünür (Tüzükât, Belleten sayı: 36, s. 448).

Gerçekten Attila, Tuna güneyinde birçok kenti yerle bir eder, fakat yerleşmekten kaçınır. Doğu Roma İmparatorluğu ile yaptığı anlaşmalarda ısrarla Bizans kentlerine kaçan Hunların geri verilmesini ister ve kendi ailesinden Mama ve Atakan adlı kaçakları öldürür. Bizans'a, Hunlara bağlı topluluklarla her ne biçimde olursa olsun ilişki kurmayı ve kaçaklara kapı açmayı yasaklar. Fakat bu önlemler, Attila'nın ölümünden hemen sonra Hun İmparatorluğu'nun dağılmasını ve Hunların tarih sahnesinden silinmesini engellemez. Doğu'da da birçok Hun topluluğu Çin arazisine yerleşir ve Çinlileşir. Mo-tun soyundan Liu Yüan'ın Kuzey Çin'de kurduğu devlet Hun değil, daha çok bir Çin devletidir ve Çin Han sülâlesinin adını taşır. Kuzey Çin'i birleştiren eski göçebe Türk boylarının yönetimindeki To-ba devleti, bu dönüşümün çarpıcı örneğini verir. Budizmi benimseyen ve çağına göre ileri bir uygarlık ve kültür düzeyine erişen Tabgaç (To-ba) devletinin Türk imparatorları, kendilerini Çinli sayarlar. İmparator Hung II, yabancılara resmî yerlerde Çinceden başka dil konuşmayı yasaklar. Çinli giyimini zorunlu kılar, Çin kültür ve eğitimini yayar. Tabgaçlara Çinliler değil, bu yerleşik düzende yerini bulamayan göçebe Türk-Mogol boyları başkaldırırlar. Kısaca, «fethedenin fethedilmesi» biçimindeki Engels yasası işler[5].

ÇİN VE BİZANS SURLARI

Mo-tun ve Attila gibi bozkır egemenleri, Çin ve Roma benzeri yerleşik tarıma ve kente dayalı imparatorluklardan uzak durmaya çalışsalar bile, göçebe yaşam koşulları, onları yerleşiklerle alışverişe kaçınılmaz biçimde zorlar. Bozkır koşulları, çok ağır ve acımasızdır. Göçebe, muhtaç bulunduğu tarım ürünlerini, bâzı kumaşları ve hatta demirden silâhları bol sayıda yerleşik ülkelerden sağlar. Soylu beyler, Çin ipeklisine ve

Bizans lüks mallarına alıştıkları ölçüde, bu ekonomik bağımlılık vazgeçilmez ölçülere ulaşır. Bu nedenledir ki, göçebe boylar, Çin ve Bizans sınır kentlerine kendiliklerinden gelip ticaret yapmayı isterler. Attila'nın Bizans ile imzaladığı antlaşmalarda belli kent pazarlarında güvenlik içinde ticaret yapma maddesi en önemli bir yeri alır. Haraç geliri bu yolda kullanılır. Prof. Thompson'a göre, Attila İmparatorluğu'nun birdenbire çöküşünün nedeni, Bizans'ın bu ticareti yasaklamasıdır[c]. 468-469 yıllarında Bizans'a birlikte başvuran Attila oğullarının barış yapmak için başlıca istekleri, kapanan ticaret pazarlarının yeniden açılmasıdır. Göktürkler 545-597 yılları arasında Çin'e herbiri bir ticaret kervanından farksız olan 370 elçilik kurulu yollarlar. Nitekim Bilge Kagan da «Türk budun kendine dön, Ötüken'den ayrılma» derken, bu durumun Çin'le ticareti engellemiyeceğini, uzaktan da ticaret yapılabileceğini önemle belirtir :

«Ötüken'de oturup Çin budunu ile anlaştım. Altını, gümüşü, ipeği, ipekliyi sıkıntısız öylece veriyor».

«Orada kötü kişi şöyle öğretiyormuş: Uzak ise kötü mal verir, yakın ise iyi mal verir...... O yere doğru gidersen, Türk budunu, öleceksin! Ötüken yerinde oturup kervan, kafile gönderirsen, hiçbir sıkıntın yoktur».

Yerleşikler, zaman zaman bu ticareti siyasal ya da ekonomik nedenlerle engellerler. Kıtlıklar, iç siyasal karışıklıklar vb. tahıl satışını önler. Bu durumda bozkır toplulukları, gereksinmelerini yağma akınlarıyla sağlamaya yönelirler. Zaten bozkırın acımasız koşulları, göçebe boy ve oymakları biribirlerini yağmalamaya, tarımcı ülkelere akınlar düzenlemeye zorlar. Nitekim Bilge Kagan, yazıtında komşu Uygurları yağmalama nedeninin ekonomik olduğunu belirtme gereğini duyar :

«Türk budun aç idi. Uygurların at sürüsünü alıp besledim».

Geçim darlığından doğan yağma, zamanla ekonomik birikim yolu olur. Bozkırda büyük siyasal kuruluşların meydana gelişinin temel nedenlerinden birini, büyük sürek avlarının yanı sıra, yağma akınlarının düzenlenmesi teşkil eder. Askerî ve siyasal şef, başarılı yağma akınları düzenleyebildiği ölçüde, siyasal birliği ve mevkiini koruyabilir.

Yağma, göçebe ekonomik sistemin vazgeçilmez bir ögesidir. Yerleşikler ise, bu yağmalara karşı tarlalarını ve kentlerini koruyabilmek için surlar yapımına girişirler. Büyük Çin Seddi, bu nedenle kurulur. Bizans, Hunlara karşı Çatalca civarında Marmara'dan Karadeniz'e uzanan sur yapar. Bizans ve İran, işbirliği hâlinde, Kafkasya geçitlerini berkitirler. Fakat surlar, yağma akınlarını durdurmaya yetmez. Gerek Bizans, gerek Çin, göçebelere karşı bir «savunma bilimi» geliştirirler. Bizans diplomatlarına «Türkoloji» öğrenmeleri öğütlenir. Göçebe topluluklar hakkında bilgi toplamak, arşivler hazırlamak için «Scrinium Barbarorum» adlı bir daire kurulur. Çin'de de «Hongleu» adlı benzer bir bakanlık geliştirilir. Eski göçebe bozkır toplulukları hakkında ancak bu sâyede bugün az çok bilgi sâhibi bulunmaktayız.

«BATILILAŞMA»NIN ESKİ BİÇİMİ

Bizans ve Çin, göçebe toplulukları yerleşmeye, kendi kültürlerini benimsemeye zorlarlar. Bizans ve Papalık, hıristiyanlığı bu yolda silâh olarak kullanır ve birçok Türk topluluğunu yerleşik hıristiyan yapmayı başarır. Hazarlara ve Hunlara yollanan hıristiyan misyonerler başarısız kalırlar, fakat Hun kalıntılarını Bizans, hıristiyan yapmayı başarır. Kafkasya'da Alp adlı bir askerî şef ve ordusu hıristiyan olur; şamanist Türklerin kutsal ağaçları kesilir ve şamanları öldürülür. Türk

Bulgarlar, Peçenekler, Uzlar ve Kumanlar vb. hıristiyanlaştırılır. Türklerle karışmış bulunan ve göçebe koşullarında birlikte yaşayan Macarlar dahi, katolik olduktan sonra, Kumanlara göçebeliği bırakmak ve hıristiyan olmak koşuluyla arazi verirler. Hıristiyanlık ve İslâmlık arasında sıkışan Hazar yöneticileri, Musa'nın dinini benimserler.

Çin ise, kendi yaşam biçimini ve kültürünü benimsetmeye önem verir. Çin, ilişki kurduğu toplulukları Çinliler gibi giyinmeye, Çinliler gibi saç yapmaya, Çin takvimi kullanmaya vb. zorlar. Çin'e bağımlılığı kabullenen ünlü Doğu Göktürk Kaganı İşbara'nın kültür konusundaki direnişi ilginçtir. İşbara, Çin İmparatoruna şöyle yalvarır :

«— Şimdi oğlum sarayınızda oturacak ve her yıl haraç olarak göksel kökenli atlar sunulacaktır. Hergün, sabahtan akşama kadar, sizin buyruklarınızdan başka birşey dinlemiyeceğim. Fakat elbiselerimizin önlerini kesmeye, omuzlarımızda dalgalanan saç örgülerimizi çözmeye, dilimizi değiştirmeye ve sizin yasalarınıza uymaya gelince, bizim görenek ve geleneklerimiz o kadar eskidir ki, ben şimdiye kadar bunları değiştirmeye cesaret edemedim»[7].

Ne var ki, daha sonra Çin desteği ile tahta çıkan Doğu Göktürk Kaganı Ki-min, İşbara'nın reddettiğini kabullenir ve «Türklerin Çinliler gibi yaşamaya hazır olduğunu»* Çin İmparatoruna yazar. Böylece Göktürk prens ve beyleri giderek Çinlileşir ve Bilge Kagan, bu durumdan acı acı yakınır :

«Çin buduna beylik erkek evlâdı kul oldu, hanımlık kız evlâdı câriye oldu. Türk beyler, Türk adını bıraktı.... Çin kaganına boyun eğdi».

***Görülüyor ki, «Batılılaşmak» diye hâlâ çok tartışılan sorun. Çinlileşmek ya da Romalılaşmak biçiminde çok eskiden beri Türk topluluklarının karşısına çıkmıştır. İslâmlaşma da benzer bir sorun olmuştur. Aslında sorun, ileride görüleceği üzere, çok daha karmaşıktır ve üretim biçimiyle ilgilidir.**

ESKİMEYEN «BÖL VE YÖNET» YÖNTEMİ

Yerleşik imparatorluklar, kültürlerini yayma politikasının yanı sıra, en büyük önemi göçebe siyasal birliklerini parçalamaya, onları biribirleriyle vuruşturmaya verirler. Sömürgecilerin «böl ve yönet» politikasını, Çin ve Roma imparatorlukları Türk'e, Germen'e, Slav'a ve Mogol'a karşı başarıyla uygularlar.

Attila'dan önce Uldız, 408 yılında Tuna'yı geçer, Trakya'ya yürümek üzeredir. Uldız, Bizans Elçisine güneşi gösterip, güneşin ışıklandırdığı her ülkeyi alabileceğini söyleyecek kadar kendine güvenlidir. Fakat Bizans, ödünlerle Hun Ordusundaki beyleri elde eder, tek başına kalan Uldız çekip gider ve bir daha ortalıkta görünmez.

Göktürklerin en güçlü döneminde, Çin, Batı Göktürk Kaganı Tardu'ya kurt başlı tuğ ve davul göndererek, onu Doğu Göktürk Kaganı İşbara'dan üstün tuttuğunu belirterek, Çin başkentine gelen Tardu elçilerine, İşbara'nın elçilerinden daha büyük mevki vererek, onu İşbara'dan ayırmayı başarır. Doğu ve Batı Göktürk, biribiriyle savaşır. Tardu çok güçlenince, bu kez Çin, Doğu Göktürk Ki-min Kaganı tutar. Tardu'ya bağlı boyları ayaklandırır. 603'te tek başına kalan Tardu, yok olup gider. Sonunda dağılan Türk boylarının yeniden birleşmesini önleyebilmek için Çin, askerî garnizonlar kurar, geniş idarî bölgeler meydana getirerek boyları ayrı ayrı yerleştirir. Unvanlar dağıttığı boy şeflerini, öteki Türk boylarına karşı askerî hizmetlerde kullanır.

FATİH'TEN 350 YIL ÖNCE...

Bizans tarihi uzmanı Vasilevsky'ye göre, Istanbul XI. Yüzyılda Türklerin eline geçebilecek, imparatorluk son bulabilecekti... Bizans, Rumeli'de Kumanları, Anadolu'da Selçukluları kullanarak, bu tehlikeyi atlatır.

Tehlike, İzmir ve çevresinde egemen olan Türk beyi Çaka'dan (Çakan) gelir. Büyük bir olasılıkla Oğuzların Çavuldur boyundan gelen akıncı beyi Çakan, Bizans'a tutsak düşmüş, orada eğitilmiş ve Bizans soyluları arasında yer almıştır. Çin memuru Bilge Tonyukuk'un zayıf ve güçlü yanlarıyla Çin'i tanıyışına benzer biçimde, Çakan da Bizans'ı Bizanslılardan iyi öğrenir. Çakan, Doğu Roma İmparatorluğu'nu ele geçirmek için yalnızca kara gücünün yetmiyeceğini, deniz gücünün zorunlu olduğunu ilk gören kişilerden biridir. VII. Yüzyılda İranlılar Üsküdar'a, Avarlar Galata tepelerine gelmişler, fakat deniz güçleri olmadığından, geri dönmek zorunda kalmışlardır. Avarların acele inşa edip karadan taşıyarak Haliç'e indirdikleri ufak tekneler, Bizans Donanması karşısında işe yaramamıştır. Osmanlılar, deniz güçlerinin yetersizliği nedeniyle, Istanbul'u 1453 yılına kadar alamamışlardır*. Bu gerçekleri gözönünde tutan Çakan, İzmir ve adalardaki denizci Rumların desteğiyle güçlü bir donanma kurar, adalara egemen olur, Çanakkale Boğazı'nı denetim altına alır. Rumeli'den ilerleyen Peçenekler ile anlaşır. Selçuklu Kılıç Arslan'a kız vererek ilişki kurar. Bizans imparatorlarının taşıdığı «Basileus» unvanını alır. Karadan ve denizden ortak bir hareketle Istanbulu' almayı planlar.

Vasilevsky, bu girişimi şöyle değerlendirir :

«Çakan'ın kişiliğinde, bir barbarın girişimci cür'etiyle, Bizans eğitiminin inceliğini birleştiren bir Bizans düşmanı ortaya çıktı. Çakan, çağının Doğu Avrupa siyasal ilişkilerini çok iyi biliyordu. Genel Türk hareketinin ruhu olmayı planlamıştı. Peçeneklerin anlamsız dolaşmaları ve yağmalarına belli ve makul bir amaç ve genel bir plan verebilecek güçteydi... Böylece Bizans kalıntılarından yeni bir Selçuk ve Peçenek devleti doğabilecekti»[8].

---

* Osmanlı gerilemesinin temel nedenlerinden birinin, sermaye birikimi açısından belirleyici önem taşıyan deniz üstünlüğünün sağlanamayışı olduğunu ileride göreceğiz.

Ne var ki, Bizans, Peçenek'e karşı Kuman beyleri Bönek (Bonyak) ve Tongurtak'ı (Tugor Han) Istanbul'a çağırır. Bizans Ordusunun Kuman kökenli Karaca ve Uzan adlı generallerinin de desteğiyle, onları parlak biçimde ağırlar, gözlerini kamaştırır. Sonunda Peçenekler, 1091 Nisanının son günü çoluk çocuklarıyla yok edilirler. Kurtulan Peçenekler, hıristiyanlaştırılarak Vardar nehri doğusuna yerleştirilir ve «Vardaroit» adıyla Bizans Ordusu'na alınır. Bizans şarkısı, Kumanların bu zaferini «İskitler (Peçenekler), bir gün yüzünden Mayıs'ı göremediler» diye kutlar.

Çakan'a karşı da İmparator Alexios, Kılıç Arslan'ı kazanır. Bir mektupla ona Çakan hareketinin Bizans'a karşı değil, Selçuk'a karşı olduğunu bildirir:

«Senin kayınbaban Çakan, her ne kadar Bizans'a karşı hazırlanıyor ve Basileus unvanını alıyorsa da, bu bir aldatmaca. O, bu kadar büyük bir imparatorluğu alamıyacağını bilir. Bütün entrikaları sana karşı yönelmiştir».

Kılıç Arslan, kendisinden destek istemeye gelen kayınbabasını, içkili bir şölenden sonra öldürtür. Çakan tehlikesi, önlenmiş olur.

«EMPERYALİSTLER»İN HİZMETİNDE ÜCRETLİ ASKERLİK

Çin'den ve Roma'dan unvan ve maaş almak, göçebe şefler için daima çekici olur. Roma İmparatorluğu'nu titreten Attila dahi, Roma Ordusu Generali unvanını taşıyordu. Bu unvan nedeniyle, Attila, Roma'dan maaş ve askerleri için yiyecek almaktaydı. Cengiz Han dahi, yükseliş yıllarında, Çin'den «Sınır Muhafızları Askerî Şefi» unvanını elde etmişti. Çin, Türk kaganlarına, prenslerine ve generallerine devamlı unvanlar dağıtır. «Uygarlığa Uyan Kagan», «Uygarlığı Seven Büyük General», «Batı'yı Koruyan General» vb. Çin'in sık sık dağıttığı unvanlar arasındadır. «Uygarlığı seven» bu generaller, sıraları gelince, Çin Sarayına gider, hizmet görürler.

Bâzen bir göçebe topluluğun hizmetleri satın alınır. Topluluk sınırda yerleştirilir, toprak ve ücret karşılığı İmparatorluğu öteki göçebelere karşı savunması beklenir. Örneğin Rua zamanında birçok Hun boyları, Hun siyasal birliğine girmeyi reddederler, kendi şeflerinin komutasında Bizans'a askerî hizmetlerde bulunmayı yeğ tutarlar. Rua ve Attila, bu toplulukların kendilerine teslim edilmesini isterlerse de Bizans buna yanaşmaz. Sabar'lar, yerleştirilmeleri karşılığı Bizans'a ve İran'a askerî hizmet yaparlar. VI. Yüzyılda hıristiyan olan ve komşularına papaz bile yollayan Lazlar, Bizans İmparatorluğu'na bağımlıdırlar ve Laz Kralı, Kuzey göçebelerine karşı Kafkasya Batı geçitlerini savunmakla yükümlüdür.

Bunun yanı sıra, yerleşik imparatorluklara ödünç askerî birlik verildiği sık sık görülür. Örneğin, Alaric'in Gotlarının 409 İtalya istilâsını durdurmak için Dalmaçya'dan 10 bin Hun askeri getirilir ve Roma'nın hizmetine verilir.

Fransa'da, Romalı ve Galyalı büyük arazi sâhiplerini titreten güçlü köylü ve köle ayaklanmaları vardır. Köylü ve kölelere karşı büyük arazi sâhiplerini, Rua'nın bir Romalı generalin komutasına verdiği Hun birlikleri uzun yıllar korurlar. Köleci düzenin bekçiliğini yaparlar. Türk Töles ve Uygur boyları, Göktürklerle mücadelede Çin'in atlı güçlerini teşkil ederler.

Anadolu Selçuk devletinin kurucusu Süleyman Şah'ın Bizanslı Botaniates'e ödünç verdiği 2 bin kişilik kuvvet, bu kişiyi Istanbul'da tahta çıkarmakla kalmaz, ayrıca Rumeli'de Breyennios'un hizmetindeki Peçenek ve Bulgarlarla savaşır. Normanlara karşı Süleyman'ın askerleri gider. 1340'ta Orhan Gazi Istanbul kapılarına ilerleyince, Aydın Beyinin yolladığı 4 bin Türkmen, Bizans hizmetine girer. Orhan Gazi, Venedik ve Bizansla mücadelesinde Cenevizlilere bin okçu verir. Kayınbabası Kantakuzenos, Orhan'ın ödünç verdiği 6 bin askerin desteğiyle tahta çıkar. Bizans, Türkmene ve Selçuk Sultanına karşı birçok kez Türkmen boylarına başvurur.

Ödünç kuvvet vermenin dışında, Çin ve Roma, bol miktarda ücretli Türk askeri kullanır. Güçlü ve zengin soylular, özel Türk birlikleri kurarlar. Andronikos II. Paleologos, bin Türk atlısından oluşan kişisel muhafız gücüyle, Osmanlı ve Türk beyliklerine karşı savaşır. Bizans devleti hizmetinde, «Vardarlılar», «Peçenekler», «Fergana Türkleri» gibi «Turkopouloi» ücretli askerî birlikleri vardır*. «Turkopouloi», Türk oğulları anlamına gelir ve bu ücretli askerler, XII, ve XIV. yüzyıllar arasında Istanbul'da ve eyaletlerde görev yaparlar. Fatih Mehmet, Istanbul'u alırken bile, kentin savunucuları arasında Şehzade Orhan'ın başında bulunduğu ücretli Türk askerleri vardır**.

Yerleşik imparatorluklar, hizmetinde kullanmayı başaramadığı daha bağımsız göçebe topluluklara ise, yağmalardan kaçınsınlar diye, bir cins haraç öderler. Bizans, Uldız, Rua ve Attila'ya bu amaçla gittikçe artan miktarda haraç verir. Yerleşikler, yalnız güçlülere karşı değil, daha zayıf topluluklara da, «uslu» durmaları için yıllık haraç ödemeyi kârlı bulurlar. Haraç, böylece rüşvet anlamını kazanır. Osmanlılar dahi, İkinci Murat zamanında, yağma yapmasınlar diye Akkoyunlulara haraç ya da rüşvet vermekteydi...

---

* Prof. Kafesoğlu, yabancı devlette ücretli askerliği, fetihler gibi bir çeşit yayılma yolu sayarak, «sızma» diye adlandırıyor! (Türk Dünyası El Kitabı. s. 694)

** Anadolu Selçukluları ve Osmanlılar da bu Bizans yöntemlerine başvuracaklardır. Selçuklular, Baba İshak'ın çoluk çocuk birlikte döğüşen Türkmenlerine karşı ücretli Frank askeri kullanırlar. Selçuklu ordusu, kozmopolit bir ordudur. Osmanlılar, yeniçeriliği kurarak Bizans'ı aşarlar. Günümüzün «uygar» İsviçrelilerinin, XIX. Yüzyıl başlarına kadar belli başlı gelir kaynaklarından biri, yabancı ordularda ücretli askerlikti.

«TÜRK'ÜN KÖTÜ TALİHİ»

Kısaca, Ötüken ormanına dönüp* Çin'e kervan göndermekle yetinmek, bir çözüm yolu olmaz. Gerçi Altaylılar gibi yüksek dağların en uzak köşelerinde ve Yakutlar gibi Kuzey Sibirya'da binlerce yıl içinde pek az değişerek, eski ekonomi ve kültürünü koruyarak XX. Yüzyıla ulaşan küçük ve dağınık Türk toplulukları vardır. Fakat bunlar, araştırıcılar için çok değerli ve canlı bir etnografya müzesi olmaktan öte bir anlam taşımazlar. Göçebe devletlere ve büyük göçebe topluluklara gelince, her an parçalanmaya elverişli iç yapısı kadar, yerleşiklerle girişilen ekonomik, askerî, kültürel ve diplomatik ilişkiler, çözülmelerine, dağılmalarına ve erimelerine yol açar. Hunlar, Sabarlar, Bulgarlar, Hazarlar, Avarlar, Peçenekler, Uzlar (Oğuzlar), Kıpçaklar vb. silinip giderler. Prof. Kafesoğlu, bu durumu «bozkır uygarlığı»nın alınyazısı sayar. Kafesoğlu, bozkır hareketliliğini *«yokluğa uzanan yol»*, *«bir ölüm değirmeni»* diye niteler ve *«öldürücü bozkır çarkının dişlerinden kurtararak»* Türkün *«kötü talihini»* ilk Selçukların yendiğini ileri sürer[9].

Kötü talihin yenilişi, göçebelikten yerleşikliğe erimeden geçiş anlamına gelir. İşin ilginç yanı şu ki, «kötü talihi yenmek» için Türk-İslâm devletleri de, bu devletleri kuran göçebe Türklere karşı Çin ve Bizans yöntemlerini uygularlar. Türk-İslâm devletlerinin ön plandaki düşmanlarından biri, devletlerin kurucusu göçebe Türkler olur...

«TÜRKLÜK»TEN ÇIKMA

İslâm dini, çok eski zamanlardan beri sulu tarım yapan ve canlı bir kent yaşamı bulunan İran'a ve Sey-

---

* «Türk Dünyası El Kitabı»na göre, Çin ile daimî savaş içinde yaşamayı gerektiren Ötüken bölgesini Türkler **«gelecek için karanlık»** görerek terkederler (s. 910). Oysa Ötüken, kutsal devlet kuruluş yeri idi. Devlet, Ötüken'de oturarak kurulur idi.

hun-Ceyhun ırmakları arasındaki bölgeye kolayca yerleşir. İslâm, tarımcı yerleşik halkın dini olur. Prof. Krader'e göre, İslâm, tarım ve yerleşiklik, Seyhun-Ceyhun bölgesinde hemen hemen eş anlam kazanır[10]. Bölgede yerleşikliğe geçen Türkler, İslâm dinini kabullenirler*. Göçebe Türkler ise, 300 yıldan fazla bir süre İslâma karşı savaşırlar. Firdevsî'nin ünlü Şehname'sinde anlatılan İran ve Turan savaşları, gerçekte İslâmdan çok önce başlamış göçebe-yerleşik savaşlarının öyküsüdür[11] ve Tûra adıyla anılan kavim, ilkin Massagetler, Sakalar, Toharlar vb.dir, daha sonra Türk olur.

Türkistan'da göçebe-yerleşik savaşı o kadar şiddetli geçer ki, bu çatışma dil ve etni özelliklerinin üstüne çıkar. XX. Yüzyıl başlarında dahi, Türkistan'da göçebe Türkler, ister İranlı, ister Türk olsun, ister Türkçe, ister Acemce konuşsun, bütün «oturak» halka Sart adını verirler[12]. Sart, ilkin tüccar anlamına gelirken, yerleşik'in genel adı olur. Tacik ve Tat deyimleri de aynı anlamı kazanır. İslâm Karahanlılar ülkesinde Türkler, hem yerleşik müslüman İranlılara, hem de müslüman olmayan yerleşik Uygurlara «Tat» derler. Türkmenler de yerleşiklere ayırım yapmadan «Tat» adını takarlar[13]. Türkmenlerin gözünde, daha sonra yerleşik'e geçen Özbekler, Türklük'ten çıkıp Sart olurlar[14]. XX. Yüzyıl başında Mangıt, Kıtay, Nayman gibi göçebe topluluklar içinde, kabile düzenini sürdüren bazı Özbekler, kendilerini yerleşik Sart Özbeklerden ayırmak için, gerçek ve saf Özbek anlamına «Tâze Özbek» adını alırlar[15]. Ruslar, XIX. Yüzyılda Türkistan'a girdiklerinde, göçebe geleneğine uyarak yerleşiklere «Sart» derler. XIX. Yüzyılda yaşamış etnograf Kostenko'ya göre, 1) Tacikler, 2) Uzbek, Tatar, Kazak, Kırgız gibi yerleşik Türkler ve 3) Kulca'nın bütün yerleşik İslâmları Sart'tırlar. XIX. Yüzyılda Taşkent'te uzun süre yaşamış Alman etnograf Schartz, göçebe Kazak, Öz-

* Prof. F. Sümer, yerleşikliğe geçişle İslâmlık arasında sıkı bir ilişki olduğunu belirtiyor (Oğuzlar, s. 4).

bek ve Kırgız'ın yerleşik'e geçince ad değiştirip Sart olduğunu belirtir[16]. Osmanlılar da Türkmen boylarının göçebelikten yerleşik yaşama geçişini, «Türkmenlikten çıkma» diye açıklarlar.

KENTLİ TÜRK, KENDİNİ TÜRK SAYMAZ

Yerleşikler ve uygar kentliler ise, XX. Yüzyıl başlarına kadar dil ve ırk ayrılıklarına aldırış etmeksizin, kendilerini hiçbir zaman Türk, İranlı, Arap vb. saymazlar. Barthold, bu durumu şu sözlerle açıklar :

«Orta Asya yerleşikleri kendilerini ilk önce müslüman, sonra belli bir kent ya da bölgenin insanı olarak görürler. Gözlerinde etnik kavramların hemen hiç değeri yoktur»*[17].

Yerleşik göçebeyi, göçebe yerleşiği hor görür**. Göçebe, «yatuk, oturak, tenbel, tahta kapu» diye yerleşik'i küçümser. Hatta Barthold'a göre, göçebelerin yerleşik halka karşı «yadsınmaz bir aşağı görme deyimi» olarak kullandıkları Sart sözcüğü, «Sarı it - Sarı köpek» biçiminde açıklanır[18]. Yerleşik ise göçebeye Çinlilerin ve Bizanslıların baktığı gözle bakar***. Onları islâmlığa ve uygarlığa düşman görür.

---

* Şemsettin Günaltay, Ortaçağ'da Horasan, Toharistan, Soğd ve Fergana gibi bölgelerdeki kentli uygar Türklerin, Türk diye değil, Horasanlı, Toharistanlı, Soğdlu diye anıldığını yazar. Tıpkı «Arap» deyiminin yalnız «bedevî» için kullanılması, kentli Araba Mekkeli, Medineli, Taifli denmesi gibi (Belleten, Sayı: 23-24, s. 178).

** Divan-ı Lûgat-it-Türk'de yerleşik Tat'ı kötü gören Türk deyişleri yer alır: «Kılıç paslansa iş kötüleşir, adam Tat olsa eti bozulur», «Tat'ı gözle (gözündene vur), dikeni diple».

*** İlginçtir ki göçebeliğin en saf biçimini günümüzde dahi sürdüren Çingenelerde, yerleşik'e geçen Çingenelere karşı tam bir düşmanlık vardır. Prof. Tayyip Gökbilgin bu düşmanlığı şöyle açıklıyor: «Göçmen ve yerleşik Çingeneler arasında gerek dil, gerek yaşayış ve âdet bakımından önemli farklar meydana gelmiştir. Göçebeler, kendilerine özgü nitelikleri ve dillerinin özelliklerini korudukları halde, yerleşenler, yerli halkla

Türkler, X. Yüzyıla kadar, büyük çoğunluğuyla, yerleşikliğe geçmeye ve İslâmı kabule karşı direnirler. Arap coğrafyacıları X. Yüzyılda bile Türkleri İslâmiyete tamamen yabancı ve müslümanlara düşman sayarlar[19]. İbn Fadlan, 921 yılında Volga üzerindeki Bulgarlara giderken, Oğuz büyüklerinden Yınal unvanlı şefe rastladığını, onun bir kez İslâm olduğunu, fakat Oğuzların «Müslüman olursan bize başkanlık yapamazsın» demesi üzerine eski dinine dönmek zorunda kaldığını belirtir[20]. Yakut'un yazdığına göre, daha önce Emevî Halifesi Hişam (724-743) elçi yollayıp Türk Kaganının — Türgiş Kaganı olabilir* — İslâm olmasını ister. Kaganın karşılığı şu olur :

«— Türkler arasında ne berber, ne kunduracı, ne terzi vardır; eğer islâmlığı kabul eder ve islâmlığın emirlerine uyarlarsa ne ile geçinirler?»

ÜÇ ÇEŞİT TÜRK

Fakat X. Yüzılda, çeşitli nedenlerle, şamanist Türkler, islâmiyeti kabule başlarlar. Selçuklu Oğuzları XI. Yüzyıl başında İslâm'a geçerler. Müslüman olan göçebe Türk ve Oğuzlara, Türkmen denilir. Böylece üç çeşit Türk ortaya çıkar: 1) Yerleşik Türkler (Sart), 2) Göçebe İslâm Türkler (Türkmen) ve 3) Göçebe Şamanist Türkler (Şamanist Oğuz olan Uzlar gibi).

Yerleşik halkının islâmlaştığı Türkistan'da ilk

---

karışmalarından dolayı, hem dillerine Türkçe ve Rumca sözcükler girmiş, hem de göçebe Çingene âdet ve yaşayışını bırakmışlardı. Yerleşmiş Çingeneler göçebelerle temastan çekinir ve onları câhil ve kaba bulurlar. Buna karşılık, göçebeler de onları aşağı görür ve kalp Çingene, kalpazan Çingene ve Lakhos diye adlandırırlardı» (İslâm Ansiklopedisi, Cilt: VI, s. 425).

* İslâm'a 738 yılına kadar direnen Türgiş Kaganına, Araplar, Ebul Mazahim (tos vuran boğa) adını takarlar.

Türk-İslâm devleti Karahanlı Devleti olur*. Bu devlet, Karluk, Çiğil vb. gibi göçebe Türk boylarının askerî gücüne dayanır. Boy ve oymaklara dayalı bu askerî gücün, kent yaşamında savaşçılık nitelikleri azalmasın diye, göçebe yaşamında kalması yeğ tutulur. Bu kabilelerin başkanı olan hükümdar, kent uygarlığının temsilcisi olur. Yerleşiklerin yağmalanmasına izin vermez. Ordusu ise, büyük kentler yakınında kurulan çadırlarda göçebe yaşamını sürdürür.

Yağma ve ganimetten yoksun kalan boy ve oymakların askerî güçleriyle, yerleşik tarım ve kent düzeninin koruyucusu durumuna gelen Türk-İslâm hükümdarı arasında kanlı çatışmalar çıkar. Hükümdar, kabileler dışı köle ordu kurarak, Karluklar ve Oğuzlarla savaşır. Karlukları askerlikten uzaklaştırmaya ve zorla yerleşik yaşama geçirmeye çalışır. Farsçayı kabullenen Selçuklulardan farklı olarak, Türk-İslâm edebiyatının ilk örneklerini veren Karahanlılar, onları iktidara getiren, fakat artık «kâfir» dedikleri göçebe Türkleri ezmekle övünürler.

Yazdığı lûgat ile Türkler hakkında çok önemli bilgiler getiren Kaşgarlı Türk bürokratı Mahmut, yapıtında «Tanrı» sözcüğünü açıklarken göçebe yoldaşlarını sapıklıkla suçlar :

«... Yok olası kâfirler göğe de Tanrı derler. Yine böyle büyük bir dağ, büyük bir ağaç gibi gözlerine ulu görünen her nesneye Tanrı derler. Bundan dolayı da buna benzer nesnelere yükünürler (secde ederler). Yine bunlar bilgin kişiye de Tenriken derler. Bunların sapıklıklarından Tanrı'ya sığınırız».

Ünlü Kutadgu Bilig'te Türk bürokratı Yusuf Hacib, hükümdara, kardeş Müslümanlara dokunmamasını, fakat kâfirlerin ev-barklarını yakıp, çoluk çocuklarını tutsak almasını, mallarını hazineye geçirmesini ve put-

* Köle Türk askerine dayalı Gazne Devleti'ni, yine köle Türk askerine dayalı Mısır Memlûk Devleti gibi, Türk saymak zordur.

larını kırmasını öğütler. Fakat Karahanlı Devleti göçebe-yerleşik çelişkisini çözemez. Eski ve parlak uygarlık merkezi Harizm'de kurulu Harizmşahlar Devleti de bu çelişki içinde bocalar ve yıkılır.

SELÇUKLU DEVLETİ'NİN ÖYKÜSÜ

Göçebe, Oğuz boylarının ufak bir kısmının başında*, su ve otlak bulmak için çöllerde perişan dolaşan, Gazne ve Karahanlı devletlerince horlanan ve cezalandırılan Oğuzların Kınık boyundan Selçuklu soyu, çelişkiye çözüm getirmekte daha başarılı gözükür. Fakat başarı, içinden çıktığı Oğuz boylarını, Çin'in Göktürklere yaptığı biçimde parçalayıp dağıtmak, uçlara sürmek ve çoğu Türk olmayan yerleşik egemen sınıfların iktidarının temsilciliğini yapmak sâyesinde mümkün olur.

Selçukluların öyküsü ilginçtir: XI. Yüzyıl başlarında Selçuklu ailesine bağlı Oğuzların, öteki Oğuzlarla birlikte, Seyhun nehrinin Aral gölüne döküldüğü yerin Kuzeyinde Cend bölgesinde oturdukları, Samanoğulları, Karahanlı ve Gazneli arasındaki savaşlara, prensler arasındaki taht mücadelelerine yudumluk (ganimet)

---

* Orta Asya'da kalan Oğuzlar ve öteki Türk topluluklarının çoğu, Sovyet ve Çin ihtilâllerine kadar, eski göçebe yaşam biçimini sürdürürler. Efsanevî lider Oğuz Han'ın «daim göç edeler, oturak olmayalar» dediği ileri sürülür. Orta Asya'da Oğuz Han'ın yerini alan Cengiz Han'ın yasasına göre de göçebe başbuğların kente göçmeleri «yasağın bozulması» sayılır. Göçebelikten yorulan Yunus Han, Aksu'ya yerleşmeye kalkışınca, kabileleri oğlunun liderliğinde onu terkeder, baba-oğul düşman olur. Barthold, Türkmenler için şöyle yazar: «Türkmenler.... tarihleri boyunca siyasal bir anarşi (başsızlık) içinde yaşadı. Dikkat çekicidir ki, içlerinden Selçuklular ve Osmanlılar gibi en güçlü Türk imparatorluklarının kurucuları çıkmış olan Türkmenlerin kendisi hiçbir zaman bağımsız bir devlete sâhip olmamıştı. XVI. Yüzyıldan beri Türkmenlerin ayrı kısımları bâzen Harizm Özbeklerine, bâzen Buharalılara, bâzen İranlılara bağımlı bulunuyorlar ve..... kendi aralarında savaşıyorlardı». (Orta Asya Türk Tarihi, s. 326)

sağlamak amacıyla katıldıkları, duruma göre saf değiştirdikleri anlaşılmaktadır. Yabgu denilen bir Oğuz şefi varsa da, çeşitli Oğuz grupları arasındaki bağlar çok gevşektir, hatta birçok durumda düşmancadır. Nitekim Selçuklular, Cend'de egemen Oğuzların baskısıyla yerlerinden ayrılıp Buhara civarına gelmeye ve Karahanlı prenslerinden Ali Tegin'in hizmetine girmeye zorlanırlar. Fakat yerleşik halk, bu Oğuzlardan hoşnut değildir. Gazneli Mahmut ile Karahanlı Kadir Han, Selçukluların liderini tutsak almak, onları bölmek, bir kısmını yerleştirmek ve tutsak liderleri aracılığıyla göçebe Oğuzları denetim altında tutmak için anlaşırlar[21]. Gazneli Mahmut bir süre sonra, 1029'da, bu planı uygular. Selçuklu lideri İsrail'i (Arslan Yabgu'yu) tatlı dille çağıran Gazneli Mahmut, onu Hindistan'da bir kaleye hapseder. Arslan Yabgu'ya bağlı 4 bin çadırlık Selçuklu'nun Horasan'da yerleşmesine izin verir. Böylece Tuğrul ve Çağrı'ya bağlı Selçuklulardan, amcaları Arslan Yabgu'ya bağlı Selçuklular ayrılmış olur. Bu iki grup Selçuklu, daha sonra biribiriyle çatışırlar. Fakat Horasan'a yerleştirilen Selçuklulardan yerleşik halk hoşnut olmaz. Yağma akınlarından, ekinlerini davarlarına yedirmelerinden yakınırlar. Arslan Yabgu'nun Selçukluları da Gazneli memurların soygun ölçülerine ulaşan ağır vergilerine karşı homurdanırlar. Gazneli yüksek memurlar, ok atmasınlar diye baş parmaklarını kesmeyi önerecek kadar Oğuzlara karşıdırlar. Bu öneriyi yapan Gaznelilerin vâlisi, Arslan Yabgu Selçuklularının üzerine yürür, binlercesini öldürür. Geri kalanlar sarp yerlere sığınırlar.

Tuğrul ve Çağrı Bey'in Selçukluları da Harizm'de eski Oğuz başkanının (Yabgu) oğlu Şah Melik'in baskınına uğrarlar. Binlerce ölü ile kadın, çocuk ve at tutsak verirler. Sonunda Ceyhun nehrini geçip, izinsiz Horasan'a gelirler. Oradaki Gazne yetkilisinden çöl kenarındaki Nesa ve Ferave illerinin kendilerine verilmesini isterler. Karşılığında Gazne Sultanı Mesut'un askerî hizmetine girecekler, bölgeyi Türkmen akınlarından koruyacaklardır. Mesut'un yanıtı, o zamanın tankları olan fillerle donatılmış bir ordu yollamak olur. Ancak bu orduyu yenince, Selçuklular istediklerine kavuşabilirler. Fakat yağmalardan vazgeçmezler. Gazne ordusunu iki kez daha yenilgiye uğrattıktan sonra, 1038'de Nişapur, Merv ve Serahs bölgesini elde ederler. Çağrı ve Tuğrul, artık eski göçebe yağmacı şefler değillerdir. Bu kentlerin ileri gelenleriyle iyi ilişkiler kurarlar, yağmacılıktan vazgeçtiklerini, onlarla işbirliğine hazır olduklarını belirtirler. Kent ileri gelenleri, işbirliğine yanaşırlar*. Tuğrul'un baba bir ana ayrı kardeşi, yırtık ve eski elbiseler içindeki İbrahim Yınal 200-300 atlının başında Nişapur'a savaşsız girer. Birkaç gün sonra Tuğrul da Gazne ordusundan alınmış ganimetlerle donatılmış 3 bin atlıyla Nişapur'a gelir. Kentin önde gelen kişisi Kadı Sait'in öğütlerini saygıyla dinler ve şu karşılığı verir :

«— Biz yabancı kimseleriz. Taciklerin geleneklerini bilmiyoruz. Kadı, öğütlerini benden esirgemesin».

Anlaşıldığına göre, Çağrı Bey, geleneğe göre Nişapur'u askere yağmalatmak ister. Yağma önlenirse, çevrelerindeki Oğuzların dağılacağını belirtir. Tuğrul'un bıçağını çekip kendini öldüreceğini söylemesi üzerine, Çağrı bu isteğinden vazgeçmek zorunda kalır. Bir süre sonra Çağrı Bey de yağmacılığı bırakıp, önceleri sık sık yağmaladığı Horasan'ın imarına girişir. Hatta kardeşi Tuğrul'u yeterli bayındırlık işlerine girişmemek ve yağmacılığa karşı gevşek davranmakla suçlar. Tuğrul'un yanıtı ilginçtir :

---

* Bu gelişmiş ticaret, tarım ve zenaat bölgesinde, tüccar, eşraf ve büyük arazi sâhipleri Gaznelilerin ağır vergilerinden yakınmakta, Gazne egemenliğine karşı Selçuklu Devleti kurulmadan önce, Türkmen büyükleriyle işbirliği yapmaktaydılar (B. Zahoder, Belleten, Sayı: 72, s. 555). Tuğrul, Gazneliyle mücadelesinde, belki de bu destek sâyesinde başarılı olur. Yâni Selçuk Devleti'nin kuruluşunda, Horasan feodallerinin desteği yatar.

«— Ay kardaşım, sen Horasan gibi bayındır bir ülkeye sâhip olduğun halde, onu harab ettin. Şimdi elinde olduğu için orayı bayındır kılman gerekiyor. Oysa buraları benden önce başkaları tarafından yakılıp yıkılmıştır. Bu yüzden ülkemi henüz bayındır kılamadım. Öte yandan ülkenin çevresi düşmanlarla dolu olduğundan yollara asker koymak zorunluluğu var ki, bunların yaptıkları zararları önlemek de mümkün olmuyor»[22].

«TÜRKMEN FESADI» VE HALİFE

Gerçekten Tuğrul bu karşılığı verdiği sırada, bulunduğu Rey ve Hamedan, Arslan Yabgu'nun Oğuzlarınca yerle bir edilmişti. Gazneli Sultan Mahmut da Nişapur'a yürümüş, Tuğrul ve Çağrı çöle çekilmek zorunda kalmışlar idi. Halife, Gazne Sultanı'ndan «Türkmen fesadının söndürülmesini» diler. Halife, Arslan Yabgu'ya bağlı beyler ile Çağrı ve Tuğrul'a gönderdiği mektuplarla da cana ve mala dokunulmamasını, yakıp yıkmaktan kaçınılmasını ister. Tuğrul Bey, Sultan Mesut'u kesin yenilgiye uğrattıktan sonra Halife'ye verdiği karşılıkta, yağmacı olmadıklarını, Horasan ileri gelenlerinin kendilerinden yardım ve himaye istediklerini belirtmeye özellikle dikkat eder. Fakat amcası Arslan Yabgu'nun yağmacı Oğuzlarını denetim altına almayı başaramaz. Rey'e geldiğinde bu Oğuz beylerini elçi yollayıp çağırırsa da, onlar Tuğrul'a bağlanmayı ve denetim altına girmeyi reddederler :

«— Senden korktuğumuz için uzaklaştık ve buraya konduk. Eğer üzerimize gelirsen Horasan'a ve Rum ülkesine (Anadolu'ya) gideceğiz ve seninle hiçbir zaman biraraya gelmeyeceğiz».

Arslan Yabgu Oğuzları, yağmalarını sürdürürler. Musul ve Diyarbakır bölgesini yağmalarlar. Tuğrul Bey, «bunların mutlaka itaat altına alınacağını» bildirirse de, yöresel güçler onları daha önce Azerbeycan'a püskürtür.

Tuğrul'un denetleyemediği Türkmen yağmalarından Halife yakınır. Tuğrul'un karşılığı şu olur:

«— *Doğru hareket etmek için elimden geleni yapıyorum. Eğer Türkmenlerden aç kalanlar kötülük yapıyorsa, buna karşı ben ne yapabilirim?*».

Tuğrul, kendine bağlı boyların yağma isteklerine de her zaman karşı koyamaz. 1057'deki Musul olayı ilginçtir. Ordu, Musul'u yağma etmek ister. Tuğrul, Musul'u bir yöresel hükümdara vermiştir. Ondan bunun karşılığında belli bir vergi alıp ordusunun giderlerini karşılayacaktır. Ordu, yağma konusunda direnir:

«— Ya yağmaya izin verirsin, ya da bırakıp gideriz».

Tuğrul, yağma isteğine karşı koyamaz, bir ortalama yol bulur: Kent halkının can güvenliği sağlansın, insanların tutsak alınması önlensin, malları yağmalansın.

Kentten insanlar çıkartılır ve yağmaya izin verilir[23].

TÜRKMEN'E KARŞI KOZMOPOLİT SELÇUK ORDUSU

Tuğrul Bey'in ordusu ilkin boy ve oymak askerine dayanmaktaydı. Asker, Tuğrul Bey'e değil, boy ve oymak beyine bağlı idi. Boy beyinin Tuğrul'a bağlılığı, sağladığı doyumluk (ganimet), dağıtacağı mevki ve gelir ile sınırlı idi. Tuğrul ise, ele geçirdiği bölgelerde, yöresel hükümdarı ve yönetimi olduğu gibi bırakıp vergi almakla yetiniyordu. Prof. Köymen'in yaptığı tabloya göre, Tuğrul'a bağımlı 28 yöresel küçük hükümdar vardır. Bunlardan Çağrı Bey'in oğulları Alp Arslan ve Kavurd'un babadan kalma yöresel beylikleri sayılmazsa, geri kalanlar Arap, İranlı, Deylemli, Kürt, Gürcü hanedanlarının elindedir[24]. Selçuklu beyleri paylaşmanın dışında tutulur. Tuğrul, büyük gelir sağlayan bölgelerin yakılıp yıkılmasını altın yumurtlayan tavuğu kesmek gibi saydığından, yağmaya izin vermez. Onun içindir ki, yöresel hükümdarlıklardan sağladığı gelirler sâyesinde, güvenilmez boy ve oymak askerinden kurtulmaya, ücretli bir daimî ordu kurmaya çalışır. Halifenin çağrısı üzerine Bağdad'a giren Selçuklu Ordusunda Oğuzların dışında İranlılar, Kürtler, Deylemliler ve hatta Ruslar bulunur[25]. Boy ve oymak askerlerinin yerini giderek Sultan'a bağlı meslekten ücretli bir ordu alır.

Türk olmayan bağımlı yöresel hükümdarlıklara ve nüfusa dayalı devletin yönetiminde de, Tuğrul, ister istemez Farsça ve Arapça bilen, bilgi ve deneye sâhip, Türk olmayan bürokratlardan yararlanma durumunda kalır. Devleti savaşarak kuran Selçuklu beyleri devletin dışında bırakılır. Beyler, Selçuk Sultanına ve vezirlerine düşman kesilir.

Bu çıkar çatışmasının karışıklıklara ve isyanlara yol açacağı açıktır. Nitekim Oğuzların desteğiyle, İbrahim Yınal, kardeşi Tuğrul'a karşı 1059'da ikinci kez ayaklanır. Oğuzların amacı, Tuğrul'un yerine Yınal'ı hükümdar yapmaktır. Yınal'dan, onayları olmadan vezir atamamak ve Tuğrul ile asla barışmamak için söz alan Oğuz beyleri[26], Tuğrul'u Rey kentinde kuşatırlar. Tuğrul, Çağrı'nın oğulları Alp Arslan ve Kavurd'un yardıma gelmesiyle tehlikeyi atlatır. Türkmen kırımı yapılır ve Yınal, yayının kirişiyle boğulur. Fakat Türkmenler bu kez Türkiye Selçuklularının atası, Arslan Yabgu'nun oğlu Kutalmış'ın çevresinde toplanarak ayaklanırlar. İsyanı bastırmak, yeni Sultan Alp Arslan'a düşer. 1064'teki savaşta Kutalmış yenilir ve ölür. Alp Arslan, Türkmen kırımına girişir. Alp Arslan'ın savaşa katılan komutanlarının çoğu, Türkmen beyleri değil, «Memlûk» denilen köle kökenli askerlerdir. Alp Arslan, daha sonra Volga-Harizm ticaret kervanlarını basan kalabalık Türkmen kitlesini cezalandırır. Alp Arslan'ın akrabası ve tahta geçişinde etkin rol oynayan Erbasgan, kendisine bağlı Azerbeycan'daki Türkmenlerle birlikte Bizans'a sığınır, hıristiyan olur. Alp Arslan ölünce, Melik Şah ve öngörüşlü veziri Nizamülmülk, Rey-Hamedan düzlüğündeki Türkmenlerin tahtta iddialı Kavurd çevresinde toplanmasını, onlara büyük para ve armağanlar dağıtarak önlerler ve yeni bir ayaklanmaya fırsat vermezler.

DEMİR KAFESTEKİ SULTAN SANCAR

Selçuklu Sultanlarının içlerinden çıktıkları Oğuzlara karşı tutumunu belirtmek bakımından Sancar olayı çarpıcı bir örnektir: Şimdiye kadar gördüklerimizden ayrı kalabalık bir Oğuz grubu, Karahanlılar hizmetinde Seyhun ve Ceyhun nehirleri arasındaki bölgede yaşarken, Mogol Kara Hıtay ve Karluk baskısıyla yurtlarından çıkarılırlar. Belh'e yerleşirler ve Selçuk Sultanı Sancar'a vergi öderler. Vergi yılda 24 bin koyunu bulur. Sancar, zenginlerinin hayli varlıklı olduğu anlaşılan bu Oğuzlara hiçbir ayrıcalık tanımaz, hepsi «raiyet» sayılır. Oğuzlar, Gurlar ve Selçuklular arasındaki bir savaşta ikili oynayınca, Sancar'ın Belh Vâlisi, onlardan yurtlarını terketmelerini ister. Fakat kovulan grubun gidecek yeri yoktur. Gitmezler ve ödedikleri vergileri arttırarak yerleştikleri otlaklarda barınma hakkını elde tutmaya çalışırlar. Ev başına 200 dirhem para vermeyi önerirler. Vâli Kımac, reddeder ve 10 bin atlıyla Oğuzların üzerine saldırır. Bu ölüm-kalım savaşını Oğuzlar kazanırlar ve Belh yöresini yağmalarlar. Bu kez, ataları olan Tuğrul ve Çağrı Bey'in Selçuklularına Gazneli Sultan Mesut'un yaptığı biçimde, Selçuklu Sultanı Sancar, güçlü bir orduyla Oğuzların üzerine yürür. Yaşam savaşı veren göçebe Oğuzlar, kaygı içinde elçiler yollayarak Sancar'a yalvarırlar :

«— Biz Sultan'a daima sâdık kullar idik. Kımac, ocağımıza kastetti, ona karşı çoluk çocuğumuzla zorunlu olarak savaştık. Yüz bin dinar ile yüz Türk delikanlısı* verelim de Sultan bizi bağışlasın».

Farsça şiirler yazan Sultan Sancar aldırmaz. Oğuzlar, kadın ve çocuklarını önlerine katıp bir kez daha bağışlanmalarını isterler. Daha önce sunacaklarına ek olarak, her evden yedi batman gümüş vereceklerini bildirirler. Sancar yumuşamaz. Köşeye sıkıştırılan Oğuzlar, Sancar'ı pusuya düşürüp bozguna uğratırlar. Tutunamıyan Selçuklu Sultanı, Merv kentini de bırakıp kaçar. Oğuzlar kenti iyice yağmalarlar ve Sancar'ı yakalarlar. Ama onu tutsak değil, Sultan sayarlar. Tahta oturtup gerekli saygıda bulunurlar ve itaatlerini sunarlar... Bu Oğuzlar, Üç-ok ve Bozok diye iki kola ayrılmış bir kabile örgütlenmesine sâhiptirler. Her kolun başkanı ve kollara ait boyların beyleri vardır. Fakat her kol ve boy hayli bağımsız olduğundan ve aralarında geçimsizlikler bulunduğundan, kendileri bir şef çıkaramazlar ve bölgede büyük ün sâhibi Sancar'ı başlarında göstermeyi çıkarlarına uygun sayarlar. Yalnız bu, beylerin denetiminde kukla bir Sultandır ve kaçacağı korkusuyla demirden yırtıcı hayvan kafesinde tutulur.

Oğuzlar, demir kafesteki Sultanlarıyla birlikte Merv'e dönerler. Kenti bu kez daha korkunç biçimde üç gün üstüste yağmalarlar. İlk gün altın, gümüş ve ipekten eşyayı, ikinci gün pirinç, tunç, bakır ve demir eşyayı, üçüncü gün de yatak, yastık içlerini, küpleri, çömlekleri, kapı ve çerçeveleri** alıp götürürler. Selçuklu emirleri, Sancar tutsak düşünce, Süleyman Şah'ı

---

* Başka bir kaynağa göre bin Türk delikanlısı.

** Prof. Faruk Sümer'e göre Horasan ve Kirman'da «Oğuz kavudu» denilen bir yağma yöntemi ün kazanır. Kavut darı, yağ ve şekerden yapılan bir Oğuz yemeğidir. Anadolu'da da kavrulmuş arpa ve ahlat kurusunun öğütülmesinden yapılmaktadır. Kavut'tan yiyen Prof. Sümer, insanın boğulacak gibi olduğunu söylüyor. «Oğuz kavudu» ise sakladıkları paraları çıkartmaları için, varlıklıların ağızlarını toprakla doldurma yöntemi imiş. Prof. Sümer, «benzetme yerinde» diyor (Oğuzlar, s. 124).

Sultan yaparlar. Fakat Süleyman Şah'ın askerleri de Oğuzlar önünde tutunamaz. İlerleyen Oğuzlar, Tus ve Nişapur kentlerini yağmalarlar. Yağmalarda birçok insan ölür. Selçuklu emirleri, bu kez Mahmut'u Sultan ilân ederler. Oğuzlar, Mahmut ile de başarılı savaşlar verirler. Sonunda barış yaparlar ve Sancar ölünce, Mahmut'u kendilerine Sultan tanımak isterler. Mahmut, «demir kafes» korkusuyla çekinir. Oğlu, Oğuzların Sultanı olur. Tus, bir kez daha yağmalanır. Sonunda Sultan Mahmut, Oğuzların hükümdarlığını kabul eder. Birlikte Mahmut'u tanımayan bölgesel egemen Ay-Aba üzerine yürürler. Ama kukla sultanlığa dayanamayan Mahmut, Oğuzların yanından kaçar ve Ay-Aba'nın eline düşer. Sultan'ın gözlerine mil çekilir ve ölür. Oğuzlar ise dağılır ve bir kısmı belki de Anadolu'ya geçer.

TÜRKMEN'İN ANADOLU'YA İTİLİŞİ

Görüldüğü üzere, göçebe Türk gücüne dayalı Selçuklu iktidarı, anarşi unsuru saydığı göçebe Türklerden kurtulma ve bir «İran devleti olma» yollarını arar. Taht adayları aralarındaki mücadelelerde ve büyük savaşlarda askeri gücü küçümsenemiyecek olan Türkmen boylarından yararlanırlar. İktidarları sağlamlaşır sağlamlaşmaz, Bilge Kagan'ın Türk budunun ölümsüzlüğü için vazgeçilmez koşul saydığı boy örgütlenmesini ve göçebe yaşam biçimini yok etmeye yönelirler. Selçuklunun İran-İslâm tipi devlet kurmasında büyük katkısı olan vezir Nizamülmülk, Siyasetname'sinde Türkmeni yatıştırma ve yeni devlete ısındırma yollarını arar. «*Türkmenlerden çok zahmet çekilmişse de, bu devletin kuruluşunda büyük hizmetleri olduğunu ve hanedanın akrabası bulunduklarını*» ileri sürerek «Selçuklu hanedanına kırgın» Türkmen soylularının çocuklarından bin kişi seçilerek, köle kökenli saray askerleri gibi eğitimden geçirilmelerini ve saray çevresinde eğitilerek tahta bağlanmalarını önerir. Selçuklu veziri, Türkmen'-

in «yaratılışı» nedeniyle, ona karşı duyulan hoşnutsuzlukların böylece giderilebileceğini düşünür. Bu «ehlileştirme» yöntemi, Çin sarayının Türk soylularına uyguladığı politikanın benzeridir, fakat gerçekleştirilemez. Bâzı Türkmen beylerini hoşnut etme ve o beylere bağlı Türkmenleri yerleştirme bakımından «ikta sistemi»nin geliştirilmesi daha başarılı olur. Prof. Osman Turan, arazi vergi geliri dağıtımına dayalı bu sistemin, göçebeden tarımı korumak ve yerleşmeyi sağlamak için geliştirildiğini ileri sürer[27]. Ne var ki, nüfus baskısı, Kıtay Mogol boylarının itmesi, otlak darlığı, kıtlık ve açlık nedeniyle Batı'ya sel gibi akan Türkmenlerin yıkıcı etkileri önlenemez. Halife'ye «Türkmenlerden aç kalanlar kötülük yapıyorsa, buna karşı ben ne yapabilirim» diyen Tuğrul, çâreyi Türkmen boylarını ufak parçalar hâlinde, hıristiyan topraklarına, Kafkasya'ya, Anadolu'ya, Irak ve Suriye'ye akıtmakta bulur. Cahen, Tuğrul Bey'in karşılaştığı sorunu şöyle açıklar :

«Tuğrul, gücünün önemli bir kısmının hâlâ Türkmenlere dayandığını unutamazdı. Bu, onun açısından güç bir sorun yaratmaktaydı. Çünkü onlarla savaşmayı göze alamazdı. Fakat Tuğrul'un amaçlarıyla Türkmenlerin amaçları ayrı idi: Artan sayıda İslâm eyaletinin egemeni tanınmak istediğinden, Türkmen yağmalarını sınırlaması zorunlu idi. Türkmenlerin gözünde ise yağma, savaşın tek amacı idi. Bir çözüm var idi: Hıristiyan arazisinde gaza»[28].

Türkmen geleneklerine bağlı olan ve bu yüzden Tuğrul'a isyan eden İbrahim Yınal dahi, yersizlik ve yurtsuzluktan söz eden Türkmenlere şu karşılığı verir :

«Ülkem sizin oturmanıza yetecek kadar geniş değildir. O nedenle doğrusu şudur ki, Rum (Anadolu) gazasına gidiniz. Allah yolunda cihad yapınız ve ganimet alınız»[29].

SELÇUK SULTANLARI ANADOLU FETHİNE KARŞI

Alp Arslan da Tuğrul'un politikasını izler. Malazgirt zaferi, Bizans'ın ordu gücünü kırarak Anadolu'ya çoluk çocuklarıyla birlikte Türkmen akınını kolaylaştırır. Fakat bâzı tarihçilerimizin iddialarının aksine, Büyük Selçukluların bir Anadolu'yu fetih planı yoktur. Nitekim Alp Arslan, kesin bir zaferden sonra Bizans ile çok yumuşak bir barış yapar ve Anadolu'da toprak isteğinde bulunmaz. Zâten Malazgirt, Alp Arslan'ın istediği değil, İmparator Romen Diogenis'in zorladığı bir savaştır. Alp Arslan, İslâm ülkesinin tek hükümdarı olmak için Bizans'ın değil, daha çok Suriye ve Mısır'ın fethi ile ilgili görünür. Batı ve Orta Anadolu'ya karşı ilgisizdir. Selçuk Sultanlarının en güçlüsü Melikşah, açıkça Bizans kartını oynar*. Melikşah'ın elçisi Siyavuş, Bizans İmparatoruna ittifak önerir ve batı Anadolu ile kıyılardan Türkmenleri geri çekeceğini bildirir. Bizans bundan Kara-Tekin'in aldığı Sinop'u kurtarmak için yaralanır, fakat ittifaka yanaşmaz. Bir süre sonra Bozan aracılığı ile Melikşah, ittifak önerisini yeniler : Oğluna İmparatorun kızını alacak, karşılığında ise Türkmenlerin cirit attığı İznik-Antakya arasındaki arazi Bizans'a geri verilecektir. Türkmenleri denetlemek ve bağımlı kılmak için, Melikşah, Bizans'a gerekli gördüğü askerî yardımı yapacaktır[30]. Melikşah'ın Bizans İmparatoruna mektubu ilginçtir :

«İmparator, senin durumunu biliyorum. Tahta çıkar çıkmaz birçok tehlikelerle karşılaştınız. Lâtinlerle işi bitirdikten sonra size karşı İskitlerin (Peçenekler)

---

* Prof. İbrahim Kafesoğlu, Anadolu'nun fethini Alp Arslan'ın buyurduğunu ve Sultan Melikşah'ın Anadolu'da fethedecekleri yerlerin menşurunu Kutalmışoğullarına verdiğini yazarsa da, olaylar bu savı doğrulamaz (Türk Dünyası El Kitabı, s. 818 ve 821).

nasıl hazırlandıklarını, Ebulkasım'ın da Süleyman'la* aranızda var olan antlaşmayı bozarak nasıl Kadıköy'e kadar yağma ettiğini öğrendim. Eğer Ebulkasım'ın o bölgelerden atılmasını istiyorsan, kızını oğluma gönder. Böylece benimle bağlaşık olacak, hiçbir engel ile karşılaşmıyacak ve yalnız Anadolu'da değil, İlirya'ya kadar Avrupa'da da başarıya ulaşacaksın. Bundan böyle göndereceğimiz kuvvetler sâyesinde kimse sana karşı koyamıyacaktır»[31].

Görüldüğü üzere, İran'da Farsça dilli devlet kuran Büyük Selçukluların Anadolu'yu fetih niyetleri yok gibidir. Bu fethi, otlak peşindeki horlanan Türkmen boyları, daha doğrusu Türkmen boylarından kopmuş boy bölümleri yapar. Kutalmışoğulları, bu kendi başlarına dalgalar hâlinde Toroslara, Ilgazlara ve Ege'ye doğru akan Türkmenlerin sonradan başına geçerek Anadolu Selçuk Devleti'ni kurarlar. Büyük Selçuklular, Bizans ülkesinin fethi için değil, daha çok Anadolu'da rakip bir Selçuklu devletinin kurulmasını engellemek için Anadolu işleriyle ilgilenirler, Porsuk ve Bozan gibi komutanları bu işle görevlendirirler.

ANADOLU'YU DEVLETİ TANIMAYAN GÖÇEBE FETHETTİ

Alp Arslan, Kutalmış'ı öldürmüş ve Anadolu Selçuklu Devleti'nin kurucuları olan oğullarını yanında tutsak bulundurmuş idi. Bu oğullar, Alp Arslan'ın ölümünden sonra kaçarak Bizans sınırına gelirler ve dağınık Türkmenlerin bir kısmının başına geçerler, taht kavgalarında Bizans'a askerî yardım yaparak, İznik kenti çevresinde yerleşme olanağını elde ederler. Melikşah**, komutanı Porsuk'u Kutalmışoğullarının peşine

---

* Anadolu Selçuklu Devleti'nin kurucusu Kutalmış oğlu Süleyman Şah. Ebülkasım, Süleyman'ın İznik'teki komutanıdır.

** Melik Arapça, Şah ise Acemce kral demektir. Melikşah, babası gibi göçebe değil, kentlerde ve saraylarda yetişmiş yerle-

salar. Porsuk, Mansur'u öldürürse de Süleyman'ı öldüremez. Süleyman 1081'de Bizans İmparatoru A. Komnenos ile ittifak yapar. Görünüşe göre Bizans ile bağımlı ilişkiyi kabullenir ve İznik üssünden Anadolu'nun fethine çıkar. Anadolu'nun fethi, Doğu'da Malazgirt'ten değil, Batı'da İznik'ten yapılır! Bizans'ın da, bir kısım Türkmen askerini Normanlara karşı Rumeli'de kullanırken, Süleyman'ın Doğu'ya yönelmesi işine gelir. Süleyman Tarsus'u alır, Antakya'yı kolayca ele geçirir. Tarsus'a şiî kadı atar. Büyük Selçuklular sünnî islâmın şampiyonluğunu yaparken, Süleyman şiîliğe yönelir. Süleyman 1086'da Melikşah'ın kardeşine karşı verdiği savaşta yenilir ve kaynaklara göre intihar eder. Melikşah, Süleyman'ın oğulları Kılıç Arslan ve Kulan Arslan'ı tutsak götürür. Süleyman'ın İznik'teki vekili Ebulkasım, bağışlanmak için 15 katır yükü altınla Melikşah'a gider, ama Sultan onu Anadolu'daki komutanı Bozan ile anlaşmaya yollar. Bozan, Ebulkasım'ı yayının kirişiyle boğdurur. Ancak Melikşah ölünce, Süleyman'ın oğlu Kılıç Arslan kaçarak İznik'e gelir, Türkmenlerin başına geçer. Haçlı fırtınasına uğrayan Kılıç Arslan, içerilere doğru çekilir. Bizans'la dostluk ilişkileri kurar. Bizans'ın hizmetine Türkmen askeri verir. Görünüşe göre niyeti, Anadolu Türkmen askerî gücüyle, Irak ve İran'daki Selçuklu Devleti'nin başına geçmektir. Fakat Güneydoğu Anadolu ve Musul'da elde ettiği başarılardan sonra, Selçuklu Sultanı Muhammed Tapar'ın Çavlı komutasındaki ordusuna 1107'de yenilir ve Hapur nehrinde boğularak ölür. İki oğlu tutsak gider. Bizans'ın dostu Kılıç Arslan'ın denetiminden çıkan Türkmenler, Bizans'a yağma akınlarını artırırlar. Kılıç Arslan'ın yerine geçen oğlu Şehinşah, Bizans'a akın ve seferleri geliştirir. Bizans, sert karşılık verir.

şik bir İslâm devletinin başındadır. Melikşah ile Selçuk, Tuğrul, Alp Arslan gibi Türk sultanlarının Türk adları taşıması da son bulur.

Sonunda Bizans'a bağımlılığı kabul eden Şehinşah, 1071 Malazgirt sınırına kadar Türkmenleri geri çekecek, bu sınırı tanıyacak ve bir daha Türkmen yağmasına izin vermeyecektir![32]. Ne var ki, ölüm-kalım savaşı veren Türkmeni Anadolu'dan uzaklaştırmaya ne Bizans İmparatorunun, ne de Şehinşah'ın gücü yeter. Şehinşah öldürülür. Bu sırada Anadolu'da Sıvas çevresinde göçebe Türkmen yağma akınları geleneğine daha bağlı Danişmentoğulları güçlenir. Bizans, Danişment ve Selçuk'u biribirine vuruşturarak, bâzen birinin, bâzen de ötekinin safında yer alarak yitirdiği yerleri ele geçirmeye çalışır. Danişment ve Bizans baskısından bunalan İzzettin Kılıç Arslan II, 1162'de Istanbul'a gelir ve Bizans'a bağımlılığı kabul eder. Antlaşmaya göre, Kılıç Arslan, fethettiği bütün kentleri geri verecek, İslâm'a karşı bile olsa savaşta Bizans safında dövüşecek ve göçebe Türkmenlerin Bizans topraklarında çapuluna izin vermiyecektir[33].

Bu ağır antlaşma, Bizans'ın Macarlara karşı savaşında Türkmen askeri vermeyi gerektirirse de, aslında Kılıç Arslan'a hareket özgürlüğü kazandırır. Danişment tehlikesini önler. Ama Bizans topraklarındaki Türkmen sızma ve yağmaları durmaz. Türkmenleri Bizanslılar cezalandırır. Kılıç Arslan Türkmen-Bizans çatışmalarına seyirci kalır... Ancak Kılıç Arslan'ın Danişment ülkesinde genişlemesi üzerine, İmparator Manuel Konya üzerine yürür. Amacı, Anadolu'da geçici saydığı Türkmen yerleşmesine son vermek ve eski Bizans egemenliğini kurmaktır. Cahen'in «yüz yıl sonra Malazgirt'in yinelenmesi» dediği 1176 Selçuklu zaferiyle bu hayal son bulur ve Anadolu yerleşmesi kesinleşir.

İlginçtir ki, 1071'de Alp Arslan'ın Romen Diogenis'e yaptığı gibi, Kılıç Arslan* da Manuel'e karşı çok yumuşak davranır. Bizans arazisinde genişlemekten kaçınarak dostluk kurar. Dönüşünde yenik Manuel'e,

---

* Kılıç Arslan kendini «Acem ve Arap Sultanı» ilân etmiştir. Acem deyimini Türk anlamına kullanmıştır.

Türkmen hücumlarından korumak için, üç Selçuklu beyi muhafız verir. Türkmenler yine de hücumlar yapar. Hücumlara akıl erdiremiyen Manuel'e muhafızlar şu karşılığı verirler :

«— Bu Türkmenler, bize bağımlı değildir...»

Türkmen ilerlemeleri durmak bilmez. Türkmenler, bağımsız olarak Kütahya, Uluborlu ve Antalya yolu üzerindeki bölgeye yayılırlar. Diyarbakır bölgesinde Rüstem başkanlığındaki Türkmenler, 1185 yılında göçebe Kürtlerle kanlı savaşlar yaparlar. Gürcistan ve Kappadokya sınırı arasındaki bölgeyi yağmalarlar. 1186-1187 kışında Kuzey Suriye ve Kilikya'ya inerler. Ermeni Prensi Leo ve Franklarla çarpışmalarda dağılırlar. Rüstem ölür, fakat bu Türkmenler Rüstem'in Türkmenleri diye anılır. Biraz sonra 1190'da Üçüncü Haçlı Ordusu, Alaşehir ve Denizli'ye geçerek Selçuklu arazisine girer. Türkmenler, Haçlı Ordusuna karşı yıpratma ve yağma savaşları verirler. Haçlı'da Almanlar egemendir. Almanlar Konya önlerine ilerler, Meram bağlarında karargâh kurarlar ve Konya'yı kuşatırlar. Alman İmparatoru, Kilikya ve Kudüs yolunda Türkmen yağmalarından korunma koşuluyla, Selçuk Sultanı ile anlaşır. Almanlar, bu beyleri Türkmen çapullarını engelleyemediler diye yolda öldürürler.

Haçlılar ve İslâm coğrafyacıları Anadolu'yu hâlâ Rum (Roma) ülkesi derlerken, Türkmenlere rastladıkları bölgelere «Türkiya» adını verirler. Bunlar «Türkiya» deyimiyle bütün Anadolu'yu değil, Selçukluların Orta Anadolu'daki devletini, hatta belki de göçebe Türkmenlerin yaşadığı bölgeleri anlatmak isterler[34]. Türkiya, Türkmenlerin ülkesidir. Haçlılar, kentlere yerleşmiş ve tarımcılığa geçmiş olanlarına değil, yalnızca göçebelere Türk ya da Türkmen adını verirler. Bir görgü tanığı, Guillaume de Tyr, rastladığı Türkmenleri şöyle anlatır :

«Bu Türkmenler, yabanıl kişiler. Kasabaları ve konakları yok. Daima keçe çadırda oturuyorlar. Çok hayvanları var: Koyunları, bir miktar keçileri ve hatta öküz ve inekleri bulunuyor. Çoban gibi yaşıyorlar. Kazanç getiren hiçbir iş yapmıyorlar».

«Türkler ve Türkmenler aynı soydandır. Hayvanlarını otlatmadıkları hiçbir ülke kalmamıştır. Bir yerden öteki yere göçmek isteyince, bir soy birlikte hareket eder. Akrabaları olan bir beyin yönetiminde bulunurlar ve onun buyruklarını dinlerler. Göçerken herşeylerini at, koyun, sığır, servet ve hizmetçilerini birlikte götürürler. Varlıkları bundan ibarettir. Toprağı işlemezler. Parayla alış-veriş yapmazlar, para kullanmazlar. İhtiyaçlarını hayvan, peynir ve sütlerini değiş-tokuş ederek karşılarlar. Bir yerde iken otlaklara gerek duydukları zaman, içlerinden en bilge kişileri o yerin egemenine yollayıp bir otlak ya da bölge isterler ve anlaşmadan sonra oraya göçerler».

İşte genellikle Anadolu'yu çevreleyen uçlardaki dağ ve yaylalarda konaklayan bu göçebe Türkmenler, Selçuklu ve Osmanlı devletlerini kuracaklar, yerlilerle karışmak yoluyla, giderek Anadolu'yu Türkleştirecekler ve Prof. Kafesoğlu'nun deyimiyle «Türk'ün kötü tâlihini» yeneceklerdir. Ne var ki, Türkmenlerin kurdukları devlet, Türkmenlerin devleti olmayacaktır.

Konya'da yerleşen Selçuklular, yerleşik tarıma, kentlere, ticaret ve zenaate dayalı, medrese çıkışlıların yönetiminde feodal bir devletin temsilcileri olurlar. Batı Anadolu'dan İç Anadolu'ya hıristiyan köylünün gelmesini teşvik ederler, elverişli koşullarla onları yerleştirirler. Belli bir süre vergi bağışıklığı tanınması, konut, araç ve tohumluk sağlanması ve vergilerin Bizanstakinden hafif olması, iç bölgelere hıristiyan akımını sağlar. Feodal baskıyı ve yerleşmeyi reddeden, yerleşikleri ve kervanları yağmalayan Türkmenler ise, askerî güçlerinden yararlanmak gerekmediği sürece, uçlara sürülürler, ezilirler ve horlanırlar. Bunun hikâyesine geçmeden önce, devlet tanımayan, dağınık göçebe boy ve obalarının Anadolu'yu Türkleştirmede oynadıkları büyük rol ve Türkleştirme süreci üzerinde durmak gereklidir.

ANADOLU'NUN TÜRKLEŞME SÜRECİ

Anadolu'nun binlerce yıldan beri çok eski bir Türk yurdu olduğunu kanıtlamak için, özellikle Cumhuriyet'in ilk dönemlerinde büyük çaba gösterilir. Osmanlı, «Türk» deyimini hakaret anlamına kullanırken, bir Türk ulusu yaratma ve geliştirme çabasında bulunan Atatürk, Türk tarihi araştırmalarına büyük önem verir, hatta bu çalışmaları yönlendirir. Atatürk'ün direktifi ile kaleme alınan «Türk Tarihi Araştırma Kurumu Programı» ön tasarısı, araştırmaların yönünü belirtir:

«Türk dilinin, Sümerlerin, Etilerin ve öteki eski Anadolu kavimlerinin, Mısırlıların, Yunan uygarlığını doğuran Giritlilerin ve Egelilerin ve Roma kültürünü doğuran Etrüsklerin ana dilleri olduğunu kanıtlayarak, bugünkü modern Batı uygarlığına ana kaynak olan bu en eski yüksek uygarlıkların, Türk kavimlerinin ırksal dehasının ürünü olduğunu göstermek».

Bu görüşe uygun biçimde, Anadolu'nun Hitit Türklerinin yurdu olduğu, Hititlerin XI. Yüzyılda bile varlıklarını koruduğu ileri sürülür. Bu görüşü paylaşan Mükrimin Halil Yınanç'a göre, Türkmenler gelmeden önce Anadolu'da Hitit zamanı nüfusun yanısıra, çok daha önceden yerleşmiş Türk grupları vardır. Örneğin Bulgar Türkleri MS. 530 yılında Fırat-Trabzon bölgelerine, Avarlar 577 yılında Doğu Anadolu'ya, 620'de sınırlara Bizans İmparatorları tarafından yerleştirilmiştir. Bunlar gibi Hazarlar, Fergana Türkleri ve Peçenekler Anadolu'ya getirilmişlerdir. Böylece Türkmenler, Anadolu'da önemlice Türk grupları bulmuşlardır.

Bu görüşlere katılmak güçtür. XI. Yüzyıl Anadolusunda bir Hitit etkinliği gözükmez. MÖ. 2000 yıllarında Anadolu'ya geldiği düşünülen ve Öro-Afriken ya da Atlantik-Akdenizliler denilen dolikosefal yerli halk ile karışan Hint-Avrupa dil grubundan Hititler, çok eskiden başka kültürler içinde eriyip gitmişlerdir. Öte yandan Bizans'ın Anadolu'ya yerleştirdiği Bulgar Türkleri, çok daha önceden Slavlaşmışlardır. Bizans Ordusunda bulunan Türk askerleri ise, hıristiyanlaştırılarak daha çok Rumeli'ye yerleştirilmişlerdir. Hıristiyan Gagauz Türkleri, onların kalıntılarıdır. Bu nedenlerle Türkmenlerden önce, Anadolu'da bir Türk varlığından söz etmek, zorlama bir iddiadır.

Esasen tarih içinde Anadolu, Prof. Bossert'in deyimiyle, bir «diller ve yazılar» ülkesidir. Gerçekten Anadolu'da pek çok etnik grup ve bu etnik gruplara ait dil ve alfabeler bir arada yaşamıştır. Yalnızca en iyi tanınan etnik gruplar ele alınırsa, Hitit, Urartu, Frigya, Lidya, Likya, Karya, Kappadokya, Isauria, Ermeni, Kürt, Grek, Yahudi, Kimmer vb. adlarına bağlı etnik grupları Anadolu'nun barındırdığı ileri sürülebilir. Bu etnik gruplar, Anadolu'ya kendi dillerini de getirir. Fakat bu dillerin çoğu zamanla unutulur gider. Örneğin Batı Anadolu'da bir süre sonra Grek dili egemen olur.

MÖ. 800'lerde Ege kıyılarına ve giderek Karadeniz limanlarına yerleşen Greklerin dil ve kültürü, İskender, Roma ve Bizans dönemlerinde, kıyılardan iç bölgelere doğru yayılır. Helenleşmiş Amasyalı coğrafyacı Strabon, Lidya'da artık Lidya dilinin konuşulmadığını, Karya dilinin de ölme yolunda bulunduğunu belirtir. Kentlerde Grek dili kolayca yerleşir ve pek çok ünlü filozof, matematikçi, şair, gramerci, tarihçi vb. Anadolu insanı yetişir*. Kırsal bölgelerde ise, Anadolu'nun Helenleşmesi daha yavaş gelişir. MS. IV. Yüzyıla kadar, pek çok Anadolu dili köylerde yaşar. Frigçe MS. III, Got ve

---

* «Hititiyle, İyonuyla, Türküyle Türkiye» görüşünü savunan Halikarnas Balıkçısı, Helen uygarlığını «Anadolu uygarlığının kötü taklidi» saydığından, Helenleşmeyi reddeder (Anadolu'nun Sesi, s. 156 ve 177). Niyazi Berkes, «Anadolu Helenleşmemiştir. Bizans zamanına kadar bile, yerli dilleri kaybolmamış, Grek dili tüm yayılmamıştı» der (Cumhuriyet, 28 Ekim 1976). Batı Anadolu için bu görüş doğru olmasa gerek.

Kappadokya dilleri MS. IV, Isauria dili VI. Yüzyıllarda hâlâ konuşulur. Fakat XI. Yüzyıl başlarında Batı ve Orta Anadolu'da Kappadokya'ya kadar Grek dil ve kültürü egemen gözükür. Kappadokya Doğusunda ise, Ermenice, Süryanice, Kürtçe, Gürcüce, Arapça ve belki de Lâzca çoğunluğun konuştuğu diller olarak kalır. X. Yüzyılda Bizans'ın Malatya ve çevresinde Süryanî iskânı ve Ermenileri Kappadokya ve Kilikya bölgelerine göçürmesi, Ermeni ve Süryanîlerin Anadolu'da önemini artırır.

Hıristiyanlık da MS. I. Yüzyılda Anadolu'ya girer ve hızla genişler. MS. IV. Yüzyılda hıristiyanlık Anadolu'da iyice yaygındır. Daha sonra islâmiyet, Güneydoğu'da ilerleme kaydeder. Fakat Türkmenler Anadolu'da ilk gördüklerinde, Batı kısmı Helenize olmuş hıristiyan bir Anadolu bulurlar.

İlk Türkmen akını, 1016-1017 yılında Vaspuragan Ermeni Prensliğine yöneltilir. Ermeni tarihçileri, ilk kez o zaman «kadınlar gibi uzun saçlı Türkler»den ve onların korkunç oklarından söz ederler. Bu yağma akınları, uzun süre tekrarlanır. Erzurum yakınındaki büyük ticaret kenti Artze, Malatya, Sıvas, Kayseri, Niksar, Konya, Honas vb. yağmalanır. Fakat henüz bir yerleşme amacı yoktur, Türkmen boyları Anadolu içlerine kadar ilerlerler, yağma akınlarından sonra kış üslerine dönerler. Malazirt zaferiyle Bizans direnmesi kalmayınca, dağınık Türkmen boyları, karıları, çocukları ve hayvanlarıyla birlikte 1076 yılında Ege kıyılarına erişirler. 1079 yılında Türkler Ege'de İyonya bölgesinde çok yere egemendir. Türkmenler, kentleri alamazlar. Kırsal bölgelerde kümelenirler, yol ve geçitleri tutarlar. Fakat taht kavgalarından yararlanıp, Bizans şeflerine askerî hizmet yaparak, onların adına kentlere girme yolunu bulurlar. Birçok bağımsız beylikler kurarlar. Ne var ki, Ege'ye kadarki bu ilk yayılış uzun süreli olmaz. İlk Haçlı Seferi ile birlikte 1097-1098 büyük Bizans karşı saldırısı başlar. Sert ve aralıksız savaşlar sonucu, Türkmenler Ege kıyılarından ve nehir vâdilerinden içerilere, Frigya'ya ve Anadolu yaylasına itilirler. Bu itiliş, Türkmen direnişini sona erdirmeye yetmez. Aksine, Ege bölgesinde dağınık biçimde bulunan Türkmenler, daha dar bir bölgeye yoğun biçimde toplandıklarından, bir ölüm-kalım savaşı içinde, Bizans ordularına karşı aralıksız yıpratma savaşları verirler ve Bizans ilerleyişinin hızını yavaşlatmayı ve giderek durdurmayı başarırlar.

Aleksios Komnenos, Türkmenleri Eskişehir - Seyitgazi - Bolvadin - Akşehir çizgisi gerisine iterse de, Türkmen baskısı altında hızı çabuk kesilir. Aleksios, Konya köylerini yağmalar, ama Türkmen akınlarından çekindiğinden Konya'yı almayı deneyemez, geri çekilir. Geri çekilirken de, Akşehir ve çevresindeki Rum köylülerini, güvenlik kaygısıyla, birlikte götürmek zorunda kalır. Türkmenler boş kalan Rum köylerini kendilerine kışlak yaparlar, yakılıp yıkılan kentler kenarında çadırlarını kurarlar.

Bizans, birçok kez Türkmene karşı sefer yapar. Düzenli ordular karşısında Selçuklu Sultanı'ndan destek görmeyip genellikle tek başlarına kalan Türkmen oymakları, geri çekilirler. Fakat sürekli baskınlarla düzenli orduları yıpratırlar ve savaş gücünü zayıflatırlar. Düzenli ordu seferden dönünce de, Türkmenler bıraktıkları yerlere geri dönerler ve akınlarını eskisi gibi sürdürürler.

Askerî seferlerle kesin sonuç alamayacağını gören Bzians İmparatoru Manuel, Çinlilerin yaptığı üzere, içinde asker bulunan surlarla çevrili berkitilmiş kentler kurar. Buralara Rum nüfus getirir. Edremit, Bergama, Kırkağaç bölgesini, yaptırdığı kalelerle güvenlik altına alır. Kütahya-Eskişehir bölgesinde üslenmiş Türkmenleri püskürtmeye çalışır.

Eskişehir, önemli ve eski bir ticaret kentidir. Zenginlerinin görkemli evleriyle ünlüdür. Fakat Türkmenlerle yüz yıla yakın süren savaşlarla, Eskişehir yok olur. Yıkıntıların üzerine Türkmen çadırları kurulur. Tarlalar ve bahçeler otlak yapılır. Manuel, ordusuyla gelince, Türkmenler, direnmenin olanaksızlığı karşısında çadırlarını yıkarak çekilirler. Manuel, 1175'te Eskişehir kalesini yaparak bölgeyi denetim altına alır.

Manuel, Türkmen tehdidine son vermek ve hatta Türkleri Anadolu'dan atmak umuduyla, Konya üzerine yürür. Fakat bu yürüyüşte, sert Türkmen direnişiyle karşılaşır. Bizans Ordusu, daha Türkmen Ordusu ile karşılaşmadan, savaş gücünü büyük ölçüde yitirir. Türkmenlerin Anadolu'da kesinlikle yerleşmelerini sağlayan ve belki de 1071 Malazgirt zaferinden daha önemli olan Eylül 1176 Myriokephalon zaferi, Selçuk Sultanı'ndan çok bağımsız Türkmen oymaklarının başarısıdır*.

Manuel, bu yenilgiden sonra, hiç değilse Batı Anadolu'yu Türkmen'den uzak tutmaya çalışır. Dönüşte görür ki, Menderes nehrinin çıktığı bölgede Türkmenler kaynaşmaktadır. Manuel, Menderes kaynağında Türkmen'e karşı Sublaion kalesini yaptırır. Fakat kale her yandan Türkmenlerle çevrili bir «adacık» olarak kalır. İkinci Haçlı Seferi ordusu gelince, Menderes nehrinin iki kıyısının da Türkmenlerle dolu olduğunu görür. Eskişehir kalesi yüzünden, Kuzeybatı'da pek ge-

---

* Türkmenler hakkında California Üniversitesi'nde bir cinssavcı iddianamesi sayılabilecek sertlikte bir yapıt yazan S. Vryonis, 1176 zaferini Türkmen'e bağlar: «1176 zaferine Türkmen oymaklarının katkısını saptamak güçse de, sınır bölgesinde geniş sayıda göçebelerin bulunuşunun Bizans saldırısının şokunu kaldırmaya yaradığı ve Sultan'ın birlikleriyle karşılaşmadan önce hıristiyan ordularını tükettiği güvenlikle ileri sürülebilir (The Decline of Mediaval Hellenism in Asia Minor and the process of Islamisation, 1971, s. 126). Gerçekten zafer, Türkmenlerin bölgedeki suları içilmez hâle getirmeleri, ekini yok etmeleri, İmparatorun ağırlıklarını basıp yağmalamaları yoluyla düşman ordusu tüketilerek kazanılır. Bu, devlet kurmadan önce Selçukluların Gazne ordularına karşı başvurdukları yöntemdir.

nişleyemiyen Türkmenler, Menderes nehirleri arasındaki bölgede ilerlerler.

1180-1205 dönemi Bizans'ın kargaşalık, Türkmen'in ise ilerleme, yayılma ve çoğalma dönemidir. Alman İmparatoru Barbarossa, Üçüncü Haçlı Seferi döneminde Denizli-Uluborlu-Akşehir yönünde ilerlerken, yanındaki Lâtin yazarları yüz bin civarında Türkmenle karşılaştıklarını ileri sürerler*. «Turkia» deyimi, bu Türkmenlerin ülkesi anlamına Haçlılarca kullanılmaya başlar.

Bu sırada Bizans'ta yine taht kavgaları kızışır. Türkmenler, kendilerine yeni otlaklar edinme ve yağma fırsatı veren bu kavgalara, âsi Bizans şefleri hizmetinde katılırlar. Örneğin Menderes yöresi kentlerini yağmalayan âsi Pseudoalexıus'un hizmetinde 8 bin Türkmen vardır**. Alaşehir'de isyan edip yenilen Mankaphas topladığı Türkmenlerle çevreyi yağmalar, ekini yakar. Bu ittifaklar ve karışıklıklardan yararlanarak, XIII. Yüzyıl sonunda Türkmenler, Menderes aşağı bölgelerini, Antalya'yı ve Kuzeyde Bitinya kentlerini tehdit

---

* Alman İmparatoru Barbarossa'nın tarihçileri, Türkmenlerden çadırda yaşayan «bedevîler» ve «haydutlar» diye kötü bir dille söz ederler. Hiç kentleri olmadığını, ekili arazileri bulunmadığını, otlak ve yağma peşinde dolaştıklarını yazarlar (Vryonis, The Decline of Medival Hellenism, s. 191). Grek kaynaklarında da «yamyamlar», «kurtlar», «köpek kafalılar» gibi deyimler geçer.

** Komnenos'lar, Selçuklu Sultanı'na ve Türkmenlere karşı verdikleri savaşlarda da ordularında Türkmen oymakları kullanmışlardır. Bu başıboş oymaklar, yağma ve otlak karşılığında herhangibir şef hizmetinde savaşmakta sakınca görmezler. XV. Yüzyılda dahi Brocquière, Anadolu'da rastladığı bağımsız Türkmen oymaklarını şöyle anlatır: «Açıkta yaşarlar. Başlarında bir şef vardır. Ama yurtlarını (çadırlarını) yanlarında taşıdıklarından sık sık durum değiştirirler. Yer değiştirince, arazisi üzerinde konakladıkları senyöre bağlanmaya, hatta savaş varsa ona silâhla yardım etmeye alışmışlardır. Fakat onun arazisinden ayrılıp düşmanın arazisine geçince, şimdi eski senyöre karşı bu yeni senyöre hizmet ederler. Bunun kötü birşey olduğunu düşünmezler. Gelenekleri böyledir ve onlar gezgindirler» (Vryonis, s. 267).

ederler. Rum köylüleri, surlarla çevrili kentlere ve uzak bölgelere kaçarlar. Bölgedeki kentlerin çoğu, başta Kütahya olmak üzere yakılır, yıkılır. Yalnızca Denizli ve Honas kentleri ileri karakollar olarak Bizans elinde kalır. Fakat bu kentler de Türkmenlerle çevrilidir.

Kentlerin yok olması, köylülerin kaçması ve kırsal alanların göçebeleşmesiyle birlikte, bölgede Bizans adları unutulur, yerlerini Türk adları alır. Kuzey'de Uşak, Güneydoğu'da Isparta-Uluborlu ve Güneybatı'da Honas ile çevrili bölgede, Bizans adı kalmaz. Antalya çevresi ve Kütahya-Eskişehir bölgesinde de aynı süreç tekrarlanır. XIV. Yüzyıl sonlarına doğru Yıldırım Bayazıt'a bağımlı olarak Alaşehir fethine katılma durumunda kalan Manuel Palaeolog, bölgedeki Bizans adlarının unutulmasından yakınır:

«Üstünde çadırlarımızı kurduğumuz ovanın, bayındır olduğu dönemde bir adı var idi. Romalılar oturuyor ve Romalılar yönetiyordu. Ben şimdi o adı öğrenmeye çalışıyorum... Fakat boşuna, bunu bana öğretecek kimse yok. Burada görülebilecek pek çok kent varsa da içinde oturan yok. Kenti oturanlar süsler, onlar olmadan kentlere kent denilemez. Kentlerin adlarını soruştururken nerede kime başvurduysam şu karşılığı aldım: Biz onları şu adlarla çağırıyoruz. Zaman adlarını unutturmuştu».

Böylece, bölge göçebeleşirken, kentler-köyler, dağlar ve nehirlerin adları Türkleşir, Türkmen nüfus çoğalır*. *Belki de Türkçe'den başka dil bilmeyen önemli*

---

* Anadolu'ya bu ilk gelen Türkmen nüfusun sayısı hakkında kesin bir bilgi yoktur. Kaynaklar «çekirge gibi çok sayıda Türkmen»den söz ederlerse de inandırıcı bir bilgi vermezler. Yinanç, 1 milyonun üstünde hesaplar. Ayrıca daha eskiden gelmiş Türklerin varlığından söz eder. Kafesoğlu, X. ve XII. yüzyıllarda 550 ilâ 600 bin Türkmen geldi, der. Cahen ise, en çok 200 bin ya da 300 bin kişilik bir göç olduğunu ileri sürer (Pre-Ottoman Turkey, s. 143). Hatta bu miktarı daha az düşünür. Vryonis de aynı kanıdadır. Marco Polo, «Turcomania»da

sayıda Türkmen varlığı bulunmasaydı, Kutalmışoğulları Anadolu'da yine de bir devlet kurabileceklerdi, fakat nasıl Bulgar Türkleri Tuna Güneyinde bir Slav, Memlûk Türkleri Mısır'da bir Arap devleti kurdularsa, Konya başkentli devlet de, gerçek bir «Rum», ya da «Fars» devleti olabilirdi...

XIII. Yüzyılın ilk yarısı, Konya Selçuklu Devleti'nin en parlak dönemidir. Yakılan, yıkılan kentlerin bayındır kılındığı, Sinop ve Alanya limanları ile ilk kez deniz ticaretine başlandığı, Anadolu'nun kervansaraylarla donandığı, Bizans'la dostluk ilişkilerinin sürdürüldüğü bir hızlı ekonomik gelişme dönemidir. Bu geniş bayındırlık hareketi, tarımcı hıristiyan köylüden alınan vergilere dayanır. Göçebe ekonomisi üzerine, zengin ve bayındır bir devlet oturtma olanağı yoktur. Bu nedenle Selçuk sultanları, hıristiyan çiftçiyi koruyan bir politika izlerler. Akınlar ve savaşlarla elde ettikleri hıristiyan köylülere toprak vererek kendi arazilerinde yerleştirmeye önem verirler. Onları Türkmen yağmalarından korurlar. Ticaretin gelişmesi de devlete büyük gelir getirdiğinden, Türkmenlerin kervan yağmalarına izin verilmez. Türkmen, sıkı baskı ve denetim altında tutulur. Böylece *Konya Selçuklularının en parlak dönemi, göçebe Türkmenin ezilme dönemi olur.* Çok geçmeden Türkmen ayaklanmaları patlak verir.

BABA İSHAK AYAKLANMASI

İlk Büyük Türkmen isyanı Fırat bölgesinde görülür. Mogol istilâsından kaçan Türkmenler, bu bölgede

---

üç sınıf insan yaşar, der. Birinci sınıf ,dağlarda yaşayan «Turcoman»lardır. Öteki iki sınıf ise, kentler ve köylerde oturan Ermeniler ve Greklerdir. Rubruque, islâm-hıristiyan oranının bire karşı on bile olmadığını söyler (Vryonis, s. 182-183). O tarihlerde Anadolu nüfusu 8 milyon civarında hesaplanıyor. XIII. Yüzyıl başında Anadolu nüfusunun 6 milyona düştüğü ileri sürülür (Vryonis, s. 26).

üstüste yığılır. Otlak kavgaları ve yerleşiklerle mücadele artar. Selçuklu Sultanı'nın hizmetine girip sonra ayrılan Harizmli Türkler, Oğuzlar ile birlikte geniş yağma hareketlerine girişirler. Yağmalarla başedemiyen feodal beyler, Selçuklu Sultanı'na başvururlar. Eyyûbî-Selçuklu işbirliği ile düzen sağlanır. Fakat bu kez, dinsel görüntülü daha büyük bir ayaklanma patlak verir. Ayaklanmanın başında, Tanrı ile söyleşmelerine bakarak Prof. Turan'ın «eski bir Türk Şamanı»* dediği Baba İshak vardır[35]. Baba İshak, aşırı Şiî (İsmailî) inançların ve hıristiyanlıkta onun benzeri olan Pavlaki (Paulicien) akımlarının biribirine karıştığı ilginç bir çevrede ortaya çıkar. Şamanist görüşlerle bunları kaynaştırır. Yalnız Türkmenleri değil, yerli Kürt ve hıristiyanları da dinsel ve siyasal fikirlerini kabule çağırır. Kimseden armağan almayışı ve çobanlık yaparak yaşamını kazanması Baba İshak'a karşı saygı ve bağlılığı artırır. Türkmenler, onun peygamberliğine inanır. «Baba Resul Allah» denilen İshak, Kefersûd ve Maraş bölgesine adamlarını yollayarak Türkmenleri Selçuklu Sultanı'na karşı ayaklanmaya çağırır: Ona katılanlar ganimetten pay alacaklar, katılmayanlar öldürüleceklerdir.

Ayaklanan Türkmenler Sumeysat, Kâhta ve Adıyaman bölgesini yağmalarlar. Selçukluların Malatya Subaşısı, Türkmen-Kürt karışımı olan** Germiyanlıları

---

* Sarı Saltuk, Barak Baba, Hacı Bektaş ve başka derviş şeyhlerin menkıbelerinde eski Şamanizm ögeleri, İslâm ögelerinden daha çoktur. Şeyhler, Şamanizmden yararlanıp İslâm'ı yayarlar. Müslüman gezgin İbn Battuta, Baba Saltuk'un öğretisini «şer'i şerife aykırı» sayar (A. İnan, Eski Türk Dini Tarihi, s. 188). Elçi Clavijo, 1403 yılında Erzurum çevresinde gördüğü dervişlerin Şamanist gelenekleri sürdürdüğünü belirtir: «Zâhitler gibi yaşarlar.... Hastalara bakarlar.... Çırılçıplak sokaklarda gezerler.... Gece gündüz davul çalıp türkü söylerler. Evlerinin önünde hilâl resmi bulunan siyah bayrak asılıdır. Bayrağın altında geyik, koç, teke boynuzları asılıdır. Sokaklarda gezdiklerinde bunları yanlarında taşırlar».

** Göçebe Türkmen-Kürt çatışması gibi, karışması da sık sık görülür. Örneğin Karakoyunlu kabileler topluluğu, Türkmen

dar ki, Prof. O. Turan'a göre, XIII. ve XIV. Yüzyıllarda Batı Anadolu, Selçuklu yönetiminde bulunan Orta Anadolu'dan çok daha yoğun biçimde Türkleşir. Prof. Sümer de, XVI. Yüzyılda Anadolu'da en az hıristiyan nüfusun Batı'da bulunduğunu söyleyerek bu görüşe katılır[37].

Bu Türkleşme, Selçuklu'ya karşın yapılır. 1245'te sultanlık iddiasında bulunan Ahmet'in çevresinde toplanan Alanya ve Konya Türkjmenleri, Ermeni-Selçuklu ittifakı ile ezilir. Denizli ve Dalaman bölgesindeki Mehmet Bey Türkmenleri, vergi ödemeye razı oldukları halde, Selçuklu-Mogol ordusu tarafından cezalandırılır. Babaî isyanından sonra Sıvas'tan Ermenek'e gelen Karamanoğulları da Konya'ya yürürlerken yenilir ve asılırlar. Kimi tarihçilere göre, sonradan Konya'ya egemen olacak bu ailenin iki beyi, Konya iç kalesinin kapısında sallandırılır ve sarayın burcundan üzerlerine ok atılır. Maraş bölgesindeki «ağaçeri» denilen ormancı Türk boyları ve Erzurum ve Bayburt'taki Şemsettin Mehmet'in Türkmenleri aynı biçimde ezilir. Böylece 1262 yılında Mogol- Selçuklu egemenliğini Anadolu'da temsil eden Pervane dönemi (1262-1277) açılır. Mevlâna Celâleddin ondan «Ulu Pervane, Büyük Pervane, Kutlu Ulu Pervane» diye söz eder. Egemenlerin görüşlerini yansıtan tarihçiler, Pervane'yi şöyle överler :

«Asayiş o kadar ileriydi ki, kurt ile kuzu birlikte su içip dolaşıyorlardı».

«Kervan hangi çölde olursa olsun, korkusuzca konaklayabilirdi».

Gerçekten Mogol Ordusunun da desteğiyle, Pervane geçici bir süre Türkmen karışıklıklarını önler. Bu yolda Çin İmparatorluğunun uyguladığı biçimde Türk'ü Türk'e kırdırma kampanyaları uygulanır: Malatya'da

---

tirmiştir. Sunni Gazen Han bile, Ali evlâtlarını vergiden bağışık tutmuştur. Olcaytu ise, şiî olmuş ve şiî yanlısı politika izlemiştir (Spuler, İran Mogolları, s. 265-266).

Baba İshak'a karşı kullanılan Germiyanlılar, Türkmen'e karşı denge ve denetleme ögesi olarak Kütahya'ya yerleştirilir. Bizans İmparatoru Vatatzes de aynı amaçla Balkanlardan göçebe Kuman (Kıpçak) Türkleri getirerek Ege bölgesine yerleştirir. Daha önce de Peçenekleri Anadolu'ya geçirir. Gürcü Kralı, Kafkaslardan Erzurum'a kadar uzanan bölgede hıristiyanlaştırdığı Kuman Türklerini Türkmen'e karşı seferber eder. Selçukluların tutumu, ötekilerden farksızdır. Fakat Türkmen karışıklıkları uzun süre önlenemez. Memlûk Sultanı Baybars'ın 1277 yılında Kayseri'de bir kurtarıcı gibi karşılandığı ve Sultan ilân edildiği bir sırada, Karamanoğlu Mehmet, Eşref ve Menteşe beyleriyle birlikte, «kızıl külâhlı ve çarıklı» Türkmen kitlesinin başında Konya'ya yürür. Cahen buna periferi'nin (uç) merkeze yönelmesi der.

Mehmet Bey, Memlûk Sultanı'na bağımlıdır ve Konya'yı da görünüşe göre Memlûk Sultanı adına teslim alacaktır. Ama Baybars, Anadolu'da umduğu gibi genel bir ayaklanma olmayınca ve Pervane duraksama gösterince, artan Mogol tehlikesi karşısında bir haftalık sultanlıktan sonra Kayseri'den çekilir. Karamanoğlu Mehmet, Konya tahtına Sultan İzzettin'in oğlu olduğunu iddia eden Siyavuş'u (Cimri) aday gösterme durumunda kalır.

Konya, «kızıl külâhlı» Türkmenlere direnir. Toroslarda odunculuk ve kömürcülük yapan Türkmenler, Konya kapılarını, yığdıkları odunlarla yakıp yıkarak kente girerler. Kervansaray, çarşı, pazar ve kervanları yağmalarlar. Resmî tarihçi İbn-i Bibi'ye göre, «Konya, fitne denizinde dalgalar arasında çalkalanan bir gemiye» benzer. Cimri, tahta çıkar. Karamanoğlu Mehmet vezir olur ve öteki Türkmen beyleri mevkileri paylaşırlar. Yeni memurlar Türkçeden başka dil bilmediklerinden, hükümet de, toplantılarda ve alanlarda Türkçeden başka dil kullanılmayacağını açıklar. Fakat hemen bütün kent halkının Fars dilini anladığı Konya'da Farsça sürdürülen devlet yazışmalarının Türkçeye çevrlimesi kolay olmadığından yasa pek uygulanamaz*. Zaten Cimri'nin Konya Sultanlığı 37 gün sürer. Bu kısa sürede Cimri ve veziri Mehmet Bey, Selçukluların büyük feodal ailelerinden Afyonkarahisar'ın sâhibi Fahrettin Alioğlu'nun Germiyanlılara dayalı kuvvetlerini yenerler. Fakat Mogolların ilerlemesi üzerine, Cimri ve Mehmet, ganimetleri hayvanlara yükleyip Konya'dan ayrılırlar. Mogol Kayseri'ye çekilince Cimri ve Mehmet tekrar Konya'ya gelirler. Kapıların açılmasını ve askerin alış-veriş yapmasını isterler. Fakat kapı açılmaz. Konya Başkadısı direnişi düzenler. Burç üzerinden Türkmenlere ok yağdırırlar. Ahiler, savunmaya katılırlar**. Cimri ve Mehmet, Konya'ya giremezler ve Toroslara doğru çekilirler. 1277 yazı geçince, ilerleyen Mogol Ordusu Türkmenleri bozguna uğratır ve Karamanlı beyleri öldürür. Cimri, Karahisar bölgesi Türkmenleriyle uzunca bir süre direnir. Fakat Selçuklu Veziri Fahrettin Ali, Germiyanlı kuvvetleriyle Cimri'yi yener. Derisi

* İ. H. Danişmend, «O gün Türk milliyetçiliği tarihinin en büyük günlerindendi» diyor (Türklük Meseleleri, s. 35). Fakat 50 yıl kadar sonra Karamanoğulları Konya'ya egemen olduklarında Divan'da Türkçenin yazı dili olarak kullanıldığını gösteren hiçbir kanıt yoktur. Osmanoğlu Orhan Bey'in Divanında ise, resmî dil Türkçedir (Prof. F. Sümer, Oğuzlar, s. 162). Batı Anadolu Türkmen beylikleri, Türkçenin yayılmasında daha önemli rol oynarlar. Germiyanoğlu Sarayında (Kütahya) Süleyman Şah, Türkçe yapıtların yazılışında etken olur. Türkçe tarih yazıcıların öncüleri Şair Ahmedî, Şeyhoğlu Mustafa Kütahya'da yetişirler, Osmanlı'ya geçerler. Farsça ve Arapça yapıtlar Türkçeye çevrilir.

** A. D. Noviçev, Cimri isyanını feodalizme karşı bir halk hareketi olarak görür. Cimri'nin Konya'yı alınca rütbe sâhiplerinin ve beylerin mülklerine el koyduğunu, yerlerine alt tabakadan kişileri getirdiğini belirtir. Fakat o tarihlerde halkın en önemli kesimini teşkil eden Ahîler, Cimri hareketi sırasında ilkin duraksama göstermekle birlikte genellikle kent çıkarlarını savunmada feodallerle işbirliği yapmış görünürler. Ahîler, daha çok sultanların kentlerin özerkliğini azaltıcı merkeziyetçi eğilimlerine karşı çıkarlar. İlhanlı bürokratların vergi zulmüne zaman zaman direnirler.

yüzülüp samanla doldurulan Cimri, eşek üzerinde kent kent dolaştırılır. Selçuklu saray şairi, Cimri'nin öldürüldüğünü bildiren mektubu «Kur'an sayfaları gibi aziz bir kâğıt» sayar. Cimri'yi öldüren Vezir Fahrettin Ali, «mülkün dayanağı» unvanını kazanır. Vezir, Cimri üzerine yürümekten kaçınan Denizli ve Burgulu (Uluborlu) bölgesi Türkmenlerini cezalandırır. Daha sonra Germiyanlılar da ezilirler.

Türkmenlerin Mogol ve Selçuklular tarafından cezalandırılması sık sık yinelenir. Fakat bu, Türkmen güçlenmesini, akın ve yağmalarını durdurmaz. Karamanlılar birçok kez Ahîlerle savaşır, Konya'yı alırlar. Kenti Mogol kurtarır. İlhanlı Geyhatu ve Timurtaş, Selçuklu egemen sınıflarınca büyük kurtarıcılar sayılır. Türkmenleri terörle bir süre disipline alan Timurtaş, Anadolu'da devlet kurmak için kendini Mehdî ilân dip isyan edince, bu çevrelerden geniş destek görür.

Kısaca, acımasız bir Türkmen-Selçuklu hesaplaşması sürer gider. Kentlerdeki Türk ileri gelenleri kendilerini Türkmenlerden saymazlar, onlar Fuat Köprülü'ye göre Rumî'dirler. Türk ve Türkmen deyimleri ancak, feodal devlete bağımlılığı reddeden ve daima karışıklıklar çıkaran göçebe Türkler anlamına kullanılır[38]. Bir Konyalı Türk tarafından yazıldığı anlaşılan Farsça anonim Selçukname, Türk adını yalnız göçebe Türkmenler için hakaretle kullanır*, kent halkına ise yal-

---

* Minorsky, Arap kaynaklarının çok eski tarihlerde göçebe çoban anlamına «Kürt» deyimini kullandığını belirtmektedir. Zeki Velidî Togan'a göre, Arap gelince Azerbeycan'daki göçebelerin hepsine «Kürt» adı verilir. Horasan'da karşılaştıkları Halaç Türklerine de Araplar Kürt der (İslâm Ansiklopedisi, Cilt IV, s. 98). Daha sonra islâm Oğuz ve Karluklara Türkmen denilir.

Tarihçilerimizi uzun süre şaşırtan ve yanlış yorumlara sürükleyen bir deyim de bir kısım Türkmenler için kullanılan «Yavagiyan» deyimi olmuştur. Osman Turan bunu Yabgulu diye okumuş ve Selçuklu Arslan Yabgu'nun Türkmenleri saymıştır. Oysa deyimin belli bir kabile ya da kabile topluluğu adı

nızca «islâmlar» der. Söz konusu olan Türk'ün ve Türklüğün aşağılanması değil, anarşi ögesi sayılan göçebe yaşam biçiminin kınanmasıdır. İlginçtir ki, Selçuklu egemen sınıfı ile bütünleşen Mevlevîler, bu yolda en ileri gidenler arasındadır. Mevlânâ Celâleddin Rumî, Konya'da hıristiyan-islâm yakınlaşmasını sağlamıştır. Cenaze törenine katılan kilise ve manastır ileri gelenleri, onu çağın İsa'sı ve Musa'sı gibi gördüklerini belirtirler. Fakat Mevlânâ, bir duvar yapımında Türkmen işçi kullanılmasına, Eflâkî'ye göre, şu bağnaz görüşle karşı çıkar :

«Yapım için Grek işçileri, yıkım için ise aksine Türk işçileri almak gereklidir. Zira dünyanın yapımı Greklere özgüdür. Yıkım ise Türklere ayrılmıştır. Tanrı evreni ilk kez yaratınca, ilkin tasasız kâfirlere can verdi... Onlar taşların zirvelerinde, tepeler üzerinde birçok kent ve kaleler yükselttiler... Ama Tanrı işleri öyle düzenledi ki, yavaş yavaş bu yapılar yıkılmaya yüz tuttular. O zaman Tanrı, gördükleri bütün yapıları, saygı duymadan, acımasız yıksınlar diye Türkleri yarattı. Türkler, yıktılar ve hâlâ yıkıyorlar. Kıyamet gününe kadar bunu yapacaklar. Sonunda Konya'nın yıkılması, acımasız ve adaletsiz Türklerin elinden olacak».

Cimri olayı, bu kehanetin gerçekleşmesi sayılır. Mevlânâ, böyle konuşmamış bile olsa, yukarıdaki sözler, kent ileri gelenlerinin göçebe Türkmen hakkındaki düşüncelerini yansıtır.

Mevlânâ Celâleddin'in oğlu Velet Çelebi ise, Sultan Mesut'a Türkmen kırımı önerir. Çelebi, can korkusun-

---

değil, göçebeye verilen aşağılayıcı genel bir ad olduğu anlaşılmıştır. Ahmet Ateş'e göre, deyim «başıboş gezen, serseri dolaşan» anlamınadır. Selçuklu resmî tarihçisi İbn-i Bibi, Türklerin serseri dolaşan (Yavegiyan) halefleri diye, ticareti engelleyen ve sınırlara saldıran Türkmenleri ağır dille suçlar (Belleten, Sayı 115, s. 522-524). Türkmenlerin Sultanı Siyavuş'a takılan Cimri adı da, kentlerdeki başıboş takımı için eşkiya, serseri, düzen bozucu anlamına kullanılmıştır (Prof. O. Turan, Selçuklular Zamanında, s. 571).

dan mağaarlara, dağlara ve ormanlara kaçıp gizlenen «âlem yıkıcı» Türklerin acımaksızın tümünün öldürülmesini öğütler :

«Onlar öyle çok zarar vermişlerdir ki, Şahım sakın sen onlara acıma; halkın yaşamasını istiyorsan onların tümünü kurban et».

ANADOLU 400 YILDA TÜRKLEŞTİ

Toptan yok edilmesi önerilen bu Türkmenler, Konya Selçuklu Devleti ortadan kalkınca, Batı Anadolu'nun fethine girişirler. 1304 yılında Selçuk (Efes) ve Karya'da yeniden Ege Denizi'ne ulaşırlar. Türkler ilk kez 1076 yılında Ege'ye varmışlar, fakat kısa bir süre sonra geri itilmişlerdi. İkiyüz küsur yıl sonra Türkmen tekrar Ege kıyılarına yerleşir. Vryonis, bu olaya «*Batı Anadolu'nun ikinci fethi*» der. Bu «ikinci fethi» de Selçuklu Devleti değil, Türkmen oymakları yaparlar. Rum köy ve kent nüfusunun önemlice bir kısmı Ege adalarına ve Istanbul'a kaçar. Tutsak edilenler ise köle pazarında satılırlar. Türkmen nüfus ise, Mogol baskısının yarattığı yeni göç dalgası nedeniyle, bir hayli artar. Oğuzların yanı sıra Kıpçak, Peçenek, Mogol, Çagatay, Harizmli gibi çeşitli gruplar Anadolu'ya gelir.

Ufak bağımsız gruplar hâlindeki az sayıda oymak askeri ile yapılan fetihlerde, surlarla kuşatılmış kentleri ve kaleleri almak için gerekli araç ve teknik olmadığından, kentler, kırsal bölgede ekim engellenerek, açlık ve susuzluk yaratma yoluyla uzun süren bir abluka sonunda alınır. Menderes nehirleri ile Gediz arasındaki bölge, XIV. Yüzyıl başlarında Türkmenlerin eline geçer. Kırsal bölgelerde Türkmenler, her yere egemendir. Bitinya ve Misia'da yalnız kent ve kaleler bir süre dayanır. Türkmen toplulukları içinde bir ada hâlinde kalan İzmit, Amasra, Ereğli gibi kentler, Istanbul ile ancak denizden bağlantı kurabilirler. Nihayet Osmanoğulları, 20-30 yıl süren abluka ve kırsal bölgeden yalıtlama yoluyla İzmit, İznik, Bursa ve Bitinya kentlerini ele geçirirler. Her yanda ufak beylikler kurulur.

Selçukluların parlak döneminin ardından gelen bu Türkmen fetihleri, yıkıcı olur. XIV. Yüzyılda Anadolu'yu dolaşan Arap gezgini İbn Batuta, Kütahya kentine sâhip Germiyan denilen bâzı haydutların Denizli yolunda soygunculuk yaptığını yazar. Balıkesir'de kendisini ağırlayan beyi soyguncu gözüyle görür. İznik, İzmir, Bergama gibi yerleri yıkıntılar olarak anlatır. Fakat bu karışıklık dönemi, aynı zamanda Anadolu'nun Türkleşme ve islâmlaşmasının tamamlandığı bir dönem olur. Türkmen gâzilerle birlikte fetihlere katılan ya da Batı bölgelerine akan dervişler, kurdukları tekkeler ve mucizelere dayalı yoğun propaganda yoluyla hıristiyanları kitle hâlinde islâm yaparlar. Türkmen boyları ile sıkı ilişkili Bektaşilik kırsal bölgeleri, Ahîler kanalıyla kent eşraf ve ileri gelenleriyle bağlantı kuran Mevlevîlik ise kentleri islâmlaştırmada ön planda rol oynar. Anadolu'da islâmlaşma o kadar yoğundur ki, vergi kayıtlarına göre XVI. Yüzyıl başlarında vergi ödeyen hanelerin yüzde 92'si islâm, yüzde 7,9'u hıristiyandır*. Bu rakamlar yoğun bir islâmlaşmanın kanıtıdır. Hıristiyan kalan nüfusun önemli bir kısmının da ana dilleri Türkçe olur. Evliya Çelebi, Anadolu'nun her yerine yaygın bulunan bu ana dili Türkçe olan hıristiyanlara Alanya ve Antalya'da rastlar** :

---

* İlginçtir ki, çok daha sonra fethedilen Bursa'da 1520-1530 döneminde 6125 islâm, 69 hırsitiyan hane varken, Sıvas'ta 750 hıristiyan, 261 islâm hane vardır.

** Bâzı tarihçilerimiz, konuştukları Türkçenin saflığını ileri sürerek bunların Türk hıristiyanlar olduğunu, hatta Anadolu'nun en az 4 bin yıllık Turan halklarını barındırdığını yazmışlarsa da, bu konuda sağlam bir kanıt yoktur. Dilleri Türkçe, dinleri hıristiyan olan bu grup, Cumhuriyet'ten sonra Rum sayılıp Yunanistan'a göçürülmüşlerdir. «Yalnızca hıristiyan oldukları için Türklüğü kabul edilmeyen, fakat kendilerini de Yunanlı saymayanların» değişimi tartışılmıştır (Yaşar Nabi Nayır, Balkanlar ve Türklük-Barkan, Ülkü dergisi, Mart 1937). Dido Sotiriyu'dan Attila Tokatlı'nın çevirdiği «Benden Selâm Söyle Anadolu'ya» romanı, bu dramı yansıtır. Bernard Lewis, 1924-1930 değişimini, Türk-Grek değişimi değil, Grek Ortodoks-

«Alanya - Kadim eyyamdan beru Urum (Rum) keferesi bir mahalledir... Amma asla Urum lisanı bilmeyub bâtıl Türk lisanı bilirler».

«Antalya - ... ve dördü Urum keferesi mahallesidir. Amma keferesi asla Urumca bilmezler. Bâtıl Türk lisanı üzre kelâmat ederler».

Böylece 400 yıla yaklaşan bir süreç içinde, üretim araçları hayvan sürüleri, kılıç ve ok olan Türkmenlerin göç ve fetihleri sâyesinde, Anadolu Türklerin yurdu hâline gelir. Vryonis, bir ölçüde göçebeleşme ile birlikte giden bu Türkleşme sürecini şöyle özetler :

«Anadolu'da aileleri ve sürüleriyle kabile adamlarının fiziksel varlığı ve işgali, çoban-asker fetihçi statüleri, sürekli akın ve yağmaları, yerleşik ve özellikle hıristiyan gruplar için çok ciddî rahatsızlık teşkil etti. XI. ve XV. yüzyıllar arasındaki Anadolu'ya bu Türkmen yerleşmelerinin iki önemli sonucunun ilki, Anadolu dilinin Türkleşmesi, ikincisi geniş bölgelerin kısmen göçebeleşmesi oldu. Kırsal yerlerde yerleştiklerinde, Rum ve Ermeniler çekildiklerinden oralarda onların dilleri egemenlik kazandı. Bu yerlerde hıristiyan nüfus ayrılmayıp kalsa bile, Türkçe, fâtihlerin dili olarak sonunda üstünlük elde etti. Bizans-İslâm kentsel geleneklerinin güçlü kaldığı kentlerde, kent toplulukları yaşadı. Fakat 1276-1278'de Karamanlı Türkmenleri başkaldırıp Konya'ya girdiklerinde yaptıkları işlerden biri Farsçayı yasaklayıp hükümet ve idarede yalnızca Türkçe kullanılmasını yürürlüğe koymak oldu. Bu, birçok

---

Osmanlı İslâm değişimi sayar, «vatana kavuşma değil, gurbete sürgün» der. Kemal Karpat, milliyetçiliğe yönelmiş laik Türkiye'de dinin ölçü alınmasındaki çelişkiyi belirtir. Karpat'a göre, Slav kökenli ve Türkçe konuşmayan Pomak, Bosnalı, Hersekli islâm olduğu için Türk kabul edilmiş, hıristiyan fakat Türk kökenli ve Türkçe konuşan Gagauzlar edilmemiştir. Türkçe konuşan Anadolu hıristiyanları ise, Yunanistan'a gönderilmiştir (An inquiry into the social foundations of nationalism in the Ottoman State, Princeton, 1973).

olaydan biridir. Bu olayların sonucu olarak, XIV. Yüzyılda Grek, Ermeni ve Fars dilleri, Türkçenin hızla ilerlemesi karşısında gerilediler. XV. Yüzyılda Anadolu, hıristiyan kalan Rum ve Ermeniler de dâhil, geniş ölçüde Türkçe konuşmakla da kalmıyor, epik Türk şiiri ve edebiyatı önemli gelişme göstermiş bulunuyordu...

Geniş bölgeler — ne kadar geniş olduğunu saptamak olanaksız ise de — tarımdan göçebeliğe dönüştü, yâni XI. ve XV. yüzyıllar arasında Anadolu'da çoban göçebeliği meydana çıktı. Yağma akınları, köle ticareti için çiftçilerin tutsak alınması ve hayvan besleyicilği, hoş olmayan tarımsal koşullar demekti. Çağdaş kaynakların çoğu, XI. ve XV. yüzyıllar arasındaki tarımsal yaşamın güvensizliğini belirtir...

Bu sert göçebeler, Anadolu köy ve kentlerinde yaşayan islâm ve hıristiyanlar arasında hem korkulu, hem de yoğun bir hoşnutsuzluk yaratıyordu»[39].

Bu sert göçebelere karşı duyulan hoşnutsuzluğa, Selçuklu Devleti yıkılınca, Türkmen oymakları sâyesinde küçük devletçikler kurmayı başaran beyler de çok geçmeden katılırlar. Türkmen beyleri artık yağmacı değil, kentlerin, ticaret ve tarımın koruyucularıdırlar. Onlar da giderek feodalleşirler ve dayandıkları göçebe Türkmen kitlesine ters düşerler. Örneğin XIV. Yüzyıl başlarında Selçuklu beyliklerinin en güçlülerinden gözüken Germiyan beyliğinde yerli bir tekstil sanayii, şap ve gümüş madenleri ve canlı bir ticaret vardır. Tarım zengindir, pirinç bile yetiştirilmektedir. Atlar boldur. Germiyan beyleri, kendilerine gelir sağlayan bu canlı ekonominin yağmacısı değil koruyucusu olurlar. Gelirleriyle bayındırlık işlerine girişirler. Ulema ve şeyhleri çevrelerine toplarlar. Başlıca askerî güçlerini teşkil eden göçebeleri ise, disiplin altına almaya çalışırlar. Germiyan Beyi, kısa sürede Türkmenlerle çatışmak zorunda kalır.

Bu beyliklerin en başarılısı, «bir aşiretten cihangirane bir devlet» çıkaran Osmanoğulları olur. Osmanlılar, bir aşiret bile değildir. Oğuzların Anadolu'ya akan Kayı boyunun ufak bir parçasıdır*. Horasan'dan gelerek sonunda 400 çadır halkı ile uçta Bizans sınırına yerleşirler. İlhanlılarla iyi geçinirler, vergi öderler ve yeni gelenlerle sayıları arttıkça Bizans'a doğru yayılırlar. Bizanslılar son bir çabayla, Anadolu'da Türkmenlere karşı ücretli Katalan askerleri kullanırlarsa da, herkesi yağmalayan Katalan askerleri bekleneni vermez. 1304'ten sonra Bizans İmparatorluğu, Anadolu'yu savunmasız bırakır. Hatta taht kavgalarında sık sık Türkmen beyliklerinin askerî desteğini arar. Osmanlı Beyliği, Bizans ile hem çatışma, hem de işbirliği diyalektiği içinde genişler.

Ertuğrul Bey'in 400 çadırlık oymağı, başka boylardan kopmuş oymakların katılmasıyla giderek büyür. Fakat oymaklar hayli bağımsızdırlar ve ortak işlerin yönetiminde geniş ölçüde söz sâhibidirler. Örneğin Osman, oymaklar arası görüşmeler ve tartışmalardan sonra iş başına getirilir. Akınlarda elde edilen para, mal ve tutsaklar, onu gerçekleştirenlere aittir. Fethedilen bir yeri, kabile askerî gücünün başında orayı fetheden bey alır. Ne devlet, ne bütçe, ne de bürokrasi vardır. Osman, Saltukname'deki deyimle, bir devlet başkanı, bir padişah değil, bir «Boy beği gâzi yiğit»tir[40]. Topluluk

---

* Osmanlıların Kayı boyundan geldikleri genellikle kabul edilmekle birlikte, kesin değildir. Prof. Faruk Sümer, Osmanlı hanedanı ile Kayı boyu arasındaki ilişkiyi «oldukça şüpheli» bulmaktadır (Oğuzlar, s. 220). Bu iddia ilk kez, İkinci Murat döneminde Yazıcıoğlu tarafından ortaya atılmıştır. Kayı damgası ilk ve son kez, İkinci Murat'ın bâzı paralarında kullanılmıştır. Ama Osmanlı, Kayı boyunu hemen unutmuştur. Ancak Abdülhamit, Kayı kökenli Karakeçili boyunu Alman İmparatoru'na «akrabalarım» diye tanıtmıştır. Karakeçili boyu, «Bolşevik Taburu» adıyla Kurtuluş Savaşımıza da katılmıştır.

içinde servet farklılaşması, kesinleşmiş olmaktan uzaktır. Osman Bey, sofrasını devamlı herkese açık tutar. Öldüğü zaman Osman'ın terekesi birkaç at ve bir iki yüz koyundan ibarettir. Altın ve gümüş değerli eşyası ve parası çıkmaz. Fakat Rumlar elindeki kentlerin savaşla ya da anlaşarak ele geçirilmesi, haraç alma ve talan yoluyla topluluk zenginleşir, akıncı Türkmen gâzileri ve dervişlerin akmasıyla büyür. Bizans'ın, taht oyunlarında Osman Bey kuvvetlerine başvurmak zorunda kalması, Ceneviz'le yapılan askerî işbirliği, Rumeli'de akınlar yapma yolunu açar. Rumeli'den bir kısım Rum ve Bulgar'ı Anadolu'ya, Anadolu'dan bir kısım Türkmeni Rumeli'ye zorla göçürerek Rumelide yerleşme sağlanır. Bu genişleme, Osman ve Orhan beylere değil de kendi oymak beyine bağlı ve her zaman kullanma olanağı bulunmayan oymak askeri yerine, daha disiplinli asker gereksinmesini ortaya çıkarır. Askere özel bir elbise seçmekle işe başlanır. Ulemadan Hoca Sadettin, özel giyim gerekliliğini şöyle açıklar :

«Böylece asker ile raiyet (halk) arasında, kılık kıyafet bakımından kendini gösteren kargaşalık ortadan kalkmış olur. Askerler kılıklarıyla tanınır ve üstünlük kazanırlar»[41].

Bu özel giyimiyle üstünlük kazanan asker, oymak temelinden koparılır. Seferde ücret alan, onbaşı, yüzbaşı, binbaşı gibi komutanlara bağlanan çiftçilerden yaya ve müsellem (atlı) adlı kuvvetler kurulur .

Artık bir bütçeye ve hazineye gerek vardır. Ulemadan Çandarlı Halil Hayrettin ve Konyalı (Karamanî) Rüstem, bir devlet maliyesi geliştirirler. Hazine ve maliye kurma, göçebe Türkmen geleneğine aykırıdır ve tepkilerle karşılanır. Türkmen eleneğine az çok bağlı tarihçiler, bu tepkileri dile getirirler :

«Cenderlu Kara Halil ve Karamanî Türk Rüstem bu ikisi ol zamanla ulular ve hem bilginlerdi. Hemen kim Osmanlı begleri yanına geldiler, dürlü dürlü hilelerle âlemi doldurdular; anlardan ileri hisap ve defter bilmezlerdi; hemen akça yakub (yığıp) hazine etmek anlardan kaldı».

«Ol zamanda padişahlar, tama'kâr (açgözlü, pinti) değillerdi. Ellerine geçeni virirler, giru hazineye virmezlerdi. Heman kim Hayrettin Paşa kapuya (hükümet başına) geldi, padişahlar, tama'kâr oldu. Padişah olana hazine gerekdür, dediler»[42].

Hazine kuran Osmanlılar, Konya'lı Rüstem'in akıl vermesiyle, ganimetten beşte bir pay almaya yönelirler*. Yeniçeri askerî örgütü bu yoldan kurulur:

«Kara Rüstem eyitdi, bu gâziler ki gazâlarda tutsak çıkarırlar. Tanrı buyruğuyla beşte biri hünkârundur ,dedi... Murat Gâzi dahi eyitdi: Eğer Tanrı buyruğudur şimden giru alun, dedi... Andan sonra Gâzi Evrenos ve Lala Şahin'e ısmarladılar ki akınlardan çıkan tutsakdan beş başda birin pâdişah içün alalar, bu yolla hayli oğlanlar toplayup Murat Gâzi'ye getürdiler. Cenderlu Hayrettin Paşa eyitdi: Bunları Türke virelüm, hem müslüman olsunlar, dedi. Pes öyle idüp günden güne yeniçeri çoğaldı. İlkin (çift sürmek üzere) Türk'e (köylüye) virüp bunca yıl kullanur, hem Türkî öğrenüp hem de müslüman olur. Andan kapuya girüp ak börk giydürüp adını yeniçeri kodılar»[43].

Böylece kabile bağları olmayan, doğrudan doğruya padişaha bağlı devşirme hıristiyandan yeni ordu doğar. «İçoğlan» örgütüyle de sivil bürokrasi geliştirilir.

---

* Muhammed'in kurduğu İslâm Devleti'nde de ilkin bütçe ve hazine yoktu. Savaşlarda sağlanan büyük ganimet, Arap kabilelerine gidiyordu. Bütçe ve hazine kurma yolunda ilk adımları Halife Ömer atar, Osman tamamlar. Ganimetten hazineye pay alınmasına gidilir. Halife Osman, bu yüzden öldürülür. Fakat kabilelere dayalı sistemi yıkarak, feodal islâm devletinin gerçek kurucusu Muaviye olur. Muaviye ve oğlu Yezit'e karşı duyulan sert tepkiler, Ali ile mücadeleleri kadar, belki de feodal devlet-kabile sistemi çatışmasının sonucudur.

İçoğlanlar, küçük yaştan yetiştirilerek devlet bürokrasisinde önemli yerleri doldururlar*.

OSMANLI, AVRUPA DEVLETİDİR

Yıldırım Bayazıt zamanında artık aşiret değil, zengin ve güçlü bir devlet vardır. Yıldırım'ın daha şehzadeliğinde Germiyan Beyi'nin kızıyla evlendirilmesi, bu yeni devletin ilk güç ve zenginlik gösterisi olur. Bu zenginlik gösterisini Hoca Saadettin'den dinleyelim:

«Rumeli beylerinin önde geleni, baş tâcı olan Evrenos Bey, Yusuf** yaradılışta yüz oğlan sunmuştu. Bu delikanlıların her biri, boylarının uygunluğu, vücutlarının tazeliği ile servileri kıskandırmakta, yeni açılmış gülleri çileden çıkarmakta idiler. Onunun ellerinde hâlis altında doldurulmuş tabaklar, onunun ellerinde de gümüş akçalarla dopdolu yine gümüşten yapılmış sahanlar vardı. Seksen delikanlı ise ellerinde ham gümüşten işlenmiş kadehler, ayağlar, şamdanlar, maşrapalar, ibrikler, su kapları getiriyorlardı... Bunların arkasında yüz adet işvebaz câriye sunulmuştu. Bunların her biri de perhiz edenlerin gönüllerini çekecek kadar güzel, seçmede titizlenenlerin yüreklerini oynatacak kadar dilberdi. Sultanları ve padişahları kıskandıran bu yüz köle delikanlı sunulduğu zaman, bilen bilmeyen herkes bu yiğit beyin padişahlara lâyık peşkeşine âferin demiş, pek çok övülmüştü. Bir görevlinin gücü bu ölçüde olunca, onun kudretli hükümdarının olanakları ile gücünün ne derecede olacağı ve ne kadar yüksek bir mertebede bulunduğu, olayı görenlerin gözlerinde belirmiş oldu»***[44].

---

* «Hemen kim Kara Halil oğlu Ali Paşa vezir oldu, fısk ü fücur çoğaldı. Mahbub (sevgili) oğlanlar yanına aldı, adını iç-oğlanı kodı, bir nice zaman ne gerekse idüp çıkarup mansıb virür oldılar. İçoğlanına rağbet itmek Ali Paşa'dan kaldı» (Tevârih-i Al-i Osman).

** Güzelliği ile ünlü peygamber.

*** Devletin kurucusu ulema, bu gelişmeleri överken Türkmen

Bu büyük zenginlik, esas itibariyle, Rumeli'de köylüden alınan vergiden, ganimetlerden, maden işletmeleri ve ticaretten gelir. Osmanlılar, Rumeli'deki Batıdakine benzer gelişmiş feodal düzen bulurlar. Büyük feodalleri tasfiye etmekle birlikte, eski düzeni, özellikle vergi düzenini uzun süre olduğu gibi tutarlar. Vergilerin ağırlığı sürmekle birlikte, angaryaların hafifletilmesi ve dinsel baskılara son verilmesi nedeniyle hıristiyan Rumeli köylüsü Osmanlı'ya az direnir. «Sürgün» denilen zorunlu göçlerle Anadolu'dan Türkmen nüfus getirilmesi, ıssız yerlerin iskânı ve «şenlendirilmesi» tarım ve ticarette canlılık yaratır ve bu gelişmeden devletin aldığı pay sâyesinde, çağın ileri silâhlarıyla donatılmış güçlü bir ordu kurulur. Böylece, Rumeli, Osmanlı Devleti'nin temel güç kaynağını oluşturur. Onun içindir ki, Gibbons, Köprülü, Wittek gibi tarihçiler, «Osmanlı Devleti Rumeli'de kuruldu, sonra Anadolu'yu içine aldı» derler. Hatta Cahen, Osmanlı İmparatorlu-

---

geleneklerine bağlı Âşıkpaşazâde gibi tarihçiler, yererler. Âşıkpaşazâde, «Ta Timur vartasına değin, Bayazıt Han, sohbet esbabın Las kızı (Sırp Despotunun kızı Marya) elinden öğrendi. Ali Paşa yardımıyla şarap ve kebap meclisi kuruldu» diye Yıldırım Han ve Çandarlı'ya çatar. Onlar, devlet maliyesi ve bürokrasi kurulmasını da «bid'at = dinde olmayan kötü yenilikler» diye eleştirirler. Devlet yanlısı ulema da bunları cahiller diye alaya alır. Hoca Saadettin şöyle diyor: «Osmanlı tarihini yazmaya kalkışan bâzı kafasız yerli yazarlar, beşte bir alınması usulünü kötü bid'atlerden biri olarak değerlendirmişler ve Kara Rüstem böylece ilk kez zulüm yolunu açmıştır diye bildirmişlerdir. Bu yolla da ulemaya dil uzatmaya kalkışmışlardır. Dil bilginlerinin temiz etekleri ol asılları bed kişilerin diliyle kirlenmez. Üzülecek yan.... bu bilgisizliğin boş kavramlarını, züğürtlük örneği olan çirkin yazılı kalemleriyle zaman defterine yazmış olmalarıdır.... Bir nice değersiz Türk yazar, duyduklarını yazmakla, boş yere kâğıtla mürekkep harcamışlardır» (Tâc-üt-Tevârih, s. 120).

ğu'nun Asya devleti olmaktan önce Avrupa devleti olduğunu[45] ileri sürer*.

ANADOLU'DA İRAN VE MISIR NÜFUZ BÖLGELERİ

Temel güç kaynağı Rumeli olan Osmanlı Devleti, Anadolu'nun fethine girişir. Konya Selçuklu Devleti'ne bile ait olmayan arazide göçebe Türkmenlerin kendi güçleriyle kurdukları Batı Anadolu beylikleri daha kolay ele geçirilir. Fakat bugünkü Türkiye'nin geri kalan bölgelerini ele geçirmek, yüzyıllar boyu sürecek çetin mücadeleleri gerektirir: Malatya ve Maraş'tan Toros dağları boyunca Tarsus'a ve daha Batı'ya uzanan bölge, Mısır Memlûk Devleti'nin nüfuz alanı içindedir. Dulkadiroğlu, Ramazanoğlu ve Karamanoğlu Türkmenleri Memlûk Devleti'nin yörüngesindedir. Haçlıları ve İlhanlıları birkaç kez yenen Memlûk Devleti, güçlü bir orduya sâhiptir ve Mekke ile Medine'nin koruyucusu olarak kendini İslâm'ın lider devleti saymaktadır. Memlûklar, Fâtih'e kadar Osmanlı'ya ikinci planda bir uç devleti muamelesi yaparlar ve Türkmenleri kullanarak Osmanlıların Kilikya'da genişlemesine izin vermezler.

İran'a egemen devletler ise, Bağdat - Diyarbakır - Erzurum çevresini, hatta Sıvas'a kadar uzanan bölgeyi kendilerine ait sayarlar. İlhanlılar, Timurlular gibi Akkoyunlu ve Safevî devletleri de bu iddiayı sürdürürler.

Alp Arslan ve Melik Şah gibi Timur da, büyük bir olasılıkla Anadolu içlerine sefer düşünmüyordu. Ankara Savaşı'na Yıldırım Bayazıt'ın yerleşmiş nüfuz bölgesi kuralını çiğneyerek Doğu'da genişleme politikası gütmesinin yol açtığı, sağlam kanıtlarla ileri sürülebilir.

---

* Yalnız, unutmamak gerekir ki, Osmanlı Devleti, Anadolu Türkmenleri sâyesinde ve onların büyük katkısıyla kurulmuştur. Rumeli fethinin temelleri, Türkmenlerle Anadolu'da atılmıştır.

ANADOLU KENTLERİNİN TÜRKMEN DÜŞMANLIĞI

Bu genişleme politikasında göçebe Türkmen boyları ve Türkmen beyleri, Osmanlı'ya karşı çıkarlar, kentler ise Osmanlı'ya yakınlık gösterirler. Konya, yağmayı yasaklayan ve kent dışındaki buğday ürününün ancak peşin parayla satın alınmasına rıza gösteren Yıldırım'ı iyi karşılar. 1397'de Karamanoğlu Alâattin Bey kenti savunurken, Konya halkı Yıldırım'a kenti teslim edeceğini gizlice bildirir. Türkmen askeriyle kentten çıkıp Yıldırım'ın Bizans askerleriyle destekli ordusuna karşı savaşmak zorunda kalan Karaman Beyi öldürülür ve başı mızrağa takılıp kentte dolaştırılır. Akkoyunlu Türkmen boylarının beyi Karahöyük Osman, Sıvas'ı kuşatınca, Sıvaslılar Yıldırım'ı kenti almaya çağırırlar. Hadidî, Sıvas âyânından bâzı kişilerin Amasya'ya gidip Yıldırım'ı dâvetlerini şöyle anlatır :

Kati zâlimdir ol Türkman-gümrah (yoldan sapmış)...
Vilâyet kaldı hâlî (boş) gel kerem kıl[46].

Yıldırım Sıvas'ı alır, Malatya'ya kadar genişler. Daha sonra Kemah'ı ele geçirir. Erzincan Bey'ini bağımlı kılar. Timur, bu genişlemeyi savaş nedeni sayar.

Ankara Savaşı'nda Anadolu Türkmen beyleri, Timur'un safında yer alırlar. Savaşta Germiyan, Aydın, Menteş, Saruhan vb. beylerini Timur'un yanında gören Yıldırım Ordusundaki bu beylere bağlı Türkmenler ve Karatatarlar savaşmazlar ve Timur'a katılırlar. Yıldırım'ın en iyi döğüşen kuvvetleri Yeniçeriler ve hıristiyan Sırp askerleri olur.

Timur, Bursa ve İzmir'e kadar ülkeyi yağmaladıktan sonra, Anadolu'yu bağımlı Türkmen beyliklerine böler ve çekilir. Böylece Türkmenlerin aşiret savaşçılığı, bir geriye dönüş biçiminde yeniden canlanır. Yerleşik - göçebe kavgası kızışır.

OSMANLI'NIN ANADOLU'DA TÜRKMEN KIYIMI

Osmanlı Devleti'ni yeniden birleştirecek olan Çelebi Mehmet I., daha Amasya'da ülkenin ufak bir bölümünü elinde tutarken Samsun, Niksar, Tokat, Sıvas taraflarında Türkmen beyleriyle savaşır. Kurulu düzen yanlısı Osmanlı'nın Türkmen'e ne gözle bağtığını belirtmek bakımından bu savaşların öyküsünü Hoca Saadettin'den dinleyelim :

«Türkmenlerden Kara Devletşah adındaki soyguncu, ... Timur'un imzasını taşıyan bir buyrultu ile bâzı yaramazların başına geçirilerek Osmanlı topraklarına saldırmak üzere gönderildi... O kara yüzlü edepsiz yanına câsuslar gönderildi. Alınan haberlerden onun kötülükte yoldaşlık eden askerinin talan ve yağmadan, bakımlı toprakları soymaktan başka birşey düşünmedikleri, dört bir yana dağılmış oldukları anlaşıldı... Kopardığı fesat o yöreyi tutuşturmuş bulunuyordu. Sultan, bunun üzerine adamlarını topladı, uçan kuşlara örnek hızla bu kan dökücü, fitne uydusunun üzerine at kopardı. İnsanlara zulmeden edepsizi... bulup savaşa tutuştu».

«Aynı kafada bir aşağının aşağısı da Kubadoğlu denilen pis herifti. Canik'te bâzı Türk adlıların başında bulunuyordu».

«İnaloğlu* adındaki aman bilmez sırtlanın, imanları zayıf 20 bin kadar Türkmene baş olup ininden çıkmış ve Tokat topraklarına girmiş olduğu... haberi geldi. Ayrıca onun Sultan'a ait topraklardan her gün bir parçasını yağma ve talan ettiği, dehşetinden buralarda oturanlara korku saldığı, halkı yurtlarından eylediği, gerekli tedbirler alınmaz yavaş davranılırsa, büyük zararlara yol açacağı bildirilmiş bulunuyordu... Padişah, bir mektupla oraya bir elçi yollanmasını akla yakın gör-

---

* Bozok Türkmenlerinden.

dü. Mektupta denildi ki: Memleket halkı ve güçsüz kişiler, Allah'ın bize emanetidir. Bunlara bakmak, onları korumak padişahlığın nâmus borçudur. Kulağımıza öyle geldi ki, size bağlı olanlar, hizmetinizde bulunanlar, at ve davarlarının çokluğundan, atalarımızdan kalan illerimizde, bakımlı ülkelerimizde yaşayan halkı dara düşürmüşler. Size yakışan budur ki, illerimizin çiğnenmesine, ayaklar altında kalmasına izin vermeyesiniz. Adamlarınız ve size bağlı olanlar, halkın varlığına el uzatmaya yol bulmamalıdır. Bu toprakları sâhipsiz sanarak el çabukluğuyla konmaya kalkıştıysanız, buraları koruyanın, bakanın, şanı yüce koruyucusunun kim olduğunu anladıktan sonra, artık çekip gidersiniz. Göçmezseniz, kötü bitecek sonuçlara hazırlanınız».

Padişah, «bin kadar yiğit atlı ile kötü İnaloğlu üzerine at kopardı... İnaloğlu denilen zâlim, zahire toplamak için adamlarını çevredeki topraklara yaymış olduğundan yanında on bin kadar kan yutucu atlı bulunmakla, bunlarla savaşa girmiş, sabahtan akşama dek döğüşü sürdürüp götürmüştü». Fakat sonunda Padişah, az sayıda gücüyle İnaloğlu'nu ezer. Gözleroğlu adındaki Karahisar kentini alan «Türkmen eşkiyası»nı da yener.

«Adı güzel Sultan, Gözleroğlu'nun işini bitirip Tokat'ta dinlenmekte iken, 1402 yılı sonlarına doğru, işi gücü eşkiyalık olan Köpekoğlu* adındaki bir Türkmenin, Timurluların kışkırtmasıyla bakımlı ülkeleri talan etmeye kalkıştığı, bildiğini işler, köpek gibi her gördüğünü dişler, dağda bayırda dolaşan bu Türkmenin çomar örneği Kazabat ovasına seğirtip hırs dişlerini bileyerek aç gözünü doyurmak için çevreye saldırdığı ve kendine göre bağımsızlık bayrağı açmaya kalkıştığı haberi geldi. Bu kuduz köpeğin uluması, ağırbaşlı Sultan'ı tedirgin etmiş olduğundan, adamlarını topladı ve onu tepelemeye gitti... Padişah'ın askerleri, varlıkları

* Avşar Türkmenlerinden.

çirkin bu kalabalık üzerine döküldüler. Canını bilenler sabah uykusunu nasıl seviyorlarsa, Köpekoğlu da o sabah it gibi uyurken bastırıldı. Yardımcıları olan itler de uykuya dalan bahtları gibi, uykuda yakalandılar... Kimi tutsak alındı, kimi de kılıçlara lokma oldu. Dağda taşta dolaşan Türkmen ise, bâzı fesatçı yoldaşları ile 'köpeklere sokak gerek' sözünü gerçekleştirip dağlara düştü. Uzun süreden beri ele geçirdiği malları yollara döktü».

«Sultan'ın deryalar kadar geniş gönlünü, kargaşa günleri, evreni dolduran üzüntülerin baskısı, parçalanma ve dağılma durumu sıkmakta iken, inatçı şeytana uyanlardan ve hayırsız hırsızlardan biri olan Mezit* de, bir nice Yezit'lik yolunun yolcusu pis herifi etrafına almış, temellerine kadar yıkılmış olan Sıvas kentini konak edinerek halkın varını yoğunu soyup, gelen geçeni yağmalayıp yol kesenlerin başbuğu olmuş idi... Sultan, Bayazıt Paşa'yı seçkin yiğitler, güngörmüş atlılarla Sıvas üzerine göndermişti. Meğer viraneliklerde barınan haydut, yıkıntılarda tüneyen baykuş, bu harap kente konmuş, Sultan Camii denilen mescidi kendisine konak, adamlarına da barınak yapmış bulunuyordu. Bayazıt Paşa, ... eşkiyayı yatağında bastırdı. Mescidi çepeçevre çevirdi... Cami duvarlarının yıkılmasına gerek olduğu anlaşılınca, askerler mescidin temellerini deşmeye başladılar. Mezit bu durumda umudunu kesmiş, adamları minareye çıkıp orada direnmeye çalışıyordu ki, Bayazıt Paşa, minarenin dibinde saman yakarak içerisini dumana boğdu. İş böyle olunca içerideki soysuzlar inmek zorunda kaldılar... Haydut Mezit, Pa-

---

* İlhanlı Devleti çökünce, Sıvas ve Kayseri bölgesi egemeni olan ulemadan Kadı Burhanettin'in damadı. Feodal bir devletin temsilcisi olan Avşar Türklerinden Burhanettin, göçebeye karşı yerleşikleri korur, Türkmen'le savaşır. Timur'a karşı çıkar ve Osmanlı'yı da bir savaşta yener. Akkoyunlu Kara Osman tarafından öldürülür. Damadı ise, Türkmenlerin başına geçer, yenilince Osmanlı hizmetine girer.

dişah'ın katına çıkarıldığı zaman gösterişi, davranışı, yiğitliğini ortaya koyan tutumu ile Sultan'ın pek hoşuna gitti ... Yolkesicilikte harcayagördüğü yiğitliği, gözüpekliği, cihat yolunda harcamaya söz verirsen, suçunu hoşgörünün örtüsüyle sarar, kırılmış gönlüne muradını verir, seni hoşnut ederim, dedi... Onu, Sıvas'ı onarmakla görevlendirdi. Mezit Bey de üstün bağlılık ve doğrulukla bu görevin gereklerini yerine getirip büyük bir titizlik içinde Sıvas kentini şenlendirdi»[47].

ŞEYH BEDRETTİN AYAKLANMASI

En sıkıntılı ve zayıf günlerinde dahi Türkmen'e yüklenen Çelebi Mehmet, yerleşik tarım ve kente dayalı kurulu düzenin temsilcisi olur. Rumeli'de göçebe Türkmen'e, aşiret bağlarından daha kopmamış yaya ve müsellem askere dayanarak taht kavgası veren Musa Çelebi'ye karşı, Bizans ve hıristiyan soyluları desteğiyle mücadele verir.

XV. Yüzyılda Rumeli'nin belli bölgelerinde hayli kalabalık göçebe Türkmen kitleleri vardır. Fakat bu Türkmenlere artık Yörük* adı verilir. Sultanlar, savaşçı vurucu güçlerine muhtaç bulundukları Yörüklere ilk zamanlarda bir ölçüde iyi davranırlar, ağır vergilendirmeden kaçınırlar. Selânik Yörükleri yasasında «göç-

---

* XV. Yüzyıldan sonra Batı Anadolu ve Rumeli'deki göçebe boylara Yörük genel adı verilir. Doğu'daki kabileler ise Türkmen adıyla anılır. Bâzı Batılı yazarlar Yörük ve Türkmen arasında bir etnik farklılaşma olduğunu, Yörüklerin Ön Asya göçebeleriyle karıştığını ileri sürerlerse de (Werner), tarihçilerimiz bu görüşe karşıdırlar. Faruk Demirtaş, Anadolu'ya Mogol istilâsından sonra gelmiş ve kabile örgütlenmesini daha güçlü biçimde korumuş Doğu ve Güneydoğu'daki Oğuz boylarına Türkmen denildiğini, Anadolu'ya daha önce Selçuklularla göçmüş ve kabile örgütlenmesi zayıflamış Batı'daki Oğuzlara ise Yörük adı verildiğini belirtir (Belleten, Sayı 47, s. 585-593). Faruk Sümer de Türk, Türkmen, Yörük, Tahtacı, Kızılbaş (Alevî) denilen toplulukların hepsi, Oğuz (Türkmen) kavminin torunlarıdır, der (Oğuzlar, s. 175).

menlerin yaşayış biçimine karışılmaması, sipahilerin onlara vergi yükleyip eziyetten kaçınması» özenle belirtilir. Fakat bu özen, aynı zamanda Sipahi-Yörük çatışmasını dile getirir. Sipahi ve yerleşik köylü (reaya), göçebelerin ve davarlarının ürüne zarar vermelerinden ve bu yüzden gelirlerinin düşmesinden yakınır. Bu yakınmada hıristiyan sipahi ve hıristiyan reaya da, müslüman sipahi ve reayanın safındadır. İşin ilginç yönü, bu mücadelede hıristiyan göçebelerin (Ulahlar), islâm göçebelerin, yâni Yörüklerin safında yer almasıdır.

Musa Çelebi, Yörük ve Ulah savaşçıları çevresinde toplar. Rumeli'nin zengin bey ve paşalarını Flori (altın para) kokar diye öldürüp mallarını alır. Alevî Yörükler üzerinde etkin Şeyh Bedrettin'i kendine Kazasker yapar. «Kâfire karşı gaza» geleneğini en sert biçimde canlandırır. Trakya, Teselya ve Sırbistan'a karşı kutsal savaşa girişir, Istanbul'u kuşatır. Mehmet Çelebi, Bizans gemileriyle Rumeli'ye çıkar. Sırp zırhlı süvarilerinin arkadan saldırılarının da desteğiyle Musa Çelebi'yi yener.

Kısa bir süre sonra Şeyh Bedrettin, Ulah ve Yörük'e dayanarak Rumeli'de başkaldırır. Halifesi Börklüce Mustafa, İzmir bölgesinde harekete geçer. Börklüce, bölgenin yoksul halkının ve Torlak Kemal'in alevî göçebelerinin başındadır. Torlak Kemal'in Yörükleri, «devlet belâsından kurtulma» çabasındadır* ve 1405'te Kütahya'dan geçen Şeyh Bedrettin'i «Padişah hizmetinde» diye kınarlar.

Börklüce, göçebe dayanışmasına ve fakirlik koşullarına uygun düşen «fakirlikte eşitlik» görüşünü savunur: Fakirlerin tüketimi eşit ve ortak olacaktır. Bu görüş, denizcilik olanaklarından yoksun kalan ve arazisi tarıma elverişsiz bulunan Karaburun'un işsiz hı-

---

* Resmî tarih, «lânetlenesicilerin başbuğu» dediği Börklüce'nin Aydın iline gidip «sevgi tohumlarını kavrayışları kıt Türklerin gönül tarlalarına ekiverdiğini» yazar (Tâc-üt-Tevârih, I, s. 110).

ristiyan halkınca da benimsenir. Börklüce. hıristiyanlarla işbirliğini savunur.

Börklüce'nin eşitçi radikal tutumuna karşın, Şeyh Bedrettin daha ılımlıdır. Kazaskerliğinde tımarlar dağıtarak Sipahileri ve küçük soyluları kazanmaya çalışır. Yalnızca aşiret savaşçılığına dayanma durumunda kalan Musa Çelebi'nin hatâsına düşmek istemez. Yörük ve Ulah savaşçılarına Sipahileri de katarak güçlenmeyi dener. Ayrıca Musa Çelebi'nin hıristiyan düşmanlığını reddeder, dinler arasında eşitliği savunur. Mehmet Çelebi, hıristiyanlarla iyi ilişkiler kurmakla yetinirken, Bedrettin dinsel eşitliği, hıristiyan ve müslümanlar arasındaki siyasal eşitliği de kaldıracak biçimde anlar. Hıristiyan köylü arasında destek kazanır. Fakat daha ilk savaşta Sipahilerin Padişah yanına geçmesiyle, Bedrettin savaşı yitirir. Böylece Tveritinova'nın «halkçı radikal» dediği Börklüce hareketi ve «ılımlı feodal» diye nitelediği Bedrettin hareketi[48] başarısızlıkla sonuçlanır. Fakat göçebe-yerleşik, aşiret savaşçılığı - kapıkulu ve Sipahi çatışması sona ermez. «Düzmece» denilen Şehzâde Mustafa, aşiret savaşçılığına ve acımasız gaza geleneğine dayanarak İkinci Murat'a güç günler yaşatır. Ama «Düzmece»nin aşiret kökenli halk milisleri (azaplar), kapıkulu askeri Yeniçerilerle ve Ceneviz'in deniz desteği sâyesinde ezilir. Karaman, Germiyan ve Ulah destekli Şehzâde Küçük Mustafa isyanı, benzer güçlükler yaratır. Fakat Bursa, Karamanoğlu kuvvetleriyle «Osmanlı kentini vurmaya gelen» şehzadeye karşı direnir, kentin kapılarını açmaz*.

---

* Tebriz-Avrupa ticaretinin merkezi olan Bursa'da halk, Ahî liderleri aracılığıyla görüşlerini Şehzâdenin lalasına şöyle açıklar: «Kerem edin atasının memleketin bu yad leşkere yıkdırman ve hem kente girmen dediler. Girerlerse kenti yıkarlar ya da vururlar. Bilirsiniz Karaman'ın yaptığı budur» (Âşıkpaşazâde, s. 101).

ANADOLU'DA İKİNCİ BİR TİMUR BEKLENİYOR

İkinci Murat iki yanlı ateş altındadır. Bir yandan Yanko (Jan Hunyad) savaş arabaları ve ateşli silâhlar kullanarak, tabur cengi denilen yeni savaş yöntemleri geliştirerek ve köylüye dayanarak Osmanlı Ordularını güç durumda bırakır ve ardarda üç yenilgiye uğratır. Haçlı Seferleri tehlikeli biçimde gelişir. Öte yandan Timur'un yerini alan Şahruh'un bir Anadolu seferi her an beklenir. Şahruh, daha Çelebi Mehmet döneminde yazdığı tehdit dolu mektupla Anadolu'da söz sâhibi olduğunu anlatır ve kardeşlerini ortadan kaldırmasını ve Anadolu beyliklerini tasfiyeye kalkışmasını hoş karşılamadığını belirtir. Şahruh'un gölgesinde harekete geçen Akkoyunlu Kara Yülük, Osmanlı Padişahına, Şahruh'a bağlı Türkmen beyliklerine zarar vermekten kaçınmasını söyler. Kara Yülük, Şahruh'a yazdığı ileri sürülen bir mektupta da, Karamanoğlu, İsfendiyaroğlu, Hamidoğlu, İzmiroğlu, Dulkadiroğlu gibi Türkmen beyleriyle Bizans İmparatoru, Trabzon ve Gürcistan Meliklerinin kulluklarını sunmak için Şah'ı beklediklerini bildirir. Gerçekten gerek hıristiyanlar, gerekse Türkmen beyleri Osmanlı'ya karşı yeni bir Timur'un Anadolu seferinin özlemi içindedirler. Bu koşullarda Çelebi Mehmet, yanıtında son derece aşağıdan alır, Şahruh'a bağlılığını ve itaatini tekrarlar ve Karamanoğlu'na karşı hareketini «nefis müdafaası» diye açıklar. İkinci Murat, Timurluya bağımlılık politikasını ölümüne kadar izler. 1435'te Şahruh'un Akkoyunlu'ya, Dulkadirli'ye, Karamanlı'ya ve Osmanlı'ya yolladığı kaftanı giyerek Şahruh'a bağlılığını yineler. Murat, Malatya ve Divriği'ye kadar Anadolu içine girmiş Mısır Memlûk Sultanı'na karşı da benzeri bir yumuşaklığı sürdürür. Dedesi Yıldırım'ın hatâsını işlemekten kaçınır.

İşte bu büyük güçlükler arasındadır ki, Osmanlılar, Oğuzlardan olduklarını, Oğuzların hem de önde gelen Kayı boyundan çıktıklarını anımsarlar. Paralarda Kayı boyunun damgası yer alır. Tarihçi Yazıcıoğlu'nun düzenlediği şecere, Osmanoğullarını Oğuz Han'a ve Nuh'un oğlu Yafes'e bağlar. Timurluların Cengiz Han'ına karşı Oğuz Han çıkarılır. Akkoyunluların Oğuzlardan Bayındır soyuna karşılık Kayı soyu ileri sürülür. Wittek, bu Oğuzculuğa «ulusal romantizm» akımı diyor; aslında tehlikeli bir durumda aşiret savaşçılarını kazanmak ve Timurlular ile Akkoyunlulara karşı ideolojik bir meşruiyet savaşı vermek söz konusudur. Romantizm değil, gerçekçilik egemendir.

Bu kritik dönemde İkinci Murat, Edirne yakınında çadırda yaşar. Kente ve saraylara pek az uğrar. Hıristiyan tarihçilere inanmak gerekirse, Orta Asya Türk geleneğine uygun biçimde, atalara insanlar kurban eder. Savaşçı dervişleri ön plana çıkarır. Akıncılık ruhunu körükler, aşiret savaşçılığını över.

Oğuz atalara ve göçebe Türk geleneklerine görünüşteki bu dönüşe karşın, İkinci Murat da babası Mehmet Çelebi ve dedesi Yıldırım gibi, yerleşik Osmanlı düzenini pekiştirme ve güçlendirme çabasındadır. Türkmen savaşçılığını bu yolda kullanır. Başkaldıran Ege beyliklerini yeniden imparatorluğa katar. Kurulu düzeni bozan Türkmenleri en sert biçimde cezalandırır: Murat'ın lalası Yörgüç Paşa, Amasya ve Tokat çevresini yağmalayan, yol kesen Kızılkocaoğulları adlı dört Türkmen beyini ve boylarını tuzağa düşürüp yok eder. Resmî tarih, bu Türkmen kırımını şöyle açıklar :

«Yörgüç Paşa'nın buyruğu üzerine, Osmanlı askerlerinden bir nice yiğit, gökten düşen belâ örneği içki meclisini basmış, çalgı çağnak köşküne dalarak dördünü de bir anda yalın kılıçtan geçirivermişlerdi. Geride kalıp da kaçanlarıysa, bir bir yakalayıp zincire ve prangaya bağladılar. Hepsini bir mağaraya doldurup ağzını kapattıktan sonra, içini kara gönülleri gibi dumana boğdular, kızgın ateşle ve böylece korkunç bir ceza ile helâk eyleyip ülkenin eteklerini vücutlarının pisliğinden temizlediler. Ertesi sabah, yâni gümüş tüylü tavus kuşu kol ve kanatlarını açtığı, gece kuşları karanlık köşelere sindiği demde Yörgüç Paşa, seçtiği ülkeler açan yiğitlerle bu uygunsuzların yurdu, çoluk ve çocuklarının konağı olan Çorumlu ovasına atladı. Ansızın bastırarak, orada olan Türkmenleri de kırıp geçirdi. Sürü ve davarlarını aldı. Ele geçen ganimet o kadar fazlaydı ki, bir koyun bir dirheme satılacak kadar ucuzladı. Bunların çoluk ve çocuklarını kimseye dokundurmadı. Onlar ise dilenciliğe dönüp bütün ülke içine dağıldılar. Yörgüç Paşa, bir Türkmen getirene bir kaftan adamış, bunu da tellâllarla duyurmuştu. Bu yolla da Türkmenlerden pek çok kimseyi temizlemiş oldu. O tarihten sonra Türkmen eşkiyası, başsız ve güçsüz kaldılar»[49].

İkinci Murat, Şahruh'un korkusuyla, Timurludan kaçarak kışın kendine sığınan ve konuğu olan Karakoyunlu İskender'in Türkmenleri üzerine baharda Ordu gönderir ve onları Osmanlı arazisini terke zorlar. Resmî tarih, olayı çarpıcı biçimde anlatır:

«İskender Mirza, adamlarıyla Tokat serhaddi üstünde kış günlerini geçirirken, Türkmenler de yaban sürüleri gibi kışlayacakları mağaralara girdiler. Böceklerin çıkıp yayıldıkları zaman onlar bahar faslını beklemeye başladılar. Şahruh Mirza, ... Azerbeycan'da bulduğu Türkmenleri kılıçtan geçirip çoluk çocuklarını tutsak aldıktan sonra yurduna döndü. Doğanın en güzel yapıtlarını ortaya koyduğu bahar mevsimi gelip çattığı zaman, Karakoyunlu terekemesi (Türkmenleri) kudurmuş kurtlar gibi çevrede yaşayan halkı dalamaya başlayıp asıl yaradılışlarının ve yapılarının gereğini ortaya koydular.... İskender Mirza, Osmanlı Ordusunun bakımlı ülkelerini korumak üzere o yöreye doğru ilerlediğinden de haberdar olunca, can korkusu ve telâşı içinde yanındaki Türklerle birlikte göçüp gitti. Ama yine de Türkmenlik yaradılışları gereği, yol üzerinde ne buldularsa çarparak halka zarar vermekten de geri kalmadılar»[50].

OSMANLI'YA KARŞI HAÇLI-TÜRKMEN İŞBİRLİĞİ

İkinci Murat, en büyük mücadeleyi Haçlılar ile ittifak eden Karamanoğlu Türkmenlerine karşı verir. Murat, Haçlılara karşı Morava, İzledi ve Yalvaç savaşlarında ardarda yenilgilere uğrarken, Karamanoğlu da devamlı arkadan saldırır. Nihayet Murat, Rumeli fetihlerini geri vererek Haçlılarla ağır koşullar altında barış yapar ve Karamanoğlu'na döner. Dört mezhepten (Şafiî, Hanefî, Malikî ve Hanbelî) bilginlerden, «Karamanoğlu İbrahim Bey'in katli vâciptir» fetvaları alan Murat, Konya bölgesini 1444 Temmuzunda ilk kez vahşice yağmalatır :

«Hünkâr, çok sayıda asker topladı. Rumeli'nin ne kadar kendine bağlı kâfir askeri varsa, anı dahi sürdü. Konya'ya çıktı, yağma buyurdu. Karaman ilini şöyle vurdular kim, köylerini ve kentlerini elek elek ettiler, harap ettiler. Karamanoğlu kaçtı, Taşeli'ne girdi ve ol yıl babası bilinmeyen nice oğlan ve kız doğdu»[51].

Fakat Murat, «katli vâciptir» fetvalarına karşın, Karamanoğlu'na yine de yumuşak davranır. Karamanoğlu'na beyliği bırakılır. Zira tehlikeli bir Haçlı Seferi başlamak üzeredir. 1444 kışındaki Varna savaşında Osmanlı Ordusu bozguna uğrar. Murat, çekilme kararı alır. Osmanlı, belki de kesinlikle Rumeli'den kovulmak üzeredir. Hıristiyan dönmesi Karacabey, çekilmeyi engeller. Yeniçeriler, şiddetle direnir. Yeniçeri komutanı Hoca Hızır'ın Macar Kralı Ladislas'ın kafasını kesip mızrak ucuna takarak göstermesi üzerine, düşman bozulur. Savaş, bir Yeniçeri zaferi olur.

Yeni bir Haçlı Seferinde Osmanlı Ordusu'na Karamanoğlu'nun yolladığı Turgutlu Türkmenleri de katılır. Resmî tarihçiler, geniş ölçüde ateşli silâh kullanmaya yönelen bakımlı Osmanlı Ordusu saflarındaki «başıbozuk» ve fakir görünüşlü Türkmen askerini alaya alırlar:

«Kaltak ayırlu, kayış özengilü, kılıçları bağı ipten bir alay Turgut Türkleri ki, her birinin toğruluğu at uğruluğu idi, bir yere gelmiş ve bir nice kılıksız kıyafetsiz zavallı derilüp tâ ki bölüşmede kendilerine düşen payı alsınlar diye ordu yerine utanmayıp irmişti. Hüdavendigâr Hazretleri (Padişah) ol birkaç gün görmemiş kişinin durum ve hallerini görerek, hafifçe gülümseyip başbuğlarına, askerlerimizin maskarası yoğ idi, kereminden Karamanoğlu ol hizmeti görmüş demişti»[52].

Ne var ki, kılık kıyafeti ve silâhlarıyla alay konusu edilen Türkmen askeri ile, Osmanlı Ordusu uzun süre bir türlü başedemez. Karaman beyleri, Mogollar ve Selçuklular zamanında olduğu gibi, sıkışınca Toroslara çekilir ve tehlike geçince yeniden ortaya çıkarlar. Nitekim yeni Padişah Mehmet II., Istanbul'u almadan önce, 1451'de Ege beyliklerinde de karışıklıklar çıkaran Karamanoğlu üzerine yürür. Konya'yı alır. Karamanoğlu, Toroslara kaçar. Fatih, anlaşmak zorunda kalır. 1464'te Akkoyunlu desteğiyle beyliği elinden alınan Candaroğlu Kızıl Ahmet ile birlikte Karaman Beyi İshak bölgeyi istilâ eder. Memlûk Sultanı adına ülkede hutbe okutulur. Fatih, beyliği ortadan kaldırma kararı alır. Konya'ya girer, Larende'ye (Karaman) kaçan İshak'ı başvezirine kovalatır. İshak, ele geçirilemez ama, ele geçen Türkmen tutsaklar öldürülür. Başvezir Mahmut Paşa, Turgutlu Türkmenleri üzerine yollanır. Tarsus'a kadar izi sürülen bu Türkmenlerden ele geçirilenler zincirlere vurularak Fatih'e gönderilir. Ülke, Silifke dışında, Osmanlı'ya bağlanır ve Türkmenler öldürülür. Konya ve Karaman'daki sanat erbabı Istanbul'a sürülür. Fatih, sürgünü yumuşak uyguluyor diye Başvezir Mahmut Paşa'yı görevden alır. Yeni başvezir Rum (Grek) Mehmet Paşa, acımasız bir sürgün politikası izler. Zengin kişileri ve Mevlevî Şeyhi'ni bile sürer, evlerini yıkar ve mallarına el koyar. Ama Türkmenler yine ayaklanır. Rum Mehmet Paşa, öç için, Karaman ve Ereğli'yi yağmalatır. Karamanlılar, bir kurul yollayıp Medine vakıfları olan cami ve okullarını korumasını Paşa'dan isterlerse de, kurul üyeleri öldürülür. Rum Mehmet Paşa, Varsak Türkmenlerinin üzerine yürür; ama Varsaklıların pususuna düşer, ordusunun yarısını ve ganimetlerini yitirir. Yeni başvezir İshak Paşa, Mut'ta Karamanlıları yener. Aksaray kenti halkını sürer. Bunlar Istanbul'da Aksaray mahallesini kurarlar. Gedik Ahmet Paşa, Toroslarda temizliğe girişir. Silifke ve Alanya kalelerini alır. Fakat yine de Karamanlı işi sona ermez.

KUR'AN TÜRKÇEYE ÇEVRİLİYOR

Karamanlılar, öteki Türkmen beyleriyle birlikte, Akkoyunlu Uzun Hasan'ın çevresinde toplanırlar. Akkoyunlular, Güneydoğu Anadolu bölgesindeki dağınık Oğuz boylarını biraraya getirerek ve yine başka bir Oğuz topluluğu olan Karakoyunlular ile amansız savaşlar vererek güçlenirler. Duruma göre, Memlûk Devleti'nin, Timurluların ve Kadı Burhanettin'in hizmetine girerler. Savaş ve yağma ile geçinirler.

Ünlü Selçuklu tarihi uzmanı Mükrimin Halil Yinanç, bu Türkmen boyları hakkında ağır konuşur:

«... Bütün Asya'da gördüğümüz hastalığı Anadolu'da da görmekteyiz. Haydut çeteleri toplayabilen eşkiya başıları ile aşiret sâhibi olan beyler, hem adamlarını geçindirebilmek ve hem de kendilerine bir beylik sağlamak için her yanı yağmalıyorlar, biribirleriyle çarpışıyorlar, mevcut devletlerin yanına yardımcı ya da ücretli savaşçı olarak giriyorlar, çağdaşları olan Avrupa condottiere'leri gibi yalnız savaş ile geçiniyorlar ve istilâ ordularının öncüleri olarak geçtikleri memleketleri yağmalıyorlar, yakıp yıkıyorlardı. Bir gün önce yaptığı ittifakı ertesi gün bozan, hizmetine girdiği ya da ortak çalışmaya söz verdiği bir hükümdara ya da öteki beye hiyanet eden, hiçbir antlaşma ve sözleşmeye bağlanmayan, vatan, ulus, toplum ve aile gibi kayıtlara bağlı kalmayan ve hiçbir ahlâk ve insanlık kuralı tanımayan, savaşçılık ve doğuş cesaretinden başka bir erdemleri olmayan, ancak yağma, yıkma, ganimet ve nihayet yalnız başarı düşünen bu başkanların ve beylerin eylemleri zamanında bütün Asya gibi Anadolu da harap olmuştu»[53].

Akkoyunlular yine de bu savaşçı ve dağınık Türkmen boylarını biraraya getirerek aşiretlere dayalı bir devlet kurmayı başarırlar. Mogol İlhanlı geleneklerine dayanarak feodalleşme yolunda ilerlemeye koyulurlar. Kur'anı Türkçeye çevirten ilk hükümdar olan Uzun Hasan, bu yolda hayli çaba gösterir. Trabzon Rum İmparatorluğu ile kız alarak akrabalık ve dostluk ilişkileri kurar ve henüz daha pek güçlü bulunmadığı bir dönemde kendini Timurlu'nun mirasçısı sayar. Daha 1459 yılında Istanbul'a elçiler yollayarak Fatih'ten uzun süredir ödenmeyen haracın gönderilmesini, Trabzon Rum İmparatorluğu'ndan haraç almaktan vazgeçilmesini ve Rum Prensesi karısının çeyizi olan Kayseri bölgesinin kendisine verilmesini ister.

Uzun Hasan giderek güçlenir. Doğu Anadolu ve İran'a egemen olur. Timurluların mirasçıcı durumuna geçer. Bu niteliği ile Osmanlı'yı kendine bağımlı sayar. Oğuz Han soyundan geldiğini söyleyerek, bütün Türkmenlerin liderliğinde hak iddia eder. Bunun içindir ki, Osmanlı tarihçileri de, Osmanoğullarının Oğuz Han'ın meşru mirasçısı Kayı soyundan geldiklerini, Osman'ın Türk töresine göre Türkmen beylerince Han seçildiğini ve Anadolu'daki bütün Türkmenlerin meşru egemeni bulunduğunu iddiaya koyulurlar*. Fakat daha

* Timur, bir mektubunda Yıldırım Bayazıt'a alelâde bir gezici Türkmen soyundan geliyorsun, Anadolu halkı bunu biliyor diye hakaret etmiştir.

önce Timur'a bağlanan Anadolu Türkmen beyleri, bu kez Uzun Hasan'a koşarlar. Karamanoğlu Pir Ahmet ve Kasım, Candaroğlu Kızıl Ahmet, Germiyanoğlu, Dulkadiroğlu Şah Ahmet, Rüstem ve Süleyman, İnaloğlu vb. gibi Anadolu beyleri, Hasan'ın yanındadırlar. Özellikle Kızıl Ahmet, Timur gibi Uzun Hasan'ın da Osmanlı'ya dersini vermesini ister. Hasan'a sığınan Osmanlı ulemasından Titrek Sinan, Sıvas Beylerbeyine «Timur'dan daha büyük» olan Hasan'a direnmenin boşluğunu yazar. Hasan'ı «gerek soy ve sop, gerek kişisel yetenek bakımından» Fatih'ten üstün tutar.

PAPA-TÜRKMEN İŞBİRLİĞİ

Hasan, Osmanlı'ya karşı yalnız çevredeki Rum ve Gürcü prensleriyle değil, Papa ve Venedik başta olmak üzere hıristiyan Batı devletleriyle de ilişki kurar. Hasan'ın elçileri Roma, Venedik ve Tebriz arasında mekik dokur. Papa, güçlü bir Haçlı donanmasını Anadolu kıyılarına yollar. Venedik, top ve silâh yollamayı kararlaştırır. Fatih ile uzun bir savaşa girişen (1463-1479) Venedik'in Hasan'dan istediği karşılıklar şunlardır :

— Osmanli, bütün Anadolu'yu Akkoyunluya vermedikçe, Boğazların Avrupa yakasındaki ve Yunanistan karşısındaki araziyi bırakmadıkça Uzun Hasan barışa yanaşmayacaktır.

— Osmanlı, kıyılarında kaleler kuramıyacak ve Karadeniz ticareti Venedik'e daima açık kalacaktır.

— Hasan, Osmanlı ile barış yaparsa Mora, Midilli, Eğriboz ve Agros'un Venedik'e bırakılmasını antlaşmada sağlayacaktır[54].

Haçlı ve Venedik desteğine güvenen ve Istanbul'u Osmanlı'dan alma hayallerine kapılan Uzun Hasan, 1472 baharında Karamanoğulları ve Kızıl Ahmet'in de katıldığı bir öncü Türkmen kuvvetini Anadolu içlerine sürer. Tokat yağmalanır ve kent halkı tutsak alınarak Erzurum'daki Hasan'a yollanır. Kayseri düşer, Ankara bölgesi yağmalanır, Karaman ili alınır. Osmanlı, bu öncü güçleri ancak Beyşehir yakınlarında durdurabilir. Karamanoğlu, Toros derinliklerine çekilir.

Fatih, seferberliğe girişir. Her hıristiyan köyünden iki kişi askere alınır. Bizans imparator ailesi Paleolog soyundan dönme Has Murat'ın komutasında Rum, Arnavut ve Sırp hıristiyanlardan önemli bir birlik kurulur. Ayrıca Ulahlar'dan kalabalık bir «Eflâk» birliği sefere katılır. Kışta ve fırtınada sefere çıkan Fatih, Uzun Hasan ile Anadolu Güneyindeki Venedik donanması arasında bağlantı kurulmasını önlemeye büyük önem verir. Suvarilerini ileri çıkararak bunu sağlar. Daha önce Toros'larda giriştiği Türkmen avı da, Venedik bağlantısını olanaksız kılmakla ilgilidir.

Bu arada bütün gençler Anadolu seferine götürüldüğünden Istanbul ve Rumeli tamamen savunmasız bırakılır. Yola çıkmadan önce, Istanbul'u nasıl savunacağını soran başvezire Fatih şu karşılığı verir :

— Tüccarlar ve zenaatkârlar var. Onlarla savunursun. Bütün geri kalanları benim götürmem gerek.

Böylece Rumeli bir Macar istilâsına açık kalır. Hasan, «Avrupa'daki Osmanlı ülkesini tutuştur» diye Macar Kralına mektup yazdırır. Ama Osmanlı, Macarları diplomasiyle oyalar. Haçlı donanması ise, denizden Istanbul'u almakla görevlendirilir. Venedikliler, Gelibolu tersanesini yakmayı başarırlar. O karışıklıkta donanmanın Boğaz'dan geçip Istanbul önlerine gelmesi kolaydır. Fakat Venedikli amiral, bu fırsatı kullanamaz. Antalya ve İzmir'i bombalamak ve yağmalamakla ve Güney'de aldığı kaleleri Karamanoğlu Kasım'a teslim etmekle yetinir. Bununla birlikte Istanbul korkulu günler geçirir. Hatta bu korkulu günlerde Şehzade Cem, Istanbul'da Fatih'e karşı bir darbe hazırlıklarına bile girişir. Fatih'in Fırat'ı geçen Has Murat komutasındaki birliklerinin Tercan'da bozguna uğrayıp yok edilmesi, Istanbul'da karışıklıkları iyice artırır.

Uzun Hasan, zaferden güvenlidir. Tercan'dan önce

Fatih'e yolladığı elçileri, Trabzon ve Sinop'un Akkoyunlu'ya verilmesini, Karamanoğlu Devleti'nin yeniden kurulmasını isterler. Elçiler, Fatih'e darı dolu bir çuval verirler. Bunun anlamı, askerlerin darı kadar çok değilse, savaşa heveslenme biçimindedir. Fatih, darı çuvalını tavukların önüne boşaltır. Tavuklar darı tanelerini hemen tüketince, Fatih şöyle konuşur:

— Efendine söyle, nasıl tavuklar bir çuval dâneyi yutuverdiyse, *benim Yeniçerilerim de onun savaşmaya değil, belki de keçi gütmeye alışık adamlarını yok edecekler.*

Fakat çoban Türkmenlerin Tercan zaferi, Fatih'in görüşünü değiştirmişe benzer. Babinger, ilk yenilgi üzerine Fatih'in seferden cayıp acele Istanbul'a dönmeye niyetlendiği* kanısındadır[55]. Nitekim Fatih, orduya savaş alanını boşaltıp Trabzon yoluna doğru geri çekilme buyruğu verir. Ama hızla ilerleyen Hasan, Osmanlı'yı Otluk Beli'nde savaşmak zorunda bırakır.

---

* Uzun Hasan'ın yanındaki İtalyan Elçisi Barbaro, karıları, çocukları ve hayvan sürüleriyle savaşa giden Akkoyunlu ordusunun yürüyüşünü anlatır: Kadınlar yürüyüşte önemli rol oynarlar. Güneşten korunmak için yüzleri at kılından yapılmış örtü ile kapalıdır. Çocuklarını bindikleri atların eğer kaşında taşırlar. Sol elleriyle hem atın dizginlerini, hem çocuğun beşiğini tutarlar. Sağ elde ise küçük parmağa bağlı kamçı vardır. Çocuklarını yürüyüşte iken emzirirler. Elçi, kadınların da gerektiğinde savaşa katıldığı kanısındadır. Başka bir Batılı gezgin, Türkmenlerden Dulkadiroğlu'nun 30 bin kişilik kadın askeri olduğunu yazar. Âşıkpaşazâde, Osmanlı'nın Türkmen'e dayalı ilk fetih günlerinde gezgin gâzi, abdal (derviş), âhilerin yanı sıra «Bâciyan-ı Rum»dan, yâni Anadolu bacılarından söz eder. Bunların kadın-asker olduğu ileri sürülür. Barbaro, Akkoyunlu ordusunun dökümünü şöyle yapar:

6000 büyük çadır, 30000 deve, 5000 yük katırı, 2000 katır, 20000 küçükbaş hayvan, 11000 büyükbaş hayvan, 25000 atlı asker, 1000 en iyi ve orta cins kadın, 5000 kadın hizmetçi, 6000 12 yaş altında çocuk, 5000 bebek, 5000 yük arabası, 2000 eşek, 20000 hizmet atı, 100 av leoparı, 200 doğan, 3000 atmaca, 50 şahin, 3000 yardımcı adam (Vryonis, The Decline of medieval Hellenism in Asia Minor, s. 263-264).

Yıldırım'ın Ankara savaşına benzer bir yenilgi tehlikesi Fatih için ortaya çıkar. Ama bu kez, Osmanlı Ordusu, ok, yay ve mızrağa değil, top ve tüfeğe dayanır. Top ve tüfek, Türkmen'i birkaç saat içinde bozguna uğratır. Tutsaklar yok edilir. Orduyla birlikte götürülen 3 bin Türkmenden her gün 400'ü öldürülür. Türkmen, böylece «Tüfek icad olundu, mertlik bozuldu» sözünün anlamını öğrenir. Fatih, Uygur harfleriyle yazılan bir fetihname ile «Rum ilinin seyyid, kadı, müftü, şeyh ve vâlilerine, toplu ve dağınık oturan Türk, Arap, Yalvaç, Kalaç, Karluk, Kürt halklarına, kâhyalarına, tüccarlarına, kasaba ulularına, sucu ve gemicilerine» zaferi bildirir.

TOROSLARDA TÜRKMEN AVI

Fatih, bundan sonra Toroslarda Türkmen avına girişir. Ordusuyla Konya'ya gelen Gedik Ahmet Paşa, Meram bahçelerinde ana dillerini unutmuş, Türkçe konuşan hıristiyan Rumlar arasında karargâhını kurar. Türkmenlerin sığındığı Toros'un sarp kalelerini top ateşiyle teslim alır. Venediklilerin Karamanlı'ya verdiği kaleleri teker teker ele geçirir. Dönüşünden önce Karaman beylerini hile ile şölene çağırır, hepsini öldürür. Topladığı erkek, kadın ve çocuk Türkmenleri Trakya, Sırbistan ve Bosna'ya sürer. Karaman'da böylece asayiş sağlanır.

Karamanlı Beyi, taht iddiasındaki Osmanlı Şehzâdesi Cem'i Türkmenleriyle destekler. Fakat Konya ve Aksaray gibi önemli kentler, Cem'e ve Karamanlı'ya kapılarını açmaz. Hareket bu nedenle sonuç vermez. Bayazıt II, Cem ile Adana'da birleşen Turgutlu ve Varsaklı Türkmenleriyle uğraşmak zorunda kalır. Çukurova'da Türkmen'le mücadele, Osmanlı-Memlûk savaşına dönüşür. Memlûk desteğiyle, Turgutlu Türkmenleri Ermenek'e saldırır. Bozok Türkmenlerinden Dulkadiroğulları, Memlûk'a karşı Osmanlı safındadır. Ama saf değiştirip Osmanlı'nın Kayseri Vâlisi Yakup Paşa'nın ordugâhını yağmalarlar. Osmanlı, Turgutlu ve Varsaklı Türkmenlerine karşı bir cezalandırma seferine girişir, hisarlarını alır. Osmanlı, ilerleyerek Ceyhun suyu kenarında Uç-ok Türkmenleriyle vuruşur. Bölge Türkmenlerinin hemen hepsi Osmanlı'ya karşıdır. Yetişen Memlûk Ordusu, Adana önlerinde Osmanlı'yı yenilgiye uğratır. Osmanlı Ordusundaki Karamanlı sipahilerin döğüşmeyip kaçışı dikkati çeker. Yenilgiden Varsaklı ve Turgutlu Türkmenleri sorumlu tutulur. Tarsus ile Karaman arasındaki sarp dağlarda dört yandan kuşatılan Varsaklı ve Turgutlu boyları ezilir. Memlûk Devleti ile savaşa yönelinir. Memlûk Ordusu'nda Şam Türkmenleri ile Uç-ok'tan Ramazanoğlu ve Turgutlu Türkmenleri vardır. Savaşta Osmanlı Ordusundaki Karamanoğlu sipahileri bir kez daha kaçar. Türkmenler kaçan Osmanlı'yı şiddetle kovalar ve ordugâhını yağma ederler. Başka bir Osmanlı Ordusu, Elbistan önünde Memlûk destekli Bozok Türkmenlerinden Dulkadiroğlu'na yenilir. Bunlar Kayseri'yi kuşatır, Niğde, Ereğli, Karaman ve Aksaray bölgesini yağmalayıp Külek Boğazı'na çekilirler. Sonunda barış yapılır ve Çukur-Abad denilen Çukurova, Memlûk'a bırakılır.

Görülüyor ki, Rumeli'ye sağlam yerleşen Osmanlı, ancak XVI. Yüzyıl başında bin güçlükle ve Anadolu'nun ancak bir kısmına egemen olabilir. Fatih'in ve daha önceki Osmanlı yöneticilerinin Türkmen'e karşı politikası, göçebeyi yerleştirmek biçiminde gelişir. Sürgünler genellikle yerleştirme amacıyla kullanılır. Böylece Anadolu'da Türkmen boylarının adını taşıyan birçok köy doğar. Öyle ki, tarihçilerimiz, bu köy adlarına bakarak Oğuz boylarının Anadolu'daki hareketlerini izlemeye çalışırlar.

MERKEZİYETÇİ FEODAL DEVLETİ FATİH MEHMET KURDU

Osmanlı, yerleşmede soyluluğa büyük önem verir.

Tımar ve zeametler, sancak beylikleri, eski Türkmen beylerine dağıtılır. Söz dinleyen büyük beylere, yeniden bir karışıklık ögesi olmasınlar diye, genellikle kendi beyliğinden uzakta, Rumeli'de arazi ve yönetim görevleri verilir. Bu kural, hıristiyan beylere de uygulanır. Örneğin Bulgar Kralı Şişman'ın oğlu, Samsun ve daha sonra Saruhan sancak beyi yapılır, Börklüce isyanını bastırmakla görevlendirilir. Trabzon Rum İnparatorluğu sülâlesine, Rumeli'de dirlikler sağlanır. Bununla birlikte, Fatih'in genel eğilimi, ilk fırsatta hanedanları yok etmek, daha alttaki küçük soyluları ise korumak olur. İtaatli ufak beyler sipahi, çiftçiliğe geçen göçebe Türkmen ise reaya yapılır. Bu kural müslümana da, hıristiyana da uygulanır. Örneğin Arnavutluk'ta 1431-1432 sayımlarına göre, 335 tımarın 100'ü Saruhan, Canik, Bolu ve Engürü'den sürülmüş, Türk soyundan sipahilerin elindedir. 56 tımar da eski hıristiyan Arnavut beylerine verilir. Teselya'da 1454-1455'te 182 tımarın, 111'i hıristiyan sipahilere ayrılır. Askerlik ve yöneticilikten gelen, genellikle köle kökenli «hizmet soyluları» sayılmazsa, reayanın sipahiliğe yükselme olanağı yok gibidir. Ancak olaganüstü hallerde, savaşta çok üstün başarı gösteren reaya, sipahiliğe çıkabilir. Ama genel kural ,reayanın sipahilikten uzak tutulması yolundadır. Babadan, dededen sipahi olmayana dirlik verilmez. 1531 fermanı *«Sipahiye yabancı, yâni soylu olmayan, karıştırılmasın»* der. Osmanlı, soylulukta o kadar titizdir ki, beylere Memlûk Sultanı ya da Dulkadir hanedanı tarafından verilen tımarları bile geçerli sayar. Boş tımar bulunamayıp da açıkta kalan *«emekli sipahiler»* dahi reayaya geçirilmezler, vergi ayrıcalıklarından ve tımar almada öncelik hakkından yararlanırlar. Kısaca, Sipahi, bâzı tarihçilerimizin iddia ettiği gibi, maaşı doğrudan vergi geliriyle ödenen bir memur değil, küçük feodaldir. Onların üstünde, fetih günlerinden önce ve fetih yıllarında geniş mülk ve servet edinen, vakıflar kuran ve reaya üzerinde önemli yetkilere sâhip bulunan büyük feodaller yer alır. Selçuklulardan beri görülen büyük aileler, Rumeli ve Anadolu kentleri eşraf ve âyânının önde gelenleri bu kategoriye girer. Merkeziyetçi Fatih ve başveziri ulemadan Karamanlı Mehmet dahi, bu büyük ailelerin mülk ve vakıflarına el koymaya ya da yükümlülüklerini artırmaya kalkışırlarsa da başarılı olamazlar. Büyük aileler Şehzâde Bayazıt çevresinde toplanırlar. Fatih, büyük bir olasılıkla zehirlenir*, sarayı yağmalanan başvezir öldürülür ve yeni Sultan Bayazıt'ın ilk işi, eski durumu geri getirmek olur. Fatih'in bütün yapabildiği, sipahiliği, yâni küçük feodalliği geliştirerek, büyük feodalleri dengelemek olur. Çok sınırlı gelire sâhip küçük soyluların yükselmesi ve gelirlerinin artması, büyük feodalin baskısından korunması, Sipahi'nin merkezî yönetime bağlanmasına yol açar. Böylece Sipahi, yükselme döneminde merkezî yönetimin dayanağı olur. Sipahi de doğrudan doğruya Padişah'a bağlı, daimi asker Yeniçeri ile dengelenir. Yeniçeri, büyük feodallere karşı da merkezin vurucu gücüdür. Fatih, bu sâyede bir ölçüde merkeziyetçi bir feodal devleti oluşturur**.

---

* Babinger, Fatih'in İranlı doktoru eliyle, Bayazıt tarafından zehirlettirildiği kanısındadır (Mahomet II le Conquérant, s. 493). Babinger'in kanıtları inandırıcı gözükmektedir.

** Osmanlı düzeninin feodal olup olmadığı çok tartışılmıştır. Tartışma, feodalizm deyimine çok farklı anlamlar verilmesinden doğmaktadır. Tarihçilerimiz, genellikle, bu deyimi merkezî devletin güçlülüğüne ve zayıflığına göre kullanmaktadırlar. Devlet zayıflayıp eyaletlerde merkeze kafa tutan beyler türeyince, düzene feodal demektedirler. Böylece feodalizm, siyasal nitelikte bir üstyapı kurumu olarak değerlendirilmektedir. Oysa feodalizm, herşeyden önce bir üretim biçimidir ve toprağa az çok bağlı bir köylü kitlesiyle, bu kitlenin üretiminin bir kısmına ekonomi dışı yollardan el koyan tekelci bir azınlığın varlığıyla belirlenir. Osmanlı üretim biçimi, bu anlamda Batı Avrupa gibi feodaldir. Fark, Batıda köylü üretmiinden payı feodal aldığı halde, Osmanlıda artığın bir kısmını merkezî otoritenin almasıdır. Merkezî otoritenin, artığın ve üretimin edinimi üzerindeki denetiminden önemli sonuçlar çıkaranlar, «Asyagil» ya da «vergisel biçim» diyorlar. «Asyagil» savını benim-

Top ve tüfeğin icadı, Batılı krallar gibi Fatih'in de merkeziyetçilik yolunda en büyük desteği olur. Özellikle Rumeli'de Fatih, binlerce kaleyi yıkarak beylerin direnme gücünü azaltır ve az sayıda stratejik kaleye yerleştirdiği Yeniçerilerle geniş tarım arazisini denetim altında tutar. Toroslarda da aynı stratejik kale yöntemiyle, isyancı Türkmen beyleri denetime alınır.

Yeniçeri ve Sipahi sâyesinde, Mihailoğlu, Turhanoğlu vb. gibi büyük akıncı beylerinin güçleri kırılır. Örneğin Fatih'e kadar bu akıncı beyleri tımarlar dağı-

---

seyen Keyder-İslâmoğlu, «merkezî feodalizm» terimini «dolambaçlı» buluyor (Toplum ve Bilim, Bahar 1977, s. 56). Osmanlı tarihi bölümünde, konuyu ayrıntılarıyla ve geniş biçimde inceleyeceğiz. Kaldı ki, Osmanlı merkeziyetçiliği de çok fazla abartılmamalıdır (Yaşar Yücel, Osmanlı İmparatorluğunda Desantralizasyon, Belleten, Sayı 152).

Fatih Mehmet, Istanbul'dan sonra İtalya ve Roma'yı da alarak Roma İmparatorluğu'nu kurma çabasındadır. Roma tarihini, İtalyan rönesans prensliklerini iyice inceler. Geniş sayıda İtalyan danışmanı sarayında toplar, İtalya'dan ressamlar, heykeltraşlar ve mimarlar getirir. Florensalıların Pera'daki evlerinde düzenledikleri toplantı ve eğlencelere katılır. Grekçe ve Lâtince kitaplar toplar. Hıristiyan dinini inceler. Fatih, oğlu Sultan Bayazıt'a göre, dindar değildir. Hatta Papa, Fatih'in çevresindeki İtalyanlardan gelen haberlere dayanarak, ona hıristiyan olması için bir mektup yazar. Papa'ya göre hıristiyan Fatih, gerçek bir Roma İmparatoru olacak, Avrupa Fatih'in etrafında toplanacaktır. Görüldüğü üzere, İslâmcılarımızın dört elle sarıldığı Ayasofya'yı cami yapan Fatih, Batıcıdır. Batılılaşmaya, yâni o zamanki deyimiyle «frenkleşmeye» yönelmiştir. Tutucular, frenklere çok değer veriyor diye, zamanında Fatih Sultan Mehmet'i eleştirmişlerdir. Âşıkpaşazâde, adamlar frenkler gibi sakal kesiyorlar, kadınlar ise saçlarını kısaltıyorlar diye bu ilk «Batıcı»lara tepki gösterir. Birçok tarihçi, Fatih'i Atatürk ile karşılaştırır. İnalcık'a göre Fatih, çağının en modern hükümdarlarındandır (Belleten, Sayı 108, s. 627). Vryonis, Anadolu büyük çoğunlukla hıristiyanlaşmışken, Rumeli'de hıristiyanların çoğunlukta kalışını, merkeziyetçi Fatih devletinin Türkmen'i disiplin altında tutmasına ve ekonomik verimlilik kaygısına bağlar (The Decline of Medieval Hellenism in Asia Minor, s. 500).

tan, kendi özel askerî gücüne ve adamlara sâhip, padişahla eşit güçte, hayli bağımsız kudretli kişilerdi. Padişah ancak «eşit beyler arasında birinci bey» idi. Fatih, Mehmet I, dönemi saltanat kavgalarında önemli rol oynayan bu akıncı beylerin Jan Hunyad'ın ateşli silâhları karşısında uğradıkları başarısızlıklardan da yararlanarak güçlerini sınırlamayı başarır. Fakat bu akıncı bey aileleri, geniş mülk sâhibi büyük feodaller olarak yüzyıllar boyunca yine de kudretlerini sürdürürler.

İĞRETİ TÜRKMEN TOPLULUĞU

Böylece, yerleşik tarıma dayalı, merkeziyetçi eğilimli Osmanlı feodal düzeninde göçebe Türkmen reaya çiftçiliğe, Türkmen beyleri ise Sipahiliğe yöneltilir. Fakat yine de önemli bir Türkmen kitlesi göçebe yaşamdan vazgeçmez. Esasen hayvancılığa geniş yer veren Osmanlı ekonomisinde, göçebe-yerleşik işbirliğine gerek vardır. Göçebe-yerleşik ilişkisi, her zaman talancı ve tarımı yıkıcı olmayabilir. Göçebe-yerleşik arasında iki taraf için de yararlı bir ekonomik alış-veriş düzeni, göçebe yıkıcılığı denetlenebildiği sürece geliştirilebilir. İşte bu nedenle, Osmanlı, «konar-göçer» diye adlandırdığı göçebeyi «il» ya da «ulus» hâlinde gruplandırır. Konar-göçerler sırasıyla aşiret (boy), cemaat (oymak) ve oba (mahalle) bölümlerine ayrılır. Nasıl ki Rum Patriği belli bir yerde oturmayan, her yere dağılmış Ortodoks hıristiyanların geniş yetkiler sâhibi lideri ise, dağınık göçebe boy ve oymaklarının başına, onların ileri gelenlerine danıştıktan sonra hükümetçe atanan beyler getirilir. Beyler, yardımcı kethudalarıyla, göçebe Türkmen'i yönetirler, anlaşmazlıklarını çözerler ve vergilerini hükümet görevlilerine ulaştırırlar. Hükümetçe atanan «Türkmen Voyvodaları» vergi için gerekli sayımları yaparlar, bey ve kethudaların garanti ettiği vergileri toplarlar. Belli bir yeri olmayan gezici «Türkmen kadıları» önemli anlaşmazlıkları çözerler. Osmanlı

can'a gitmiş Türkmenlerdir. Kızılbaş ulusu, Varsak (Adana-Tarsus), Cepni (Trabzon ve Canik), Turgutlular (Konya), Bayat (Halep) vb. gibi katılmalarla büyümüştür.

Safevî Devleti'nin kuruluşu, Türkiye'de şiîler arasında büyük bir coşkunluk yaratır. O kadar ki, biribirlerini «Şah» sözüyle selâmlarlar. Şah'ın ziyaretine kalabalık gruplar hâlinde giderler. Şah'ın propagandacıları, Anadolu'da Alevîler arasında çalışırlar, ayaklanmaları körüklerler. Konya'daki Karaman Vâlisi Osmanlı Şehzâdesi Şehinşah'ı kazanırlar. Şah İsmail'in propagandacılarından Rumiyeli Nur Ali Halife, Sıvas bölgesinde 3-4 bin Türkmen suvari toplar. Osmanlı yöresel kuvvetlerini bozguna uğratıp Tokat'ı alır ve Şah İsmail adına hutbe okutur. Avşar, Varsak, Karamanlı, Turgutlu, Bozoklu, Tekeli, Hamidelli boylarından katılanlarla güçlenir. Nur Ali Halife, Osmanlı'yı bir kez daha yener.

ŞAHKULU AYAKLANMASI

Daha geniş bir hareket, Antalya bölgesinde görülür. Osmanlı tarihlerinde Şeytankulu denilen Şahkulu Baba Tekeli ayaklanır. Ayaklanmayı, İran'da bir şiî devletinin kurulmasının ve Osmanlı taht kavgasının kolaylaştırdığı ve cesaretlendirdiği açıktır. Fakat asıl neden, sosyal ve ekonomiktir. Osmanlı memurlarının göçebe Türkmen'i aşırı vergilendirmesi ve çeşitli müdahaleleri, Rumeli'ye sürgün yollamaları, Erdebil ziyaretlerinin yasaklanması onları ayaklanmaya açık tutar. Buna bir de Türkmen beylerine ait tımarların ellerinden alınıp, onlara göre «lâyık olmayan» kapıkullarına verilmesi eklenir[58]. Soylu bey kökenli sipahiler, soylu saymadıkları kapıkulu kökenli sipahileri hor görürler ve onlar yüzünden tımarlarının yeteri kadar genişlemesinin önlenmesine, daralmasına ya da ellerinden alınmasına tepki gösterirler*. Nitekim Şahkulu'nun askerî gücünün en önemli kısmını bu bey soylu Teke-ili sipahileri teşkil eder. İsyanla ilgili Osmanlı belgelerinde bu durum belirtilir:

«.... askerlerin içinde sipahi taifesinden çok âdem vardır, en çok fesatları eden anlardır.... Paşanın ne kadar aşçısı, seyisi, mehteri ve başka hizmetçileri varsa, tümü tımar sâhibi oldular, yoldaşa dirlik kalmadı»[59].

Şahkulu, Antalya bölgesi ve Rumeli'de örgütlenme çabasındayken, toplantılarının basılması üzerine, isyan bayrağını açar. Osmanlı kaynaklarına göre, ayaklanmanın amacı, alevî Türkmenlere dayanarak Rumeli ve Anadolu'yu Şah İsmail'e bağlamaktır. Şahkulu, ilkin çok başarılı olur. Ayaklanmayı, alınan tedbirler sonucu, Rumeli'ye sıçratamamakla birlikte Korkuteli, Elmalı, Isparta, Gülhisar, Keçiborlu, Sandıklı taraflarını yakıp ve kadılarını öldürüp Kütahya önüne ilerler. Buradaki savaşta Anadolu Beylerbeyi Karagöz Ahmet Paşa'yı bozguna uğratır ve Osmanlı belgelerine göre, ateşte kebap eder. Alaşehir ovasında Osmanlı'yı bir kez daha yener. Bursa tehlikeli günler yaşar. Fakat Büyük Vezir Hadım Ali Paşa'nın Yeniçerilerle Rumeli'den Anadolu'ya geçmesi üzerine, Kızılkaya boğazına çekilir. Buradaki kuşatmayı yararak Sıvas'a doğru kayar. Büyük Vezir, tüfekçi Yeniçerileriyle *«bir avuç Türk-i bi devlet»* dediği Türkmenleri kovalar. Sıvas yakınlarında Gedikhan'da Türkmenler, Büyük Vezirin tüfeklileriyle savaşmak zorunda kalırlar. Tüfeğe karşı oklarla Türkmen usulü bir savaş verirler. Hendekler ve develerle çevrili bir alanda, kadın ve çocuklarıyla birlikte savaşırlar. Başvezirin Karahanlı sipahileri savaşı bırakır. Tüfekli Yeniçeriler, sonuna kadar savaşır. Şahkulu tüfekle,

---

* 1500 yılında bir il yazıcısı, Karaman ilindeki tımarların sayısını bir kat artırınca, tımarlar küçüldüğünden ve yeni kişilere keyfî dağıtıldığından, Karaman sipahileri ile Turgut ve Varsak boyları ayaklanırlar. Hatta İran'dan getirdikleri Karamanoğullarından Mustafa'yı hükümdar ilân ederler. Fakat ezilirler.

Başvezir okla vurularak ölür. Savaşı kazanan Türkmenler İran'a doğru çekilirler*. Fakat Osmanlı saltanat mücadelesinde, Şehzâde Ahmet ve Şah İsmail Halifesi elinden tâç giydiği belirtilen oğlu Murat, tahtı Yeniçeri desteği ile Yavuz Selim kazanınca, Alevî kıyamının başına geçerler. Sıvas, Çorum, Tokat bölgesinde faaliyet gösterirler.

YAVUZ SELİM'İN KIZILBAŞ KIRIMI

Yavuz Sultan Selim, İran seferine ve Anadolu'da Türkmen kırımına hazırlanır. Kamuoyunu hazırlamak üzere, Osmanlı ulemasını Kızılbaşa karşı propaganda ile görevlendirir. Sonradan Şeyhülislâm olan Kemalpaşazâde bir broşür yazarak şiîlerin mallarının helâl, nikâhlarının hükümsüz, öldürülmelerinin câiz olduğunu belirtir. Şiî ile yapılan savaşın öteki din düşmanlarıyla yapılan savaş gibi cihat sayıldığını açıklar. Sultan Selim, buyruklar yollayarak Anadolu'da yediden yetmişe

---

* İran'a doğru geniş Türkmen göçünün nedenlerinden biri de, ilk dönemlerde göçebe savaşçıya orduda geniş yer veren Osmanlı'nın daha sonra Yeniçeri ve Sipahi'ye dayanmasıdır. Türkmen, böylece askerlik dışına düşer. Hatta Doğu Karadeniz çevresindeki Çepniler, Kızılbaş oldukları için askerî hizmetlere alınmadığı gibi, önceden alınmış olanlar da askerlikten çıkartılır. 1548'de 20 bin akçenin üstündeki dirliklerin yalnızca kapıkullarına verilmesi yasalaştırılarak, Sipahi Türkmen beylerinin yükselme yolları kapanır. Safevî Ordusu ise, kapıkulu askerine değil, Türkmen boylarına dayanmaktadır. Osmanlı'da vergi yükümlüsü, yâni reaya olan Türkmen, İran'a geçince askerî hizmete girerek vergiden kurtulur. Hele boy beyi ya da Sipahi ise, Safevî Devleti'nin en yüksek mevkilerine yükselir. Örneğin Şahkulu isyanında önemli rol oynayan Teke-ili sipahilerinden Olama, İran'da Azerbeycan Beylerbeyi olur. Şah Abbas'a kadar Safevî Devleti'nde Türkmen beylerinin egemenliği sürer, Şah onların birçok halde kuklası durumunda kalır.

Konar-göçer Türkmen ve Kürt boyları, ancak Osmanlı'nın Avrupa'da kesin yenilgisini belgeleyen 1683-1699 savaşları sırasında, 1691'de askere çağrılır. Bu savaşta, konar-göçerler savaşmazlar, düşmanın top ateşi karşısında dağılırlar.

kadar Kızılbaş olanların deftere yazılmasını ve kendine bildirilmesini ister. Bu kayıtlara dayanarak, Selim'in Anadolu'da 40 bin Kızılbaşı astığını, ya da hapse attığını Osmanlı kaynakları yazarlar. Selim, bu terörü Şah İsmail ile savaşırken ordunun gerisinde ayaklanma olacağı gerekçesine bağlar ve Şah İsmail'in bir adamını hapisten çıkararak «Var gördüğünü söyle» diye İran'a yollar. Ayrıca ana dili Türkçe olan ve Türkçe güzel şiirler yazan Şah İsmail'e Farsça bir mektup yollayarak, onu müslümanlığı kabule çağırır.

Çaldıran'a kadar ilerleyen Selim, yorgun askerlerini dinlendirmeden savaşa tutuşur. Zira çoğu alevî olan akıncıların, beklenirse karşı tarafa katılacağından korkulur. Savaş, Yeniçerinin tüfek ateşi ve toplarla kazanılır. Türkmen bozguna uğrar. Bundan sonra Selim, Şah İsmail'e karşı sefere katılmayan ve bâzı boyları Osmanlı zahire kollarını vuran Dulkadirli beyini cezalandırır, ilin başına başka bir bey atar.

TÜRKMEN'İ KÜRT BOYLARI İLE DENGELEME

Kızılbaş Türkmen'i ağır biçimde cezalandıran Yavuz Selim, Şah İsmail ve Kızılbaş'a karşı bir denge kurabilmek, sınırların savunulmasında destek sağlamak için Kürt aşiret beylerini ödüllendirir. Çaldıran seferinde yanında bulunan Kürt bilginlerinden İdris-i Bitlisî'yi Urmiye Gölü'nden Malatya'ya ve Diyarbakır'a kadar uzanan bölgeyi Şah İsmail'e karşı ayaklandırıp Osmanlı'ya bağlamak amacıyla görevlendirir. İdris, kudretli beyleri elde eder, Safevî yanlısı Kürt beylerini de zorla Osmanlıya bağlar. Şah İsmail'in elindeki Diyarbakır'da halk ayaklandırılır, kentteki Kızılbaşlar öldürülür ya da kentten kovulur ve Diyarbakır Osmanlı'ya bağlanır[60]. Şah'ın adamı Ustaclu Türkmen beylerinden Karahan, kenti yeniden kuşatır. Kürt beyleri aşiretleriyle gelerek kenti kurtarır. Yine İdris-i Bitlisî'nin öncülüğü ile Mardin alınır, tellâllarla şeriatın yeniden egemen olduğu ilân edilir ve ne kadar Kızılbaş külâhı varsa toplatılarak lâğım çukuruna atılır. Türkmen beyi Karahan'a karşı Kürt aşiret askeri ve 2 bin tüfekli Yeniçerinin birlikte verdiği savaş, Karahan kurşunla vurulunca kolayca kazanılır. Bölge, böylece daha birçok uğraştan sonra Osmanlı'ya bağlanır. Fakat burada tımar sistemi uygulanmaz. Beylikler, küçük bağımlı hükümdarlar sayılabilecek Kürt hanedanlarına mülk olarak verilir. Cizre, Genç, Bitlis, İmadiye , Mahmudiye, Hakkari, Ağil, Palu vb. ailelere ait serbest «mir-i miranlıklar» olur. Daha küçük beyler de yurtluk-ocaklık alarak, aynı geniş yetkilerle Sokman, Kulub, İtak, Tercil, Mihrani, Pertek, Çapakçur, Çermik sancaklarını elde ederler. Doğu'da Çıldır eyaleti kurulunca, burada da dört sancak, mülkiyet üzere Kürt beylerine verilir. Ayrıca Van, Diyarbakır, Şehrizar'da 400 kadar aşiret başkanlığı bey ailelerine bırakılır.

Kanunî Süleyman'a ait bir belge, bu Kürt beyliklerinin nasıl tapulu bir aile malı olduğunu göstermeye yeterlidir :

«Bey öldüğünde eyaleti kaldırmayıp bütünüyle oğlu tek ise ona kalacak, oğlu çok ise istekleri üzerine kale ve yerleri aralarında paylaşacaklardır. Uzlaşamazlar ise, Kürdistan beyleri nasıl uygun görürlerse öyle yapacak ve mülkiyet yoluyla bunlara sonsuza değin tasarruf edeceklerdir. Eğer bey oğulsuz, akrabasız ölmüşse, o zaman eyaleti dışarıdan yabancı hiç kimseye verilmeyecek, Kürdistan beyleri..... bölge beylerinden ya da bey oğullarından her kimi uygun görürlerse ona vereceklerdir»*[61].

---

* Türkmen'e karşı ise tam karşıt tutum izlenir. Örneğin Doğu Karadeniz bölgesinin Türkleşmesinde baş rolü oynayan Çepnilere ilkin bir ölçüde iyi davranılmış, beylerine tımarlar verilmiştir. XVI. Yüzyılın ikinci yarısında ise, Çepnilere dirlik verilmemesi buyurulur, Van, Erciş, Ahlat ve Bitlis kalelerinde hizmet gören Çepnilerin tümü çıkarılır.

Doğaldır ki, Türk ve Kürt beylerine karşı farklı politika, siyasal nedenlerden doğmaktadır. «Uç» sayılan yerlerde, des-

Bu geniş serbestîye karşılık, Kürt beylerinden istenen, vergi ve çağrıldığında sefere katılmaktır. Başlıca görevleri, Şah İsmail'in Kızılbaşlarıyla savaşmaktır. Kanunî, Diyarbakır Beylerbeyine yolladığı bir buyrukta bu görevi belirtir :

«Kızılbaş lekesi olanları hapisle yetinmemeli, bu gibiler uygun önlemler ile elde edilerek habis vücutları ortadan kaldırılmalıdır. Kızılbaşlığa eğilim gösterenlere gecikmeden fırsat ve olanak vermeyesin. Hazo hâkimi Bahattin'in, onun aşiret ağalarının ve öteki gerekli adamlarının derbentleri okçularıyla koruyup Kızılbaş haramîlerinin ülkeye zarar yapmalarına olanak vermemelerini buyurup sağlayasın. Aynı buyruğu Zırki ve Şirvan beylerine de ulaştırasın, dikkatli ve uyanık olsunlar»[62].

OSMANLI'YI TÜKETEN 300 YILLIK İRAN VE TÜRKMEN SAVAŞLARI

Kürt beyleri, arada çeşitli karışıklıklar çıkmasına ve saf değiştirmeler görülmesine karşın, bu «uç beyliği» görevini genellikle yerine getirirler. Türkmen boylarına dayalı İran Devleti ile Osmanlı arasındaki savaşlar, üç yüz yıldan fazla, kesin bir sonuç vermeden sürer. Güçlü Osmanlı orduları karşısında İranlılar, Türkmen savaş geleneğine uygun biçimde, çevreyi yakıp yıkıp, ürünleri yok edip çekilirler ve yıpratma savaşlarıyla yetinirler. Zaten gıda durumu ve iklim koşulları elverişli olmayan bölgede büyük Osmanlı orduları, Napolyon'un Rusya seferinde Fransız Ordusunun tükenişi gibi, savaşmadan erirler. Fetihler, kalıcı olmaz. Padişah ve

---

tek sağlayabilmek ve karşı safa geçmeyi önlemek için beylere ödün verilmektedir. Örneğin Tekeli sipahilerden iken Safevî Devleti'nde Azerbeycan Beylerbeyi olan Olama, Osmanlı'ya geçince Bitlis ona verilmiş, bu kez de Bitlis'in Kürt Hanı İran hizmetine geçmiştir.

Başvezirin büyük orduları seferden dönünce, Şahların Türkmen komutanları yitirdikleri yerleri geri almakta güçlük çekmezler. Bu sürekli ve pahalı savaşlar, bölgenin yakılıp yıkılmasına ve, Osmanlı düzeninin Doğu'ya götürülmemesine yol açtığı gibi, Osmanlı Devleti'nin zayıflamasının, ordunun bozuluşunun ve Anadolu'yu kasıp kavuran ayaklanmaların nedenlerinden biri olur*.

XVI. YÜZYIL KIZILBAŞ AYAKLANMALARI

Şah İsmail'in yenilmesine ve Anadolu'daki Kızılbaş kırımına karşın, alevî Türkmen ayaklanmalarının arkası kesilmez. Bozok Türkmenlerinden tımar sâhibi Tur-

---

* Bâzı tarihçiler, İran Devleti'ni yok olmaktan, Osmanlı ve Özbek saldırıları arasında silinmekten Türkmen'e dayalı Safevî Devleti'nin esirgediğini ileri sürüyorlar. Minorsky'ye göre, İran'ı iki yanlı «Türk hücumlarının dalgaları altında boğulup gitmekten» şiî devlet kurtarmıştır. Şiîlik, parçalanmış İran'da merkezî devleti güçlendirerek bunu sağlamıştır. Minorsky, görüşünü şöyle tamamlıyor: «Temelinde İran milliyetçiliğe ile hiç bir ilişkisi olmayan bu yeni doktrin (şiîlik) İranlıların... Türk okyanusu içinde erimesine karşı koyma hakkını sağlayan bir ada görevini gördü» (Persia in Iranica, s. 252). John Andrew Boyle, bu görüşü paylaşarak İran'ı Türkleşmekten Türk'ün koruduğunu belirtiyor: «İran'ı Türkleşmekten kurtaranların adları bile Türklüklerini ilân eden Türkmen şahsevenler ya da Kızılbaşlar olması ne kadar paradoksal bir gerçektir» (Belleten, Sayı 156, s. 655). Prof. Faruk Sümer'e göre ise, «Doğu Anadolu'da Türk ögesini zayıflatan» Safevî Devleti, Anadolu ile Türkistan arasında bir demirperde olmuş, Orta Asya ile Türkiye arasında her türlü ilgi ve ilişkinin kesilmesine yol açmıştır (Oğuzlar, s. 154). John Andrew Boyle ise daha ileri giderek, eğer Fatih Uzun Hasan'ı yenemeyip Hasan Istanbul'u alsaydı, «Safevî demirperdesi» belki de kurulamıyacak, hiç değilse kurulması gecikecek ve «Boğaz'dan Orta Asya'ya kadar uzanan bir Türkmen İmparatorluğu doğacaktı» demektedir (Belleten, Sayı 156, s. 653). İ. H. Uzunçarşılı da Yavuz Selim'in amacının «Safevî Devleti'ni ortadan kaldırmak ve Orta Asya'ya kadar gidip oralardaki sünnileri nüfuzu altına almak» olduğu kanısındadır (Osmanlı Tarihi, II, s. 306). Doğaldır ki, tarihi yeniden yapan bu görüşler, tarih olmaktan çok spekülasyondur.

hallı Celâl, 20 bin kadar Türkmeni başına toplayarak Mehdîlik iddiası ile ayaklanır. Başarı sağlayamayacağını görünce, İran yolunu tutarsa da, yine Bozoklardan Osmanlı hizmetindeki Dulkadir beyi Şehsuvaroğlu Ali'nin Türkmenleri tarafından öldürülür (1518) ve yandaşları kırıma uğratılır. Fakat Kızılbaş Celâl'in adı kalır. XVI. Yüzyılın ikinci yarısı ve XVII. Yüzyıl başlarında Anadolu'yu kasıp kavuracak olan büyük ayaklanmalara Celâl'in adıyla «Celâlî isyanları» denilir.

Celâl'in Türkmenlerini ezen Dulkadirli Ali de, Osmanlı'ya pek çok hizmet etmiş olmakla birlikte, bağımsızlık belirtileri gösterip yağmacılığa başlayınca, sülâleyi ortadan kaldırmak için oğullarıyla birlikte öldürülür. Dulkadirli boy beylerinin tımarları ellerinden alınır. Arazi tahriri yapmakla görevli memura «Bu kez isyan eden kötü kişilerin ve onların peşinden giden boy beyleri ve sipahilerin tımarlarından açıkta kalan dirliklerin yararlı kişilere dağıtılması» buyruğu verilir. Hacı Bektaş'ın evlâdı sayılan Çelebi'lerden Balım Sultan soyundan Kalender isyanının temel nedeni bu olur. Dulkadirli sipahileri, Kalender Çelebi'nin alevîlerine katılırlar ve Osmanlı birliklerini ağır bozguna uğratırlar. Başvezir İbrahim Paşa, ayaklanmanın temel nedenini kavramakta güçlük çekmez ve «Dulkadirli sipahilerin tımarları her kimde bulunursa bulunsun, geri alınıp eski sâhiplerine, eski kurumlarıyla aynen geri verilmesi ve gerek boy beyi ve gerekse sipahilerin dirliklerinin eskiden tasarruf ettikleri üslûp üzere deftere kaydı» kararını alarak[63] sipahileri Kalender'den ayırır ve dinsel görüntülü isyan söndürülür.

Bozok alevî isyanı da, aşırı vergilendirme nedeniyle ortaya çıkar. Bozok'taki oymaklardan Söklen boy beyi Musa'nın ekinliğine 200 akçe vergi yazılır, verginin 100 akçeye indirilmesi kabûl edilmez ve hakaret için bir dedenin uzun sakalı kesilir. Musa ve Dulkadirli ailesinden Zunnun ayaklanır. Ayaklanma, Sıvas'a doğru genişler, Baba Zunnun ve Musa, Karaman ve Sıvas beylerbeylerinin kuvvetlerini bozguna uğratırlar. Osmanlı askeri ile Osmanlı hizmetindeki Ramazanoğlu Pirî Bey'in Türkmenleri isyanı güçlükle bastırır. Çukurova'da alevî Türkmenler ayaklanır. Kara İsalı aşiretini çevresine toplayan Veli Halife, Domuzoğlu ve Bahçe Bey isyanlarını Ramazanoğlu Pirî Bey'in Türkmenleri ezer.

Daha önemli bir isyan, Kanunî Muhteşem Süleyman'ın en güçlü döneminde, Şehzâde Bayazıt'ın etrafında gelişir. Dirliklerinin kapıkullarına verilmesiyle dirliklerini yitiren ya da küçük dirliklerinde ilerleme olanakları ortadan kalkan sipahilerle horlanan Türkmen boylarından Boz-kırlı, Dulkadirli ve Yeni-il Türkmenleri Şehzâdenin çevresinde toplanırlar. Turgutoğlu Hüseyin Bey ve Dulkadirli ya da Yeni-il Türkmenlerinden Kuduz Ferhat, Şehzâdenin önemli komutanları arasındadır. Yenilen Bayazıt, 12 bin kişilik bu Türkmen ordusuyla İran'a sığınır. Bayazıt ve oğulları, 1 milyon 200 bin altın ödenerek ve Kars kalesinin verileceği vaad olunarak Şah'tan alınır ve öldürülür. Fakat bu olaylar nedeniyle Sipahi'ye artık güvenilmediğinden, Yeniçeri kuvvetleri muhafız olarak Anadolu kentlerine yerleştirilir. Bu olay, varlığı artan kapıkulları ile fakirleşen Sipahiler arasındaki çelişkileri artırır. Bir türlü sona ermeyen İran seferleri ve onu izleyen Avusturya seferleri, hızlı nüfus artışının görüldüğü ve işsiz genç sayısının çoğaldığı XVI. Yüzyıl sonlarında, Celâli isyanlarına yol açar. İsyanların temel nedeni, Sipahi sisteminin çöküşüdür. Fakat Türkmen boyları da bu ayaklanmalara katılırlar*. Örneğin Bozok'tan bir Türkmen, İkinci Şah İsmail diye ortaya çıkarak Kırşehir bölgesinde karışık-

---

* Pir Sultan Abdal, Türkmen'in uğradığı zulmü çarpıcı biçimde belirtir :

Hünkâr sağır olmuş ünümüz duymaz
Mâsumlar boğdurur Padişahım var

*
* *

Türkmen kalkıp yaylasına yürümez
Yıkılmış aşiret il bozuk bozuk

lıklar yaratır. Daha sonra Konya bölgesinde At-çekenler'den Davutlar oymağı, Selçuklu soyundan gelme iddiasındaki liderlerinin yönetiminde, «zâlim Osmanlı egemenliğini yok etmeye» kalkışır.

TÜRKMEN'İ «TÜRKMENLİK»TEN ÇIKARMA

Celâlîler şiddetle ezilir, onbinlerce kişi İran'a kaçar. Bu büyük ayaklanmalar sonucu Sıvas'tan Kütahya ve Afyon'a değin Orta Anadolu ve Çukurova, belini doğrultamıyacak biçimde çöker. Çukurova'nın büyük kısmında XIX. Yüzyılın ikinci yarısına kadar bir daha ekim yapılamaz! Anadolu'nun başka yerlerinde de tarım alanları boşalır. Osmanlı Hükümeti bu boşalan yerleri «şenlendirmek» amacıyla 1691 yılında geniş çapta bir göçebe yerleştirme hareketine girişir. Böylece, aynı zamanda göçebe-yerleşik çatışmasının azalacağı ve göçebelerin «Celâlîler» arasına karışıp karışıklıklar çıkartmalarının önleneceği umulur. Hatta Suriye bölgesinde, Aneze ve Şammar gibi Arap kabilelerinin akınlarının yerleştirilen konar-göçerlerle durdurulabileceği hesaplanır. Osmanlı belgelerinde, göçebelikten yerleşikliğe geçişe, «Türkmanlık'dan çıkma» denilir[64].

Anadolu'da birkaç yüz yıllık dönem içinde, pek çok Türk boyu yerleşerek «Türkmenlik»ten çıkmış, tarım köyleri kurmuştur. Pek çok Türkmen boyu da, kışlaklarını köy edinerek tarıma başlamış, fakat yazın yaylaya çıkarak göçebe yaşamını bir ölçüde sürdürmüş ve böylece «yarı Türkmen», ya da yarı göçebe olmuştur. Yerleşmeler nedeniyle, göçebenin yerleşike oranı bir hayli düşmüştür*. XVI. Yüzyılda belli başlı tam göçebe

* Prof. Ömer Lütfi Barkan, vergi kayıtlarına dayanarak 1520-1535 ve 1570-1580 dönemlerinde vergi ödeyen yerleşik İslâm ve göçebe hanelerin sayısını hesaplar. Hesaplarda tam bir kesinlik olmasa bile, rakamlar, göçebe ve yerleşik oranı hakkında bir fikir verir. 1520-1535 döneminde Anadolu'da 388.397 hane yerleşik islâm ve 77.268 aile göçebe vardır. Yerleşik'in gö-

toplulukları olarak kışları Halep çevresinde, yazları Uzunyayla ve Sıvas Güneyinde geçiren Halep Türkmenleri, Mardin Güneyinden gelip Erzurum ve Erzincan'da yaylaya çıkan Boz Ulus ve Amik ovası ile Çukurova arasında konaklayan Dulkadirlilerin bir bölümü görülür. XVII. Yüzyılda bu tam göçebe boylar arasında dahi kendiliğinden yerleşikliğe yönelenler olur. Hatta bâzı boylar, köylüleri oturdukları köylerden koğarak yerlerine kendileri geçerler. Eski Akkoyunlu kalıntısı Boz Ulus, Mardin bölgesini bırakıp Orta Anadolu'ya gelir ve bunlardan bir kısmı Ege kıyılarına ve Balıkesir bölgesine göçüp yerleşir. Boz Ulus'un Kürt-Mihmadlu oymağından bir kol, evler yapıp 1659'da Kuşadası ve çevresinde oturaklığa geçer. 1691'de «Türkmenlikten çıkartma» kararı alınınca, Boz Ulus'a Orta ve Batı Anadolu'da toprak sağlanır. Kırşehir, Nevşehir, Akşehir, Ilgın, Afyon, Kütahya, Balıkesir, Saruhan, Aydın, Isparta ve Denizli çevresine çeşitli Boz Ulus oymakları yerleştirilir. Yerleştirmede bir köye tek bir oymağı değil, bir oymağı bölerek üç dört ayrı oymağı yerleştirmeye dikkat edilir. Böylece, boy örgütlenme ve dayanışmasını yok etme amacı güdülür. Kabilenin yeniden toplanıp göçebeliğe geçmesi, dağılma sonucu güçleşir. Gerçekten Batı ve Orta Anadolu'daki bu yerleştirme, genellikle, başarılı olur. Boz Ulus'un önemli bir bölümü «Türkmenlikten çıkıp», «oturak» çiftçi reayaya dönüşür.

çebeye oranı yüzde 16,29'dur. 1570-1580 döneminde yerleşik islâm hane sayısı 535.495, göçebe hane sayısı 116.219'dur. Oran, yüzde 17.28'dir. Rumeli'de ise, XVI. Yüzyıl başlarında 156.565 yerleşik islâm haneye karşı 37.435 göçebe hane vardır. Oran, yüzde 19,3'tür. 832.707 hane yerleşik hıristiyan nüfus da hesaba katılırsa, Rumeli'de yerleşik-göçebe oranı yüzde 3,6 gibi önemsiz bir orana düşer.

Anadolu'daki yer adlarının Türkmen boylarının adlarını taşıması, Türk yerleşmesinin kanıtı sayılır. Barkan, Kayı, Bayat, Yazır, Dodurga, Avşar, Çarıklı, Beğdili, Bayındır, Çavuldur, Eymur, Alayurdlu, İğdiç, Buğduz, Yıva, Yüregir, Beçenek, Döğer, Alkaevli, Karaevli, Çepni vb. gibi adlar saptar (İÜİFM, 1949-1950, Cilt II).

Güney Anadolu ve Suriye bölgesindeki yerleştirme ise, oymak oymak yapılır. Boy ve oymak beylerine en verimli yerlerden geniş arazi verilir. «Torun» denilen boy ve oymak soyluları da genişçe arazi alır. Geniş kitleye, yâni reayaya düşük verimli sınırlı toprak bırakılır[65]. Böylece beyler kazanılarak yerleştirmenin başarılı olacağı umulur. Fakat bu yerleştirmeler, genellikle başarısız kalır. Yerleştirilen oymakların yeniden göçebeliğe dönüp Anadolu içlerine girmelerini önlemek için İç Anadolu'ya giden yollar, köprüler, dağlardaki geçitler askerle tutulur, kaçanlar kılıçtan geçirilir, ama kaçış önlenemez. Özellikle Urfa Güneyindeki Rakka, en belâlı boy ve oymakların sürüldüğü bir cezalandırma bölgesi olur. Yerleşikliği bırakıp kaçan ve soygun yapan oymaklar Rakka'ya sürülür. Beğdili boyu burada erir. Ama birçok oymak kaçmayı başarır. Örneğin bir kısım Çepni oymakları, Rakka'dan iki kez kaçarlar, sonunda Ege bölgesinde yerleşik yaşama geçerler. Zamantı çayı kenarında rahat durmayarak «*kovgun*» yapan, yâni komşu oymak ve köylülerin hayvanlarını süren ve bâzen kervan soyan Halep Türkmenlerinden Avşarlar, 1703'te Rakka'ya sürülürler. Kaçarlar. Yakalanıp 1712'de yeniden Rakka'ya yollanırlar, bir kez daha kaçarlar. 1730, yine Rakka'ya sürgün yılıdır. Fakat yine geri dönmeyi başarırlar. Soygunculuk ve yağmayı sürdürürler. 1742'de Avşar ileri gelenlerinin çoğunun idamı kararlaştırılır, ama sonuç değişmez. XVIII. Yüzyılın ikinci yarısında devlet iyice zayıfladığından, Prof. Sümer'e göre, Avşarlara «gün doğar» ve «mutlu günler»* başlar[66]. Kayseri-Elbistan-Malatya yolunun denetimini

* Radlof da, Orta Asya'daki karışıklık ve yağma dönemlerinin, göçebelerin «mutluluk dönemi» olduğunu yazar. Merkezî devletler bozkırda asayiş sağlayınca, Kazakların ve öteki göçebe boyların refahında bir gerileme göze çarpar (Sibirya'dan Seçmeler, Prof. Ahmet Temir çevirisi, 1976, s. 186).

ele geçirirler. Postaları ve kervanları soyarlar. XIX. Yüzyılda Malatya'ya gitmek isteyen Alman Feldmareşali Moltke'ye, güçlü bir muhafız birliği olmadan «Avşar» yolunun geçilemiyeceği söylenir. Bu döneme, Avşar'ın «al-vur devri» denilir. Rakka'ya sürülüp kaçan ve aralarında Türk oymakları da bulunan Lek-Vanik Kürtleri de Avşarlar gibi Kayseri bölgesinde soygunlar yaparlar.

Güneydoğu Anadolu'da konar-göçer boy ve oymaklarının yerleştirilmesi sorunu, ancak Tanzimat'tan sonra bir ölçüde çözülebilir. Bu amaçla kurulan askerî güç Fırka-i İslâhiyye, boy ve oymakları yerleşmeye zorlar. 1865'te Avşarlar, Kayseri bölgesindeki yaylaklarına yerleşirler. Yaylakların en iyileri Kafkasya'dan gelen Çerkezlere verildiğinden, Avşarlar, dağlık, verimsiz ve dar topraklarla yetinme durumunda kalırlar. Prof. Sümer'e göre, «nüfus artışı nedeniyle, şimdi durumları daha fena olup, Avşarlar, en yoksul Türk köylüleri arasında sayılabilirler»[67].

KOZANOĞLU DEREBEYLİĞİ

Bölgedeki aşiret kökenli derebeylikler de silâh zoruyla denetim altına alınır. Türkmen boylarına dayalı bu derebeyliklerin en ünlülerinden biri Kozan, Kadirli ve Saimbeyli çevresindeki Kozanoğlu'dur*. Kozanoğlu'na karşı eylemi yürüten ünlü tarihçi Cevdet Paşa'ya göre, bu derebeyi 12 kethudalığa bölünmüş Türkmen

---

* Prof. Faruk Sümer, XVIII. Yüzyılda ortaya çıkan Türk oymaklarına dayalı bu derebeylikler için şu görüşü ileri sürüyor: «Osmanlı egemenliği, Türk oymaklarının siyasal rollerine son verdi. Ancak onlar, siyasal bir güç olarak önemlerini tümüyle yitirmediler... Karaosmanoğulları, Küçük Alioğulları, Menemencioğulları, Maraş'taki Bayazıtoğulları ve öteki birçok aileleri onlar çıkardılar. Eğer Osmanlı Devleti yıkılsa idi, olasıdır ki, Anadolu'yu oymaklardan çıkan bu aileler yöneteceklerdi, tıpkı Selçuklu Devleti'nin zayıflaması sonunda ortaya çıkan aileler gibi» (Oğuzlar, s. 199).

Varsak boyunun 300 evlik Arıklı cemaatının kethudasıdır. Bu 12 cemaat Sis'te oturan Divanoğulları'na bağlıdır. Ama Kozanoğlu Yusuf, Divanoğlu ailesini kaldırarak yerine geçer. O kadar ün kazanır ki, Sis bölgesine ailenin adıyla Kozan denmeye başlanır. Kozanoğlu, Mısırlı İbrahim Paşa ve Osmanlı kuvvetlerini yenerek bölgede tam egemenlik kurar. Kozanoğlu'na bağlı oymakların dışarıyla tüm ilişkisini keser. Yazın dağlar arasındaki yaylalarda, kışın da ovalarda yaşayan oymaklar halkının derebeylik bölgesi dışına çıkmasına izin vermez. Mahkeme kurdurmaz. Osmanlı memurlarını oymaklara sokmaz. Beylerin kentten ihtiyaçlarını Ermeni sarraflar sağlarlar. Fakat Fırka-i İslâhiyye'nin 1865 ve 1866'da giriştiği askerî hareket sonucu, Kozanoğlu da boyun eğmek zorunda kalır. Beyler ülkenin çeşitli yerlerine dağıtılır, hükümet yönetimi kurulur. Kozan, sancak olur ve sancak ilçelere ayrılır. Bugünkü Kadirli kurulur. Göçebeler yeni kurulan köy ve kasabalara yerleştirilir. Oymaklar savaşında hükümete yardımcı olan Halep Türkmenlerinden Bayat boyunun Reyhanlı gibi obaları ödüllendirilir. Amik ovasındaki kışlağına yerleştirilen bu oba, Hatay'ın Reyhanlı ilçesini meydana getirir. Reyhanlı Beyi Mürsaloğlu Mustafa, paşa yapılır. Antakya'da büyük arazi sâhibi olan bu aile Hatay Cumhurbaşkanı çıkarır ve Cumhuriyet'in politik yaşamında rol oynar.

Böylece, Amik ve Çukurova gibi Türkiye'nin en verimli ovaları, iki yüz yıldan fazla boş kaldıktan sonra, yeniden tarıma açılır. Yerleşik-göçebe kavgası önemini geniş ölçüde yitirir. Fakat yine de önemli Türkmen kitleleri, Osmanlı'ya boyun eğmeyerek, dağlar ve ormanlarda varlıklarını korurlar. Sünnî Yörük kalıntılarının yanı sıra, Selçuklular döneminde Maraş ormanlarında yaşayan Ağaçerilerin torunları sayılan alevî Tahtacılar, varlıklarını sürdürebilen en önemli gruptur. Tahtacı oymak ve obaları Maraş, Adana, İçel, Antalya, Muğla, Denizli, Isparta, Burdur, Balıkesir, Aydın,

Yerleşik-göçebe çatışması, yalnız Türklere özgü bir sorun değildir. Avrupa'da da, Asya'da da her yerde yaşanmış bir olgudur. Bu nedenle göçebe, yerleşik ilişkileri, çeşitli kuramların geliştirilmesine yol açmıştır. Örneğin Franz Oppenheimer, her devletin yerleşiklerin göçebeler tarafından fethiyle doğduğunu ileri sürer. Marksist kuramcı K. Kautsky dahi, kapitalizm öncesi insanlık tarihini, yerleşikin göçebe tarafından fethi, bu fetih sonucu göçebenin yerleşik oluşu ve yeni göçebeler tarafından fethi biçiminde bir döngüsel (cyclique) fetih yasasıyla açıklar[70]. Bu tip kuramcıların en ünlüsü, devletlerin doğma, büyüme, ihtiyarlama ve ölme yasalarını araştıran İbn-i Haldun'dur. İbn-i Haldun'a göre, yerleşik tarımcı yaşam biçimi nedeniyle barışçı, çoban ise savaşçıdır. Ayrıca göçebeler aynı soydan gelen akrabalar olduklarından İbn-i Haldun'un «asabiyyet» dediği, «birimiz hepimiz, hepimiz birimiz için» biçiminde özetlenebilecek kabile dayanışması çok güçlüdür. Bu savaşçılık ve asabiyyet sâyesinde göçebeler devlet kurmayı başarırlar :

«Devleti kurmak için gereken güç ve üstünlük, ancak asabiyyet ve onun özelliklerinden olan şiddet, kuvvet ve yırtıcı hayvanlardaki saldırganlığa benzeyen saldırganlığı âdet edinmekle elde edilir.

Bu özellikler ise, çoğunlukla ancak göçebe yaşam süren kavimlerde bulunur. Devlet, ilk kuruluş çağında, göçebelik dönemindedir. Kurulduktan sonra da refaha kavuşmak onu izler. Haller genişler, yerleşik yaşam ise bolluk ve refahı çeşitlendirir ve çeşitlerini çoğaltır».

Fakat devlet kurulup ve büyüyüp zenginleştikten sonra, kurucuların asabiyyeti zayıflar, refah içinde savaşçılık özellikleri bozulur, çâresiz bir hastalığa tutularak devlet ihtiyarlar :

«İlk dönemde devletin başında bulunan kimse ululuk göstermek, vergiler ve paralar toplamak, devletin sınırlarını korumak ve korunmak hususunda kavmi (boylar topluluğu) için bir örnek olur. Onların görüş ve oylarını almadan tek başına birşey yapmaz. Çünkü böyle davranmak, yengi ve üstünlüğü sağlamış olan asabiyyetin gereğidir. Hükümdarın, kavmini boyunduruğu altına alarak devleti kendi başına, onları karıştırmadan yönetmeye başladığı ve devletin yönetimini paylaşmaktan onları uzaklaştırdığı ikinci dönemde de asabiyyet eskisi gibi korunur. Devlet başkanı bu dönemde, köleler edinmeye ve bağışlarıyla adamlar besleyerek onları kendine yardımcı yapmaya önem verir, bunların sayılarını çoğaltır. Bundan amacı, devlette hükümdarınki kadar payları bulunan, içinden çıktığı boy ve boy topluluklarını küçük düşürmektir».

«Hükümdar, asabiyyetlerinin kudretini kırar, onları boyunduruğu altına alır, mal ve serveti kendisi için ayırıp onları yoksul bırakır, bunun bir sonucu olarak, onlar düşmanlar ile savaşmakta tembelleşirler».

«Bunlardan sonra gelen kuşaklar, genişlik, bolluk ve rahatlık içinde yetişirler. Çöllerde yaşadıkları çağlardaki vahşice huyları değişir, göçebelik alışkanlıkları unutulur. Oysa onlar yiğitlikleri, şiddetli ve yırtıcı hayvanlar gibi saldırganlık alışkanlıkları sâyesinde devleti kurmayı başarmışlardı»[71].

İBN-İ HALDUN'UN YANILGISI

Böylece devlet ihtiyarlar ve kabile asabiyyeti güçlü yeni bir göçebe topluluğu tarafından yıkılmaya hazır olur. İbn-i Haldun'un F. Oppenheimer ve K. Kautsky tarafından da paylaşılan göçebe-yerleşik kuramı kısaca budur. Kuram, daha önceki sayfalarda çarpıcı çizgileriyle ve tarihsel akışı içinde tablosunu çizmeye çalıştığımız, göçebe Türk'ün kurduğu devletlerle çatışmasını açıklar gibi gözükmektedir. Fakat kuramın, tarihi aşırı ölçüde yalın bir şemaya indirgediğini ve böylece kötü sosyoloji yaptığını kabul etmek gerekir. Gerçek çok daha karmaşıktır. Gerçeğe, çatışan göçebe ve yerleşik toplulukların gelişme aşamaları ve toplumsal kuruluşları göz önünde tutularak daha geçerli biçimde yaklaşılabilir. Örneğin Attila'nın ya da Germenlerin üretim biçimleri ve kabileler konfederasyonuna dayalı siyasal kuruluşları arasında pek bir fark yoktu. Her iki siyasal kuruluş da kabileler arası otlak ve yağma mücadelelerinde, savaşta ihtisaslaşmış bir kabile soyluluğunun ortaya çıkışı ve bu savaşçı soyluluğun öteki kabileleri gerektiğinde zorla kendine bağlayarak büyümesiyle meydana çıkar. Savaşçı soyluluk, rütbelerine göre bir hiyerarşi içinde, böylece gerçekleştirilen kabile konfederasyonuna egemen olur. Bunu, bildiğimiz feodalizmden çok farklı bulunmakla birlikte, bir cins «göçebe feodalizmi»ne yöneliş diye adlandırabiliriz.

Bu iki benzer göçebe toplumsal kuruluşunun yerleşiklerle ilişki kurması farklı sonuçlar verir. Batı Avrupa içlerine ilerleyen Germen kabileleri, köleci büyük arazi sâhiplerine dayalı bir sistemle karşılaşırlar, mülk sâhiplerini öldürerek yerlerini alırlar ve göçebe feodalizmi hiyerarşisine göre yerleşerek bildiğimiz klasik Batı feodalizmini meydana getirirler. Göçebe Germen, böylece köleci toplumdan feodal topluma geçiş yolunu açar.

Attila'nın göçebe imparatorluğu ise, ileride ayrıntılarıyla göreceğimiz üzere, Germen ve Slav tarımcıları vergilendirmekle yetinir, onların dışında ve üstünde kalır. Tarımcıların toplumsal örgütlenme biçimlerine dokunmaz. İlkel köy toplulukları böylece, vergi ödemek koşuluyla, her bakımdan özgür kalırlar, fakat göçebe fethi onlara daha ileri toplumsal kuruluşlara geçme yolunu açmaktan uzak kalır. Ve göçebe soyluluğa gerekli lüks tüketimi sağlayamayınca Attila Devleti çöker, boylar konfederasyonu dağılır.

Görüldüğü üzere, çok farklı sonuçlar veren iki göçebe fethini, İbn-i Haldun ya da Kautsky kuramlarıyla açıklama olanağı yoktur*.

---

* Giriş kısmında değindiğimiz üzere Asaf Savaş Akat, Asyagil topluma giden iki yoldan ilkinin devletin sulama hizmetleri nedeniyle ortaya çıkan «hidrolik toplum», ikincisinin ise göçebe hayvancılığın tarımcıyı fethi olduğunu ileri sürmektedir. Akat'a göre, göçebe aşiret, tarımla ilgilenmediğinden tarımcıyı ilkin haraca bağlar. Fakat «tarım toplumu, sınıfsız olamayacağından şür'atle güçlü bir askerî (merkezî) devlet kurulur. Göçebe hayvancılığın tarımla kaynaşması, merkezî devletin ortaya çıkış nedeni olur. Daha sonra devlet, göçebe kökenlerinden kopar ve hidrolik topluma benzer biçimde gelişebilir» (Asya Toplumu - Feodalite tartışmasına yeni bir yaklaşım, Toplum ve Bilim Dergisi, I, s. 43-44). Kanımızca bu çok acele bir genellemedir. Gördük ki, Germen fethi ve Attila fethi çok farklı sonuçlar verir. Göçebe Germen'in tarımcıyı fethi, köleci sistemi yıkıp, köylüyü bir ölçüde özgürleştirerek, «Asyagil», topluma değil, Batı feodalizmine yol açar! Romanyalı tarihçi Nicolas Iorga ve sosyolog H. H. Stahl, Mogol, Boyarlar ve Osmanlı fetihleri altında kendi ülkelerinin ne feodal, ne köleci, ne de Asyagil bir devlet kuruluşu yaratmadığını belirtiyor ve «yağmacı-prédateur» devlet ya da «Haraççı rejim» deyimlerini kullanıyorlar (Stahl, Les anciennes communautés villageoises roumaines, Bükreş 1969, s. 246). Stahl ve Iorga'nın görüşünü isabetli bulanlardan değiliz. Fakat Romanya köy topluluklarının hayvancı göçebe aşiretler tarafından fethinin «Asyagil toplum» yaratmadığı görüşü doğrudur. Ayrıca göçebe toplumsal kuruluşu —ki o da sınıflı bir topluluktur—, merkezî bir devlet yaratmaya en az elverişli bir türdür. Attila Devleti gibi, Tuğrul Bey'in Selçuklu Devleti ve Osman, Orhan ve Murat'ların Osmanlı Devleti, merkezî devletin karşıtı devletlerdi. Merkezî devlet, İran ve Bizans arazi rejimi ve siyasal kuruluşları çerçevesinde çok daha sonra meydana çıktı. Merkezî devlet, göçebe fethinden önce de oralarda var idi. Bu nedenlerle, göçebe çobanın tarımcıyı fethiyle Asyagil kuruluş arasında doğrudan bir bağ kurmak hâtâlı gözükür. Osmanlı düzeni, kanımızca, Asya tipi değil, feodal idi.

İdris Küçükömer de, göçebe siyasal kuruluşu, «merkeziyetçi, despotik» bir devlet diye değerlendirerek ve ona «Asyagil» etiketini yapıştırarak, benzer bir yanılgıya düşer (Toplum ve Bilim Dergisi, Sayı 2). Marksist kuramcılar, Batı Avrupa'da göçebe'nin fethi yoluyla yerleşik'e geçişinin Batı feodalizmine yol açtığını genellikle kabul ederlerken, bizim kuramcıların, göçebe fethinin otomatik biçimde despotizme, Asyagil toplu-

TÜRKMEN AYAKLANMALARI FEODALİZME KARŞI TEPKİ İDİ

Selçukluları ele alalım. Selçuklu Devleti kurulmadan önce, Orta Asya'daki Oğuz boyları dağınık biçimde yaşıyorlardı. Bu boylar, artık aynı atadan gelen, bütün üyelerin eşit olduğu, tüketimden eşit pay aldığı çok geniş bir aile biçimindeki topluluklar değillerdi. Boylar içinde önemli servet farklılıkları meydana gelmiş, savaşçı soyluluk türemişti. Savaşçı soyluluk, kabile kitlesini vergilendirebiliyor ve çobanlık gibi angarya hizmetlerinde kullanabiliyordu*. Fakat Oğuz kabileleri, yine de bir devlet örgütlenmesine henüz geçmiş değildi. Servet farklılaşmasına ve hatta sınıflaşma belirtilerine karşın, kan bağıyla bağlı akraba kabile üyeleri arasında geniş bir dayanışma yine de yürürlükteydi. Engels, bu tip kuruluşa «askerî demokrasi» adını verir. Askerî demokrasi, eşitlikçi ilkel topluluğun çözülüşünün son aşaması olarak tanımlanabilir.

Selçuklu, bu «askerî demokrasi» aşamasındaki boyları, Selçuklu soyunun liderliğinde bir araya getirerek, feodalizm ve ticaretin hayli geliştiği bir bölgede devlet kurar. Boyların soylu olmayan kitlesi böylece, hem

---

ma yol açtığını ileri sürmeleri ilginçtir. Oysa göçebe fethinden çok önce, Anadolu ve Balkanlarda, bâzı araştırmacıların Asyagil saydığı, «merkeziyetçi, despotik» Bizans Devleti vardı...

Öte yandan, son yıllarda Samir Amin, Iorga'nın «haraççı rejim» görüşünü, daha farklı ve tutarlı bir zemin üzerinde geliştirir. «Asyagil» görüşü reddeden bu kuramcı, kapitalizm öncesi üretim biçimlerinin tümüne «haraçsal ya da vergisel» adını verir. Çin, Mısır gibi artık ürüne devletçe el konulan biçimleri, «en ileri vergisel biçimler» sayar. Periferi'de, yâni uçta Germen barbarlığından çıkan Batı feodalizmini de, artık ürün merkezî devlette toplanmadığından, vergisel biçimin en geri örneği diye değerlendirir (Le développement inégal, Paris 1974). Bu konuyu ileride göreceğiz.

* Bilge Kagan'ın yazıtında, soylu beyler ile «kara budun» denilen kabile kitlesi arasındaki toplumsal çatışmanın çarpıcı örnekleri vardır, göreceğiz.

kendi boy soylularının, hem de devletin çifte sömürüsü altında kalır. Bu çifte sömürünün çeşitli tepkilerini, daha önceki sayfalarda anlatmaya çalıştık. Bâzı boy soyluları, çifte sömürü altında, kabile asabiyyetinin güvencelerinden giderek yoksun kalan boy kitlesini, Selçuklu Devleti'nin soyluluğuna karşı ayaklandırmakta güçlük çekmezler. Fakat göçebe kitledeki, vergi ve angaryayı artıran boy soylularına karşı duyulan hoşnutsuzluk, birçok halde beyleri Selçuklu Devleti ile işbirliği yapmaya iter. Nitekim Attila Devleti'nde de birçok Germen prensleri, kendi boylar kitlesinin artan hoşnutsuzluğu karşısında, kendi topluluklarına karşı, onların mevkiini korduğu için, Attila'nın çevresinde toplanırlar. Selçuklular da bu yoldan Oğuz boylarının direnişlerini yenerler ve devlet kurarlar. İlkin, tarım bölgelerini ve kentleri yalnızca vergilendirmekle yetinirlerse de, Selçuklular ve özellikle Anadolu Selçukluları, büyük arazi mülkleri edinerek ve göçebe örgütlenmesini parçalayıp, kabile bağlarından kurtarılan göçebe kitlesini tarımcı köylü, yâni reaya yaparak bir feodal düzene geçmeye yönelirler. Askerî demokrasiden sınıflı feodal toplum düzenine geçiş söz konusudur. İşte göçebe-yerleşik çatışması diye geçiştirilen sert tepkiler*, boy da-

* Çağdaş tarihçilerimizin çoğu, bu çatışmaları, İbn-i Haldun'un göçebe-yerleşik çatışmasından daha anlamsız biçimde, hıristiyan devşirme ve kapıkuluna dayalı kozmopolit Osmanlı Devleti'nin Türk Ulusuna karşı tepkisi diye açıklıyorlar. Neredeyse yabancı hıristiyan ulusların ele geçirdiği Osmanlı Devleti'nin Türk Ulusuna karşı verdiği ulusal bir savaş söz konusudur... Konuya sınıfsal açıdan bakmaya çalışan Sayın Çetin Yetkin dahi, sorun «ulusal» değil ama «etnik» diyor ve Osmanlıların öteki etnik gruplara dayanarak Türk etnik grubunu ezdiğini ileri sürüyor, Türk kökenli yöneticileri ise, «soylarına yabancılaşmış» sayıyor (Türk Halk Hareketleri ve Devrimler, I, s. 16). Oysa, göçebeyi reayalaştırma tutumunu ayrıntılarıyla anlattığımız feodal devletin, tarımcı reayaya karşı, hangi etnik gruptan ve dinden olursa olsun bir ayırım gözettiği ileri sürülemez. Bütün reaya, aynı feodal sömürü altındadır. Hatta hıristiyan reaya, islâm reayadan biraz daha

yanışmasının ve az çok özgür kabile üyeliğinin son bulması ve göçebe kitlenin «Türkmenlik»ten çıkıp yarı bağımlı köylü statüsüne geçmesine karşı gösterilen direnişlerdir. Bâzı boy soyluları da, yeni feodal düzende umdukları mevkileri bulamadıkları ölçüde boylarının başında feodal devlete karşı ayaklanırlar ve öteki boyları da çevrelerinde toplayarak etkili olurlar. Demek ki, Anadolu, bir yerleşik-göçebe, bir kızılbaş-sünnî çatışması değil, aslında bu görüntüleri kazanmış yüzyıllar süren sınıfsal bir çatışmaya sahne teşkil eder. Türkmen, feodalleşmeye tepki gösterir.

Bu sınıfsal çatışmalar içinde toplumsal düzen, askerî demokrasiden daha üst toplumsal kuruluş biçimlerine, oradan feodalizme doğru yol alır. Fakat içinde kapitalistik bir kesimi geliştirmekle birlikte, Osmanlı feodal düzeni, kendi iç dinamiğiyle feodalizmden kapitalizme geçmeyi başaramaz.

Bunun nedenlerini açıklamaya çalışmadan önce, binlerce yıl geriye, Orta Asya'ya dönerek Türk topluluklarının evrimini, öteki toplulukların evrimleriyle karşılaştırarak incelemek gereklidir.

çok vergi vermektedir. Yöneticilerin halktan yabancılaşması ise, bütün feodal düzenlerin, hatta belki de bütün sınıflı toplumların özelliğidir.

II — EŞİTLİKÇİ İLKEL TOPLULUKTAN «ASKERÎ DEMOKRASİ»YE

Afrika'daki buluntular, insanoğlunun yeryüzünde milyonlarca yıldır var olduğunu gösteriyor*. Fakat son birkaç bin yılın dışında, bu uzun süre, aşırı kıtlık koşulları içinde geçer. Açlık çeken insanoğlunun bütün yaşamı, besin maddeleri aramak ya da üretmek için harcanır.

Beslenmenin en ilkel yolu, yabanıl meyva ve bitki kökleri toplamak, zararsız küçük hayvanları yakalamak ve balık tutmaktır. Üretim sınırlı, üretim araçları ilkeldir: Sopa, yontma taş, kemik parçaları, sivri boynuzlar vb. gibi...

Sınırlı üretimi saklayıp besin sıkıntısının iyice arttığı kış aylarında yeme olanağı da yoktur. Meyvalar ve etler çabucak bozulur ve çürür. Bu nedenle elde edilen besinler hemen tüketilir ve açlık günlerinin acısı çıkartılır.

Tuzun bulunması ve etlerin tuzlanarak saklanabilmesi, insanlık tarihinde önemli bir aşama olur. Ateşin keşfi de, etlerin pişirilmesini ve açlık kadar öldürücü olan soğuktan korunmayı sağlar.

DOĞUM KONTROLÜ

Kıtlık koşulları, insan toplulukları içinde yalnızca sağlıklı erkek ve kadınların yaşamasına olanak verir.

---

* Bu konuda çeşitli görüşler ortaya atılıyor. İnsanın 3 milyon yıl önce Afrika'da ortaya çıktığı ileri sürülürken, ABD'den iki araştırıcı, 14 milyon yıl önce Asya'da insanın meydana geldiğini iddia ediyorlar (Newsweek, 31.5.1976).

Hastalar ve sakatlar, ölmeye bırakılır. Yeni doğan çocukları, hatta ihtiyarları öldürmek olagandır. Bu nedenle ilkel topluluklar, doğum kontrolü yöntemlerini çok eski çağlarda öğrenirler. Ele geçirilen savaş tutsakları, eğer yenmezlerse, genellikle öldürülür.

Besin sıkıntısı, emeğin üretkenliğini artıracak bir işbölümüne olanak tanımaz. Herkes yiyecek peşinde koşar. Ancak kadın ile erkek arasında basit bir işbölümü görülür. Erkek avcılık yapar, kadın meyva toplar, zararsız küçük hayvanları yakalar. Biraz daha gelişmiş topluluklarda kadın, ateşin yanık tutulması, çanak-çömlek ve liflerden elle dokuma eşya yapımı gibi ev çevresinde gerçekleştirilebilen işlere yönelir; erkek daha uzaklara giderek büyük hayvanlar avlar.

Ok, yay ve zıpkının keşfi, kara ve su hayvanları avlama tekniğinin gelişmesini ve daha düzenli besin elde edilmesini sağlar. Meyva ve bitki kökü toplamaya göre, avcılık daha önemli ekonomik uğraş olur. Bu gelişme sonucu, topluluğun yaşaması için gerekli olan ürünün yanı sıra, sürekli bir yiyecek fazlası (ilk artık ürün) yavaş yavaş ortaya çıkmaya başlar.

Topluluğa ait bu artık ürünün ilk işlevi, kıtlıkları önleyecek ya da hafifletecek yedek besin oluşumunu sağlamaktır. Besin fazlası, ayrıca yatırım yapma olanağını getirir. Yedek besin bulunduğu sürece, topluluğun bâzı üyeleri, devamlı besin peşinde koşmak yerine, hiç değilse belli bir süre, emeğin üretkenliğini artırıcı iş araçları (yatırım) yapımı gibi uğraşlara vakit ayırabilirler. Emeğin üretkenliği ve üretim, bir miktar artar. Çocukları öldürmeye, doğum kontrolü uygulamaya artık eskisi kadar gerek kalmaz. Nüfus çoğalır.

KADIN ÜSTÜNLÜĞÜ

Bâzı hayvanların evcilleştirilmesi ve ilkel bir tarımın başlaması, insanlık tarihinde büyük bir atılım olur. Tarım ve hayvancılıkla insan, Gordon Childe'ın deyimiyle, *besini arama zorunluluğundan kurtulup, be-*

sinini kendi yaratma aşamasına geçer[72]. Buna «neolitik devrim» denilir. Fakat tarım ve hayvancılık ilkeldir. Ot bulunmadığı kış aylarında hayvanlar kendi başlarının çâresine bakmak durumundadırlar. Tarım ise, ucu sivri bir sopa ile ya da bir çapa ile küçük arazi parçaları üzerinde yapılır. Toprak ne sürülür, ne de gübrelenir. Bakılmayan toprak işe yaramaz hâle gelince, başka bir toprak parçası ekilir. Bütün bir bölge arazisi işe yaramaz hâle gelince, başka bir bölgeye göç edilir. Yâni tarım bile tam yerleşme olanağını hemen getirmez*.

Tarımı kadınların bulduğu kabul edilmektedir. Evin çevresinde meyva toplamakla uğraşan kadın, meyva çekirdeklerini ekmeye başlayarak tarımı bulur. İlkel topluluklardaki kadın üstünlüğü ve ana-erkil düzen**, tarımın doğuşunda kadınların oynadığı role bağlanır[73].

Tarımın ve evcil hayvancılığın başlaması, Marx ve Engels'e göre, ilk büyük toplumsal işbölümüne yol açar[74]. Bu işbölümü, tarımcı toplulukların yanı sıra, çoban toplulukların ortaya çıkışı ve aralarında ilkel bir alış-verişin başlayışıyla belirlenir. İşbölümü, Asya'nın bozkır topluluklarını hayvancılığa yöneltir. Hayvancılığa ağırlık vermekle birlikte, Türk boyları da bozkırın uygun yerlerinde bir miktar tarım yaparlar. Fakat

---

* Çoban, otlak ve su peşinde zâten göçebedir. Avcılık da, av hayvanları seyrekleştiğinden, birçok halde av hayvanı peşinde göçebeliği gerektirir. Marx, göçebeliği insanlığın ilk yaşam biçimi sayar: «Çobanlık ya da daha genel olarak göçebelik ilk yaşama biçimidir... Göçebelik, insanlığın doğadan gelme özelliğidir. Maymunlar gibi, tek bir ağaç üzerinde geçimlerini sağlayabilecekleri çok verimli bir ortam olmadıkça, yabanıl hayvanlar gibi bir yerden bir yere dolaşırlar» (Kapitalizm Öncesi Ekonomi Şekilleri, s. 75).

** Türk topluluklarının «ana-erkil» dönemi hakkında bilgi yoktur. Tanıdığımız ilk Türk toplulukları, «ata-erkil» özellikler gösterir. Fakat efsaneler ve bâzı gelenekler, bir ana-erkil aşamadan geçildiğini düşündürecek niteliktedir. Örneğin Göktürklerin kökeniyle ilgili efsanede, Türkler dişi kurttan türerler. Anakurttan gelen Apangu, on kadınla evlenir. Doğan çocuk-

Çin'den gerekli tarım ürünlerinin ticaret ya da savaş yoluyla sağlanabilmesi üzerine, ilkel tarımcılık geriler, hayvancılık ve avcılık başlıca ekonomik uğraş olur.

TÜKETİMDE EŞİTLİK

Hayvanların evcilleştirilmesi ve tarımcılık, «besin arama» yerine «besin yaratma» olanağını getirerek insanlık tarihinde büyük bir aşama sağlarsa da, hemen pek büyük bir üretim artışı getirmez. Üretim yine de sınırlı kalır. Öteki ekonomik uğraşlardan tamamen ayrılmış bir zenaatçılık ve madencilik henüz yoktur. Topluluk, varlığını sürdürebilmek için bütün üyelerinin besin üretiminde çalışmasına gerek duyar. Bu nedenle, fazla üretim yapan becerikli bir üyenin emeğinin ürününe sâhip çıkmasına izin verilmez. Buna izin verilirse, yeteri kadar gıda üretip biriktiremeyen daha az becerikli üyenin açlıktan ölme tehlikesi vardır. Oysa topluluk, daha az becerikli üyelerinin de üretimine muhtaçtır. Onun içindir ki, toplum kuralları özel birikimi engeller. Bu amaçla, törenlerde armağan alıp verme, şölenler düzenleme gibi kurallar konulur. Örneğin Amerikan yerlileri arasında önemli yedek besin elde eden bir üye, tükenene kadar şölen vermek zorun-

---

lar babanın değil, ananın soyadını alırlar. Egemen boyları Türk sayılan To-ba'lar (Tabgaçlar) efsaneye göre, bir Hun kadını ile Çinli erkeğin evlenmesinden çoğalırlar. Hunlarda ana egemenliği var olduğundan, doğan çocuklar ana soy zincirine uygun biçimde, Çinli değil, Hun sayılırlar. Efsanelerin yanı sıra, Türk boyları ile ilgili bâzı bilgiler, ana-erkil kalıntı izleri taşımaktadır. Örneğin Uygurların atası sayılan Töles boylarının bâzılarında çocuk doğuncaya kadar erkek, kadının ailesinin evinde oturur. Çin'in Kuzey komşusu bâzı boylarda erkek, kadının ailesine gider, aile içinde çalışır, kadının bütün akrabalarına hizmet eder. Siyasal işlerde kadınlar öğüt verir.

Türk boylarında erkek çocuk sâhibi kadına tanınan üstün mevki, hatta oğul adına hükümdarlık bile yapabilme ayrıcalığı ve ananın erkek kardeşi dayıya verilen özel önem, ana-erkil düzenin kalıntıları sayılabilir.

dadır. Türk beyleri şölen (toy) vermek ve belli sürelerle malını yağmalatmak durumundadır. Osman Gâzi, her gelen geçene zengin sofrasını açık tutar. İranlılar bu Türk boylarına, Tevfik Fikret'in ünlü şiirinde de anılacak olan «hân-ı yağma» (yağma sofrası) adını verirler[75]. Kaşgarlı Mahmut, hanların bayram ve düğünlerde 30 arşın yükseklikte minare gibi sofra kurup yağmalattıklarını yazar. Yunus Emre, malın yağmalatılmasını tanrısal aşkın gereği sayar*.

Tarihçilerimizin konukseverlik ya da cömertlik diye açıkladığı şölen ve yağma geleneği, aslında topluluğun varlığını korumak amacıyla eskiden konulmuş ve Arap, Arnavut, Slav, Germen vb. olsun bütün göçebe topluluklarda kuvvetle yaşayan bir toplumsal dayanışma kuralının kalıntısı olsa gerektir. Türklerde özel birikimi engellemeyi ve toplumsal eşitlik ve dayanışmayı amaçlayan eski gelenek o kadar güçlüdür ki, gereği kalmadığı halde yüzyıllar boyu sürer.

Tüketimde eşitlik, toprakta özel mülkiyeti gereksiz kılar. Toprak, topluluğa aittir. Birleşmiş Milletler araştırmalarına göre, tarım ilkin her yerde ortaklaşa mülkiyete dayalı bir toprak rejimi çerçevesinde uygulanır[76]. Arazi ortaklaşa işlenir. Göçebe topluluklarda da, çayırlar ve hayvanlar, önceleri topluluğa aittir. Ortak çalışılır ve ortak tüketilir.

Demek ki, yeterli artık ürün yaratılmayışından, yâni fakirlikten ileri gelen bir toplumsal eşitlik söz ko-

---

* Dede Korkut, yağma geleneğini çiğneyen Kazan'ın, Oğuz beyleri arasında kanlı bir savaşa yol açışının öyküsünü anlatır: Töreye göre, İç Oğuz ve Dış Oğuz boyları biraraya toplanınca, Kazan'ın evini yağmalatması gerekir. Kazan, İç Oğuz'a evini yağmalatır. Dış Oğuz'u bundan yoksun bırakır: «Ne zaman Kazan evini yağmalatsa, helâllisinin elini tutar, dışarı çıkardı, ondan sonra yağma ederlerdi. Dış Oğuz beyleri... bunu işittiler dediler ki bak bak, şimdiye kadar Kazan'ın evini birlikte yağma ederdik... Söz birliğiyle bütün Dış Oğuz beyleri Kazan'a gelmediler, düşmanlık eylediler» (Muharrem Ergin, Dede Korkut Kitabı, s. 231-240). Olay, İç Oğuz ile Dış Oğuz'un savaşıyla sonuçlanır.

nusudur. Bu eşitçi toplumda sınıflar yoktur. Ekonomik uğraş, geleneğe göre, topluluk tarafından planlanır ve elde edilen üründen bütün üyeler üretimine bakılmaksızın yararlanır. Eğer topluluğun bir başkanı varsa, o eşitler arasında yetkisiz bir başkandır. Topluluğun henüz sınıflara bölünmediği bu aşamada «ilkel» ve «kendiliğinden» bir demokrasiden söz edilebilir.

UYGARLIĞIN DOĞUŞU

Sulu tarımın ve toprağı dinlendirmenin (nadas) keşfi, bir tarım devrimine ve artık ürünün büyük ölçüde çoğalmasına yol açar. Bu olay, ilk önce, Nil, Fırat ve Dicle nehirlerinin kıyılarında görülür. Mezopotamya'da ekilen her tohum bire yüz verir. Büyük ölçüde çoğalan artık ürün, uygarlığı yaratır. Amerika'nın büyük işadamlarının dergisi olan Business Week, uygarlığın doğuşunda artık ürünün belirleyici rolünü şu sözlerle belirtir :

«Ancak Fırat ve Dicle arasında verimli arazi — eski Mezopotamya — tarımcı olmayan nüfusu desteklemekte kullanılabilecek bir tarımsal fazla (artık ürün) üretmeye başlayıncadır ki, insan, avcılıktan kurtuldu ve uygarlık sanatlarını geliştirmeye koyuldu. Uygarlık, eski Mısır'da da aynı yoldan yüksek bir biçime ulaştırıldı. Zira Nil taşkınlarının inanılmaz verimliliği, üretim ile tüketim arasında ilk gerçek farklılaşmaya (artık ürün) olanak sağladı»[77].

Gerçekten, sulu tarım uygarlığın temeli olur. Amerikan Sosyal Bilimler Ansiklopedisi, bu konuda şu kesin yargıya varır :

«Buğday, mısır ve pirince dayanmayan bir uygarlığın var olduğunu, bugüne dek ne tarih, ne de arkeoloji ortaya koymuş değildir».

Tarihçi Heichelheim, bu görüşü aynı kesinlikle destekler :

«Modern kapitalizme varıncaya kadar, bütün uygarlığın temelinde tarım yatar».

Nil, Fırat ve Dicle vâdisindeki tarım devrimi, MÖ. 5 bin yılları civarında görülür*. Zamanla Çin, İran, Hindistan, Harizm bölgelerinde, Anadolu, Yunanistan, İtalya ve başka yerlerde yayılır.

Sulu tarım, önemli besin fazlası sağlayarak, zenaatın bağımsız uğraş olmasına yol açar. Toplum artık besin üretimine doğrudan doğruya katılmayan binlerce insanı besleyecek düzeydedir. Bu binlerce insan, artık köyde değil, kentte oturarak yalnızca zenaatla uğraşabilecektir. Böylece tarımla zenaatın, kentle köyün biribirinden ayrılması biçimindeki ikinci büyük toplumsal işbölümü gerçekleşmiş olur.

Tarımsal devrim, cilâlı taş döneminin sonlarına rastlar. Daha sonra bakır, kalay ve giderek tunç keşfedilir. Nihayet Anadolu'da Hititler, MÖ. 1500'lere doğru demir kullanmaya başlarlar.

Tarımda madenî iş araçlarının, herşeyden önce demir saplı sapanın kullanılması ve ekimde hayvan gücünden yararlanılması, tarımda emeğin üretkenliğini daha da çoğaltır. Örneğin bir çelik balta, geçim araçları üretimi için harcanan zamanı yüzde 80 ilâ 50 oranında azaltır. Zenaatkârlık, demircilik ile birlikte, tam bağımsızlığına kavuşur.

Maden çağı ticareti geliştirir. Mısır ve Mezopotamya gibi tunç döneminin ileri aşamasına ulaşan topluluklar, bakır ve kalay gibi değerli madenleri elde edebilmek için, büyük ticarî seferler düzenlerler. Dört tekerlekli araba ve yelkenli gemi, tunç döneminde icat olunur. Avrupa henüz barbarlık dönemini yaşarken, Filistin ve Suriye'den devamlı geçen kervanlar, Mısır ve Mezopotamya'yı, İran, Kuzey Afganistan ve Sind ırmağından geçen kervanlar da Hindistan ve Mezopotam-

* Tayland'da Ban Chiang'ın en eski uygarlık merkezi olduğu ileri sürülüyor. Gorman'a göre, İsa'dan önce 7000 yılında bu uygarlık doğmuş. Metalürjide Mezopotamya'dan ileri imiş. MÖ. 1500'lerde Hititlerle aynı zamanda demir işlemekte imiş (Newsweek, 31.5.1976).

ya'yı biribirine bağlar. Para doğar. Giderek Çin, kervan yoluyla İran'a bağlanır.

Sümerlilerin, J. Pirenne'in deyimiyle, *«delta kent uygarlığı»*, Doğu Akdeniz kıyılarına, Anadolu'ya ve giderek Yunanistan'a yayılır. Böylece bir Akdeniz ortak uygarlığı doğar. Toynbee'nin deyimiyle, bir «tüccar uygarlığı» kuran Finikeliler, Akdeniz ticaret egemenliğini okyanuslara kadar uzatır. İran İmparatoru Daryüs, Süveyş kanalını açmaya yönelerek, Akdeniz ticaretini Hindistan'a bağlamaya çalışır. Hint Okyanusu denizciliğine egemen olan, Akdeniz ile Çin ve Uzak Doğu ticaretine aracılık yapar.

ASYAGİL ÜRETİM BİÇİMİ

Sulu tarım ve madenin keşfiyle birden hızlanan bu gelişmelerin temelinde, sürekli ve büyük oranda bir artık ürünün sağlanması yatar. Ama bu sürekli artık ürün, topluluğun sınıflara bölünmesinde de baş etken olur. Topluluğun bir kısmının doğrudan üretici çalışmayı bırakıp ötekilerin ürünüyle yaşayabilmesi olanağı doğar. Önceleri gönül rızasıyla ve arasıra verilen pay, sonraları zorla alınan bir yükümlülüğe dönüşür. Yeni merkezlerde (kentlerde) soylular, râhipler ve memurlar, tarımsal emeğin yarattığı artık ürüne el koyarak yaşarlar. Devlet, doğar.

Dünyanın en eski sınıflı toplulukları, Doğu toplumlarıdır. Mezopotamya, Mısır, Çin ve Hindistan gibi ülkelerde tarımın yapılması, taşkınlara karşı suların kontrol altına alınmasını, ülke çapında geniş sulama kanalları ve setler kurulmasını, meteorolojik ve astronomik bilgiler toplanmasını, hidrografik çalışmalara girişilmesini vb. zorunlu kılar. Bu işler, köylerin, köy topluluklarının ve hatta eyaletlerin üstesinden gelemiyecekleri büyüklüktedir. Ancak merkezî bir otorite, sulama işlerinin üstesinden gelebilir. Böylece tarihin en eski çağlarında, Marx'ın «Doğu despotizmi» dediği geniş bir bürokrasiye dayalı merkezî bir devlet buralarda doğar. Tabanda, sınıf farklılaşmasının pek az belirdiği, kendi kendine yeterli köy toplulukları vardır. Tepede ise, geniş sulama şebekesini elinde tuttuğundan toprağın sâhibi gibi gözüken ve bu nedenle köylü üretiminden pay alan bürokratik, merkeziyetçi devlet yer alır. Marx'ın «Asyagil», Samir Amin'in «vergisel» dediği üretim biçimi ve toplumsal kuruluş, kısaca bundan ibarettir.

Marx, topluca sömürülen köy topluluklarının varlığı nedeniyle, bir «genelleştirilmiş kölelik»ten söz etmişse de, Doğu toplumlarında kölelik, az yer bulur. Köleler daha çok ev işlerinde, hatta askerlikte kullanılır. Sulama ve tarımsal işler, genellikle köle olmayan köy toplulukları tarafından gerçekleştirilir*.

NE ASYAGİL, NE DE FEODAL...

Roma ve Atina'da ise, sınıflı toplumlara geçerken köleliğe dayalı, Asyagil Üretim Biçimi'nden farklı bir

---

* Eski Doğu ve genellikle bütün ilk çağ toplumlarında özgür kişi-köle ayırımı, her zaman açıkça yapılır. Köle, toplumun ve genel olarak yasaların dışında tutulur. Köle, efendisinin hiç ceza görmeden öldürebileceği, sakat bırakabileceği, satabileceği bir yaratıktır. Köy topluluklarının üyeleri ise, hiçbir zaman başkasının malı sayılamaz ve üretim araçlarına sâhip olma hakkından tamamen yoksun bırakılamaz. Bu nedenle, Doğu tipi toplumdaki sömürü, köleci sömürü olarak nitelendirilemez (Asya Üretim Tarzı, Ant Yayınları, s. 284). Türk ve Mogol boylarında ise, ileride göreceğimiz üzere, kölelik denemiyecek çok ayrı tip bir kölelik biçimi vardır. Öte yandan ATÜT, Asya'nın bin yıllık durgunluğunun ve geriliğinin nedeni sayılmıştır. Oysa ilk ortaya çıkış biçimiyle ATÜT, üretim güçlerinde büyük gelişmeyi belirler. Godelier'nin şu sözlerine katılırız: «Binlerce yıldır uyuklayan bir Asya hayali, Doğu'nun ve Yeni Dünya'nın tarihindeki ve arkeolojisindeki gelişmeler sâyesinde ayakta duramaz. Nitekim eğer Firavunlar dönemindeki Mısır'da, Mezopotamya'da görülen, Asyagil Üretim Biçimi türüne uygun birşeyse bu, ATÜT'ün insanoğlunun yer yer ama kesin olarak toprak işgali ekonomisinden kurtulduğu, tarımı, hayvancılığı, mimariyi, hesabı, yazıyı, ticareti, parayı, hukuku, yeni dinleri vb. şeyleri icat ettiği zamana ait olduğunu gösterir» (Asya Üretim Tarzı, s. 141).

evrim görülür. Akdeniz ticaret ve zenaatının hızla büyümesi, para ile değişimin yaygınlaşması, boy ilişkilerinin çabuk çözülmesine ve özel mülkiyetin gelişmesine yol açar. Özgür nüfusun büyük kısmının fakirleşmesi, köle emeğinin üretimde kullanılmasının avantajlı koşullarının doğması ve çevredeki geri kalmış topluluklardan kölelerin kolayca sağlanması, Atina ve Roma'da köle emeğine dayalı büyük arazi mülkiyetine (latifundia) ve köleci devlete yol açar*. Germen barbarları, büyük mülk sâhiplerini yok edip yerleşince, köleci düzen daha sonra, giderek Batı feodalizmine dönüşür.

Bu çerçeve içinde, Orta Asya Türk topluluklarının yeri nedir? Fransız tarihçisi Jean Chesnaux, bu soruya «ne Asyagil, ne köleci ve ne de feodal» karşılığını verir:

«Asyagil Üretim Biçimi, alışılagelmiş köleci ve feodal kategorilerine uymayan bütün toplumların zorla içine sokulacağı, 'geriye kalanlardan oluşmuş' bir kavram sayılamaz. Bâzı toplumlar, gerçek anlamıyla kölecilik ya da feodalizme benzemedikleri, 'Asyagil' bir ya-

---

Daha önce de değindiğimiz üzere, Samir Amin, toplumların klasik evrim şemasını yadsır. Ona göre, kapitalizm öncesi sınıflı toplumda en genel biçim, «vergisel biçim»dir. Kölecilik, istisnaî, marjinal biçim kalır. «Asyagil» denilen biçim artık ürüne merkezî otoritenin el koyduğu en gelişmiş, ya da en ileri «vergisel» biçimdir. Batı feodalizmi ise, «vergisel rejim»in daha ilkel koşullarında, «periferik», «az gelişmiş» ya da daha geri biçimidir (Le développement inégal, Paris 1974). Kapitalizm öncesi üretim biçimleri hâlâ büyük tartışma konusudur.

* Yunanistan'da ilkel topluluktan köleci topluluğa hemen geçildiği sanılmamalıdır. Miken Uygarlığı, MÖ. XIV-XI. yüzyılları arasında, ilkel köleci toplumdur. Ama XV-VIII. yüzyıllar arasında Güney Yunanistan, daha aşağı bir kültür düzeyinde, askerî demokrasi, yâni ilkel toplumsal düzenin çözülmesinin son aşamasında görülür. Ancak MÖ. VII. ya da VI. Yüzyılda köleci tipte klasik toplum ortaya çıkar. Konu, Sovyet tarihçileri arasında canl ıtartışmalara yol açar. Sonunda, askerî demokrasi aşamasındaki Dor'ların bölgeyi istilâsıyla, Miken kültürünün yok olduğu, bir gerileme görüldüğü sonucuna varılır (Thracia II, Bulgaristan 1974, s. 21).

pıya da sâhip olmadıkları halde, pek âlâ sınıflı bir toplumun niteliklerini gösterebilirler. Buna örnek olarak... Cengiz Han tarafından birleştirilip gerçek anlamıyla feodalizm hâline gelmeden önceki Mogolistan'ı (Orta Asya) sayabiliriz. Köleliğin ve feodalitenin evrensel olduğu dogmasını kaldırdıktan sonra, yerine 'Asyagil Üretim Biçimi'nin evrensel olduğu dogmasını koyacak değiliz»[78].

Ne var ki, Jean Chesnaux, Cengiz öncesi Asya bozkır topluluklarının toplumsal düzenine «ne Asya tipi, ne köleci, ne de feodal» demekle yetinir. Ne olmadığını söyler, ne olduğunu söylemez. Şimdi bu soruyu yanıtlamaya çalışalım.

SÜRÜDEN SOYA

Marx, «İnsan, ancak tarihsel süreç içinde birey olabiliyor. İlkin insan bir gens (soy) varlığı, bir boy üyesi, bir sürü hayvanı olarak görülmektedir» der[79]. Gerçek insan, birey olarak değil, bir sürünün üyesi olarak sürü içinde vardır.

Engels, «Ailenin, Özel Mülkiyetin ve Devletin Kökeni» adlı yapıtında, «sürü»den devletin kuruluşuna kadar geçen süreci, ailenin evrimiyle açıklamaya çalışır. Engels'e göre, önce sürünün içinde her erkeğin her kadına, her kadının her erkeğe ait olduğu ilkel bir durum yaşanmıştır. Buna «grup hâlinde evlilik» denebilir. Orta Asya göçebe topluluklarında bu tip evliliğin izleri görülür. Çin kaynaklarında Kırgızların ataları için şöyle yazılır :

«Aralarında az erkek çok kadın vardır... Erkekler ellerine, kadınlar boyunlarına dövme yaparlar. Hepsi birarada yaşar ve aralarında çok ahlâksızlık vardır»[80].

İnsanın türeyişiyle ilgili bir Türk efsanesi de, grup hâlinde evliliğe dayanır: «Çin sınırına yakın Karadağ'da, sular bir mağarayı doldurur ve insan biçiminde bir çukur açar. Güneş sıcaklığı ile insan biçimindeki model can kazanır ve Ay-Atam yeryüzündeki ilk insan olur. Ay-Atam kırk yıl yalnız yaşar. Mağaraya ikinci bir su akımıyla kadın doğar. Onlardan kırk çocuk doğar ve çocuklar biribirleriyle evlenerek ürerler»[81].

Kaynaklar, Orta Asya topluluklarıyla ilgili topluca aşk törenlerini anlatırlar. «Mum söndü», bunun zamanımıza kadar uzayan kalıntılarıdır. Budist râhip Hsuan-tsang 646 yılına ait gezi notlarında bir «Kadınlar Krallığı»ndan bile söz eder. Krallıkta yalnız kadınlar yaşar. Komşu Fu-lin Kralı, her yıl onlara çiftleşmek için damızlık erkek yollar. Bu «Kadınlar Krallığı» öyküsü, Mogollara gelen Marco Polo, Jean de Plan Carpin adlı gezginlerin anılarında, Ermeni Kralı Hethoum'da ve bir Çin ansiklopedisinde «Köpek Krallığı» adıyla görülür. Dağda 15 gün, çevreden gelen erkeklerle bayram yapan, doğan kız çocukları topluluğa kabul edip erkek çocukları öldüren Amazonlar, bu öykünün daha eski bir biçimidir. Yakut Türklerinde ise, bir prensin topluca aşk partileri düzenlediği ve partinin ahırlara giderek kısrak ve aygırların topluca aşkının seyriyle tamamlandığı anlatılır.

Bir küme erkekle bir küme kadının tam cinsel özgürlüğüyle belirlenen grup evliliği giderek evrime uğrar. İlkin karı-koca grupları kuşaklara göre sınırlanır ve kuşaklar arasındaki cinsel ilişki yasaklanır. Ancak aynı kuşaktaki erkekler, biribirlerinin karı ve kocalarıdır. Hem kardeş, hem de karı-koca durumundadırlar. Buna «kandaş aile» denebilir. Çin kaynaklarına göre, An-kuo (Buhara) memleketinde, kardeşlerarası evlilik vardır[82].

Zamanla kardeşler arasındaki cinsel ilişki yasaklanır ve «ortaklaşa-punaluenne» aile doğar. Artık anaları aynı ya da biribirinin kardeşi olan belirli sayıda kız kardeş, ortak kocalarının ortak karılarıdır, fakat ortak kocaları kendi öz erkek kardeşleri değildir.

Bu tip evlilik kalıntıları, Orta Asya Türk topluluklarında sık sık görülür. Hazarlarda, Akhunlarda kardeşlerin ortak karısı vardır* :

«Kardeşlerin ortak bir karıları vardır... Hiç kardeşi olmayan bir adamın karısı başında bir boynuz taşır, her kardeşin sayısı kadar boynuz çoğaltılır»[83].

Bu topluca evliliklerde bir çocuğun babasının kimliği bilinmez, fakat ana kesinlikle bilinir. Bu nedenle soyağacı yalnızca ana tarafından yürütülebilir, kadın soy zinciri tanınır. Sürü, soya dönüşür. Böylece bir ata-ana'dan inen, kadın tarafından kandaş ve aralarında evlenmeleri yasak olan bir akrabalar grubu doğar ki, Engels buna «gen = soy» demektedir. Soy, bildiğimiz karı-koca ailesinden farklıdır. Zira soy içinde evlenilemediğinden, karı ve koca ayrı soydandır. Koca, döl sağlamakla yükümlü bir yabancıdır. Soy, kadın egemenliğindedir**.

«KADIN CİNSİNİN TARİHSEL YENİLGİSİ»

Orta Asya Türk boylarının, bir ana-erkil soy aşamasından geçtiği, bir dişi kurt atadan türeme, doğan çocuklara analarının soyadını verme efsanelerinden ve erkeğin belli bir süre kadının soyunda yaşaması geleneğinden anlaşılabilir. Prof. Abdülkadir İnan, Orta Asya'da çok yaygın olan ve Anadolu'da da bir süre yaşayan «döl-alma» geleneğini, ana-erkil aşamanın kalıntıları sayar. Bu döl alma, konuklara aile içinden kadın sunma biçiminde görülür. Karluklarda, Uygurlarda bu gelenek uzun süre yaşar. Bizans elçileri Attila'ya gider-

---

* Prof. Abdülkadir İnan, Orta Asya'da zamanımıza kadar yaşayan, Anadolu'da da bâzen görülen karşı-dünürlük kurumunu, ortaklaşa ailenin kalıntısı sayar (Belleten, Sayı 32, s. 657).

** Tarihin en inatçı göçebeleri olan Çingenelerin ana-erkil aileyi hâlâ sürdürdükleri anlaşılmaktadır. Prof. Tayyip Gökbilgin, Çingene ailesini şöyle anlatıyor: «Evlenen Çingene erkeği, kızın kabilesine girer. Doğan çocuk o kabilenin malı sayılır. Erkek, kadından çadır, çadır eşyası, araba, at vb. gibi drahoma ister. Kabilenin en yaşlı kadını Çingene âdetlerinin korunmasına dikkat eder ve herkese öğüt verir» (İslâm Ansiklopedisi, Cilt VI, s. 422).

ken, ölen Bleda'nın karısının yönetimindeki bir topluluk tarafından ağırlanır. Bleda'nın karısı elçilere kızlar ve yiyecek sunar. Elçiler yiyecekleri alır, kızları reddederler[84]. Marco Polo, benzer bir duruma tanık olur. Kazvini, Karluklarda beyin karısı ve kızının tüccar kafilesine gidip bir konuk seçtiklerini, kocanın konuk evdeyken eve bile gitmediğini yazar. Niğdeli Kadı Ahmet, Anadolu'da Taptuklu Türk şeyhleri adlı Türkmen topluluğunun XIV. Yüzyılda, cinsel konukseverlikte bulunduğunu anlatır[85]. Tahtacılarda dedelerden döl alma geleneği yakın zamanlara kadar sürer. Dede Korkut öykülerinde de «döl almak»tan söz edilir*. Ruslara karşı XIX. Yüzyılda isyan eden ve sonra Kara Kırgızlara karşı savaşarak tutsak düşen Kırgız soylusu Kinesarı'nın destanında, Kara Kırgızlıların önce ona tutsak gibi değil konuk gibi davrandıkları, güzel kızlar yoluyla ondan döl almak istedikleri, döl vermeyi reddedince öldürüldüğü anlatılır. Şato Türklerinden inen Mongurlar da konuğa yakın zamanlara kadar evin bekâr kızını sunarlar idi. Kız, konuğun kemeriyle evlenmiş sayılır ve evli kadın statüsüne yükselir idi. Doğan çocuk, konuk babaya ait sayılmaz idi**.

Ana-erkil ortaklaşa aileden, iki başlı aileye geçildiğinde de kadın egemenliği sürer. Bu aşamada erkek

---

* Dede Korkut'ta düşman Şökli Melik, Salur Kazan'ın tutsak aldığı anasından döl alıp, doğacak oğlanı Kazan ile döğüştürmeyi planlar. Şökli Melik'e Kazan'ın anasının yaşlandığı ve artık oğul doğuramıyacağı anlatılır ve Kazan'ın Şökli'nin kızından döl alması ve doğacak oğlanın savaşta Kazan'a karşı çıkarılması önerilir.

** Kaşgarlı Mahmut, «Uma (konuk) gelse, kut gelir» diyor. Daha sonraları «Konuk gördüğünde uğur sayan kimseler gitti, bir karartı gördüğünde çadırını yıkan insanlar kaldı» deyimiyle, cinsel konukseverliğin sönmeye yüz tuttuğunu belirtiyor. Prof. Abdülkadir İnan'a göre, cinsel konukseverlik, ana-erkil dönemde meşru sayılan «döl-alma» geleneğinin ata-erkil boy örgütlenmesinde de süren bir biçimidir ve sonradan Türk boyları arasında yaygınlaşan «evlâtlık edinme» kurumunun kökenidir. Bugün bâzı Türk boylarında «gayri meşru» çocuk,

bir kadınla yaşar. Fakat evlilik bağı kolaylıkla çözülebilir ve çocuklar, geçmişte olduğu gibi, anaya ait olur. Erkek için poligami (çok karılılık) yine de vardır, kadından ise sadakat beklenir. Yeni durum, eskiden kadın sıkıntısı çekilmez iken, kadını az bulunan ve aranan bir şey yapar. Kadın kaçırma ve satın alma başlar.

Engels'e göre, hayvanların evcilleştirilmesi ve erkeğin ekonomik gücünün artmasıyla kadın üstünlüğü sona erer. Soy zincirinin analık hukuku yerine, babalık hukukuna göre hesaplanmasına geçilir. Engels, «insanlığın tanımış olduğu en köklü devrimlerden biri» diye nitelediği bu değişikliğin çok kolay gerçekleştiğini ileri sürer:

«Bu devrim... bir soyun yaşamakta olan üyelerinin bir tekinin bile durumunda herhangibir değişiklik gerektirmedi. Soyun bütün üyeleri, önceleri ne durumdaysalar, yine öyle kalabildiler. Yalnızca, gelecekte erkek üyelerin çocuklarının soy içinde kalacaklarını, kadın üyelerin çocuklarının buradan çıkarılarak babalarının soyuna geçeceklerini kararlaştırmak bu iş için yeterliydi»[86].

Böylece kadın tarafından hesaplanan soy zincirinin yerini, erkek tarafından hesaplanan soy zinciri alır ve Engels, bunu kadın cinsinin tarihsel yenilgisi sayar*.

öteki oğullarla eşit hukuka sâhiptir ve «gayri meşruluk» onur kırıcı sayılmaz (Prof. Osman Turan, Belleten, Sayı 42, s. 216-218 ve Prof. Ahmet Caferoğlu, Türk Teamül Hukukunda Evlâdlık Müessesesi, Türk Hukuk ve İktisat Tarihi Mecmuası, II).

* Engels'in ailenin evrimiyle ilgili görüşlerini «sürü» ile «soy» farkını belirtebilmek için verdik. Sağlam verilerden çok, Morgan'ın Amerikan yerlileri üzerinde yaptığı araştırmanın genelleştirilmesine dayanan Engels'in evrim şeması, günümüzde eleştiri konusudur. Maurice Godelier, grup hâlinde evlilikten anaerkil aileye ve daha sonra ata-erkil aileye geçişle sürdürülen Morgan ve Engels'in aile şeması için «günümüzde kabul edilemez» demektedir (Asya Tipi Üretim Tarzı, s. 142). Gerçekten son araştırmalar, XIX. Yüzyıl evrimci kuramlarının öne sürdüğü bir ana-erkil aşamadan baba-erkil aşamaya geçiş savını pek doğrulamaz. Erkek egemenliği çok eski tarihlerden

TÜRK BOYLARINDA KADININ YERİ

Bizim Türk boyları hakkında ilk edinebildiğimiz yazılı bilgiler, onların ana-erkil soylardan baba-erkil soylara çoktan geçmiş olduğu döneme rastlar*. Soy, aralarında evlenme yasağı olan, bir kurucu atadan inen oğullar, torunlar ve onların çocuklarından meydana gelir. Karı, koca soyunun tam üyesi sayılmaz. Ancak erkek çocuk doğurmakla soy içinde mevki kazanır ve koca ölünce, küçük erkek çocukları adına kocanın yetkilerini kullanır. Hatta küçük oğul adına topluluğa baş-

---

beri varmış gibi gözükür. Fakat çok eski Türk toplulukları hakkındaki çok sınırlı bilgilerimiz, ana-erkilden baba-erkile geçiş izlenimini veriyor. Bununla birlikte, çobanlığa geçişle kadının bağımlılığının artışı arasında Engels'in kurduğu bağ geçerlidir. Öte yandan Engels'in ilkel topluluklarda aile ilişkilerinin gelişmesini, üretim güçlerinin gelişmesinin yanı sıra, toplumun evrimini belirleyici özerk bir etken sayması da tarihsel maddecilik açısından eleştirilmiştir (Oscar Lange, Economie Politique, I, Paris 1962, s. 52). Yapısalcı Levi Strauss, bu konuda şöyle der: «İlkel bir toplumda aile ilişkileri, hem üretim ilişkilerini, hem otorite ilişkilerini, hem de görülen doğa-toplum ilişkilerini kısmen düzenleyici ideolojik şemayı meydana getirirler». Godelier, Levi Strauss'ın bu gözlemine dayanarak şu soruyu ortaya atmaktadır: «Böylece aile ilişkileri, hem alt yapıyı, hem de üst yapıyı teşkil ederler ve çeşitli işlevleri kendilerinde biraraya getirdikleri için toplumsal yaşamın egemen yapısı rolünü oynarlar. Bu, marksist düşünceye ikili bir sorun getirir: Ekonominin toplumsal yaşamdaki belirleyiciliği ilkesiyle aile ilişkilerinin ilkel topluluklardaki egemenliğini nasıl bağdaştırabiliriz? Hangi koşullar altında aile ilişkileri bu toplumlardaki egemenliklerini yitirip ikincil bir duruma geçerken onlardan boşalan yeri, devlet gibi yeni toplumsal yapılar gelişip alırlar?»

* Franz Hancar, Andronovo kültürü döneminde (MÖ. 1700-1200) tek başına gömülen ölülerin yanı sıra, bir erkekle birlikte gömülen birçok kadın ve çocuk cesedinin varlığına bakarak, ana-erkillikten baba-erkilliğe doğru geçiş dönemi yaşandığı sonucuna varır. Bu, ilkel çiftçilikten çobanlığa yönelişle birlikte gider. Fakat taştan kadın heykelleri, ana-erkil geleneklerin yaşadığını gösterir (Belleten, Sayı 84).

kanlık bile yapabilir. Fakat bu oğul sâyesinde kazanılan bir mevkidir. İslâmiyetten sonraki Türk kadınına göre, göçebe toplulukta çok daha saygın durumda bulunmakla birlikte, kadın, erkeğe eşit olmaktan uzaktır. Göktürklerde erkek başka soydan birinin gözünü çıkartınca, ceza olarak, suçlu erkek ailesinden bir kız, gözü çıkan adama verilir, eğer kız yoksa karının çeyizi sunulur. Göçebe topluluklarda suçlar için genellikle sığır, koyun ödendiği düşünülürse, genişçe bir cinsel özgürlüğe sâhip bekâr kızın bir anlama mal durumunda bulunduğu ileri sürülebilir. Evli kadın ise, çeyizine bile egemen değildir. Ayrıca erkek çocuktan yoksun kadın, kocası ölünce kocanın kardeşleriyle ya da üvey oğullarıyla evlenmek zorundadır. Zira kadın, erkek evlât doğurması için soy tarafından âdeta bir sözleşmeyle topluluk içine alınmıştır. Bir anlama kocayla değil, soyla nikâhlıdır. Bu nedenle 10-12 yaşındaki üvey oğlu ile bile üvey anne evlendirilebilir. İlk karıya özel bir mevki tanınmakla birlikte, çok karılılık yaygındır. Ancak ekonomik güçlükler ve olanaksızlıklar, çok karılılığı sınırlar. Kısaca, hayli değer tanınmakla birlikte, kadın, ataerkil soy ve aile içinde yine de ikincil durumdadır*.

TÜRK BOY ÖRGÜTLENMESİ

Soy, Türklerde kemik** deyimiyle belirlenir. Aynı

---

* Yine de üretime katkısı ve hatta gerektiğinde savaşlara bile katılması, Türk kadınına, islâm kadınıyla ölçülemiyecek kadar ileri bir mevki sağlar. Bamsı .Beyrek'in nişanlısı Banıçiçek, onunla ok atacak, güreş tutacak kadar güçlüdür. İslâm geleneğini benimsemiş Bitlis Hükümdarının karısı Karakoyunlu soyundan Türkmen kızı, at koşturur, ok atar, cirit oyunu oynar. Kocası buna çok kızar ve «Biz Kürdüz, Türkmenlerin geleneği bizim halkımız arasında hoş ve makbul değildir» der. Türkmen kızı direnir. Kocası bir yumrukla dişini kırınca da, kardeşi İskender Bey'e kanlı dişi yollar. İskender, Bitlis hâkimini öldürtür. Kısaca, Türkmen kadını hayli özgürdür. Ama bu, kadının ikincil durumunu değiştirmez.

** Altaylılar, son zamanlara kadar «söök = kemik» denilen soylar hâlinde yaşadılar. Altaylılar 24 soya, yâni söök'e bölünür-

kemikten inenler, soydaştırlar. Alanlar, kemik yerine «aynı tohumdan gelenler» anlamına «mıkkag» deyimini kullanırlar. Aynı atadan inen bütün soydaşlara, Türk ve Mogollarda «uruğ» denir. Uruğ, dar ve geniş anlamıyla belirlenir. Geniş anlamıyla uruğ, çok uzak bir atadan inen ve pek çok soyu kapsayan çok geniş bir akraba grubunu anlatır. Göktürk Kaganı Bilge, Çin «uruğumuzun kökünü kurucataktı» der. Dar anlamda ise, genellikle 7 ilâ 8 kuşak yukarıdaki bir atadan gelen daha ufak grupları belirler.

Soylar büyüdükçe yeni otlaklar ve av alanları bulmak nedeniyle, devamlı bölünürler. Ana soy, alt soylara ayrılır. Yukarıya doğru çıkıldıkça soylar, boy ve boy birlikleri teşkil ederler. Prof. Sadri Maksudî Arsal, göçebe Türk topluluklarının —Engels'in sınıflandırmasına uygun biçimde— Yunan, Roma ve Germen'de olduğu gibi urug (soy-gens), oymak (fratria-boy), ok (tribu) biçiminde kademelendiği kanısındadır. Fakat çeşitli düzeydeki akraba gruplarına aynı ad verildiğinden, sağlam bir kademelendirme yapabilmek çok güçtür. Örneğin aynı atadan inen büyük bir akraba grubuna oymak denildiği gibi, ondan ayrılan ve henüz büyük bir aileden ibaret bulunan ufak bir gruba da oymak adı verilebilir. Bunun gibi bir oymaklar federasyonunun tek bir oymakla eş tutulduğu görülür. Oymak ve boy, eş anlamda kullanılabilir. Bu nedenle, çeşitli düzeydeki akraba toplulukları sınıflandırma çabaları doyurucu

---

ler. Söök, birkaç yüz kişilik bir topluluktur. Soy içinde evlenmek yasaktır. Hıristiyanlığı kabul edip söök içinde evlenenlere Altaylılar çok kızarlar. «Neden kilise kan karıştırmaya izin veriyor?» derler (Prof. Abdülkadir İnan. Eski Türk Dini Tarihi, s. 99). Bir Hazar öyküsünde, ölen adamın mirasını ele geçirmek için kölesi onun öz oğlu olduğunu iddia eder. Adamın öz oğlu, bir türlü gerçek oğul olduğunu kanıtlayamaz. Bunun üzerine ölünün kemikleri mezardan çıkartılır, oğulluk iddiasındaki kişilerin kanları kemiğe damlatılır. Gerçek oğulun kanı kemiğe yapışır, sahte oğulun kanı kemiğe yapışmaz. Gerçek oğul dâvâyı böylece kemik yoluyla kazanır.

olmaktan uzak kalmıştır*. Kaşgarlı Mahmut dahi, kabile anlamındaki Oğuzca «boy» deyimini hem kabile, hem de en geniş kabileler birliği olarak kullanır. Ahmet Vefik Paşa'da boy, kabileden küçük bir toplumsal birimdir. Arapça küçük bir akraba birimi olan aşiret, Türkçeye büyük bir topluluk birimi biçiminde geçmiş-

---

* Mükrimin Halil Yinanç, Sadri Maksudî Arsal'ın uruğ, boy, ok biçimindeki kademelendirmesine karşı çıkarak, uruğ, oymak, boy sınıflandırmasını getirmektedir. En üst kademede de ulus ve il yer almaktadır. Radlof urug (büyük aile), boy (kabile şubesi), oymak (kabile), il ve ulus biçiminde sınıflandırma yapmıştır. Ziya Gökalp, Araplardaki sınıflandırmayı örnek alarak akev (ufak aile), ocak (büyük aile), soy, yarım tire, tire, bölük (batın), boy (amare), kol (kabile), il, urug, kavim gibi gerçekte izlenemiyen bir kademelendirmeye girişmiştir. Esasen Arap sınıflandırması da tartışmalıdır. Faruk Sümer, Oğuzlara dayanarak oba (kabile şubesi), boy (kabile) ve il bölümlerini temel almakta ve oymak deyimini bütün birimler için genel bir deyim olarak kullanmaktadır. Anadolu'da da Osmanlı döneminde mahalle, cemaat, kabile ve aşiret sıralaması görülmektedir. Daha büyük topluluklara il, el ya da Mogolca ulus denilmektedir: Dulkadirli eli, Boz ulus, Kara ulus gibi. Orhun yazıtlarında ise, oğuş (soy), bod (boy), budun (boylar topluluğu), il (siyasal bakımdan örgülendirilmiş budun) deyimleri yer almaktadır. Çin kaynaklarında bozkır boylarının alt bölümlere bölündüğü belirtilir: Tsou (gens, soy ya da büyük aile), po-tsou (boyun parçası olarak soy), pie-pou (boy bölümü), pou-lo (boy). Orhun yazıtlarında bir de soy (oğuş) ve budun ile birlikte «bişük» deyimi geçiyor. Muharrem Ergin bunu «akraba», Bazin «aile» diye çeviriyor. Uruğ ise «Çin soyunu kurutacakmış» biçimde en geniş anlamda kullanılıyor. Kısaca, büyük aile, alt soy, soy, boy gibi alt bölümlerin Türklerde de bulunduğu söylenebilir. Yalnız, değişmez bir kademelendirme yapma olanağı yoktur.

Prof. Kafesoğlu, Orhun yazıtlarına dayanarak oğuş (aile), uruğ (soy), bod (boy). ok (bir siyasal örgüte bağlı boy), bodun (boylar birliği) diye sınıflandırma yapıyor. Prof. A. Temir de Mogollar için yasun (kemik, soy, aile), aymak (oymak, aile grupları), obog (boy), irgen (budun) sınıflandırmasını öneriyor. İrgen ve budun, akraba sayılan bir insan topluluğunu belirtirken, il ve ulus, o topluluğun siyasal örgütlenmesini anlatıyor.

Öte yandan göçebe Türk ve Mogol toplulukları, en küçük ekonomik birim olarak Aul (ağıl, ayil, avıl, köy) ve Küriyen

tir. Prof. Faruk Sümer'e göre, Akkoyunlu Uzun Hasan, Oğuz İlinin (24 boy) Bayındır boyunun Akkoyunlu obasındandır. Uzun Hasan ise kendini Oğuz İlinin Bayındır ulusundan diye tanıtır. Ulus, hem soy gibi ufak bir akraba birimi, hem de en büyük siyasal örgütlenme biçimi olarak kullanır. Bu karışıklık içinde biz, büyük aile, soy, oba, boy deyimlerini kullanacağız. Boy, soylardan kurulu belli adı, damgası ve savaş çığlığı (orun) olan akraba topluluğu birimidir. Oba, boy içindeki daha ufak bölümdür. Geçmişte oba ve soy eş anlamlı sayılabilir. Birkaç boyu kapsayan boylar birliğine, Orhun yazıtlarında yer alan deyimle budun (bodun) denilecektir. Bir cins göçebe boylar birliği olan ve başında Kagan bulunan en büyük siyasal örgütlenmeye de il adı verilecektir.

«İLKEL VE KENDİLİĞİNDEN DEMOKRASİ»

İsa'nın doğduğu yıllarda, Türk, Mogol, Tunguz, Alan, Slav, Fin, Macar ve Germen boyları Çin'den Avrupa içlerine kadar uzanan geniş bozkırlarda ve ormanlarda hayli dağınık olarak yaşarlar. Su ve otlak yetersizliği, boyların toplu bir halde bulunmasına izin vermez. Birkaç bin kişiyi bulan bir topluluğu birlikte besleyebilecek tek bir otlak'ın fazla sayıda bulunamıyacağı açıktır. Bu nedenle boylar bile olanak ölçüsünde yakın yerlerde kalmakla birlikte, daha ufak ekonomik birimler halinde, yayla ve kışlaklar arasında dolaşırlar. Topluluk, ne kadar küçük olursa, besin sağlanması o kadar

---

biçiminde birarada yaşamakta ve birlikte göçmektedir. Bu ekonomik birimlerin, hangi toplumsal kademeleri karşıladığı kesinlikle belli değildir. Aul, mülkiyet birimi olduğu ölçüde, büyük aile ile özdeşleşmektedir, bâzen de mülkleri ayrı birkaç büyük aileyi kapsamaktadır. Halka biçiminde çadır topluluğu anlamına gelen Küriyen, soya ve boya yakın daha büyük bir göç birimidir. Örneğin XIX. Yüzyılda Kazaklar Aul'lar hâlinde göç ederken, Kara Kırgızlar boylar hâlinde göç ediyorlardı. Küriyen'den Aul'a evrim, göçebe feodalizminin meydana gelişinde önemli bir aşamadır.

güvenlidir. Ama vahşi hayvanların ve düşman boyların saldırılarına karşı korunmak için de kalabalık gruplar biçiminde bulunmak gereklidir. Türk boy ve obaları, bu iki karşıt zorunluğu birleştirecek biçimde bölünmüş olarak yaşarlar. Ancak savaş, savunma, sürek avı gibi nedenlerle biraraya gelirler. Bir askerî şef (başbuğ) ya da bir av lideri seçerler. Savaş bitince, av sona erince, şefin hiçbir rolü ve yetkisi kalmaz. Barışta her boy ve oba kendi bölgesine çekilir. Bu dağınık yaşama dahi, daimî bir askerî şefin ortaya çıkmasını engeller.

Sık sık görülen kıtlık koşullarında bütün erkekler çalışmak, gün boyunca sürü ve av peşinde koşmak zorundadır. Bu koşullar aylak bir soylu sınıfın çıkışına izin vermez. Otlaklar ortaktır ve ilk zamanlarda sürüler dahi ortaktır. Bağımsız boyların, göçleri düzenleyecek ve çıkacak anlaşmazlıkları çözümleyecek bir başkanları bulunsa bile, başkanın topluluğun üstünde bir yetki ve yaptırım gücü yoktur. Kararların alınmasına herkesin katılma hakkı vardır ve yargılamalar topluluk önünde yapılır. Polis, jandarma vb. yoktur. İlkel ve kendiliğinden (spontane) demokrasi egemendir.

AVCI BOYLAR, EN EŞİTLİKÇİ TOPLULUKLARDI

İlk Türk boyları, avcı ve çoban olarak gözükürler. Avcı boy ve obalar, av bulmanın güçlükleri ve sık sık meydana gelen açlıklar nedeniyle, çok uzun bir süre, ilkel demokrasi ve dayanışma durumlarını korurlar*. Radlof, avcı boylara, eşitlikçi topluluklar adını verir. Çoban boylarda sınıfların iyice belirgenleştiği sonraki dönemlerde de, ormanlardaki avcı boylarda sınıf farklılaşması pek gözükmez. *Onlar göçebe çoban yaşamını işkence sayarlar ve eşitlikçi sefalet koşullarını yeğ tutarlar.* Şamanizm, ilkin avcı boyların dini olarak gelişir.

---

* Altaylılar yakın zamana kadar avcı kalmışlardır. Sibirya Türklerinden Şor'larda 1900 yılında halkın yüzde 90'ı avcılıkla geçiniyordu. Avla ilgisi olmayan bir kimse «sokum kemiği»

Çin kaynaklarında avcılığın ağır bastığı topluluklar hakkında şu bilgilere rastlanır:

«Avcılık ve balıkçılıkla uğraşırlar. Ölüleri, her köyün ortak yaptığı büyük ağaç kerevete korlar... Salları ve posttan kayıkları vardır. Kışın dağlardaki toprak mağaralarda otururlar. Karın altındaki çukurlara düşmek tehlikesine karşı sırıklara binip gezerler. Bâzılarının balık derisinden elbiseleri vardır».

«Geyikleri kovalamak için ağaçtan kayak yaparlar. Kundura gibi ayağa giyilir. Geyik koşmasından daha hızlı dağdan aşağıya kayarlar. Düzdüklerde değneklerin yardımıyla ilerlerler. Evleri kayın ağacı kabuğundandır. Erkeklerin başlıkları da kabuktandır».

«Kuş tüyü ve saçlarla örtünürler. Mağaralarda yaşarlar. Hububat yemezler»[88].

Prof. Zelinin'e göre, avcılığın egemen olduğu ilk dönemlerde doğal ölüm bile yoktur. Avcılar savaşta ya da avda ölür. İlkel topluluk eceliyle ölümü, kadınlar ava katılmayıp evde kaldıkları zaman tanır. Eceliyle ölümü ilk gören kadınlardır. Hastalıktan ölüm kötü görülür ve ölenin kötü bir ruh taşıdığına inanılır. Bu inanç daha sonraki çağlarda yaşar. Yatakta ölüm ayıp ve utandırıcı sayılır. Yaşlıların yatakta ölümü kötü ruh taşımalarıyla açıklanır ve kötü ruhun boy üyelerine hastalık ve felâket getirdiği düşünülür. Bu inançla yaşlılar, kötü ruh olmayı reddettiklerinden öldürülmelerini kendileri isterler[89]. Hunlar ve Göktürkler için Çin kaynaklarında yazılı «ihtiyarlığa hor gözle bakarlar» kaydı, bu avcılık döneminin bir kalıntısı olsa gerektir. Zira topluluk içinde işbölümü ilerledikçe, tecrübeli yaşlıların önemi artar, yaşlılar yöneticiliğe yükselirler.

---

anlamına gelen «uca» sözcüğünü söyleyince, avcı avını onunla derhal paylaşmak zorundaydı. Prof. Caferoğlu buna «avcılık hukukunun bir cins imecesi» diyor (Türklerde Av Kültü ve Müessesesi, VII. Tarih Kongresi 1970, s. 170). Anadolu'daki avcılarda da Orta Asya avcılık geleneklerinin kalıntıları görülür. Dede Korkut'ta Bamsi Beyrek'in vurduğu geyikten Baniçiçek pay diler ve alır.

Yaşlıların öldürülmesi avcılık koşullarının acımasızlığını gösterir. Avcı topluluklar, giderek hayvancılığa geçerler. Fakat çoban topluluklarda dahi avcılık yine önemli bir uğraş olarak kalır. Çobanlıkla birlikte, zamanla sürülerin özel mülkiyetine geçilir. Otlaklar ortaktır, fakat hayvanlar boy ve obaların değil, büyük ailelerin mülkü olur. Akraba aileler arasında zengin ve fakir aileler belirmeye başlar*. Ama ilkel ekonomik koşullar, salgın hayvan hastalıkları, kışın görülen ot sıkıntısı ve soğuklar, büyük servet farklılaşmalarını önler. Bu aşamada da boylar, genellikle kendi boy ve oba başkanlarının liderliğinde hayli bağımsız olarak yaşarlar. Örneğin Çin kaynakları, Göktürklerin Kuzeyinde yaşayan benekli atlara sâhip Türk boyları için şöyle yazar:

«Toplulukların her birinin küçük şefleri var. Fakat şeflerin hiç biri ötekine tâbi olmaz»[90].

Bir kısmı Uygurların ataları olan Töles boyları için şu bilgi verilir:

«Her ne kadar boy ve ailelerin adları ayrıysa da, hepsine birden Töles denir. Ortak şefleri yoktur. Gruplara ayrılmışlardır»[91].

Bu ufak akraba toplulukları arasında toplumsal dayanışma egemendir. Sınıf farklılaşmasının hayli geliştiği ve dış etkilerle boy örgütlenmesinin bozulduğu bir zamanda dahi, Orta Asya boyları, hiç değilse alt düzeylerde, ilkel demokrasiyi ve toplumsal dayanışmayı

---

* Marx, Formen'de şöyle der: Göçebe çoban boylar arasında —ve bütün çoban boylar ilkin göçebeydiler— toprak, doğanın öteki koşulları gibi, ilkel sınırsızlığı içinde görülmektedir. Örneğin Asya bozkırlarında ve Asya yüksek yaylasında olduğu gibi toprak, sürülerin otlağıdır ve sürüler bütün çoban toplulukların geçim kaynağıdır... Burada mülk edinilen ve yeniden üretilen toprak değil sürüdür, toprak her konaklanıldığında ortaklaşa kullanılır (Kapitalizm Öncesi Ekonomi Şekilleri, s. 96).

sürdürürler. Örneğin Prof. Sadri Maksudî Arsal, Sibirya'da yaşayan Yakut Türklerinin XX. Yüzyıl başındaki durumunu özet olarak şöyle anlatır:

«Yakutlar soya usa derler. Usa, aynı atadan geldiklerine inanan ailelerden meydana gelir. Her usa'nın bir başkanı vardır. Başkan usa'nın en yaşlı üyeleri arasından seçilir. Usa içindeki öteki yaşlı üyeler, başkanın danışmanlarıdır. Başkana Aga Usa denilir. Bütün usa'ya ait işleri görüşmek üzere, bâzen bütün usa üyeleri toplanırlar. Bu toplantılarda her üyeye söz hakkı tanınır.

Her soyun bir damgası, bir orunu (savaş çığlığı) ve adı vardır. Usa'lar kadın kaçırma, hayvan aşırma nedenleriyle sık sık kavga ederler, hatta silâhlı çatışmalara girişirler. Usa'nın bir üyesine verilen zarar, bütün üyelere verilmiş sayılır ve öç almakla bütün üyeler yükümlü tutulur. Usa'nın eli silâh tutan erkekleri askerdir. Usa, silâh kullanabilecek yaşa gelen gençlere bir er adı, at ve silâh verir. Askerî güç 50-60 kişiyi bulur. Herkes asker olduğundan topluluğa hükmedecek bir asker ya da polis gücü aslında yoktur.

Nüfus artınca usa ikiye bölünür. Bir kısmı eski yerlerinde kalır, bir kısmı yeni otlaklara yerleşir ve yeni bir usa teşkil eder. İki kardeş usa arasında ilişkiler sürdürülür. Kardeş usalar, oymak (fratria) teşkil ederler. Oymakların usa başkanlarından kurulu bir kurultayı bulunur. Bütün usaları ilgilendiren sorunlar, kurultayda görüşülür.

Oymaklar birleşerek daha yüksek siyasal birlikler meydana getirirler. Bu birliklere con (tribu) denilir. Con başkanı giderek güçlenir ve bir askerî güç teşkil ederse de, bir hükümdar durumuna gelemez, usa ve oymaklar üzerinde tam otorite kuramaz. Usa ve oymaklar, bağımsızlıklarını büyük ölçüde sürdürürler»[92].

TOPLUMSAL DAYANIŞMA

Görüldüğü üzere, XX. Yüzyıl başlarındaki Yakut

boylarının örgütlenmesi, Engels'in «Ailenin Kökeni»nde anlattığı Roma, Yunan ve Germen gens, fratri ve tribu'lerinden pek az ayrılır. Öteki Orta Asya boylarında da — hiç değilse alt birimlerinde — sınıf farklılıkları arttığı halde, eski toplumsal dayanışma kurumları varlığını sürdürür. Örneğin Schapov, XIX. Yüzyılda Baykal gölü kıyısındaki boylar hakkında özetle şu bilgiyi verir :

«Her aul*, daire ya da elips biçiminde, ötekilerden ayrılmış birkaç çadır topluluğundan meydana gelir. Bunlar aul'u teşkil eden büyük ailelerdir. Büyük aile, üç ya da üçün üstünde çadıra sâhiptir. Çadırların birinde ailenin en büyüğü, karısı ve bâzen birkaç yetim akrabasıyla birlikte yaşar. Yandaki çadırlarda oğullar, karıları ve çocuklarıyla barınırlar. Bâzen bekâr oğullara da çadır yapılır. Fakat çadırların hepsi, dairenin içindedir. Ahırlar, kilerler daire içinde bulunur.

Bu akraba büyük aile çerçevesinde tarlalar, kuru otlar, çayırlar, hayvanlar, herşey ortaktır. Birkaç karı-koca ailesinden kurulu büyük ailenin bütün üyeleri, tek bir aile gibi davranırlar. Birlikte çalışırlar, sık sık birlikte yerler. Şölenlerde ve konuk toplantılarında birlikte yemek, kuraldır.

Bu daire biçimindeki çadır topluluğunun bitişiğinde, aynı biçimde başka bir çadır topluluğu bulunur. Bu bitişik topluluk, en yakın akrabalardan, örneğin erkek kardeşin çocukları, karıları ve öteki akrabalarından meydana gelir. Bu topluluğun yanında, yine daire biçimindeki daha uzak akrabaların çadırları yer alır. İşte bu birkaç büyük aile aul'u teşkil eder. Bu aul'un yanında, aynı biçimde örgütlenmiş daha uzak akrabaların aulları yer alır. Böylece soylar ve boylar ortaya çıkar.

---

* Aul, birlikte yaşayan ve birlikte göçen aileler topluluğudur. Bir cins göçebe köyü ve boyun parçasıdır. Bu ufak akraba birimine, Baykal gölü kıyısındaki Buryatlar «ulus» adını veriyorlar. Fakat «ulus» genellikle büyük siyasal örgütlenme birimidir.

Boy belli bir ad'a, uran'a ve damga'ya sâhiptir. Boy üyelerine ait hayvanlar, boyun damgasını taşırlar. Fakat mülkiyet birimi boy değil, boyun alt bölümleridir. Boy otlakları saptar, oba ve oymakların tartışma ve anlaşmasıyla otlakları paylaştırır. Onlar da aullar arasınd otlak paylaşmasını düzenlerler. Ortak otlaka sâhip bulunan aul, sürülerini genellikle birlikte otlatır. Aul'da yalnız otlak değil, taşıma araçları da ortaktır. At, araba ve koşum takımları ortak kullanılır.

Aul'a genellikle büyük ailelerin en yaşlı üyesi başkanlık eder. Başkan liderliğinde aul, konuk ağırlar, ortak kurban sunar ve ortak sofra bulundurur. Beşinci kuşaktaki ortak atadan inen aileleri kapsayan aul'da yaşayanlar, evlenmelerde kız tarafına verilen başlığı (kalım) birlikte öderler, ilkbahar bayramlarına birlikte katılırlar. Dinsel törenlerde belli ruhlara birlikte saygı sunarlar. Otlak dağıtımında tek bir birim gibi davranırlar. XIX. Yüzyılda zengin ve fakir aileler farklılaşması hayli gelişmiş olmakla birlikte, aul, zenginlerin sürülerinden hayvan alıp fakirlere vererek toplumsal dayanışmayı gerçekleştirir. Armağan ve yudumluklar (ganimet) aul içinde eşit paylaşılır. Bölgeye yerleştirilmiş Rus köylüleri, Schapov'a 'Onlarda herşey ortaktır' diyerek durumdan duydukları şaşkınlığı belirtirler*.

Aul içindeki anlaşmazlıkları, yaşlılar, bütün aul üyeleri önünde çözer. Varılan kararın uygulanması, yaşlıların saygınlığına, otoritelerinin herkesçe kabul edilmesine ve duruşmanın bütün aul üyeleri önünde yapılarak açıklık ve toplumsal baskının sağlanmasına dayanır. Polis, asker ve benzeri kurumlar yoktur»[93].

---

* Basra Körfezi çayırları - Zagroz dağları arasında yaşayan Kaşgay Türkleri, ırsî şefe sâhip göçebe feodalizmi aşamasındadır, fakat toplumsal dayanışma yaşar. 1951 yılında 100 ailelik göçebe topluluğun başkanı Şir Ali, komşu Kalış'ın 100 hayvanı donup ölünce ona 100 aileden topladığı 100 hayvanı verir. Şir Ali, olayı Amerikalı gezginlere şöyle açıklar: «İyi ve kötü kaderi hepimiz paylaşırız. Hiçbir Kaşgarlı aile yoksulluğa düşmez. Eğer Kalış ölseydi, ona yine sürü verecek ve

Kazak Türklerinin aul'unda toplumsal dayanışma daha çarpıcıdır. Özellikle büyük sürüye sâhip olmayan Kazak aullarında, sürünün varlığını koruyabilmesi için mülkiyetin bölünmemesi gerektiğinden, büyük aile ile aul özdeşleşir. XIX. Yüzyılda dahi, aul tek bir aile gibi gözükür.

AKRABALARI YAĞMALAMA HAKKI : BARANTA

Kazak Türklerinde baba, babanın kardeşleri ve dede töreye göre tek bir birim sayıldığından oğul, baba, dede ve amca mallarına isterse zorla el koyabilir. Buna Baranta denilir. Bu yakın akrabaların dışında, belli koşullarda daha uzak akrabaların mal ve sürülerine de el konulabilir. Bu tip «yağmalama», başlık ödemek, yabancıya borcunu vermek, hırsız ve haydut kovalamak gibi zorunlu geziler yapmak ve kıtlık dönemlerinde açlıktan korunmak için yapılabilir. Uzak akrabaların malı, ilk fırsatta geri ödenir. Yakın akrabalar için ödeme zorunluluğu yoktur.

Baranta'nın ilginç bir yanı, belki de ana-erkil aile döneminin bir kalıntısı olarak, ananın kardeşine, yâni dayıya da uygulanabilmesidir. Dayı ayrı soydandır, yeğenden çok uzaklarda yaşayabilir ve hatta onu hiç görmemiş bile olabilir. Fakat yeğenin dayıdan yardım istemeye hakkı vardır. Yardım gelmezse, yeğen, dayının mal ve sürülerini üç kez yağmalayabilir. Dayı yağmayı kabullenmek zorundadır. Ancak dördüncü yağmada, «yeğenlik haklarını yitirdin» diyerek karşı çıkabilir*.

---

oğlu ailenin sorumluluğunu yüklenecek yaşa gelinceye kadar sürüyü üretecektik».—100 ailenin başkanı Şir Ali'nin 160 koyunu, 6 atı ve 8 devesi vardır (The National Geographic Magazine, Mayıs 1952).

* Baranta'nın bir de yabancı boylara karşı uygulanan başka biçimi vardır. Bir yabancı boyun bir üyesi, boy üyelerinden birine zarar verdiği zaman, boy, suç işleyeni değil, bütün boyu sorumlu tutar ve istediği boy üyesinin malını yağmalar. Baran—

Topluluğun bir üyesi cezaya çarptırıldığında cezayı yalnız suçlu değli, suçlu zengin bile olsa akrabalar öder. Örneğin adam öldürmenin cezası 200 attır. Katil zenginse bile, akrabalar cezaya katılır. Eğer katil ve yakın akrabaları ödeme gücünden yoksunsa, uzak akrabalar dahi — akrabalık dereceleriyle orantılı olarak — cezayı paylaşırlar. Ceza yine karşılanamazsa, Göktürklerdeki göz çıkartmaya karşı kız verme geleneğine benzer biçimde, öldürülenin soyuna, nişanlı olmayan bir kız sunulur. Bu yoldan elde edilen ceza, yalnız öldürülenin yakın akrabalarına gitmez. Cezanın yarısını, ölenin alt soyu alır, dörtte bir öteki akrabalara gider ve son dörtte biri oğullar alır. Gelin için ödenen başlık da geniş bir akraba topluluğu tarafından karşılanır.

AKRABA ÇOKLUĞU GÜÇ KAYNAĞIDIR

Bu dayanışma nedeniyle, bir aile ne kadar çok akrabası varsa kendini o kadar güvenli ve güçlü hisseder*. Onun içindir ki, çok sayıda erkek çocuk sâhibi olmaya büyük önem verilir ve çocukların babasının kimliği konusunda ince elenip sık dokunmaz. «Döl almak» ve cinsel konukseverlik, bu isteğin sonucu olsa gerektir. Buryatlarda gebe gelin ayıplanmaz, hatta verimliliğinin kanıtı diye değerli sayılır. Türk ve Mogol topluluklarında nişanlıların buluşmalarına izin verilir. Kazak Türklerinde kocası ölmüş dul kadın, birkaç yıl içinde çocuk doğurursa, çocuk kocanın soyundan kabul

---

ta adî bir yağma değildir ve Grodekov'a göre üç kuralı vardır: 1) Gündüz yapılır, 2) Saldırının Baranta olduğu açıkça ilân edilir, 3) Haksızlığın tâmiri için olur. Baranta'da hakkın birkaç katı alınabilir (İslâm Ansiklopedisi, Cilt IV, s. 310).

* Günümüzde de büyük kentlerimizin bâzı kârlı iş alanlarını ve halleri parselleyen kabadayıların gücü, akrabalarının sayısının çokluğuna dayanır. Akrabalık, hemşerilikle de desteklenir. Bir Kazak atasözü şöyledir: «Kalabalık ailelerin bireyleri neden söz eder? Küçük ailelere karşı yaptıkları haksızlıklardan söz eder. Küçük ailelerin bireyleri neden söz eder? Kalabalık ailelerin kendilerine yaptıkları haksızlıklardan söz eder» (Radlof, Sibirya'dan Seçmeler, s. 196).

edilir. Şato Türklerinin kalıntısı olan Mongurlarda şölen ve törenlerde geniş cinsel özgürlük tanınır. Evli kadın bir adamla kaçarsa koca ailesine tazminat ödenir, fakat doğan çocuk koca ailesine ait olur. İki yıllık mâtem süresinde doğuran dulun çocuğunun babası, ölen koca kabul edilir. İki yıllık süre aşılmışsa, doğan kız çocuk öldürülür, oğlan çocuk mirastan yoksun bırakılmakla birlikte tutulur. Evlenmemiş bir kız, çocuk doğurursa, kız bir ağaçla, bir heykelle evlendirilir ve çocuk ananın ait bulunduğu topluluğun adını taşır[94].

Üvey analarla, ölen amca ve ağabey karılarıyla evlenme geleneği de, soyu çoğaltma kaygısının sonucu olsa gerektir. Çok karılılık aynı amacı güder. Bir Kazak atasözü «Yerleşik Türk ya da Tacik zenginleyince kendine ev yapar, Kazak ise karılar satın alır» der. Her yoldan erkek çocuk sâhibi olmak istenir. Evlâtlık edinilir. İçgüvey alınır. Yalnız kız çocuklara sâhip bulunmak, çocuksuzluğa yakın bir felâket sayılır. Zira oğulsuz, kız çocuklar olsa bile, soy ölür. Soyun söndürülmesi, Ordos Mogollarında idam cezasıyla eş sayılır. Ordos Mogollarında adam öldürme cezası idamdır. Katil kaçarsa mallarına el konur ve çocukları ondan alınır. Bu da, soyu kurutulduğundan bir ölüm cezası sayılır, biyolojik anlamda değilse bile, sosyal anlamda katil yok edilmiş olur. Orhun yazıtlarında, Çinlilerin Türk budunun soyunu kurutmak istemeleri, en büyük felâket olarak belirtilir.

BİREY YOK, BOY VARDIR

XX. Yüzyıl başlarında bile yaşayan bu soy dayanışması, geçmiş yüzyıllara doğru gidildikçe artar. İbn-i Haldun devletlerin kurulmasını kabile asabiyyetine ve devletlerin yıkılmasını kentlerde ve yerleşik yaşamda kabile asabiyyetinin zayıflamasına bağlar. Asaba, baba yönünden bütün akrabaları ve genellikle kabileyi kapsar. Asaba, haklı ya da haksız olduğuna bakmaksızın herhangibir kabile üyesini korumak için, bir söz üzerine derhal birleşir. Kanının dâvâsını güder, yağmaya ve savaşa koşar. Asabiyyet, «kardeşine ister zâlim, ister mazlum olsun yardım et» sözleriyle açıklanır*.

Birey, ancak boyun bir üyesi olarak vardır. Boyun dışında birey bir hiçtir. Bozkırda biribirini tanımayan iki insan karşılaştıklarında «kimsin» sorusuna boy adı söylenerek cevap verilir. Boy dışında kendi adı geçerli değildir. Çocuğa ufak yaştan ataları ve soyu ezberletilir. Boy üyelerinden birinin işlediği suçtan, Baranta örneğinde görüldüğü gibi, bütün boy sorumludur. Kan dâvâsında da aynı kural işler.

Kollektif sorumluluk anlayışı o kadar güçlüdür ki, bir boyun, budunun birey gibi ölebileceği düşünülür. Orhun yazıtlarında sürekli budunların ölümlerinden söz edilir: «Az budun orada yok oldu», «İzgil budun öldü», «Karluk budunu öldürdük», «Türk budun öldü, yok oldu» gibi.

Başka topluluktan bir kişi tarafından öldürülen Kapgan Kagan'ın ölümünden Türk budun bütünüyle sorumlu tutulur:

«Bilgisizliğin, kötülüğün yüzünden amcam Kagan uçup gitti (öldü)».

Bir kişinin yanılgısının, onun bütün ailesine, soyuna, budununa zarar vereceğine inanılır. Bilge Kagan, Çin'den uzak durmayı öğütlerken, Çin bir kişiyi aldatsa, onun bütün soyunun ve budununun ölümden kurtulamıyacağını belirtir.

Kişi de kendini boyunun dışında yok sayar. Bütün boy üyeleri, boyun kurban törenine katılmayı hak bi-

---

* Muhammed, bir devlet kurmaya yönelirken, yalnızca dar bir kabile asabiyyeti ile yetinemezdi. Kabile asabiyyeti nedeniyle kabileler arasında sürüp giden boğuşmalara son vermek ve bütün Arapları kapsayan bir asabiyyet yaratmak zorundaydı. Nitekim bir hadiste, asabiyyeti kınadığı belirtilir: «Halkı bir asabiyyet için toplanmaya çağıran, bir asabiyyet için vuruşan ve asabiyyet uğrunda ölen, bizden, yâni dinimizden değildir» (İslâm Ansiklopedisi, II, s. 663). Daha önce gördüğümüz üzere, Selçuklu ve Osmanlı, Türkmen'in kabile asabiyyetini yok etmeye büyük önem vermiştir.

lir. Boyun kurban törenine ancak boy üyeleri katılabilirler. Törene alınmamak, boydan kovulma anlamına gelir ki, bu, verilebilecek en büyük cezalardan biridir. Ceza olarak boyundan kovulmuş kişi, boyun adını taşımaktan yoksun bırakılır ve kendi adının bir önemi olmadığından «adsız» olur[95].

Boy üyelerine, Orhun yazıtlarında «er adı» denilen gerçek ad, savaşta ve avda bir başarı gösterdikten sonra, topluluk tarafından verilir. Yiğit, bir törenle er adı ve at alır. Ad'a kavuştuktan sonra, evlenmeye hak kazanır. Ana-babanın verdiği ad, gerçek ad sayılmaz. Ancak yiğitlikle er adı kazanan, boyun hak sâhibi üyesi olur. Dede Korkut destanında, bilge kişi Korkut Ata yiğitlere ad verir:

«— Sen oğlunu Basam diye ohşarsın; bunun adı Boz aygırlı Bamsı Beyrek olsun!».

Manas destanının kahramanlarından Er Tüştük yıllarca adsız gezer. Er Tüştük'ün anası, babasına «Oğlanın adı yok, ad verelim» der. Baba, boyları toplar. Bir aksakallı peyda olup topluluğun önünde adsız oğlana Er Tüştük adını verir. Oğluna ad versinler diye Manas bütün boyları toplar. Ama onlar çocuğa ad bulamazlar. Aksakallı, ak boz atlı bir ihtiyar peyda olur ve ona Semetey adını verir. Er ad takma, yalnız anababayı değil, bütün boyu ilgilendiren bir konudur.

Orhun yazıtlarında Kül-Tegin, Bilge Kagan'ın Tanrıça Umay'a benzeyen annesini, er ad alıp mutlu kılar. Türk destanlarını inceleyen V. Titov'a göre, yiğitlik gösteremiyenlerin er adları yoktur. Bunlar göbek adlarını ya da boyun adını taşırlar[96].

TOPLUMA GÖBEK BAĞI İLE BAĞLILIK

Görülüyor ki, bireyin adı bile ait olduğu boy ile özdeşleşmektedir.

Engels, boy içinde bireyin durumunu şöyle anlatır: «Bu kuruluş içinde, insan, önünde yabancı olarak dikilen ve anlayamadığı dış dünyaya, çocukken dinsel tasarımlarında yansıyan hemen hemen tam bir kulluk durumundaydı. Boy, insan için bir sınır olarak kalıyordu: Yabancı karşısında olduğu kadar, kendisine karşı da boy, soy (gens) ve budunları kutsal ve dokunulmazdılar; bireyin duygu, düşünce ve eylemlerini tamamen egemenlikleri altında bulunduran, doğa tarafından verilmiş üstün bir güç teşkil ediyorlardı... Marx'ın dediği gibi, henüz ilkel topluluğa göbek bağı ile bağlıydılar»[97].

Bu göbek bağı ile bağlılık, Asya bozkırlarındaki boylarda, çok uzun bir süre devam eder. Akrabalık ilişkileri, toplumsal yaşamın egemen yapısı gibi görünür*. Bu nedenle, Krzyrick gibi bâzı marksistler, kabile rejiminde tarihsel maddecilik yasalarının geçersizliğini ileri sürmüşlerdir. Konu, Sovyetler Birliği'nde tartışılmış, bir kısım araştırıcılar, bozkır topluluklarını iç çatışmaları pek olmayan akraba birimleri olarak değerlendirirken, öteki araştırıcılar sınıf çatışmaları ve sömürünün akrabalık ilişkilerini koparttığını ileri sürmüşlerdir. İkinci görüş, kazanmıştır.

Bozkır boylarının uzak bir geçmişte, iç çatışmasız topluluklar teşkil etmesi mümkündür. Daha sonraki za-

---

* XII. Yüzyıl Orta Asya Türkmenlerini inceleyen yapısalcı Cuisinier, ekonomik mantığın üst kuruluşlarda işlediğini, en küçük ekonomik birim olarak aul'da ise, akrabalık ilişkilerinin düzenleyici olduğunu ileri sürer. Cuisinier'ye göre, aul çifte bir tehlikeyle karşıkarşıyadır: 1. Üyelerinin gereksinmelerini karşılayamıyarak yok olmak. 2. Üyeleri arasında uygun koordinasyon ve bağımlılığı koruyamıyarak parçalanmak. Birinci tehlike, belli bir teknik düzeyde nüfus artışı ve iklim koşulları gibi etkenlerle belirlenen doğa-insan ilişkilerini yansıtır. İkinci tehlike ise, toplumsal sistemin işleyiş koşullarıyla ilgilidir: Bir sürünün işletilmesine ancak yetecek büyüklükteki bir toplulukta, çalışan üyeler arasındaki ilişkiler, akrabalık yoluyla ancak düzenlenebilir. Parçalanma, dağılma tehlikesine karşı koyabilmek için, üretimin mantığından çok, soy ve akrabalık mantığı gerekli olmaktadır. Bu nedenle toplumsal sistemin çimentosu, akrabalıktır. Ekonomik mantık, daha üst düzeydeki topluluklarda ağırlık kazanır (Economie et Paranté, s. 87).

manlarda da akrabalık ilişkileri, çatışmaları frenleyici bir ideolojik rol oynamış olabilir. Fakat bozkır toplumlarında da, köle-soylu ayırımının çıktığı, zengin aile-fakir aile ve bey-avam ayırımlarının akrabalık ilişkileri içinde keskinleştiği görülür.

Mogolların Gizli Tarihi'nde anlatılan «üyelerinin hepsi eşit» olan bölöğ irgen (boylar birliği, budunun şubesi), çok eski zamanlarda yaşamış bulunsa gerektir. Gizli Tarih, zâten bu bölöğ irgen öyküsünü Cengiz Han'ın içinden çıktığı Borcigin soyunun atası olan Bodoncar'ın onu nasıl köleleştirdiğini belirtmek için anlatır:

«Bodoncar, babalarının malını paylaşma yüzünden kardeşleriyle kavga ederek Onon ırmağının aşağı tarafına gitti. Bodoncar orada bölöğ irgen'e rastladı ve anladı ki topluluğun *'büyüğü, küçüğü yok, fenası, iyisi de yok. Baş olanı da, ayak olanı da yok, hepsi eşit».*

Bodoncar, kardeşleriyle barıştıktan sonra, durumları elverişli olan bu topluluğu zaptetmeyi önerdi ve *«insanın vücudunda baş, elbisede yaka bulunsa iyidir»* dedi. Kardeşleri öneriyi kabul ederek akın yaptılar ve beş kardeş birlikte bu topluluğu ele geçirdiler[98].

KÖLE BOYLAR, EFENDİ BOYLAR

İlk bağımlılık ilişkileri, bir boy ya da soyun öteki boy ve soyları bağımlı kılmasıyla görülür. Savaşlardaki yenilgiler, bir boyun öteki boyun yönetimine girmesine yol açar ya da yenik boyun soyları, savaşı kazanan boyun soyları arasında paylaştırılır. Bâzen de akınlar, savaşlar, yağmalar nedeniyle yoksul ve zayıf düşen boylar, bağımsız yaşama olanağını yitirerek, kendi istekleriyle başka bir boyun koruyuculuğuna sığınırlar. Böylece yalnız yabancı (yad) boylar değil, akraba boylar bile bağımlı duruma düşerler. Buna *«Unagan-bogol»* denilir. Egemen boy ile yenik boy içinde hiçbir sınıf farklılaşması olmasa ve herkes eşit durumda bulunsa bile, unagan-bogol kurumuyla boylar arasında eşitsizlik ve bir boylar hiyerarşisi doğar.

Unagan-bogol'u, Reşidettin gibi tarihçiler kölelik diye açıklarlar. Fakat Vladimirtsov'un kanıtladığı üzere «efendi boy - köle boy» ilişkileri daha çok senyör ile demirbaş vassal ilişkilerine benzer[99]. Köle deyimi, ilişkilere uygun düşmez. Zira bir boy ya da boy bölümüne bağımlı kılınan unagan-bogollar kendi aralarında kabile bağlarını yitirmezler, kabile yaşamını sürdürürler ve mülklerini ellerinde bulundururlar. Emeklerinin hepsi efendi boya gitmez ve kişisel özgürlüklerini bir ölçüde korurlar.

Unagan-bogol boyların başlıca görevi, efendi boya hizmet etmektir. Efendi boy, ister akraba (urug), ister yabancı (yad) olsun, unagan-bogol boy, efendiye karşı akrabasıymış gibi davranmak zorundadır. Unagan-bogol, efendi boy ile birlikte göç eder, ya da efendi boyun sürülerinin beslenmesi olanağını sağlamak için, yeni göç birimleri teşkil eder. Sürek avları sırasında av hayvanlarını sürüp, efendi boyun önüne getirir.

Zamanla iki boy arasındaki ilişkiler doğallaşır, akraba ve dost iki boy ilişkisine dönüşür. Biribirlerinden kız alıp, kız verirler. Kız alıp verme, önemli başlık ödemeyi gerektirdiğine göre, unagan-bogolların ekonomik durumlarının iyi olduğu düşünülebilir. Zaten göçebe boylar arasında kültür ayrılıklarının olmayışı, göçebe yaşamın sâdeliği, efendi-köle farklılaşmasını perdeler. Nitekim bir Ermeni yazar, «Efendilere ve uşaklara aynı yemeği veriyorlar» diye şaşkınlığını belirtir. Fakat bu görünüş, bir boyun öteki boyu çobanlık ve av sürücülüğü yaptırma yoluyla sömürdüğü gerçeğini değiştirmez.

Bağımlı boyun kendi isteğiyle unagan-bogolluktan çıkması mümkün değildir. Fakat buna izni verildiği görülür. Bâzen de silâh zoruyla bu gerçekleştirilir. Örneğin Göktürklerin kurucusu olan soy, Juan-Juan'ların unagan-bogoludur. Altaylarda demircilik* yapmaktadır.

---

* Demirciliğin demir cevheri çıkartmak mı, demiri işlemek mi olduğu belli değildir.

Ama sonra ayaklanıp Juan-Juan'lara boyun eğdirir.

Unagan-bogolluk dışında, kardeş (urug) boylar arasında da tam bir eşitlik yoktur. Boyların bâzıları daha zengin, daha nüfuzlu ve daha güçlüdür; bâzıları zayıf, fakir ve önemsizdir. Örneğin 24 Oğuz boyundan Kayı, Yazır, Avşar, Beğdili ve Eymir olmak üzere beşi önemlidir. Oğuzların yabgu denilen başkanları bu beş boyun içinden çıkar. Bu beş boyun en önemlisi Kayı boyu gözükür. Nitekim Bayındır boyundan Uzun Hasan, «en büyük olma» iddiasına kalkışınca, Osmanlılar Kayı boyundan indiklerini hatırlama zorunda kalırlar ve İkinci Murat paralarının üzerine Kayı boyunun damgasını bastırır.

Görüldüğü üzere ilk farklılaşma ve sömürü, unagan-bogol kurumuyla çıkar. Unagan-bogolların, akraba bile olsalar bağımlı kılınmaları, efendi boyun şubelerine dağıtılmaları, efendi boya akraba gibi davranma yükümlülükleri, onların kendi öz boylarıyla ilişkilerini az çok gevşetir ve akrabalık ilişkilerinde zayıflama başlar.

ÖZEL MÜLKİYET

Akrabalık ilişkilerinde daha önemli bir zayıflamayı, sürülerin özel mülkiyete geçirilmesi getirir. Özel mülkiyete geçişle, büyük sürü sâhibi zengin aileler meydana gelir. Orta Asya'da bulunan en eski Türk anıtlarında, anıt sâhibi kişilerin hayvan zenginlikleriyle övündükleri görülür :

«Yüz er akrabamdan, bin er budunumdan, sekiz ayaklı* bin baş hayvanımdan ayrıldım».

«Ben Kırgız oğlu Boyla Kutluğ Yargan... Zengin idim. Ağılım on, at sürüm sayısız idi».

Orhun yazıtları, Kül-tegin'in altınını, gümüşünü,

---

* «Sekiz ayaklı» deyimi tok ve iyi beslenmiş hayvan için kullanılır.

hazinesini, servetini, 4 bin atlık sürüsünü yöneten Tuygut'tan söz eder.

Eski Çin kaynakları Türk boyları içindeki servet farklılaşmasını vurgular :

«Çok at beslerler, zenginlerin dört beş bin atı olur».

«Zenginler samur ve geyik kürkü giyerler, fakirler kuş tüyünden elbise yapar».

«Zenginlerde birkaç bin sığır bulunur».

«Düğünlerde zenginler at, fakirler ise geyik derisi ya da kökler verir».

«Başlık olarak koyun ve at sunulur. Zenginlerin yüz, hatta bin baş verdiği olur».

«Aşo, kışın bir samur şapka, yazın altın kenarlı, mahrut uçlu ve alt kısmı kıvrılmış bir şapka giyer. Öteki adamlar beyaz şapka kullanırlar. Fakirler koyun derisinden elbise giyer, şapka kullanmazlar».

Arkeolojik buluntular, Çin kayıtlarını doğrular. MÖ. I. Yüzyılda yaşamış Hun soylularının mezarlarından birinde 85 altın plaka ile Çin ve İran kumaşlarının en güzelleri bol miktarda çıkar. Zengin ve fakir mezarları biribirinden çok ayrılır.

Arap kaynakları da Oğuzlarda 10 bin atı ve 100 bin koyunu olan zenginlerden söz eder. İbn Fadlan'ın verdiği bu rakamlar, abartmalı bile olsa, Oğuzlar içinde büyük servet farklılıklarının ortaya çıktığı kesindir. Hatta bâzı ailelerin bütün hayvanlarını yitirip çoban statüsüne düştüğü görülür. Reşidettin, boy tabanını teşkil eden aile başkanlarının «içkiye düşkün olursa atını, hayvanlarını ve bütün mülkiyetini yitirip fakirleştiğini» yazar. Dede Korkut öykülerinde «Yiğitler ejderhası» Karacuk Çoban'ın nasıl horlandığı anlatılır: Karacuk Çoban'ın ne atı, ne silâhı vardır. Fakat alaca kollu sapanıyla attığı taşlarla «600 kâfiri perişan eder, 300 kâfiri» öldürür. Kazan Bey'in 10 bin koyununu düşmanın yağmasından kurtarır. Av eğlencesindeki Kazan Bey'e düşmanın yurdunu bastığını, karılarını tutsak aldığını bildirir ve ondan düşmanla savaşmak için at ve silâhını ister. Kazan, yardıma muhtaç olduğu halde, bir çobanın yardım önerisini ve silâh istemesini hakaret sayar. Çobanı bir ağaca sıkı sıkı bağlar ve gider. Onun kurda kuşa yem olmasını bekler. Çoban, ağacı kökünden sökerek kurtulur. Beyin peşine düşer. «Bu ağaçla sana yemek pişiririm» diyerek Kazan'ı yumuşatır ve ellerini çözdürtür. Düşmana erişince Çoban, sapanla kâfiri bozguna uğratır. Kazan'ın çoluk çocuğunu, hazinesini kurtarır. Bu hizmetine karşılık Karacuk Çoban, tavlacı başı, yâni Kazan'ın ahırlarının baş görevlisi yapılır.

Tutsak düşünce, kara çoban keçesi (kepenek) giydirilen Kazan'ın oğlu Uruz Bey, çoban yaşamından yakınır :

Kıl çoban keçesi boyuncuğunu sürtüyor de
Yanmış arpa ekmeği acı soğan öğünü de

KÖLELİK

Zenginliğin kaynağı hayvan sürüleri olduğu kadar, kölelerdir. Bir boyun ortak kölesi (unagan-bogol) yerine, zenginleşen aileler kendilerine ait köleler edinirler*. Bir boydaki yoksul aileler, çoban durumuna da düşseler, nihayet bir akraba topluluğunun üyeleridirler, özgür kişidirler. Köleler ise, bir süre sonra azad edilseler bile efendilerine aittirler.

Köleler geniş çapta üretimde kullanılmazlar. Eberhard, Kuzey Çin'i alan Hunların geniş çapta çoban-köle kullanmaya yöneldiklerini yazıyorsa da, bu sınırlı ve geçici kalır. Kölelerden genellikle kişisel hizmetlerde yararlanılır. Kölelere Mogolca «bogol» denir. Orhun ya-

* 425 ilkel boy üzerinde yapılan bir araştırma, tarım ve hayvancılığı bilmeyen boylarda kölelik diye birşeyin bulunmadığını ortaya koyar. Çobanlık ya da tarımcılığın ilk aşamasına ulaşmış toplulukların üçte birinde kölelik başlangıcı görülür. Gelişmiş tarım aşamasında ise kölelik genelleşir (Marksist Ekonomi El Kitabı, I, s. 54).

zıtlarında da kul (köle)*, küng (câriye) deyimleri sık sık geçer. Kagan, yendiği düşmanların «karılarını, kızlarını ve oğlanlarını» alır, onları kul ve câriye yapar. İşin ilginç yanı, unagan-bogol olan boylar içinde de servet farklılaşması görülür ve köle boyun önde gelen aileleri, efendi boyun aileleriyle eşit durumda sayılır. Efendi boyun fakir aileleri, köle boyun zengin ailelerinden daha aşağı bir duruma düşerler. En alt sırada da zengin ailelerin köleleri yer alır.

Yerleşik halklarla ve özellikle Çin'le ticaret ve talan seferleri, servet farklılaşmasını daha da hızlandırır. Çin ipeklisine, taraklarına, altın ve gümüşüne zengin ailelerde ilgi uyanır. Hun dönemine ait zengin mezarlarında bol miktarda Çin ipeklileri, mücevher, tarak vb. çıkar. Orhun yazıtlarında da Çin'in gümüşünden, altınından, ipeklisinden sık sık söz edilir.

BEY AİLELERİNİN MEYDANA ÇIKIŞI

Servet farklılaşması ve lüks tüketime yöneliş, boylar arasında uyumu bozar. Orhun yazıtlarındaki deyimle, boylar içinde bulgak (karışıklıklar) ya da kamşag (sarsıntı) çıkar. Karışıklıklar, «küçük kardeşin büyük kardeşi bilmemesi, oğulun babasını bilmemesi»** diye akrabalık terimleriyle anlatılırsa da, olay, sınıflaşmaya

* Kul'u herhalde tam köle anlamına almamak gerek. Köle azadı yaygındır ve köleye oğul gibi davranmak iyi görülür. Kazak Türklerinin Er Sayın destanında Boz Monay adlı bir zenginin 90 kölesi toplanıp konuşurlar ve efendilerine karşı kendilerine oğulları gibi davranmıyor, kızıl kaftan giydirip evlendirmiyor gerekçesiyle ayaklanırlar. Köleler aralarında şöyle konuşurlar: «Kızıl kaftan giymedik, güzel ata binmedik. Nogaylının hilâl kaşlı yiğitleri gibi devran sürmedik, bu dünyanın böyle geçeceğini bilmedik, bu yürüyen Boz Monay bizi oğlu gibi görmedi, bölük bölük mallarından bize kalin (başlık) vermedi» (A. İnan, Eski Türk Dini Tarihi, s. 142). Daha sonraki Türk-İslâm devletlerinde köleler, en yüksek mevkilere çıkarlar.

** Örneğin Cengiz Han, Orhun yazıtlarındaki deyimlerle, akrabalar topluluğu olan boylar içinde çıkan çatışmaları anlatır:

doğru bir evrimin belirtisidir.

Bulgak, askerî şeflerin önemini artırır. Zengin ailelerde bir askerî güce dayanma eğilimi gelişir. Esasen artan savaşlar, otlak kavgaları ve yağma akınları, başarılı askerî şefleri ve boy örgütlenmesini güçlendirir. Boy örgütlenmesi, verimli yağma akınlarını yönetebilecek, ya da savaşın zayıflattığı oba kalıntılarını uygun bir savunma stratejisiyle koruyabilecek ve güçlendirebilecek yetenekli bir savaş şefine bağlılık ilkesine dayanır. Askerî şefin iki işlevi vardır: Biri savaşçı: Saldırı ve korunma; öteki ise ekonomik: Yağma ve birikim. Bu iki amaç, ayrılmaz biçimde biribirine bağlıdır. Askerî şefin temel amacı, yakıp yıkmak, öldürmek değil, doyumluk (ganimet) sağlamaktır. Başarı, elde edilen hayvan ve köle sayısıyla ölçülür. Bu birikim ise, yalnız sürü beslemekle değil, savaşla sağlanır. Ok ve yay, bir üretim aracıdır. Böylece boy düzeyinde ekonomik etkinlik ile askerî etkinlik birleşir ve bu, göçebe boylar için kendine özgü bir eylem biçimi teşkil eder. Engels, «savaş yalnızca yağma için yapılır ve sürekli bir sanayi kolu durumuna gelir» der. Marx da «savaşın hem toplumun korunması, hem de mülk edinilmesi için baş ödev olduğunu» yazar.

İlkin en yetenekli kişi askerî şef seçilir. İyi bir askerî şefin oğullarının da mutlaka başarılı asker olması gerekmediğinden, yeteneklilik koşulu, askerî şefliğin babadan oğula geçerek bir ailenin tekeline girmesini engeller. Fakat başarılı bir askerî şefin yerine yetenekli olduğu takdirde oğlunun geçirilmesi yeğ tutulur. Gide-

---

«Evlâtları babalarının öğütlerini dinlemiyorlardı, küçük kardeşler büyük kardeşlerinin sözlerine bakmazlardı, koca karısına inanmaz, karısı da kocasının buyruklarını tutmazdı... Ol nedenle karşıtlar, hırsızlar, yalancılar, fitneler türüyordu. Bu gibi adamlara kendi evlerinde bile güneş görünmezdi, yâni onlar yağma ederler, atları ve at sürüleri rahat görmezdi. Öncü olarak akın ettiklerinde atları istirahat bilmezdi. Düzeni olmayan, aklı olmayan bu boyların durumu işte böyleydi» (Vladimirtsov, Mogolların İçtimaî Teşkilâtı, s. 97).

rek, özellikle boylar içinde bulgak'ların artması nedeniyle, askerî şef, görevini kardeş ve oğullarına geçirebilir ve boy üzerinde ailesinin tekelini kurabilir. Böylece boy ve beyleri ve bey aileleri ortaya çıkar. Bey aileleri, boy üyelerinden vergi alırlar. Vergi, av hayvanı, koyun, kürk vb. olabilir*. Akrabalar topluluğu boy, siyasal örgüt birimine dönüşür.

Boy giderek salt bir akraba topluluğu olmaktan uzaklaşarak siyasal bir örgüt niteliğini kazanır. Boy içinde yabancı kökenli köleler vardır. Ayrıca unaganbogol boy ve boy parçaları, azad edilen köleler ayrı soydan da olsalar, zamanla boyla bütünleşirler. Egemen boyun adını alırlar, damgasını ve totemini kabullenirler**. Boy beyleri, «yoldaş» denilen boy askeri dışında, kendi kişiliğine bağlı askerî bir güç kurabilir. Yabancı boylardan evlât edinme ve ayrı boylardan yiğitlerin

---

* Marksist olmayan Radlof, beylerin çıkışını şöyle anlatır: Avcı topluluklar, eşitlikçi topluluklardır. Servet farklılaşması, sürü sâhipliğiyle ortaya çıkar. Bu servet farklılaşması, boy içinde iç barışın korunması, otlakların düzenlenmesi ve dış düşmana karşı güvenlik gibi siyasal görevler yaratır. Bir siyasal otoriteye gereksinme duyulur. Çok sayıda biribirine bağlı akrabası olan, servet ya da dinsel güç sâhibi kudretli kişiler siyasal otoriteyi ele geçirirler. Kazak ve Kırgızlarda bunlara bey denilir. Kutadgu Bilig, «Atası beg ise oğlu doğdu beg, oğul doğsa beg, ataları da beg'dir» der.

** Akraba olmayan boy ve obalar, boya katılınca boyun soy kütüğü (şecere) yeniden düzenlenir ve yabancılar da aynı atadan iniyor sayılır. Bu fiktif akrabalık da gerçek akrabalık kadar geçerlidir. Güçlü bir boy, yabancı zayıf bir boya ittifak önerir ve ittifak olursa, zayıf boy, güçlünün yaşça küçük akrabası olur ve soy kütüğü yeni duruma göre ayarlanır. Köleler zamanla ya da bir sonraki kuşakta özgür olur. Sürekli kölelik yoktur. Soy kütüğü, köleleri de boy üyesi saymak için genişletilir (L. Krader, Peoples of Central Asia, 1966, s. 156-157). Bu yollarla ayrı dil ve soylardan bozkır toplulukları biribirlerine iyice karışırlar.

Zayıflayan iki boyun birleşerek çifte ad taşıdıkları da görülüyor. Örneğin Hunlar gibi önemli bir Türk boylar topluluğu olan Töles'lerden Sir ve Tarduş boyları birleşip Sir Tarduş adını alırlar. Uar (Avar), Mogol boyu, Türk Hun boyu ile birleşir. Uar-Huni olur.

«anda» olarak kardeşleşmesi kurumları, boya akraba topluluğu kimliğini aşan bir siyasal örgütlenme niteliği kazandırır.

Bâzen güçlü ve zengin bir büyük aile, savaşta yenilip dağılmış biribirinden çok ayrı yabancı boy kalıntılarını, oba ve daha ufak bölümleri biraraya getirerek boy teşkil edebilir. Örneğin İlteriş Kagan'ın kurduğu Türk budun, Bumin Kagan'ın dayandığı Türk budun ile tıpatıp aynı olmayabilir. Türk budun, Tonyukuk'un deyimiyle «ölmüş, yok olmuş»tur. Türk budunun yerinde boy kalmamıştır. İlteriş, Çin'in zayıflamasından yararlanarak, Bilge Kagan'a göre, 17 erle işe başlar. Sağdan soldan insan toplamaya çalışır. «Kentteki dağa çıkar, dağdaki iner, 70 er olur». Büyük çabayla 700'e çıkar. Çogay'ın Kuzey yamaçlarıyla Karakum'da oturup «geyik, tavşan yiyerek» yaşarken çoğalır. İki bin erlik bir askerî güce erişir. İşte Türk budun, 680 yıllarında 2 bin asker çıkaran, sağdan soldan toplanmış boy ve oba kalıntılarından ibarettir. Başında kurttan türediğine inanılan ve «Türk» ya da daha doğru bir deyişle «Türük» denilen Aşına soyundan bir aile vardır. Fakat 2 bin asker çıkarabildiğine göre, 5-6 bin kişi civarında sayılabilecek olan Türk budun, dağınık boy, oba ve ailelerin toplanıp örgütlenmesine dayanır. Kuşkusuz, bu topluluk içinde eski Türk budunun kalıntıları olan dağınık oba, soy ve aileler vardır. Fakat büyük bir olasılıkla, yabancı kökenli dağınık göçebe topluluk lar da Türk budun içinde yer almış olabilir. Hun göçebe konfederasyonu nasıl Türk, Mogol ve Tunguz boylarını biraraya getirmişse, Çin baskısıyla boyların dağılma ve çözülme döneminde, ayrı dil konuşan ufak göçebe birimleri, yetenekli bir soy liderliğinde, onun adını kabul ederek biraraya gelirler. Kısaca, İlteriş Kagan'ın Türk budunu aynı soydan inen bir akrabalar topluluğu değildir. Türk budunu teşkil eden küçük birimlerin aynı dili konuştuğu bile kesin değildir*. Fakat dil birliği

* Konuyu inceleyen Bichurin, Türk budunda Mogol, proto-mo-

kısa zamanda meydana gelir. 2 bin askerli Türk budun, 3 bin askerli Oğuz'u yenerek güçlenir ve Ötüken'e yerleşir. Ötüken ormanı, göçebe toplulukların birleşmesinde ve il tutmasında kutsal bir yerdir. Nitekim Oğuz yenilip Ötüken ormanı ele geçirilince, Tonyukuk'a göre, «Ötüken yerine konmuş diye işitip, Güneydeki budun, Batıdaki, Kuzeydeki, Doğu'daki budun gelir» ve ufak göçebe topluluk, bir cins imparatorluğa doğru yönelir. İmparatorluğun, daha doğrusu göçebe boy ve budunlar konfederasyonunun temelini Türk budun ile savaşla dize getirilen Dokuz Oğuz budun teşkil eder. Büyük bir olasılıkla, Oğuz zaferi üzerine, İlteriş, kagan seçilir. Tonyukuk, bunu belirtmez. Fakat İlteriş'in 700 askerli «Şad» unvanlı bir göçebe topluluk askerî şefi olduğunu, onu kendisinin kagan yaptığını söyler. Deyişine göre, İlteriş'i kagan yapmadan önce bir hayli düşünür ve duraksama geçirir. Kararsızlığını, insanın arkasındaki boğayı göremeyeceğini, «zayıf boğa mı, semiz boğa mı» olduğunu bilemiyeceğini söyleyerek dile getirir:

«Kagan mı kılayım, dedim. Düşündüm. Zayıf boğa ve semiz boğa, arkada tekme atsa, semiz boğa, zayıf boğa olduğu bilinmezmiş derler, deyip öyle düşündüm. Ondan sonra Tanrı bilgi verdiği için, onu kendim kagan kıldım».

İlteriş, herhalde topluluğun oyu ile kagan seçilir. Seçilişte Tonyukuk'un büyük rolü olabilir. Daha sonra İlteriş ve Tonyukuk, bozkırdaki çeşitli boy ve budunları örgütleyerek büyük bir göçebe konferedasyonu kurarlar. Kapgan (Kapagan) ve Bilge, Türk budunu da yeniden düzenleyerek «az budunu, çok kılar». Orhun yazıtlarında en çok geçen iki deyim, «et ve yarat» de-

---

gol ve kimliği saptanamayan Altaylı dilinde topluluklar var. diyor (L. Krader, Peoples of Central Asia, s. 1950). Kapgan Kagan zamanında Türk budunun 12 boydan kurulduğu ileri sürülür (İslâm Ansiklopedisi, Cüz 128, s. 221).

yimleridir. «Et ve yarat», boy ve budunların siyasal ve askerî amaçlarla örgütlendirilmesi, bir askerî ve sivil bürokrasinin boy ve budunlar üzerine oturtulması anlamına gelir. Bunu ileride inceleyeceğiz. Burada belirtmek istediğimiz, boyların, onun çekirdeğini teşkil eden daha küçük akraba birimlerini aşarak, bir siyasal örgütlenme birimi olmaya doğru bir evrime yöneldiklerini belirtmektir.

Soy kütüğü değiştirilerek, fiktif akrabalık yoluyla, boylarda akrabalık varsayımı sürdürülmekte, fakat aslında boy siyasal ve askerî «örgütlendirilmiş» ve toplumsal açıdan farklılaşmış bir topluluğa dönüşmektedir.

TÜRK BUDUNDA SINIFSAL ÇATIŞMALAR

Boy ve budunun örgütlendirilmesi yoluyla bir siyasal kuruluşa doğru yol alındığı ölçüde, beyler ile boy ve budunun vergi ödeyen kitlesi arasında çatışmanın arttığı görülür. Orhun yazıtları, Çin entrikalarını bahane ederek bunu açıkça belirtir: «Beyler ve budunun karşılıklı çekiştiğini», beyler ile budun arasında uyumsuzluk (tüzsüz) bulunduğunu yazar.

Çin lüks tüketimine ve yaşam biçimine alışan beyler, soyluluk ayrıcalıklarını korumak koşuluyla, Çin hizmetine girerler. Türk adlarını bırakıp Çin adları alırlar. Elli yıl Çin kaganı hizmetinde kalırlar. Bilge Kagan, bunu beylerin bir ihaneti olarak ortaya koyar. Budunun soylu olmayan geniş kitlesi ise perişan olur. Bilge Kagan, geniş kitle «*Çin Kaganına düşman oldu*» der. Fakat düşmanlık, Çin Kaganı kadar beylere de yöneliktir. Budun kitlesi, bu durumdan kurtulmak isterse de, örgütsüz olduğundan başarıya ulaşamaz. Yazıtta bu çatışma çarpıcı biçimde anlatılır :

«Türk begler Türk adın iti (adını bıraktı)
Çinli begler Çin adı tuttu
Elli yıl Çin'e işini gücünü verdi...

Türk Kara budun şöyle demiş :
İlli budun idim ilim şimdi hani
Kime il kazanıyorum
Kaganlı budun idim kaganım hani
Hangi kagana iş güç veriyorum
Öyle deyip Çin Kaganına yağı bolmış (düşman olmuş)
Düşman olmuş ama, örgütlenmeyi (et ve yarat'ı) beceremediğinden
Yine Çin'e bağımlı kalmış».

İşte İlteriş Kagan ve Tonyukuk, beylere düşman budun kitlesini örgütlemeyi başarırlar. İlsizleşmiş ve kagansızlaşmış dağınık kitle, çağrıya koşar gelir. Fakat Kapgan Kagan'ın son yıllarında da karışıklık çıkar. Kapgan'ın ili sarsılır, budun ile arasında ikegü (ikilik) çıkar. Kapgan öldürülür. Kanlı bir kaganlık kavgasından sonra, Kül-tegin tahta çıkan Kapgan'ın oğlunu yok eder ve ağabeyi Bilge'yi kagan yapar. Bu kavgalar sırasında dört yana dağılmış olan fakir ve perişan budun kitlesi, Bilge'nin çevresinde toplanır. Bilge Kagan, perişan kitlenin nasıl kendisine koştuğunu anlatır :

«Varlıklı zengin budun üzerine oturmadım
İçte aşsız (aç), dışta donsuz (giyimsiz) yabız yablak (düşkün) budun üzerine oturdum...
Türk budunu için gece uyumadım, gündüz oturmadım...
Öle yite kazandım.
Öyle kazanıp budunun birliğini, su ve ateş gibi bölmedim*.
Men özüm (ben kendim) kagan oturduğumda

---

* Muharrem Ergin, «biriki budunug ot sub kılmadım» biçimindeki deyişi, «Bütün milleti ateş, su kılmadım» diye çeviriyor ki, çevirinin bir anlamı yoktur (Orhun Âbideleri, s. 39). Oysa su ve ateş, biribiriyle uzlaşmaz, biribirine düşman iki nesneyi simgeler. Kagan, «budunu iki karşıt parçaya bölmedim» demek istiyor. Fransız Türkologu Bazin, yukarıda aldığımız biçimde çeviriyor ki ,kanımızca isabetlidir (René Giraud, L'Empire des Turcs Célestes, Paris 1960, s. 102).

Her yere gitmiş olan budun
Yaya çıplak öle yite geri geldi...
Budunu besliyeyim diye... savaşlar yaptım
Ölecek budunu diriltip besledim
Yalıng (çıplak) budunu donlu kıldım
Çigany (fakir) budunu bay (zengin) kıldım
Az budunu öküş (çok) kıldım».

Orhun yazıtlarından aldığımız yukarıdaki bölümler, Türk budun içinde beyler ile fakirleşmiş budun kitlesi arasında nasıl uyumsuzluklar ve sert çatışmalar olduğunu göstermeye yeterlidir. Barthold, Kültür Bakanlığınca bastırılan yapıtında, bu çatışmaya «sınıf mücadelesi» der ve Göktürk siyasal birliğinin kuruluşunu bu sınıf mücadelesine bağlar :

«İlin teşekkülünde rol oynayan olağanüstü durum ve koşullardan biri zenginlerle fakirler, beylerle budun arasında geçen sınıf mücadelelerinin kuvvetlenmesi olabilir. Göçebe toplumlarda mülkiyet ve sınıf farkının bu gibi gerginliklere neden olacak ölçüde güçlenmesi pek mümkündür. Yazıtlar gösteriyor ki, Türk ülkesinde Çinliler egemen olduğu vakit —uygar ülkelerde olduğu gibi— Türklerin aristokrasisi, kendi sınıf ayrıcalığının korunmasını ileri sürerek, yabancı bir ülkenin elinde tutsaklığa daha çabuk alışmışlar ve kendi âdet ve geleneklerine bağlılık göstermemişler, ihanet etmişlerdir. Fakat budunun halk bölümü, yabancı boyunduruğuna çabuk alışamamış ve geleneklerine bağlı kalmıştır (Leh egemenliği döneminde Batı Rusya eyaletlerinde de böyle olmuştur). Beylerin Çin âdetlerini ve ahlâkını kabul etmesi, avam halkın onlara karşı düşmanlığını arttırmıştır. Bundan yararlanarak, kagan soyu temsilcileri, halkı Çin egemenliğine karşı ayaklandırdılar»[100].

TÜRK KARA BUDUN VE BEYLER

Barthold'un belirttiği sınıf ayırımına, Orhun yazıtları, begler-kara budun ayırımı yaparak güçlü bir kanıt getirir. Yazıtlarda, Karluk beyleri kaçınca, «Kara budun» denilen Karluk kitlesinin «Kagan'ım geldi» diye sevinip alkışladığı yazılıdır. Beylere ve Çin Kaganı'na düşman olan ve örgütsüz kaldığı için Çin'e bağımlılıktan kurtulamayan budun geniş kitlesine verilen ad «Türk Kara Kamag budun»dur. Uygur Kaganı Moyunçur da Şine Usu yazıtında «Kara İgil budun»*dan söz eder. Moyunçur, Sekiz Oğuz ve Dokuz Tatar'ı ağır yenilgiye uğrattıktan sonra, bu budunların «Kara İgil» dediği geniş kitlesine iyi davrandığını, fakat bunlar egemenliğe girmeyi reddedince tutsak aldığını anlatır :

«Kara İgil budunu yok kılmadım. Evini, barkını, yılkısını (at sürüsünü) yağma etmedim. Ceza söyledim. Duraya koydum. Kendi budunum dedim. Bana uyarak gelin, dedim. Koyup vardım, gelmedi. Tekrar kovaladım. Burgu'da yetiştim... Savaş ettim, mızrakladım. At sürüsünü, mallarını, kızını, karısını getirdim»[101].

Şine Usu'da Kara İgil budun gibi, «kara budun» deyimi de yer alır. Irk Bitig'de ise, kara budun için, budun sözcüğü kullanılmadan yalnızca «kara kamık» denilir. «Kara kamık» avda kagan'ın vahşi ceylanı eline almasına, bu uğurlu bir olay olduğundan sevinir. Ongin yazıtında ise, kara budun için yalnızca «Kara» deyimi kullanılır :

«Karasın yığdım (topladım), begleri kaçtı».

«Kara», soylu olmayan boy kitlesi anlamınadır. Şine Usu, ak beyler, kara kitle ayırımı yaparak bilgimizi biraz daha genişletir. Kutadgu Bilig, ak ve kara ayırımına daha bir açıklık getirir. Kutadgu Bilig'e göre, balçıktan yapılmış, kubbeli ve karanlık bir binaya benzetilen dünyayı güneş nasıl aydınlatıyorsa, kara budunu

* «Kamag» ve «İgil» sözcüğünü dilciler kara budunun tümü diye çeviriyorlar (René Giraud, L'Empire des Turcs Célestes, s. 87). Fakat göreceğimiz üzere soylu - soylu olmayan ayırımı kara kemik - ak kemik diye yapılmaktadır.

da ışık merkezi olan ak insan aydınlatır. Erdemli bey, «ak»tır; budun ise, «kara»dır*.

Kutadgu Bilig'de tek başına «kara» sözü, alt tabaka anlamına kullanılır :

Kara bulgakına katılma kaça
Kara karnı todsa, kör, ud teğ yatur**

İlk Türk yazıtlarında gördüğümüz bu ak-kara farklılaşması, Orta Asya Türk ve Mogol topluluklarının önemli bir kısmında günümüze kadar yaşar. Boylarda ak ve kara kemik ayırımı yapılır. Kemik ya da Mogolca Yasun, daha önce belirttiğimiz üzere, Türk ve Mogollarda ortak atadan inen akrabaları belirler. Soy, kemiğe göre hesaplanır. Fakat daha sonraları aynı kemikten inen ya da düzeltilmiş soy zincirine göre aynı kemikten inmiş sayılan akrabalar arasında soylu-soysuz ayırımına gidilir. Ak kemikten olan soylu beyler ve oğulları yöneticiliğe yükselirler, kara kemikten olanlara ise beylik yolu kapanır. Kara kemiklilerin ak kemiklilerle evlenmeleri hemen hemen yasaklanır.

GÖÇEBE FEODALİZMİNDE SINIFLAR

Bir cins ata-erkil «göçebe feodalizmi» teşkil eden XVI. Yüzyıl sonrası Mogol toplumunda Karacu denilen kara budunun, Avrupa feodal senyörlerinin serflerinden daha ağır durumda bulunduğu açıkça belirlenir. Artık

---

* Sümer, Babil ve Asurlularda kral çoban, halk ise sürüdür. Sürüye «kara baş» denilir. Kara baş sürünün yönetimini Tanrı, krallara verir (Mebruke Tosun, Belleten, sayı 148, s. 578). Doğaldır ki, Sümer'in «kara baş»ı ile Göktürklerin «kara budun»u arasında bir bağlantı kurma olanağı yoktur. Orhun yazıtlarının Çince kısmında da Kutadgu Bilig görüşü dile getirilir: Gök ve insan uyum içinde olduklarından bütün evren büyük bir bütün teşkil eder. Bu bütünün ilkesi, yüksek ve alçak diye iki parçaya ayrılmaktır. Bu nedenle insanlar da ikiye ayrılırlar vb. Ak-kara ayırımında Çin soylularıyla ilişkilerin etkisi olabilir.

** Kara budunun karışıklığına katılma, kaç / Kara budunun karnı doyarsa, bak, öküz gibi yatar.

Karacu budun'un belli sâhipleri (ejen'leri) vardır. «Karacu irgen (budun) sâhipsiz nasıl yaşayabilsin» denilir. Mogol feodali herhangi büyüklükte bir göçebe toplumsal birikiminin sâhibi (ejen'i) olduğu için, efendi (noyan) sayılır. Hakan büyük ulusun, büyük senyörler tümenlerin, daha küçük feodaller otok'ların (boy), onların altındaki feodaller ise aul'ların ejenleridir. Sürülere sâhip olur gibi, insan topluluklarına sâhip olunmaktadır. Bu topluluklar, «Ahmet beyin koyunları» denildiği biçimde, Mogol beyinin adıyla anılırlar.

Otlak ve işe yarar arazi, sıkısıkıya beyin denetimi altındadır. Feodal, istediği araziyi kendine av alanı ve koruk (yasak bölge) olarak ayırabilir ve göçü istediği gibi düzenleyebilir. Hayvan sürüleri, Karacu'nun tasarrufundadır. Fakat tasarruf hakkı sınırlıdır. Vladimirtsov, buna «senyörün örtülü, peçelenmiş tasarrufu» demektedir[102]. Bir feodal senyör cezalandırılınca, onun albatusu (hizmetle yükümlü) olan Karacu, cezayı onun yerine hayvanlarıyla öder. Önemli olaylarda ve göç ederken senyöre olagan vergi ve angaryanın dışında hayvanlar sunar. Senyör kendi çıkarttığı yasalarla albatu'yu yargılar. Karacu'nun efendisinden ayrılarak başka yere göçe hakkı yoktur. Ejen'inden ayrılış, firar (kaçaklık) sayılır.

Çeşitli kademedeki feodal beyler arasında da hiyerarşi vardır. Alt kademedeki feodal, bir üsttekine karşı alba ile yükümlüdür. Bütün feodal beyler, Kagan'ın albatusudur. Fakat onların Kagan'ın gerçek albatuları olduğu söylenemez. Onlar, süzerenlerine ancak küçük bir akrabanın büyük akrabaya bağlandığı gibi bağlıdır. Süzereninden hoşnut olmayan bir feodal, gücü yeter ise, onunla mücadeleye girişebilir, ondan ayrılıp başka yerlere göç edebilir.

Görülüyor ki, XV. Yüzyıldan sonra, akrabalık ilişkilerine dayalı göçebe bozkır toplumunda apaçık biçimde bir göçebe feodalizmi teşekkül edebilmiş ve beyler ile Karacu arasında sınıf ayırımı kesinlikle belirlenmiştir.

ATALARI BİR, SOYLU VE SOYSUZ AİLELER!

Aynı tohumdan inen insanların, ayrı tohumdan iniyormuş gibi sayılmaları ve aralarına bir soyluluk duvarı çekilmesi nasıl gerçekleşmiştir? Aynı kemikten inme ilkesi, akrabalar arasında eşitlik ve dayanışma sağlarken, nasıl eşitsizlik ve sınıf ayırımı ilkesi olmuştur? Birleştirici bir ilke nasıl ayırıcılığa dönüşmüştür? Sorulara akrabalık açısından bir yanıt getirmeye çalışan Krader, ilk doğan oğulun soy zincirine (primogeniture) tanınan üstünlük üzerinde durur. Şöyle ki, bir baba öldüğünde, hayvan sürüsü oğulları arasında eşit paylaşılmakla birlikte, babanın manevî mevkii büyük oğula geçer. En küçük oğul, babanın ocağını alır, fakat büyük oğul, babanın statüsünü kazanır. Bu nedenle bir kurucu atanın büyük oğulundan onun büyük oğullarına doğru inen soy, kıdemli ve üstün soy sayılır. Yöneticilik bu büyük soya aittir. Küçük kardeşlerden inen soylar, ikincil mevkide kalır. Hatta küçük soylar, birkaç kuşak sonra, «kara budun» arasında silinip gidebilir. İşte bu «ilk doğana üstünlük» anlayışına dayanarak, üstün soy, bir noktada soy kütüğü defterini kapatmış, defterde kalanlara ak kemik, defter dışında kalanlara da kara kemik demiştir[103].

Krader'in açıklaması, soyut mantık açısından çekicidir. Ne var ki, Krader, soy kütüğü defterinin dışında bırakılan eşit akrabaların buna nasıl râzı edildikleri konusunda bir açıklık getirmekten uzaktır. Krader'in de kabul ettiği üzere, ak kemik-kara kemik ayırımı, devlet kuruluşuna yaklaşan Kalmuk, Kazak, Özbek, Göktürk vb. gibi topluluklarda mevcutken, devlet kuruluşuna yaklaşamıyan Altay Türkleri, Kırgızlar, Buryatlar, Kansu Mongurları ve Türkmenler arasında yoktur. Altay Türkleri çok dar bir alanda göçebelik yapan, bozkıra kapalı, az sayıda, dağınık topluluklardır. Sınıf farklılaşması ve siyasal kurumlar pek az gelişmiştir. Bu nedenle Altay Türklerinde akrabaları birleştirici ve eşitleştirici kemik kavramı vardır, fakat ayırıcı ve bölücü ak ve kara kemik kavramı yoktur. Köklü bir ırsî aristokrasiden yoksun bulunan Kırgızlarda Manap denilen yöresel şefler vardır, fakat manap'lar beylik mevkilerini oğullarına geçirmekte az başarılı olurlar. Onun içindir ki, Kırgızlarda da kemik kavramı bulunduğu halde, ak-kara ayırımı yoktur. Türkmenlerin Anadolu'ya gelenleri, Selçuklu ve Osmanlı gibi büyük feodal devletleri kurmayı başarır, fakat Orta Asya'da kalan esas Türkmen kitlesi, siyasal bir bütün teşkil etmekten uzak kalır. İçlerinden hanlar ve ırsî bir Türkmen aristokrasisi çıkarsa da, siyasal bağları gevşek bulunur ve ak-kara kemik ayırımı gelişmez. Buna karşılık Uygurlarda, Göktürkleri yıkıp devlet kurdukları zaman ak-kara ayırımının var olduğunu yazıtlar belgeler, fakat Uygurlar güçlü bir siyasal otoriteden yoksun kalıp dağılarak kentli ve tarımcı yaşama geçince, yalnız ak-kara kemik ayırımı değil, kemik kavramı dahi Uygurlar arasında unutulur, yerleşik düzenin bilinen sınıf farkları doğar. Bu nedenle ak-kara kemik ayırımı akrabalık sistemiyle değil, sınıf çatışmasıyla gerçeğe daha yakın biçimde açıklanabilir. Sınıfsal çatışma sonucu, iktidar tekelini akrabalık temeline dayalı göçebe topluluklarda ele geçiren beyler, hanlar ve kaganlar, ak-kara kemik ayırımını çıkararak tekel durumlarını güçlendirirler; Krader'in de kabul ettiği üzere, iktidarlarına «istikrar» getirirler. Hatta bununla da yetinmeyip, örneğin Göktürk Kaganları ve Cengiz Han, iktidarlarına tanrısal (göksel) bir temel ararlar ve kendilerini Tanrı'nın seçtiğini söylerler*. Bilge Kagan'ın babası İlteriş'i ve

* Tengri'den (gökten) inmenin Türk kaganlara ilâhi bir otorite sağladığı sanılmamalıdır. Yeterli ganimet sağlayamayan, savaşlarda başarısız kalan kagan, «Tengri, onun kutunu (yaşam gücünü) aldı» diye kolayca devrilir.

anası İlbilge Hatun'u yazıtlara göre, Türk Tanrısı, «göğün tepesinden tutup yukarı kaldırır» ve kagan yapar. Cengiz de tanrısal iradeyle han olduğunu ileri sürer. Üstelik Cengiz, ortak ata Bodoncar'ın büyük oğul çizgisinden bile geliyor değildir, küçük ve kıdemsiz soydandır. Fakat bozkırlara yüzyıllar boyu rakipsiz egemen olan Altan, soyun kurucusudur. Küçük soylu Timurlenk, Altın soy damatlığına dayanarak bir imparatorluk kurar, ondan sonra Timurlu soyu, bozkırda önemli rol oynar. Kısaca bozkırda akrabalık sistemi içinde, akrabalık sistemine bağlı kalınarak bir sınıf ayırımı belirir, fakat bu ayırım akrabalık sisteminin ürünü sayılamaz ve akrabalık sistemiyle açıklanamaz.

Ak kemikli soylar, Türk ve Mogollarda boy, budun ve il (budunlar birliği) düzeyinde görülür. Cengiz soyu gibi ünlü soylar, bütün bozkırda etkindir. Daha önce Göktürklerin Aşına soyu, bozkırda benzer bir etkinlik kazanır. Cengiz'in «Altın soy»u, Göktürklerin Aşına soyu imparatorluk düzeyinde ak soylardır. Boy ve budun düzeyinde de, yâni hiyerarşinin daha alt kesimlerinde, ak kemikli bey soyları görünür. Fakat boyun daha alt bölümlerindeki soylar içinde ak ve kara kemik ayırımı yoktur. Boy içindeki bir soy, ya ak ya da kara kemiktir. Soy içinde yatay bir ayırım yoktur. Oysa boy ve budunun üstünde, yatay olarak oturmuş ak kemikli bey soyu vardır. Bu nedenle siyasal bir örgütlenmeyi yansıtan boy ve budunda ancak, yatay bir sınıfsal bölünme ortaya çıkar. Bu da ak-kara ayırımının sınıflaşma ve siyasal örgütlenme ile ilişkisini gösteren başka bir kanıttır.

BEY NEDEN AK, HALK NEDEN KARADIR?

Konunun başka bir ilginç yanı, soylu-soysuz ayırımına gidilirken, boy ve budunların geniş kitlesini teşkil eden fakir akrabalara* neden «kara» adının lâyık

---

* Sadri Maksudî, Arsal, Kutadgu Bilig'te geçen «kara budun»

görüldüğüdür. Zira Türklerde kara, «kötü, uğursuz, aşağı, kirli» anlamına küçültücü bir deyimdir. Günümüzde de «kara gün-ak gün», kara yar (kötü talih), kara yüzlü (kabahatlı), kara iş (âdi ve kirli iş), kara basan (kâbus) denilir. Kaşgarlı Mahmut'ta kara orun, mezar anlamınadır. Ateş kültünde alev kara çıkarsa hükümdarın öleceğine inanılır. Osmanlı vergi sisteminde fakirlerden alınan 6 akçe tutarındaki vergiye «kara resmi» denilir. Koyunları ölen ya da 24'ün altına düşen Yörüklerden 12 akçe vergi alınır ki, buna «Yörük karası resmi» adı verilir. Ergani Kanunnamesi'ne göre, bâzı köylerden yılda bir kez alınan vergi, «kara salgın» diye tanımlanır[104]. Anadolu'da köylerde bâzı ağaların iki konuk odası vardır, odanın biri fakir konuklara ayrılır ve bu konuklara «kara misafir» denilir[105].

Mutlu iken ak, yaslı iken kara giyilir. Dede Korkut'ta beylerbeyi Kazan'ın dayısı Aruz, Beyrek Beyi öldürünce, yakınları karalara sarınır :

«Beyrek'in babasına, anasına haber oldu. Ak evi-

---

deyimini zorlama bir yorumla «proletarya» diye açıklar: «Bunlar belli bir sanatı olmayan kent halkı, mesleği olmayan amele, kent proleteridir. Bunlar hakkında Kutadgu Bilig yazarı pek yüksek fikirde değildir. Onlar karınlarını doyurmaktan başka birşey düşünmezler. Onlara fazla yüz vermek, onlarla çok konuşmak faydasızdır. Bu kara halkın karnı doydu mu dili açılır. Eğer han, onları disiplin altında tutmazsa, onlar derhal şımarırlar» (Istanbul Hukuk Fakültesi Mecmuası, 1947, sayı: 2). Kara budunun proletarya olmadığı, soylu sayılmayan kitle olduğu açıktır. «Kara» deyiminin aşağı anlamına giderek geniş biçimde kullanılmaya başlaması, bu yanlış yoruma yol açmış olabilir. Örneğin daha sonraki dönemde Kazak işçilerine, «Kara-kul» adı verilir. J. P. Roux, «Türkçede kara sözü, daima açıkça olumsuz bir anlam taşıdı. Sırayla aşağı halk, isyancı ve itaatsız anlamına geldi. Bugün Orta Asya'da obskürantistlere, kara denilir» der (Les Traditions des Nomades de la Turquie, Paris 1970). Kutadgu Bilig'te kara budun deyimi iki farklı anlamda kullanılır. Bâzen bürokrasi ve bilginlerin dışındaki zengin (bay), orta halli (ortu kişi) ve fakir (çıgay) olarak üçe bölündüğü söylenen bütün halk için kara budun deyimi kullanılır, bâzen yalnız alt tabakaya bu ad verilir.

nin eşiğinde feryat koptu. Kaza benzer kız gelini ak çıkardı, kara giydi* ... Ak boz atının kuyruğunu kestiler. Kırk elli yiğit kara giyip mavi sarındılar, Kazan Bey'e geldiler, sarıklarını yere vurdular».

Yine Dede Korkut'ta Bayındır Han, erkek çocuk sâhibi olmamak utanç verici sayıldığından, çocuksuz beyleri şölende kınar ve onları kara çadıra oturtur:

«Gene şölen düzenleyip attan aygır, deveden erkek deve, koyundan koç kestirmişti. Bir yere ak otağ, bir yere kara otağ kurdurmuştu. Kimin ki oğlu kızı yok kara otağa kondurun, kara keçe altına döşeyin, kara koyun yahnisinden önüne getirin, yerse yesin, yemezse kalksın gitsin demişti. Oğlu olanı ak otağa, kızı olanı kızıl otağa kondurun, oğlu kızı olmayana Allah Taalâ beddua etmiştir, biz de beddua ederiz».

Gerçekten çocuksuz Dirse Han, kara otağa kondurulur, kara keçe altına döşenir, kara koyun yahnisi sunulur. Dirse Han, «benden aşağı kimseleri ak otağa, kızıl otağa oturttu» diye yakınır.

İslâmdan önce Türklerin dini olan ve Altaylarda zamanımıza kadar yaşayan şamanizmde ak iyi, kara kötüdür. İyi ruhlara «ak nemeler», kötü ruhlara «kara nemeler» denilir. Altaylılarda şamanlar, «ak kam» ve «kara kam» diye ikiye ayrılırlar. Ak kamlar, yalnız göğe ve başta aydınlık evrenin egemeni Ülgen olmak üzere oradaki iyi ruhlara şamanlık ederler. Kara kamlar ise, yalnız yeraltının korkunç ruhunu temsil eden Erlik ile ona bağlı kötü ruhlar (kara töz) için tören yaparlar.

---

* Selçuklular, sünnî Abbasî halifelerine uyarak siyah rengi kabullendiler. Türk halkı ve özellikle göçebeler, eski geleneğe göre karayı yas giysisi saymakta devam ettiler (Osman Turan, Türklerin Hâkimiyeti, II, s. 177). Kanunî döneminde Istanbul'a gelen Avusturya Elçisi Busbek şöyle yazar: «Türkler siyah rengi bayağı ve uğursuz sayarlar... Türklerde hiç kimse siyah elbiseyle meydana çıkmaz, meğer ki önemli para kaybına uğramış ya da bâzı ağır hastalıklara tutulmuş olsun... Beyaz, sarı, mor, gri vb. daha uğurlu sayılır (Türk Mektupları, s. 163-170).

Kadınlar temiz sayılmadıklarından ancak kara şaman olabilirler[106].

Orhun yazıtlarında Köktengri (mavi gök) karşısında Yağuz (kara) yer bulunur. Tanrı Ülgen ve Erlik, kişinin ölüm kararını kara töngüş (kütük) denilen yerde alır. Yeraltında kötü ruhlara giden şamanın kılavuzu kara bataktır. Yeraltı evreninin egemeni Erlik, kara çamur ya da kara demirden yapılmış bir sarayda, kara bir taht üzerinde oturur. Erlik'in babasının adı Kara Kan'dır. Yeraltı karanlık evreninde yaşayan Erlik, insanlara her türlü kötülüğü yapar. En büyük felâketler, kızamık, tifo, kızıl, hayvan kırımı Erlik'ten bilinir. Erlik, kendisine kurban sunulsun diye bütün bu kötülükleri işler. İstediği kurban verilmezse, uğraştığı soy ve aileye ölüm ve felâket ruhları gönderir. Öldürdüğü kişilerin canlarını yeraltı karanlık evrenine getirir, sorguya çektikten sonra onları kendine uşak yapar. Şaman dualarında Erlik, kapkara tanıtılır :

«Bindiği at kara küheylan / Döşeği kara kunduz derisinden / Gözkapağı bir karış / Kara bıyıklı, kara sakallı / Kapkara yüzlü / Bindiği at kara küheylan / Dizgini kara ipekten / Kamçısı kara yılan».

Erlik kızlarının adı «kara kızlar»dır. Kara kızlar dualarda kara yüzlü, kara saçlı, çirkin ve şehvetli tanıtılır. Şaman dualarında kara kızlar şöyle anlatılır :

Yapışkan kara yüzlüler
Hayası yok maskaralar
Yer yarığı gibi vulvalılar
Tepe gibi tümsek memeliler
Kıçlarını oynatıp
Memelerini sallayıp
Erlik'in dokuz aynı kızı.

Bu kara kızlar, kurban sunmak için yola çıkan şamanların yollarını şaşırtmaya çalışırlar, onları kendi yataklarına çağırırlar. Şaman, kara kızların cilvelerine aldanıp görevini unutursa, başka kızlar tarafından cezalandırılır. Şaman dualarında kara kızlardan «utanmaz maskaralar» diye söz edilir[107]. Aydınlık evrenin tanrısı Ülgen'in kızlarına ise «ak kızlar», yâni iffetli kızlar denilir. Ak kızlar dinsel törende şamana coşkunluk ve ilham verir. Şaman, «ay gibi kulağıma, kişi gibi olup söylerdiniz» diye ak kızlardan nasıl esinlendiğini belirtir. Şamanın cübbesinin beli üzerinde ak kızların putları sıralanır.

Tanrı Ülgen ile insanlar arasında habercilik yapan Yayık, bir ak ruh'tur ve şöyle tanımlanır :

Ülgen Bey'in emirberi
Kamçısı şimşekten olan
Gökten haber alan Ak Yayık.

HAYVANLARDA SINIF AYIRIMI!

Türkler, Tanrılara adadıkları kurbanlarda da akkara aykırımı yaparlar. İyi Tanrılara sütbeyaz hayvan sunulur. Anadolu'da kalıntıları hâlâ yaşayan bu inancı, Jean-Paul Roux şöyle açıklar :

«Eski Türkler, hayvanlar ile insanların aynı Tanrılara, özellikle büyük Gök Tanrı'ya ve ihtisaslaşmış alt tanrılara bağlı olduğuna inanmaktaydı. Bu nedenle, yüksek tanrılara zarar vermeden hayvanlardan yararlanabilmek için... Tanrıların hakkını da tanımak gereklidir. Bu tanıma, onlara hayvan kurban ederek yapılır. Kırbanlar, lekesiz ve tamamen beyazdır. Sütbeyazlık, onların azizliğinin kesin kanıtlarıdır. Gök Tanrı'ya ve alt tanrılara adanmış bu hayvanlardan, bâzen Tanrının temsilcisi imparatora ayrılır. Her iki durumda da hayvanlar, Yörüklerin günümüzde dahi koyun ve keçilerin 'aziz'lerine tanıdıkları aynı ayrıcalıklardan yararlanırlar: Kılı ve yünü kırpılmaz, sütü sağılmaz, öldürülmez ve üstüne binilmez»[108].

Bu ak hayvanlara «iduk» denilir. Kaşgarlı Mahmut, «iduk»u «mutlu ve kutsal olan herşey» diye tanımlar, Marco Polo, iduk atlar konusunda şu ilginç bilgiyi verir :

«Kar gibi beyaz kısrak ve atlardan bir hara vardır. Orada başka renk at bulunmaz. Sayıları belki de on bini aşar. Ayrıca büyük sayıda çok beyaz inek vardır. Bu beyaz kısrakların sütünü içmeye kimse cesaret edemez. Yalnızca Büyük Han ve onun soyundan inenler içebilir... Bu beyaz hayvanlar, çayır ve ormanlardan geçerken büyük saygı görür. Sâde halk gibi, büyük bir senyör ve baron da sürünün içinden geçmeyi aklından bile geçiremez. Sürünün hepsinin geçmesini ve uzaklaşmasını bekler. Herkes sürüye yol verir ve sürünün hoşuna gitmek için elinden geleni yapar. Onlara sanki kendi efendileriymiş gibi, en az efendilerine olduğu kadar saygı gösterirler»*[109].

---

* Prof. İbrahim Kafesoğlu, «Türk Dünyası El Kitabı»nda Türklerde soylu sınıf olmadığını iddiaya çalışır (s. 760). Oysa bozkırda Türkler, hayvan sürülerini bile insan boyları gibi sınıf lara ayırırlar. Hayvansal sınıf ayırımını etnolog Jean-Paul Roux, şöyle açıklıyor: «Eski şaman inançlarına göre, insanlar ve hayvanlar görünüşte ancak farklılaşırlar. Görünüşteki ayrılık da değişmez değildir. Zira insanlar hayvan biçimine, hayvanlar da insan biçimine girebilir. Her ikisinin de yaşamı benzer biçimdedir. Bütün hayvanlar, insanlar gibi, boylar hâlinde örgütlenmişlerdir. Şefleri, bâzen kaganları, yasaları, hak ve ödevleri vardır. Bu hayvan boyları, insan boylarına göre, bağımlılık, tarafsızlık, dostluk ve düşmanlık durumlarında, yâni insan boyları arasında kurulan ilişkilere uygun biçimlerde bulunurlar».

«Koyun ve keçilerde 300 ilâ 600 hayvanlık topluluğa sürü denilir. Sürü, insan toplumu modeline göre kurulmuş sayılır. Yabancılara kapalıdır, sürünün şefleri ve azizleri vardır».

«Şamanik modele göre, koyun sürüsü Yörük boyuna karşı bağımlılık ilişkisi (Unagan-bogol) içinde görülür... 300 hayvanlık sürüde 6 sürü başı vardır. Sürü 300 hayvandan fazla ise, 12 sürü başı bulunur. Sürü şefleri (koç, teke gibi) erkektir. Şefler sürünün başında yürür ve sürüyü yönetiyor kabul edilir. İnciler ve resimlerle süslendiklerinden öteki erkek hayvanlardan farkedilir. Süsler, onlara tanınan saygınlığı belirler. Şeflere özel bir dikkat ve saygı göstermek gereklidir. Çoban, hiçbir zaman onların yünlerini kırpamaz ve kasaba satamaz. Öldükleri zaman, şefler, bir kumaşa sarılarak törenle gömülürler. Gömüldükleri çukurun üzerinde taşlar yığılarak şeflere

Ak hayvanlar, bu kadar üstün tutulur ve iyi tanrılara ak hayvan kurban sunulurken, kötü tanrılara kara hayvanlar kurban edilir. Altaylılar, kötü tanrı Erlik'e at değil, kara boğa ya da inek kurban sunarlar. Bunlar çoğunlukla zayıf ve hasta hayvanlar olur. Lebed'lerde «aza» denilen kötü ruhun baskısından kişiyi kurtarmak için şaman kara hayvan keser*. Erlik'in oğullarından Karşıt, kara çaputtan yapılmış 9 şeritli bir bebekle temsil edilir.

Bütün bu açıklamalar, Kara budunun ya da Kara budunu belirtmek için tek başına kullanılan «kara» deyiminin ne anlama geldiğini göstermek için yeterlidir. Kara, açıkca horlayıcı ve küçültücü bir deyimdir. Kendilerini boy ve budun tabanından ayrı ve üstün gören tabandaki beyler ve bey soyları, tabandaki kitleye «kara» adını takarak, şamanizmin iyi ruhlar» ve kötü ruhlar»ına benzer bir ayırım yapmış olurlar. Osmanlılarda dahi «kara», bir topluluğun bağımlılığını belirlemek için kullanılır. Osmanlı'ya bağımlı olduğundan Boğdan eyaletine «Kara Boğdan» denilir[110]. Boylarında soylu bir tabaka yok diye, son zamanlara kadar Kırgızlara «Kara Kırgız» adı verilir. Kafkasya'daki Karaçay ve Balkar boylarında beylerin altındaki geniş halkın çekirdeğini Özden ya da Kara Özden teşkil eder. «Kara kişi»ler geniş alt tabakayı oluşturur. Balkarlarda

---

mezar yapılır» (Les Traditions des Nomades de la Turquie). Bozkırda insan-doğa ilişkilerini incelerken, hayvan-insan ilişkileri üzerinde duracağız.

* Bir Altaylı masalı şöyledir: «Bir zamanlar Erlik, beyaz ata binermiş. Tanrı bu atı, bir yiğitin canına karşılık satın alır. Fakat Tanrı, Erlik'i aldatır. Yiğit'in canı yerine kara öküz verir ve Erlik'i bu öküze ters bindirip eline kamçı yerine balta tutuşturur». Bu öyküye dayanarak Altaylılar Erlik'e at yerine kara öküz ya da inek kurban ederler (Prof. Abdülkadir İnan, Eski Türk Dini Tarihi, s. 92).

en aşağı tabaka Karavaş denilen kölelerdir*[111]. XVI. Yüzyıl Mogol toplulukları, feodal beylerin dışında, üç grupta toplanırlar. İlk grupta Sayın Kümün (iyi adam) yer alır. Bunlar orta halli kişilerdir, önemli miktarda hayvanları, uşakları, bâzen de köleleri vardır. En alt

* Ziya Gökalp, Kürtlerde Türklerden farklı olarak «kara»nın övücü, «ak»ın yerici olduğunu yazar: «Bâzı dağlılar, Kürtleri 'Kara Kürt' ve 'Ak Kürt' diye ikiye ayırırlar... Dağlılar âşir olanlara, yâni hükümete bağlı olmayanlara Kara Kürt derler. Hükümete bağlı olanlara ise Ak Kürt adını verirler. Eski Türklerde 'ak kemik' övücü, 'kara kemik' yerici sınıfları anlatırdı. Kürtlerde ise kara sıfatı övücü, ak sıfatı ise yerici olarak kullanılır» (Kürt Aşiretleri Hakkındaki Sosyal İncelemeler, Ankara 1975, s. 72). Febvre'e göre Yezidî Kürt boylarında biri kara, öteki ak giyimli iki sınıf vardır. Kara, şeyhleri çıkaran ayrıcalıklı sınıftır, ak alt sınıftır (Zikreden: Nikitine, Leş Kurdes, Paris 1956, s. 239).

Türklerde «kara» sıfatının kötü anlamının dışında kara kış, kara sevda gibi kudret, kuvvet ve şiddet anlamına kullanıldığı da görülür. Karatay, Karaboğa, Karalâçin, Karaarslan gibi edinilmiş adlar da vardır. Karahanlılar Devleti'nin adı, hükümdar soyunun unvanlarında geçen «kara» sözünden gelir: Kara Han, Kara Hakan, Arslan Kara Hakan gibi. Pritsak'a göre, Altay kavimlerinde Çinlilerde olduğu gibi, dört renk (kara, kızıl, gök, ak) dört yönü belirtmek için kullanılır. Kara, Kuzey anlamınadır. Bu söz, Kuzey anlamından hareketle, Türklerin hukuk sembollerinde, büyüklük ve yükseklik belirten bir deyim olmuş ve Kara Han, Kara Ordu, büyük baş anlamına kullanılmıştır (O. Pritsak, İslâm Ansiklopedisi, Karahanlılar maddesi). Bu yorumun geçerliliği hakkında birşey söyleyebilecek durumda değiliz. Fakat Uygur metinlerinde, kötülük tanrısı Erlik, Erkliğ Kan diye yazılmakta ve Kuvvetli Han diye geçmektedir (İslâm Ansiklopedisi, Şaman maddesi). Kara Han ile Kuvvetli Han arasında bir ilişki kurulabilir mi, bilemeyiz. Fakat «kara» deyiminin soylu olmayan göçebe kitlesinin aşağı durumunu belirtmek için sınıfsal anlamda kullanıldığı kesindir. Prof. Kafesoğlu ise, hiçbir kanıt getirmeden kara budunun sınıfsal anlam taşımadığını, yalnızca «asıl, kalabalık budun» anlamına geldiğini yazmaktadır. Beylere sayıca az olduklarından «ak» denilmiştir ve Türklerde beylik, kagan soyu dışında babadan oğula geçmez (Türk Dünyası El Kitabı, s. 760). Dede Korkut'u okumak bile bu iddianın geçersizliğini göstermeye yeterlidir.

grupta fakir ve âdi adamlar yer alır ki, bunlara da Kara Kümün denilir[112]. Altaylıların Tufan efsanelerinde Tanrı Ülgen, kardeşine kızıp onu kınayınca, «Senin yarattığın kavim (Albattı) kara kayış kuşaklı, kara kavim olsun» der. Ülgen'in yarattığı topluluk ise ak kavimdir. Ak kavim soylu, «Kara Albattı» soysuzdur. Dede Korkut'ta hizmetçiler «karavaş»tır. Salur Kazan Bey'in 10 bin koyununu güden çobanın adı «Karacuk»-tur.

ASKERÎ DEMOKRASİ

Demek oluyor ki, Asya bozkırlarındaki boylarda da sınıfsız topluluktan, sınıf ayırımı kesinlikle belirmiş topluluklara doğru bir evrim görülür. Cengiz ve Timur imparatorlukları, ata-erkil göçebe feodalizminin örnekleridir. Bu imparatorluklar yıkıldıktan sonra da, bozkırda feodalizm sürüp gitmiştir. Kanımızca, Göktürk Devleti de ak kemik-kara kemik ayırımı, irsî kagan soyu, hizmet soyluluğu ve bürokrasiyi temsil eden buyrukçu beğleri, Şad denen askerî şefleri, Fu-li denen muhafız kuvvetleri ve boy beğleri ile göçebe feodal bir devlet sayılabilir*. Fakat bu devlet çabuk yıkılır ve yeniden eskisine yakın bir duruma geçilir. Bu nedenle, Cengiz Han öncesi bozkır toplulukları için, sınıflar belirlenmeye başladığı halde, feodal deyimini kullanmak uygun düşmeyebilir. Kaldı ki, Göktürk feodal devleti, hiç değilse, imparatorluğun temelini teşkil eden Türk budun çerçevesinde az çok eşitlikçi ve dayanışmacı eski topluluğun izlerini taşır. Kaganın görevi, eski boy beyleri gibi, akraba topluluğu korumak ve zenginleştirmektir. Bilge Kagan, meşruiyetini devamlı olarak «aç budunu zenginleştirmeye» dayar :

---

* Doğu Perinçek, Göktürk Konfederasyonunu devlet saymıyor, «kabile sistemi ve örgütlenmesinden devlete yükseliş yolunda bir basamak» olarak değerlendiriyor (Aydınlık, Ağustos 1976, s. 13). Bu görüş, kolayca yadsınamaz.

«Yok çigany (yoksul) budunu hep toplattım
Çigany budunu bay (zengin) kıldım
Az budunu çok kıldım
Yoksa bu sözümde yalan var mı».

«Varlıklı zengin budun üzerine oturmadım
İçte aşsız, dışta donsuz yabız yablak budun üzere
oturdum».

«Adı sanı yok olmasın diye
Türk budunu için gece uyamadım gündüz
oturmadım...
Budunun birliğini su ve ateş gibi bölmedim».

«Ölecek budunu diriltip besledim
Yalıng (çıplak) budunu donlu
Fakir budunu bay kıldım...
Düşmansız kıldım».

«Budunu besleyeyim diye... savaştım».
«Kıtlık oldu... Türk budun aç idi».
«O at sürüsünü (Uygurların) alıp besledim».

Ak kemik-kara kemik ayırımı gelişmeyen ve keskin bir sınıflaşmaya gidemeyen Kırgızların yüzlerce yıl sonra meydana getirilmiş ünlü Manas destanında da Han'ın görevleri aynı biçimde belirtilir :

«Beylerim, ulusum, sözlerime kulak veriniz :
Sizlere sıçan kapanı ile kuş avlattım
Serseri dolaşıyordunuz, sizi topladım, topluluk
kurdum
Dağılmış boyları topladım, il kıldım
Benim ölümümden sonra tekrar dağılmasın
Ulusuma bakınız, topladığım il dağılmasın
Yaya gelenlere at, çıplak gelenlere giyim
veriniz»[113].

Bu dayanışma ve bozkır göçebe yaşamının sâdeliği, XIX. Yüzyılda dahi, sınıflı toplumlar hâline geldikleri halde, Batılı gezginlerin gerçeği görmelerini engeller. Von Stein ve Vambery, XIX. Yüzyıl Türkmenlerinde sınıf farklılaşması olduğunu reddederler. Veninkov ve Seeland, Kara Kırgızlarda sınıf farkının bulunmadığını söylerler. Pallas, XVIII. Yüzyılda bozkırda dolaşırken, Kırgız kitlesi ile şefler arasında, Kalmuklardan farklı biçimde, protokolden uzak daha özgür ilişkiler bulunduğuna dikkati çeker. XIX. Yüzyılda Radlof, Schuyler ve O'Donovan gibi yazarlar Kırgız ve Türkmen'de ak kemik-kara kemik ayırımının yokluğunu belirtirler[114].

Boylararası ilişkiler gevşektir. Boylar konfederasyonunun başına getirilen hanlar, savaş zamanlarının dışında pek az yetki sâhibidir. Bozkırda feodalizm tezinin savunucusu* Vladimirtsov dahi, Cengiz Han öncesi Mogol hanlarının gerçek han olmadığını belirtir**. Sovyet akademisyeni özetle şöyle der:

İrgen (budun)pek zayıf teşkil edilmiş kararsız bir topluluktur. Belli birlikler, herhangibir düşman boya hücum etmek ya da onun hücumunu püskürtmek için savaş zamanlarında meydana gelirlerdi. Birlik, kurultayda belirirdi. Kurultay'a soy başbuğları, önemli kişiler, hatta bağımlı boyların ileri gelenleri katılırdı. Bu gibi toplantılar ayrıca soylarda da olurdu. Soydaşların toplantılarına da kurultay denilirdi. Kurultaylara isteyen ve ilgilenen katılırdı. Özellikle savaş, büyük sürek avları gibi olaylar nedeniyle kurultaylar başbuğ seçerlerdi. Başbuğlar, bâzen barış zamanında da başbuğluğu sürdürürlerdi. Bunlara han denirdi. Fakat egemenlikleri zayıf ve önemsizdi. İki hatta daha çok hanlar

---

* Vladimirtsov'a göre, XI. XII ve XIII. yüzyıllar göçebe feodalizminin doğuş, XIV-XIII. yüzyıllar ise gelişme dönemidir. XVIII. Yüzyıldan sonra göçebe feodalizmi çözülme yoluna girer.

** Engels de Yunanistan'daki basileus ile Roma'daki rex'in gerçek kral olmadığını belirtir.

da bulunurdu. Hanlar, egemenlikleri daima tartışılan *geçici başbuğlar* idiler. Hanlık, babadan oğula pek ender geçerdi.

Hanın «egemenlik» ve «hukuk»u bir ölçüye kadar eski eşkiya çetelerinin başkanlarının yetki ve ayrıcalıklarını andırırdı. Akın, yağma ve soygun için atanırdı. Timuçin-Cengiz, birkaç boy ileri geleni tarafından, topluluklara danışıldıktan sonra, ilk kez han seçildiğinde, gerçek bir han değildi.

Seçimde, bu ileri gelen kişiler şu andı içerler :

— Biz seni han seçmek istiyoruz. Sen han olduktan sonra, hesapsız düşmanlarla savaşırken biz ön safta bulunuruz. Eğer güzel kızlar, kadınlar ve iyi atlar elde edersek, onları sana veririz. Sürek avlarında herkesten önce biz gideriz ve avladığımız avları sana veririz. *Savaş günlerinde buyruklarına aykırı hareket eder, barış günlerinde işlerine zarar verirsek,* o zaman kadınlarımızı ve mülkümüzü elimizden al, bizi de ıssız çöllere at...

Görülüyor ki, bu ileri gelen bahadırlar, ancak «savaş günleri buyruklarını dinleriz» derler. Barış günlerinde de «buyruklarını dinleriz» demezler. Barışta bağımsızlıklarını korurlar. Barış günleri için bütün yükümlülükleri, «işlerine zarar vermemek»ten ibarettir. Bundan, barışta işlerine zarar vermeleri olasılığının da bulunduğu anlaşılır.

Han seçilen Cengiz ise, tıpkı Bilge Kagan gibi, hanın görev ve yükümlülüklerini anlatarak karşılık verir :

— Ben çok at ve davar sürüleri, halkın kadın ve çocuklarını aldım, bunları size verdim. Bozkır avlarında sizin için sürek avları yaptım, sizin karşınıza dağ hayvanlarını sürdüm.

Bu gibi görevleri ve yükümlülükleri olan ve ancak savaş zamanı buyrukları dinlenen başbuğa, han ya da padişah denilemiyeceği açıktır. Hanlık, yeni doğmak üzeredir[115].

Batı Kazakistan ve Kuzey Türkistan çöllerinde yaşayan Oğuzları ele alalım: Oğuzlar, 24 boy olarak belirtilir. Kâğıt üzerinde bakılırsa, hayli örgütlenmiş görünürler. 24 boy ve Üçok ve Bozok olmak üzere iki kola ayrılır. Bozok, Üçoklara göre, daha üstün sayılır. Boyların başında beyler vardır. 24 boyun başında da, görünüşe göre, Yabgu unvanlı federasyon başkanı bulunur. Beyler arasında bir hiyerarşi mevcuttur. Hiyerarşi, beylerin törenlerde oturacakları yerlerin ve şölenlerde koyun etinin hangi parçasını yiyeceklerinin önceden saptanmasıyla belirlenir*. Örneğin Osmanlıların içinden çıktığı sanılan Şahin totemli Kayı boyunun beyi. «sağ karı yağrın» denen et parçasını yeme hakkına sâhiptir. Kayı, Reşidettin'in listesine göre en baş sırada bulunur. Selçukluların içinden çıktığı Çakır totemli Kınık boyu ise en alt sırada yer alır ve beyi etin «aşığlu» denen parçasını yeme hakkına sâhiptir.

Fakat gerçekte bu Oğuz boylarının herbirinin hemen hemen tamamen bağımsız oldukları anlaşılır. Hakkında pek az bilgi bulunan Yabgu'nun boylar üzerinde bir etkenliği olduğu söylenemez. Kaynaklara göre, Selçuk'un babası Dukak. Yabgu'nun askerî şefidir. Bir tartışmada kızarak Yabgu ile kavga eder, gürz ile vurarak onu atından düşürür. Yine askerî şef olan Selçuk da, iddiaya göre, Yabgu ile anlaşamaz ve 100 erkek akrabası, hizmetçileri, 1500 deve ve 50 bin koyunla, Yabgu'yu bırakıp göç eder. İslâm olan Selçuk, «Kâfire haraç vermem» deyip Yabgu'ya vergi ödemeyi redde-

---

* Dede Korkut'ta Oğuzlardan Uşun Kocaoğlu Eğrek «deli, yahşi yiğit» olduğu halde, «beyleri çiğneyip» hakkı olmayan yere oturunca, Ters-Uzamış tarafından şöyle azarlanır: «Bre Uşun Kocaoğlu, bu oturan beylerin herbiri oturduğu yeri kılıcının ekmeğiyle almıştır. Bre sen başı mı kestin? Kan mı döktün? Aç mı doyurdun? Yalıncak mı (çıplak) donattın?» (Orhan Şaik Gökyay, Dede Korkut, s. 205).

der. Selçuk'un Kınık boyunu bile peşinde toplayabildiği kuşkuludur.

1200 yılından itibaren Selçuk'un oğlu İsrail'in Yabgu unvanını taşıdığı görülür. Prof. Faruk Sümer'e göre, Kıpçakların saldırılarıyla, 1002 yılından önce, Oğuz Yabgu siyasal kuruluşu sona erer, bunun üzerine Selçuklu soyu, Yabgu'luğunu ilân eder. Selçuklu soyunun, Baranlı (Koyun) oymağından olduğu belirtilen son Yabgu Ali, bu unvanını yitirmeden önce de, Yabgu'luk dâvâsına kalkışmış olması mümkündür.

Selçuk henüz hayatta bulunduğu halde, Yabgu unvanını almaz. Oğlu İsrail (Arslan) Yabgu olur. Fakat Yabgu'nun kendine bağlı 3-4 bin çadırlık bir Oğuz topluluğu dışında otoritesi olduğu kolayca ileri sürülemez. Nitekim 1025'te Arslan Yabgu, Gaznelilerin eline tutsak düşünce, Selçuk'un oğlu Musa ile torunları Tuğrul ve Çağrı'ya bağlı Oğuzlardan herhangibir tepki gelmez. Arslan Yabgu'nun 4 bin çadırlık Oğuzları da Gazneli'ye başvurup Selçuklu beylerinden zulüm ve eziyet gördüklerini ileri sürerler ve Horasan'a geçiş izni isterler. Arslan Yabgu'nun bu 4 bin çadırlık Oğuzları, Tuğrul ve Çağrı'ya karşı inatçı bir mücadele yürütürler. Daha sonra amca Musa, Yabgu unvanını taşır. Fakat Tuğrul ve Çağrı kardeşler, Yabgu'dan çok daha güçlü ve üstün durumdadırlar. XI. Yüzyıl başlarında ve büyük bir olasılıkla daha önceki yüzyıllarda Yabgu'nun Oğuz beyleri üzerinde bir etkinliği olduğu söylenemez. Prof. Faruk Sümer'e göre, belki de Oğuzların esas kitlesini teşkil eden Üçok-Bozok bölümlü, Ceyhun-Seyhun nehirleri arasındaki Oğuz boyları, kudretli Selçuk Sultanı Sancar'ı bile tutsak alıp bir cins kukla sultan olarak kullanırlar. Bu Oğuzlar, eriyip gidene kadar bir otorite altına girmeye karşı çıkarlar.

Tuğrul Bey, çevresindeki kendine bağlı beyler üzerinde bile otorite kurmakta güçlük çeker. Kararlar, kurultay (Keneşme) yoluyla alınır. 1035 yılında Horasan'a geçip Gaznelileri yenen Selçuklular, Gaznelilere barış önerirler. Barış kararını Beyhakî'ye göre, *bir çadırda toplanan beyler, askerî şefler ve kabilenin yaşlıları alır.* 1038 Serahs zaferi üzerine, Tuğrul «en büyük baş» seçilir, ama Faruk Sümer'e göre, o, *kendi eşitleri arasında baştır.* Nitekim Gazne Ordusu yürüyünce, Tuğrul, savaşmayıp Horasan'dan çekilmeyi önerir. Kurultay, Çağrı Bey'in savaşma görüşünü benimser. Selçuklular, Gazne Ordusu önünde yenilir. Tuğrul, bir kez daha Gazneliyle başedemeyeceklerini, Cürcan'a göç etmeleri gerektiğini ileri sürer. Kurultay, Çağrı'nın savaşma savını uygun bulur. 1058'de Oğuz beyleri, Tuğrul «yağmalatma» görevini yerine getirmiyor diye, İbrahim Yınal'ı hükümdar yapmayı kararlaştırırlar. Yınal, güçlükle yenilir.

Görülüyor ki, XI. Yüzyıl ortalarında dahi Oğuzların bir devlet kuruluşuna erşitikleri söylenemez., Kendi askerî güçlerine dayanan beyler, hayli bağımsızdırlar. Tuğrul, Zahoder'in açıkladığı üzere, Horasan'ın büyük arazi sâhipleriyle ittifaka giderek feodal bir devlet kurar ve aşiret askerine bağımlılıktan kurtulur. Kendi parasıyla donattığı 4 bin kişilik bir askerî gücü Tuğrul'un buyruğuna veren Horasan feodallerinden Ebu'l-kasım başvezir atanır[116]. Feodal devletin kurucusu Nizamülmülk de bu Horasan zenginlerinin temsilcisidir. Fakat Tuğrul adına İbrahim Yınal 1038'de Nişapur'a girdiğinde yalnız aşiret askerine dayanır. Yınal'ın bile elbisesi parça parça ve eskidir. Askerler fakir giyimlidir[*]. Kaynaklar, uzun saçlı Oğuzların elbiselerini es-

---

[*] Barthold, «Oğuzların başbuğları her vakit halk ile birlikte olup bütün çalışmalara ve zaferlere katılıyorlar ve giyimleriyle de alelâde bir Oğuz askerinden pek az ayrılıyorlardı» der (Orta Asya Türk Tarihi, s. 146). Dede Korkut öyküleri, eski kabile dayanışması geleneklerini devamlı belirtir: «Aç görsen doyur - Yalıncak görsen donat - Borçluyu borcundan kurtar». Salur Kazan daima «yoksul, kimsesizin umudu» diye anılır. Karısı «açı doyurmak, çıplağı giydirmek»le övünür.

Feodal İslâm devletinin temsilcisi İbn-i Fadlan, Oğuzlardaki askerî demokrasi koşullarını şaşkınlıkla belirtir: «Başla-

kiyinceye dek üzerlerinden çıkarmadıklarını yazarlar. 1034'te Yabgu Ali'nin oğlu Şah Melik'in baskınına uğrayan Selçuklu savaşçılarının atlarının eyeri bile yoktur. 1038 Serahs zaferiyle Gaznelilerden alınan ganimetle Tuğrul, zırhlı askerlere kavuşur.

XI. Yüzyıl ortasında Oğuz boyları arasında güçlü bir birlik kurulamadığı gibi, boylar çözülme ve dağılma yolundadır. Oğuz topluluklarında otlaklar, boy ve obaların ortak mülkiyetindedir. Özel mülkiyet, sürüler üzerinde gelişir. Büyük sürü sâhipleri ortaya çıkar. Siri Derya çevresinde, göçebe ve yerleşik arasında canlı bir ticaret vardır. Oğuz boyları koyun ve keçe satarlar, karşılığında özellikle giyim eşyası alırlar. Bu canlı ticaret servet farklılaşmasını arttırır. Zengin aileler köleler ve konsu'lar* edinirler, fakirleri angaryaya koşarlar. Zenginleşen aileler, boylardan koparlar. Zira göçebe çoban ekonomisi koşullarında, göç birimi ne kadar küçük olursa, ekonomik açıdan o kadar kârlıdır. Bu nedenle, çoban ve kölelere sâhip büyük bir aile, güvenliğini sağlayabildiği ölçüde, boy ve obadan kopar, ayrı bir ekonomik birim, hatta yeni bir boy teşkil eder.

Öte yandan Oğuz çöllerinde hızlı bir nüfus artışı ve otlak darlığı görülür. Otlak darlığı ve bunun yarattığı tüketici savaşlar, boy ve obalardan kopan parçaların çok uzaklara gitmesine yol açar. Uz denilen Oğuz boylarından ayrılan gruplar, Güney Rusya'ya, Tuna boylarına göç eder ve erirler. Başka ufak Oğuz grupları Azerbeycan, Irak, Suriye ve Anadolu'ya göçerler. Savaş

---

rındakine bey diyorlar. İçlerinden biri beye danışmak istediği zaman ona gidip, 'Bey, falanca işte ne yapayım' diye sorar. Ne yapacağına, aralarında yaptıkları toplantıda hep birlikte karar verirler. Ama kararı verip uygulamaya geçeceklerinde, en basit, en aşağılık olanlar bile, ortaya çıkıp karara karşı gelebilir».

* Konsu, Hazarca kökene göre, komşu anlamına. Daha sonra soylulara sığınan çobanlara konsu denilir. Konsu giderek yoksul sınıf anlamını kazanır.

ve yağma nedenleriyle, bu ufak göç birimleri geçici birleşmeler yapsalar bile, otlak ve su peşinde dağınık biçimde yaşarlar. Haçlılardan Guillaume de Tyr, bu ufak göçebe topluluklarının, gerektiğinde oklarını bir çuvala koyup kendilerine kur'a ile başkan seçtiklerini yazar*. Bu göçler sonucu, Oğuz boyları geniş bir alanda dağılırlar. Örneğin Osmanlılar, Kayılardan ufak bir bölümdür. Kayılardan ayrılmış ufak gruplara, Anadolu'nun çeşitli yerlerinde ve Orta Asya'da rastlanır. Anadolu'daki köy adlarının incelenmesi dahi, Oğuz boylarının ne ölçüde dağıldığını kanıtlar.

OSMANLILARDA ASKERÎ DEMOKRASİ

Bu ufak boy parçaları, servet farklarının gelişmesine karşın, toplumsal dayanışma ve eşitlik koşulları içinde yaşarlar. Osmanlı Devleti'nin kurucusu, sofrası herkese açık bulunan Osman Bey dahi bir feodal şef ya da devlet başkanı değildir. Fatih zamanı Osmanlı

---

* Oya Sencer ve Çetin Yetkin, göçün organizasyonu nedeniyle Oğuz devletinin ve genel olarak göçebe unsura dayalı siyasal iktidarın despotik nitelik kazandığını yazarlar (Ç. Yetkin, Türk Halk Hareketleri, I, s. 27). Gerçek bunun tam karşıtıdır. Onun içindir ki, Engels, «askerî demokrasi» kavramını geliştirir. Kışlak ve yayla biçiminde belli bir alandaki göçün organizasyonu söz konusu ise, çayırlar 3-5 bin kişilik büyük toplulukların sürülerini beslemeye yetmediğinden, organizasyon daha küçük birimler çerçevesinde yapılır ve eğilim küriyenden ağıla; yâni daha büyük birimden küçük birime doğrudur. Bu ekonomik zorunluluk, merkeziyetçi ve despotik örgütlenmeyi engeller. Despotik devlet, bozkırda değil, büyük sulama işlerini yüklenen yerleşik tarımcılarda çıkar. Büyük göçler söz konusu ise, Hunlar dahi Çin'den Güney Rusya'ya ufak bağımsız birimler hâlinde göç etmişlerdir. Orada Attila öncesi dönemde, boylar ve boy bölümleri, Bizans kaynaklarının «primat» dedikleri soy şeflerinin başkanlığında bağımsız ve özgür yaşarlar. Bozkırda despotizm, göçebe feodalizminin gelişmesiyle ortaya çıkar. Bunun için de Cengiz Han dönemine kadar beklemek gerekir. Bu durumda da despotizmin nedeni, göçün organizasyonu değildir, sınıflaşmadır.

düzenine duraksamasız «feodal» etiketini yapıştıran Werner, Orhan zamanında dahi feodal bir düzenden söz edilemiyeceğini, askerî demokrasinin XIV. Yüzyıl ortalarına kadar yaşadığını ileri sürer. Ona göre feodal sisteme yöneliş savaşta ücretli, barışta vergiden bağışıklı çiftçi yaya askerî örgütünün kurulmasıyla başlar. Mustafçiyeva, bu örgütü «eli silâh tutan bütün erkeklerin genel askerlik yükümlülüğünün devredilmesi yolunda ilk adım» sayar[118]. Gerçekten eli silâh tutan herkesin savaşçı olduğu bir toplulukta, kitlenin üstünde ayrı bir askerî kuvvet olamıyacağından, sınıf baskısı güçtür. Kabile bağlarından koparılmış, başbuğa kişisel bağlarla bağlı özel bir askerî gücün yaratılması, devlet kuruluşunun ön koşulunu teşkil eder. Bozkırda «nöker» ya da «yoldaş» denilen beylere bağlı ufak askerî güçler, ileride görüleceği üzere, bu dönüşümün çekirdeğini sağlarlar. Fakat yine de XII. Yüzyılda Asya bozkırlarındaki göçebe toplulukların «askerî demokrasi» aşamasında bulundukları ileri sürülebilir. Artık akrabalar arasındaki uyumlu ve eşitlikçi topluluk ortadan kalkmıştır. Servet farklılaşması gelişmiş, soylu beyler ile köleler ve çobanlar ayırımı meydana gelmiştir. Beyler ve kara budun arasında feodal ilişkiler filizlenmektedir. Eşitlikçi topluluğun soy, boy ve budun kurultayları gibi demokratik kurumları, beylerin organlarına dönüşmüştür. Askerî şefler, irsî krallar olma yolundadır. Fakat henüz bu çatışmaları ve filizlenen feodal ilişkileri soylular yararına istikrara kavuşturacak olan bir devlet kuruluşuna gidilebilmiş değildir. Askerî gücün, boylardaki eli silâh tutan bütün erkeklerin bağımsız birliklerine dayanması, beylerin ve hanların baskılarını sınırlar ve devlet örgütlenmesini güçleştirir. Öte yandan fiktif bile olsa, akrabalık ilişkilerine dayalı toplumsal dayanışma geleneklerinin sürdürülmesi, otlaklarda ortak mülkiyetin, örneğin Kazaklarda XIX. Yüzyıla kadar devam etmesi, sınıf farklılaşmasını bir ölçüde frenleyici rol oynar. Dağ göçebeleri denilen, yazlak ve kışlakları çok yakın bulunup kapalı bir çevrede tecrit edilmiş yaşayan Altaylılar ve benzerlerinde, eski eşitlikçi kurumlar, XX. Yüzyıl başlarına kadar etkinliğini duyurur. Bundan başka, bozkırda sık sık görülen kuraklıklar, hayvanları otsuz bırakan sert kışlar, hayvan hastalıkları salgınları, yağmaya giderken yağmalanmk gibi durumlar, «sefalet içinde eşitlik»i yeniden kuran etkenler olur.

İşte sulu tarıma ve kent yaşamına geçen bölgelerde, askerî demokrasi aşaması çoktan son bulup vergisel, Asyagil ya da köleci sınıflı devletler kurulmuş ve giderek feodalizme ulaşılmış iken, bozkır toplulukları XI. ve XII. Yüzyıl başlarında dahi, eşitlikçi ilkel topluluğun çözülmesinin son aşamasında, yâni askerî demokrasiye geçiş süreci içinde bulunuyorlardı*. Zaman

---

* Çok eski çağlarda köleci, Asyagil ya da feodal üretim biçimlerine ve toplumsal kuruluşlarına, ya da Samir Amin'in deyimiyle «vergisel rejim»e ulaşan topluluklar, kendilerini uygar, bozkır insanlarını «barbar» sayarlar. Önceleri Grek dili konuşmayan bütün topluluklara verilen barbar adı, MÖ. IV. Yüzyılda uygar olmayan anlamına kullanılır. Grekler için, Kuzeydeki soğuk Avrupa barbar, sıcak Güney (Akdeniz çevresi, Mezopotamya, İran) uygardır. Aristo'ya göre, Kuzeydeki Avrupa'da yaşayan topluluklar bahadır, ama uygarlık ve devlet yönetiminde yeteneksiz barbarlardır. Asyalılar ise (Güneyliler) bahadırlıkta zayıf, fakat uygardırlar. İtalyanlar XV. Yüzyılda dahi, Avrupa'yı barbar sayarlar. İngiliz Bacon, XIII. Yüzyılda «Arapça bilmeden bilim yapılmaz» der.

Çinliler ise Asya bozkırlarındaki topluluklar için barbar anlamına gelen pek çok deyim geliştirirler. «Jong» barbarların genel adıdır. Kuzey barbarlarına «Ti» denilir. Batı barbarlarına «Hou» adı takılır. «I», «Si Fan», «Pei-lou» benzer anlamda Çince deyimlerdir. Çin, uygarlığı ile o kadar gururludur ki, 1793'te İmparator «Bizim uygarlığımızı öğrenemezsiniz» diye İngiliz Elçisini geri çevirir.

Uygarlıkta geri kalmada utanılacak ya da savaşçılıkta ileri gitmekte övünülecek bir yan olmasa gerek. Zira Norman barbarları, Fransa Kuzeyinde yerleşik yaşama geçince, Fransa'nın o tarihlerde en uygar topluluğu hâline gelirler. Uygurlar, bozkırın uygarlık temsilcisi olur. En geri düzeydeki avcı ve ormancı Finliler, «beyaz zambaklar ülkesi»ni kurar. Oğuzlar, Osmanlı uygarlığının mimarlığını yaparlar.

zaman çok geniş bozkır topluluklarını biraraya getiren büyük konfederasyonlar kurulmakla birlikte, bu siyasal birliğin kısa sürede dağılışıyla, eski durum geri geliyordu.

Bozkırdaki göçebe Türk topluluklarının evrimini ve XII. Yüzyıl başında ulaştığı aşamayı, öteki tarımcı topluluklarla karşılaştırmalı olarak böylece saptadıktan sonra, şimdi bozkırdaki ekonomik yaşam koşullarını ve bozkır kültürünü daha yakından inceleyelim.

III — BOZKIRDA EKONOMİK YAŞAM VE KÜLTÜR BİRLİĞİ

TÜRK ADI

Türklerin aşağı yukarı 4 bin yıllık bir tarihe sâhip oldukları kabul edilir. Bu düşünceden yola çıkarak yerli-yabancı birçok araştırıcı, çok eski tarihlerde Türk adı taşıyan bir kavmin, hatta ulusun varlığını araştırırlar. Özellikle Cumhuriyet'ten sonra, İslâm ve Osmanlı'yla sınırlı bir tarih anlayışına tepki olarak, bu yolda çok ileri gidilir ve arkeoloji, kültür ve hatta dil araştırmalarına dayanmadan, «t, r, k» harfleri geçen her yerde, Türk ulusunun keşfine çalışılır. Örneğin Ön Asya çivi yazısı metinlerde görülen Turukku'lar (H. Z. Koşay, 1955), Türk adı taşıyan Türk kavimleri sanılır. Eski «Hatti'ceye yaslanan Hitit efsanelerinde sayısız Türkçe kılıklı ve anlamlı sözler»e ve Anadolu'da bir El Tanrı'nın varlığına (Bekir Sıtkı Oransay, 1970) dayanarak, soyumuzun ilk yurdunun Ön Asya olduğu ileri sürülür. Heredot'un Doğu kavimleri arasında gösterdiği Targita'lar (Hammer, 1832) ya da İskit ülkesinde belirttiği Tyrkae'ler (Yurkae*), (Tomaschek, 1887), Türk adlı sayılır. Traklar (Erdmann, 1862) için aynı görüş ileri sürülür. Anadolu'dan İtalya'ya giden Etrüsk'lerin adları «Tark» ile başladığından adlarının Türklüğüne**

---

* Türk ve Yörüktürler. Baer, Strahlenberg, Hammer, Kiebert bu kanıdadır (H. Koşay, Türk Tarih Kongresi, 1956, s. 234).

** Adile Ayda'ya göre Yunanlıların Etrüsklere verdikleri ad, Turhan'dır (Belleten, Sayı 155, s. 424). Ayda, buradan giderek

hükmedilir. Ünlü Troyalılarda da Türklerin atalığı (Moravcsik) aranır. Hatta Fatih Istanbul'u alınca, bâzı Bizans yazarları, İtalya'dan imdat amacıyla Türkleri «Teucri» diye adlandırırlar ve onları Troya soyundan göstererek, atalarının mezarlarını almak için İtalya'ya yürüyeceklerini yazarlar*. Çinliler «r» harfi kullanmadıklarından, MÖ. 100 yılında Çin kaynaklarında geçen Tik'lere (Di'ler) Türk adlı kavim** (De Groot, 1921) gözüyle bakılır.

Bunun gibi Tevrat rivayetlerinde geçen Nuh'un oğlu Yafes'in Türk adlı oğlu, Türklerin atası sayılır. İran

---

Türklerin en eski adının Tur olduğunu, Tur'dan kabile anlamına «ok» ekiyle Turok'a atlandığını, inceleşe inceleşe Osmanlı saray diliyle «Türk»e ulaşıldığını yazabiliyor (Belleten, Sayı 158, s. 240-247). Böyle benzetmeler, tarihçilerimiz arasında da yaygındır. Örneğin Zeki Velidî Togan, Mogol «Kay» boyunu, Osmanlıların atası Kayı boyuna benzediği için Osmanlıları Mogol kökenli sayar, Fuat Köprülü ise bu görüşe karşı çıkar. Macar kabile federasyonunda, Kürt adlı bir Türk boyunun bulunması, Orta Asya'da Kürt boy adının saptanması, başka bir araştırmaya gerek duyulmaksızın Kürtlerin Türk olduğuna kanıt diye gösterilir. Kürtlerin Hunlara bağlı boylardan, Bizans kaynaklarındaki Akatziri boyları (Güney Rusya), ad benzerliği nedeniyle, XII. Yüzyılda Maraş ormanlarında görülen Türk boylarından Ağaçeri'lerle bir tutulur. Böylece, gazetede bilmece çözer gibi tarih yapılır!

* Sabahattin Eyüboğlu, Montaigne'in bir yazısını okuyunca, Türkleri Troya'lılara bağlamak umuduyla, çok sevinir. Montaigne, Papa'ya yazdığı bir mektupta Fatih Mehmet'in şöyle dediğini ileri sürer: «İtalyanların bana düşman olmalarına şaşıyorum. Biz de İtalyanlar gibi Troya'lıların soyundanız. Yunanlılardan Hektor'un öcünü almak benim kadar onlara da düşer. Onlarsa bana karşı Yunanlıları tutuyorlar». Eyüboğlu, bu iddianın doğru olup olmadığını Mükrimin Halil ve Yahya Kemal'e sorar, onlar «Montaigne uydurmuş» derler, ama onu inandıramazlar. Eyüboğlu, «Homeros'un da, Montaigne'in de bizi tarihçilerden daha az aldatmış olmalarına hiç de şaşmam» der (Mavi ve Kara, s. 261).

** Eberhard, Di'leri daha çok Tunguz-Mogol karışımı Tunghu'ların ataları sayar (Çin'in Şimal Komşuları, s. 119).

rivayetlerinde Hükümdar Feridun'un oğlu Tur* için aynı görüş ileri sürülmüştür. Ne var ki, kelime oyununa dayalı bu yakıştırmalar, bilimsellikten uzak kalır. Son arkeolojik araştırmalar ve kültür tarihi incelemeleri** bu yakıştırmaları doğrulamaz[119]. Benzetmenin dil bilimi bakımından da doğruluğu kuşkuludur. Zira dil araştırmaları göstermiştir ki, Türk'ün eski söylenişi, günkü gibi tek heceli değil, iki hecelidir. Türk adı ilk kez, Orhun yazıtlarında, fakat daha çok «Türük» biçiminde geçer. Çin kaynakları da Türk'ü, «T'u-ku'e»ya da «T'u-chueh» diye iki heceli yazar. L. Bazin'e göre Törük, Türük ve giderek Türk olur[120]. Bu nedenle Orhun yazıtlarından önce iki heceli Türk aramak gereklidir. Oysa yukarıdaki yakıştırmalarda geçen Türk'e benzer adların çoğu tek hecelidir.

TÜRK ADI, TÜRK BUDUN İLE ÇIKAR

Etnik grupların biçimlenmesi hakkında yukarıda

---

* Turan, Tur'dan gelir. Fakat İran ile Turan efsanesi, yerleşik İranlılarla çeşitli soylardan göçebelerin mücadelesini yansıtır. Daha çok İran kökenli göçebe Massaget'ler, büyük bir olasılıkla Tur adını taşıyorlardı. İranlılar, sonradan bölgeye gelen Toharlar, Yue-çiler, Kuşanlar, Hioniler, Eftalitler ve Türkler için Tur adını genel bir ad olarak kullanırlar (İslâm Ansiklopedisi, Cüz 127, s. 108).

** Osmanlı'ya tepki olan Cumhuriyet'in ilk dönem resmî tarih yapıtlarında, yeryüzündeki en eski uygarlıkların hepsi, bilimsel kanıtlara dayanmaksızın, Türk kökenli sayılmış, her yerde Türk kavimleri aranmıştır. Liseler için yazılan son tarih yapıtında bu tutum bırakılmıştır. Tarih Lise I'de Türk adı için şöyle yazılıyor: «Türk dili ve tarihi üzerinde inceleme yapan bilim adamları, Türk adının nereden geldiğini uzun zaman araştırmışlardır. Heredot'tan ve Tevrat'tan başlayarak Hint-Çin kayıtlarında, eski İran rivayetlerinde ve eski Ön Asya çivi yazılı metinlerde geçen benzer kelimelerin Türk adını belirttiği sanılmıştır. Bu yöndeki varsayımların doğru olmadığı son arkeolojik araştırmalar ve kültür tarihi incelemeleri sonucunda ortaya çıkmıştır» (s. 76). Eleştirilecek pek çok yanları bulunan Lise Tarih yapıtının bu tutumu, kabul etmek gerekir ki, bilimsel gerçeklere daha uygundur.

yaptığımız uzun açıklamalar da, çok eski tarihlerde aynı soydan gelen ya da aynı dili konuşan toplulukların tek bir genel ad altında toplandıklarını düşünmeye izin vermez. Boylar ve soyların, bir devlet kuruluşuna gitmeden önce, ayrı ayrı yaşadıkları dönemde, aynı dili konuşsalar bile, ayrı adlar taşıyacakları açıktır. Nitekim Helen adı, eski tarihlerde yalnızca bir Grek boyunun adıdır. Öteki Grek boyları Béotiens, Phociens, Locridiens, Abantes, Céphallenes, Eoliens, Crétois, Mirmidons, Achéens vb. gibi çok çeşitli adlar taşır. Ancak belli bir örgütlenme aşamasında, bütün bu ayrı boylar Helen genel adı altında toplanır. Traklar da çok ayrı adlar taşıyan bağımsız pek çok boydan ibarettir. Sonraları komşuluk ve savaşlar, barışmalar yoluyla Trak, genel ad olur. Sloven, belli bir Slav kabilesinin adıdır, giderek Slavca konuşanların genel adı hâline gelir. Orta Asya'da da Cengiz Han öncesinde Mogol, bir boyun adıdır. XII. Yüzyılda, Tatar ve Kereit'ler arasında, Onon ve Kerülen nehirleri boyunca avcı ve göçebe pek çok boylar ve soylar vardır. Bunlardan ancak bir tanesi Mogol adını taşır. Cengiz'in atası Borcigin soyundan Kabul Han, kagan adını aldıktan sonra Mogol adı bütün boylar için kabul edilir. Daha önce başka bir Mogol boyu olan Tatar adı ünlüdür. Yabancılarla ilişkilerinde birçok Türk ve Mogol boyu, ünlü Tatar adını kullanırlar. Sonra Mogol adı ün kazanırsa da, «Tatar» genel ad durumunu korur. Reşidettin, bu durumu şöyle açıklar :

«Tatarların büyüklüğü ve saygınlığı nedeniyle, öteki Türk boyları (yâni bozkırdaki Türk ve Mogol boyları) Tatar adıyla tanındılar ve Tatar diye çağırıldılar... Şimdi de Cengiz Han'ın ve Mogol boyunun refahı nedeniyle, her biri belli bir ad ve ek ad sâhibi Türk boylarının hepsi, Mogol adını kullanırlar»[121]. Ne var ki, birçok Türk ve Mogol* boyları için, Tatar genel bir ad ola-

---

* Bahattin Öğel'e göre, Orhun yazıtlarında geçen 9 Tatarlar, büyük bir olasılıkla Türktür, 30 Tatarlar ise Mogoldur. Çin kaynaklarında geçen Ak-Tatar'ların büyük bir kısmı Türktür,

rak kalır. Çinliler, ilk kez 842 yılı metinlerinde Tatar deyimini kullanırlar. Çin'de Hitay sülâlesi (907-1119) döneminde Avrupalılar, Türk ve Mogol boylarına «Tatar» derler. Cengiz Han ile Tatar adı yaygınlaşır. Ruslar ve Avrupalılar, Cengiz İmparatorluğuna «Tatar İmparatorluğu» adını verirler. Mogollar ise, Bizans dışındaki bütün Avrupalılara «Frenk» adını takarlar*. Daha sonra Ruslar, Kazan, Kırım, Sibirya, Türkistan ve Kafkasya'da karşılaştıkları Türk boylarına Tatar adını verirler. Sovyetler, Tatar deyimini yalnızca Kazanlılar ve Kırım halkı için kullanırlar. İslâm kaynaklarında da Türk ve Mogollar «Tatar» genel adıyla geçer. Hudud-al-âlâm'da Tatar, Dokuz Oğuz ile aynı cinsten gösterilir. Gerdizî, Tatar'ı Türk Kimek boylarından biri sayar. XI. Yüzyılda Kâbusnâme'de Tatar, 9 Türk kavminin zorluklara en dayanıklı olanı diye geçer. Mogol istilâsı ile ilgili Farsça yapıtlarda hem Tatar, hem Mogol, Arap yapıtlarında ise yalnızca Tatar adı kullanılır. Memlûklar, Timurlulara da Tatar der. Gürcüler, Oğuzlardan Akkoyunlu ve Karakoyunluya dahi Tatar etiketini yapıştırırlar. Dede Korkut'un Kazan Beyini Tatar sayarlar. XIV. Yüzyılda Anadolu'da yurt tutmuş Mogollardan genellikle Tatar diye söz edilir. Timur, bunlardan bir kısmını yeniden Orta Asya'ya sürünce, Çagataylar onlara «Kara Tatar Türkmenleri» adını uygun bulurlar[122].

Kara-Tatar'lar Mogoldur. Şato Türklerine Ak-Tatar denilir. Öngüt Ak-Tatar'ları da Şato'lardan gelir (İslâm Ansiklopedisi, Tatar maddesi).

* Bu ad karışıklıklarına şaşmamak gerekir. Fransızlar, Germen değildirler, fakat Germen boyu Frankların adını taşırlar. Rusların adı Skandinav kökenlidir, fakat Ruslar daha çok İran (İskit, Sarmat, Alan) ve Slav boyları karışımıdır. Bulgarlar, bu devleti kuran Türk boyları Bulgar'ların adını taşırsa da, daha çok Slavdırlar. Romanyalıların Romalılar ile pek az ilişkisi vardır, ama Romalılardan adlanırlar. Finliler kendilerine Suomi derler, İsveçlilerin taktıkları Fin adı yerleşir. Bizanslılar, aralarında birkaç Türk boyu bulunduğu için Macarlara Türk, hükümdarlarına Türkler Prensi derler.

Bunun gibi «Türk» adı da, bir Türk topluluğuna verilen ad olarak «Türk budun» diye ilk kez Göktürklerde geçer. Bahattin Öğel'e göre, «Türk» adı, Göktürk Konfederasyonu'nun kurucusu Aşına soyunun atası Natu-liu'nun Bilge, Alp gibi bir lâkabı ya da unvanıdır[123]. Fakat bu unvan sonradan, Göktürk kaganlarının örgütlediği ve doğrudan doğruya yönettiği boylar topluluğunun, yâni Türk budunun adı olur.

TÜRK BUDUN, TÜRK MİLLETİ DEĞİLDİR

Tarihçilerimiz genellikle «budun» deyimini ulus diye çevirirler. Oysa «Türk budun» bozkırda Türkçe konuşan boyların ancak bir kısmıdır. Oğuzlar, Karluklar, Kırgızlar, Turgişler, Onoklar vb. gibi öteki Türk toplulukları Türk budun değildir. Dokuz Oğuz budun, Kırgız budun, Onok budun gibi ayrı budunlardır ve bu budunlar genellikle düşmanlık ilişkisi içindedirler.

Kül-tegin'e ait yazıtta düşmanlar sayılır :

«Güneyde Tabgaç (Çin) budun düşman imiş. Kuzeyde Baz Kagan*, Dokuz Oğuz budun düşman imiş. Kırgız, Kurikan, Otuz Tatar, Kıtay, Tatabi hep düşman imiş».

Ve bu düşman ile devamlı savaşıldığı anlatılır.

Türk budun, belli bir boylar örgütlenmesine verilen addır. Budun'u teşkil eden boy ve obaların tümünün aynı soydan gelmesi ve hatta aynı dili konuşması dahi gerekmez. Bozkır siyasal örgütlenmelerinde, fiktif soy kütüğüne önem verilmekle birlikte, ırk ve dil ayırımı gözetilmez. Bir dil çabuk unutulur, yeni bir dil çabuk kazanılır. Soy kütükleri yeni durumlara göre kolayca ayarlanır. Bu nedenle «Türk budun» deyimini, «Türk milleti» diye anlamak, bozkır topluluklarını, bozkır siyasal örgütlenme ve devlet kurma yöntemlerini hiç anlamamak demektir.

---

* Uygur Kaganı.

Bilge Kagan, aradaki düşmanca ilişkilere ve savaşlara karşın, bâzı yerlerde öteki budunların kendi budunu olduğunu söyler. Fakat bu «kendi budunum» deyimi, onu kendi soyundan ya da kendi «ulus»undan sayma anlamına kullanılmaz. Bilge Kagan, dört kez savaştığı Dokuz Oğuz için «Dokuz Oğuz benim budunum idi» der. Bunun anlamı, «Dokuz Oğuz budunu bana bağlıydı, onu doğrudan doğruya ben yönetiyor idim» biçimindedir. Nitekim Bilge Kagan'ın Türk budunundaki açlık nedeniyle sürülerini yağma'adığı Uygurlar güçlenip kaganlık kurunca, Uygur Kaganı da Dokuz Oğuzları kendi budunu yapmak istediğini, yâni yönetimine almaya niyetlendiğini, kara budun yanaşmayınca bu işi zorla yaptığını belirtir:

«Kara İğil budunu yok kılmadım
Evini, barkını, at sürüsünü yağma etmedim
Ceza söyledim. Durmaya koydum.
Kendi budunum dedim
Bana uyarak gelin dedim
Koyup vardım gelmedi
Tekrar izledim. Burgu'da yetiştim.
... Savaştım, mızrakladım
At sürüsünü, mallarını, kızını, karısını getirdim».

Görüldüğü üzere, Bilge Kagan'ın kendi Oğuz budunu, zorla Uygur Kaganı'nının budunu yapılır. Uygur Kaganı, «önce iyi davrandım, kendi budunum dedim» diye övünür. Demek ki, isterse, «kendi budunum» demiyebilir. Bu deyiş dahi, «kendi budunum» sözünün kaganın değiştiremiyeceği bir soydaşlığı değil, siyasal örgütlenme ve egemenlik biçimini içerdiğini gösterir.

Basmıllar, dil ve soy bakımından karışık bir topluluktur. Topluluğun başına Bilge Kagan ailesinden, yâni Aşına soyundan bir şef getirilir, fakat Basmıllar doğrudan yönetime alınmazlar. Bilge Kagan bunu «Basmıl İdik Kut oğuşum budun idi», yâni İdik Kut unvanı taşıyan Basmıl şefi benim soyumdan idi diye açıklar, ama «benim budunum» demez. Türgiş Kagan için ise, «Türk [üm] budunum idi» deyimini kullanır. Bu deyim, Türgişlerin kagansız kaldığı ve doğrudan yönetildiği kısa bir dönemle ilgili olsa gerektir*. Doğu Göktürk Devleti zayıflayınca, Türgiş budun, «Türk budun» olmaktan hemen çıkar.

Türk budun ise, Basmıl, Uygur ve Karluk saldırısıyla dağılır ve öldürülen son kagan Ozmış'ın başı Çin sarayına yollanır. Türk budundan geriye kalanların bir kısmı Çin'e göç eder. Uygur Kaganı, Şine-Usu yazıtında, üç tuğlu Türk buduna saldırışını, Kaganın karısını tutsak alışını ve Türk budunu yok edişini övünerek anlatır :

«Tuttum hatununu orada aldım
Türk budun orada bütün yok oldu»[124].

Gerçekten Türk budunu üyeleri dağınık biçimde yaşarlar, ama Türk budun ölür. Bozkırda bir daha Türk adlı bir siyasal topluluktan söz edilmez.

---

* Türgişler Batı Göktürklerin Onok boyundan biridir. Batı Göktürk boyları üzerindeki Aşına soyu egemenliği son bulunca, Onok uzun süre şefsiz kalır. Türgişler, zamanla Onok üzerinde egemenlik kurarlar. Fakat Kapgan 699'da Batı Göktürk'ü ilhak eder. Onok'un komutasını Küçük Kagan unvanlı oğluna verir. Türgiş bağımlı kılınır. Kapgan, süzeren olarak Onok'un işlerine karışır ve 711'de Türgiş Kaganı Su-ko'yu öldürür. Türgişler ancak 716'da Kapgan ölüp Doğu Göktürk ülkesi karışınca, yeni bir kagan bulurlar. Bilge Kagan'ın bu şefsizlik dönemindeki doğrudan yönetim dolayısiyle Türgiş için «Türküm budunum idi» demesi mümkündür. Barthold ise, metindeki Türk deyimini, siyasal örgütlenme ve kurumlaşma anlamına gelen Türü (Töre) ile açıklar ve «Türgiş Kagan, egemenliği (türü) bana verdi» diye yorumlar (Orta Asya Türk Tarihi, s. 40). Osman Turan ve daha birçok Türk tarihçisi, Oğuz ve Türgiş'e Bilge Kagan'ın «Türküm budunum idi» demesine bakarak, Bilge'nin «Türk milleti» bilincine ulaştığını yazarlarsa da, bütün kanıtlar bu iddianın aksini doğrular (Türk Cihan Hâkimiyeti, s. 22). Faruk Sümer, Türgiş Kagan ile ilgili «Türk'üm budunum» deyişine bir yorum getirmediğini belirtmekle birlikte «Türk budunu» deyiminin Türkçe konuşan toplulukların tümünü değil, belli bir bölümünü belirttiğini haklı olarak yazar (Oğuzlar, s. 7).

Türk budun ölür, fakat Türk adı bir daha unutulmaz. Zira İran içlerine, Kafkasya, Kırım ve Hindistan Kuzeyine kadar genişleyen Batı Göktürkler, yerleşik devletlerle sıkı ilişkiler kurarlar. İran'a karşı Bizans ile ittifak yaparlar. Istanbul'a elçiler gider, Istanbul'dan Batı Göktürk Kaganının karargâhına elçiler gelir. Böylece Türk adı tanınır. Bizanslılar «Türk» deyimini Türklerin genel adı olarak kullanırlar.

Bizanslıların geçmişte de Türklerle sıkı ilişkileri olmuştur. Fakat «Türk budun» önce «Türk» adlı bir siyasal kuruluş olmadığından, ya da ayrı saydığından, Bizanslılar onlara Hun, Utigur, Kutigur, Sabar, Bulgar adlarını verirler ya da genel bir deyim olarak «İskit» derler. Hun da aynı anlama kullanılır. Göktürkler ile Türk adı genellik kazanır*. İran ve Turan savaşlarının göçebe savaşçısı «Tur»lar, Göktürklerin Seyhun bölgelerine yayılmasıyla, Türk biçiminde somutlaşır. Hintlilerin «Turushka»sı da VII. Yüzyıldan itibaren Türk anlamına gelir[125]. İslâm yazarları, Türkçe konuşan göçebe şaman topluluklara Türk adını verirler. İslâm olan Türk Karahanlılar, savaştıkları soydaşlarına «Kâfir Türk» derler[126]. Türkmen, müslüman Oğuzların adı olur. Bizans kaynaklarında ilk kez 1083'te Türkmen adı geçer. Kendilerini Buharalı, Semerkantlı ya da «Rumî» diye tanıtan yerleşik Türkler, Türk ve Türkmen deyi-

---

* Türkmenler, İran içlerinden Anadolu'ya geldiklerinde, Bizans yazarları onlara «Acem» adını da verirler. Hatta Tacite'in Germenleri övüşü gibi, Türkmenleri yücelten Bizans memur ve entellektüeli Metochites (1269-1332), Anadolu'nun yitiriliş nedenlerini anlatan yapıtında, «İskit» deyimini kullanır. Ona göre, İskit, en eski tarihlerden beri büyük, bağımsız ve savaşçı bir kavimdir. Tuna'yı aşıp bütün Avrupa'yı almış ve İspanya'dan Afrika'ya geçmiştir. Daha yakın zamanlarda Asya'nın çoğunu, Babilon, Asur ve Hindistan'ı köleleştirmiştir. İskitlerin üstünlükleri, yaşamlarının sâdeliğinden, doğaya yakın yaşamalarından ve bundan gelen moral erdemlerine dayanır. Anadolu'yu fetheden bu İskitlerdir.

Görüldüğü üzere, Bizans yazarı, ilk ve orta çağın bütün Germen, Türk, Mogol boylarına İskit adını vermektedir.

bulunmayışı dikkati çeker. MÖ. 3000 yıllarında Altaylılar, Yenisey üzerindeki Minusinsk bölgesi buluntularına dayanarak Afanasyevo denilen Güney Sibirya kültür çerçevesi içinde incelenir. Öğel'e göre, Altay kültürü yavaş yavaş özelliğini yitirerek Güney Sibirya kültürü tipine girer ve iki kültür ayrılmaz olur. Güney Sibirya'da Mongoloid ırklar egemendir*.

Afanasyevo kültürü, MÖ. 2500-1700 dönemleri arasında saptanır. Altaylara bu kültür biraz daha geç girer. Mezarlarda koyun ve at kemikleriyle av hayvanlarına ait kemiklerin yanyana bulunması avcılık ve çobanlığın birlikte yapıldığını gösterir. Taştan yapılmış âletler çoktur. İlk bakır eşyalar görülür. At, eski Ren geyiklerinin yerini alma yolundadır.

Güney Sibirya'nın bronz çağı, MÖ. 1700-1200 yılları arasında Andronovo kültürüyle görülür. Bu kültür, geniş ağızlı, düz tabanlı, kulpsuz, üç köşeli ve mendirek biçimindeki basma süslere sâhip kaplarıyla dikkati çeker. Bu kaplar Güneyde Tanrı dağlarına, Batıda Don kıyılarına kadar yayılır. Taştan yapılmış kaşıklar, ok uçları, kemik iğneler, yekpare kabzeli hançer ve baltalar, delikli ok uçları, inci ve küpe gibi süs eşyaları, altından eşyalar bu kültürün başlıca buluntularını teşkil eder. At, sığır ve koyun yanında deve de beslenir. Atın eti ve sütü yenen hayvan olarak önemi büyüktür.

Andronovo kültürü, yâni bronz çağı, Altaylarda

---

* Taş devrinin ilk çağlarında Altaylar ve Sayan dağları Güneybatı bölgesindeki beyaz brekisefal ırk, Tanrı dağları bölgesine yayılır ve Kazakistan'a sızarken Güney Sibirya özellikleri iyice belirmiş bir yerli halktan yoksundur. Orada beyaz bir ırkla Mongoloid ırkların karışımından yeni bir ırk doğmaktadır. Uzun süre devam eden ırk karışımı, MÖ. 3000 ve 2000 başlarında, Güney Sibirya halkını Mongoloid duruma sokar (B. Öğel, Türk Kültür Tarihi, s. 5). Öğel'in Soğd'lular dışında asıl İran ırkları dediği (s. 130) Akdeniz tipi dolikosefaller Afganistan, İran, Hazer Denizi Kuzeyi, Güney Rusya ve Kuzey Kafkasya'da yaygındır (s. 5).

daha geç olarak MÖ. 1200-700 döneminde tanınır*. Andronovo kültürünün kökeni Batı Türkistan'da ya da Kazakistan'da aranır. Fakat kökeninden daha önemli olan, kültürün yaygınlığıdır. Bati Sibirya, Kazak-Kırgız bozkırı kültürleri, Yenisey kültürüne yakın özellik gösterir. Kazakistan ayrıca Kafkasya ve Güney Rusya kültürünün güçlü etkilerini taşır. Fin-Ugorların beşiği Urallar, Kazakistan kültürüyle bağlantılıdır. Baykal gölü ve Selenga bölgesi ise, Çin kültürü ile sıkı temastadır. Çin etkisi giderek Tanrı dağlarına kadar yayılır. MÖ. 1100'den itibaren Türk ve Mogol boyları, Çin Kuzeybatısında Kansu ve Ordos'a doğru yayılır. Kültür yakınlaşması artar**.

Atın ve atlı arabanın önem kazandığı ve arabalı çadırlar kullanıldığı Karasuk kültürü döneminde (MÖ. 1200-700) bozkırda göçebeler arası ilişkiler çoğalır. Prof. Öğel'e göre, bu dönem bozkırda «birleşme ve vahdet» dönemidir. «Hayvan üslûbu» denilen bozkır sanatı, Avrupa ve Güney Rusya bozkırlarından Çin içlerine kadar yayılır. Daha sonraları Hun dönemine ait hayvan mücadelelerini gösteren Ordos bronzları, Çin'den Macaristan'a kadar görülür. Kazakistan, İranlı sayılan İskitlerin kültür etkisi altına girer. İskit kültürü Çin'e kadar uzanır. Soğd'lular, Fergana içlerine kadar iler-

---

* Altaylılar sanat geleneklerinde oldukça tutucu idiler. Nitekim bu çağdaki çanak ve çömlek biçimlerinde hâlâ Afanasyevo çağının etkileri sürer. Altaylıların bu tutuculuğunu, toplumsal bakımdan avcılıktan daha ileriye gidemediğine yoranlar, Öğel'e göre, haksızdır. Altaylarda, öteki yerlerde olduğu gibi, ırkların değişmeyişi, tutuculuğun nedenidir (B. Öğel, Türk Kültür Tarihi, s. 23). MÖ. 1000 yıllarında da Altay kültür çevresi, Sibirya ve Kazakistan'a göre daha geri kalır. Minusinsk'te Karasuk kültürü Andronovo kültürünün yerini tamamen aldığı halde, Altay hâlâ Andronovo kültürünü sürdürür (B. Öğel, Türk Kültür Tarihi, s. 29).

** Öğel, Andronovo kültürüyle birlikte «Andronovo insanı» diye bir ırkın doğduğunu, Türk ırkının prototipini teşkil eden Andronovo insanının Altayları ve Tanrı dağlarını kapladığını ileri sürer (B. Öğel, Türk Kültür Tarihi, s. 7).

lerler. Hun dönemine doğru, Çin ve Baltık arasında «İpek Yolu» kurulur. Mooglistan ve Altaylardaki Hun çağı mezarlarında, Öğel'e göre, «şaşılacak ölçüde Çin ve İran malları» bulunur.

Bozkırda kültür birliği, geniş çapta ırk karışmalarıyla birlikte gider. Türk boyları Altaylardan Güney Sibirya ve Çin içlerine kadar ilerlerken, Mogollar Altaylara doğru yayılır. Mongoloid ögeler, Batı Kazakistan'a kadar sızar. Altayların Kuzeyindeki halklarda, Öğel'e göre, «hafif bir çekik gözlülük» meydana gelir. Ancak Altayların yüksek dağlık bölgelerindeki brekisefal beyazlar, saflıklarını Göktürk dönemine kadar korurlar[132].

ORTA ASYA'DA HİNT-AVRUPALILAR

Öte yandan çok eski çağlardan itibaren Hint-Avrupa kökenli sayılan göçebe topluluklar, Orta Asya içlerine ve hatta Çin sınırına kadar yayılırlar. Hint-Avrupalı Yüe-çi'ler, Çin'e komşudur. Hun baskısıyla, MÖ. II. Yüzyılda İli vâdisi ve Isık gölü çevresine gelirler, yine Hint-Avrupa kökenli sayılan oradaki Wu-sun'ların baskısıyla Afganistan bölgesine giderler. Çin kaynaklarına göre Wu-sun'lar yeşil gözlü ve kızıl saçlıdırlar :

«Çobandırlar. Kentleri yoktur. Tarım bilmezler. Âdetleri Hunlarınkine benzer. Çadırları, keçeleri ve kımızları vardır. Çok atları bulunur. Yeşil gözlü ve kızıl saçlıdırlar»[133].

Yine Çinlilerin MÖ. III. Yüzyıldan beri sözünü ettikleri Hunların Batısındaki Kırgızlar kızıl saçlı, beyaz yüzlü ve yeşil gözlüdürler. Göktürk çağında Kırgızlar, Güney Sibirya'da Yenisey kıyılarında Abakan bozkırı ve Minusinsk bölgesinde yaşarlar*. Daha batıya gidil-

---

* Bahattin Öğel'e göre, Kırgız ülkesinde eskiden beri üç ırk vardır: 1) Germen ırkları. Kırmızı saçlı ve mavi gözlü olan bu ırk Çin kaynaklarında geçer. 2) Mongoloid ırk. 3) Türk ırkı. Göktürk çağında Kırgız ülkesinde kısmî bir Türkleşme görülür (Türk Kültür Tarihi, s. 210). Bugün Kırgız denilen topluluk ise, Mogol tipine yaklaşır.

dikçe, Hint-Avrupa ya da İran kökenli topluluklar ağır basar. Güney Rusya'daki İskitlerin egemenliği Kazak bozkırları ortalarına kadar uzanır. Aral gölü ile Siri Derya Kuzeyi arasında Saka'lar vardır. Seyhun Güneyinde Yüe-çi'lerle bağlantılı görülen Hint-Avrupa kökenli Tohar'lar bulunur. Sarmat'lar MS. III. Yüzyılda Karpatlar ile Siri Derya arasındaki düzlükte yaşarlar. Milâttan sonraki yıllarda Kafkasya ve Aral gölü bölgesinde Alanlar tarih sahnesine çıkarlar.

TÜRK, MOGOL VE HİNT-AVRUPALI IRKLAR KARIŞIYOR

Türk boyları çok eski tarihlerde Batıya doğu göç ettikçe, bu Hint-Avrupa kökenli topluluklarla karışırlar. Örneğin İdil bölgesindeki Türklerin tarihini inceleyen A. P. Simirnov, MÖ. 2000 yılında Kama bölgesinde Yenisey'den Mogol tipi insan geldiğini, karışmayla «Avrupa-Mogol» insan tipinin meydana çıktığını yazar[134]. Sovyet bilginleri ve bu arada S. P. Tolstov, Oğuz boylarının eski Aral kıylarında oturan Masaget gibi eski İranlı göçebeler ile MÖ. IV. Yüzyıldan önce oraya gelen Mongoloid'lerin karışmasından meydana geldiği kanısındadır*[135].

Esasen İskit, Sarmat ve Masaget adları etnik bir anlamdan çok, siyasal bir anlam taşır. Masaget, bir ka-

---

* Türkleştikleri halde, bu İranlı boyların eski adları yaşar. Vernadsky, Oğuz boyları arasındaki Duker'in eski Tohar, Yazır'ın Yaz-As-Alan, Yatı'nın Antes olduğunu iddia eder (Essai sur les Origines Russes ,s. 155). Tolstov da, Oğuz adı ile Augassioi, İranlı-Türk karışımı sayılan Peçenek adı ile Apasiaka (su kenarı göçebeleri), Duker ile Tohar arasında ilişki kurar (Tarih Kongresi, 1970, s. 321). Tarihçilerimiz bir kanıt getirmeden bu görüşleri reddederler.

İskitler ve Sarmatlar arasına Türk boylarının karıştığını belirten Prof. Akdes Nimet Kurat ise, Sarmatlar içindeki Slav-Alan karışımı diye bilinen Roksalan boyu ile Yazığ boyunun Türk kökenli olması olasılığı üzerinde durur (Türk Dünyası El Kitabı, s. 740).

bileler konfederasyonudur. Konfederasyonda İranlıların dışında, Yüe-çi ve Türk boylarının bulunması olasılığı vardır. İskitler de aynı biçimde bir konfederasyondur. İskitler kendilerine kralının adıyla Scolotes derken, Heredot'a göre onlara İskit adını Yunanlılar takar. Tarihçilerimiz İskit konfederasyonunda Doğudan gelen Türk boylarının yer aldığı kanısındadır.

Hunların bir kısmının Batıya göçü ve Talas boylarına gelişiyle, ırk karışmaları daha belirginlik kazanır. Değişmez bir Türk tipinin varlığını ileri süren Bahattin Öğel dahi, Batıya gelen Hunların öteki topluluklarla karıştığını kabul eder:

«Talas boylarına yerleşen Hunların, eski İran ve Sarmat kültürlerinden geniş ölçüde yararlanmış olmaları doğal sayılabilir. Hatta burada Akhunların (Eftalit) ataları sayılan bâzı kavimlerle ya da bâzı İran kabileleriyle karışmış olmaları da çok olasılıdır»[136].

Hunlar gibi Batıya geniş ölçüde yayılan ve Çin'den Rusya'ya kadar uzanan bölgede yaşayan Türk Töles boyları da Hint-Avrupa kökenli topluluklarla geniş ölçüde birleşirler. Önce Kırgızlarla, sonra daha Batıda İranlı göçebelerle karışırlar. Çin kaynakları, Töles boyları arasında İran kökenli Alan (As) boylarını, Wu-hun denilen Urallı Ugor boylarını sayar. Töleslerin dört boyu Semerkant Kuzeyinde, on boyu Seyhun nehri çevresinde, dördü Hazer Doğu ve Batısında, altısı Bizans Doğusunda yaşıyor gösterilir. Buraları İranlı toplulukların yoğun bulundukları bölgelerdir. Yine Kafesoğlu'nun kanısına göre, MÖ. III. Yüzyıldan önce akrabaları Oğuzlardan ayrılarak Batıya doğru yönelen ve «z» yerine «r» Türkçesi konuşan Ogur'lar, Seyhun ve Çu nehirleri bölgelerinde (On-ogurlar), Kazak-Kırgız bozkırı ve Emba nehri boyunda (muhtemelen Otuz-ogur) ve Yayık nehri çevresinde (muhtemelen Dokuz-ogur) bulunurlar. Sabar Türklerinin itişiyle V. Yüzyıl ortalarında Karadeniz kıyılarına gelirler.

Akhunlar denilen Hun-Avar karışımı Uar-Huni'ler

MS. 350 yılında Batıya göçer, Güney Kazakistan'a varırlar. Attila'nın ataları olan Hunları oradan Rusya'ya doğru kaçırdıktan sonra, yerli halkın İranlı olduğu Toharistan bölgesine egemen olurlar. Sasanîlerle sıkı ilişki kurarlar. 359 yılı Diyarbakır kuşatmasına İran askeriyle birlikte katılırlar. Eftalit, Kermikhion, Askıl, Zavul, Çol vb. diye zikredilen Akhun boyları arasında Mogol ve Hunların yanı sıra İranlı yerliler de vardır. Tolstov'a göre, yerli halklar giderek Türkleşirler ve Siri Derya Oğuzlarının ataları içinde yer alırlar.

Kısaca, Göktürk İmparatorluğu kurulmadan önce İranlıların bölgesinde yerleşmiş önemli ölçüde Türk boyları vardır. Batı Göktürk Devleti'nin dayandığı, Onok denilen on boy, bu daha eskiden yerleşmiş ve İranlılarla karışmış Türk topluluklarından inen kuşaklardır. Çin kaynakları, bunların *«âdetleri Doğu Göktürkleriyle aynı, fakat dilleri biraz farklı»* diyerek, dilde farklılaşmayı belirtirler. Bâzı bilginler de, Karlukların adının öteki kavimlerle karıldığı, karıştığı için «karışık topluluk» anlamına «karıl»dan geldiğini ileri sürerler.

İKİ TÜRK TİPİ

Batı Asya'ya çok eskiden gelerek, İranlı ve öteki yerli topluluklarla karışan bu Türk topluluklarının yalnız dillerinde farklılık görülmez, fizik tipleri de değişir. Böylece Asya Doğu ve Batısında fizik bakımından iki ayrı Türk tipi ortaya çıkar. Batıda Avrupalı Türk tipi, Doğuda Mongoloid Türk tipi görülür.

Çin ve Bizans kaynakları Türklerin ilkin Mongoloid tipte olduklarını yazarlar. Batılı ve Sovyet araştırıcılar, bu görüşe katılarak Türkleri Mongoloid tipte sayarlar ve Batı Asya'daki yerli halklarla karışarak ve onları Türkleştirerek yeni bir Türk tipinin daha sonra meydana çıktığını ileri sürerler*. Tarihçilerimiz, Mon-

* İslâm kaynaklarında Batıdaki Oğuzların fizik görünüşleriyle ilgili en eski kayıt, Câmi-üt-Tevârih'te bulunur. Bu kaynak,

goloid tip olmayı şiddetle reddederler. Bahattin Öğel, özellikle Sovyet bilginlerini suçlayarak bu görüşü, «politik amaçlara dayalı fikir spekülasyonları» sayar. Öğel'e göre, Türk tipi binlerce yıl önceden beri Oğuz tipidir. Anadolu Yörüklerinin antropolojik özelliklerini taşıyan Kıpçak, Oğuz ve Karluk'lar bu Altaylı tipi temsil eder:

«Bir gerçek varsa, o'da Doğuya gidildikçe antropolojik bakımdan hafif bir çekik gözlülüğün başladığıdır. Gerçek ve halis Türk tipinin çelik gözlü olduğu kuramları politik fikirlerdir. Kırgız ve Dokuz Oğuzların çok hafif çekik gözlü ve Oğuz, Karluk, Kıpçakların da düz yüzlü oldukları gerçeğe yakın bir fikir olmalıdır»[137].

Demek oluyor ki, Bahattin Öğel, Doğuda Türklerin Mogollarla karışıp çekik gözlülük kazandığını kabul etmekte, fakat Batıda başka topluluklarla karışıp yeni bir tip kazanabileceğini ise olanaksız saymaktadır*. Çin ve Bizans kaynaklarının biribirinden habersiz çiz-

---

Oğuz tipinin, kendi anlayışına göre su ve hava etkisiyle değiştiğini, İranlılara benzediğini yazar: «Oğuz boyları yurtlarından çıkıp Seyhun ve Ceyhun nehirleri arası kentlere ve İran ülkesine gelerek burada doğup büyüyünce, su ve hava nedeniyle biçimleri yavaş yavaş Tacik (İranlı) biçimine benzedi. Onlar hâlis Tacik olmadıklarından, Tacikler onlara Türkman yâni Türke benzer dediler». Doğaldır ki, su ve hava ile fizik tip çabuk değişmez. Çok uzun bir süre ve ırk karışımı gereklidir. Bu gözlem, Türkmenlerin İranlılar gibi düz yüzlü olduklarını, Çağatay Türklerine benzemediklerini belirtmek bakımından önemlidir (Faruk Sümer, Oğuzlar, s. 48).

* Prof. Kafesoğlu da bu görüşleri paylaşır. Mogol tipi iddialarını kesinlikle reddeder. İlginçtir ki, Rusya'dan gelen ve çoğu «Tatar» sayılan tarihçilerimiz Türk-Mogol ayırımına karşı çıkarlar. Başkurt Prof. Z. V. Togan, gördüğümüz üzere, Osmanlıların kökenini dahi Mogol «Kay», boyuna bağlar. Türk Dünyası El Kitabı'nda Kafesoğlu, Öğel'in tezini savunurken, Ahmet Temir Türk ve Mogol ırk farkının hiç değilse Doğu Asya'da silindiğini ileri sürer: «Bozkır yasaları, bu yasaların doğurduğu yaşam koşulları ve bunlar üzerine kurulan siyasal birlikler, uzun yüzyıllar süren ortak tarih içinde bunların (Türk ve Mogolların) bir kısmını öyle biribirine karıştırmış ve yoğurmuştur ki, bu kavimler arasındaki ırk farkları âdeta silinmiş ve bâzılarını ötekileri içinde eritmiştir. Birçok Mogol ka-

dikleri Türk portresi, «politik amaçlı spekülasyon» sayılamayacağına göre, Öğel'in tezini bir miktar zayıflatır.

Çin kaynakları, Hun portresini şöyle çizerler:

«Kısa boylu, kalın gövdeli, çok büyük ve yuvarlak kafalı, geniş yüzlü, elmacık kemikleri çıkık, burun kanatları açık, hayli gür bıyıklı. Sakalsız. Yalnız çenede birkaç sert kıl tutamı var. Kulaklar uzun, delik ve bir küpeyle süslü. Kafa genellikle traşlı, tepede bir saç demeti var. Kalın kaşlar ve badem gözler».

Bizans kaynakları da Avrupa Hunları için benzer bir portre çizerler:

«Düz burun, çıkık elmacık kemikleri. Gözler bir mağaradaymış gibi göz yuvarlarının içine çekik. En uzak yerleri gören keskin bakışlar*. Yaya iken ortanın al-

---

bileleri, daha çok eski dönemlerde Türkler içinde özümlenmiş olduğu gibi, bugünkü Mogollar arasında da böyle özümlemeye uğramış Türk zümreleri bulmak mümkündür» (Türk Dünyası El Kitabı, s. 911). Gerçekten Altaylı atalarımız, Prof. Öğel'in ileri sürdüğü tipte de olsalar, Altaylar Doğusunda çok eski tarihlerde Mongoloid tip kazanmışlardır.

* Radlof, Kazak Türklerinin uzaktan görüş ve dikkat yeteneğine hayran kaldığını yazar. Radlof, hiçbir şey göremediği halde, yanındaki Kazaklar çok uzaktaki suvarilerin elbise ve özelliklerini ayrıntılarıyla anlatırlar. Radlof'a göre, Kazak, daha çocukluğundan onu çevreleyen doğayı devamlı incelemeye ve önem verdiği herşeyi görmeye alışır. Ayak izinden bir hayvanın özelliklerini çıkartır. Alman bilgini, Kazak mizahçılarından dinlediği bir öyküyü anlatır: Bir Kazak, yitirdiği atını arayan bir adama rastlar. Ona,

— Hayvanın bir gözü kör, sol arka ayağı biraz topal, rengi kızıl değil miydi? diye sorar.

Hayvan sâhibi, atını bu Kazağın çaldığına inanır. Kazak atı hiç görmediğini ileri sürerse de, mahkemeye düşerler. Kazak kendini şöyle savunur:

— Sağ arka ayak hep kuvvetli bastığı için hayvanda biraz topallık olmalı. Dikenlerde asılı kalan tüylere göre rengi kızıl olmalı. Otlardan hep soldaki iyi ot ve çiçekleri yediği halde, sağdakilere dokunmadığına göre, sağ gözü kör olmalı (Sibirya'dan Seçmeler, s. 190).

tında bir boy. At üstünde ise heybetli».

Mogol tipi iddialarını reddeden tarihçilerimiz, Çin ve Bizans kaynaklı bu Hun portrelerini Hunlar arasında pek çok Mogol bulunduğu, bu nedenle Çin ve Bizans kanyaklarının Türk ve Mogol tiplerini karıştırdığı gerekçesiyle önemsemezler. Ne var ki Got tarihçisi Jordanes'in Attila portresi, bu konuda kuşkuya yer bırakmaz :

«Kısa boylu, geniş göğüslü. Koca kafalı. Gözler küçük ve batık. Burun düz. Karaya yakın esmer ten. Sakalı seyrek»[138].

Görüldüğü üzere ilk Türkler, Bahattin Öğel'in tanımladığı biçimde Avrupa tipi olsalar dahi, çok eski tarihlerde Asya Doğusunda Mogol boylarıyla karışmışlar ve Mongoloid bir tip kazanmışlardır. Böylece iki ayrı Türk tipi ve bu tiplerin çeşitli gamları ortaya çıkmıştır. Batı Türkleri ya Öğel'in iddia ettiği gibi başından itibaren Avrupalı tiplerini korumuşlar, ya da Hint-Avrupalılarla çok eski tarihlerden itibaren karışarak ve onları Türkleştirerek Avrupalı ve İranlı bir tip kazanmışlardır. İkinci olasılık, daha geçerli gözükmektedir. Bizim için önemli olan, eski tarihlerde iki ayrı Türk tipinin belirdiğinin ve tiplerdeki ayrılığın günümüzde de görüldüğünün saptanmasıdır.

MOGOL TİPİ TÜRK VE AVRUPA TİPİ TÜRK

Batılı araştırıcıların bu konudaki görüşleri şöyle özetlenebilir :

Orta Asya'yı temsil eden genellikle iki tip görülür: Doğuda koyu siyah düz saçlı, seyrek sakallı, çekik gözlü, düz burunlu, elmacık kemikleri çıkık, mezosefal ya da brekisefal kafalı, kısa boylu, fakat geniş yapılı Mongoloid tip vardır. Batıda ise daha açık renk ve daha dalgalı saçlı, çekik olmayan gözlü, burnu kemerli, elmacık kemikleri belirsiz Avrupalı tip bulunur. Bu tipe Kafkasya ile ilgili olarak «Caucasoid tip» de denilir. Güneybatı Asya'da Kafkasya'ya ve Iran'a doğru Avrupalı tipin bir alt tipi daha çok görülür. Alt tipin kafatası çok yüksektir. Kafa, önden geriye doğru eğik iner ve ense kısmından düz yukarıya çıkar. Doğu Avrupalı ise genellikle uzun kafalıdır. Güneybatı Asyalı Avrupa tipinin saç ve ten rengi de Doğu Avrupalınınkinden daha koyudur, burnu daha kemerlidir. Vücut yapılarında fark azdır.

Asya'da fizik tipler, Doğu-Batı eksenine göre sıralanırlar: Doğuya gidildikçe Mogol tipi, Batıya gidildikçe Avrupa tipi ağır basar. İkisi arasında, iki tipin karışık biçimleri yer alır. Oshanin'e göre, Orta Asya Güneyinde, yâni bugünkü Tacik, Özbek ve Türkmen ülkelerindeki nüfus, Güneybatı Asyalılar ile Mongoloidlerin değişen ölçülerde karışmasından meydana gelmiştir[139]. Bu üç ülkedeki Mongoloid alt tipler, ince ya da geniş yüzlüdür. Geniş yüzlüler, Güney Sibirya Mongoloididir. Dar yüzlülerin kökeni ise Avrupalıdır.

Eski tarihlerde, MÖ. 1000'den sonra Doğu Kazakistan ve Türkistan'a kadar Avrupalı tip egemendir. Pamir Sakaları, Soğdlular, Wu-sunlar bu bölgede yaşarlar ve Avrupalı tiptedirler. Ginzburg, bunların kökenini Güney Sibirya'nın «Andronovo insanı»*na kadar uzatır. Göçebelerin bölgeye gelişleriyle, karışık fizik tipler meydana çıkar.

Bu karışık tiplerin bâzısı Avrupa tipine, bâzısı Mogol tipine yakındır. XIII. Yüzyılda Cengiz Han'ın çıkışı ve Mogolların Batıya yayılışıyla Mogollaşma artar. Batıya gelen Mogollar genellikle Türkleşirler, Türkçe konuşmaya başlarlar, fakat fizik tiplerde Mogol etkisi artar. Mogol istilâsından önce teşekkül eden Tacikler ve Oğuzlar (Türkmen) Mogol etkisinin dışında kalırlar. Orhun yazıtlarında geçen Dokuz Oğuzlarla bağlantıları kesinlikle kurulamayan Batıdaki bu Oğuzlar, bugünkü Yörük tipini korurlar. İç Asya'daki öteki Türklerde

---

* Öğel ve Kafesoğlu, «Andronovo İnsanı»nı Türklerin prototipi sayarlar.

ise Mongoloid tip artar. Faruk Sümer, bunları «yeni kavimler» sayar:

«Mogol istilâsının en önemli sonuçlarından biri de Orta Asya Türk etnografyasını değiştirmiş olmasıdır. Uygur, Karluk, Kıpçak* ve öteki bâzı Türk kavimleri, bu istilâ sonucunda çözülerek kavmî niteliklerini yitirdiler. Bunlar ile Mogol teşekküllerinin birleşmesinden yeni kavimler meydana geldi ki, bunların dili Türk ve şiyasal geçmişleri Mogol idi. Ünlü Timur, bunun tam bir örneğidir. Böylece bugün Orta Asya'daki Özbek, Kazak, Kara-kalpak, Doğu Türkistan Türkleri bu karışma ve kaynaşmadan meydana gelmiş yeni kavimlerdir»[140].

Oysa Türk-Mogol karışımı ve kaynaşması, hiç değilse Asya Doğusunda çok daha eskidir. Hunlar, kaynaklara göre, Mongoloid tiptedir. Ama Hun ve öteki Türk boyları Batıya geldikçe, büyük bir olasılıkla yeni karışımlar nedeniyle, fizik tip değişmiş, Avrupalı tip üstünlük kazanmıştır. Mogol istilâsıyla Mongoloid tipin karışımda ağırlığı artmıştır. Bugün Orta Asya'da ne tam Avrupalı, ne de tam Mogol tipi vardır, yalnızca bunların derece derece değişen karışımları vardır. Tacik ve Türkmen iki tipin karışımıdır, fakat onlarda Avrupalı tip egemendir. Özbek, genellikle yarı yarıya eşit bir karışımdır. İlginçtir ki, göçebe kabile örgütlenmesini yakın zamana kadar koruyan Özbekler ise Avrupalı tipten çok Mogol tipine yakındır. Kabile örgütlenmesini unutmuş Özbekler ise Avrupalı tipine daha çok yaklaşır, fakat Tacik ve Türkmen'den daha az Avrupalı tiptedir. Doğu Kazakları, kabile örgütlenmesine da-

---

* XV. Yüzyılın ilk yarısında yaşayan Arap tarihçisi Al-Omari, Mogolların Kıpçak Türkleriyle karışıp Türkleşmesini şöyle açıklar: «... Kıpçaklar Mogollara bağımlı oldular. Sonra Tatarlar Kıpçaklarla karıştılar ve kız alış-verişi yaptılar ve toprak, Tatarların doğal ve soydan gelen niteliklerine üstün geldi ve Tatarlar, sanki onlarla bir ırktanmış gibi, hepsi Kıpçak gibi oldular. Bunun nedeni Mogolların Kıpçak topraklarına yerleşerek onlarla akrabalık kurmaları ve topraklarında oturup kalkmalarıdır».

yalı Özbek'ten daha fazla Mongoloiddir. Dağlık bölge Kırgızları, Doğu Kazaklarından daha çok Mogol tiplidir, ama Mongoloid değildir. Ova Kırgızları ise dağ Kırgızlarından daha az Mogol tiplidir.

Bu farklı tipler, yalnızca Türk-Mogol değil, çok çeşitli kökenden toplulukların, eskiden beri devamlı karışımlarının sonucudur. L. Krader, sorunu şöyle özetliyor :

«Günümüze kadar, aralıksız olarak, halkların devamlı karışması ve yeni halklara bölünmesi görüldü. Aynı zamanda diller dilleri yuttu, lehçeler farklılaştı ve değişti. Bu gelişmeler sonucunda, çeşitli Türk dil ve lehçeleri Orta Asya'da güçlü bir mevki kazandı. Kuzey sınırında bâzı Samoyed halkları Türk dilini aldılar. Güneyde bâzı İran halkları Türkleştiler.

Öte yandan Batı Mogolistan Mogolları ile sıkı ilişkiler içinde yaşayan bâzı Türkler Mogollaştılar. Türkler arasına sıkışmış yaşayan Mogollar Türkleştiler. Afganistan'ın İran dili konuşan halkları içindeki Mogollar İranlılaştılar. Tacikler gibi İranlı dil konuşan halklara komşu bulunan Özbek Türklerinin* dili ise, hâlâ Türkçe kalmakla birlikte, İranlı özellikler kazandı»[141].

Bu karışmalar, Birinci Bölümde değindiğimiz en eski tarihlerden beri çok sayıda ve çok çeşitli göçlere ve karışmalara sahne olan Anadolu'da da devam eder. Anadolu'da İslâmiyeti kabul eden milyonlarca hıristiyan, Türklerle ve öteki islâmlarla kaynaşır. Bu nedenle tek bir Türk tipinden** söz etmek güçtür.

---

* Bugünkü Özbeklerde dört etnik eleman görülüyor: 1 — Kıpçak çölü eski halkı, 2 — Orta Asya'da Türkleşmiş Mogol ve Altın Ordu göçmenleri, 3 — Yerli ve göçmen öteki Türkler, 4 — Seyhun ve Ceyhun arasında Türkleşmiş daha eski İranlı halklar. Tacikler ise, eski İranlı halklarla Arap, Türk, Hintli karışımıdır.

** Okul tarihlerinde tek bir Türk tipi çizilir. Tarih Lise I'de şöyle yazılıdır: «Türkler yeryüzündeki üç büyük beyaz ırk grubundan Europid adı verilen grubun Turanid tipindendir... Türkler, beyaz renkli, düz burunlu, değirmi yüzlü, endamlı ve

Türk tipleri gibi, Türk dilleri de farklılaşır. Kökeni aynı olsa da, nasıl Fransız, İtalyan ve İspanyol dilleri Lâtince kökenden inip farklılaşmışlarsa Türk dilleri de önemli ayrılıklar gösterir. Bununla birlikte dilcilerimiz ve tarihçilerimiz «Türk dilleri» deyimini şiddetle reddederler ve ancak Türk dilinin «şive»lerinden* söz ederler. Fakat Türk tipinin Avrupalı olduğunu ısrarla ileri sürdükleri halde, Türk dilinin Mogol, Tunguz vb. dillerini kapsayan Altay dil ailesinden geldiğini kabullenirler. MÖ. X. Yüzyıl ortalarında Altaylara kadar Orta Asya içlerine girdiği saptanan İranlı Saka ve İskit dilleri ise Hint-Avrupa dil ailesinden sayılır. Bugünkü Tacik, Fars, Yagnobi, Beluç, Afgan, Kürt, Cemşit dilleri bu gruba girer.

XIX. Yüzyılda Batılı Bilginler Türk dilinin bir Ural-Atay anadilinden indiğini düşünürler. Ural grubu, Fin, Ugur (Macar), Eskimo, Samoyed vb.'yi kapsar. Daha sonraki incelemeler sonucu Ural ve Altay anadilleri ayrı sayılır. Ramstedt'e göre, çok uzak bir geçmişte tek bir Altay anadili vardır, sonraları bu dilin dört lehçesi belirir: Ana Türk dili, ana Mogolca, ana Mançu-Tunguzca, ana Kore dili. Daha sonraki dilciler bu görüşü geliştirirler. Örneğin Poppe, tek bir ana Altay dilinin varlığını kabul etmekle birlikte, ana dilden

---

sağlam yapılıdır. Hafif dalgalı saçları vardır. Erkeklerin sakalı orta gürlüktedir» (s. 77). Bu tanımlama Türkmen tipine yakındır. Fakat bu dar tanımlamaya göre, Orta Asya'nın pek çok Türkçe konuşan halkını Türk tipinde saymamak gerekecektir.

* Alma-Ata 1976 Türkoloji Kongresi'nde dilcilerimizin bu tutumu, bilimsellikten uzak diye eleştirilir. «Şiveler» görüşünün en ısrarlı savunucusu R. Rahmetî Arat ise Sovyetleri, ülkelerindeki Türk toplulukları için tek bir dil geliştirmeyip bunların konuştukları «şive»lere dayanan ayrı fonetik alfabeler yaptılar diye, bölücülükle suçlar (Türk Dünyası El Kitabı, s. 140).

ayrılışların tümünün aynı zamanda olduğunun düşünülmesini yanlış bulur. Poppe'a göre, önce ana Kore dili kopar. Çuvaş-Türk-Mogol-Mançu-Tunguz dili birliği ise yaşar. Daha sonraki bir tarihte Çuvaş-Türk ayrı bir kol, Mogol-Mançu-Tunguz ayrı bir kol teşkil ederler. Mogol-Mançu-Tunguz giderek ana Mogolca ve ana Mançu-Tunguzcaya ayrılır, böylece Mogol dilleri ve Mançu-Tunguz dilleri meydana çıkar. Çuvaş-Türk birliği de ana Türkçe ve ana Çuvaşçaya ayrılır. Çuvaşça en eski özelliklerini koruyan bir Türk dili olarak bugün de yaşar. Ana Türkçeden de Türk dilleri doğar. Amerikalı dilci Street, biraz farklı bir şema yapar. Street'e göre, ilkin bir Kuzey Asya ana dili vardır. Kore ve Japon dilleri, Kuzey Asya ana dilinden en eski tarihte ayrılır. Ana Altay dili giderek Batı ve Doğu ana Altaycaya ayrılır. Doğu ana Altay'dan Mogol ve Tunguz dilleri iner. Batı ana Altay dili ise Çuvaşça ve ana Türk diline ayrılır. Ana Türk dilinden Türk dilleri iner.

Bu tek bir ana dilden inme tezine, pek çok dilci karşı çıkar. Tezin kanıtlanmamış bir varsayım olduğunu ileri sürerler. Altaylı tek dil kuramına şiddetle karşı çıkan İngiliz Türkologu Sir Gerard Clauson, Türk ve Mogol dilleri arasında, bu toplulukların sıkı temasları sonucu bir alış-veriş olduğunu ve bir yakınlaşma doğduğunu kabul eder, fakat bu dillerin ortak bir dil hazinesine sâhip bulunmadıklarını belirtir. Clauson'a göre, Türk ve Mogol dillerinde sayılarda ve «söylemek, almak, vermek, gitmek, at, iyi, kötü vb.» gibi temel fiil, nesne ve kavramları karşılayan sözcüklerde birlik ve aynılık yoktur. Ortak sanılan ve sayılan sözcükler, eski ödünçleşmelerden ibarettir.

Öte yandan tek bir ortak ana dil varsayımı, tek bir ortak ata varsayımını da birlikte getirir*. Oysa et-

---

* Bu konuda son bir araştırma, tek Altay dili tezini metodolojik yönden reddeder: «Herşeyden önce bir Altaylı ataların yaşamış olması gereği kanıtsız benimsenip ileri sürülmüş ve

nolojik araştırmalar, ayrı boy ve soyların, en eski dönemlerde, biribirinden uzak mesafelerle ayrılmış olarak tamamen kapalı bir ekonomi koşulları içinde yaşadığını gösterir. Bu küçük ve bağımsız toplulukların tek bir dil konuştukları kolay kolay düşünülemez. Zamanla boylar arasında temaslar artar, ekonomik, askerî ve siyasal ilişkiler gelişir ve boylar federasyon ve konfederasyonları doğar. Böylece dil ve kültür yakınlaşmaları meydana gelir. Hatta dil ayrılıklarına karşın, bozkırda ekonomik yaşam biçimine uygun bir kültür birliği ortaya çıkar. Bu nedenle, tek bir ortak dil varsayımı, temelsiz olabilir. Türk Kültürünü Araştırma Enstitüsü ise, şu gerekçe ile, Altay dili tezini, hiç değilse şimdilik geçerli saymakta devam eder :

«Altay dillerinin soyca akrabalığı henüz kesin olarak kanıtlanmamış sayılabilir. Fakat Altay dilleri kuramına karşı olanlardan hiçbir kimse, şimdiye kadar bir dilcinin kabul edebileceği kanıtlar göstererek bu kuramı çürütememiştir»[142].

Altaylı dil kuramı ister benimsensin, ister reddedilsin Türkçede çok eski tarihlerden beri ayrılıklar görüldüğü bir gerçektir, Tarihçilerimiz bu ayrılıkları Türklerin yayılmalarına bağlarlar. Kafesoğlu'na göre,

---

bunu yaparken, bu ataların hangi koşullar altında yaşadıkları da kanıtlara bağlanmamıştır. Söz gelişi, bunların bozkırda yaşadıkları düşünülmüş ve hayvancılıkla ilişkili ortak sözlerin Altaylı oldukları varsayımı bir gerçek sayılmış ve bozkır yaşamına ve koşullarına ilişkin terimler de böylesine açıklanmıştır. Oysa, metodoloji yönünden bu görüş ve anlayış bir yanılmadır. Çünkü bu terimleri yaratanlar, ortak bir Altay dili konuşmayıp başka bir dil konuşmuş ve başka bir yerde yaşamış ve bilmediğimiz bir geçmişte yok olmuş, yitmiş bir halk ya da halklar olabilir. Bu yeni gelenler de Türkçe ya da Mogolca konuşmayan halkların ataları olabilirler. Hatta bu step terminolojisini küçük bir topluluk yaratmış ve sonraları gelen Mogol ve Türkler arasında erimiş de olabilirler» (Shikogoroff, Ural-Altaylı Kavramının Etnolojik ve Linguistik Görünüşü, Belleten, sayı 139, s. 465).

dil farklılaşması MÖ. 700'lerde başlar. Yakut Türkleri Kuzeydoğu'ya Sibirya'ya, Çuvaşlar Batıya yönelirler. Bu coğrafî ayrılıklar «s»li Türkçe - «y»li Türkçe ayırımını doğurur. Yedi'ye (7) Yakutlar sette, Çuvaşlar sittse derler. Başka bir ayırım, en geç MÖ. 300'den önce «z» ve «r» ayırımıyla görülür. Batıdaki Ogur'lar «r»li Türkçe konuşur. Boy anlamına geldiği kabul edilen Oğuz sözcüğü Ogur'a dönüşür. Giderek «d/y» değişmesi ortaya çıkar. Ortaçağ Kıpçak ve Oğuzları «ayak» derken, Ortaçağ Kırgız ve Uygur'u «adak» der. «Y» dilleri de değişime uğrar. Giden'in karşıtı anlamına Oğuz «kalan», Kazak «kalgan» der. Çin kaynakları bu dil farklılaşmalarını belirtir: Doğu ve Batı Göktürkler için «âdetleri aynı, fakat konuşmaları biraz farklı» denilir. Kırgız Türkleri ile içiçe yaşayan Göktürklere yakın «Benekli at» boyları için Çin kaynakları şöyle yazar :

«Fizik olarak Kırgızlara çok benzerler, fakat biribirlerinin dillerini anlamazlar»[143].

İslâm kaynakları da Bulgar (Ogur) diline benzeyen Hazar Türklerinin dilini, öteki Türklerin anlamadığını belirtirler[144].

Burada Türk dili ya da dillerinin evrimi üzerinde ayrıntılı biçimde duracak değiliz. Giderek ayrılıkların arttığını, XV. Yüzyılda Batı Türkçesi (Oğuz), Kuzey Türkçesi (Kıpçak), Doğu Türkçesi* (Çagatay) gibi farklılaşmaların belirginleştiğini söylemekle ve bu farklılıkları tarihsel gelişme ve dil bilimi açısından açıklamaya çalışan bâzı dil araştırmalarının sonuçlarını aktarmakla yetineceğiz :

Samoyloviç'in Rasanen tarafından son biçimi ve-

---

* Bahattin Öğel, Çagatay ve Oğuz dil farklılaşmasını Töles Türkleri grubu ile Hun Türkleri grubunun, Göktürkler ile Uygurların ayrı olmasına bağlar ve «Çagatay lehçeleriyle Oğuz lehçeleri arasındaki farklar nereden geliyor?» diye sorar (Belleten, sayı 48, s. 812, İlk Töles Boyları).

rilen sınıflandırmasına göre, ölü ve yaşayan Türk dilleri dört büyük ve iki küçük gruba (Bulgar-Çuvaş ile Yakut) ayrılır. Bu dört büyük grup şöyledir :

A. Güneybatı ya da Oğuz :
- Anadolu Osmanlıcası ve Balkan (Gagauz)
- Güney Kırım (Osmanlı Azerîsine yakın)
- Türkmenistan, İran ve çevresi Türkmeni

B. Güneydoğu ya da Çagatay ya da Ortaçağ Uygur:
- Doğu Türkistan lehçeleri, Uygur, Doğu Türkî, Tarançı, Kaşgar, Yerleşik Özbek'i, Türkistan, Afgan, Özbek kent lehçeleri

C. Kuzeybatı ya da Ortaçağ Kıpçak :
- Kırgız, Kazak, Kara-kalpak (Bir Kırgız-Kazak lehçesi)
- Göçebe ve yarı göçebe Özbek (Kıpçak-Özbek)
- Başkurt
- Kazan Tatar ve Mişer
- Kuzey Kafkasya ve Kırım Nogayı, Kumık, Balkar, Karaçay (Kuzey Kafkasya)
- Kırım Karaimi, Polonya, Litvanya

D. Kuzeydoğu :
- «d»li lehçe : Soyon, Urenhay, Karagas
- «z»li lehçe : Abakan ve Yüz, Hakas (Kaşin, Sagay, Koybal, Beltir, Kızıl), Şor, Küerik, Şulım, Kamasın (Hepsi Güney Sibirya ve Kuzey Altay dağları), Kansu Sarı Uygur'u, Baraba bozkır lehçesi, Kumandı, Lebed, Tuba, Altay (Oyrat, Teleüt, Tölös)

Malov ise, Türk dillerini eskiliklerine göre sınıflandırır, dillerin sona erişlerini ve kalıntılarını belirtir :

1. Eski

Volga Bulgar - Yazıtlarda XIII-XIV. Yüzyıla kadar korunmuş

Uygur - MS. X. Yüzyıla kadar Doğu Asya'da Kansu'daki (Çin) çağdaş Sarı Uygur'da korunmuş

Çuvaş - Batı Urallar. Bulgar'a yakın
Yakut-Dolgan - Çağdaş Kuzeydoğu Sibirya

2. *Ortaçağ*

Oğuz - Orhun yazıtları dili, Mogolistan ve Türkistan, MS. X. Yüzyılda son bulur.
Kırgız - Batı Türkistan'ın Ortaçağ Uyguru, MS. X. Yüzyılda son bulur.
Tuvanian - Çağdaş Güney Sibirya, Ortaçağ Kırgız ve Uygura yakın.
Tofa-Karagas, Hakas, Koybal, Beltir, Sagay, Kaça Şor-Çağdaş Güney Sibirya.

3. *Modern*

Çagatay - Türkistan edebî dili (XV-XIX. yüzyıllar)
Kıpçak - XI-XIV. yüzyıllar Batı Asya, Güneydoğu Rusya
Kuman, Polvets - Ortaçağ Güney Rusya bozkırı
Peçenek - Polvets ile çağdaş
Çulım - Çağdaş Batı Sibirya
Gagauz - Çağdaş Balkanlar
Kumandı - Çağdaş Batı Sibirya
Salar - Çağdaş Kansu (Çin)
Türkiye Türkçesi
Türkmen - Çağdaş Orta Asya
Özbek - Çağdaş Orta Asya
Uygur - Çağdaş Orta Asya

4. *Yeni*

Altay Türk - Oyrat, Teleüt
Başkurt - Batı Urallar
Çuvaş - Orta Asya ve son yüzyıllar
Kara-kalpak - Orta Asya ve son yüzyıllar
Kazak - Orta Asya ve son yüzyıllar
Kırgız - Orta Asya ve son yüzyıllar
Kumık - Kuzey Kafkasya, Kazan ve Batı Sibirya Tatarı, Mişer, Yakut ve Dolgan (Yakutlaşmış Tunguz)

Baskakov ise, Türk dillerini Batı ve Doğu kollarına ayıran bir sınıflandırma yapar. Batı dillerine Batı Hun, Doğu dillerine Doğu Hun dili adını verir. Hunca'yı proto-türk dili anlamına kullanır :

I. Batı Hun dalı :

A. Bulgar grubu

Eski : Bulgar
Hazar

Modern : Çuvaş

B. Oğuz grubu

1. Oğuz-Türkmen alt grubu

Eski : Oğuz

Modern : Türkmen
Truhmen (Stavropol Türkmenleri)

2. Oğuz-Bulgar alt grubu

Eski : Peçenek
Uz

Modern : Gagauz

3. Oğuz-Selçuk alt grubu

Eski : Selçuk
Eski Osmanlı

Modern : Türkiye Türkçesi
Azerî

C. Kıpçak grubu

1. Kıpçak-Bulgar alt grubu

Eski : Altın Ordu-Batı

Modern : Tatar (Kasım, Mişer ve öteki lehçeler)
Başkurt

2. Kıpçak-Oğuz alt grubu (Uz-Polvets)

Eski : Polvets (Mogoldan önce ve sonra Kıpçak, Kuman)

Modern : Karaim
Kumık

3. Kıpçak-Nogay alt grubu

Eski : Nogay

Modern : Kazak
Kara-kalpak

D. Karluk grubu
1. Karluk-Uygur alt grubu
Eski : Karahanlı Türk dili (Divan-ı Lûgat-üt-Türk, Kutadgu Bilig)
Karahanlı sonrası Türk dili
Modern : Özbek (Kıpçak lehçeleri hâriç)
Uygur (Salar ve Hoton lehçeleri dâhil)

II. Doğu Hun dalı
A. Uygur grubu
1. Uygur-Tuk-yu (Türk) alt grubu
Eski : Orhun yazıtlarının eski Oğuz dili
Eski Uygur
Modern : Tuva (Urenhay, Soyon)
Karagas (Tofa)
2. Yakut alt grubu
Modern : Yakut (Dolgan ile birlikte)
3. Hakas alt grubu
Modern : Hakas
Kamas
Küerik
Şor
Kuzey Altay (Tuba, Şalkandun, Kumandı lehçeleri)
Sarı Uygur
B. Kırgız-Kıpçak grubu
Modern :Kırgız
Altay (Altay, Teleüt, Telengit lehçeleri)

Sovyet bilginlerinin bu «Türk dilleri» sınıflandırmasını, Reşit Rahmetî Arat'ın «Türk Dili ve Şiveleri» sınıflandırmasıyla tamamlıyalım. Arat'a göre, tek bir ana Türkçe ya da eski Türkçe vardır. Bu ana Türkçeden eski Çuvaşça (s grubu), eski Yakutça (s grubu) ve eski Türkçe ya da Uygur dönemi Türkçesi (y grubu) ana kökü teşkil etmekte devam eder. Eski Çuvaşça Çuvaş diline (r grubu), eski Yakutça Yakut diline (t grubu) dönüşür. Eski Türkçe ya da Uygur dönemi Türkçesi ise altı gruba bölünür:

1. d grubu: Sayan (adak, tağ, taglıg, kalgan)
2. z grubu: Abakan (azak, tağ, tağlığ, kalgan)
3. tav grubu: Kuzey (ayak, tav, tavlı, kalgan)
4. tağlı grubu: Tom (ayak, tağ, tağlı, kalgan)
5. Tağlık grubu: Doğu (ayak, tağ, tağlık, kalgan)
6. Dağlı grubu (ayak, dağ dağlı, kalan)

Görüldüğü üzere Türk dilinde ya da dillerinde önemli farklılaşmalar vardır. Bir Türkün kendi dilini konuşarak Balkanlardan Çin'e kadar gidebileceği ileri sürülürse de, Namık Kemal, öteki Türk ülkelerindeki Türklerle dilce anlaşmanın olanaksızlığını yazar[145].

Azerbeycan, Kırım Türkçesi kolayca anlaşılabilir. Fakat Melih Cevdet Anday, Kırgızca konuşan Cengiz Aytmatov ile ancak çevirmen aracılığıyla konuşabilir. Türkmenistan'dan İstanbul'a gelen ozan Kerbabay'ı ise çok dikkatli dinleyince, şöyle böyle anlar. Anlaşma güçlüğü, yalnız bilmediğimiz sözcüklerden değil, bildiğimiz kimi sözcüklerin başka türlü söylenmesinden ve bir de başka anlamda kullanılmasından doğar. Anday, «geniş Hint-Avrupa dil ailesi içinde, üstelik yakın akraba durumunda olan Almanların, İngilizlerin, Fransızların, İtalyanların da anlaşmaları olanaksızdır» der.

BOZKIR EKONOMİSİ

Türk, Mogol, Tunguz, İskit, Sarmat, Slav vb. boyları, Çin'den Rusya ve Macaristan içlerine kadar uzanan bozkırda yaşarlar. Altay ve Tanrı dağları arasındaki geçitler, Mogolistan bozkırlarını, Kazak bozkırlarına bağlar. Kazak bozkırını, Rusya ve Macaristan bozkırları izler. Bu Kuzey bozkırı, İran ve Afganistan bozkırlarıyla Güneyde devam eder.

Bozkırın Kuzeyinde Sibirya ormanları ve Tundra bulunur. Güneyde bozkırın ortasından çöller uzanır. Batı Türkistan'da Kızılkum ve Karakum çölleri, Doğu Türkistan'da tarım havzasını kuşatan Takla-makan çölü ve daha Doğuda Mogolistan'ı ikiye bölen büyük Gobi çölü yer alır. Bu çöller için Grousset, «ot biten bozkırı devamlı kemiren üç kanserli bölge» der.

Masson'a göre, İsa'dan önce 5000 ve 4000 yıllarında bozkır ve çöl yağmur alırmış ve daha yeşilmiş. Kumlarda bir bitki örtüsü var imiş. Bitki örtüsü, çölün yayılmasını önlemekte imiş. Sürüler, çöllük bölgedeki bitki örtüsünü kemirmişler ve çöl, giderek genişlemiş[146].

Denizden uzak ve yüksek dağlarla çevrili bozkırda, iklim serttir. Kışın ısı sıfıraltı 17 ilâ 51 dereceye düşer, yazın 25 ilâ 50 dereceye çıkar. Bozkır, özellikle kurak yerlerde çöle dönüşür.

Gobi çölü kenarlarındaki bozkırda yaşayan boyların durumunu, bir Çin'li yazar şöyle anlatır :

«... Yerde ağaç bitmez, biten tek şey yabanıl otlardır. Tanrı burada dağlar değil, tepecikler yaratmıştır.

Ekin yetişmez, sütle beslenirler, deriden dikilmiş elbise giyerler, keçe çadırlarda yaşarlar».

Çinli yazar, dayanamayıp sorar:

«Tanrı evreni yaratırken, neden bu yerdeki insanlara at ve sığır sürülerine çobanlık etmeyi buyurmuş?»[147].

Tarıma elverişli olmayan bozkır, nüfus yoğunlaşmasına izin vermez. Coğrafyacı Ratzel'in XX. Yüzyıl başı için yaptığı tabloya göre, avcı ve balıkçı kabilelerde milkare başına düşen nüfus 0,005 ilâ 0,025 arasındadır*. Göçebe çobanlarda milkare başına nüfus, 2 ilâ 5'tir. Ekstansif tarımda nüfus yoğunluğu 10 ilâ 25'e, entansif tarımda 100'e çıkar[148]. Demek ki, çobanlık çok geniş alanda dağınık yaşmayı gerektirir.

Bozkırda bir bitki alanının besleyebileceği hayvan sayısı değişmezdir. Hayvan türleri bellidir. Bu nedenle, bozkırda doğanın insana sunduğu kaynaklar sâbittir. Üretim teknikleri değişmediği takdirde, belli mal değişimi düzeylerinde, bitki, hayvan ve insan ilişkilerinn dengede olduğu ileri sürülebilir.

«MAL MI, CAN MI?»

Nüfus artışı bu dengeyi bozar. Kurak yıllarda ise, bozkır alanı daralır. Otlak kavgaları kızışır, savaşlar artar. Grousset, bozkırın iç tarihinin, boyların biribirlerinin otlaklarını ele geçirme kavgaları ve yeni otlaklar peşinde koşuşturma olduğunu yazar.

Göçebe, sanılmamalıdır ki, göç etmenin zevki için göç eder. Normal koşullarda göç, birkaç yüz kilometrelik bir alan içinde, belli tarihlerde, belli yollardan ve

* Radlof, XIX. Yüzyılda gördüğü avcı boyların durumunu şöyle anlatır: «Göçebeliği geniş bozkırda plansız bir dolaşma olarak düşünmemelidir. Ancak Kuzey Sibirya'nın Tundra ve ormanlarındaki avcı aileleri plansız dolaşırlar. Onlar yalnız bir raslantı sonucu karşılaştıkları ve yaşamlarını bir süre dinginlik içinde geçirme olanağını veren bol av bulunan yerlerde biraz kalırlar.... Bu nedenle bir bölge, avcı ailelerden pek az nüfus besleyebilir (Sibirya'dan Seçmeler, 1976, s. 191).

belli yerlere düzenli yapılır. Göçü yöneten her şef, yönetimindeki topluluğun azlığına ya da çokluğuna göre, yaylalarının sınırını, hayvanlarını kışın nerede, ilkbaharda ve sonbaharda nerede otlatacağını bilir*. Anor-

---

* Amerikalı gezginler 1951 yılında Basra Körfezi çayırları - Zagros dağları arasındaki bölgede yaşayan göçebe Kaşgay Türklerinin göçünü anlatırlar. Kaşgay Türkleri bugünkü yerlerine 1600 yıllarında gelirler. İran'a bağımlıdırlar, fakat hanlar o tarihte aşiret sınırları içinde Kaşgaylara fiilen egemendir. 'Irsî hanın yönetimindeki Kaşgay boylarını daha alt kademede «kalantor»lar (alt-hanlar), kethudalar ve aksakallar yönetir. Aksakal denetiminde birkaç büyük aile, kethuda yönetiminde 100 kadar aile vardır. Han, kalantorlar tarafından han ailesi içinden seçilir. O yıl yaylada iken, erken kar yağar. Kethuda, dönüş kararı için adamlarını toplar, tartışırlar. Üç gün içinde göç kararı alınır. Han'a elçi yollanıp göç onayı alınır. Kethuda Gorgali, bunun nedenini açıklar: **Göç, geniş çaplı bir harekettir. Binlerce insan koyunları, atları, develeri ve eşyalarıyla 300 mile yakın bir yol alacak. Hareket bir askerî operasyon gibi planlanmalıdır. Örneğin bizim Güneyimizdeki topluluk bizimle aynı zamanda yola çıkmalı ki, oraya vardığımızda boş otlak, su ve kamp yeri bulabilelim.** Göç hazırlığı hummalı olur. Şafaktan geceye kadar çalışılır. Sürü gözden geçirilip zayıflar kesilir. Atlar nallanır, develerin sırt yaralarına bakılır. Torbalar yamanır, eşya paketlenir. Aksakallar çadır çadır dolaşıp herkesin hazırlıklarını izler. Son gece büyük şölen verilir, koyun kızartılır. Ateşler çevresinde geceyarısına kadar şarkı söylenir, dans edilir. Göç sabahı borazancı, kethudanın çadırının yanında uzun uzun boru çalar. Sonra kethudanın çadırının direnkleri çekilir, çadır düşer. Öteki aileler de aynı işi yaparlar. Bir saat yürüyüşten sonra, durup kontrol yapılır. Kethuda: **«İlk gün yavaştır. Sonra günde ortalama 10 ilâ 12 mil yol alırız. Üç gün yürürüz. Sonra sürü kendini toplasın diye bir ya da birden fazla gün dururuz. İki ayda 280 mil yol yapacağız»** diye açıklar. Yolda ayağı kırılan, ölen atlar olur. İnsan ve hayvanlarda ayak ağrıları görülür. Dar bir geçitte şiddetli tipiye yakalanırlar. Hayvanlar ürker. Bütün gece çalışarak durum kontrol altına alınır. Daha sonra oradan geçecekler boş çayır, kamp yeri ve su bulsunlar diye, plana göre aralıksız yürünür. Baharda bu 280 millik göç, aynı yol ve yerlerden geçerek ters yönde yinelenecektir.

Amerikalı yazarlar, «günlük yaşamları 2 bin yıl önceki atalarından pek az ayrılır» derler (The National Geographic Magazine, Mayıs 1952).

mal koşullar ancak otlak kavgalarına ve göçlere yol açar. Kuraklık, bu koşullardan biridir.

Kuraklık, yakın zamanlara kadar bozkırda yıkımlara yol açar. Al-Omarî, XIV. Yüzyılda Kıpçak Türklerinin bu yüzden erkek çocuklarını bile köle olarak sattıklarını belirtir :

«*Açlık ve kurbanlık zamanında onlar, erkek çocuklarını satarlar. Bolluk zamanında kız çocuklarını seve seve satarlar, fakat erkek çocuklarını ancak büyük bir gereksinme karşısında satarlar*»[149].

Kalmuklar, XIX. Yüzyılın ilk yarısında görülen kuraklıklarda sürülerini yitirirler. 13.000 aileden 5.600 ünün hiç sürüsü kalmaz, boylar ve aileler dağılır. Bozkır insanı için hayvansız kalmak, açlık ve ölüm demektir. Bu nedenle Arapça «mal» sözcüğü bozkırda «hayvan» anlamı kazanır ve Kazaklar, selâmlaşırken, malı canın önüne koyarak «Malın, canın sağ mı?» diye hatır sorarlar. Anadolu'da bugün de «Mal telef olacağına, can telef olsun» atasözü yaşar.

Sık sık görülen sert kışlarda, kış için genellikle ot saklanmadığından ve hayvanlar karları eşeleyip derinlerden ot çıkartamadığından sürüler azalır. Kazaklar, 1846 - 1849 yıllarındaki üç sert kışta sürülerinin yüzde 25'ini yitirirler. Bu nedenle göçebeler, kışın nerelerde kar altında ot bulunduğunu bilirler ve göçleri ona göre düzenlerler :

«Kış için ot hazırlamazlardı, fakat bir yerden öteki yere göçmelerini öyle düzenlerlerdi ki, kışın sürülerin kökünde kurumuş otları bulup otlamalarına elverişli olan yerleri korurlar, kışın oralara konarlardı»[150].

İyi kışlakları ele geçirmek, bozkır boyları arasında savaşlara yol açar. Radlof'a göre, Kazak boyları arasında geçmiş yüzyıllarda görülen savaşlar, en iyi kışlakları ele geçirme kavgaları olarak özetlenebilir.

Sert kış ve kuraklık gibi, hayvan hastalıkları da sürülerin sık sık elden çıkmasına yol açar. XIX. Yüzyılda dışarıdan gelen hayvan hastalığı, Radlof'un deyimiyle, Altaylıları «korkunç biçimde» fakirleştirir:

«Hayvan hastalığı burada geçen yıl şiddetle hüküm sürmüş ve Altaylıların son hayvanını da alıp götürmüştür».

Kıtlık ve hayvan kırımı olmadığı zamanlarda da, et ve süt ürünlerine dayalı çoban ekonomisi, insanları beslemekte yetersiz kalır. Bu nedenle hemen her cins hayvan eti ve bitki kökleri yenir. Çin kaynakları, bozkır insanının gerektiğinde kemikleri un hâline getirip yediklerini yazar, Ammianus, Avrupa Hunlarının daha çocuk iken açlığa, soğuğa ve susuzluğa alıştıklarını belirtir.

«TOK KÖPEKTEN KÖTÜ AV BEKLENİR»

Bozkırın acımasız koşullarının, insanları ne bulurlarsa yemeye zorladığı anlaşılmaktadır. At, deve, sığır, koyun vb. etinin* yanı sıra, kemirici hayvanların etleri, ölü hayvanların etleri bozkırda yenilir. Araplar karşısında 737 yılında yenilgiye uğrayınca İslâm olmaya zorlanan Hazar Hakanı, ancak belli hayvanların etlerini belli biçimde kesilme koşuluyla yiyebileceğini öğrenince duraksama geçirir ve pazarlığa girişmeye kalkışır. Kudretli Cengiz Han, çocukluğunda dağ fareleri avlayarak ailenin geçimini sağlamaya çalışır. Hattâ Çin ve Bizans kaynakları, bâzı bozkır boylarının insan eti yediklerini, kan içtiklerini ileri sürerler. Mogolların gizli tarihi de Cengiz'in dört komutanı Cebe, Kubilay, Cel-

* Göçebe çobanın sürüden bol bol hayvan kesip yiyebildiği sanılmamalıdır. Göçebe kitle, hayvanlarının etinden çok sütünden yararlanabilir. Yapılan hesaplara göre 7 - 8 kişilik bir ailenin asgarî geçimi için 40-50 koyun gereklidir. Yıllık koyun üreme oranı yüzde 30'dur. Bu nedenle sürü mevcudunu azaltmayı göze almaksızın bu 7-8 kişilik aile yılda ancak 16 koyun kesebilir. 50 koyun yılda 1800-2000 kilo süt ve 500-600 kilo peynir verebilir. Göçebenin besini etten çok sütlü darı, peynir ve yoğurt olur.

me ve Sübödey'in savaşta insan eti yediklerini yazar. Cengiz yasasına göre, savaşta askerler *«Tok köpekten kötü av beklenir»* diye yarı aç bırakılır.

Bütün bunlar, bozkır koşullarının sertliğini ve acımasızlığını gösterir. Göktürk kaganının en güçlü döneminde bile, Türk budun aç kalır. Kagan, Uygurların sürülerini yağmalayarak açlığı giderir. Kaganlar daima «açtınız, sizi doyurdum» diye övünürler. Soylu Cengiz Han'ın gençliği, bitki kökü toplamak ve kemirici hayvan avlamakta geçer. Cengiz Han, o günlerde yanında bulunanları «Karanlıkta ve sisli günde yolu şaşırmadınız, soğuğu ve yağmuru benimle birlikte gördünüz» diyerek ödüllendirir.

Açlık ve soğuk, bozkır efsanelerinin başlıca temalarındandır. Bir Altay efsanesi açlığı anlatır:

İlk kişi kovulup yeryüzüne inince, Tanrı Ülgen ona otları ve meyvaları göstererek, «Bunları dene, hoşuna gidenleri ye» der. Targın Neme adını taşıyan bu ilk kişi, otları ve meyvaları dener. Hepsinin besleyici gıdalar olduğunu anlar. İlk yazını ot ve meyva yemekle geçirir. Sağlam ve dinçtir. Ne var ki, yaz geçip kış gelince Targın Neme çok sıkıntı çeker, güç belâ yaza çıkar. Bundan sonra kış için besin hazırlamayı öğrenir. Fakat kış için topladığı besinlere hayvanlar üşüşür, zarar verirler. Targın Neme hayvanları sopayla kovalar. Hayvanlar Tanrı Ülgen'e başvurup yakınırlar. Ülgen, «Hayvanlar ot yesinler, kişi onların etini yesin, derilerinden elbise yepsin» yargısını verir.

Göktürk efsanesinde, dişi kurttan doğma Nişibu'nun oğlu, dağda şiddetli soğuktan acı çeken akraba boylar topluluğuna ateş yakar, onları ısıtır, doyurur ve ölümden kurtarır. Bunun üzerine hemen itaat ederek onu şef yaparlar ve ona «Türk» adını verirler.

SÜREK AVLARI

Yalnızca hayvan beslemekle geçinemiyen göçebe, düşük verimli bireysel avcılıkla da yetinemez. Kollektif avcılık, beslenme için gerekli olur. Bu nedenle sık sık sürek avları düzenlenir.

Sürek avları, binlerce kişinin, birçok boy ve obanın katılmasıyla yapılır. Nasıl savaşlar bağımsız boyların, ilkin geçici bir nitelikte olsa bile, bir askerî şef komutasında toplanmasını gerektirirse, sürek avı da bir av şefini zorunlu kılar. Hanların iki belli başlı görevi savaş ve sürek avı liderliğidir.

Cengiz Han, onu şef seçtikten sonra karşı çıkan beylere, bütün görevlerini yaptığını, haksız yere âsilik ettiklerini şöyle açıklar :

«Birçok at sürüsü, sığır, araba ve insan ele geçirdim ve onları size verdim. Kırlarda av yaparken, konakları ve sürek avlarını sizin için düzenledim ve av hayvanlarını dağlardan sizin için kovaladım»[151].

Sürek avında, bolca av hayvanı bulunduğu bilinen bir yer, binlerce atlı tarafından daire biçiminde kuşatılır*. Çember giderek daraltılır. Han ve yardımcıları, kuşatma düzeninin bozulmamasına dikkat eder, daralan halkadan çıkanları cezalandırır. Hayvanların sürülmesi ve kuşatılması birkaç ay sürebilir. Hayvanlar dar bir alanda toplanınca dinsel inanca uygun biçimde, ilk önce han okla hayvanları öldürmeye başlar. Sonra rütbelerine göre öteki beyler ve en son sıradan boy üyeleri hayvanları öldürürler. Han yüksek bir yere oturup töreni sonuna kadar izler. Tören, ganimetin sayılması ve paylaşılmasıyla biter. Ganimet, giderek hanlar ve beyler daha büyük pay almakla birlikte, kural olarak eşit paylaşılır. Cengiz Han yasası eşit paylaşmayı öngörür.

Sürek avının göçebenin geçimindeki önemini, zen-

* MÖ. 62• yılında Hun İmparatorunun yönetiminde düzenlenen sürek avına 100 bin kişinin katıldığı belirtilir. 100 bin, herhalde çok abartmalı bir rakamdır, fakat sürek avı büyük kalabalıkla yapılır. Uygurların ataları sayılan Kao-che boyları atlıları, Çin İmparatorunun düzenlediği bir sürek avında 350 kilometre civarında bir alanı kuşatırlar. Sürek avı, büyük bir meydan savaşı gibidir.

gin ve kudretli Timur Ordusu'nun bile aç kalması ve sürek avıyla askerin karnının doyurulması iyi belirler. Timur, Kuzey Kazakistan bozkırında Altın Ordu hükümdarı Toktamış'ı izlerken, ordu erzaksız kalr. Erzak azalınca Timur, beylerini toplar, elde kalan arpa unundan börek, çörek, erişte yapmayacakları hususunda onlardan senet alır. Erlere yalnızca günde bir kâse bulamaç biçiminde arpa unu çorbası verilir. Ordunun bu yarı aç durumu, bir sürek avı düzenlenerek giderilir. Toktamış, bu sâyede yenilir, sürüleri yağma edilir ve paylaşılır.

GÖÇEBE ZENAATI

Yağma, hayvancılıkla birlikte başlıca uğraşı teşkil eder. Eski Türklerde zenaatçılığın ne ölçüde geliştiği hakkında kesin bir bilgimiz yoktur. Zira mezarlardan çıkan eşyaların ithal malı mı, yoksa yerli yapı mı olduğunu kestirmek çok güçtür. Bahattin Öğel, Hun mezarlarından çıkan eşyaları üç grupta toplar: 1. Çin'den getirilmiş eşyalar, 2. Yakın Doğu'dan ya da Güney Rusya'dan gelmiş eşyalar, 3. Yerli Hun yapıtları. Fakat hemen ekler :

«Hun yapıtları hakkında bilgilerimiz hâlâ karanlıktan kurtulamamıştır»[152]

Mezarlarda bulunan Çin ve İran kumaşlarının bolluğu, dokumacılığın gelişmiş bir düzeyde olmadığını düşündürür*. İslâm kaynakları Seyhun nehri Oğuzla-

* Öğel, Hun dokuma tekniği Çin ya da Bizans tekniği ile aynı idi diyor, ama bu teknikle yapılmış işlemelerin Hunlara ait bulunmasını bir olasılık sayıyor (Türk Kültür Tarihi, s. 60). Çin kaynakları, Hunların yün örtüler, yün kumaşlar, çeşitli cins keçe ihraç ettiğini yazıyor (Çin'in Şimal Komşuları, s. 77). Fakat Attila Hunları yün giysi giymezlerdi, yünü keçe ve post olarak kullanırlardı. Deri ve ketenden gömlek giyerlerdi. Elbiseler parça parça olana kadar sırttan çıkarılmazdı. (Cengiz yasası da elbiselerin yıkanmadan yıpranana kadar giyileceğini belirtir). Thompson' göre Attila Hunlarında dokumacılık olduğuna dair bir kanıt yoktur. Keten giysiler, görünüşe göre ticaretle sağlanır. (Attila and the Huns, Oxford 1948, s. 42).

rının ve hatta ileri bir ticaret ve kent düzeyine ulaşan Hazarların dokuma gereksinmelerini yerleşiklerden karşıladıklarını belirtirler. Öğel, Hunlarda ağaç oymacılığı ve marangozluğun çok geliştiğini söyler. Fakat Hun çağına ait ileri bir düzeydeki dülgerlik tekniği, Göktürk devrinde artık kaybolmuştu*» der[153]. Hun döneminde bulunan sapanların üzerinde ise Çince yazı vardır.

Öyle görünür ki, bozkırın göçebe boylarında zenaatçılık ikincil ve sınırlı bir uğraş olarak kalır. Keçe, kayış, urgan, çadırın ağaç kısmı, araba, kap-kacak, beşik, eyer, koşum, ok, yay, zırh, kılıç, süngü vb. yapımı vardır, fakat bunlar bir değişim konusu olmazlar. Göçebe boylar arasında ticaret hemen hemen hiç yoktur. Ticaret yerleşiklerle yapılır ve önemli mamuller onlardan sağlanır. Akıncı boylar için yaşamsal önemi olan demir ve çelikten gelişmiş silâhların dahi önemli kısmı, büyük çapta seferler gerekince, yerleşiklerden elde edilir. Attila'dan sonra Bizans, silâh pazarını kapatınca, Hunlar büyük güçlüklerle karşılaşırlar. Avarlar, Bizans'tan silâh sağlamak için büyük çaba harcarlar. Germenler, belli başlı silâhlarını Roma'dan sağlarlar. XIII. Yüzyılda Mogollar, Çin ve Horasan'dan silâh ithalâtı yaparlar**.

---

* Cengiz Han'ın karargâhında Fransız, Alman, Çinli vb. dünyanın her yerinden toplanmış ustalar vardı. Attila, karargâhında Romalı mimarlara hamam yaptırtmıştı. Orhun yazıtları da, Çin'den getirtilen ustalara hazırlatılmıştı. Bu nedenle, arkeolojik buluntulara bakarak, sanatların gelişme düzeyi hakkında sonuca varmak bâzen yanıltıcı olabilmektedir.

** Altaylar ve Yenisey'de demir cevheri vardır. Kafesoğlu, çok eski tarihte Altaylarda demir işleyiciliğinin geliştiğini yazar (Türk Dünyası El Kitabı, s. 776). Göktürklerin Juan-Juan'ların demirci köle kabilesi olduğu belirtilir. Hatta Bumin, Juan -Juan'dan bir prensesle evlenmek isteyince, hükümdar, «Siz bizim demircilik yapan âdi kölelerimizsiniz. Böyle bir öneride bulunmaya nasıl cesaret ediyorsunuz» der. Bahattin Öğel, Göktürklerin maden cevheri çıkarıcısı mı, yoksa maden işleyicisi

GÖÇEBE TARIMCILIĞI

Zenaat gibi tarım da ikincil bir uğraş olarak kalır ve her zaman yapılmaz. Göçebe tarımı genellikle ilkel araçlarla tohumun ekilip bırakılması, göçten dönüşte ürünün toplanması biçiminde az vakit alan bir uğraştır. Tarımsal ürünler, daha çok değişim ve haraç yoluyla sağlanır. Attila'nın tarımsal ürün gereksinmesini, ticaret dışında, bağımlı kılınan ve haraca bağlanan Got ve Slav köylüleri karşılarlar. Bahattin Öğel, Hunlarda sulu tarımdan söz eder. Orta Asya'nın elverişli bölgelerinde, deltalarda ve vahalarda sulama kanalları da açılarak sulu tarım MÖ. 1000 yılından itibaren vardır. İlkel bir tarımcılığın başlayışı da MÖ. 5000 ilâ 4000 yıllarına kadar uzanır. Büyük Hun İmparatorluğu'nun içinde, doğaldır ki, sulu tarım yapan bölgeler bulunur. Fakat bu tarımcılar Çinli ya da başka yerleşikler olabilir. Sulu tarımın göçebelikten çıkma anlamına geldiği açıktır. Nitekim Seyhun kıyısındaki Oğuzların bir kısmı tarımcı olurlar, fakat Osmanlı döneminde Türkmen'in «Türkmenlikten çıkması» gibi, sulu tarımcılar Oğuzluktan çıkarlar, «Sart» ya da «Tacik» olurlar. Prof. Eberhard'a göre, Hunlar önce bir miktar ilkel tarım

---

mi olduklarının bilinmediğini, yazar (Doğu Göktürkleri Hakkında Notlar, Belleten, sayı 81). Öğel'e göre, X. Yüzyılda Kitan'larda demir eritmek ve işlemekte ihtisaslaşmış Ko-chu adlı bir boy vardır. Göktürklerdeki Ko-shu boyunun ise, demircilik ile ilgisi meçhuldür. VIII. Yüzyıl Çin kaynakları, Kırgızların demirciliğini şöyle anlatır: «Bunlarda her yağmurdan sonra demir bulunur. Ka-şa denilen bu demirden gâyet keskin silâh yapılır. Bu demirden daima Göktürklere verilir. Silâh olarak okları, yayları ve sancakları vardır. Atlılar kendilerine ağaçtan kalkan yaparlar» (Eberhard, Çin'in Şimal Komşuları, s. 68). Yaylar, ağaç, kemik ve sinirdendir. Oklar da genellikle kemiktendir. Demir işleyiciliğinin sınırlı kaldığını düşünmek gerekir. Vladimirstov, XII. Yüzyılda bozkırda demircilik ve marangozlukta ihtisaslaşmadan söz eder (Mogolların İçtimaî Teşkilâtı, s. 71). Köle boylar, genellikle bu işlerde kullanılırlar.

yaparlar, fakat tarım ürünlerini değişim, haraç ve yağma yoluyla daha kolay elde edebildiklerini görünce, «yavaş yavaş kendi tarımlarını bırakarak, tam göçebe» olurlar[154]. Bahattin Öğel de, denetimlerindeki arazi içinde yaşayan tarımcıların dahi Göktürk döneminde tarımı bırakıp göçebeliğe geçtiğini yazar[155]. Bununla birlikte Kapgan Kagan 698'de Çin'den 3 bin tarım aracı ve tohumluk darı alarak bir miktar tarım yapmayı dener.

Ammianus, Avrupa Hunları için «*Ekonomileri yardımsız onları beslemeye yetersizdi. Bozkır kenarındaki yerleşik tarımcıların yardımı olmaksızın yaşayamazlardı*» sonucuna varır. Priscus, «Hunlar tarımcılığı hor gördüklerinden, Gotların besin stoklarına indiler ve kurtlar gibi kapıp götürdüler. Böylece Gotlar köle durumuna düştüler ve Hunları beslemek için ağır çalışma durumunda kaldılar» der[156].

«YERLEŞİK» İLE TİCARET

Ammianus'un Avrupa Hunları ile ilgili olarak yaptığı «Kendi kendine yetmezlik ve yerleşik tarımcılarla ticaret zorunluluğu» gözlemi, bütün bozkır boyları için geçerlidir. Hunlar, Tuna kıyılarında hemen Bizans ile ticaret olanaklarını ararlar. Bumin Kagan ve Göktürkler, Uar-Hun'ların (Juan-Juan) köleliğinden kurtulup bağımsızlığa kavuşunca, Çin sınırına ticarete giderler. At ve köle satışı karşılığı, tahıl, demirden silâhlar, kumaş sağlamaya çalışırlar. Soylular zenginleşip lüks tüketim gereksinmeleri arttıkça, bu ticaret daha da genişler. Soylular açısından lüks tüketim, vazgeçilmez tüketime dönüşür ve bunu sağlayamayan kaganların otoritelerinin sarsıldığı, boy konfederasyonlarının dağıldığı görülür. Genişleyen ticaret, boy üyeleri arasındaki toplumsal farklılaşmayı ve çelişkiyi de körükler. İleride ele alacağımız üzere, Attila İmparatorluğu'nun yıkılışında, Bizans'ın Hunlarla ticareti yasaklaması önemli rol oynar. Bu durumlarda bozkır toplulukları, ticareti savaş ve yağma yoluyla zorla gerçekleştirmeyi denerler. Yerleşikler ise, güçlü oldukları dönemlerde, ticaret yasaklarını bâzen bozkır boylarına karşı bir baskı ve onları zayıflatma aracı olarak kullanırlar. Bâzen de, kıtlık nedeniyle tahıl ihracının yasaklanması, aynı biçimde yerleşiklerle çatışmalara, savaşlara ve boylar arası karışıklıklara yol açar.

X. Yüzyılda bozkır kökenli Şato Türkü ve Çin yüksek memurlarının «yarı barbar» saydıkları İmparator Ming-tsong (Ming-tsu), ticaret için Çin başkentine gelen Uygur ve Tangut boylarının ileri gelenleriyle düşüp kalkmaktan hoşlanır. Bu boylar, sık sık at ticareti için gelirler. Çin yüksek memurları, atlara düşük fiyat verdikleri halde, ağırlama giderleri ve imparatorun armağanları nedeniyle pek pahalı buldukları bu ticareti sınırlamak ve engellemek amacıyla büyük çaba gösterirler. Göçebe boylarla ticaretin havasını anlatmak bakımından X. Yüzyıl Çin kaynaklarının bu konuda verdikleri bilgi ilginçtir :

«Çeşitli barbarlar Çin'e ticaret için geliyorlardı. En büyük sayıda atları Uygurlar ve Tangutlar getiriyorlardı. İmparator Ming-tsong, bu uzaklardan gelen yabancılara iyi davrandı ve onları başkente çekti. Geldiklerinde güçlü ve zayıf atlar arasında bir ayırım yapmadan bütün atlar pazarda toplanıyordu ve satış fiyatları normal fiyatları aşıyordu. Barbarlar barındırılıyorlar, gidiş ve gelişleri için gerekli şeyler sağlanıyor, onlara gerçek gidiş-geliş giderlerinin iki katı ödeniyordu. Başkente geldiklerinde, İmparator, sarayın bir salonunda onları kabul ediyor ve yorgunluklarına karşılık bir şölen veriyordu. Barbarlar sarhoşlayınca, kolkola şarkılar söylüyorlar ve eğlenmek için ülkelerinin âdetlerini anlatıyorlardı. Dönüşlerinde onlara armağanlar da sunuluyordu. Yıllık giderler milyonları aşıyor ve bütün yüksek memurlar dertleniyorlardı.

Barbarlar daima getirdikleri atların 'İmparatora

armağan' olduğunu söylüyorlardı. Fakat at fiyatları düşük tutulsa da, barbarların gidiş-geliş giderleri ve bağışlar pahalıya geliyordu. Yüksek memurlar, birçok kez İmparatoru uyardılar. İmparator bir gün kendisine sunulan atları görmeye geldiğinde Başbakan şöyle konuştu :

— Son zamanlarda T'u-huen ve Tangutlar, atlar sunmak üzere biribirlerini izliyorlar. Her seferinde atların paralarını ödüyoruz. Huzura kabullerinde Majesteleri ayrıca ipek kumaşlar veriyor. Onlara yaptığımız giderleri hesaplarsak, atların bedelinin iki katına geliyor. Bu duruma son verilmesini öneririm.

Majesteleri, devamlı at yetersizliğinden sıkıntı çekildiğini, pazardan bunu sağlamak için sürekli alıcı gönderdiklerini hatırlattı. Barbarlar şimdi atları kendilerinin getireceğini söylediklerine göre, bunun gideri ne olur ki? Dış barbarlar saraya haraç getirince, İmparator da karşılığında onları ödüllendirir. Bu, İmparatorun kaldırılmaması gereken normal görevidir, dedi.

Sonunda Çinli memurların atları sattırmaları ve parasının sınır pazarlarında onlara ödenmesi ve saraya gelmelerinin yasaklanması kararlaştırıldı. Fakat yine de gelmekte devam ettiler»[157].

Doğaldır ki, bozkırlıların ticareti çok zaman böyle tatlı biçimde geçmez. Anlatılan öykü, Çin'in kargaşalıklar içinde zayıf bulunduğu Beş Sülâle (907 - 960) dönemine aittir ve herhalde abartmalıdır. Çünkü güçlü zamanlarında yerleşikler, ticaret hadlerini göçebe aleyhine çevirmeyi kolayca başarırlar ve ticareti sınır pazarlarında yapmayı yeğ tutarlar. Belirtmek istediğimiz, göçebe boylar arasında «iç ticaret» olmadığı halde, «dış ticaret»e gerek duyulmasıdır.

Kısaca, göçebe ekonomisi, hayvancılık, avcılık, yağma savaşları ve yerleşikle ticarete dayanır. Bu ekonomi içinde de zenginler - fakirler, beyler - kara budun belirir. Üretim tekniklerinde bir değişiklik olmaksızın sömürü doğar. Fakat göçebe toplum, yine de evrime pek az elverişli kalır. Altaylılar ve Yakutlar gibi dağınık ya da aralarındaki bağlar gevşek olan kapalı bölgelerdeki göçebe boylar, binlerce yıl içinde pek az değişime uğrayarak varlıklarını sürdürdüler. Asyagil Üretim Biçimi görüşü yanlılarının «durgunluk» kuramı, tarımcı köyler için geçerli değilse de bozkırın uzak köşelerinde dağınık yaşayan göçebe boylar için belki de geçerli sayılabilir. Göçebe boylar, büyük göçebe konfederasyonlarının kurulması ve yerleşik toplumlar ile fetih ve başka yollarla sıkı ilişkilere girişilmesi durumlarında temelli bir evrime uğrarlar.

«TARİH YAPAN HAYVAN: AT»

Bozkırdaki boylar için ilkin bir av hayvanı, daha sonra etinden, sütünden yararlanılan kasaplık bir hayvan olan at, giderek ulaşım aracı, savaş arkadaşı ve herşey olur. Ata, *«tarih yapan hayvan»* denilir, bozkır kültürüne «atlı kültür» ya da «atlı göçebe kültürü» adları verilir*.

---

* Tarihçilerimizin çoğu göçebe ya da atlı göçebe kültürü denilmesini hoş karşılamazlar. «Bozkır kültürü» deyimini kullanan Prof. Kafesoğlu, «Bozkır kültürüne, sırf çobanlık yaşam biçimine dıştan bakarak göçebelik atfetmek yanlıştır» der, ama bütün zorlamalarına karşın, göçebe bir kültürün tablosunu çizmekten öteye gidemez (İslâm Ansiklopedisi, Cüz 128, s. 215). Tarihçilerimizle yakın ilişkileri bulunan Sorbonne İslâm Tarihi Profesörü Claude Cahen, bu tutumu eleştirir: **«Atalarının göçebeler olabileceği düşüncesi karşısında modern Türkler bir cins aşağılık kompleksine kapılırlar** ve içlerinde bulunabilecek yerleşmiş ögeleri vurgulama eğilimi gösterirler» (Pre-Ottoman Turkey, s. 33). Böyle bir kompleksten artık kurtulmak gerektiği inancındayız. Osmanlı ve Selçuklu devletleri, çağın ileri yerleşik topluluklarını teşkil etmekteydi. Ama daha önce bozkırdaki Türk yaşamının göçebeliğe dayandığı apaçıktır ve bunda ne utanılacak, ne de övünülecek bir yan vardır.

Atlı uygarlığı kimlerin yarattığı da tartışma konusu yapılır. Genellikle atlı uygarlığın Karadeniz Kuzeyi ile Altaylar arasında yaşayan İskitler tarafından yaratıldığı ve bozkıra yayıldığı kabul edilir. «Hayvan üslûbu» denilen göçebe sana-

Vladimirstov, at sürüsü bulunmadıkça bozkır ekonomisinin devamını olanaksız sayar. Gerçekten savaş, av, ulaşım, beslenme ve ticaret ata dayanır. Bir boyun savaş gücü ya da serveti sâhip bulunduğu at sürüsüyle ölçülür. Atsız bir insanın savaşta işe yaramıyacağına inanılır. Cengiz Han,

«— *Atından düşen adam nasıl kalkabilir? Ayağa kalksa bile atlı düşmanlara karşı nasıl savaşabilir ve nasıl yenebilir?*» diye sorar.

Başka bir askerî şef,

«— Atlarından ayrıldıktan sonra Mogol ne yapabilir?» der.

Bizans yazarları, Attila Hunlarının yaşamlarının at sırtında geçtiğini belirtirler. Bizans elçileri, Attila ile ilk diplomatik müzakere ve anlaşmayı 435 yılında Margus kenti surlarının dışında yaparlar. Attila, atının sırtında müzakereleri yürütür. Bizans elçileri de yerde durmayı küçük düşürücü bularak atlarına binerler. Hunlar kendi aralarındaki toplantıları da at üzerinde düzenlerler. Pazarda alış-veriş at üstünde gerçekleştirilir. Priscus, Attila'yı at sırtında yemek yiyip şarap içerken gördüğünü yazar. Zosimus, «Hun yere sağlam basamaz, at sırtında yaşar ve uyur» der. Ammianus, biçimsiz ayakkabılı Hunların yürümesini bilmediklerini, ama at üstünde yıldırım gibi olduklarını ileri sürer:

«Biçimsiz ve ölçüsüz yapılmış ayakkabıları yürümelerine olanak vermez. Bu nedenle yaya savaşmayı

---

tı da İskitlere bağlanır. Hattâ Mezopotamya kültürü ile ilişkilerin, bu kültürün teşekkülünde rol oynadığı ileri sürülür. Atın kökenini Orta Asya'nın yerleşik İndo-germenlerine bağlayanlar da vardır. Bizim tarihçilerimiz, atlı uygarlığı, atalarımız saydıkları Andronovo kültürünün sâhibi savaşçı topluluğun yarattığı inancındadırlar.

Atı ilk yerleşikler ehlileştirmiş olsalar bile, atlı uygarlık bozkırın ürünüdür. Atlı uygarlığın göçebe İskitlerden Türklere mi, yoksa Türklerden İskitlere mi yayıldığı sorunu ise, tartışma götürür bir konudur. Tartışma götürmeyecek nokta, onun İskitlerin de, Türklerin de ortak uygarlığı olduğudur.

hiç beceremezler. Ama eyerin üzerinde küçük, çirkin atlarına yapışmış gibidirler*. Yıldırım gibi çabuk ve yorulmazdırlar. Bütün yaşamları at sırtında geçer. Ata bâzen alışılmış biçimde, bâzen de kadınlar gibi yan binerler. Toplantılarını ve alış-verişlerini at sırtında yaparlar. At üstünde yerler, içerler ve hatta atlarının boynuna doğru eğilerek uyurlar».

Bizans yazarlarına göre, Hunlar, yerde iken kısa boyludur, fakat at üstünde birden boyları uzar, heybet kazanırlar :

«*Hun yerde iken boyu ortanın altındadır, at üstünde iken uzundur*».

Bozkır askerinin savaş gücü, atının besili ya da zayıf oluşuyla ölçülür' Orhun yazıtlarında ordunun savaşa elverişsiz durumda olduğunu anlatmak için, «atlarımız zayıftı» denilir. Cengiz Han, düşmanı tehdit amacıyla «atlarımız besili» haberini yollar. Atlar çayırda beslendiğinden, baharın gelişinden önceki son kış ayları savaş gücünün en zayıf olduğu zamandır. Sorulu cevaplı bir Bizans askerlik yapıtında bu zayıf durumu düşmanların bildiği anlaşılır :

Soru — Düşman İskit ya da Hun olursa general ne yapmalıdır?

Cevap — Kış güçlükleriyle atlarının çok zayıfladığı bir zamanda, Şubat ya da Martta onlara saldırmalıdır.

Bozkır yaşamında at bu ölçüde önemli bulunduğundan, Türk'ün «Göktürk» oluşu gibi, atın da gök kökenli olduğuna inanılır. MÖ. 140 yılına ait bir Çin kaynağı, Orta Asya'da göksel bir attan inen ve kan terleyen at türünün varlığından söz eder. Göksellik; Tanrısallık gibi bir anlam taşır. Şaman göğe atla çıkar. Ka-

* Radlof da XIX. Yüzyıl Kazakları hakkında aynı şeyleri yazar: «Her usta binici halk gibi Kazaklar da yaya yürürken hantal ve beceriksiz davranırlar. Buna kısmen onların kaba ayakkabıları da yol açar. At üzerinde çevik, oynak ve dayanıklıdırlar» (Sibirya'dan Seçmeler, s. 189).

natlı atlar vardır. Dede Korkut'ta denizden çıkan aygırın kısrağı aşmasından doğan deniz kulunu boz aygır, kutsal hayvandır. Yakut efsanelerinde konuşan ve sâhiplerine öğüt veren atlar görülür. Kazak Kırgız destanlarında batır'ın (bahadır) özel ad taşıyan atı da onun gibi bir yiğittir. Batır onunla konuşur, danışır. Onsuz hiçbir iş yapamaz. Ölen batırı sihirbazlar bulur, at diriltir. Bozkırda atın kişnemesine, huysuzlanmasına vb. göre geleceğin iyi ya da kötü olacağına inanılır. Destanlarda düşmanın yaklaştığını yiğite atı bildirir. Dede Korkut'ta Beğil Bey'in al aygırı, uzaktan düşmanın kokusunu alır ve yaralı yiğiti atı üç gün taşır. Bozkıra çıkan Bodancar, yaşamını atının yaşamına bağlar, «*atım ölürse öleceğim, yaşarsa yaşayacağım*» der. Yiğit ölünce atı da öldürülür ve at, sâhibiyle birlikte gömülür. Sâhibi öteki dünyada da atına biner. Yaşamları sonsuza dek ayrılmadan sürer.

At, bir insan gibi, sâhibinin mensup olduğu boyun üyesi sayılır. Sürüler belki de daha ortak mülkiyetteyken bir kişiliğe sâhip bulunan «özlük at»lar vardır.

Dede Korkut öykülerinde boz aygırlı Bamsı Beyrek, atını «kardeşim» diye över ve hatta onu kardeşinden ve en yakın silâh arkadaşlarından yeğ tutar :

At demem sana kardaş derim
Kardaşımdan yeğ!
Başım beraberi,
Başıma iş geldi yoldaş derim,
Yoldaşımdan yeğ!

Boz Aygır, Beyrek'in bu övgüsünü, başını yukarı tutup bir kulağını kaldırarak anladığını belirtir ve onun yanına gelir. Beyrek, atın göğsünü kucaklar, iki gözünden öper. Salur Kazan, Beğil Bey'in geyik avındaki başarılarını yiğidin yeteneğine değil, atın hünerine bağlar :

«—At işlemese er öğünmez, hüner atındır».

Orhun yazıtlarında, Kül-tigin'in yaptığı savaşlardan çok bindiği atlar, giysisinin rengi, geldiği yer, fizik özelliği, ilk sâhibinin adı vb. belirtilerek uzun uzun anlatılır :

İlkin Tadık Çor'un boz atına binip saldırdı
İkinci kez İşbara Yamtar'ın boz atına binip saldırdı
Üçüncü kez Yigen Silig Beg'in giyimli doru atına binip saldırdı
Kül-tegin, Bayırku*'nun ak aygırına binip atılarak saldırdı
O saldırdığında Bayırku'nun ak aygırını uyluğunu kırarak vurdular
Kül-tegin alnı beyaz boz ata binip saldırdı
Alp Salçı ak atına binip saldırmış
Kül-tegin Alp Salçı akına binip atılarak saldırdı
O at orada düştü, İzgil budun öldü
Kül-tegin azman atına binip atılarak saldırdı
Bir eri mızrakladı, dokuz eri çevirerek vurdu, Ediz budun orada öldü
Kül-tegin azman atına binip saldırdı, mızrakladı
Kül-tegin Az** yağızına binip saldırdı
İki eri mızrakladı, çamura soktu. O ordu orada öldü
Kül-tegin öksüz atına binip dokuz eri mızrakladı

Dede Korkut öykülerinde de, yiğitler ve bindikleri atlar özenle belirtilir :

«Kazan... Konur atını çektirdi, sıçradı bindi
Tepel Kaşga aygırına Dündar bindi
Gök biderisin*** tutturdu... Karagüne bindi
Ak biderisin çektirdi... Şer Şemsettin bindi
Beyrek beyaz aygırına bindi».

«Dede Korkut, Bayındır Han'ın tavlasından bir keçi-başlı geçer aygır ile bir toklu-başlı doru aygır seçti».

---

* Bir Türk boy topluluğu.
** Bir boy topluluğu.
*** Gölden ya da ırmaktan çıkan kutsal bir aygırın at sürüsü içindeki bir kısrağı aşmasından doğan soylu at.

Bütün bunlar atın yerini ve önemini göstermeye yeterlidir.

ARABALI ÇADIR

At, binlerce kilometrelik çöllerde bozkır insanına hareketlilik kazandırır. Bozkır atı, elverişsiz yerlerde dahi, konaklamadan 60 kilometre yol yapabilir. Atın getirdiği hareketlilik, arabalar üzerinde kurulmuş çadır-evlerle tamamlanır. Konaklamalarda çadır kurulması, eşyaların indirilmesi ve yeniden yola çıkılınca çadırların toplanması ve eşyaların hayvanlara yüklenmesi vakit aldığından, arabalı çadır icat edilir. Böylece çabuk yer değiştirmek ve baskınlarda hemen toparlanıp kaçmak olanağı doğar, göçler kolaylaşır. Konaklamalarda bir daire biçiminde şefin çevresinde sıralanma yoluyla, arabalar ve çadırlar güvenlik sağlar. Bu dizilişe «küriyen» denilir. Avrupa Hunları hakkında ilk bilgileri veren Ammianus'a göre, kadınların yaşamı bu arabalı çadırlarda geçer :

«Hunlar yemeklerini pişirmezler ve çeşni katmazlar. Yabanıl bitki kökleri ve at eyeri altında yumuşatılmış et yerler*. Sapan kullanmayı, ev ve kulübe gibi yerleşik bir yerde yaşamayı bilmezler. Sonsuza dek göçebe olan Hunlar, daha çocukluklarından soğuğa, açlığa ve susuzluğa alışırlar. Göçlerinde sürüleri onları izler ve ailelerinin içinde kapalı bulunduğu arabaları çekerler. Kadınlar elbiselerini orada hazırlar ve dikerler. Çocuklarını orada doğururlar ve ergenlik çağına gelene değin yetiştirirler. Bu insanlara sorunuz, nereden geldiklerini ve nerede doğduklarını bilmezler. Giyimleri, birlikte dikilmiş ketenden bir gömlek ile fare derisin-

---

* Prof. Kafesoğlu, çiğ et yeme konusunda şöyle der: «Bâzı Lâtin yazarlarının Hunların ve hatta çok sonraki yüzyıllarda Macarların çiğ et yediklerinden söz etmeleri, eyerlere bağlı çantalarda taşınan bu kurutulmuş et konservesini tanımamalarından ileri geliyordu» (İslâm Ansiklopedisi, Cüz 128, s. 237).

den yapılmış bir kazaktan ibarettir. Koyu renk gömlekleri vücutlarında çürür, onu ancak giyilmez hâle gelince değiştirirler. Geriye itilmiş bir takke ve kıllı bacaklarını çevreleyen keçi derisinden tozluk, bu giyimi tamamlar»[158].

«TURAN TAKTİĞİ»

At sırtında, araba ve çadırda geçen yaşam, Lâtin ve Çin yazarlarınca «barbar» bir yaşam sayılır, ama kendi ekonomik olanaklarıyla geçinemiyen ve yerleşiklerin ürünlerine muhtaç bulunan göçebe çobana bu durum savaşta üstünlük sağlar. Yerleşik imparatorluklar, verimli topraklardan aldıkları artı değerlerle pahalı, güçlü ordular kurarlar, fakat bu ordular göçebe savaş tekniği karşısında başarısız kalır.

Prof. Kafesoğlu'nun «Turan taktiği» dediği bozkır savaş tekniği, İkinci Dünya Savaşı'nın tanklara dayalı «yıldırım» savaşını anımsatır. Bozkır insanı atlarının hızına güvenerek «vur-kaç» savaşı yapar. Yakın döğüşü değil, okla uzaktan döğüşü yeğ tutar. Dörtnala at üstünde giderken uzak mesafeye ok atmayı, bozkır savaşçısı daha çocukken öğrenir. Yerleşik imparatorluklar büyük ordularla üzerine yürüdüğü zaman savaşmaz, geri çekilir. Yıpratma savaşları verir, geçitleri tutar, baskınlar yapar. Tarım alanlarını ve besin stoklarını yıkıp yakarak, suları içilmez hâle getirerek, peşindeki büyük düşman ordusunu tüketir ve kendisi için elverişli gördüğü anda ve yerde, tükenmiş düşmana saldırır. Bozkır savaşçısı fetih seferlerinde de, önce küçük atlı müfrezelerle yıllarca süren yıpratma savaşlarına girişir. Çevreyi iyice yağmalar, düşmanın direnme gücünü zayıflatır.

Doğaldır ki, böyle bir savaş tekniği, geniş tarım alanlarının yok edilmesi, tarımın gerilemesi, tarlaların otlaklara dönüşmesi anlamına gelir. Yerleşik imparatorluklar, aynı savaş tekniğini benimseyip oklu hafif atlı birlikler kurabilirler. Nitekim Çin, Hun ordularının etkinliğini görünce, Milâttan önceki yıllarda oklu atlı birlikler kurar. Türk suvari giysisi olan ceket, pantalon, Hun başlığı ve çizmeyi kabullenir. MÖ. II. Yüzyıl sonlarına doğru Çin generali Ho K'u-ping «Turan taktiği»ni uygulamaya koyulur. Batı ve Doğu Roma da, Hun akınları karşısında Hun suvari giyimini alır, atlı birlikler kurmaya yönelir. Avarlardan üzengiyi öğrenir. Fakat geniş çapta «Turan taktiği» uygulamaya yönelmek, tarım ekonomisini gözden çıkarmak demektir*. Nitekim Çin, Doğu Türkistan'da tarım havzasından geçen ipek yolunu tam denetim ve güven altına almak için Hunlara karşı çetin savaşlara girişir, fakat bu, Kuzey Çin'in tahribi pahasına olur. Güçlü ordulara sâhip Osmanlıların «Turan taktiği» uygulayan Safevîlere karşı giriştiği yüzlerce yıl süren seferler, bir sonuç getirmediği gibi, Doğu Anadolu'nun yakılıp yıkılmasına ve Celâli ayaklanmalarının yayılmasına yol açar.

Kudretli Darius, Balkanlarda geri çekilen İskitlerin kurduğu tuzağa düşmez ve savaştan vazgeçer. Heredot, MÖ. IV. Yüzyılda «Bütün halk ve mülk o kadar hareketli ki, yaklaşan düşman ordu önünde hepsi gözden kaybolur» diyerek göçebe-yerleşik savaşının güçlüklerini anladığını belirtir. Çin sarayı danışmanları da çok eskiden beri «Hunlar ile savaşmalı mı, yoksa armağanlarla onları yatıştırmalı mı» sorununu tartışırlar. Akıllı danışmanlar genellikle göçebe alanlarında askerî

---

* Prof. Thompson'un bu konudaki görüşü şöyle: Tarım ekonomisini bozmadan Roma, böyle suvari yaratamazdı. Lattimore, Çin, oklu suvarisinin bütün tekniğini tarım ekonomisini koruyarak aldı, der. Bu; Çin atlıları ve okçuları göçebeye göre alt düzeyde kaldı anlamınadır. Ancak anormal dönemlerde, ardarda seferlerle Çin, yerleşik ekonomiyi tahrip pahasına göçebe atlıya eşit değerde profesyonel suvari yarattı. Roma, akıllılığından değil, zayıflığından bu ümitsiz politikayı uygulamadı (Attila and the Huns, s. 50-55).

seferlere karşı çıkarlar. Seferler, danışmanlara karşın olur. Doğu ve Batı Roma İmparatorluğu ise, Hunlara karşı cezalandırma seferlerinden kaçınır, haraç ödemeyi yeğ tutar*. Çeşitli diplomatik yöntemlerle, göçebeyi sınırlarda öteki göçebelerle tutuşturmaya ve göçebe siyasal birliğini parçalamaya çalışırlar. Buna «barbarı barbara kırdırma yöntemi» derler.

Göçebe açısından ise, tarımcıların haraca bağlanması, daha büyük orduların beslenmesini, bu ordular sâyesinde bağımsız göçebe boylara boyun eğdirerek daha geniş siyasal birlikler meydana getirilmesini, bu siyasal birliği elde tutabilmek için göçebe kökeninden kurtarılmış askerî kuvvet ve bürokrasi teşkilini ve giderek bir göçebe feodalizmine doğru yol alınmasını sağlar. Bu karşılıklı mücadeleyi yeri gelince göreceğiz.

At ve araba, Avrupa-Asya bozkırında büyük göç hareketlerine olanak verir. Bir kısım Hunlar, birkaç yüz yıl içinde Çin sınırlarından Kazak bozkırlarına, oradan Güney Rusya'ya ve Macaristan bozkırına göç ederler. Doğaldır ki, bu büyük göçler, doğa koşullarının zorlaması ve savaşlar nedeniyle yapılır. M. P. Gryaznov, «İsa'dan önceki VII ve VI. yüzyıllardan İsa'dan sonraki I. Yüzyıla kadar, Orta Asya ve Doğu Avrupa'da atlı göçebe topluluklar arasında yayla ve hayvan sürülerini ele geçirmek için savaşlar durmadan devam ediyordu» der[159]. Bu aralıksız savaşlar, ayrı dil konuşan

* «Attila ve Hunlar» kitabının yazarı Thompson şöyle der: Göçebeye karşı cezalandırma seferi kârlı değil. Yağma ve tutsaktan elde edilen gelir, sefer giderini karşılamaz. Theodosius haraç yerine güçlü ordu yollasa, Hun çekilecek ve hücum fırsatı arayacaktır. Göçebe öç akınları ise, bütün tarımı yok eder, nüfussuz bırakır. Cezalandırma seferinin giderine bu da eklenir... Doğu ve Batı Roma, istisnaî olarak, o da bir kez, 452 yılında Hun ülkesine ordu yolladı. Ama bu tek sefer de, Hun kuvvetlerinin çoğu İtalya'da iken, Germenleri ayaklandırma umuduyla yapıldı (s. 197-198).

farklı etnik topluluklar arasında akrabalıklar, birleşmeler yaratır. Bu hareketlilik ve kaynaşmalar içinde, bozkırda ortak efsaneler, destanlar, «hayvan üslûbu» denilen ortak bir sanat ve ortak bir kültür doğar.

Bu ortak bozkır kültürünü anlayabilmek için, bozkırda insan-doğa ilişkilerinin yarattığı dünya görüşü ve inançlar üzerinde durmak gereklidir.

YAŞAMA SEVİNCİ

Doğa koşullarının sertliğine ve acımasızlığına karşın, bozkır insanlarında ölüm korkusu ve ruhsal karışıklıklar yoktur, yaşama tam bir bağlılık vardır. Göçebe yaşamını, Tanrı'nın bir cezası sayan Çinli gezgin, Gobi çöllerindeki boyların kötü yaşam koşullarını belirtirken, onların kaygısızlıkları üzerinde özellikle durur:

«Yerde ağaçlar bitmez, biten şey yalnız yabanıl otlardır. Tanrı burada dağlar değil, yalnız tepecikler yaratmıştır. Ekin yetişmez, sütle beslenirler. Keçe çadırlarda yaşarlar, bununla birlikte şen ve neşelidirler... Bütün ömürlerini kaygısız geçirirler, kendi kendilerinden hoşnut olarak yaşarlar»[160].

En eski yazılı belgeler dahi, bozkır insanının zevk ve eğlenceye, içkiye ve aşka düşkünlüğünü belirtir. Hun törenlerinde bol bol içilir*, şarkı söylenir ve dans edilir.

---

* Sarhoşluk, birçok olaylara yol açar. Cengiz Han'ın Büyük Yasası, içkiyi kaldırmayı olanaksız saydığından, içimini sınırlandırmak ister. Yasa şöyledir: «İçkiyi bırakamayan ayda üç kez sarhoş olabilir. Bunu aşarsa suçludur. Ayda iki kere sarhoş olmak daha iyidir, bir kez ise daha övgüye değer. Ama hiç sarhoş olmamak! Bundan daha iyi ne olabilir? Böyle bir kimse nerede bulunabilir? Eğer gene de böyle birisi bulunursa, o her türlü saygıya değer» (Curt Alinge, Mogol Kanunları, Çeviren: Prof. Coşkun Üçok, 1967, s. 146).

Radlof, XIX Yüzyılda Altaylılarda kurban töreninden sonraki eğlenceyi şöyle anlatır: «Hazır olanların çoğu tamamiyle sarhoş olup kendilerinden geçinceye kadar içerler, şarkı söy-

Cengiz Han şu öğütte bulunur.

«— *Günlük yaşamınızda iki yaşında boğa gibi davranınız. Kavgalarda akbabalar gibi saldırınız. Eğlence ve törenlerde genç aygırlar gibi olunuz. Düşmanla savaşta şahin gibi atılınız*».

Kaygısız bozkır insanı, bol çocuk sâhibi olup soyunu sürdürmeye büyük önem verir. «Kut» denilen Gök Tanrı'nın verdiği yaşam gücünü korumaya ve artırmaya çalışır. Ölümsüzlüğü arar. Zâten öteki dünyada da insanın, bozkırdaki yaşamını değişmeden sürdüreceğine inanılır. Yiğit Aysıla ölürken, «Mezarımın çevresine oklarımı diziniz. Canım sıkıldığı zaman geyik avlayacağım» vasiyetini yapar. Kül-tigin ölünce, yazıtını hazırlayan Yolluk Tigin, «Gökte, hayattaki gibi...» yaşayacaksınız, der. Beyler, en sevdikleri kadınları, hizmetçileri, atları ve silâhlarıyla birlikte öteki dünyaya giderler, daha doğrusu uçarlar. Bilge, «Babam kagan uçuvermiş» der. Dede Korkut öykülerinde cennetin bir adı «uçmak»tır.

YAŞAM'IN BİRLİĞİ

Bozkır insanı, evrende algılanabilen herşeyi kendi-

---

lerler, bağırır, gülerler ve sarhoş olup sızdıkları yerde uyuyup ayılıncaya, yâni sabaha dek yatarlar. Sarhoşluğa utanılacak bir iş diye değil de, pek doğal bir olay olarak bakarlar... Kadınlar, ölçüyü kaçırmazlar» (Sibirya'dan Seçmeler, s. 280).

Anadolu'da Orta Asya geleneklerini sürdüren Tahtacılar gibi göçebe Türk topluluklarında bugün de kadın, erkek birlikte içer, dans eder, saz çalar, şarkı söyler. Büyük bayramlarda, gece birlikte toplanılır, yenilir, içilir, sonra teker teker birçok eve uğranarak yemeğe devam edilir. Sonunda kadınlı, erkekli dans başlar ve horozlar ötene kadar sürer. Bu eğlence «orjiastik» bir eğilim taşır, fakat ahlâksızlık değildir. 1959 yılında Konya Jandarması, kadınlı erkekli dans eden Tahtacıları yakalar, Tahtacılar «Kentlerde kadınlarla balo yapmıyor musunuz?» diyerek, cezalandırılmaktan kurtulurlar (Jean-Paul Roux, Les Traditions des nomades de la Turquie, 1970, s. 317). Tahtacıları inceleyen bu yazar, genç kız ve erkekler için bir cins «Sürpriz parti» düzenlendiğini saptar (s. 322).

ne benzer sayar. Nesnel-tinsel, canlı-cansız arasında hiçbir ayırım yapmaz. Ona göre, aynı can, herşeyde, heryerde bulunur ve heryerde aynı biçimde davranır. İnsan, tek canlı değildir. Hatta canlılar doğup büyüyen, çoğalan ve yok olan hayvan ve bitkilerden de ibaret sayılamaz. Gök, yıldızlar, güneş, ay, dağ, taş herşey canlıdır.

Herşeyin, heryerin ruhu vardır. Toprak, kaya, nehir, ağaç vb., onun içinde oturan ruha sâhiptir. Hayvan, bitki ve şeylerin ruhları insan ruhundan farksız düşünülür. Başlıca insan ruhu, yaşam gücünü veren kut'tur. Kut'u Gök Tanrı verir ve insan ölünce, o, yeniden göğe gider. Şeylerin başlıca ruhu için de durum aynıdır. Hatta canlı ve şeylerin tek bir ruhu değil, birçok ruhları vardır*.

İnsan ruhları genellikle kuş biçiminde düşünülür. İnsanlara can vermeden önce bu ruhlar, gökte kuşlar olarak yaşarlar. İnsanlar ölünce de göğe uçarlar. İslâmdan sonra dahi, «öldü» yerine, «sunkar boldı-sungur kuşu oldu» denilir. Ebu Müslim ölünce, beyaz güvercin olup uçar. Dede Korkut'ta Deli Dumrul, kara kılıcını sıyırıp saldırınca, Azrail bile güvercin olup pencereden çıkıp gider. Kırgızların Er Töştük destanında bir yiğit,

---

* Çağdaş şamanist Türk boylarından Yakutlarda ruh ve can için tın, kut ve sür sözcükleri vardır. Esinti, rüzgâr, nefes anlamına gelen «tın» vücuttan ayrılırsa, ölünür. Kut ayrılırsa ölüm olmaz. Sür ise, enerji, irade ve ruhsal durumları meydana getiren ögedir. Sür, insan uyurken vücuttan çıkıp heryerde dolaşabilir. Çağdaş Altaylılarda ise, tın, süne ve kut sözcükleri ruh ve can karşılığıdır (Abdülkadir İnan, Şamanizm, s. 176). Jean-Paul Roux, Orta Asya bozkır insanının on ruhunu sayıyor, fakat genellikle üç ruhtan söz edildiğini, ötekilerin bu ruhların yankıları olabileceğini belirtiyor. Ehl-i Hak denilen şiî boylarında da bitkisel, hayvansal, insansal üç ruh bulunur. Anadolu'da Tahtacılarda, bitkisel ruh toprağa bağlı kalır, insan ölünce mezarda yaşamaya devam eder, evini dolaşır, akrabalarının rüyalarına girer. Hayvansal ruh, yeniden başka vücutlarda dünyaya gelir. İnsansal ruh ise, cennete gider (Les Traditions des nomades de la Turquie, s. 352).

«bu yedi kuş benim ruhumdu, benim nefesimdi» der. Bugün bile «aramızdan kuş gibi uçup gitti» deyişleri işitilir. «Yuva» ev anlamında kullanılır.

Hayvanlar ve şeyler aynı ruha sâhip bulunduklarına göre, onların ruhları da kuş ya da hayvan biçimindedir. Orta Asya'da gezici ruhlar, hayvan ve genellikle kuş biçiminde düşünülür. Şaman'ın gök yolculuğunda yardımcı ruhları, kuş ya da kanatlı hayvanlar olarak temsil edilir.

Demek ki, bütün canlıların ve şeylerin ruhları aynıdır. Hayvanın ayrı, insanın ayrı evreni yoktur. Evrende tam bir yaşam birliği vardır. Bu ruhların kuş ve hayvan biçiminde düşünülüşü, bozkırın bütün yaşamında hayvanın ön plandaki rolünü belirler. Hayvan-insan arasında çok sıkı, hatta içiçe ilişkiler, bozkır yaşamının özelliğidir.

Aynı olan ruhların, kökenleri, yaşamlarının devamı ve sona erişi aynıdır: Yaşam kaynağını Gök Tanrı'dan alır. Gök, yalnızca kuş biçimindeki ruhların ikametgâhı değil, yaşam gücü (kut) dağıtıcısıdır. Yiğitler «kut» sâyesinde ölümlerden kurtulur, başarıdan başarıya koşarlar. Pek az dua edilen bu dünyada kut için yakarılır. Beyler ve kaganlar kut peşindedirler. Gök, kut'u geri çekerse, hükümdar tahtını ve yaşamını yitirir*.

Soylular gibi sâde kişiler de kut arar. X. Yüzyıl başı Türk yapıtlarından Irk-bitig'de, gücünü yitiren bir er, Tanrı'dan kut ister ve kut gelince yeniden gücüne kavuşur. Uzun bir yaşama ve bereketli bir sürüye sâhip olur. Aynı yapıtta, Tanrı, insanlar gibi küçük bir kuşa, bir geyiğe kut verir. Bir tarla çoraklaşınca «kutunu yitirdi» denir.

---

* Kut deyimi günümüzde de uğur, şan anlamına yaşar. «Kutlu olsun» denilir. En eski Türk atasözleri arasında «Erdemsizden kut uzaklaşır», «Kutsuz kuyuya giderse kum yağar» gibi deyişler vardır.

HAYVANLAR DA ÖLÜMSÜZDÜR

Gökten gelen insan ruhları gibi, hayvan ruhları da ölümden sonra göğe gider. Bütün ruhların başlıca yeri göktür. Cehennem ve yeraltı dünyası, büyük bir olasılıkla sonradan icat edilmiş olabilir. Altaylı dillerinde cehennem için özel bir sözcük yoktur[161]. Bununla birlikte, başlıca ikametgâhı gökte olan insan ruhları, bir dağda, mensup olduğu boyun ilk yerinde, evinin çevresinde yaşayabilir, bozkırda gezebilir. Mezarda, boyun atalarını temsil eden putlarda (ongon), öldürülen düşmanı yansıtan balbal adlı taşlarda, boyun bayrağında (tuğ) barınanbilir. Yeniden dünyaya gelebilir. Ölü hayvan için de durum aynıdır. Esasen ölü insan göğe, hayvanlarıyla birlikte gider. Gök yolculuğunda da ölü insana hayvan kılavuzluk eder. Bu hayvanların öldürülmesi, fakat yok edilmemesi zorunludur. Avcı ve kasap, usulüne uygun biçimde öldürürse, hayvanların gerçekte ölmeyeceğine, onların yeniden yaşayacağına, biçimini yeniden bulacağına, hatta ölen ve öldüren arasında özel ilişkiler doğacağına inanılır. Örneğin her öldürdüğü düşman için, öldürenin mezarına bir taş (balbal) dikilir, böylece o düşman öldürenin balbal'ı olur ve öteki dünyada ona hizmet eder. Usulüne uygun öldürülen av hayvanı, tekrar canlanınca onu öldüren avcıya kendini yeniden gönüllü olarak avlatır. Ölünün usulüne uygun biçimde kurban edilen hayvanları, öteki dünyada, yâni gökte ona hizmet sunarlar.

İslâm yazarı İbn Fadlan IX. Yüzyıl Oğuz boylarının ölü törenini şöyle anlatır: «Onlardan biri ölürse, ev gibi büyük bir çukur hazırlarlar. Ölüye ceket giydirirler, kuşağını kuşandırır, yayını yanına korlar, eline nebiz (içki) dolu tahta kadeh tutturup önüne de nebiz dolu bir tahta kap korlar. Bütün mal ve eşyasını bu eve (çukura) doldurup ölüyü buraya oturturlar. Sonra çukurun üzerine topraktan kubbe gibi döşeme yaparlar. Atlarından, servetine göre yüz ya da iki yüz at ya da bir baş at keserler, etlerini yerler. Başını, derisini, ayaklarını ve kuyruğunu sırıklara asıp «Bu onun atıdır, bununla cennete gider» derler. Bu ölü, yaşamında adam öldürmüş ve cesur bir kişi ise, öldürdüğü adamlar sayısı kadar ağaçtan suret yontarlar ve mezarın üstüne korlar. Derler ki, bunlar uşaklarıdır, cennette ona hizmet ederler»[162].

Göktürklerin taştan balbal'ı Oğuzlarda tahta suret olur, fakat işlevi değişmez. Hatta Göktürkler, ölüye öteki dünyada hizmet etsin diye öldürdüğü düşmanların yanı sıra insan da kurban ederler. Orhun yazıtlarına göre, ölen Tonga Tigin için, Tongra boyundan on er kurban edilir[163].

Öldürme, usulüne uygun yapılmalıdır. Ruh ya da yaşam gücü, kan içinde bulunduğundan, kurbanın kanını dökmekten kaçınmak gerekir*. Kurbanın öteki dünyada öldürene hizmet etmesi için, bu vazgeçilmez koşuldur.

Bundan başka hayvanın kemiklerini kırmadan iskeletini korumak gereklidir. Bu nedenle en küçük bir kemiğin bile kırılmamasına özen gösterilir. Onun için yemekte bıçak ve benzeri kesici araç kullanılmaz. İnanılır ki, kemikleri kırılmadan korunan hayvan, eti yok olsa bile, yeryüzüne yeniden dönebilir. Eğer hayvanın yeryüzüne yeniden dönmesi istenmiyorsa, kemikleri ya-

---

* Osmanlılarda padişahın kardeşlerini öldürtmesi gelenektir. Ne var ki padişah soylularının öldürülmesi, kanı akıtılarak değil, eski Türk geleneğine uygun biçimde yay kirişiyle boğularak gerçekleştirilir. Jean-Paul Roux, eski Türklerde bu kuralın yalnız soylular için değil, bütün insanlar için geçerli olduğu kanısındadır. Hayvanlar açısından da kuralı geçerli sayar (Faune et flore sacrées dans les sociétés Altaiques, s. 39). Cengiz Han Büyük Yasası, kan akıtılmadan öldürme biçimini şöyle düzenler: «Bir hayvan kesilirken bacakları bağlanmalı, karnı açılmalı ve ölünceye kadar kalbi elle sıkılmalıdır, bundan sonra onun eti yenebilir. Ama kim bir hayvanı müslümanların usulünce keserse, o da aynı biçimde kesilmelidir» (Mogol Kanunları, Coşkun Üçok çevirisi, s. 143). İslâmda kanı akıtmak, kanı etten ayırmak gereklidir.

kılır. Fakat yanmakla da hayvan yok olmaz, göğe gider*.

Hayvanın yaşamına karşı gösterilen bu özen, gerçek hayvan cenaze törenlerine yol açar: İskelete zarar gelmesin diye cesedin yüksek yerlerde ve ağaçlar üzerinde teşhiri, yakılma, gömme ve hatta mumyalama gibi. Yakın zamanlara kadar Sibirya'da ayı mezarlıkları bile görülür. Çok eskilerde, insan cenaze törenleri ile hayvan cenaze törenleri arasında belki de pek fark yok idi...

Anadolu'daki Yörükler, Sürübaşı denilen, koyun ve keçi sürülerinin beyleri durumundaki hayvanlar ölünce, cenaze töreni düzenlerler. Onları bir beze sararlar ve mezarlarının üstüne taş yığarlar. Ünlü atlar için daha büyük bir özen gösterilir. Ölünce sâhibi cenaze töreni yapmakla yetinmez, bir mezar taşı da diktirir. Taşın üzerine bâzen atın adını, hatta soy kütüğünü yazdırır. Üsküdar'da Sultan Genç Osman'ın atının mezarı, evliyalığa ulaşır. «At evliyası»nın hasta hayvanları iyileştirdiğine inanılır. Bunlar Orta Asya şamanist inançlarının Anadolu'daki kalıntılarıdır.

İNSAN - HAYVAN ÖZDEŞLEŞMESİ

Kökeni ve sonu insanınkiyle aynı olan hayvanın bütün yaşamı, yoğunluğu farklı olsa bile, insan yaşamıyla aynı biçimde ve aynı koşullarda geçer. Gök kökenli hayvan da, herşeyden önce göğe bağımlıdır. Orhun yazıtlarındaki deyimle, Tengri onun da büyük Tanrı'sıdır. O da Gök Tanrı'ya yakarır, kut ister. Irk-bitig'de geyik, Tanrı'ya seslenir :

---

* Muğla bölgesinde Yörükler, bir geyiğin kemiklerinden yeniden doğuş efsanesini anlatırlar: Bir avcı geyiğin iskeletini yeniden biçimlendirirken, bir kaburga kemiğinin olmadığını görür. Tahtadan kaburga kemiği yapar. Böylece can kazanan geyik, yeniden öldürülünce, bir kaburga kemiğinin tahtadan olduğu görülür.

«Ben dokuz boynuzlu Sığan Geyik'im. Dizlerimin üzerinde yükselerek bağırdım. Yukarıda Tengri işitti...»

Buryat'larda aç kurt, Tanrı'dan karnının doyurulmasını diler, Tanrı işitir ve bir koyun yollar.

Hayvan türü, insan türü gibi yuvarlak göğün altında kut ile donatılmış biçimde yaşar. Irk-bitig'de yolunu şaşıran aynı yolun yolcusu insan ve hayvan Tengri'nin kut'u sâyesinde yollarını bulurlar ve aynı yerde sağlık ve sevince kavuşurlar :

«Yukarıda sis, aşağıda toz oldu. Kuş yavrusu uçarken kayboldu. Geyik yavrusu koşarken kayboldu. İnsan oğlu yürürken kayboldu. Ama üçüncü yılda, Tengri'nin kut'u sâyesinde hepsi buluştular. Biribirlerini kutladılar ve sevindiler».

Nasıl bir boy üyesinin suçundan bütün boy sorumluysa, bütün hayvanlar ve şeyler de sorumludur. Dede Korkut'ta Dirse Han, çevresinin iftiralarına inanıp avda tuzağa düşürdüğü oğlunu yaralar ve Kazılık dağında ölmeye bırakır. Kendine gelen oğlanı anası bulur. Oğlan, anasına Kazılık dağının suyunun, otlarının, geyiklerinin, aslan ve kaplanının yaralanmasında suçu olmadığını, suçun babasına ait bulunduğunu özenle belirtir ve onları kötülememesini ister :

«Akarlıda (akanlardan) sularına ilenme
Kazılık dağının suyunun günahı yoktur
Bitelide (bitenlerden) otlarına ilenme
Kazılık dağının suçu yoktur
Kaçar geyiklerine ilenme
Kazılık dağının günahı yoktur
Aslanıyla kaplanına ilenme
Kazılık dağının suçu yoktur
İlenirsen babama ilen
Bu suç, bu günah babamdandır».

Görüldüğü üzere, «yaşamın birliği» görüşü çerçevesinde, otlar, sular, dağ, hayvanlar ve insan kollektif olarak tüm sorumludurlar. Oğlan uyarmasa, tümünün lânetlenmesi gerekebilir. Cengiz Han'ın bir kızı, Nişapur kenti önünde öldürülen kocasının öcünü almak için ordunun komutasını alır, kente girer, köpek ve kedilere değin suçlu bütün canlıları acımasız biçimde öldürtür.

Yıldırım, Gök'ün kızgınlığının belirtisidir. Yıldırıma çarpılana kötü gözle bakılır. Yıldırımın çarptığı hayvanın eti yenilmez. Olaydan yalnız hayvan değil, hayvanın sâhibi de sorumlu tutulur, dövülür ve cezalandırılır. Hayvan-insan böylece özdeşleştirilir. Günümüzdeki Anadolu öykülerinde de bu özdeşleşme görülür. Köylüler, tilkilerin ne zaman düğün yaptığını bilirler, yılanların mâtem tuttuğunu, doğumları kutladığını söylerler.

Irk-bitig'de hayvanların başlarına gelenler, iyiye ve kötüye yorulur. Edgü iyi, yablak ise kötüdür: Av hayvanı kaplanın ava gidip avını bulması edgü'dür. Ama yaban keçisinin sert bir kayaya tırmanarak kaplanın pençesinde ölmekten kurtulması da edgü'dür. İneğin buzağılamada zahmet ve acı çekmesi, yavrulayan kadın gibi «ölüyorum» demesi yablak'tır, ama sonunda beyaz benekli erkek bir buzağı doğurarak kurtulması edgü'dür. Tavşan avlamak için «gökten inen» kartalın pençesini yırtması yablak'tır. Karaca yavrusunun «susuz ve bitkisiz» kalması, turna kuşunun her zaman konduğu yerde tuzağa düşmesi kötüdür[164]. Böylece evrenin uyumu bozulmuş olur. İnsan ve hayvanın «alın yazısı» benzer olduğundan uyumun bozuluşu insan için de kötü sayılır. Boyundan kovulup atı üzerinde bozkırda dolaşan Bodoncar, «atım ölürse öleceğim, yaşarsa yaşayacağım» der.

GÖK TANRI

Orta Asya bozkırlarında kurulan Hun, Göktürk, Mogol gibi çeşitli boy konfederasyonlarında en büyük Tanrı, Gök Tanrı'dır. Gök Tanrı, gökteki bütün yıldızları, güneş ve ayı kapsayan nesnel bir varlıktır. Bu göksel cisimlerin bütününe tanrı denilir. Onların da canlı olduğuna, ruh taşıdığına inanılır. Tanrı (Tengri) deyimi, hem nesnel gök'ü, hem de gök'ün ruhunu belirtir. Gök (mavi) sözcüğü, Tengri'nin sıfatı olarak kullanılır. Ancak budist ve manihaist Türk metinlerinde, nesnel gök (sema) ile tanrısal gök ayrılır. Sema için Tengri yerine «Kök = Gök» deyimi yer alır. İslâmiyeti kabullenen Türkler de «Allah» kavramını Tengri ile, sema kavramını da «gök» sözcüğü ile anlatırlar. Gök, mavi renk olmaktan çıkıp sema anlamı kazanır. Hava anlamına gelen «kalık» sema yerine bir süre kullanılırsa da tutunmaz, unutulur.

Kat kat düşünülen semada yaşayan Gök Tanrı, insandan farklı düşünülmez. Onun da sarayları, adamları, atları vardır. Yer, içer ve eğlenir. Çağdaş Altaylıların gökte altın tahtta oturan en büyük tanrısı Ülgen'in, gökün çeşitli katlarında oturan birçok oğulları, kızları ve yardımcıları bulunur. Abakan Türkleri, Gök Tanrı'nın çadırından bile söz ederler. Demirkazık Yıldızı'na tanrılar atlarını bağlarlar.

Göksel cisimlerin tümü, Gök Tanrı'dır, fakat onu teşkil eden güneş, ay, yıldız vb. gibi her cisim de ayrıca tanrı sayılır. Örneğin Hun hükümdarı, her sabah çadırından çıkarak güneşe ve geceleri de aya tapar. Mogollar da güneş ve ayı ulularlar. Cengiz Han güneşe dönerek göğsünü yumruklar ve güneş yönünde dokuz kez secde eder. Hunlar, Mogollar vb. bir işe girişmeden önce, ayın ve güneşin durumuna bakarlar. Çağdaş Yakutlara göre, iki kardeş olan güneş ve ay, tanrıdırlar. Çağdaş Altaylılarda güneş ana, ay atadır*. Yıldızlardan Solban (Zühre) tanrı sayılır. Solban, at sürüsüne sâhiptir, atları korur. Fakat bütün bunların tümü, yine tek bir Gök Tanrı teşkil ederler.

---

* Grenard, alevilerde güneş ve ay kültü olduğunu yazar (Les Kyzıl-Bachs, Journal Asiatique, 1904, s. 520). Hasluck, «Doğan ve batan güneşe taparlar» der (Jean-Paul Roux, Les Traditions des nomades de la Turquie, s. 120).

İKİNCİL TANRILAR

Gök Tanrı, insan ve hayvanın tek tanrısı değildir. Daha birçok tanrılar vardır. Gerçi Orhun yazıtlarında bir kez geçen Umay Tanrıça'nın dışında hep Tengri'den ve Gök Tengri'den söz edilir, ama unutmamak gerekir ki bu belgeler kaganlara aittir ve Gök herkesten önce hükümdarın tanrısıdır. Türk Bilge Kagan yazıtlarda kendini «Tengri gibi Tengri'de (Gök'te) olmuş, Tengri gibi Tengri yaratmış» diye tanıtır. Babası İlteriş Kagan'ı ve anası İlbilge Hatun'u «Tengri tepesinden tutup yukarı kaldırır» ve Türk budunun başına geçirir. Kagan, bütün başarılarını, Tanrı öyle buyurduğu için (Yarluk aduk üçün) kazanır, daha 14 yaşında Tarduş boylarının başına Şad olur, düşmanları yenip bağımlı kılar, ölecek budunu diriltir. Tonyukuk'a göre, kaganını bıraktı diye Türk budunu Tengri öldürür.

Gök Tengri ile bu kadar yakın ilişkisi olan kagana ait yazıtların, ikincil tanrılar üzerinde durmayışı doğaldır. Tonyukuk, Batı Göktürklerin Onok denilen boylarının çok sayıda askerle gelmesi üzerine, beyler savaştan korkup geri dönmek isteyince, «kaçmayın, korkmayın» diye Tengri'nin yanı sıra Tanrıça Umay'ın ve «Iduk yer su»yun* «baskı» yaptığını, bu sâyede düşmanın yenildiğini yazar. Umay, yeni doğmuş bebeklerin, çocukların ve doğumların koruyucu tanrıçasıdır. Yazıtlarda Bilge Kagan, annesini Umay Tanrıça'ya benzetir.

* «Iduk yir sub», Ötüken ormanı, Tamir nehri kaynağı vb. gibi hayvan ve bitkilerine el sürülemiyen serbest (Iduk) yerlerdir. Bu nedenle o yerler kutsallık kazanır ve ıduk sözcüğüne kutsal anlamı verilir. Fakat bu yerler ıduk'tur, tengri değildir. Göktürklerde Gök Tengri gibi, bir de yer tengrisi vardır. Uygur Şine Usu yazıtlarında da Tengri-yer geçer. Jean-Paul Roux, bir de «zaman tanrısı»ndan (Öd Tengri'den) söz ediyorsa da, hakkında yeter bilgi yoktur. Öd Tengri, belki de Gök'ün özel bir yönüdür (Les Traditions des nomades de la Turquie, s. 117).

Yakutlarda Ayısıt adını alan Umay, bir «bereket tanrıçası»nın bütün niteliklerini taşır. Ayısıt, genç analar ve bebekler gibi, aynı durumdaki hayvanlarla yavrularını da korur. İlk üç gün kısrak ve tayı Ayısıt Tanrıça'nın himayesindedir.

Çin kaynaklarından öğreniyoruz ki, Göktürklerin bir yer tanrısı ya da tanrıçası vardır. Gök Tanrı'ya Tamir ırmağının kaynağında kurban sunulurken, anlaşıldığına göre Yer Tanrı'ya, Çinlilerin Po-teng-ning-li (Po Tengri-Yer Tanrısı) dedikleri Ötüken'den 250 kilometre kadar uzakta, bitki ve ağaç bitmeyen bir dağda kurban sunulur*. Orhun yazıtlarında «Üstte Tanrı, altta Yer buyurduğu için» Türk budunun zenginleştiği anlatılır. Böylece Gök ve Yer Tanrıları bir çift teşkil etmekte, Gök Tanrı gibi Yer Tanrı da insanları korumakta, iradesi altında tutmaktadır. Yine yazıtlarda «gök ve yer karıştığı için» Oğuzlar ile Türklerin biribirlerinden ayrıldığı belirtilerek Gök-Yer ikiliği ve bunun insanlar üzerindeki etkileri üzerinde durulur.

Göktürklerin Yer Tanrısı (ya da tanrıçası), Mogollarda Etügen adını alır. Adın kutsal Ötüken dağı ile bir ilgisi bulunmalıdır. Tanrıça'dan kadınları, oğulları, hayvanları ve hububatı koruması, sürüleri ve ürünleri çoğaltması beklenir. Yer Tanrıçası, çağdaş Yakutlarda, bitkilerin büyümesini ve yavruların doğuşunu cesaretlendirir.

İbn Fadlan, Başkurt Türklerinin tanrıları hakkında şu bilgiyi verir :

«Başkurtlar... ağaç, hayvan, insan... yer gibi varlıkların herbiri için ayrı ayrı birer tanrı bulunduğuna, en büyük tanrının da gökte yaşadığına inanırlardı».

Müslüman Türk Kaşgarlı Mahmut, bu çok tanrılılığı ünlü lûgatında «Tanrı» sözcüğünü açıklarken eleştirir :

---

* Budunun koruyucusu ruh, bu dağdadır; oraya «Budun inli» denir. Prof. İnan, orayı budunun koruyucusu Tanrı'nın yaşadığı dağ sayar (Şamanizm, s. 5).

«Tanrı - Yüce ve ulu Allah... Helâk olası kâfirler göğe de 'Tengri' derler. Yine böyle büyük bir dağ, büyük bir ağaç gibi gözlerine ulu görünen her nesneye Tanrı derler. Bundan dolayı da buna benzer nesnelere yükünürler (secde ederler)»[165].

«ÇOK TANRILILIK İSTİLÂSI»

Eski Türklerde kuşkusuz ateş, su, dağ vb. tanrı mertebesine çıkarılmıştır. Fakat bunlar ateş, su ve dağların sâhip ruhlarından pek az ayrılırlar. Tanrılar ve ruhlar biribirlerine karışırlar ve bu çerçeve içinde, iyice belirlenmiş olmamakla birlikte, Ateş Tanrı, Su Tanrı ve Dağ Tanrı'dan söz edilebilir.

Dağ belki de eski Yer Tanrısı'nın bir anısı olduğundan ya da Gök Tanrı'ya kurbanlar dağ tepelerinde sunulduğundan tanrısallık kazanır. Çağdaş Altaylı Şor ve Belter'ler, dağ tepesinde Gök Tanrı'ya verilen kurbana «Tanrı-gök kurbanı» derler. Tepeleri göğe değen dağlar ile Gök (tanrı) biribirine karışır. Gerdizî, eski Türklerin dağların «tanrı makamı» olduğuna inandıklarını yazar. Kaganlar da dağlarda otururlar. Ötüken dağı, Türk imparatorluklarının kutsal merkezidir. Orta Asya dağlarının çoğu yakın zamanlara kadar «büyük ata», «büyük hakan» diye anılır: Han Tanrı, Buztağ Ata dağları gibi. Altaylı şamanlar, dualarında doğrudan doğruya Altay'a seslenirler :

«Üzülmeyelim, Tanrı var; tasalanmayalım, Altay var. Altayım diye tapınıyoruz».

Anadolu'da da Yörükler, göçlerde Toros dağları ruhlarına kurban sunarlar. Alevîler, Edremit Körfezi'ndeki Kaz dağını ziyaret ederler ve oradaki Sarı-kız'ı ulularlar.

Dağlar gibi sular da tanrısallığa yaklaşır. Gerdizî'ye göre, XI. Yüzyılda İrtiş kıyılarında yaşayan Kimek-Kıpçaklar, «İrtiş ırmağına taparlar, su Kimeklerin tanrısı» derler. Orhun yazıtlarında kutsal su kaynakları belirtilir. Bu nedenle suların kirletilmesinden kaçınılır. VI. Yüzyılda devletlerini Göktürklerin yıktığı Juan-Juan'ların suda elbise ve ellerini yıkamadıklarını, kapları boşalınca onları temizlemek için yağladıklarını Çin kaynakları belirtir. Müslüman İbn Fadlan, Oğuzların sudan kaçtıklarını yazar:

«Küçük ve büyük abdestten sonra temizlenmezler, yıkanmazlar. Suyla hiçbir temasları yoktur».

Çağataylarda gündüz akar suya girmek yasaktır. Suya işeyen ve sümküren idam edilir. İslâm yazarı Cüveynî şöyle der:

«İlkbahar ve yaz aylarında kimse gündüz suya giremez. Akar suda ellerini yıkayamaz. Gümüş ve altın kaplara su dolduramaz... Suyun ruhu, temiz olmayan şeylerle kirletilmemelidir».

Cengiz Han, suya saygıyı yasalaştırır ve suya saygı Anadolu Türk boylarında da sürer. İslâm Tahtacılar suyu kirletiyor diye abdest almaya karşıdırlar. Suya işemek ve tükürmek, Tahtacılarda en büyük günahlardan biridir. Bu nedenle, tuvaletlerde su bulunmaz. Okullarda Tahtacı çocuklarının tuvalete girdiklerinde musluğu açtıkları, fakat su kullanmadıkları görülür. Bu davranış kutsal suya saygının, suyu kirletmekten çekinişin sonucudur. Eski Türklerdeki su kültü, Ab-ı Hayat temasını yaratır. Bu yaşam suyu ile ölümsüzlük kazanılır.

Su gibi, güneş ve aydan indiğine, yâni gökten geldiğine inanılan ateş de tanrısallığa ulaşır. Batı Göktürkler ateşe olağanüstü bir saygı gösterirler. Ateşin temizleyici gücüne inanırlar. Bizans elçilerini, kötülüklerden arınsınlar diye, alevler içinden geçirirler. Kırgızlar, «Ateş en temiz şeydir; ateşe düşen herşey temiz olur» derler. Damadın boyuna gelen gelin bile, ilkin iki ateş arasından geçirilerek temizlenir. Anadolu'da Tahtacılarda, küçükler ve büyükler, özellikle hasta olunca, iki ateş arasında yürütülür. Altaylılarda ateşi su ile söndürmek, ateşe tükürmek, ateşle oynamak kesinlikle yasaktır. Şaman törenlerinde «ateş ana»ya kurbanlar sunulur ve dualar okunur:

«Sen ateş anamız. açları doyurdun, üşüyenleri ısıttın... Karanlık gecelerde bizi (kötü ruhlardan) koruyorsun... Siyah yanaklı beyaz koç sana kurban olsun».

Daha alt kademelerde pek çok ikincil tanrılar ya da güçler vardır. Bunların en ilginçlerinden biri, evin kapısının eşiğine ya da kapının çerçevesine yerleşmiş bulunan büyük güçtür. Bu çok çekinilen güç, eve mutluluk sağlar. Bir şefin kapısının eşiğine basan kişi öldürülür. Zira orada evin koruyucu gücü, bir cins «eşik tanrısı» yaşar. Eşik, Bektaşilerde de bellibaşlı tabu'dur. Eşik, Ali'nin simgesi sayılmakla birlikte, büyük bir olasılıkla Orta Asya kökenlidir. Nitekim Tahtacı boylarında, en ilkel bir barınağın kapısına bile hemen tahtadan bir eşik konulur. Göçlerde eşik tahtası, saygıyla korunur. Ziyaretlerde eşik öpülür. İhtiyarlar eşiğe basanların boğazına sarılırlar.

Kısaca bozkır boylarında eski tarihlerden beri çok tanrılılık vardır. Fakat Gök, bütün tanrılara üstün tutulur. Daha yakın zamanlara gelince, belki de ayrıntılı belgelerin elde bulunması nedeniyle, tanrıların sayıca arttığı, hayvan ve bitkilerin sâhibi ve koruyucusu olan tanrıların çoğaldığı görülür. Jen-Paul Roux, buna «çok tanrılılık istilâsı» der[166].

Eski tarihlerden beri bu tanrıları ve hayvanların koruyucusu ruhları temsil eden putlara rastlanır. MÖ. 121 yılında Çinliler, Hunların bir altın putunu ele geçirirler. Çin kaynakları, «âdetleri her bakımdan Hunlarınkine benzer» dedikleri Göktürklerin keçe putları hakkında şu bilgiyi verirler:

«Tanrıların tasvirlerini keçeden yontarlar ve deri torba içinde saklarlar. Bu tasvirler içyağı ile yağlanır. Aynı zamanda sırık üzerine de dikilir»[167].

Bir kısmı genç hayvanların ve süt üretiminin koruyucusu ve sürülerin bekçisi olan bu putlara, sürülerin ve kısrakların ilk sütleri sunulur. Yiyip içmeye başlamadan önce onlara yiyecek ve içki verilir*.

İhtisaslaşmış tanrıların çoğalması, bozkırın insan, hayvan, bitki ve şeyleri aynı sayan yaşam birliği ilkesini bozmaz. Zira sayıca çok da olsalar, bu üstün varlıklar biribirlerinden farklı değillerdir. Biçim ve yoğunluk bakımından farklılaşırlar ama, onların hepsi sonuçta yaşam gücü kaynağının ifadeleridir.

İNSAN, EN ÜSTÜN VARLIK DEĞİL

Yaşam birliği, bütün yaşayanların eşit olduğu anlamına gelmez. İnsan türü nasıl - yaşam koşulları az farklı olmakla birlikte - bey, kara budun, köle gibi hiyerarşize olmuşsa, hayvanlar, bitkiler ve şeyler de kendi içlerinde ve biribirlerine karşı bir hiyerarşi tanırlar. Bu sınıflandırma, Jean-Paul Roux'ya göre, yaşam yoğunluğundaki eşitsizliklere göre yapılır[168].

Günümüzde insanın öteki varlıklara üstünlüğü tartışılmaz. Marksizm, insanın cenneti yeryüzüne indireceği inancındadır. Bozkır insanı ise aksi kanıdadır, kendini evrenin efendisi ya da sâhibi saymaz. Zayıflığını, sınırlılıklarını ve başarısızlıklarını devamlı gözler. Onu çevreleyen varlıkların gücünü, etkinliğini ve başarılarını görür: Ateş insanı ısıtır, yiyeceğini pişirir, onu zararlı ruhlardan korur, fakat bir anda da bütün zenginliklerini yakıp yok edebilir. Nehirlerin suyu aralıksız akar. Gökten düşen su ateşi söndürür ve bitkileri kısa sürede topraktan fışkırtır. En eski ataların diktikleri ve üzerine yazılar yazdıkları taşlar, bozulmadan yüzyıllarca kalır. Taş, «bengü», yâni ölümsüzdür. Taş, değişmeyen, yenilenmeyen statik yaşamın simgesidir. Yapraklanan ve yapraklarını yitiren ağaç ise, ölüm ve yaşam evreleriyle dinamik yaşamın simgesidir.

---

* Yakutlarda bugün Gök Tanrı'ya ve öteki tanrılara değil, bütün ruhlara ve hatta ruhları ve ölüleri temsil eden putlara da tanrı denilir (A. İnan, Şamanizm, s. 28).

üstünlüğünü yalnızca boyu, heybeti ve uzun yaşamı ile değil, devamlı yenileşme yeteneğiyle gösterir.

«UZAY YOLCULUĞU» AĞAÇ İLE YAPILIR!

Ağaç, ateş, su, kaya gibi insanı çok aşan bir varlıktır. Kaşgarlı Mahmut, «Türkler ulu bir ağaç gibi göze büyük gözüken herşeye tanrı adını verirler» der. Dede Korkut, er olsun avrat olsun, herkesin ağacı saydığını ve çekindiğini belirtir. Orta Asya'da bin yaşında, beş kollu, büyük gövdeli ağaç, bölgede en çok sayılan şeydir. Bu büyük ağacın yanından geçerken, eller biribirine bağlanır, diz çökülür ve saygı sunulur. Yakutlarda, bir armağan vermeden kutsal ağaçların önünden geçilmez. Anadolu'da ağaç kültünün kalıntıları yaşar. Adana'da Dörtyol ile Çay arasındaki «Cennet Ana» denilen yerdeki ağaç, hasta çocuklara öptürülür. Tahtacı kadınlar ağaca sarılıp kısırlıklarından kurtulurlar. Yörük boylarında, kutsal sayılan ağacın yanında yere uzanılmaz. Orada hayvan öldürmek de yasaktır. Kutsal ağaçlar kirletilmez, kesilmez, dokunulmaz. Evliya Çelebi, «ağaca tapan âdemi kavmi»nden söz eder.

Geçimi ağaçtan olan Tahtacılar, ağacı âdeta özür dileyerek keserler. Ağaç kesiminden önce tören yapılır. Kurban sunulur, eti birlikte yenilir ve ancak ondan sonra ağaç kesimi meşru olur*.

Kayın, özellikle kutsal bir ağaçtır. Altaylılar kayının Umay Tanrıça ile birlikte gökten indiğine inanırlar. Kayın ağacına kurban sunarlar.

Tek ağaç gibi, koru ve ormanlar da kutsal sayılır. Tek tek ağaçların ruhları çoğalarak ormanın kollektif ruhunu teşkil ederler. Orhun yazıtlarında Ötüken or-

---

* Anamur Tahtacı boyunun Patırlar obasında, Orman İdaresi Müdürü ve yardımcısı Çetintürk'ün iddiasına göre, kesimden önce obanın bütün kadınları, bütün erkekleri temizler ve tuvaletlerini yaparlar (Jean-Paul Roux, Les Traditions des nomades de la Turquie, s. 200).

manı kutsal (ıduk) sayılır. İran'da Karakoyunlu alevî Türklerin oturduğu Sofu köyünün çevresindeki orman kutsaldır. Bu ormanın ağacı kesilmez. İlkbahar gelince, Karakoyunlular bu ormanın ağaçlarına çiçek bağlarlar, kurban keserler.

Ağaç, kökleri ile toprağın derinliklerine iner, dalları ile Gök'e ulaşır. Dede Korkut'ta Kazan'ın oğlu Uruğ, ağaç ile söyleşirken,

Başını alıp bakacak olsam, başsız ağaç
Dibini alıp bakacak olsam, dipsiz ağaç

diyerek, ağacın yeraltında ve gökyüzünde sonsuza ulaştığını belirtir. Böylece yeraltı ve gökyüzü ile devamlı bağlantısı olan ağaç, giderek oralara ulaşma yolu olur. Gök'e ağaç ile tırmanılır.

Giderek ağacın yerini bir sırık ya da direk alır. Direk ve sırık yüksekliğin, göğe tırmanışın simgesidir. Gök'e kurban kesilirken ve «bozkırın uzay adamı» şaman gök gezisine çıkarken ağaç ve sırıklardan yararlanır. Kurban edilen hayvanın ruhu, ağaç ve sırıkların çizdiği «gök yolu»nu izleyerek Gök'e ulaşır. Şaman, çadır içine yerleştirilmiş ve tepesi çadırın duman deliğinden çıkan bir ağaç ya da sırık aracılığıyla gök yolculuğuna çıkar*. Radlof, şamanın yolculuğunu[169] çarpıcı biçimde anlatır: Tören iki gece sürer. İlk gece şaman güneş batınca bir kayın ağacı ormanına girip uygun yer seçer ve oraya çadır kurulur. Şaman çadırın içine gövdesine önceden dokuz basamak oyulmuş bir kayın ağacı yerleştirir. Kayının yaprakları duman deliğinden çıkar. Sonra şaman, sırtına bir kayın dalı yerleştirdiği açık renk bir at seçer. Çadıra girip kapanır ve gök yolculuğuna hizmet edecek yardımcı ruhları çağırır. Bu ruhlar kayın ağacı yolunu izleyerek gelirler.

İlk geceki bu tören danslar, şarkılar ve kurbanın öldürülmesiyle son bulur. İkinci gece gök yolculuğu

---

* Duman deliği zâten, o çadırda (yurt) yaşayan ailenin gök ile iletişim yoludur .

başlar. Şaman, çadırdaki kayın ağacı çevresinde dönerek Gök'e tırmanmaya koyulur. Kayın gövdesinde oyulmuş her basamak, Gök'ün bir katını temsil eder. Gök'ün katlarında tanrılar insanlar gibi yaşarlar. Şaman kayın ağacı çevresinde dönerek ve basamaklarına ayağını koyarak gök katlarını birer birer tırmanır. Gücüne göre yedinci, dokuzuncu ve hatta daha yüksek katlara çıkar. Tanrılarla konuşur.

Radlof'un anlattığı ağaç yoluyla gök gezisi, yakın zamanlara aittir. Fakat hayvan sanatı bronzları ve şaman davulları üzerindeki resimler, çok eski tarihlerden beri ağacın gökün ya da evrenin ekseni sayıldığını gösterir. Devamlı dönen evren gibi, evrenin ekseni çevresinde dönerek ölüler ve şaman göğe tırmanırlar*.

HAYVANIN İNSANA ÜSTÜNLÜĞÜ

Görüldüğü üzere, «gök yolu» olan ağacın, evrende insanı aşan yüce bir yeri vardır. Bu nedenle ağaç, ateş, su, dağ gibi tanrısallaştırılan güçlere daha yakındır. Hayvan ise, insan türüne yakındır ve ona daha çok benzer. Bu son iki türü ayıran çizgi çok az belirlidir.

---

* Eski Çin kaynakları, gök ekseni etrafında dönüşlerle ilgili kısa bilgiler verirler: Göktürklerde kagan seçilen kişi, bir keçe üzerinde havaya kaldırılarak, güneşe göre dokuz kez çevrilir. Yine Göktürklerde ölünün çadırı etrafında atla dokuz kez dönülür. Uygurlarda kurban için ormanın ağaçları çevresinde dönülür. Böylece, devamlı dönen evrenle bütünleşilir. Gerçekte ölünün çadırı çevresinde değil, Çin metinlerinde belirtilmeyen gök ekseni çevresinde dönülür. Bu eksen ağaç ve sırık olabilir. Ölü, eksen sâyesinde göğe tırmanır. Dönmelerle ölünün evrenin hareketine uyumu sağlanır.

Kaganın dokuz kez havada çevrilmesini açıklamak ise daha güçtür. Belki o da hiç değilse bir kez şaman gibi gök yolculuğu yapıyordur. Belki de göksel kökenli hükümdar, küçük Kozmoz sayılarak, ondaki kozmik ritim güçlendirilmek istenmektedir. Ayrıca unutmamak gerekir ki, eksen yalnızca göğe gidiş yolu değil, gökten dönüş yoludur. Göksel kagan, belki de havada dokuz kez çevrilerek gökten yere yolculuk yapmaktadır (Jean-Paul Roux, Faune et Flore sacrées, s. 62).

Bozkır insanı, hayvanı kendine yakın bulmakla kalmaz, ona üstünlük de tanır. İnsanda olmayan adale gücü, yön bulma ve koku alma duygusu, görüş keskinliği vb. hayvanın üstünlüğünü belirler. At, binicisi yolunu şaşırdığı zaman, yolunu bulmasını bilir. Deve, çölde su kaynaklarının yerini keşfeder. Öldürücü çöl fırtınasını önceden sezip yere yatar ve başını kuma sokarak insanı uyarır. Devenin bu işareti üzerine insanlar hemen yere yatar ,ağız ve burunlarını kapatıp ölümden kurtulurlar. Nehir, bozkır insanı için çok kez aşılması güç bir engel teşkil eder. X. Yüzyılda Oğuzlar, Volga nehrini ancak kışın nehir donduğu zaman aşabilirler. Balık ise yüzmesini bilir. Uçmak daha da önemlidir. Göğe çıkmak için yalnızca ağaçtan «gök yolu» yetmez, kanatlı bir hayvanın yardımı gerekir.

Doğa olaylarını hayvan, insandan daha iyi tanır ve önceden hisseder. Yeniseyliler baharın gelişini sincabın kürkünün gri renge dönüşmesiyle anlarlar ve kutlarlar. Bu nedenle hayvanların ve bitkilerin yaptıklarına uymak ve onlarla aynı zamanda davranmak (koordinasyon), evrenle uyumlu olmak için iki yararlı önlemdir. «Attila ve Hunlar» yazarı F. Altheim, Hunların kişisel eylemlerini, hayvan eylemine yönelttiklerini, onu «belirleyici model» aldıklarını[170] ileri sürer.

Hayvanın başına gelen bir mutluluk ya da felâket, insanın mutluluk ve felâket belirtisi sayılır. Dede Korkut'ta Kazan Bey, önüne bir kurt çıkınca, «Kurt yüzü mübarektir» der*. Hunlar, kuşu hayırlı sayarlar. İbn Fadlan'a göre, Bulgar Türkleri, köpek ulumalarını «bolluk, bereket ve mutluluk» habercisi diye sevinçle karşılarlar. Göktürklerde ise aşırı köpek uluması felâket getirir: «Gökten üç gün kar yağar, bu üç gün zarfında pek çok köpek geceleri ulur. Köpekleri ararlar, bulamazlar. Az sonra kagan hastalanır ve ölür»[171]. Ya-

---

* Sıvas ve Tokat'ta bir yolcunun önüne tavşan çıkarsa kötüye, kurt çıkarsa iyiye yorulur.

kutlarda guguk kuşu ölümü, dağ tavuğu yağmuru, tavşan kuraklığı bildirir. Attila, kuşattığı bir kentin damlarında yuvalanmış leyleklerin vakitsiz göçünü, kentin düşeceğinin kanıtı sayar. Düşmanlarından ormanda gizlenen genç Timuçin, artık meydana çıkacak iken, atının sırtından eyeri düşünce, bunu Tanrı'nın «yerinde kal» biçiminde bir uyarısı diye değerlendirir ve ölümden kurtulur. Kısaca, daha üstün bir yaşam derecesine sâhip bulunan hayvanın olacakları bildiğine inanılır.

TAKVİMİ HAYVANLAR SAPTAR

Türk ve Mogollarda zaman sınıflaması için hayvanlar seçilir. Bozkırda kullanılan «12 Hayvan Takvimi»ne göre, her yılı bir hayvan temsil eder. Orhun yazıtlarında Kül-tegin koyun yılında uçar, yâni ölür. Sıçan, öküz, kaplan, tavşan, ejder, yılan, at, koyun, maymun, tavuk, köpek, domuz «12 Hayvan Takvimi»nde yılları belirler. Takvimin Türk kökenli* olduğunu ileri süren Prof. Osman Turan, «Türklerin zamanı bile, uğraşları ve inanışları nedeniyle hayvanlarla ilgili bir sisteme bağlamalarını, onların ilkel ve göçebe yaşamı sürdükleri bir döneme çıkan bir düşünüşe indirger»[172].

Anadolu'da göçebe çoban Yörüklerin takvimi, tamamen hayvanların yaşam ritmini yansıtır. Yörük takvimi, hayvanların gündüz gölgede uyuduğu, gece otladığı «Eşme» ayı ile başlar. Eşme ayı, Temmuzdan 20 Eylüle kadar sürer. Onu hayvanların gündüz otladığı, gece uyuduğu «Kara Yatak ayı» izler. Kara Yatak, Aralığa kadar sürer. Sonra hayvanların ahırda (çardak) tutulduğu «Çardak ayı» gelir. Martta da «Göç ayı»na girilir.

Eşme ayının başları «koç katımı» ve «teke katımı»nı belirler. Katım, erkek hayvanların dölleyecekleri dişi hayvanlar arasına sokulması anlamına gelir. Döl-

---

* Batılı uzmanlar bu görüşü paylaşmıyorlar.

lemeden önce erkek hayvanlar bir ay kadar (genellikle 15 Temmuz - 15 Ağustos arası) yalıtılırlar. Yalıtma dönemi sona ererken, boy üyeleri toplanırlar ve «katım» gününü kararlaştırırlar. «Yüğürmek» denilen çiftleşme günü, boyda büyük bir canlılık görülür. Herkes en iyi giysilerini giyer ve «katım töreni»ne gelir. Erkek hayvanlar törenle dişilerin yanına katılır. Hayvanların boşanması bir süre seyredilir, sonra şarkılar söylenir, danslar edilir. Koç ve teke çiftleşmesini canlandıran «koç katımı oyunu», «teke katımı oyunu» oynanır. Döl ayı da denilen bu katım ayı, insan ve hayvan eylemlerinin koordinasyonu kuralına uygun biçimde insanlar içinde de bir aşk ayıdır.

Eylül ortalarında koç katımı ayı son bulur. Onu kısa süreli güz kırkımı ayı izler. 20 Eylül'de Eşme ayı biter, az hareketli Kara Yatak ve Çardak ayları gelir. Çardak ayının sonlarına doğru, Şubat başlarında, dişi hayvanların karınlarının şişmesiyle «Yelin ayı»na girilir. Yelin ayı, memelere süt gelmesiyle belirlenir. 1-20 Mart dölün gelmesi ayıdır. İlk kuzunun doğuşu, boy içinde sevince yol açar ve törenle kutlanır. «Kuzulama»dan bir ay kadar sonra, yeni doğan hayvanlar güçlenir ve çayıra çıkarlar. 1-20 Nisana «Yuvadan çıkma ayı» denilir. Yavrulara artık anaları süt vermez. Anaların sütü boy için sağılır. Böylece yuvadan çıkış, «ilk sağım» törenlerine rastlar. Yaylaya geliş de aynı zamandadır ve «ilk sağım» coşkunlukla kutlanır. Yuvadan çıkma ayını, 20 Nisanda «Örütmek ayı» izler. Hayvanlar bu ayda geceleri üç saat otlarlar. Sonra 20 Mayıs'ta hayvanların kırkılması ayı gelir. Buna «İlk kırkım ayı» denilir. Daha sonraki ay kuzular kırpılır, buna da «Kuzu kırpım ayı» adı verilir. Nihayet Temmuz başında yeniden Eşme ayına, koç ve teke katımı aylarına ulaşılır.

Görüldüğü üzere, Yörük'ün takvimi, hayvanların yaşam ritmine göre ayarlanır.

HAYVAN BOY VE OYMAKLARI

Her boyun bağlı bulunduğu kendine ait bir «kutsal» yeri, her yerin kendine ait bir boyu vardır. Bu yer, bir küçük evrendir. Bozkırda siyasal, toplumsal, dinsel örgütlenme, hem insanların, hem de belli bir yerin örgütlendirilmesidir.

Büyük ağaçlar ya da kayın ağaçlarının her biri, çarpıcı bir bireyselliğe sâhiptir. Fakat belli bir yerdeki ağaçların, yâni ormanın kollektif bir ruhu vardır. Bu ruh, aynı yerdeki aynı varlıkların ortak ruhudur. Nasıl ki bir insan boyunun da ecdat kültü, damga ve tuğ ile belirtilen bir ortak ruhu varsa, aynı biçimde taş gibi ruh sâhibi önemsiz şeyler, biraraya toplanıp bir taş yığını teşkil edince, yeni bir güçlü ortak ruh kazanır. Taş yığınının ruhuna «obo» denilir. Herhangi bir taşın ruhu zayıftır. Fakat birçok taşın ruhlarıyla birleşince, büyük yaşam gücüne sâhip obo, yâni kollektif ruh meydana gelir. Bâzı seçilmiş yerlere taşlar yığarak bu ruh yaratılır.

Belli bir yerdeki kollektif ruha sâhip ağaçlar ya da taşlar topluluğu, bir taş ya da ağaç boyu teşkil eder. Bozkırda yaşam birliği ilkesine uygun biçimde, ağaç ve taş yığınları da insanlar gibi boy ve oymaklar olarak örgütlenirler. Bitki ve şeylerde boy örgütlenmesi iyice ortaya konamazsa da, insana daha yakın olan hayvanlarda bu örgütlenme, tam bir açıklıkla görülür. Günümüzde bile Sibirya halkları arasında, örneğin Yakutlarda, hayvan prens ve kraliçelerinden, hayvan şamanlarından söz edilir. Anadolu'da Arı-kraliçenin kızı Balkız, Yılanlar kralı ile aşk yaşar.

İnsan ve hayvan arasındaki ilişkiler, bireysel ilişkiler olmadan önce kollektif ilişkilerdir. Birey, daha önce gördüğümüz üzere, birey olarak değil, boy üyesi olarak bir varlıktır. Boydan kovulan birey «adsız»dır, hiçtir. Doğum ve ölüm yalnız ana-babayı değil, bütün boyu ilgilendirir. Birey kendi için değil, boy için çalışır.

Bireyin verdiği bir zarardan bütün boy sorumlu tutulur. Kan dâvası bütün boy üyelerini bağlar. Hayvan boyları bakımından da durum aynıdır. Bu nedenle hayvan-insan ilişkileri, herşeyden önce insan ve hayvan boyları arasındaki ilişkilerdir.

Bu ilişkiler, insan boyları arasında olduğu gibi, ittifak, bağımlılık, tarafsızlık ya da düşmanlık ilişkileri biçimindedir. İttifaklar, askerî ve ekonomik olabilir, evlenmeler yoluyla akrabalık kurulabilir, bâzı hayvanlar insan boyuna alınabilir. Düşmanlık ilişkileri ise, avlarda görülür.

İNSAN VE HAYVAN BOYLARI ARASINDA ÇATIŞMA

Hayvan ve insan boyları arasındaki ilişkiler, ister dostluk, ister düşmanlık ilişkileri biçiminde olsun, sözleşmeye dayalı ilişkilerdir. Savaşta ve özellikle avda öldürme dahi, açıkça olmasa bile öldürülenin rızasını gerektirir. Esasen bozkırda insana verilen savaşla hayvana verilen savaş (av) biribirinden ayrılmaz. Askerî şef, hem en iyi avcı, hem en iyi savaşçıdır. Delikanlıların bir er adına kavuşması, yâni kişilik ve yiğitliğinin tanınması, ister savaşta, ister avda başarı kazanmasına bağlıdır. Hayvana karşı mücadele, insana karşı mücadele ile eş tutulur. Yazıtlarda ölünün öldürdüğü insan sayısı gibi, öldürdüğü hayvan sayısının da belirtildiği görülür :

«Yetmiş yaşıma çıktım ,yetmiş er öldürdüm...
Yedi kurt öldürdüm, panter ve kökmek öldürmedim».

Öldürülen hayvan gibi, insanın da öteki dünyada öldürene hizmet etmesi beklenir. Öldürülen insanın boyu gibi, öldürülen hayvanın boyunun da kan dâvâsı gütmesi ve öç almasından korkulur. Bu nedenle avın sıkı kuralları vardır.

Sürek avlarında, ilk avı kagan ya da şef öldürür. Kagan böylece topluluk adına avın sorumluluğunu yüklenir. Bireysel avlarda bu yükümlülük aile başkanına düşer. Başkanın izni olmadan, çocukları av avlayamaz. Dede Korkut'ta Oğuz beylerinden Dirse'nin, oğlu Bogaç ile arasını açmak için, düşmanları Bogaç'ı babasına «Sen varken av avladı, kuş kuşladı» diye jurnal ederler. Dirse, bunun üzerine «Böyle oğul bana gerekmez» diyerek oğlunu öldürmeye kalkışır. Çin kaynaklarına göre, Hun çocukları kuş, gelincik ve fare öldürebilirler. Ancak büyüdükten sonra tilki, tavşan öldürmeye izin vardır. Cengiz Han da çocukluğunda ufak hayvanlar avlar. Ufak hayvanların öldürülmesi herhalde tehlikesiz sayılır, büyük hayvanların öldürülmesi boy ve aileyi hayvan boyunun öcüne açık bıraktığından, başkanın iznini gerekli kılar.

Hayvanın kanlı öldürülmesi öç tehlikesini artırır. Bu nedenle, olanak ölçüsünde hayvanların, hiç değilse bâzı hayvanların kanlı öldürülmesinden çekinilir. Kaşgarlı Mahmut'un yapıtında yer alan bir şiir, tilki ve yaban domuzlarının taşlanarak öldürüldüğünü belirtir. Topuz ya da çekiçle vurarak avın öldürüldüğü görülür. Türkçede bugün de yaşayan «tepelemek» sözcüğü, avın kan dökmeden başına vurularak öldürülmesini anlatan bir deyim olsa gerektir. Kazaklar yakın zamanlara değin, birçok av hayvanını ok ve tüfekle öldürmekten çekinirler. Kırgızlar kurtlara bile kamçıyla saldırırlar. Yaşam gücünü taşıyan kanın akıtılmasından korkulur. Ayrıca avcıya yeniden kendini avlatsın diye, hayvanın kemikleri korunur.

Hayvanı öldürmekten çok, onu ölmeye zorlamak için çeşitli yollara başvurulur. Av hayvanlarının sesini taklit, bu yollardan biridir. «Kurt gibi ulumak», «aslan gibi kükremek» bu taklidi belirler. Ayrıca hayvanın postuna bürünerek avcı, avının kimliğine girer. Böylece avın başarısının arttığına inanılır. Öte yandan hayvan kılığına girme ve hayvan sesinin taklidi, hayvan boyunun öcünü saptıracak bir hile olarak kullanılır. Örneğin kurt postuna bürünmüş bir avcı, bir tilki öldürünce, tilki boyunun tilkiyi insanın değil, kurdun öldürdüğüne inanacağını ve öcünü ondan alacağını düşünür. Ayı avında karganın uçuşu taklit edilince, ayının ölümünden kargaları sorumlu tutacağı sanılır. Yakutlar daha da ileri giderek ayı, tilki, vaşak gibi öldürülen hayvanı, cinsiyetine göre erkek ve kadın biçiminde giydirirler. Böylece onlar kendi boylarının üyesi olmaktan çıkarlar, Yakut boyunun üyesi olurlar ve öç tehlikesi ortadan kalkar.

Avcılık konusunda daha birçok usuller ve kurallar vardır. Bütün bunlar av usulleri olmaktan çok, aynı yapıya sâhip topluluklar arasındaki düşmanca ilişkilerin ifadesidir. Fakat insan ve hayvan toplulukları arasındaki ilişkiler yalnız düşmanlık değil, dostluk, ittifak ve akrabalık ilişkileridir. Hatta düşmanca ilişkiler çerçevesinde bile, hayvanın postuna bürünüp hayvanın boyuna girme ya da öldürülen hayvana insan elbisesi giydirerek onu insan boyuna alma, köpek, şahin vb. gibi hayvanları ehlileştirerek avda yardımcı olarak kullanma yöntemleri, savaşta hayvan boyları ile ittifaklar arama anlamına gelir.

İNSAN VE HAYVAN BOYLARI ARASINDA İTTİFAK

Ehlileştirilen hayvanlar ayrı bir boy mu teşkil eder, yoksa insan boyuna mı alınmış olur? Bu soruya genel bir yanıt getirme olanağı yoktur. Bâzı hayvan türlerinin boya alındığı, bâzılarının ise «unagan bogol» boylar gibi bağımlı kılındığı ileri sürülebilir. G. Vernadsky'ye göre, atlar boy üyesi sayılırlar ve boyun damgasını* taşırlar[173]. Damga, boyun üyeliğini belirtir.

---

* Damga, her boyun amblemidir. Oğuz boylarının her birinin ayrı damgası vardır. Boyun büyükbaş hayvanları sonradan özel mülkiyete geçmekle birlikte, hepsi boyun damgasını taşır. Vernadsky'ye göre, damga «senin tohumun» anlamına Alan dilinde «da-mıg»tan gelir (Les Origines russes, I, s. 27). Jean-Paul Roux ise, Türkçe dağlamak'tan bir harf değişmesiyle damga'nın çıktığı kanısındadır (Faune et Flore sacrées, s. 121). Kaşgarlı Mahmut'ta «tamga» ve «tamgala» sözcükleri geçer.

Ne var ki, Marco Polo'ya göre yalnız atlar değil, deve, inek, öküz gibi öteki büyükbaş hayvanlar da boyun damgasını taşır. Koyun, keçi gibi küçükbaş hayvanların ise, sâhiplerince tanınması için kulağına çizik yapılmakla yetinilir, onlara damga vurulmaz. Buna dayanarak Jean-Paul Roux, büyükbaş hayvanların insan boyunun üyeleri olduklarını, küçükbaş hayvanların* ise bağımlı, fakat ayrı boylar teşkil ettiklerini ileri sürer[174].

Anadolu'da Yörük koyun ve keçi sürüleri, insan boylarına bağımlı boylardır. 300 hayvanlık sürünün 6 sürübaşı vardır. Sürübaşları koç ya da tekedir. Bu boy beyleri, sürünün önünde yürürler, sürüyü yönetirler. Onlara bey muamelesi yapılır. İnci boncukla süslenir ve boyanırlar. Tüyleri kırpılmaz, satılmaz ve kesilmezler. Ölünce cenaze töreni yapılır.

Ehlileştirilen şahin, doğan vb. gibi yırtıcı kuşların ve köpeklerin ise durumu belli değildir. Bununla birlikte ister insan boyunun üyesi, ister bağımlı olsun, isterse ittifak ilişkisi içinde bulunsun, sunulan hizmetler bakımından üye ile üye olmayanlar arasında bir fark yoktur. Her ikisinden de *hizmet beklenir*. Hayvandan insanın sâhip bulunmadığı olaganüstü yeteneklerini, bağlandığı boy yararına kullanması istenir: Köpek koku alır, deve fırtınayı bildirir vb...

Hayvanın üstün yeteneklerinin yarattığı hayranlık, efsaneler üretir : Kuş, terkedilmiş çocuğu besler. As-

---

* Tarih öncesi mezarlardan çıkartılan atların kulaklarında, tarih çağında koyunların kulaklarına yapılana benzer çizikler olduğu, damga bulunmadığı görülür. Bundan çok eskiden damga kullanılmadığı ya da damga var olduğu halde boy üyesi sayılmadığından atların damgalanmadığı sonucu mu çıkarılabilir? Jean-Paul Roux, eski çağda atın boy üyesi bulunmadığından damgalanmadığı kanısındadır. Ona göre, Altaylarda Pazırık mezarlarından çıkarılan bu damgasız atlar, daha yeni ithal edilmişler ve Ren geyiğinin yerini almaya başlamışlardı. Bu nedenle damga taşımıyorlardı. Daha sonra boy üyeliğine alınarak damgalanmışlardır (Faune et Flore sacrées, s. 124).

lan çocuğu emzirir. Kurt, yol gösterir. Gerçek hizmetle mit biribirine karışır. Bozkır insanı, bu hizmetler karşılığında o hayvana, daha doğrusu o hayvan türüne ya da türün bir kısmına borçluluk duyar. Zira hizmet getiren hayvan, kendi boyu ile tam dayanışma içindedir ve hizmeti boyu adına yapar. Bu nedenle o hizmeti getiren hayvanın türüne zarar vermekten kaçınılır*.

Çin kaynakları, Hotan'ı istilâya koyulan bir Hun ordusunun atlarına binemediğini, bu sâyede Hotan'ın kurtulduğunu yazar. Atların dizgin, eyer vb. gibi kuşamının kumaş kısımları fareler tarafından kemirilmiş, böylece atlar işe yaramaz duruma gelmiştir. Bu hizmetlerine karşılık, Hotan hükümdarı, fareler için bir tapınak yaptırır ve orada farelere kurbanlar sunar.

Uzmanlar, kemirgenlerin bozkırda yaptıkları büyük tahripleri göz önünde tutarak, olayın doğruluğuna inanırlar. Fakat olay hemen efsaneleştirilir. İnanılır ki, daha önce hükümdar ,50 yaşında bir fare görmüş ve bir

---

* Anadolu'da Yörük ve Tahtacıların geyikgillerle ittifak içinde oldukları anlaşılmaktadır. Geyik âdeta Göktürklerin kurtunun yerini almış, tek bir boyun değil, bütün boyların koruduğu ve saydığı bir müttefik, belki de akraba olmuştur. Yörükler, Fransız araştırıcısı Jean-Paul Roux'ya şöyle konuşurlar :«Onlar bizim gibi bir boydur, aralarında evlenirler. Yasaları, örgütleri ve şefleri vardır». Geyik gibi, karaca, ceylan vb. hatta yaban keçisi kutsal sayılır. Yörük ve Tahtacı, geyikgilleri öldürmekten çekinir. Yanlışlıkla öldüren kişi sadaka verir. Sonra «bir daha yapmayacağım» diye yakarır, âdeta hayvandan özür diler. Kutsal geyik'in adının anılmasından çekinilir, ona «yağmurca», «uğurlu hayvan» denilir. Anadolu inanışına göre, yılanların da boyu vardır. Geyik gibi insanla ittifaktadır. Yılanların yas tuttuğuna, doğumları kutladığına, padişahları, sultan ve melikleri bulunduğuna inanılır. Kilikya'da Şah Meram şatosuna Yılan Kalesi denilir. Yılan kralı orada yaşar. Arı-kraliçe'nin kızı Bal-kız, yılan kralı ile sevişir. Yılan, aşkların koruyucusu hayvan sayılır. 1,5 metre boyundaki Kara Yılan, ev temellerine girer ve şans getirir. Tahtacılarda yılan öldürmek yasaktır, öldüren yılancık hastalıkına yakalanır. Demek ki, Anadolu'da geyik ittifakı ve ikincil olarak yılan ittifakı var. Tavşan ise, genellikle düşman sayılır (Jean-Paul Roux, Les Traditions des nomades de la Turquie, s. 282-296).

tören sırasında farelere kurban sunmuştur. Fareler bunun üzerine Hotanlıların yardımına koşmuştur. Böylece fare boyu ile dostluk ittifakı doğar ve bu ittifak kurbanlarla kutlanır ve yenilenir.

Bozkırda insan ve hayvan ittifakı yaygındır. Boyların koruyucu hayvanları vardır. Bu koruyucular, birçok durumda, boyun atası sayılan hayvanlardır. Fakat koruyuculuk için mutlaka akrabalık gerekmez.

Cengiz Han, susuzluğunu gidermek ister. Kadehinin üstündeki gümüşten şahin şiddetle kanatlarını çırpar. Zira su zehirlidir. Bir savaşta Cengiz Han'ın atı ölür, adamları kaçar. Cengiz bir sazlıkta saklanır. Saklandığı yerin üzerine bir kuş gelir, konar. Düşmanları kuşun konmasından orada insan bulunmadığı kanısına vararak sazlığı aramazlar, Cengiz kurtulur. Mogollar bu kuşun tüylerini başlarında taşırlar. Başkurtlar, İbn Fadlan'ın iddiasına göre, turna kuşlarına taparlar: Başkurtlar bir savaşta bozguna uğrarlar, kaçarlarken turnalar, yenenlerin arkasından bağırışırlar, onlar da bir tuzağa düştüklerini sanarak kaçarlar ve Başkurtlar savaşı kazanırlar.

Günümüzde Orta Asya bozkırlarında, hayvanın insana yardımıyla ilgili pek çok öykü anlatılır: Buryatlara göre, ateşin sırrını bilen bir kirpi (ya da insan-kirpi), bu sırrı insanlara verir. Altay'da bir kurbağa kav ve çakmağı öğretir. Yakutlar, iki taşı biribirine sürterek ateşi kartalın meydana getirdiğine inanırlar. Başka öykülerde kirpi, bâzen tarımın yaratıcısı, bâzen de danışman olarak görülür.

KURT GİBİ ULUMA

En eski çağlarda, hayvanın koruyuculuğuna kılavuzluk biçiminde rastlanır. Jordanes'e göre, Avrupa Hunlarının avcıları bir ceylanın yol göstermesiyle aşılmaz sanılan bataklığı aşarlar ve İskit arazisini bulurlar. Avcılar, dönüşte durumu anlatırlar ve Hunlar oraya göç ederler. Oğuz ordusunu Volga'ya kadar bir kurt getirir. Ebu Müslim'in bir ordusunun nehri geçişini* bir gazel sağlar. Attila Hunlarının kutsal saydıkları, uzun zamandır kaybolmuş Ares'in kılıcı, bir inek ya da boğa tarafından bulunur. Cuveynî'ye göre, Uygurlar, atların kişnemelerini, develerin bağırmalarını, köpeklerin ve yırtıcı hayvanların ulumalarını, sürülerin böğürmelerini, koyunların melemelerini, kuşların cıvıldamalarını, çocukların ağlamalarını «göç, göç» diye işitirler ve yola çıkarlar. Yolda bir yerde durduklarında bu «göç, göç» sesi kulaklarını çınlatır. Sonunda Başbalık kenti çevresine ulaşırlar, «göç, göç» sesi durur ve oraya yerleşirler.

Oğuz Kagan, egemenliğini tanımayan Urum Kagan üzerine sefer yapar. Muz dağı eteklerinde karargâhını kurduğu zaman, güneş gibi bir ışık Oğuz'un çadırına girer. Bu ışıktan gök rengi yeleli ve tüylü büyük bir erkek kurt meydana gelir. Kurt, Oğuz ile konuşur ve Urum Han ile savaşında ordusunun önünde yürüyeceğini söyler. Gerçekten ordunun yürüyüşünde kurt önde gider. Volga'ya ulaşılır.

Ölü, gök yolculuğunda hayvanın kılavuzluğundan yararlanır. Şaman, at ve kuş ruhlarına binerek gök katlarına tırmanır. İslâm olduktan sonra da, dervişlik yoluyla, şaman inançları Anadolu'da yaşar. Anadolu'da ünlü Bektaşi Barak Baba, iki boynuzlu keçeden başlık giyer, vahşi devekuşuna biner. Başka bir derviş, aslana biner, bir yılanı kamçı diye kullanır.

Bâzı hayvanlar gök ile yeryüzü arasında habercilik yapar. Haberci hayvan konuşur. Hayvanlar adlarını

* Bozkırda nehir geçişi büyük önem taşır. Daha önce Oğuzların Volga'yı ancak kışın nehir donunca aşabildiklerini yazmıştık. Oğuzname'de salı keşfeden kişi, boyun büyük bir atası sayılır. Jean-Paul Roux'ya göre, Selçukluların adı, sal'ın önemi nedeniyle Salcık, yâni «küçük sal» olabilir. Selçuk ise, «küçük sel» anlamına gelir. Sel Arapça, sal ise Türkçedir (Faune et Flore sacrées, s. 134).

bilirler* ve insanların söylediklerinin hiç değilse bir kısmını anlarlar. İnsanlar da hayvanın dilinden anlarlar. Savaş ve ittifak durumlarında bulunan insan ve hayvan boyları, böylece gerekli iletişimi sağlarlar. Gök yeleli kurt, Oğuz Han ile konuşur. Yakutlardan Kara Han'ın ak atı, insan gibi konuşur ve sâhibine devamlı en iyi öğütleri verir. Er Töştük destanında kaplan ve ayı, insanlar gibi konuşur. Uygurlara Tanrının verdiği üç karga, bütün dilleri bilir. Bozkır insanı da kurt gibi uluyarak, arslan gibi kükreyerek, hayvanların dilini konuşmuş olur. Alp Er Tunga ağıtında bütün insanlar kurt gibi ulurlar. IX. Yüzyılda Bizans kuvvetlerine saldıran Magyarlar (Macarlar) kurt gibi ulurlar. Kıpçak şefi, geceyarısı ordusundan ayrılır ve kurt gibi ulur. Kurtlar karşılık verirler.

Kurt gibi konuşma, Jean-Paul Roux'ya göre, kurtun kimliğine giriş anlamına gelir[175]. İnsan gibi konuşan hayvan da insan kimliği kazanır. Böylece insan-hayvan ittifakı, özdeşleşmeye dönüşür. Bütün bunlar bozkırda egemen yaşam birliği ilkesinin, yâni insan, hayvan, bitki ve şeylerin aynı ruha ve aynı yapıya sâhip oldukları inancının doğal sonuçlarıdır.

HAYVAN GÜÇLERİNİN SİHİRLİ KULLANILIŞI

İnsan boyları, insanda olmayan üstün güç ve yeteneklerinden yararlanmak için, hayvanlarla ittifak arar. Bunun yanı sıra, hayvanların belli organlarının geleceği bilme gücü olduğuna inanılır. Bu organlar genellikle bağırsaklar ve kürek kemikleridir. Çin kaynaklarına göre, anası hastalanan Hun Kralı, bağırsaklara

---

* Abdülkadir İnan, bu konuda özetle şunu söylüyor: Altay Türklerinin inancına göre, av hayvanları insan dilinden anlarlar. Bu nedenle avcılar, hayvanlar anlamasın diye özel bir avcı dili kullanırlar. Silâh yerine, enişte anlamına «küzyö» derler. Av hayvanının adını söylemekten kaçınırlar. Örneğin at yerine «geniş burunlu» derler (VII. Tarih Kongresi, 1970, s. 171).

bakarak çâre arar. Attila Fransa'da başarıyla sonuçlanmayan 451 yılı savaşından önce, falcılarından savaşın sonucunu öğrenmek ister. Falcılar, kurbanların bağırsaklarını ve kemikleri üzerindeki damarları inceleyerek kötü haberler verirler. Mısır'da Memlûk Türkleri, «eskiden ülkelerinde yaptıkları biçimde» geleceğin iyi ve kötü olaylarını kürek kemiğinden öğrenirler. Cengiz Han, kavrulmuş koyun kürek kemiğine danışmadan hiçbir sefere çıkmaz.

Bâzı hayvanların karnından ya da kafasından çıkan «yada taşı»nın yağmur, kar yağdırma, fırtına estirme gibi sihirli gücü olduğuna inanılır. Bu taş, daha sonraları göktaşı ve çeşitli taşlarla karıştırılırsa da, kökeninde hayvansaldır. Hunlar bu taştan yararlanırlar. Çin kaynakları şöyle yazar:

«Asya halkları arasında Hunlar, büyük sihirbazlar sayılırlar. İstedikleri zaman kar, dolu, yağmur yağdırma ve ülkelerine düşmanlarının akınlarını engellemek için şiddetli rüzgârlar estirme sırrını bilirler»[176].

Kaşgarlı Mahmut, «yağmur, kar yağdırma ve rüzgâr estirme sihirbazlığı» dediği «yada taşı» kullanılması hakkında bilgi verir ve Yağma Türklerinde bu sihirbazlığa tanık olduğunu belirtir: Yazın yangın çıkınca gökten kar iner ve Tanrının izniyle yangın söndürülür.

Başka kaynaklar, Çin'e giden tüccarların yanlarına bir yadacı aldıklarını, onun çölü geçerken yağmur yağdırıp sıcaklığı düşürdüğünü yazarlar. Rus Timkowski 1820-1821'de Türkistanlıların yağmur yağdırmak için inek ve at midesinden ya da domuz başından çıkardıkları taşları kullandıklarını belirtir.

Bundan başka hayvan gücünden hastalıkların tedavisinde yararlanılır: Fare safrası, tıkalı kulağı açar. Keklik beyni, kuduzu iyileştirir. Yakutlarda veremliler, canlı bir küçük kurbağa yutar. Tuvalılarda kurt ciğeri frengiyi geçirir vb... Bütün bunlarla, hayvanlarda var olan güçten yararlanmak istenilir.

Ehlileştirilmiş hayvanların ve özellikle kısrakların ak renkte olanları, ecdat ruhlarına, koruyucu varlıklara, tanrılara adanır. Bu hayvanlara binilmez, onların etinden ve sütünden yararlanılmaz. Saygı gösterilen bu hayvanlar, artık boya, aileye, bireye değil, adandığı varlığa aittir. Bunlara «ıduk» denilir. Kaşgarlı Mahmut, «mutlu ve kutsal olan herşeye ıduk» denildiğini, ama özellikle «vazgeçilen» her hayvana bu adın verildiğini yazar. «Iduk» ya da «izik», «salıverilmiş», «bırakılmış» anlamınadır. Kendisinden yararlanılmayan bu serbest bırakılmış hayvanların sürülere uğur getireceğine ve onları çoğaltacağına inanılır.

Jean-Paul Roux, büyük miktarlara ulaşabilen en güzel hayvanların «ıduk» diye yararlanılmadan bırakılmasını, «tanrıların hakkını verme» biçiminde açıklar :

«Türkler, hayvanların da insanlar gibi aynı tanrılara, özellikle Büyük Gök Tanrı'ya (Tengri) ve ihtisaslaşmış ikincil tanrılara bağımlı olduklarına inanırlardı. O nedenle bu üstün güçlere zarar vermeden hayvanlardan yararlanabilmek için, hayvan sürüsünün bağımlılığı kabullenmesinin yetmiyeceğini, tanrıların da hakkının tanınması gerekeceğini düşünürlerdi. Bunu, belli sayıda hayvanı onlara ayırarak sağlarlardı. Süt beyaz renkleriyle bu hayvanlar, kutsallıklarının çarpıcı belirtilerini daha önceden üzerlerinde taşırlar... Onların sütleri sağılamaz, tüyleri kırpılamaz, üstlerine binilemez. Bu hayvanlar öldürülemez»[177].

«Iduk» hayvanlar gibi, «ıduk yer su» üzerinde yaşayan bitki ve hayvanlara da dokunulamaz. Daha önce belirtildiği üzere, bütün şeyler gibi, yeryüzünün herhangibir parçasının sâhip ruhları vardır. Çeşitli insan boyları, bu sâhip ruhlarla özel ilişki içindedirler. Ecdad ruhlarının orada bulunması, efsanevî olayların anıları, daha çeşitli dinsel ve dinsel olmayan nedenler belli boyların belli yerlerin ruhlarıyla ittifaklar kurmasına yol açar. O yerlere ve ruhlarına saygı gösterilir. O yerlerin üzerinde yaşayan bitki ve hayvanlar o ruhlara ait sayılır ve onlara el sürülemez. Böylece insan, kendine ait değil de, kendine ait olabilecek bitki ve hayvanlardan vazgeçmiş olur.

Orhun yazıtlarında bu kutsal yerlerin adı geçer. Türk İmparatorluğu'nun merkezi olan Ötüken dağı kutsaldır, «ıduk Ötüken»dir. Gök Tanrı'ya kurban sunma töreninin yapıldığı Tamir nehrinin kaynağı da «Tamag Iduk Baş»dır. Başka bir kaynak yine «ıduk baş»-dır, yâni kutsaldır. Yazıtlarda kullanılan «ıduk yer sub-kutsal yer su» deyimi ise, büyük bir olasılıkla Türk buduna ait, hayvan ve bitkilerinden yararlanılmayan bütün kutsal yerleri ve bu yerlerin kollektif ruhunu belirtir. Bu kollektif ruha, yazıtlarda tanrı değil, ıduk denilir, fakat adı tanrılarla birlikte geçer ve daha önce belirtildiği üzere, Tonyukuk ordusunu öteki tanrılarla birlikte bir felâketten kurtarır: Onok'ların, yâni Batı Göktürklerin başındaki Turgiş kaganı, 697 yılında güçlü bir orduyla savaşa hazırlanır. Bunu duyan Doğu Göktürk kaganı Kapgan, Tonyukuk'un deyimiyle «Ölen hatununa yas töreni yaptırayım» bahanesiyle orduyu bırakıp gider. Tonyukuk, saldırıdan kaçınma buyruğu aldığı halde, dinlemez. Turgiş üzerine ordu yürütür. Ama Bolçu'da konakladıklarında Turgiş'in çok büyük bir orduyla, 100 bin askerle, üzerlerine geldiğini haberciler bildirir. Bunu işitince Doğu Göktürk beyleri, sayıca az olduklarından «Savaşmayalım, geri dönelim» derler. İşte bu sırada «Gök Tanrı, Umay Tanrıça ve Iduk Yer Su» işe karışır, kaçmayıp savaşmaları için onlara baskı yapar. Baskı üzerine Tonyukuk, beylere seslenir :

«— Niye kaçıyoruz? Çok diye korkuyoruz, az diye neden kendimizi hor görelim?»

Birlikte düşmana saldırırlar ve yenerler. Saldırı cesaretini ve başarıyı, Tanrı, Umay Tanrıça ve Iduk Yer Su birlikte sağlarlar.

Türk budun, Çin'e tutsak olduğu ve yok olmaya gittiği sırada, yukarıdaki «Türk Tanrısı» ve Türk Iduk Yer Su'yu müdahale ederler ve İlteriş Kagan sahneye çıkar. İlteriş, Tanrı'nın verdiği güçle, imparatorluğu yeniden kurar. Tek başına kagan'ın eylemi söz konusu olunca, o gücünü ve direktifleri yalnızca Gök Tanrı'dan alır. Türk budun da eyleme katılması gerekince, Gök Tanrı'nın yanında «Iduk Yer Su»yun da yardımı belirtilir. Iduk Yer Su, böylece Türk budun ile ilgili bir cins tanrısallık kazanır. Iduk Yer Su'yun koruyuculuğu ve yardımına karşılık, bu kollektif ruhun oturduğu yerler üzerindeki bitki ve hayvanlar ona ait sayılır ve onlara el sürülmez.

Göktürk çağında Çungarya'daki Tunguzların kutsal dağında yaşayan hayvanlar öldürülmez. Daha sonraki tarihlerde Mogolların kutsal yerlerinde toprağı ekmek ve avlanmak yasaktır.

KURBAN

Bozkır insanı, tanrılara ve çeşitli güç sâhiplerine bir kısım hayvanlarını adamakla kalmaz, onlara sık sık kurban sunar. Nasıl sürülerin bir kısmının tanrılara ve ruhlara adanmasıyla sürünün bereketinin artacağı umulursa, kurbanlarla da güç sâhiplerinin yardımlarının sağlanması, hiç değilse zararlarının önlenmesi beklenir. Yakutlar, bir kartal görünce, dana keserler ve etinin bir kısmını ona verirler. Böylece kartalın zarar vermeyeceği, hatta boya hizmet edeceği düşünülür.

Kurban, hayvan, yiyecek ve içki sunma biçiminde olur. Hun kaganı ölünce, bütün ordusu ölüye şarap ve pirinç sunar. Ölülere aş sunmak Türklerde yaygındır. Çağdaş Beltirler, mezar başında getirdikleri yemek ve içkileri ateşe atarlar. Sonra mezarın üzerine kadehlerle içki koyarak ve yemek atarak ölüye «Bu rakıyı iç, bu yemeği ye! Bunlar sana yukarıdan ayrılmış yemek ve içkilerdir» derler. Bu tören bitince, kendileri de yer ve içerler. Ölüye aş sunma, belli aralıklarla tekrarlanır. Oğuzların zenginleri, ölü aşı için yüzden fazla at keserler. Ölüye yiyecek ve içki sunma, gerçek anlamda kurban sayılmayabilir. Fakat bayramlarda koruyucu ruhlara da içkiler ve yemekler sunulur. İlkbaharda davarların ve kısrakların ilk sağılan sütü, onların koruyucusu olan ruhlara verilir. Kımız, rakı serpilir.

En büyük kurbanlar, belli zamanda ve devamlı olarak Gök Tanrı'ya, Yer Tanrı'ya ve atalara sunulur. Çin kaynakları, Hunların, Akhunların, Tabgaç ve Göktürklerin her yıl belli zamanda ve belli yerde Gök Tanrı'ya kurban sunduklarını belirtirler. En değerli kurban, ak boz aygır ya da ak boz kısraktır. Kurban hayvanlarının büyük çoğunluğu ak renktedir. Büyük kurban törenlerini hükümdarın kendisi yerine getirir. Batı Göktürk Kaganı her yıl soylu beyleriyle birlikte ecdad mağarasına gider, kurban keser. Kendisi gidemezse yüksek bir memurunu görevlendirir. Bu başlıca dinsel törenin şaman tarafından değil de kagan tarafından yürütülmesi, hükümdarın dinsel niteliğini belirtir*.

Her yıl tekrarlanan büyük kurbanların yanı sıra, kuraklık, ittifaklar, sefer hazırlığı, yengiler, ölümler vb. nedeniyle, pek çok vesilelerle kurban kesilir. Göktürkler bir ittifak anlaşması yapmadan önce, bir köprü üzerinde ak boz at keserler. Hunlar da ittifakta ak boz at kurban ederler. Sonra ittifakı imzalayan iki hükümdar, bir düşman şefinin kafatasından yapılmış kadehten kurbanın kanını içerler. İttifakı bozan hükümdarın, birlikte öldürülen kurban gibi öleceğine inanılır.

Bütün ruhlara, ateşe, aya, güneşe, taşa vb. kurban sunulur. Karluklar büyük bir taşa kurban verir. Çu-

---

* Başlıca işlevi ruhlarla iletişimi sağlamak olan şamanın râhip olmadığı ileri sürülür. Râhip, kagandır. Boy başkanı, aile başkanı da kendi alanları içinde dinsel görevleri yerine getirirler. Fakat giderek şaman da birçok dinsel görevleri yüklenir ve râhip niteliğini kazanır. Şaman ayrıca doktor ve sihirbazdır.

vaşlar güneş ve aya ak donlu hayvan kurban eder. Buryatlar, atı çok sevdiğine ve at sürüsüne sâhip olduğuna inanılan Solban'a (Ülker yıldızı) at kurban eder. Uygurlar, yıldırım düşen yerde ilkbaharda toplanıp koyun keser. Türk ve Mogollar ateşe kurban verir. Yeni evlenenler ateşe törenle yağ dökerler. Yemek yerken, içki içerken ateş ruhuna da pay ayrılır. Yakutlar, ilkbaharda balık avına başlarken su ruhuna buzağılamamış inek keser, balık ve içki verir. Hatta yalnız ruhlara değil, ruhların içinde barındığına inanılan putlara hükümdar ruhunun oturduğu tuğa kurban sunulur. Göktürkler keçeden putlarına, yılın dört mevsimi kurban verir. Kartala dana kesen Yakutlar, giderek bir kartal tasvirini yiyecekle beslerler. Yemeklerde ilk lokmalar putlara ayrılır.

Kısaca, yalnız tanrılara değil, atalara, bütün ruhlara, put-ongonlara, yâni güç taşıdığına inanılan herşeye kurban verilir. Kurban etinin bir kısmı bu güç sâhiplerine sunulur, bir kısmı topluca yenilir. Topluluk üyeleri, kurbandan yemeyi bir hak ve ödev sayarlar. Böylece evrendeki güçlerle yemeği paylaşmış olurlar. Ortak yemek, boyun evrendeki bütün güçlerle dayanışmasını gösterir ve yaşam birliği inancının somut bir belirtisi olur.

İNSANDA ARANAN HAYVANSAL NİTELİKLER

Yaşam birliği inancının en açık ifadesi, ekonomisi ve kültürü hayvan çevresinde dönen bozkır topluluklarında, insan-hayvan ilişkilerinde görülür.

Bozkır insanı, hayvanlarda varlığına inandığı bütün nitelikleri kazanmak ister. Bu istek, insanlara hayvan adları vermekten, onlarla özdeşleşmeye kadar gider.

Bugün bir insana «arslan» deyince, o insanın güçlü kuvvetli olduğu basit bir benzetmeyle anlatılmak istenir. İnsan türü ve arslan türü arasında bir ilişki kurmak kimsenin aklına gelmez. Oysa eski dönemlerde, Orta Asya bozkırlarında arslan denilmesi basit bir benzetme olarak kalmaz, arslan ile özdeşleşme anlamını taşır. Orhun yazıtlarında Bilge Kagan, «Babamın askeri kurt gibi imiş, düşmanı koyun gibi imiş» derken, Göktürklerin atalarının kurt olduğu anımsanırsa, basit bir benzetme yapıyor sayılamaz. Dede Korkut öykülerinde de Bay Beyrek şöyle sorar :

— Dede, oğlan mısın, kız mısın? Kurt musun, koyun musun?

— Oğlanım, kurdum.

Yine Dede Korkut'ta genç kızlar hep «kaza benzer» sıfatıyla tanıtılır. Eski Orta Asya efsanelerinde genç kızların kaz ya da kuğu biçiminde ortaya çıktıkları düşünülürse, «kaza benzerlik» basit bir benzetme olmaktan çıkar, bir özdeşliği belirtir.

Bir Arap kaynağı ve Kutadgu Bilig, Türk komutanının sâhip olması gereken nitelikleri, hayvanların nitelikleriyle açıklar. El Madainî'ye (ölümü 840) göre, Türkler yetenekli komutandan on hayvanın niteliklerini bekler. Komutan horozun yiğitliğine, tavuğun iffetine, arslanın cesaretine, yaban domuzunun saldırganlığına, tilkinin kurnazlığına, köpeğin direnişine, turnanın uyanıklığına, karganın ihtiyatlılığına (uzak görüşlülüğüne), kurtun savaşçılığına*, çektiği cefa ve harcadığı çabaya karşı zayıflamayan yagru'nun topluluğuna

---

* Kurt, savaşçı ve cesur olarak görülmektedir. Oysa Orta Asya hayvanlarıyla ilgili avcılık yapıtlarında, Aral bozkırları kurdu korkak olarak gösterilir. Bu kurtlar çok kalabalık topluluklar hâlinde gezmezler, bir atlı görünce kaçarlar. Genellikle küçük boyludurlar. Korkulacak bir yanları yoktur ve insanlara asla saldırmazlar. Oysa eski kaynaklar, kurdun cesaretini belirtirler. Kaşgarlı Mahmut, kızlara hileci oldukları için tilki, delikanlılara ise yiğitliklerinden dolayı kurt denildiğini yazar. Orhun yazıtlarında «Babamın ordusu kurt gibi idi» denilerek kurdun değeri ve yiğitliği belirtilir.

sâhip olmalıdır. Kutadgu Bilig de Türk komutanının on özelliğini oldukça benzer biçimde sıralar: Bir yaban domuzu gibi inatçı, kurt gibi güçlü, ayı gibi yiğit, yaban sığırı (yak) gibi kinci, saksağan gibi iffetli, kaya kuzgunu gibi gözü uzaklara çevrik, kızıl tilki gibi kurnaz, deve aygırı gibi kinci, arslan gibi çok cesur, baykuş gibi geceleri uyanık olmalıdır.

İki metin arasında başlıca farklar, ilkinde yiğitliğin horoza, ikincisinde ayıya, iffetliliğin ilkinde tavuğa, ikincisinde saksağana, uyanıklığın ilkinde turnaya, ikincisinde baykuşa verilmesinde görülmektedir. Bu simgeler, kabaca kabul edilebilir. Başka Türk kaynaklarında hayvan-insan karşılaştırmaları daha az ilginçtir. Örneğin at cesur, öküz güçlü, koyun zayıf ve korkaktır*. Kaplan cesurdur. Bu simgelen devamlı biçimde kullanılır.

İNSAN-HAYVAN BİRLİĞİ

Bu devamlılık, insan-hayvan bütünleşmesinin meydana çıkışında rol oynamış olabilir. Esasen daha önce belirttiğimiz üzere, yaşam birliği ilkesine göre, hayvan, bitki ve şeyler arasında aşılmaz engeller yoktur. Biçim nihayet, bir gücün (ruhun) dayanağıdır ve önemli olan biçim değil, ondaki güçtür. Bu güç, çok çeşitli görünüşler altında bâzen insan, bâzen hayvan, bâzen de bitki ve şey biçiminde meydana çıkabilir. Bir anda hayvan biçiminde olan, başka bir anda insan olabilir. Bu dönüşümler, çeşitli derecelerde gerçekleşebilir. Gördük ki, avcılar, av sırasında hayvan boylarıyla bütünleşirler, fakat yine de kendi boylarının üyesi kalırlar. Avcı, kurt gibi uluyarak, kurt postuna bürünerek, kurt niteliklerini kazanır, kurt olur. Hiç değilse kurtla eşit ilişki kurar. Kişiliğini korumakla birlikte, geçici olarak kurdun

---

* Selçuklu Devleti'nin kurucusu Tuğrul, 70 yaşında öleceğine yakın geçirdiği hastalıkları, kırpılmak üzere ayakları bağlanan koyunun durumuna, son hastalığını ise öldürülmek üzere ayakları bağlanan koyunun durumuna benzetir.

yaşamına katılır. Bu geçici bir dönüşümdür. Daha ileri bir aşamada, geçici ya da geçici olmayan bir dönüşüm değil, türlerin özdeşleşmesi görülür.

Daha önce belirtildiği gibi, Altaylı topluluklarda insan ruhu, ürkek küçük bir hayvan biçiminde, genellikle bir kuş olarak düşünülür. İnsan ölmez, kuş olup uçar. Yine eski inançlara göre, ruh çok çeşitli biçimlere girer. Ruhun hayvan biçiminde düşünülüşü, insan-hayvan dönüşümü görüşünü besler. Ruhun çeşitli biçimlere girdiği inancı, ruhun hayvan biçiminde bulunduğu düşüncesini pekiştirir. Öyle görünür ki, biribirine bağlı bu iki görüş, kaynağını üçüncü bir görüşten, yâni hayvanın tartışılmaz üstünlüğünden alır[178].

Şaman eylemlerinde bu durum açıkça görülür. Daha önce kısaca dokunduğumuz, Radlof'un anlattığı[179] gök yolculuğunda, tören hazırlıkları tamamlanınca, şaman, çadırdan çıkar, içi otla doldurulmuş bir kaza biner. Kaz, onun yardımcı ruhudur. Kaza binen şaman göğe uçuyormuş gibi kollarını kazın kanatlarına benzer biçimde çırpar. Şamanın da artık kanatları vardır. Şaman, kazı öven şarkılar söyler, «Yüksel göğe ey kuş» der. Kaz da, şamanın ağzıyla karşılık verir :

Ungay gak gak, ungay gak
Kaygay gak gak, kaygay gak

Böylece şaman, kaz gibi şarkı söyler ve onun duygularını dile getirir. Şaman, kaz olur. Daha sonra şaman, kaz üstünde kurban edilecek atın ruhunun peşine düşer. Ruhu kovalama ve yakalama taklidi yapar. Şaman sırayla hem kovalayan, hem de kovalanan olur. Mıyak, mıgak, mıyak diyerek at gibi kişner, çifteler atar. Böylece sırayla, şaman-kaz, sonra at olur. Kementle insan olarak atı, daha doğrusu kendini yakaladığında, at olarak da soluksuz kalır. Boynuna ip atılmış atın sesine benzer sesler çıkarır, sıçrar, ayaklarıyla ileri geri tepinir, yakalanmış atı taklit eder.

Tören ilerledikçe, şaman, yardımcı ruhları çağırır. Ruhlar, çağrıya uyup gelince, şaman onların gelişini bu ruhlar gibi davranarak belli eder. Kuş gibi şakır, rüzgâr gibi eser. Örneğin gök kuşu Merkut'u şöyle çağırır :

... Sol kanadı ayı örter
Sağ kanadı güneşi örter
Ey dokuz kartalın anası
Yayık'ı geçerken şaşırmaz
İtil üzerinde yorulmaz
Öterek gel sen bana...

Sonra onun geldiğini belli etmek için, kuş sesini taklit eder ve «Kagak, kak, kak! Kam ay!» diye bağırır. Gelen ruhlar çoğaldıkça, yükün ağır basması ile şaman sağa sola sallanmaya başlar. Bu olay, ruhların şamanı ele geçirmesi diye açıklanmak istenmişse de, onun ruhuna hiç bir dış varlık girmez. Zira şaman çırpınmaya ve gök yolculuğunu taklide başlarken, ruhu bu yolculuk için vücudundan çıkar. O, aynı zamanda şamanın ve çeşitli hayvan yardımcılarının ruhudur.

Yardımcı ruhlarla karışarak, onların kişiliğine bürünerek, şaman, insana ait bütün yetersizliklerden kurtulur, hayvanların içinde daha kolaylıkla hareket ettikleri üst dünyaya, daha doğrudan doğruya ve daha etkin biçimde girer. Hayvanın tartışılmaz üstünlüğü böylece doğrulanır. Yaygın bir inanca göre, şaman ve seçilen hayvan arasındaki bağ, o kadar sıkıdır ki, şamanik törenin yapıldığı yerden çok uzaklarda o hayvan öldürülünce, şamanın öldürülmesi amaçlanmadığı halde, öteki ben'in (alter ego) ölümü, şamanın kendisinin de kaçınılmaz biçimde ölümüne yol açar*.

---

* Prof. Abdülkadir İnan, Yakut şamanın ana-hayvan (ije-kıl) denilen ruhu olduğunu yazar. Bu, şamanın herhangibir hayvanda görülen ruhudur. Şaman kendi ruhunun, bir hayvanda, bir kurtta, bir ayıda göründüğüne inanır. Bu hayvanın yaşamıyla, şamanın yaşamı bağlıdır. İje-kıl ölürse, şaman da ölür. Bu inanç çok eski dönemden kalmıştır. Eski dönemlerde, yalnız şamanların değil, herkesin eş-ruh denilebilecek ije-kıl'ı olduğuna inanılmıştır. Bu eş-ruh'a Altaylı şamanlar Töz, Türkistan ve Kırgız şamanları ise Arvak derler. Prof. İnan, Kaş-

Gök yolculuğunda hayvana dönüşen şamanın ruhudur. Fakat bu değişiklik, vücudu da etkiler. Aşırı hayvan taklitçiliği, şamanın insan kişiliğini hiç değilse karışık kılar ve onu bir hayvan kişiliğine büründürür. Ruhu hayvan olan ve devamlı hayvanlarla özdeşleşen bir varlığın tamamen insan olduğunu düşünmek güçtür. Zaten bozkır insanı, nesnel ile tinseli, yâni vücut ile ruhu biribirinden pek ayırmaz. Çağdaş Yakutların şamanı, gök yolculuğunda şu şarkıyı söyler :

«Ey yerin kudretli boğası! Ey bozkırların kudretli atı! Ben de bir boğa değil miyim? Ben de böğürüyorum. Ben bir yabanî at değil miyim? Ben de yüksek sesle kişniyorum».

Mogol, şamanı, omuzlarında kanat taşıyan elbisesini giydi mi, kendisini kuşa dönüşmüş hisseder. Şamanlar hayvan biçimine girip biribirleriyle döğüşürler. Abakanlıların ünlü şamanı Topçan, bir gök boğa ile kara boğanın dövüştüğünü görür. Kara boğayı hırpalayan gök boğayı okla vurur. Gök boğa kurt biçimine girip Güneye doğru koşar. Kara boğa ise Topçan'a «babam ve anam olan şaman» diye seslenir. Bu kara boğa, Urenha'ların şamanıdır[180]. Demek ki, kara boğa şamanın vücudu da hayvan biçiminde görülmektedir ve Topçan hem ana, hem babadır, yâni iki cinslidir. Nitekim erkek Yakut şamanlarının turna balığı, karga, köpek vb. yavruları doğurdukları belirtilir.

---

garlı Mahmut'un «çıvı» dediği ruhları da ije-kıl'ın bir varyasyonu sayıyor. Kaşgarlı, «çıvı»yı şöyle açıklıyor: «Çıvı, cinlerden bir bölüktür. Türkler şuna inanırlar ki, iki bölük biribiriyle çarpıştığı zaman bu iki bölüğün vilâyetlerinde oturan cinler dahi, kendi vilâyetinin halkını kollamak için çarpışırlar. Cinlerden hangi taraf yenerse, onların yana çıktığı vilâyet halkı da yener. Geceleri bu cinlerden hangisi kaçarsa, onların bulunduğu vilâyetin hakanı da kaçar. Türk askerleri geceleyin cinlerin attıkları oklardan korunmak için çadırlarına saklanırlar. Bu, Türkler arasında yaygındır, görenektir».

İnan, her vilâyetin cinlerinin o vilâyette yaşayan insanların eşleri olduğu kanısındadır (Şamanizm, s. 81).

Ayı gibi homurdanmayı, arslan gibi kükremeyi, köpek gibi havlamayı, kedi gibi miyavlamayı vb. en iyi taklit eden erkek ve kadın şamanlar, bozkırda büyük ün kazanırlar. Elli yıl kadar önce, Castagne, Orta Asya Türk boyları arasında köpek gibi uluyan, herkesi koklayan, öküz gibi böğüren, kuzu gibi meleyen, domuz gibi homurdanan, kişneyen, şakıyan, kuşların kanat çırpış seslerini, cıvıldayışlarını, hayvan bağırmalarını tam bir ustalıkla taklit eden bir şaman görür. Yardımcı ruhu yılan olan şaman, yılan gibi kıvrıla kıvrıla yürür*.

Hayvan, bitki ve şeylere dönüşme şamanların bir niteliği gibi gözükmekteyse de, eski kaynaklar, insan-hayvan varlıklardan söz eder. Tacite, Germen ülkesinin Doğusunda yaşayan yüzü ve kafası insan, vücudu hayvan toplulukların varlığını ileri sürer. Çin kaynaklarında yüzü insana, vücudu yılana benzeyen tek gözlü yaratıkların ülkesinden söz edilir. Kuzey ve Doğu Türk folklorunda «it başlı, sığır ayaklı» bir topluluk üzerinde çok durulur[181]. 1245 yılında Orta Asya'ya gelen Papa'nın temsilcisi Plan Carpini, Mogol ordusunun «it başlı, sığır ayaklı» topluluğa rastladığını anlatır. Ebulgazi Han da savaş için toplanan Özbek kalabalığını, «it başlı, sığır ayaklıdan başka ne varsa hepsi orada» diye belirtir. Oğuz destanlarında İt Barak Han vardır. MÖ. IV. Yüzyılda yaşamış Rodoslu bir gramerci, «adamlarının yarısı köpek olan, köpek gibi havlayan»

---

* Şaman-hayvan geleneği Anadolu'da yaşar. Türkmen babaları bir anlama şamanların devamı sayılabilir: Bir kâfirin geyik vücudunda açtığı yaraları, Hacı Bektaş o kâfire kendi vücudunda gösterir ve onu islâm yapar. Gençliğinde Kaygusuz Abdal bir geyik öldürür, hayvan derviş biçimine girer. Geyiklerle yaşayan, geyiğe binen Geyikli Baba, tam bir geyik-insandır. Geyikli Baba, Abdal Musa'ya geyik sütü sunarak onu da geyik türü ile akraba yapar. Karaca Ahmet, Karacaoğlan adları, geyikgillerle ilişkiyi belirtir. Hacı Bektaş, şahin olur uçar. Hacı Doğrul, şahine dönüşüp, güvercin biçimine giren Sultan Hacim'in peşine düşer vb... Anadolu'da islâmlık içinde şaman inançları yaşar.

bir topluluğu gördüğünü yazar. Çin kaynakları MS. VI. Yüzyılda «insan vücutlu, köpek kafalı insanların» yaşadığı bir adayı belirtir.

Yine Çin kaynaklarında, bozkırdaki boylar, belki de kötülemek amacıyla, birçok kez hayvanlara benzetilir. Başlarında tahtadan sığır boynuzları taşıyan bâzı Batı boyları sığır ile özdeşleştirilir. Türk boyları Ting-Ling'ler şöyle anlatılır :

«Dizlerine kadar kılla örtülüdürler. Vücutları ata benzer, çok iyi koşarlar. At gibi tırnakları vardır»[182].

«Yeşil gözlü ve kırmızı saçlı» Hint-Avrupalı Wu-sun'lar için şöyle denilir :

«Hun barbarıdırlar, dıştan maymun gibi görünürler».

Kitan'ların çadırda hayvan biçiminde oturan, ancak önemli devlet işleri için insan biçimine girip çadırdan çıkan kaganları olduğu ileri sürülür. Cengiz soyunu anlatan Altan Topçi'de, sürek avı sırasında hükümdar bir mavi kurt, bir ala geyik ve mavi atlı bir adam ele geçirir. Adam kara yaban domuzu olduğunu söyler. Hükümdar ona kaganının geçirdiği dönüşümleri sorar. «Yaban Domuzu» yanıtlar :

«— Sabah sarı çizgili bir yılandır, yakalanmaz. Öğleyin kara ve kahverengi çizgili bir kaplandır, yakalanmaz. Akşam yemeğinde yakışıklı sarı genç bir adamdır ve kraliçeyle oynar. O zaman yakalanabilir».

Hükümdar bunu işitince, Sidurgu adlı bu kagana karşı sefere çıkar. Sidurgu yılan olunca, hükümdar insan vücutlu dev kartal olur. Kaplan olunca, hükümdar arslana dönüşür. Sidurgu genç adam biçimine girince, hükümdar yaşlı adam olur ve onu yakalar. Türk Sir-Tarduşlarda kurt başlı bir adam, onların başlarına gelecek felâketleri bildirir.

Bozkırdaki taş anıtlarda da pek çok hayvan başlı adamlar görülür. «Baba» denilen anıtlar böyledir. Kısaca, bozkırda hayvan ile insan içiçedir. Bu içiçelik, hayvan ile karşılaştırma ve simgeleşmeden hayvan yaşamına katılma ve hayvan ile aynı olmaya kadar uzanır.

HAYVAN ATALAR

Hayvanın insana üstünlüğü inancı, bozkır boylarının kendilerini bir hayvan ataya bağlama inançlarında çarpıcı biçimde görülür. Bozkırda büyük konfederasyon kurucuları, genellikle göksel bir hayvan ata, ya da hayvan ananın çocuklarıdır. Göksel hayvan soyundan gelme, kurucu'nun doğuşuna özellik kazandırır ve ona insanlar üzerinde az çok üstünlük sağlar. Göktürk kagan ailesi gibi, Mogol Cengiz Han soyu da göksel bir kurttan türerler ve bu inanış, onların kaganlıklarını bir ölçüde pekiştirir.

Büyük boy ve budunlar konfederasyonları kuruldukça, konfederasyona egemen boyun hayvan atası ün kazanır ve bağımlı boylar tarafından da benimsenir.

Boylar, bir siyasal birlikten uzak yaşadıkları sürece, herbirinin ayrı hayvan ataları bulunur. Örneğin çağdaş Karagas'larda bir boy köstebekten indiğine, öteki küçük bir balıktan (pot-palık) geldiğine inanır. Kazakların Kirey boyunun bir kolunun atası baykuştur. Buryat boylarında boğa, kuğu, kurt, yaban domuzu, lota balığı vb. gibi çok çeşitli hayvan atalar vardır. Teleüt'lerden Merkût soyu, aynı adı taşıyan kuştan iner. Bâzı Altay soyları kurttan, bâzıları ayıdan türediklerini ileri sürerler. Ötekiler, kaplan ve kartalın çocukları olduklarını söylerler.

Eğer bozkırda atası, diyelim köstebek ya da kaplan olan boy, siyasal üstünlük sağlayıp büyük bir konfederasyon kurabilseydi, köstebek ya da kaplan bozkırın egemen hayvan atası olabilecekti. Fakat Hunlardan beri kurt ata efsanesi gelişir, Göktürkler ve Mogollar ile Gök böri* (mavi kurt) efsanesi yerleşir.

---

* Göktürkler kurt'a böri derlerdi. Anadolu'ya gelen Oğuzlar, böri adı belki de tabu olduğundan, böri'yi «kurt», yâni böcek diye çağırmışlardır (Jean-Paul Roux, Faune et Flore sacrées, s. 254).

Kurt ata efsanesinin çok eski tarihlerde Hunlar çevresinde meydana geldiği kabul edilebilir. Hint-Avrupalı sayılan ve MÖ. II. Yüzyılda Balkaş gölü ve Tanrı Dağ arasında yaşayan Wu-sun boylarında kurt ata efsanesine rastlanır :

— Wu-sun'ların kralı, Kun-mi'dir. Kun-mi'nin babası Hunların Batısında küçük bir bölgede egemendir. Hunlar Kun-mi'nin babasını öldürürler. Yeni doğmuş Kun-mi, bir çöle atılır. Bir karga çocuğun üstünde dolaşır. Bir kurt gelir ve çocuğu emzirir. Hun hükümdarı bunu mucizevî bulur ve çocuğu kutsal sayıp onu büyümeye bırakır. Kurt tarafından emzirilmek, dişi kurtun çocuğun annesi olması anlamınadır.

Çin yıllıklarındaki ikinci Wu-sun efsanesi biraz farklıdır :

— Wu-sun kralının adı Kun-mi'dir. Babası Yüe-çi'lere yakın bir ülkenin egemenidir. Yüe-çi'ler Kun-mi'nin babasını öldürürler ve ülkesini alırlar. Wu-sun'lar Hun İmparatorluğuna sığınırlar. Kun-mi daha yeni doğmuştur. Bakıcısı çocuğu kollarına alıp çöle kaçar. Çocuğu bırakıp yiyecek aramaya çıkar. Döndüğünde, bir kurtun çocuğu emzirdiğini ve bir karganın çocuğun üstünde dolaştığını görür. Bakıcı, çocuğun kutsallığına inanır ve onu Hunlara götürür. Hun hükümdarı Kun-mi'yi sever ve büyütür. Sonra babasına ait boyların yönetimini ona verir.

Hunlarla ilişkili bu Wu-sun efsanesi, Hunlarda kurt ata efsanesinin bulunup bulunmadığını kanıtlamaz. Fakat Hunlardan inen ya da Hunlarla akraba bulunan Türk boylarında kurt efsanesi yaşar. Uygurların atası sayılan Kao-che boylarının kökeni hakkında Çin kaynakları şu bilgiyi verir :

— Bir hükümdarın olağanüstü güzel iki kızı vardır. Hükümdar, kızlarını insanlarla evlendirmeye kıyamaz. Onları Gök'e (Tanrı'ya) sunmaya karar verir.

Bu amaçla, ülkesinin Kuzeyinde ıssız bir yerde yüksek bir tepecik yaptırır, kızları üstüne kor. Onları kabul etmesi için Tanrı'ya yakarır. Aradan üç yıl geçer. Kızların annesi, onları artık geri getirelim derse de, hükümdar yanaşmaz. Bir yıl daha geçer. İhtiyar bir kurt gelir. Gece gündüz tepeyi bekleyip ulur. Tepeciğin altında kendine in yapar, orada uyur. Kurt bir türlü gitmez. Kızların küçüğü şöyle der :

— Babamız bizi Tanrı (Gök) ile evlenmek için bıraktı. Şimdi de kurt geldi. Belki bu Tanrı tarafından gönderilmiş kutsal bir hayvandır. Ben aşağı inip ona gideceğim ve karısı olacağım.

Büyük kız karşı çıkar :

— Bu pis bir hayvandır. Annem ve babam buna râzı olmaz.

Küçük kız ablasını dinlemez. Aşağıya iner, kurtla evlenir ve çocuklar doğurur. Baba kurttan doğan bu çocuklar, Kao-che adlı Türk boylarının ataları olurlar.

Yine Çin kaynaklarından öğrenilen Göktürklerin kurttan türeyiş efsanesi (Ergenekon) ise, Uygur atalarınınkinden daha çok Wu-sun efsanesine yaklaşır :

— Türkler (Tukyu) eski Hunlardan özel bir koldur. Aşına ailesi soyundandırlar ve Hunlardan ayrı bir topluluk hâlinde idiler. Komşu bir ülke tarafından yenilirler, on yaşında bir çocuk dışında bütün topluluk yok edilir. Düşman askerleri çocuğu öldürmezler. Onun ayaklarını keserler ve bataklıkta otlar arasına atarlar. Orada bir dişi kurt ortaya çıkar ve onu etle besler. Çocuk büyür, bu dişi kurtla yatarak onu gebe bırakır. Düşman kral çocuğun yaşadığını öğrenince, onu öldürmek üzere yeniden askerlerini yollar. Askerler, çocuğun yanında kurdu görünce, onu da öldürmek isterler. Kurt kaçarak Turfan Krallığı Kuzeyindeki bir dağa gider. Bu dağda derin bir mağara vardır. Mağaranın içinde de ot ve bitkiyle kaplı büyük bir ova bulunur. Ova yüzlerce kilometre genişliğindedir ve yüksek dağlarla çevrilidir. Mağaraya sığınan kurt, on çocuk doğurur. On çocuk büyüyünce, dışarıdan kızlarla evlenirler. Karıları gebe kalır ve on çocuğun herbirinden ayrı bir soy türer. Soyların herbiri bir aile adı alır. Aşına ailesi, bu soylardan biridir.

Onların oğulları ve torunları çoğalırlar, yavaş yavaş yüz aile olurlar. Birkaç kuşak geçtikten sonra hep birlikte mağaradan çıkarlar. Juan-Juan'a bağımlı olarak Altay eteklerine yerleşirler ve onların demir işçisi olurlar[183].

Elli yıl kadar sonraki bir Çin kaynağı, Göktürk kurt efsanesini benzer biçimde anlatır:

— Komşu ülke, öldürmeye kıyamadıkları ufak bir çocuğun dışında, onların atalarını yok eder. Çocuğun kol ve bacaklarını kesip onu Büyük Bataklık'ın ortasında otlara atarlar. Orada yaşayan bir dişi kurt, çocuğu etle besler. Eti yiyen çocuk ölümden kurtulur. Sonra dişi kurt bu genç adamdan gebe kalır. Komşu ülke kralı, genç adamı öldürmek üzere bir asker yollar. Asker, adamın yanında kurtu görünce, onu da öldürmek ister. Fakat bir ruh tarafından desteklenen kurt, durumu anlayarak genç adamla birlikte hemen kaçar ve Turfan Kuzeybatısındaki bir dağ üzerinde durur. Ayakları altında bir mağara vardır. Kurt mağaraya girer... Orada geniş bir ova bulur. Kurt on çocuk doğurur. Çocuklardan biri Aşına aile adını alır. O en akıllı olduğundan hemen kral olur. Kökenini unutmadığını göstermek için, çadırın önüne kurt başlı bir tuğ diker.

Aynı konuda başka bir Çin metni hayli farklıdır:

— Türk boylarının ataları, Hun ülkesinin Kuzeyindeki So ülkesinde idi. Bu boyların başkanının adı (A-) Pang-Pu idi. Onun 17 büyük ve küçük kardeşi vardı. Büyük kardeşlerden birinin adı, I-chih Ni-ssu-tu idi. Dişi kurttan doğmuş idi. A-Pang-Pu ve kardeşlerinin tabiatı biraz budalaca idi. Devletleri çabuk yıkıldı. Olaganüstü niteliklere sâhip I-chih Ni-ssu-tu yağmur yağdırmasını ve rüzgâr estirmesini biliyordu. Yaz ve kış tanrılarının kızları olan iki kadın ile evlendi. Onlardan biri dört oğlan doğurdu. Çocuklardan biri beyaz bir kuğu'ya* dönüştü. İkinci çocuk A-fu ile Kem nehri arasında idi. Adı Ch'i-ku idi. Üçüncüsü Çu-çi nehri kenarlarında yerleşti. Dördüncüsü, bir dağa yerleşti. O çocukların en büyüğü idi. Bu dağda A-Pang-Pu ile aynı soydan başka bir topluluk daha bulunmakta idi. Onlar soğuktan çok acı çekiyorlardı. Bu nedenle dört kardeşin en büyüğü, ateşi icat etti, onları ısıttı ve besledi, yaşamlarını sürdürebilmelerini sağladı. Bunun üzerine onu başkan seçtiler... Bu başkan Na-Tu-liu'nun on karısı vardı. Karıların doğurdukları erkek çocukların hepsi aile adlarını, annelerinin soylarından aldılar. Aşına ailesi, Na-Tu-liu'nun küçük karısının soyundan gelmekteydi. Na-Tu-liu ölünce on anneden olma erkek çocuklar, kendi aralarından bir kişiyi başkan yapmak istediler. Hep birlikte büyük bir ağacın altına giderek aralarında şöyle anlaştılar: Ağaca doğru kim en çok yükseğe sıçrarsa, o başkan olacaktı. Hâlâ genç olan A-Şı-na'nın oğlu en yükseğe sıçradı. Hepsi birlikte onu başkan seçtiler. O, A-Hsien Şad unvanını aldı.

Bu üç Göktürk efsanesinin ortak yanı, Göktürk Konfederasyonu kurucusu soyun dişi kurttan üreyişidir. Bumin Kagan, A-Şı-na'nın oğlunun oğludur. Kurt ana'nın yaşadığı ecdat mağarası kültü, kurt başıyla süslü tuğ ve kaganın «böri» (kurt) adı verilen muhafız gücü, kurtun üstünlüğünü kanıtlar :

Bu kurt ata, sonraları daima «mavi = kök = gök», yâni göksel sıfatıyla anılır. Orhun yazıtlarında da Türkler, bir kez «Kök Türk» diye geçer. Doğuda Kadırgan ormanı, Batıda Demirkapı arasında «oksuz» oturan, yâni siyasal bir örgütlenmeden yoksun olarak dağınık bulunan «Kök Türk»ü, Bumin Kagan'n örgütlediği anlatılır. Türk, mavidir; yâni gökseldir.

Göktürk çağında kurta da göksel denilip denilmediği belli değildir. Orhun yazıtlarında kurt ata'dan söz

* Bahattin Öğel, «beyaz leylek» diye çeviriyor.

edilmez. Mavi gök ve yağız yer arasında «kişi»nin (insanoğlu) ortaya çıktığı, kişinin üzerine de Bumin ve İstemi kaganların oturduğu belirtilir. Kaganlar ise, «Tanrı gibi», «Tanrı'dan olmuş» sıfatlarıyla tanıtılır. Demek ki, kaganlar gökseldir. Kurt, gökten gelmiş kaganların atasıdır. O halde Göktürk döneminde de, kurt ata'nın göksel olduğunu kabul etmek gerekir. 551 yılında Bumin ve İstemi, Juan-Juan'lara karşı ayaklanıp Altay dışına çıktıkları zaman, onlara dişi kurtun oğulları yol gösterir.

Göktürklerin Orta Asya egemenlikleri, bozkırda kurt efsanesinin canlı kalmasını sağlar. «Türk budun» ölür, fakat efsane yaşar. Ve Cengiz Han Mogollarının da «göksel kurt ata»dan inmeleriyle, efsane güçlü biçimde yeniden meydana çıkar.

Mogolların Gizli Tarihi, Cengiz Kagan'ın kökeninin gökte doğmuş «Börte-Çino», yâni mavi kurt ya da bozkurt olduğunu belirterek başlar. Nitekim Mogollar da kendilerini Göktürkler gibi göksel (köke) sayarlar.

Bu göksel kurt, Ko'ai Maral (geyik) ile evlenir. Onlardan Bataçihan ve Cengiz soyu türer*. Çok çeşitli kaynaklarda Cengiz soyunun göksel kurttan indiği anlatılır. Ünlü Ergenekon destanı, Mogollarda yaşar. Mogollar, demir dağları eriterek, hanları Börte-Çino'nun, yâni Bozkurt'un yönetiminde dağlardan çıkar, düşmanlarını yenerler. Oğuznâme'de kurt önemli rol oynar. Bütün Orta Asya'da kurt efsanesi yaşar. Anadolu Türkleri arasında ise, kurt tarihsel önemini yitirir**.

---

* Jean-Paul Roux, Börte-Çino-Ko'ai Maral çifti ile Orhun yazıtlarının Gök Tengri - Yağız Yer çifti arasında ilişki kuruyor. Ona göre, Börte = Kök ve Ko'ai = yağız'dır. Gök Tengri - Yağız Yer birleşmesinden, insanoğlu doğar (Faune et Flore sacrées, s. 320).

** «Bozkurt Efsanesinin Anadolu'daki İzleri»ni araştıran Zeki Teoman, kurtun eski önemine uygun sonuçlara varamaz. Sıvas ve Tokat'ta yol üzerine kurt çıkarsa uğurlu sayılır. İçel Yörüklerinde çocuksuz aileler, evlerine kurt derisi asarlar. Kurt derisinin döl getirmesi beklenir. Fakat bunu «kurt ata» tema-

Orta Asya efsanelerinde de köpek ve kurt biribirine karışır. Çin kaynakları, köpek ve kurtu sık sık biribirine karıştırır. Bozkır kurtunun şaşılacak biçimde göçebe çoban köpeğine benzemesinin belki de bunda bir payı vardır. Mogol Gizli Tarihi'nde, Cengiz Han soyuna bağlanan Alan-ko'a, sarı ışık biçimindeki köpekten gebe kalır. Kırgız efsanesinde, Kırgızlar, kızıl köpekten türerler :

«Kırk kız gezintiden dönünce, yurtlarının tamamen yok edildiğini görürler. Ne insan, ne sürü kalmış, düşman hepsini toplayıp götürmüştür. Çevreyi araştırırken, kırk kız bir kızıl köpek bulurlar. Köpekle çiftleşirler ve çoğalırlar. Onlara 'kırk kız' anlamına Kırgız denilir».

Bütün Orta Asya'da, Altaylılarda «köpek ata» efsaneleri yaygındır. Örneğin Nogay, «köpek boyu» anlamına gelir. Kadınları insan, erkekleri köpek biçiminde «köpek krallıkları», Çin ve Batı kaynaklarında anlatılır.

Öyle anlaşılmaktadır ki, kurt ve köpek ya biribirinin yerini almakta ya da ikisi arasında bir ayırım yapılmamaktadır.

---

sına bağlamak güçtür ve bu âdet yaygın değildir. Tek yaygın âdet, kurt kafasının kurutulup evde nazarlık olarak kullanılmasıdır. Nazarlık, «kötü göz»den korunmaya yarar. Belki de daha eski zamanlarda nazarlık, yalnızca kurtun zararlarından koruyor, kurt üzerinde bir kudret sağlıyordu. Kurt, koyunları yerse hemen öldürülmesine gidilmez. Sihir yoluyla kurtu zararsız hâle getirmek istenir. Ancak çâresiz kalınca kurt öldürülür. «Öldürme korkusu», Orta Asya kurt kültünün belki de son kalıntısı sayılabilir. Daha önce de belirttiğimiz üzere, yalnız Oğuzlarda «böri» yerine, böcek anlamına kurt denilir. Anadolu'da «canavar» adı kullanılır. Orta Asya'da Türkmenler «böçek» der, böcek giderek «möcek» olur (Jean-Paul Roux, Les Traditions des nomades de la Turquie, s. 298). Anadolu Göçebe Türklerinde, geyikgiller, kutsal hayvandır.

Kurt ve bâzen onun yerini alan köpek kadar ünlü değillerse de, öteki hayvanlar da bozkır boylarının ataları olarak önemli rol oynarlar. Oğuzlarda, kurt ve boğa arasında bir duraksama olmakla birlikte, onların ataları boğadır. İlk satırları kaybolan Oğuznâme'deki «sığır resmi» görünüşe göre, Oğuz atasını belirtir. Oğuz, mavi gözlü olarak tanıtılır. Mavi, onun göksel bir kişi olduğunu gösterir. Vücudu ise, hayvan biçiminde çizilir: Ayakları boğa ayakları, böğürleri ise kurt böğürleridir. Yâni Oğuz, boğa ve kurttur. Omuzları samur omuzu, göğsü ise, ayı göğsüdür. Yâni hem samur, hem ayıdır. Bütün vücudu kılla kaplıdır. Bütünü kılla kaplı vücut, tam hayvandır. Göksel baş ise, insan başıdır. Oğuz'un bu tasviri, bozkır hayvan sanatında sık sık görülen, insan ve hayvan karışımı yapıtlara uygundur.

Oğuznâme'de Oğuz'u doğuranın sığırgillerden olduğu ileri sürülebilir. Doğuran hayvan ile kurt, ayı ve samur arasında bir ilişki kurmak güçtür. Fakat Oğuz adı, «ok» kökeninden «boy» anlamına gelmekle birlikte, iki yaşındaki genç boğa (torun) anlamını da kazanır. Bazin, Oğuz Han'ın «Genç Boğa Han» olduğunu yazar. Büyük bir olasılıkla, öteki hayvanların da vasıflarını taşımakla birlikte, Oğuz Han herşeyden önce genç boğa'dır.

Bozkırda boğa ata'dan inen daha başka boylar da vardır. Örneğin Kitan'lar beyaz at-kül renkli boğa çiftleşmesinden türerler. Başka bir Kırgız efsanesinde boğa, ata olarak geçer ve Kırgızlarda sığır kültü vardır. Dede Korkut öykülerinde boğayı yenen Dirse Han'ın oğlu Boğaç (boğa yavrusu), boğa ile özdeşleşir. Buryatlarda, bir dağda yaşayan Boğa Noyan, Baykal gölünün sâhibidir.

Kurt ve boğa gibi, arslan, deve, kuğu, kaz vb. de bozkırın ünlü atalarındandır. Ağaç da «gök yolu» olmanın yanı sıra, bâzı boyların atasıdır. Bir Uygur efsanesine göre, Selenga ve Tola nehirlerinin kavuştuğu yerde, kusuk (Sibirya sedir ağacı) ve kayın ağacı vardır. Gökten inen ışıkla iki ağaç gebe kalır, beş çocuk doğurur. Uygur boyları, bu çocuklardan Buku Tegin'i kendilerine kagan seçerler. Kıpçak efsanesinde ise, Oğuz Han'ın beylerinden biri savaşta ölür, karısı bir ağaç kovuğunda çocuk doğurur. Oğuz Han, çocuğa Kıpçak adı verir. Kıpçak, ağaç kovuğu anlamınadır ve Kıpçak boyunun adı olur .

BOYLARIN HAYVAN ATALARLA İLİŞKİLERİ

Bu hayvan ya da bitki atalarla boyların ilişkileri nelerdir? Bozkır boylarında çok eskiden beri ölü ve ecdat kültleri vardır. Kurt atadan ya da başka bir hayvandan inen olaganüstü doğuşlu soy kurucuları ölünce, onlar boyun doğal koruyucusu olurlar. Onlara saygı gösterilir, kurban sunulur, karşılığında hizmet beklenir. Böylece bir cins ecdat kültü doğar. Bu insan atanın atası olan hayvan için de benzer bir kült biçimlenir mi? Soruyu yanıtlamak kolay değildir. Göktürkler dişi kurt ile onun besleyip büyüttüğü ve sonra da çiftleştiği ataları için, çiftleşmenin olduğu mağarada belli aralıklarla tören düzenlerler. Ecdat mağarasında kurbanı bizzat kagan sunar. Ecdat mağarasından çok uzakta bulunan Batı Göktürk Kaganı da, her yıl kendi gelemezse bir yüksek memurunu yollayarak bu töreni yerine getirir. Mağara, döl yatağı demektir. Çocuğun çıktığı döl yatağı, aynı zamanda mağara ve dişi kurttur. Bu nedenle mağara kültü, kurt kültü ile özdeşleştirilebilir ve Göktürklerin kurt ata'yı ululadıkları, ona kurban sundukları, ondan hizmet bekledikleri ileri sürülebilir. Ata hayvan öldürülmez, eti yenilmez ve ona herhangibir zarar verilmez. Karşılığında ondan yardım beklenir. Atası kaplan olan çağdaş bir Gold boyunun üyeleri, kaplanın avlanma alanına girince derhal uzaklaşırlar. Kaplan ile karşılaşınca, derhal silâhlarını atarlar ve onunla konuşurlar :

— Ey büyük baba, bize iyi av ver, yiyecek ver, av hayvanları yolla.

Atası kaplan olan bu boy üyeleri, hayvandan korkmaz. Yüzlerini gösterince kaplanın onları çocukları gibi tanıdığını, bir kötülük yapmadan dağlarına çekildiğini söylerler.

XVIII. ve XIX. Yüzyıl gezginlerinin Yakut boyları hakkında verdiği bilgiler, boy-hayvan ata ilişkilerini daha açık biçimde ortaya koyar. Strahlenberg, 1700'lerde Yakut boylarının herbirinin kuğu, kaz, karga gibi kutsal saydıkları özel bir hayvanı olduğunu, o boyun bu hayvanın etini yemediğini, fakat öteki boyların yediğini belirtir. Öteki yazarlar kartal, şahin, kuzgun, sincap, guguk kuşu, kakım, leylek, turna, toy, gece kuşu vb. gibi pek çok hayvanın belli bir boy ya da ailenin kutsal kuşu olduğunu, o boy ve aile tarafından etinin yenilmediğini, öteki boy ve aileler için böyle bir yasağın bulunmadığını anlatırlar. 1822'de Zelenine, her boyun çeşitli hayvanlardan bir Tanara'sı (Tangara, Tanrı) ya da Torit'i (köken), yâni koruyucusu ve atası olduğunu, onun etinin yenilmediğini yazar. 1844'te bir Yakut folklorcusu, bu kutsal hayvanların ailelerde Tangara (Tanrı) denilen bir put ile temsil edildiğini açıklar. Kutsal hayvanı canlandıran Tangara, bir bebek biçimindedir, süslenmiştir. Tangara'sı kakım olan aile, kakım adını söylemez, onu başka sözlerle anlatır ve bu hayvanı öldüremez[134].

Her boyun koruyucu, kutsal hayvanı ve bu hayvanı temsil eden Tangara ya da Ongon o boyun atası mıdır? Gezginlerin çoğu bu soruyu yanıtsız bırakır. Zelenine ise, kutsal hayvan ve Ongon'u o boyun atası sayar. Her boy ve ailenin ayrı koruyucu hayvanı olması, hayvandan indiklerinin anısını en canlı biçimde taşıyan Yakut boylarında hayvana saygı gösterilmesi, onun ata olduğu düşüncesini pekiştirir.

Kuşkusuz Altaylıların töz dedikleri ongon, yalnız hayvanları değil, insanları da temsil eder. Ongon, özünde ruhların oturması için yapılmış bir şeydir. İnsan ruhu, göğe gitmekle birlikte, bir tuğda, mezar üzerine konan bir taşta (balbal), bir ongon'da ve daha başka şeylerde oturabilir. Hayvan ruhu da, aynı biçimde, onu ağırlamak için yapılmış bir eşyada (ongon), tuğda vb. barınabilir.

Çok çeşitli ongonlar vardır: Tıbbî ongonlar, hastalıkları iyileştirir ya da hastalıklara neden olur. Av ongonları, av getirir ya da avı uzaklaştırır. Hayvan yetiştirme ongonları, hayvanları korur ya da onlara kötülük yapar. Sanki herşey insan boyu ile yapılmış bir sözleşmeye göre yürür. Yükümlülüklerini yerine getirmeyen ongon cezalandırılır. Bu koşullarda ongon kültü, boylar arasındaki bir ittifakın sonucu gibi gözükebilir. Onun bir hayvan atanın kanıtı olduğu peşinen söylenemez. Fakat ölümlerinden sonra dikilen hükümdar heykelciklerinin ecdat putları olması gibi, ecdat hayvanlarının resimlerinin de hayvan ongonlarının arasında yer almış bulunması gerekir.

Bir boy, herhangibir hayvanla ittifak kurunca, ondan hizmet bekler. Karşılığında da o hayvana zarar vermekten, özellikle öldürmekten kaçınır. Örneğin Yakutlardan çok önce Oğuzlarda belli bir hayvanla kurulan bağ hakkında bilgi vardır. XIII. Yüzyıl tarihçisi Reşidettin, Oğuz Han'ın altı oğlu Gün, Ay, Yıldız, Gök, Dağ ve Deniz'den inen 24 Oğuz boyunun listesini verir. 24 boyun herbirinin ayrı bir damgası ve altı oğulun herbirinden inen dört boyun ongon denilen bir kuşu vardır. Örneğin Deniz Han oğullarından inen Kınık, Yıva, Bügdüz, Yığdır adlı dört boyun ongonu çakır kuşudur. Kınık, Selçukluların içinden çıktıkları boydur. Gün Han oğullarından gelen Kayı, Bayat, Alkararlı, Kara-ivli adlı dört boyun ongonu ise şahindir. Kayı, Osmanlıların içinden çıktıkları boydur. Öteki boylar gruplarının ise, kartal, tavşancıl, sungur, uç kuşları ongonlarıdır.

Burada ongon, bir heykelcikle temsil edilmesi mümkün bulunmakla birlikte, put değil, canlı bir hayvandır. Reşidettin, ongon hakkında şu bilgiyi verir :

«Belli bir boyun ongonu olan her hayvan... boy üyeleri tarafından avlanamaz. Ona zarar verilemez ve eti yenilemez... Bu görenek, zamanımıza kadar sürmüştür. Her boy, ongonunu tanır».

Reşidettin'in XIII. Yüzyılda verdiği bu bilgiler, çağdaş Yakutlardan ve az değişikliğe uğramış öteki bâzı Orta Asya boylarından elde edilen bilgiye uygun düşer. Buna göre, her boyun zarar vermekten çekindiği kutsal bir hayvanı, ongonu vardır. Reşidettin, bu ongonun boyun atası olup olmadığını belirtmez. Fakat, büyük bir olasılıkla, bu ongon kuşlar, Oğuzların atalarıdır. İlginçtir ki, bu altı yırtıcı kuş, biribirinden pek az farklıdır. Önceleri hepsinin atası şahin olan akraba boyları, biribirinden ayırmak için böyle ince bir farklılaşmaya gidildiği düşünülebilir. Fakat bu şahin ata hakkında bir bilgi yoktur. Reşidettin'in yazdığı çağda, daha önce belirttiğimiz üzere, Oğuz boğadır, boğa oğludur. Şahin varsayımı doğruysa, Oğuzların daha eski tarihlere ait köken efsanesinin ya da efsanelerinin bize ulaşamadığını düşünmek gerekecektir. Bu konuda kesin birşey söylemek olanağı şimdilik yoktur. Bununla birlikte, Yakut boylarının kutsal hayvanlarının onların ataları olduğu kesine yakın biçimde ileri sürülebilir. Oğuzların yenmesi ve öldürülmesi yasak kutsal hayvanlarının da aynı durumda bulunduğu sanılabilir. XVII. Yüzyıl yazarı Ebul-Gâzi, Oğuzların 24 boyunun herbiri için ayrı bir ongon kuş verir. Bunların çoğu cinsiyet, yaş, tüylerinin rengi ve alt türler olarak ayrılan şahingillerden kuşlardır. Örneğin Osmanlıların içinden çıktığı sanılan Kayı boyunun ongonu, şahinlerin en büyüğü olan sungur'dur. Kınık boyunun erkek çakır, Iğdır boyunun çakırdır. Fakat bugünkü bilgimiz, Oğuzların bir şahin ata'dan indiklerini söylemeye yetmez*.

Boyların tuğlarına konan hayvan başları ya da kuyruklarıyla temsil edilen hayvan-boy ilişkileri daha açıktır. Örneğin Göktürk kaganının çadırının önüne diktirdiği tuğun tepesinde altından bir kurt başı vardır**. Kaganın muhafız askerlerinin adı kurt'tur. Çin kaynakları, «onlar böylece, kurttan indiklerinin anısını unutmazlar» diyerek, bayraktaki kurt'un atayı temsil ettiğini açıklarlar.

Bozkır boylarında tuğ'un önemi büyüktür. Tuğu alan, komutayı da alır. Nitekim Çin İmparatoru, Batı Göktürk Kaganı Tardu bağımlılığı kabul edince, ona Göktürk boylarının yüksek egemenliğini verir ve bunu belirtmek için kurt başlı tuğ yollar. Tuğdaki kurt, ordunun önünde gider, kılavuzluk eder. Oğuznâme'deki ordunun önünden giden canlı kurttan beklenenleri yerine getirir. Cengiz Han, tuğa tapar. Tuğ için kurban kesilir.

Tuğda, imparator ve ailesini, dolayısiyle bütün halkı koruyucu ruh yaşar. Bu ruh, Göktürklerde kurt atadır. Cengiz Han, efsanevî bir güce ulaşıp büyük ata sayıldığından, ölümünden sonra tuğda yaşadığına inanılır. Mogolların insan atasına, Göktürklerin kurt ata-

---

* Jean-Paul Roux, Türk askerî şefinde bulunması gerekli nitelikleri, hayvan nitelikleriyle açıklayan Kutadgu Bilig ve El Madainî'deki on hayvanı, on boyun ongonu sayıyor. Hommel, bu on hayvanın Batı Göktürklerin on boyunun ongonu olduğunu düşünüyor. Bu hayvanlar, yaban domuzu, kurt, karga, tilki, arslan vb. idi. Roux'ya göre, kurt gibi savaşçı ya da tilki gibi kurnaz olmak gibi hayvana atfedilen üstün özellik, o boyların da özelliğidir, zira o hayvan atadan inmektedirler (Faune et Flore sacrées, s. 402). Bu görüşün bir varsayımdan öteye gittiği söylenemez.

** Uygur kaganlarının tahta çıkışında kurt başlı tuğ dikilir ve selâmlanır (Bahattin Öğel, İslâm Ansiklopedisi, Tuğ maddesi). Göktürk Devleti yıkıldıktan sonra da Çin İmparatorları, Türk beylerine ve Toharistan yabgularına kurt başlı tuğ yollarlar.

sına davranıldığı gibi davranılır. Demek ki, tuğ, kurucu atanın yeridir. Bu ata kurt, boğa, deve, arslan vb. olabilir.

Kaynaklar, her boyun tuğunda kurt, ejder vb. gibi amblem olduğunu belirtirler. Daha yakın tarihlerde gezginler, Mogol ve Kalmuklar için şu ilginç bilgiyi verirler :

«Tuğlarında deve, inek, at ya da herhangi başka bir hayvan resmi vardır. Bir boyun bütün koşulları, kolun özel adını eklemekle birlikte, amblemleri olan resmi kullanmakta devam ederler. Bu tuğlar, onlara bir cins soy kütüğü hizmeti görür»[185].

Demek ki, tuğdaki hayvan resmi boyun atasıdır. İbn Fadlan, Başkurtların su, ağaç, yılan, balık, turna vb. gibi 12 tanrısı olduğunu yazar. İslâm yazarının «Tanrı» saydığı bu 12 varlık, belki de 12 Başkurt boyunun herbirinin atasıdır. Yine XI. Yüzyıl tarihçisi Gerdizî, Kırgızların kiminin ineğe, kiminin kirpiye, kiminin saksağana, kiminin şahine vb. taptığını belirtir. Büyük bir olasılıkla bu hayvanlar tanrı değil, Kırgız boylarının atalarıdır.

Demek oluyor ki, her boyun bir amblemi vardır. Göktürklerdeki bu amblemin, ata olduğu açıktır. İmparatorluk kuruluşuyla, o, çok sayıda boyun amblemi olmakla birlikte, kökeninde tek bir boya aittir. Kurucu Aşına soyunun amblemidir. Oğuz, Kırgız, Başkurt, Mogol vb. boylarının herbirinin, onu ötekilerden ayıran bir amblemi vardır. Bu amblem, pek çok durumda bir hayvandır ve belki de boyun atasıdır.

TÜRKLERDE TOTEMCİLİK VAR MIYDI?

Şimdiye kadar, din ve inançları açıklayabilmek için bozkır boyları ile hayvan ilişkileri üzerinde oldukça ayrıntılı biçimde durmakla birlkite, «totemcilik» kavramını kullanmaktan kaçındık. Zira bozkır boylarının totemciliği konusu, hayli tartışmalı bir konudur ve totemciliğe çok farklı anlamlar verilerek, onun Orta Asya'da varlığı ve yokluğu hakkında çok çeşitli görüşler ileri sürülmüştür. Örneğin Prof. İbrahim Kafesoğlu, kendine göre bir totemcilik anlayışı geliştirerek, Orta Asya Türk boylarının totemciliği iddialarını kesinlikle reddeder[186]. Bahattin Öğel, tek tanrılı gök dinine inanan Türklerde totem aramanın «biraz güç» olacağını söyler[187]. Ünlü Batılı uzmanlardan Van Gennep ve J. G. Frazier de bu görüşleri paylaşırlar. Frazier, tarihte en büyük rol oynayan insanlığın üç büyük ailesi olan Arîler, Semitler ve Turanlılarda totemciliğin varlığının hiçbir zaman kanıtlanamadığını söyler. Bununla birlikte, birçok uzman da aksi görüşü savunur.

Konuda bir açıklığa varabilmek için, totemciliğin ne olup ne olmadığı bahsinde belli başlı uzmanların görüşlerini toparlamak gereklidir. Jean-Paul Roux'ya göre[188], bu görüşler 12 noktada toparlanabilir :

1 — İlk bakışta totemcilik gibi gözüken herşey, totemcilik değildir. Örneğin bir hayvan atanın varlığı, onun totem olmasına yetmez. Zira totemci olmayan topluluklarda da hayvan ata efsanelerine rastlanır.

2 — Totemcilikte hayvana tapma yoktur. Totem-

ler, tanrılar değillerdir. Onlara bir dost ve akraba olarak saygı gösterilir. Totemcilikte hayvan, bir tür olarak ele alınır.

3 — Hayvan ile sevişme kültü totemcilikte yoktur. Hayvana tapmanın geliştiği topluluklarda hayvan ile sevişmeye rastlanır. Fakat bu topluluklar totemci değildir.

4 — Kurban konusu, yeterli açıklıktan uzaktır. Loisy'ye göre, kurban totemcilik ögesi değildir. Başka birçok yazara göre ise, totemcilik kurbanı içerir.

5 — Bitkiler ve ender olarak cansız şeyler (yıldızlar, bulut, su vb.) totem olabilirse de, totem, genellikle hayvandır.

6 — Totem, ilişki kurulan tür ile bu türün çeşitli tasvirleridir. Bu tasvirler de kutsaldır ve belki hayvandan da çok ululanır.

7 — Totem ve insan arasında akrabalık çok tartışılır. Davy ve Cazeneuve, totemin kökeninde bir ata olmasını gerekli saymaz. Durkheim ise, totem efsanelerinin, insan ve totem hayvan arasında akrabalık ilişkileri kurmayı, onu ata yapmayı amaçladığını belirtir. Van Gennep, totemcilikte akrabalık inancını temel bir psikolojik öge sayar. Freud, totemin ilkin o topluluğun atası olduğunu söyler. Bununla birlikte, akrabalık fikrine karşı olan bilginler dahi, totem ile insan arasında sıkı, yakın ilişkilerin varlığını kabul ederler.

8 — Totemciliğin varlığı için insan topluluğu ile onun kendini akraba saydığı türün bir kısmının belli bir arazide lokalize olması gereklidir. Van Gennep, totemcilerin ecdat çocuklar ile totem hayvanın ikamet yerini belirlemeye büyük önem verdiklerini yazar ve totemcilik ile arazi bağını temel bir koşul sayar.

9 — Totemcilik, bireyle değil, bir tür ile olan ilişkilere dayanır. Tek bir şey totem olamaz. Totemcilik, genellikle hayvan olan bir türün kültüdür. Totemden devamlı koruyuculuk beklenir ki, bunu tek bir hayvan değil, o hayvan türü yerine getirebilir. Kısaca, insan

boyu ile hayvan boyu arasında akrabalık ve koruyuculuk söz konusudur.

10 — Bu nedenle totemcilik, ancak boy örgütlenmesi olan yerde var olabilir. Mauss'un sözleriyle, «Totemi olmayan boy olabilir, fakat boy olmadan totem olmaz».

11 — Totemin koruyuculuğu karşılıksız değildir. İnsanın ilk yükümlülüğü, totem hayvanı öldürmek ve yemekten kaçınmaktır. Yasak, yalnızca akraba boyun üyeleri için geçerlidir. Freud bunu totemciliğin çekirdeği sayar.

12 — Aynı toteme sâhip kişiler arasında evlenme yasağı, konuyu ilk inceleyen uzmanlarca kesinlikle var sayılırsa da, sonradan bu tutum değişir. Van Gennep, ilkin bütün gerçek totemcilik biçimlerinde, aynı totemin üyeleri arasında evlenme ve bâzen cinsel ilişki yasağı bulunduğunu düşünür. Daha sonra, ekzogami ve totemciliğin iki özerk kurum olduğunu, birinin öteki olmadan bulunabildiğini, her ikisinin sınırlı ölçüde bir araya geldiğini ileri sürer.

Bu açıklamalara dayanarak totemciliğin temel ögeleri şöyle özetlenebilir :

— Boyların varlığı

— Boyların ve totem türünün aynı arazide lokalize olması

— Totem ve boy arasında akrabalığın, hiç değilse sıkı bir bağın varlığı

— Totemin temsili

— Bireyden bireye değil de, türlerden boylara ilişkilerin kurulması

— Bu ilişkilerde totemin iyilik ve koruyuculuk getirmesi

İkincil ögeler olarak ekzogami ve totemi yeme ve öldürme yasağı belirtilir.

Şimdi totemcilik hakkında verilen bu bilgilerle, Türk boylarının kültür ve inançları hakkında bu bölümde yer alan açıklamaları karşılaştırarak totemcilik sorununu bir sonuca bağlayalım :

1 — Altaylarda hayvana tapma çok enderdir. Kuşkusuz hayvan ve bitki, insana üstün sayılır. Fakat bu üstünlük onları ne tanrı, ne de benzeri yaratıklar yapar. Ruhların hayvan biçiminde düşünülmesi, insanlar ve hayvanlar arasındaki farkı değil, onlar arasındaki bağı belirtir.

2 — Hayvan ile çiftleşme kültü yok gibidir. Kızların ayı ile aşk öyküleri, Anadolu'da ve Orta Asya'da anlatılırsa da, hayvan ile çiftleşme aranmadığı gibi, bundan korkulur.

3 — Kurbanın varlığı ve önemli bir rol oynaması, totemciliğin varlığı ya da yokluğunu etkilemez.

4 — Totem adı verilebilecek taş gibi şeylere ve bitkilere rastlanabilirse de, genellikle hayvanlar toteme benzer. Totemci topluluklarda da totem, çoğunlukla hayvandır, daha az miktarda bitki ve şeylerdir.

5 — Her boyun özel bir işareti vardır. Totem sayılabilecek hayvan, ongon biçiminde temsil edilir, tuğda resmi çizilir, heykelcikleri yapılır.

6 — Hayvanlar ve insanlar arasında akrabalık, bozkır yaşamının başlıca özelliklerinden biridir.

7 — En eski çağlardan beri Türk ve Mogollar, türedikleri yeri özenle belirlerler. İnsan ile hayvan ve bitki arasında çiftleşmenin olduğu yeri kutsal sayarlar. Ecdat mağarasında kurban keserler. Ölünce ruhlardan biri göğe gitmekle birlikte, başka bir ruh ecdat ruhlarının yaşadığı araziye döner.

8 — Bu topluluklar, boylar hâlinde örgütlüdürler. Birey yok, boy vardır. Hayvan toplulukları da aynı biçimde örgütlenmiş sayılır. İnsan-hayvan ilişkileri, gruplar arasındadır. Bir boyun hayvan ile ittifakı, tek bir hayvan ile değil, o hayvan türü ile yapılır. Ecdat bilinen hayvanın türü ile de ilişkilerin aynı biçimde olması gerekir.

9 — Akraba ya da müttefik olan hayvanı yeme

ve öldürme yasağı olduğunu, Yakutlar ve benzeri boylarda yapılan araştırma doğrular. Reşidettin, Oğuzlar için aynı şeyi söyler.

10 — Hayvan, koruyucu ve kılavuzdur. Belli bir boyun koruyucusu hayvanın, o boyun atası olma olasılığı vardır. Göktürklerde koruyucu kurt, aynı zamanda atadır.

11 — Ekzogami kesin bir yasa değilse de, çok yaygındır.

Bu kısa açıklamalar, bozkırdaki Türk boylarını totemci saymamak için hiçbir temel engel bulunmadığını göstermeye yeterlidir. Hatta bu bozkır boylarının, özünde ve temelinde totemci oldukları sonucuna varılabilir.

O halde neden bu konuda birçok bilgin duraksama gösterir? Duraksama, bozkırda sürekli biçimde kurulan ve dağılan boylar konfederasyonlarının anti-totemci oluşuyla bir ölçüde açıklanabilir: Totemcilik, ayırıcı, dağıtıcı bir örgütleme biçimidir. Biribirine yakın boyların bile totemi ayrıdır. Bu nedenle, totemcilik boyları birleştirmez, ayırır. Oysa bozkırda güçlü boylar, öteki boyları dağıtıp, parçalayıp, daha büyük birimlerde toplamak, imparatorluklar kurmak çabasındadır. Kaganlar, bu amaçla boyların eski yapılarını yok etmeye, onları kendi çevresinde yeni biçimlerde biraraya katmaya çalışırlar. Eski boylar, «ölür», eski ideolojilerini ve bireyciklerini bırakıp kaganın boyunun adını alırlar. Onları tecrit eden totemciliklerinden uzaklaşırlar. Böylece imparatorlukların kuruluşu anti-totemci bir rol oynar. Fakat bozkırda imparatorluklar, gelecek bölümlerde göreceğimiz üzere, çabuk kurulurlar ve çabuk yıkılırlar. Yıkılınca boylar, eski durumlarına dönerler. Yıkılmak istenen eski sistemlerini canlandırırlar. Bununla birlikte, devamlı imparatorlukların kurulması, başka bir sonuç verir. Şöyle ki, boylar konfederasyonu, yâni imparatorluğu kuran boyun kuşkusuz kendine özgü bir totemi vardır. Bu totemin, ilkin öteki boyların totemlerinden bir üstünlüğü yoktur. Fakat o boyun şefi kagan olup imparatorluğun başına geçince, kendisinin göksel olduğunu ileri sürer. Kaganlar, «Tanrı gibi», «Tanrıdan olmuş» sıfatlarını kullanırlar. Onun için totem hayvan da «gökten gelmiş» kabul edilir. Böylece egemen boyun totemi, öteki boyların totemine eşit olmaktan çıkar. O, göksel totemdir ve öteki totemlerin üstündedir. Egemen boy, durumunu pekiştirmek ve konfederasyonu güçlendirmek için öteki totemleri unutturmaya çalışır.

İşte totemci sistemin tahribine yönelmiş bu çaba, totemciliğin varlığının yabancı gözlemcilerce saptanmasını güçleştirmiş olabilir. Öte yandan totemcilik, bozkır toplumsal yaşamının ancak bir belirtisidir. Bozkır insanının doğa ile ilişkilerinin bir kısmını kapsar. Bütün yaşamı hayvana bağlı olan avcı ve çoban, ondan doğal olarak verebileceğinden çok fazlasını ister. Hayvandan yiyeceğini, giyimini, silâh ve çadırlarının bir kısmını sağlamak ve onu «kutsal akraba» yapmakla yetinmez, ondan geleceği bilmesini, yağmur, fırtına, kar vb. gibi doğa olaylarını düzenlemesini, hastalıkları iyileştirmesini, tanrıları yatıştırmasını vb. umar. Yalnız bu dünyada değil, öteki dünyada da hizmetlerini sürdürmesini bekler. Yeryüzündeki gibi, gök yolculuğunda da hayvanın kılavuzluğu ve yardımcılığı aranır. İnsan, hayvanın yeteneklerini taklit eder ve o yetenekleri kazanır. Hayvan kimliğine bürünerek yüzmeyi, özellikle uçmayı başarır, böylece kendisine kapalı olan, fakat hayvanın içinde daha kolaylıkla hareket edebileceği sanılan göksel evrene girebilir. Kuşkusuz, hayvandan bütün bu istenenlerin karşılığı vardır, özen ve çaba harcanmadan bunlar elde edilemez. Hayvanın hizmetleri için insandan pek çok davranış beklenir. Böylece bütün bir düşünce ve davranış biçimi ortaya çıkar. Onun içindir ki, bozkırda kutsal hayvancılık, yalnızca totemciliğe indirgenemez; o, totemciliğin çerçevesini çok aşar. Birçok bilginin totemci etiketini bozkır topluluklarına yapıştıramayışının bir nedeni de bu olsa gerektir.

Bitkicilik için de durum aynıdır. Başlıca bitki temsilcisi ağaç, totem olmakla birlikte, temelinde totemden ibaret değildir. Gökün eksenidir ve göke götüren yoldur. Ağaç böylece bizi bozkırın öteki büyük kurumu olan şamanizme yaklaştırır. Ağaç, yeri ve gökü biribirine bağlar. Aynı zamanda bir yaşam kaynağı olarak ağaç, yer ve su ile birlikte dinamik bir doğa dinini canlandırır.

Demek ki, bozkır insanının dinine totemcilik denilemez. Totemcilik, onun ancak bir parçasıdır. Şamanizm de, tengricilik de bu dinin başka yanlarıdır. Kısaca, eski Türk dininde totemcilik, şamanizm, Tengricilik ve daha başka şeyler vardır. Yeni araştırmalar, bu konuda bilmediklerimizi aydınlatacak ve bilgimizi genişletecektir.

Türklerin islâm oluşuyla da bu eski inançlar sona ermez. Alevîlik, geniş ölçüde eski Türk dininin islâmlaştırılmış bir biçimi olur. Fakat sünnî Yörüklerde de eski inançlar güçlü biçimde yaşar.

Gök Tanrı'nın yerini Allah alır. İkincil tanrılardan, doğanın sâhibi ruhlardan ve gezici ruhlardan bir kısmı islâmî çerçevede bir yer bulamadıklarından unutulurlar. Fakat Tanrı ya da koruyucu ruh unutulduğu halde, kültü bâzen kalabilir. Örneğin eski Türklerde eşik, evin koruyucu ruhunun oturduğu yerdir ve kutsaldır. Anadolu'da koruyucu ruh unutulur, fakat eşiğe saygı geleneği yaşar. Kutsal eşik öpülür ve üzerine basılmaz. Hatta Ali ile bağlantı kurarak, eşiğe saygı için yeni açıklamalar getirilir.

Bâzı kutsal varlıklar ise, islâmî bir çerçeveye girmezler; ama yine de yaşamakta devam ederler. Bitki ve hayvan totemlerin kalıntıları buna örnek gösterilebilir.

Koruyucu ruhların bir kısmı, islâmın dışında bir gelişmeyle, evliyalara dönüşürler. Evliyadan koruyuculuk ve iyilik beklenir. Hastalıkları geçirmesi, döl vermesi istenir. Evliya mezarlarında kurbanlar kesilir, kurban onunla paylaşılır. İlginçtir ki, evliya mezarlarının hepsi gerçek mezarlar değildir. Bir kısım yerler, orada kimse yatmadığı halde, evliya mezarı sayılır. O yeri kutsal yapan evliya değildir, yerin kutsallığı evliyayı yaratır.

Orta Asya Türklerinin Gök Tanrı'dan sonra adı geçen ve tanrısallığa yaklaşan «ıduk yer su»yu Anadolu'da unutulur. Fakat kutsal su, kutsal yer ayrı ayrı yaşar. Belli pınarlar, Ötüken ormanında olduğu gibi kutsal sayılır. Su kültü, güçlü biçimde devam eder. Kutsal toprak, güç versin diye yenilir. Boyların kutsal dağları ve mağaraları vardır. Ağaç ve orman kültü canlıdır. Ateş kültü unutulmuş değildir. İnsan-hayvan ilişkileriyle ilgili inançlar, önemini korur.

Kısaca, bizim yeri geldikçe dokunmakla yetindiğimiz bütün bu konular, Orta Asya din ve kültürünün islâm Anadolu'da da göçebe boylar arasında etkinliğini sürdürdüğünü göstermeye yeterlidir.

BOZKIRDA KÜLTÜR BENZERLİĞİ

Öte yandan Çin sınırlarından Macaristan ovalarına kadar uzanan Asya-Avrupa bozkırlarında çok eski tarihlerden itibaren, farklı etnik gruplar arasında çarpıcı bir kültür benzerliği görülür. Kültür benzerliği, en belirgin biçimde bozkıra özgü hayvan sanatında meydana çıkar. Bu geniş bölgede, kayaları, çeşitli anıtları, at takımları, bir kısım eşyaları, vahşî hayvan resim ve heykelleri süsler. Hayvanlararası savaşlar, hayvan-insan karışımı heykeller bu sanatın özelliklerindendir. Grousset, hayvan sanatına «göçebelerin lüksü» diyorsa da, resim ve heykeller bozkıra egemen dinsel inançları yansıtır. Yaşam birliği ilkesi çerçevesinde, insan-hayvan ilişkilerini, ittifakları, çatışmaları, akrabalıkları ve bir türden öteki türe dönüşümleri dile getirir.

Milâttan önceki ilk bin yılda, Doğuda Hunlar ve Batıda İskitler, hayvan sanatının örneklerini verirler. Grek kaynaklarının İskitler, Çin kaynaklarının ise Doğu Hunlar hakkında sağladığı bilgiler, fizik tip ve dil ayrılıklarına karşın, İskit ve Hunların benzer yaşam biçimi, inanç ve kültürü paylaştıklarını gösterir. Ok ve üzengi* kullanan İskit ve Hun suvarilerinin giyimleri bile aynıdır. Çin ve Akdeniz giyiminden ayrılarak pantolon ve çizme giyerler. Benzer tanrılara ve ölümsüzlüğe inanırlar. Hun ve İskit beyleri öteki dünyada da

* Üzenginin icadı, göçebe suvarilere yerleşik suvariler üzerinde büyük üstünlük sağlar. Avrupa'da üzengi kullanılmasını, IV. Yüzyılda Avarlar yaygınlaştırırlar.

atları, karıları ve hizmetçileriyle birlikte, tıpkı bu dünyadaki gibi yaşayacaklarını düşünürler. Yaşama sevinci güçlüdür. Mogolistan'dan Karadeniz'e kadar uzanan bölgede rastlanan «taşnine» denilen heykellerde, kadınlar ve erkekler ellerinde kadeh tutarlar. Benzer inançlara, İran dili ailesinden sayılan, fakat aslında çeşitli boylar konfederasyonu olan İskitlerin* yanı sıra, Germenler, Slavlar ve Traklarda da rastlanır.. Örneğin Heredot'un verdiği bilgilere göre, ölümsüzlük iddiasındaki Traklar için ölüm yoktur. «Ölüleri sevinç ve mutlulukla gömerler». Ölü, Tanrı'nın yanına gider.

Ölü kocanın mezarı başında öldürülmek, karıları için en büyük ödüldür:

«Her adamın çok karısı vardır. Öldüğünde, karıları arasında büyük bir rekabet çıkar. Erkeğin arkadaşları da ölen kocanın en çok hangi karısını sevdiğini hararetle tartışırlar. Erkekler ve kadınlar bu şerefi kazanan kadını överler. Kadın, en yakın akrabası tarafından, mezarın başında öldürülür»[189].

Ölenin karısıyla birlikte gömülmesi âdeti Germenler, İskitler ve Slavlarda da vardır. Mesudî şöyle yazar:

«Ölen adamın karısı, onunla birlikte canlı gömülür. Kadın ölürse, kocası gömülmez. Eğer ölen adam evli değilse, ona ölümünden sonra bir kadın verilir. Kadınlar, kocalarıyla birlikte cennete gidebilmek için gömülmeyi isterler»[190].

İranlı tarihçi Vassaf'a göre, İran Mogol devletinin kurucusu Hülagu Han (1256-1265), bayramlık elbiseler giymiş güzel kızlarla birlikte gömülür[191]. Cengiz Han ölünce noyanların ve generallerin ailelerinden en güzel kırk kız seçilir, süslenir ve öteki dünyada Cengiz Han'a hizmete yollanır. P. Caprini'ye göre de, Kuman (Kıpçak) erkekleri, ölünce en sevdikleri cariyelerle bir-

---

* Tarihçilerimizin çoğu, İskitlerin «krali» denilen yönetici grubunun Türk kökenli olduğunu ileri sürerlerse de, genellikle İranî göçebeler sayılırlar. İskitler, Altaylara kadar uzanan bölgede etkindirler.

likte öteki dünyaya giderler. Kenkol'da bulunan Hun mezarlarında da ölünün kadınla birlikte gömüldüğü görülür. Yakutlarda yakın zamana kadar kadın, ölen kocasıyla diri diri gömülür.

Varlıklı göçebe beyler ve hakanlar, yeryüzünden farksız olan öteki dünyaya yalnız karılarıyla gitmez, atlarını, silâhlarını ve hizmetçilerini de birlikte götürürler. Heredot'a göre, İskit Kralı öldükten bir yıl sonra, İskit kökenli uşaklarının en iyilerinden elli genç ve en güzel elli atı, kan dökülmeden boğularak öldürülür. Ölü uşaklar, atlara binmiş biçimde kralın mezarının çevresine yerleştirilir. Attila, silâhları ve hazineleriyle birlikte mezara konulur. Onu mezara koyan kişiler, cesedi üzerinde öldürülür. Doğu Hunları için Çin kaynakları, yüz ve hatta bin kadın ve uşağın hakanı öteki dünyada izlediğini yazarlar[192]. Bizans kaynaklarına göre, İstemi ölünce, oğlu sağlığında bindiği dört atını boğazlatır ve dört uşağı öldürerek onları öteki dünyadaki İstemi'ye haber götürmekle* görevlendirir[193]. Orhun yazıtlarında da Dokuz Oğuzların Tongra boyundan «yiğit on er»in Tonga Tegin adlı beyin cenaze töreninde kurban edildiği yazılıdır[194]. Göktürklerde ayrıca, yiğitlerin öldürdükleri kişileri temsil eden taşlar (balbal), öldürülenler öteki dünyada öldürenlere hizmet etsin diye, mezarlarına dikilir. Yüz düşman öldüren yiğitin mezarında yüz taş (balbal) olur. Orhun yazıtla-

* Ölüye kurban insanla haber yollamanın ilginç bir öyküsü Kitan'larda görülür. Kocası A-pao-ki (926) ölünce, dul karısı, oğlu adına yönetime egemen olur. Bu hatun, beylerin ve devlet ileri gelenlerinin birinden hoşlanmayınca, onu «ölen kocasına haberlerini iletmeye» yollar. Haberci, ölen kocanın mezarına varınca, muhafızlar onu öteki dünyanın eşiğinden geçirirler. Hatun, bir gün Kitan devleti hizmetindeki bin Çinliyi haberci yollamak isteyince, Çinli bu şerefin herkesten önce Hatun'a ait olduğunu söyler. Hatun, Kitan boylarının kendisine ihtiyacı bulunduğunu ileri sürer. Fakat yine de elini bileğinden keserek kocasının mezarına gömdürür (Grousset, L'Empire des Steppes, s. 182). Heredot'a göre, Avrupa'da Got'lar da dört yılda bir tanrılarına bir haberci yollarlar.

rında, savaşta öldürülen Oğuzlardan Baz Kagan'ı, Kırgız Kaganını, Çinli general Ku'yu ve Alp erleri temsil eden taşların balbal olarak dikildiği yazılıdır*.

Hazarlarda hakan, 20 odalı bir mezar içinde su altına gömülür. Gömme işini yapanlar öldürülür. Odaları altınla işlenmiş kumaşlarla kaplı mezara «cennet» denir. «Cennete girdi» deyimi kullanılır. Hazarlar, 300 bin Bizans askerini ölen Hazar yüksek memuruna (Tudun'a) öteki dünya yolculuğunda eşlik etmeleri için kurban ederler. İslâm yazarlarına göre, Ruslar tanrılara insan kurban ederler. Zengin ölüler için kızlar gönüllü olarak yakılırlar. Savaş başarıları, insan kurbanlarıyla tamamlanır. Macarlarda ölüler, tıpkı Türklerde olduğu gibi silâh ve atlarıyla gömülür. İleri gelenlerin mezarları başında köleleri öldürülür[195].

İslâm yazarı Cuzcanî, Batu Han'ın 1256'da ölümü üzerine, nefret ettiği Mogolların gömme âdetini şöyle anlatır :

«Bu kavimden biri öldüğü zaman, yeraltında cehenneme yönelen mel'unun rütbesine göre eve ya da hücreye benzer bir yar yaparlar. Bu yeri yatak, halı, kap gibi birçok şeylerle süslerler, onu silâh ve bütün mallarıyla birlikte buraya gömerler. Onunla birlikte birkaç hatun ve hizmetçisini, sonra herkesten çok sevdiği adamı da buraya gömerler»[196].

Mogol kaynağı Sanang Secen, XVI. Yüzyılda dahi

---

* Bozkırda hükümdarların, öldürdükleri düşman hükümdarlarının kafataslarını deri kaplatıp içini altınla çevreleyip içki kadehi yapma geleneği de vardır. Bu kadeh kafaların hükümdarların yaşam gücünü, kutunu arttırdığına inanılır. İskit kralları, altın kaplama kafatası kadeh kullanırlar. Mao-tun'un oğlu Hun Kralı (Tan-hu) Ki-ok (MÖ. 174-160), Yüe-çi'leri yenip Batıya sürerken, krallarının kafatasından kendine kadeh yapar. Hunlar, antlaşmaları kurban kanı karışık şarabı kafatası kadehte içerek kutlarlar. Peçenek Kralı, Rus Prensi Svyatoslav'ın kafatasını, Bulgar Kaganı Krumuş Bizans İmparatoru Nikefor'un kafatasını kadeh yapar. Şah İsmail, yendiği Özbek Hanı Şeybanî'nin kafatasından içki içer.

ölen Mogol şehzadesine öteki dünya yolculuğunda eşlik etsinler diye yüz çocuk ve yüz tay boğazlandığını belirtirler. Bulgar Kralı Kurum Han, Istanbul kuşatmasında insan kurban eder. Edirne zaferi üzerine, Kuman hükümdarı Kaloyan Han, en güzel tutsakları astırarak öldürtür[197]. Bizans tarihçileri, eski Türk geleneklerini az çok canlandırma durumunda kaldığı bilinen İkinci Murat'ın Peloponez'de 600 tutsak satın alıp bunları babası için kurban ettiğini yazarlar. Türk askerlerinin öldürülen arkadaşlarının mezarları üzerinde insan kurban eylediklerini ileri sürerler. Bu iddiaların doğruluk derecesi belli değilse de, eski Türklerin öteki dünyada da yeryüzünde olduğu gibi yaşanacağı inancına uygun düştüğü açıktır .İnsan kurbanı âdeti giderek kalkmakla birlikte, ölüyü atı ve silâhlarıyla birlikte gömme, ona aş ve içki sunma âdeti uzun süre yaşar. Ruhları yok olmasın ve öteki dünyada hizmet görevini yerine getirsinler diye, insan ve hayvanları kanlarını dökmeden öldürme âdeti devam eder. Osmanlı prenslerinin kan akıtılmadan yay kirişiyle boğulmaları, bu eski inancın bir kalıntısıdır.

Ölüleri gömmenin yanı sıra yakma, kemiklerin korunmasına özen gösterme, bozkırda yaygın bir usuldür. Prof. Öğel, ölü yakma âdetini Hunlara, Macarlara ve Bulgarlara Germenlerden geçme bir gelenek[198] sayarsa da, Kırgızlarda, Doğu Asya Türk ve Mogollarında da bu usul görülür. Doğu Göktürk Kaganı Kie-li (621-630) Çin'de ölünce, Türk âdetine göre yakılır*. Slavlar ve Alanlarda da bu âdet vardır.

Boydan birinin ölümünde boy üyeleri, kagan cena-

---

* Yakma, bu dünyada yeniden yaşama olanağını kaldırır, ama öteki dünyada yaşama olanağı sürer. Hem yakma, hem de gömme geleneği olan Türk kökenli eski Bulgarların yakma geleneği şöyle açıklanır: «İçlerinden kudretli bir kişi ölünce, hizmetçileri ve adamları toplanır. Bunlar ölüyle birlikte yakılır. Şöyle derler: Onları bu dünyada yakıyoruz, ama öteki dünyada onlar yanmayacaklar» (V. Beşevliyev, Proto-Bulgar Dini, Belleten, Sayı 34, s. 258).

za törenlerinde ise topluluğun dışındaki yabancı konuklar bile, ölüye saygı için ağlarlar, yüzlerini, saçlarını keserler, gözyaşlarını kanlarına karıştırırlar. Heredot, İskitlerin cenaze töreninde kollarını, alınlarını ve burunlarını kestiklerini yazar. Roma kaynakları Attila ölünce, Hunların saçlarını kestiklerini, kılıçlarıyla yüzlerini kana buladıklarını, cenaze töreninin vahşi cümbüşle yapıldığını, keder ve neşenin karıştığını belirtirler. Bu cenaze töreninin, Germen törenine çarpıcı biçimde benzediği ileri sürülür.

Göktürk cenaze törenleri de, Hun ve İskit törenlerinden farksızdır. Çin kaynakları. Göktürk cenaze törenini şöyle anlatır :

«Bir kişi ölünce, cesedi çadırına konur. Oğulları, yeğenleri ve kadın-erkek akrabalarının her biri bir koyun ya da at öldürüp ona kurban olarak çadırın önüne bırakırlar. Acıklı çığlıklar atarak çadırın çevresinde yedi kez dönerler. Çadır kapısına gelince, akan kanın gözyaşlarına karıştığı görülecek biçimde bir bıçakla yüzlerini keserler. Yedi kez döndükten sonra dururlar. Uygun bir gün seçerek, kullandığı eşyaları ve bindiği atı yakarlar*. Küllerini toplarlar. Ölüyü belli zamanlarda gömerler... Defin günü, akraba ve yakınlar, öldüğü gün yaptıkları gibi kurban sunarlar, at koştururlar ve yüzlerini keserler»[109].

İstemi Han'ın cenaze töreninde, İstemi'nin oğlu, Bizans Elçisi Valentin'in yüzünü kesmediğini görünce çok kızar; Valentin, yanaklarını kesmek zorunda kalır. XIII. Yüzyılda Prof. Öğel'in Mogol değil, Türk saydığı Aktatarlardan General Cub-Han tam Çin kültürü aldığı, Çin felsefesini benimsediği halde, yüzü yara içinde dolaşır. Kılavuzluk ettiği bir Çinli general, yaraların nedenini sorunca, Cub-Han, «yas törenlerinde yüzlerini bıçakla çizip kanattıkları ve kanları gözyaşlarıyla

---

* Eberhard çevirisi şöyle: «Ceset, bütün servet ve atıyla birlikte yakılır. Külü sonradan mezara konularak, kurban verilir» (Çin'in Şimal Komşuları, s. 86).

karıştırdıkları» karşılığını verir. Çin generali, gezi notlarında bu yanıttan duyduğu şaşkınlığı yazar*. Eski ilkel âdetlerin yüksek kültürlü Aktatarlarda hâlâ yaşayışını anlayamadığını belirtir[200]. En eski Türk belgeleri de yüz kesme geleneğini doğrular. Orhun yazıtlarına göre, Kül-tegin ölünce, Bilge Kagan «İki şadın ve küçük kardeş yeğenimin, oğlumun, beylerimin, budunumun gözü kaşı kötü olacak» diye düşünceye dalar. Cenaze törenine özel yas tutucular, ağlayıcılar gelir. Yazıt, «Uçup gittiniz, gökte hayattaki gibi...» diye devam eder[201].

Slav ve daha sonra Rus cenaze törenleri, Göktürk törenleriyle hayli benzerlik gösterir. Ceset, genellikle yakılır. Törende ağlayıcılar vardır. Ağlayıcılar, ölüye «nereye gidiyorsun» diye sorarlar ve kendileri «güneşe, aya ve sayısız yıldızlara» yanıtını verirler. Sonra ölü aşı yenilir**. Ecdat mezarı kutsaldır. Yılın belli günleri mezara gidilerek ölüye yiyecek sunulur. Slav ve Alan işlemelerinde ölülerin ruhlarının at ya da geyik sırtında göğe gittikleri, ruhların kuş biçiminde oldukları belirtilir ki, bu, Türk ve bozkır evren anlayışına uygundur[202].

Bozkırda çeşitli etnik grupların tanrıları arasında da benzerlik vardır. XIII. Yüzyılda katolik râhip Helmold, Baltık Slavlarının tanrıları için şöyle yazar :

«Çok biçimli tanrıları arasında, öteki tanrılara hükmeden bir Gök Tanrı'ları olduğunu yadsımazlar. Bu en büyük tanrı, yalnız göksel sorunlarla ilgilenir,

---

* Anadolu Türklerinin ataları olan Oğuzlarda, biri ölünce, erkekler «böğürü böğürü» ağlarlar, kadınlar saçlarını yolar, yüzlerini ve ayaklarını yırtarlardı. Prof. Sümer'e göre bu gelenek Göktürklerden Osmanlı Hanedanı'na kadar değişmeden sürer. Sümer, şöyle der: «Türklerde bu gibi durumlarda ağlamak doğal bir tepki kabul ediliyor, ağlamamak ayıp sayılıyordu. Bu yiğit, cesur, sert karakterli adamların günlerce ağlamaları... İslâm âleminin okumuş sınıfı tarafından şaşkınlıkla... karşılanıyordu» (Oğuzlar, s. 414).

** Slavlarda ölü aşına «strava» denilir. Attila'nın ölü aşı da «strava» diye geçer (Vernadsky, Les Origines russes, s. 26).

ötekiler Gök Tanrı'nın buyrukları üzerine, kendilerine verilen görevleri yerine getirirler».

Yine XII. Yüzyılda râhip Ebbon, Slavların, samanik görüşe uygun biçimde, «yer, gök ve yeraltı» olmak üzere üçlü dünya görüşünü paylaştıklarını yazar[203].

Slav ve İskitlerde Gök Tanrı, genellikle Güneş Tanrı olarak belirir. Hun kralları da her sabah güneşe taparlar. IX. Yüzyıla ait bir Arap yapıtı, Slavların güneşe taptığını yazar. İskitler gibi, Hunlar ve Slavlar da yapacakları işleri güneşe göre ayarlarlar. Slavların ve İskitlerin gebeleri koruyan tanrıçası, Türklerin Tanrıça Umay'ından pek az ayrılır. Bu toplulukların öteki ihtisaslaşmış tanrıları da göçebe çoban ekonomisinin gerektirdiği işlevleri yerine getirirler. Ailelerin koruyucu ruhu ve ongonları vardır. Alan ve Saka'da geyik, Fin-Ugorlarda kuğu ve kaz, birçok Türk boylarında olduğu gibi eti yenmeyen, öldürülmeyen, ata sayılan hayvanlardır. At, geyik, boğa, keçi genellikle göksel, yâni kutsal sayılır.

Vernadsky, «Gök ve güneş kültüne inananların dağ, nehir, göl, kaynak gibi belli yerler ile bâzı ağaçları kutsal saydıklarını» yazar[204]. Mannhardt, Türk boyları arasında yaygın ağaç kültünün Hint-Avrupa ve Germen kökenli olduğunu belirtir. Altaik dinler uzmanı Jean-Paul Roux, Tacite'in Germenia'da anlattığı Germen din ve sihir uygulamalarının ayrıntılarına kadar Altaylarınkine benzediğini ileri sürer[205]. Slavlarda, Türklerde olduğu gibi kayın ağacı kutsaldır. Slavlar, Türkler gibi ateşi ulularlar. Ateşin temizleyiciliğine inanırlar. Dinsel törenlerde ateşin üzerinden atlayarak temizlenirler. Plano Carpini, Mogol Batu'nun sarayına giderken ateşten geçirilir :

«... İki ateş arasından geçmemiz gerektiğini haber verdilerse de, birtakım düşüncelerle bunu yapmak istemedik. Bunun üzerine,

— Çekinmeden geçiniz, çünkü eğer hükümdarımıza karşı kötü bir niyet besliyorsanız ya da üzerinizde

IV. İLK TÜRK İMPARATORLUKLARI

Batıda İskitler MÖ. VIII-III. yüzyıllar döneminde Kazak bozkırlarına yayılmış bulunurken, Türk boylarından önemli gruplar öteki Mogol, Tunguz vb. boylarıyla birlikte Çin'in Kuzey bölgelerinde görülür.

Bu boylar hakkında bilgilerimiz yalnızca Çin kaynaklarına dayanır. MÖ. 800 yıllarına ve bâzen de 1200' lere kadar geriye giden bu en eski Çin kaynakları, göçebe boylar hakında pek az bilgi sağlar. Çinliler bu boyları, bilmediğimiz ölçülere göre belli gruplar içinde toplarlar. Gruplandırmanın etnik ya da kültürel bir ölçüye dayandığını söyleme olasılığı yoktur. Çinliler, MÖ. III. Yüzyılda bu boy gruplarına verdikleri adları bırakıp yeni adlar kullandıklarından eski topluluklarla yenileri arasında bağlantı kurmak çok güçtür. Grupların karışması ve yer değiştirmeler nedeniyle, eski ve yeni boyların oturdukları yere bakarak da bir sonuca ulaşmak zordur.

Eberhard, Çin gruplandırmasına dayanarak, eski göçebe toplulukları Jung boyları, Di boyları, H'yeu-yün' ler, Su-şın'lar diye sınıflandırır. Jung'lar «Batı barbarları» diye anılırlar. Bu deyimle, o dönemdeki Çin devlet merkezinin Batısında yaşayan göçebe boylar anlatılmak istenirse de, bu gruptan boyların Kuzey ve Güneyde de bulundukları ve başka gruplara konulması gereken boylara da Jung adı verildiği görülür. Eski kaynaklar, Jung'ların kültürel durumu hakkında şu dağınık bilgileri verirler:

«Yurtlarını sık sık değiştirirler ve toprağa pek az

önem verirler. Yurtları satın alınabilir. Dil ve giysi ile arazi ve değer ölçüleri bakımından Çinlilerden tamamen ayrılırlar. Post giyerler. Hububat yemezler. Soldan ilikli elbise giyerler. At, sığır ve koyunlarla birlikte göçerler. Kumaş bilmezler... Ölüleri yakarlar, dumanda tütsülenirler... İki ak köpekten türemişlerdir. Köpek tabularıdır»[210].

Eberhard, Jung'ları Çyang'ların (Tibetliler) ataları olarak görmek isterse de, köpek ata ve köpek tabu Çyang topluluklarında yoktur. Bununla birlikte «Jung» genel adlı toplulukların tümünde köpek atanın varlığı ileri sürülemez. Bu nedenle Batıdaki bir kısım Jung boylarının, Çin kaynaklarının ileri sürdüğü gibi, Çyang oldukları düşünülebilir. Fakat Çin kaynakları, Şansi'nin dağlık bölgesindeki Dağ-Jung'larını Çyang'larla aynı köke bağlamazlar. Han dönemi Çin resmî tarihi, bunların sonraki Sien-pi olan Vu-huan'ların ataları olabileceği yorumunu ileri sürer ve onları Eberhard'ın Hunların atalarından saydığı Hün-yü'lerle biraraya getirir.

İkinci büyük grup Di (Ti)'lerdir. Kaynaklar, bunların «mağaralarda yaşadıklarını, ovalardan uzak durduklarını, kuştüyü ve saçlarla örtündüklerini, hububat yemediklerini» belirtirler. Bunlar renklerine göre — büyük bir olasılıkla giysilerinin renklerine göre — Ak Ti, Kızıl Ti vb. olarak ayrılırlar. Eski oturdukları yerler, sonradan H'yung-un (Hun) ve Tung-hu'ların görüldükleri yerlere yakındır.

Di'ler ile daha sonra ortaya çıkan gruplar arasında bağlantı kurmak için çabalar harcamıştır: Di, Çincede köpeği gösteren işaretle yazılır ve Çinliler kurtu köpek gibi tanırlar. Kurt ise, Hun boylarının totem hayvanı sayılabilir. Ayrıca köpek ata ve köpek tabu yoluyla kurt efsanesi Jung'lara bağlanabilir. Böylece Jung'lar ve Di'leri Hun ataları sayma denemelerine girişilebilir. Bu tip denemeler yapılmışsa da, Eberhard'ın haklı olarak belirttiği üzere bunları geçerli sayma olanağı pek yoktur. Di işaretinin köpeği gösteren işaretle yazılması, bir dayanak noktası sağlamaz.

V. ve VI. yüzyıl Çin kaynakları, Prof. Öğel'e göre, Hun ve Göktürklerden ayrı bir Türk grubu teşkil etmişe benzeyen ve bir kısmı Uygurların da atası sayılan Töles Türk boylarından söz ederken, onların eski Kızıl Di (Ti)'lerin kuşağından geri kalan kısımlar olduklarını yazarlar. Onların atasının Hun'ların yeğeni* bulunduğunu söylerler. Bu Türk topluluğu içinde Di adlı bir boy vardır ve Töleslerde Di aile adı olarak çok kullanılır. Bununla birlikte Eberhard, Di'lerin, Tung-hu (Tunguz etkisinde eski Mogol) atası olduğunu düşünür. MÖ. IV. Yüzyıla ait bir Çin kaynağı, Di'ler arasında H'yen-yü boyunu sayar. Eberhard, bu boyu Tunguzların Sien-pi topluluğu ile birleştirir ve Di'leri Tunguzlara bağlar.

Ülkemizde uzun süre hocalık eden bu Çin kültürü ve tarihi uzmanına göre, Hun'ların ataları H'yen-yü'lerdir. Çin kaynakları H'yen-yü'lerin kültürü hakkında bir bilgi vermez. Oturdukları yer az bir kesinlikle Çin'in Şensi eyaleti olarak belirir, fakat Ordos bölgesine kadar yayılmış olabilirler. Çin kaynakları H'yen-yü' lerle Hun'ların bir kökten geldiklerini devamlı yazarlar**. Fakat yine de Eberhard, Jung'ların Tibetlilerin, Di'lerin Tung-hu'ların ve H'yen-yü boylarının ise Hun' ların ataları olduklarını, «daima büyük bir ihtiyat kaydıyla» ve «bir tahmin» biçiminde ileri sürer[211]. Gerçekten, Çinlilerin Kuzeydeki göçebe boyları gruplandırırken etnik bir ölçü kullanmadıkları kabul edilirse, örneğin Di grubu içinde Tunguz, Tibet, Türk vb. boyları bulunduğu olası sayılırsa, bu eski topluluklarla sonraki

---

* Bahattin Öğel, «yeğen»den çok «damat» sözcüğünün uygun düştüğünü belirtir (İlk Töles Boyları, Belleten, sayı 48, s. 312).
** Haloun, H'yen-yü'lerin İskitlerden önce MÖ. XII. Yüzyılda Rus bozkırlarına egemen bulunan Hint-Avrupa kökenli Kimmer'lerden olabileceğini ileri sürerse de, filolojiye dayalı bu iddia pek sağlam gözükmez.

topluluklar arasında bağlantı kurmak, hayli anlamsızlaşır. Nitekim Prof. Öğel, «bu sınıflamalar, etnik bakımdan üzerinde iyi çalışılmadıkça bize yararlı olmaktan uzaktır» sonucuna varır[212]. Ayrıca bozkırda boyların savaşlar, kıtlık, göçler vb. nedenleriyle dağıldıkları, dil ve etnik ayırım gözetmeksizin yeni boylar ve budunlar teşkil ettikleri, başka dil ve etni'den köle (unagonbogol) boyların giderek efendi boyun adını aldığı ve onunla bütünleştiği düşünülürse, etnik bakımdan acele sınıflandırmalar çok yanıltıcı ve gerçeğe aykırı olabilir. Şimdilik söylenebilecek olan, Hunların ataları sayılan göçebe toplulukların, öteki göçebe topluluklarla birlikte, MÖ. X. Yüzyılda Çin Kuzeyinde bulunduklarıdır. Çin'de o tarihlerde, büyük bir olasılıkla, bu göçebe topluluklardan gelen Chou sülâlesi egemendir. Sülâlenin, yeterli kanıt bulunmamakla birlikte, Türk kökenli olduğu ileri sürülebilir. Tibet boyları, sülâlenin egemenliği kurmasında önemli rol oynarlar. Fakat Chou Devleti (MÖ. 1050-247), bir Çin devletidir. Çin, daha eskiden beri sulu tarıma, zenaat ve ticarete, yâni kentlere dayalı bir topluluktur. İpekli kumaş ve porselen üretimi, maden işleme gelişmiştir. Yazı ve para vardır. Şensi eyaletinde kurulan Chou Devleti, bu ekonomik temel üzerinde, araziyi sülâlenin ve boyların ileri gelenlerine paylaştırarak feodal bir devlet kurar. Merkezî hükümet giderek zayıflar. Binden fazla küçük ve büyük feodal prenslikler doğar.

Göçebe boylar, genellikle kendi üretimleriyle geçinemediklerinden bu prensliklerle çeşitli ilişkiler kurarlar: Yağma akınları düzenlerler, ticaret yaparlar, haraç verip karşılığında uygun armağanlar beklerler. Feodal prenslerin kendi aralarındaki savaşlarda, şu ya da bu prens yararına dövüşüp, karşılığında çıkar ve otlak sağlarlar. Fakat dağınık ve zayıf bulunduklarından, güçlenen feodal prenslikler karşısında genellikle etkili olamazlar. Yenildikleri, otlaklarını yitirdikleri, ufak parçalar hâlinde dağıldıkları, zorla yerleştirilip köleleştirildikleri sık sık görülür.

Eski Çin kaynakları, ardı kesilmeyen yağma akınlarının, yengi ve yenilgilerin öyküleriyle doludur:

«Kızıl Ti (Di)'ler — Weg Prensliği bunlarla savaşır. Onlar Çi Prensliğine saldırırlar. İki kenti kuşatırlar. Başka bir yerde hububatı yağma ederler. Çin Prensliğine saldırırlar. Lu ve Cya Lyu adlı boyları, Çin'de mahvolur. Geri kalanlar yok edilir».

«Di'ler — Çin Prensliğini yenerler. Çin Prensliğiyle birlikte Çin Prensliğine salrırırlar. Cin Prensliğinin hizmetinde bulunurlar... Cin Prensliğine akın ederler. Küçük Vın Prensliğini ortadan kaldırırlar. Çi Prensliğine yardım ederler. H'ing Prensliği ile birlikte Weg Prensliğine karşı savaşırlar. Weg'i kuşatırlar, prenslik başkentini başka yere taşır. Cin'ler tarafından yenilirler. Weg Prensliği, Di'lerin korkusundan bir kentini surlarla çevirir. Cin Prensliğine akın edip birkaç kenti alırlar. Başkalarıyla ittifak edip Cu İmparatorluğunun başkentine saldırırlar. Cin Prensliğinin müttefikidirler. Di, tutsak olarak getirilir».

«Jung'lar — Saraya gelirler. Haraç olarak at getirirler... İmparatorluk Ordusu onlara karşı savaşır. Tayyüan yöresine yerleştirilirler. Lu Prensi ile ittifak yaparlar. Lu Prensi bunları Çi Batısına kovalar. Chou sülâlesi devletini sıkıştırırlar. Çi Prensliği bunlara yardım zorunda kalır. Çu Prensliği kıtlık nedeniyle sıkıntıdayken saldırıp ilerlerler».

«Başka bir Jung grubu cezalandırılır, binden fazla atları alınır».

Bu ardı kesilmez savaşlar, savaşmak için değil geçim için yapılır. Chou Devleti, ilk kuruluş ve genişleme döneminde, ele geçirdiği bölgelerde garnizonlar kurar ve askerlerinin geçim ve donatımını sağlayabilmek için garnizonların çevresine zenaatçı ve köylü yerleştirir, tarım işletmelerini geliştirir. Bu, Çin'in içindeki ve çevresindeki göçebe boyların otlaklarının daralması, geçim sıkıntılarının artması demektir. Üstelik bu boylar, önceleri hayvancılığın yanı sıra, bir miktar tarım yaptıkları halde, tarımsal ürün gereksinmelerini Çin'den değişim ya da yağma akınları yoluyla daha kolay sağlayabildikleri için tarımdan vazgeçtiklerinden Çin ürünlerine daha bağımlı duruma düşmüş bulunurlar. Çinliler, herhangibir nedenle bu ürünleri vermedikleri ya da çok yüksek bir bedel istedikleri zaman, aç kalırlar ve gereksinmelerini savaşarak zorla sağlamaya yönelirler. Fakat dağınık ve zayıf bulunduklarından, bu savaşlarda birçok kez başarılı olmazlar. Göçebe boyların bir kısmı yok olur, bir kısmı da Chou Devleti'nin ve prenslerinin etkinliğinin daha az duyulduğu Şansi bölgesine çekilirler. Bu durum, MÖ. 771 yılına kadar sürer.

Bu tarihten sonra Chou Devleti zayıflar. MÖ. 771 yılında Shen Prensliği, Eberhard'ın Tibetli saydığı Köpek-Jung'larla bir ittifak yapar ve Chou Devleti başkentine saldırır. Bu savaşa Türk boyları ve öteki boylar da katılır. İmparator yenilir ve öldürülür. Bâzı güçlü prenslerin, özellikle Ch'in (Ts'in) Prensinin desteğiyle, yeni başkent Lo-yang'a yerleşen yeni imparator, yitirdiği toprakların bir kısmını geri alabilirse de, feodaller arası savaşlar, göçebe boylara bir süre nefes aldırır. Fakat bu feodaller arası savaşlar, zayıf prensliklerin azalmasına, güçlü prensliklerin ortaya çıkmasına yol açar. Özellikle Şantung eyaletindeki Çi Prensliği, Güney Çin'le ticaret ve taşıma olanaklarından yararlanarak MÖ. VII. Yüzyılda zenginleşir; bu zenginleşme sâyesinde kurduğu güçlü ordularla, XIX. Yüzyıl Japon Şagun'u gibi güçlü bir duruma erişir. Bir yandan feodaller arasındaki savaşlarla genişlerken, Şansi eyaleti Güneyindeki göçebe boylara karşı imha ve püskürtme savaşları yapar. Sayıları azalan ve büyüyen öteki güçlü prenslikler de, bölgelerindeki göçebe boyları kovmaya ve denetim altına almaya çalışırlar. Boyların otlakları ve geçim durumları yine daralır. Bu yüzden çarpışmalar şiddetlenir. En büyük çarpışma, Kuzey Honan'da

Wei derebeyliğinde olur. Göçebe boylar itifakı burada garnizon kentini ele geçirir ve Çinlileri Güneye sürer. Bu sıralarda göçebe boylar, Eberhard'ın belirttiğine göre, hâlâ Çin'in ortasında feodal prensliklerin arasında yaşarlar, oldukça güçlüdürler, ama Chou'ların egemenliğini yok edecek kadar güçlü değillerdir[213].

MÖ. 481-256 döneminde, feodal savaşlar sonucu, bin feodal prensliğin sayısı 14'e düşer. Gelişen ticaret ve hayvanla çekilen demir sapanın ilk kez kullanılması, daha çok arazi ekimi ve verim artışı sağlar. Bu yoldan elde edilen ekonomik fazla sâyesinde, güçlü feodaller daha büyük ordular besleme olanağına kavuşurlar. Eskiden savaş, soyluların işi olduğu halde, eline silâh verilip köylüler askere alınırlar. Köylü piyade birlikleri kurulur. Güçlü feodaller, hem ele geçirdikleri arazileri işletmek, hem de asker sayılarını arttırmak için, başka prensliklerden köylüler getirip topraklarına yerleştirirler. Onlara vergi ayrıcalıkları tanırlar. Giderek yarı köle durumuna getirdikleri bu köylülerin bir kısmını savaşlarda kullanırlar. Bu köylü yerleştirme politikası sonucu, Çin köyleri gittikçe ovalara doğru yayılır, ovalardan yararlanan göçebeler ovalardan çıkartılır. Göçebe boylarla devamlı savaşlar olur.

BÜYÜK ÇİN SEDDİ

Güçlenen büyük feodallere karşı, küçük feodaller ancak aralarında birleşerek ve göçebe boylardan yardım isteyerek, direnebilirler. Hiung-nu (Hun) adı, Çin kaynaklarında ilk kez bu sıralarda geçer. Feodal prensliklerden Ch'in (Ts'in)'in gittikçe güçlenmesinden kaygılanan beş komşu prenslik, MÖ. 318 yılında Hiung-nu ile ittifak yaparlar. Hunların Çin topraklarına Kuzeyden baskıları artar.

Gittikçe Kuzeye yerleştirilen Çin köylülerini, efendileri olan prensler, Kuzey boylarının bu baskılarına karşı korumak zorunda kalırlar. Fakat ordularını Çin iç savaşında kullandıklarından, köylü işletmelerine yöneltilen göçebe akınlarını önleyebilecek yeterli kuvvet sağlayamazlar. Bunun üzerine bir sınır duvarı yapımına koyulurlar. «Büyük Çin Seddi»nin ilk biçimi meydana gelir. Böylece ilk kez, Çinlilerle Kuzey boyları arasında sâbit bir sınır çizilmiş olur. Sınır kapılarında, Çin köylü ve tüccarları ile göçebeler arasında alış-veriş yapılan pazarlar kurulur. Çin ürünlerine karşı genellikle at değiştirilir. Sınırlarda göçebelerden at satın alıp Çin içinde satan pek çok at tüccarına rastlanır.

Bu sırasa Şensi ve Doğu Kansu bölgesindeki Ch'in Prensliği hızla güçlenir. Artan köylü göçleriyle nüfusu hızla artar. Devletin egemenlik ve denetimini artıran büyük sulama tesisleri ve yollar yapılır. Ayrıca Şensi ve Doğu Kansu, geçit bölgeleridir. Güneyde yüksek ve aşılması güç dağlar, Kuzeyde bozkır ve çöl vardır. Yalnız ortada Şensi'de Wei ve Kansu'da Tao nehirleri boyunca tarıma elverişli birkaç bölge vardır ki, burası aynı zamanda Doğu ile Batı arasında biricik yoldur. Türkistan'a gidip gelenler, bu geçit bölgesinden geçmek zorundadırlar. Türkistan ile ilk ticarî ilişkilerin bu dönemde kurulmaya başladığı ve Ch'in Prensliğinin «dış ticaret» yoluyla büyük kazançlar sağladığı ileri sürülür[214].

Ekonomik gücü böylece hızla artan Ch'in Prensliği, eski feodalleri etkisizleştirip merkezî bir devlet kurma yolunda ilk adımları atar. Merkeziyetçilik, sayıları bini bulan feodal prensliklerin azalması, para ekonomisi ve ticaretin gelişmesiyle ilgilidir. MÖ. V. Yüzyıldan sonraki dönemde birçok feodal prensliklerin yok edilmesi ve soyluların dağılması üzerine, geniş araziler boşalır. Ticaretle zenginleşen tüccarlar, paralarını toprağa yatırırlar. Böylece ilk kez Çin'de para karşılığı arazi satın alınması başlar. Zengin tüccarlar, fakirleşen küçük soyluların ve kendilerine arazi verilen köylülerin arazisini borçlanma nedeniyle ele geçirirler.

Arazi sâhibi tüccarlar, gittikçe genişleyen güçlü prensliklerde vergileri eskisi gibi toplamaya olanak kalmadığından, vergi toplama işlerini yüklenirler. Büyük zahire ambarları bulunan bu tüccarlar, vergiyi daha toplamadan peşin ödeyebilecek durumda bulunduklarından, vergi işlerini onlara vermek büyük prenslerin de işine gelir. Böylece tüccarlar, giderek hem arazi sâhibi, hem de eyalet vergi memurları olurlar. Bu büyük toprak sâhipleri, arazilerini yüksek kira karşılığı köylülere işletirler. Böylece, eski feodal sınıfın tasfiyesi sonucu Ch'in gibi büyük prenslikler, memurlara dayalı merkezî bir devletin temellerini atarlar. Ch'in (Ts'in) hükümdarı Shih-huang-ti (MÖ. 247-210), merkezî bir devlet kurduktan sonra, bütün öteki prenslikleri savaşlarla ortadan kaldırır ve MÖ. 221'de bütün Çin'e egemen olur. Feodal soyluları prensliklerinden uzaklaştırıp başkentte toplayan yeni imparator, illerin başına bir askerî, bir de sivil vâli atar ve doğrudan kendine bağlı üçüncü bir memur aracılığıyla bu iki vâliyi denetim altında tutar. Böylece Hunlar bir siyasal birliğe doğru yönelirken, eski feodaller her fırsatta ayaklanmakla birlikte, Çin'de bir merkezî yönetim kurulmuş bulunur.

Ch'in soyu, bir yandan Çin ülkesini birleştirmeye çalışırken, öte yandan Kuzeyde sınırlarını genişletir ve göçebe boyları geri iter. Bu yüzden göçebe boylar, Hunların ilk yerleşme bölgesi sayılan Ordos'taki en iyi otlaklarını yitirirler ve ekonomik bakımdan güç duruma düşerler. Üstelik kıtlık da başgösterir. İşte bu ekonomik güçlükler nedeniyle, zorla yeni otlaklar elde etmek, yağma akınlarıyla ağırlaşan ekonomik durumlarını düzeltmek için, normal zamanlarda dağınık yaşamayı seven göçebe boylar, güçlü ve yetenekli boy şefinin yönetimi altında toplanmaya rıza gösterirler. Bu boy şefi, T'u-man (Teoman) olur. Hun boyları, ilk kez T'uman liderliğinde bir siyasal birlik teşkil ederler. Bu henüz küçük bir siyasal topluluktur, fakat yaşam kavgası verdiği için savaşçı nitelikleriyle Ch'in için tehlikeli olur. Ch'in, bu nedenle Kuzeyde devamlı bir ordu bulundurmayı ve eski seddi genişleterek ve onararak büyük bir duvar kurmayı ve böylece sınırlarını büsbütün kapamayı kararlaştırır. Eski surların iç kısımlarının yıkılması, elde edilen malzemeyle dış surların biribirine bağlanması ve boş yerlerin tamamlanması yoluyla, ünlü Çin Seddi MÖ. 214 yılında bitirilir. Sedin yapımında 400 bin işçi kullanıldığı belirtilir. Çinliler, kale alma teknik ve araçlarından yoksun Hun atlılarının yağma akınlarından «Büyük Sed» sâyesinde kurtulacakları inancındadırlar.

HUN SİYASAL BİRLİĞİ

Bozkırda siyasal birlikler, olağanüstü koşullarda meydana gelir. Hun siyasal birliği, zorla yeni otlak bulma zorunluluğunun sonucudur.

Çok çeşitli nedenler, boyları ve budunları ittifaka ya da birleşmeye zorlar: Savaşlar ve göçler nedeniyle dağılan ve güçsüzleşen boy parçaları yeterli büyüklükte bir birim teşkili için birleşebilirler. Göç zorunda kalan bir boy parçası, dil ve etnik bakımdan farklı yeni komşusuna katılıp onun içinde eriyebilir. Bâzen zayıf ve yoksul düşen bir boy kendi isteğiyle güçlü bir boya sığınır ve giderek onunla kaynaşır. Bâzen aralarında devamlı savaşan, fakat biribirini yenmeyi başaramıyan iki boy, daha fazla tükenmemek için eşit biçimde birleşirler, yeni bir boy teşkil ederler. Örneğin Germen kökenli Got'lar, İran kökenli Alanlarla birleşir, «Gotalan» adını alır. Aralarında savaşan Sir ve Tarduş adlı iki Türk boyu kaynaşır ve «Sir Tarduş'lar» adıyla güçlü bir topluluk teşkil ederler. Hunlardan sonra bozkıra egemen olan ve çevresinde büyük bir boylar birliği kuran Uar-Hun'lar, Mogol kökenli kabul edilen Uar'lar ile Türk kökenli Hun boylarının birleşmesiyle meydana gelir.

Adlarıyla belirtilen bu son birleşmeler eşit koşullardadır. Fakat birleşmeler her zaman eşit koşullarda olmaz. Savaşta ötekini yenen boy, yenilen boyu bağımlı kılar ve daha önce gördüğümüz üzere, «unagon-bogol»u yapar. Bağımlı boy, efendi boy için çalışmak ya da vergi ödemek durumundadır. Kendi isteğiyle, korunmak için güçlü boya sığınan boy da «unagon-bogol» durumunda tutulabilir.

Boylar böylece birleşerek büyüdükleri gibi, sürek avı, saldırgan komşuya karşı savunma, yağma akını ve sürek avı düzenleme, gelir getiren bir ticaret yolunu denetleme vb. gibi çeşitli nedenlerle aralarında ittifak yaparlar, içlerinden bir yetenekli boy şefini başkan seçebilirler. Bu, geçici bir ittifaktır; ittifak bâzen devamlı da olabilir. Budun meydana çıkar: 30 Tatar budun, 9 Oğuz budun, 3 Karluk budun vb. gibi. Budun kurulunca, boy soylularından en yetenekli bir kişi, yönetimi ele alır. Boy üyelerinin katıldığı kurultayın yerine, boy beylerini biraraya getiren kurultay meydana gelir. Herbiri ayrı adlara sâhip boyların topluluğu olan budun, yeni bir ad alabildiği gibi, egemen boyun adını da alabilir. Örneğin, Prof. Öğel'in Orhun yazıtlarının Dokuz Oğuzları ile eş sayma eğiliminde olduğu Dokuz Uygur boyunun hiçbiri, Uygur adını taşımaz*. Öyle görünür ki, bu «Uygur» deyimi, boylar birliğine verilen bir addır[215]. Bu dokuz boy, Yaglakar denilen boyun etrafında toplanırlar. Yaglakar boyu, soylu ve ayrıcalıklı egemen boydur. Prof. Öğel, öteki sekiz boyun Yaglakar'ın «unagon-bogol»u durumunda bulunduğu kanısındadır[216]. Birliğin başı Eltebir unvanını taşır.

Budunu teşkil eden boylar, akraba boylar olabilecekleri gibi, dil ve etnik bakımdan farklı boylar da olabilir. Örneğin VIII. ve IX. yüzyıllardaki Hazar Devleti dönemindeki Magyar (Macar) budunu Ugor, Türk, Alan ve Slav boylarından kurulmuşa benzer** [217].

---

* Prof. Kafesoğlu'na göre ise, Dokuz Oğuz, Töles boylarından dokuz boydur. Buna Uygur boyu katılınca, boy sayısı ona yükselmiş, On Uygur denilmiştir (İslâm Ansiklopedisi, Cüz 128, s. 180).

** Ünlü Bizans yapıtı De Administranda'ya göre, Magyar'lara üç Türk Kabar boyu katılır. Bunlar, yenik düşüp Macarlara sığınmışlardır. Fakat daha savaşçı ve yetenekli oldukları için,

Budun, «göçebe devlet»in kuruluşunda bir ara aşamadır. Orhun yazıtlarına göre, 17 erle bozkıra çıkan eski kagan ailesi Aşına soyundan İlteriş, «ormanda taşta kalmış» boy parçalarını toplayarak 700 erlik bir güç teşkil eder. Karakurum'da «geyik, tavşan yiyerek» otururken, yeni katılmalarla Türk budun, ancak 2 bin asker çıkaracak bir boylar topluluğu durumuna gelir. İlteriş, bu küçük budunun üzerine kagan oturur. Türk budun, böylece siyasal bakımdan örgütlenmiş, yâni «il tutmuş», il ve kagan sâhibi bir budun oulr. Fakat İlteriş'in kaganlık iddiasına karşın, bu topluluğa henüz «devlet» adı verilemez. Türk budun, savaşlar yoluyla öteki budunlara boyun eğdirerek genişler ve göçebe bir devlet kuruluşuna doğru yol alır.

Çıkardığı asker sayısı 2 bini bulan Türk budun, ilk kez Oğuzların 3 bin askeriyle çarpışır, onu yenerek yönetimini alır. Karakurum'dan Ötüken'e yerleşir. Dört yandan gelen boy parçalarıyla büyür. Bu katılmalarda Barthold'un düşündüğü gibi beylerin Çin lüksüne ve tüketimine alışması, bu lüksü karşılamak için göçebe kitle üzerindeki sömürülerini artırmaları, doğan gerginlik karşısında sınıfsal ayrıcalıklarını korumak için Çin'e sığınmaları, Çinlileşmeleri ve bunun «kara budun» üzerinde yarattığı tepki baş rolü oynamış olabilir.

Beylere ve Çin'e karşı düşman kesilen «kara budun», İlteriş ve Tonyukuk etrafında kolayca toplanır[218]. Bu sâyede, 2 bin erden iki ordu kuracak güce erişilir ve savaşlarla öteki budunlar bağımlı kılınır.

Kagan, Türk ve Oğuz budunları doğrudan doğruya kendi yönetir. Bâzı budunları ,vergi ve askerlik yüküm-

---

boylar arasında ilk sırayı alırlar. Kabarlar o kadar etkilidirler ki, Magyar'lar bu yeni gelenlerin dilini kabullenirler. Yapıt yazıldığında, Magyar'lar, Kabar dilini konuşurlarmış. Bu yapıtta Macarlara hep Türk denilir (Dunlop, Jewish Khazars, s. 197).

lülüğü karşılığı, geleneksel şeflerin yönetiminde bırakır. Bu asker sağlama ve vergi ödeme yükümlülüklerinin düzenli işlemesini gerçekleştirmek için, en büyükleri kagan soyundan gelen askerî komutanlar ve vergi memurları atanır. Merkezde ufak da olsa bir bürokrasi kurulur. Böylece göçebe devlete yaklaşılmış olunur.

Hun boylar birliği de benzer bir kuruluş gösterir. Siyasal birliğin kuruluşunda öncülüğü Tu-ku* ya da T'u-ko boyu yapar. Bu, Tan-hu (Şan-yü) denilen kaganın boyudur. Tan-hu'nun boyu gibi beş boy, toplulukta soylu ve ayrıcalıklı durumdadır. Bunların altında az çok özerk Hun boyları bulunur. En altta «unagon-bogol» durumunda bir cins köleleştirilmiş bağımlı boylar gelir. «Unagon-bogol» boyların soylu boylara bağlı olduğu, onlar arasında paylaştırıldığı düşünülebilir.

İskitlerde de benzer bir kuruluş görülür. Tepede «kralî» denilen soylu İskitler vardır. Kralî İskit, doğrudan doğruya hükümdara bağlı yönetici boydur. Onların altında kralî, yâni soylu ve ayrıcalıklı olmayan göçebe İskit boyları gelir. Bunlar, özerk boylardır. En altta da kölleştirilmiş tarımcı boylar yer alır. Kısaca, tepesine kagan otoritesi ve kurumları oturtulmuş hiyerarşik bir boylar ve budunlar topluluğu söz konusudur.

İLK HUN İMPARATORU: MO-TUN

Bu topluluğu Orta Asya içlerine kadar genişletecek ve bütün bozkır boylarını çevresinde birleştirecek olan T'u-man değil, oğlu Mo-tun'dur. T'u-man ancak ilerideki gelişmelerin temelini atar. Her ne kadar kaynaklar, onun bağımlı büyük boy ve budunların sağlayacakları kabile askerleri dışında 10 bin askerlik kişisel bir güce (hassa tümeni) sâhip olduğunu yazarlarsa da, bu sayıya inanmak güçtür. Zira 1500 yıl sonra dahi, Çin'den Avrupa içlerine uzanan en büyük göçebe imparator-

---

* T'u-ku'yu Türk gibi anlamak isteyen, efsanevî Oğuz Han'ı Ma-tun (Mete) ile özdeşleştirmek isteyen tarihçilerimiz vardır. Fakat bu yakıştırmalar bir kanıta dayanmaz. L. Bazin ise, T'u-ku'dan «tuğ sâhibi beş kabile» anlamı çıkarıyor.

luğunun kurucusu Cengiz Han'ın dahi hassa ordusu 10 bin kişiden ibarettir. Osmanlıların en güçlü döneminde, Yeniçerilerin sayısı 10 binin altındadır. Tu'man'ın hassa kuvveti büyük bir olasılıkla, kendisinin içinden çıktığı T'u-ku boyunun askerleridir* ki, birkaç yüz kişiyi aşması beklenemez.

Mo-tun bu hassa kuvvetine dayanarak, iktidarı babasının elinden zorla alır. Kaynaklara göre, kendi oğlunu tahta geçirmek isteyen üvey annesinin kışkırtmasıyla, Mo-tun, babası tarafından Hunların Güneybatı komşuları Yüe-çi'lere rehin olarak gönderilir**. T'u-man, daha sonra Yüe-çi'lere saldırır. Amacı, rehinin öldürülmesini sağlamaktır. Mo-tun, oyunun farkına varır ve Yüe-çi'lerin yanından kaçar. Yüe-çi'ler onu öldürmek için ararlarsa da, bulamazlar. Mo-tun, babasının yanına döner. Babası onu iyi karşılar ve hassa tümeninin komutanı yapar. Mo-tun, babasının kendisini öldürmek isteyişini unutmayarak öç fırsatını arar. Bir sürek avı sırasında, komutanı olduğu babasının hassa kuvvetinden yararlanarak onu ve yakınlarını öldürür ve MÖ. 209 yılında Hun hükümdarı seçilir.

Öykü inandırıcı değildir. Bu tip kanlı olaylar, genellikle karışıklıklar çıktığı, kagan başarısız seferler yaptığı, yeter ganimet sağlayamadığı, vergileri ağırlaştırdığı durumlarda meydana gelir. Hiç kuşkusuz, bilemediğimiz nedenlerden dolayı boy ve budun arasında hükümdar T'u-man'a karşı ciddi bir hoşnutsuzluk vardır. Mo-tun, bu hoşnutsuzluktan yararlanarak, yetenekli bir şef sayıldığı için, herhalde boy ve budun ileri gelenlerinin bir cins onayı ile başa geçer. Bu onay olmadan kaganı öldürüp bir oldu-bitti ile başa geçme olanağı pek yoktur. Hemen ayaklanmalar ve çözülmeler başlayabilir.

---

* Göktürk kaganının muhafız gücüne börü (kurt) denir. Bunlar kurttan türeyen Aşina kagan soyundan olabilirler ki, sayıları fazla değildir.
** Rehin verme, genellikle bağımlılık belirtisidir.

Mo-tun, Tan-hu (Şan-yü) unvanını alır. Tan-hu unvanı bozkırda yüzlerce yıl kullanılır. VI. Yüzyılda Göktürk kurucusu Bumin dahi Çin kaynaklarında Tan-hu diye geçer. Fakat giderek Tan-hu'nun yerini «kagan» unvanı alır. Mo'tun'un unvanı «T'eng-li Ko-to Tan-hu»dur. Bu unvan «Gök'ün oğlu» diye çevrilmişse de, «Tengri Kut» olabilir. Zira Göktürk kaganları da Gök Tanrı'dan kut alırlar. Gökten (Tanrı'dan) gelen bu kut sâyesinde başarıdan başarıya koşarlar. Tanrı, kut'u geri alınca da sönerler, hatta öldürülürler. Orhun yazıtlarına göre, Kül-tigin, Kapagan'dan sonra Kagan olan oğlunu, «kut toplamadı» diye öldürür. Yerine Bilge Kagan geçer. Bilge Kagan, «Tanrı gibi, Tanrı yaratmış» unvanını taşır. Son Göktürk kaganı «Tanrı Kagan»dır. Mo-tun da Gök Tanrı'nın, güneşin ve ayın tahta çıkardığı Tan-hu'dur. Fakat gökselliğin ya da iktidarı gökten almanın Türk kaganlarına tartışılmaz bir otorite sağladığı ileri sürülemez. Kuşkusuz, göksellik kagan soyuna bir üstünlük, bir ayrıcalık getirir. Fakat kaganı olaganüstü bir varlık yapmaz.

Kagan, aynı zamanda en büyük râhiptir. Dinsel törenleri, kurbanları kagan yerine getirir. Tan-hu, her sabah çadırından çıkarak güneşe ve geceleri aya tapar. Şaman, hiç değilse ilk zamanlarda, râhip değildir. Aile ve boy çerçevesindeki dinsel törenleri ve kurbanları, aile başkanı ve boy şefi yapar. Budun çapında bu iş, kagana düşer*. Ne var ki, bu baş râhipliğin kagana ek bir otorite getirdiği söylenemez. Hatta bu dinsel işlevinin, dünya işlerini yürütmekte kaganın yetkilerini azalttığı bile düşünülebilir. Hele Göktürklerle yakınlığı olan Hazar Kaganı, Şogunlar dönemindeki Güneşin oğlu Japon

---

* Çin kaynakları, Tan-hu'nun huzuruna çıkacak olanların yüzü karaya boyanır, der. Göktürklerde ise, kaganı görmeye gelenler, onun ayağını öperler (Eberhard, Çin'in Şimal Komşuları, s. 77 ve 87). Hazar Kaganını görünce halk secde eder, o geçinceye kadar başını kaldıramaz.

İmparatoru kadar yetkisizdir*.

Tan-hu, gücünü Gök'ten ve başrâhiplikten değil, daha çok başkomutan ve yönetici olarak elde ettiği askerî ve diplomatik başarılarından alır. Mo-tun, bu yetenekleriyle babasını öldürüp yerini alır. İlkin Doğusundaki Mogol-Tunguz boylar topluluğu olan Tung-hu'lara saldırarak onları bağımlı kılar. Bir ara ellerinde rehin bulunduğu Hint-Avrupa kökenli sayılan Yüe-çi'leri yener. Çin ile, biraz sonra göreceğimiz üzere, devamlı savaşmak yerine, anlaşmayı yeğ tutar. Çin'i haraca bağlar ve göçebe boyların ek besin sorununu çözer. Bu ek yiyecek sorununun çözümü ve ele geçirilen otlaklarda köle boylar yoluyla üretim artışı sağlanması, daha büyük seferlere girişme olanağını getirir. Çin ile iyi ilişkiler kuran Mo-tun, Çin'den Avrupa'ya kadar uzanan Büyük Asya Ticaret Yolu'nu denetim altına almaya yönelir. MÖ. IV. Yüzyılda dahi, Ceyhun ve Seyhun bölgesinden Volga'ya ve oradan Baltık Denizi'ne uzanan ticaret yolu vardır. İran'dan geçen bu yolun bir kolu Akdeniz'e ve Avrupa'ya ulaşır. MÖ. 250 yılında Türkistan ticareti, Çin'e bağlanır. Bu «ipek yolu»nun denetimi kârlıdır. Nitekim daha sonraki yüzyıllarda, en büyük Çin ve Hun savaşları «ipek yolu»nun denetimi için verilir. Bu denetim, yalnız yol üzerinde değil, dağlık ve ormanlık bölgelerde yaşayıp ilkbaharda bu yoldan geçen kervanları basan göçebe boyların da bağımlı kılınmasını gerektirir. Mo-tun, Kuzey ve Batıya yönelerek Baykal gölü kıyılarından İrtiş yatağına kadar olan boz-

* Göktürk Kaganı gibi, Hazar Kaganının da tahta çıkarken bilincini yitirene kadar boğazı sıkılır. Boğulup öleceği sırada bırakılır. Memleketi yöneten, orduları yürüten, savaş ilân eden kişi ise, İbn Fadlan'ın **«Hakan beh»** dediği yardımcısıdır. Hakan belli bir süre içinde ölmezse, aklı azaldı diye öldürülür. Ayrıca Hazar ülkesine bir felâket geldiğinde, halk «Hakan beh»den kaganı öldürmesini ya da öldürülmek üzere kendilerine vermesini isteyebilir. Buna karşılık, her an öldürülebilen kagana büyük saygı gösterilir. Hakan öl deyince, ölünür (Z.V. Togan, İslâm Ansiklopedisi, Hazarlar maddesi).

kırları ve daha Batıdaki Ting-ling'ler (Töles), Ko-k'un (kırgız), Wu-sun*, Ho-chieh (Ogur) boy topluluklarını

* Yüe-çi, Wu-sun, Kırgız gibi boylar yeşil gözlü ve kırmızı saçlı olduklarından Hint-Avrupalı sayılırlar. Shiratori, Wu-sun'ları Hunlar tarafından Çin Kuzeybatı kıyı çevresinden İli vâdisine kovulmuş eski Türklerden sayar. Hunlar gibi kurttan türerler. Çin kaynakları, âdetlerinin Hunlara benzediğini yazar: «Tarım bilmezler. Çadırları, kımızları ve keçeleri vardır. Dun-huang'da birlikte yaşarken, yavaş yavaş Yüe-çi'lerle kaynaşmışlardır. Çok at beslerler. Zenginlerin 4-5 bin atı olur. Yağmayı severler. Dünür, nişanlının kızlığını bozar». Wu-sun'lar, M. ?2 yılında Çin desteği ile Hunlara isyan ederler ve Hun egemenliğinden kurtulurlar. MÖ. 107 yılında kralları Çin sarayına bin at haraç yollar, bir Çin prensesi alır. Hun Tan-hu'su ise bu kralı Çin'e kaptırmamak için daha önce ona kızını vermiştir. Çinli prenses, Wu-sun ülkesinde «Yaşıyorum burada / İnce keçe ile örtülü kulübede / Ancak ettir yediğim / Ancak süttür içtiğim» diye ağlar.

Kırgızlar ise, Bahattin Öğel'e göre, MÖ. III. Yüzyılda bir siyasal birlik kurmuşlardır ve Germen kökenliyken MÖ. II. Yüzyıldan sonra Mogol ve Türklerle karışmışlardır (Türk Kültür Tarihi, s. 209). Çin kaynakları, onların komşu Ting-ling lerle (Türk-Töles) karıştıklarını belirtir. Göktürk döneminde, Kırgızlar için Çinliler şu bilgileri verirler: «Kurttan türeyenlerden değillerdir. Atası ecdat mağarasında bir inek ile yaşardı. Bu adamların hepsi uzun boylu, kırmızı sakallı, sarı saçlı ve yeşil gözlüdür. Siyah rengin uğursuzluğuna inanırlar. Erkekler kollarına, kadınlar boyunlarına dövme yaparlar. Buğday, arpa, yulaf ve darı ekerler. Unu ayak değirmeniyle öğütürler. Meyva ve taze sebze bulunmaz. Burada altın, demir ve kalay bulunur. Keskin silâh yapılan bu demirden Göktürklere verilir. Zenginlerinin birkaç bin sığırı olur. Hükümdarlarına Ajo denilir, onun için Ajo soyadını almışlardır. Bir tuğ altında toplanıp kırmızı rengi ulularlar. Ajo'dan sonra boy beyleri ve kara budun gelir. Yabancı gece hırsızlarını yakalayıp köle olarak kullanırlar. Halk, başkanlarına fare, samur ve yeşil fare kürklerini vergi olarak verir. Et ve kısrak sütü ile geçinirler. Ajo, hamur işi yer. Sihirbazlarına (şaman), gan derler. Biri ölünce yüzlerini kanatmazlar, ölünün çevresinde üç kez dolaşır, ağlarlar ve ölüyü yakarlar. Sonra onun kemiklerini toplar ve bir yıl sonra bu kemikleri yakarlar. Ancak o zaman tam olarak ağlarlar. Yasaları çok serttir. Savaştan önce kargaşalık çıkaran, buyrukları yerine getirmeyen ya da Ajo'ya kötü öğüt veren kişiler ile hırsızların kafaları kesilir. Hırsızın babası var-

ve kimlikleri saptanamayan boyları bağımlı kılar ve kuzey Türkistan'ı egemenliğine alır, yerleşik kent devletçiklerini vergiye bağlar. Eski Çin kaynakları, Mo-tun'un Kuzey seferinden söz ederken, onun Hun-yü, Ch'üshe, Ting-ling, Ko-k'un ve H'sin-li boylarını egemenliğine aldığını ve *bundan sonra bütün Hun şeflerinin de Mo-tun'a boyun eğdiklerini ve Tan-hu'luğunu tanıdıklarını* ekler. Demek ki, Hun sayılan bâzı komşu boylar, bağımsızlıklarını korumak isterler, ancak Mo-tun'un büyük başarılarından sonra, belki de ister istemez, boyun eğerler. Mo-tun, MÖ. 176 yılında Çin İmparatoruna yazdığı mektupta, «Yüe-çi'leri ezdikten sonra, sayısı 26'ya ulaşan boy topluluklarını ve ve kent devletçiklerini egemenliğine aldığını» belirtir.

Çin kaynakları, Türklerle birlikte Mogol, Tunguz soyundan bâzı grupları da kapsayacak biçimde, bu siyasal birliğe «Kuzey Barbarları Hânedanı» anlamına Hsiung-nu (Hiung-nu) adını verirler[219].

Bilginler, bu boy topluluğunu belli bir etnik gruba bağlamak için hayli uğraşmışlardır. Shiratori, dil bakımından Hiung-nu'ları önce Türk sayar, sonra da Mogol olduklarını söyler. Pelliot, dili Türkçe bulur. A.V. Gobain, Türk-Mogol karışımı der. L. Ligeti, kimliklerini saptamanın güç olduğunu ileri sürer. Birçok bilgin ise, Türk olduklarını yazar. Aslında Hun topluluğunun çekirdeğini dahi bir tek etni'ye bağlamanın olanağı yoktur. Tepedeki kagan soyunun dil ve kültür verilerine göre Türk olduğu söylenebilir. Yüz kadar boyu biraraya getiren bu toplulukta, başka Türk boyları vardır. Fakat Mogol ve Tunguz boyları da yer alır. Eberhard'ın haklı olarak belirttiği gibi, «Hunlar, Türktüler

---

sa, oğlunun başı onun boynuna asılır, bu kuru kafayı ölene kadar taşıma zorundadır. Deve ve arslan oyunları, at canbazlıkları, ip canbazlıkları vardır. Flüt, dümbelek, davul çalarlar. Kadınları az, erkekleri çoktur. Hepsi birarada yaşarlar. Aralarında ahlâksızlık çoktur».

demek yanlış, Hunların yönetici boyu Türktür demek daha doğrudur»[220]. Egemen boyun, öteki boylara az çok kimliğinin damgasını vurması doğaldır. Fakat İskitler olsun, Avarlar olsun, bütün göçebe siyasal kuruluşları pek çok etnik gruba dayanır, kozmopolittir. Öte yandan boyları da etnik bakımdan saf kuruluşlar olarak görmemek gerekir. Örneğin Uar-Huni boyu gibi pek çok karma boy vardır. Ayrıca, Hun döneminde Mongoloid tip, bölgede egemen olmaya başlar[221].

HUN SİYASAL KURULUŞUNUN NİTELİĞİ

Bu görüşler çerçevesinde, Mo-tun'un kurduğu «boylar konfederasyonu», «ilk göçebe Türk İmparatorluğu» sayılabilir. Devlet, «soylu», «özerk», «unagon-bogol» olmak üzere hiyerarşize olmuş boy ve budun topluluğuna dayanır. Tepede büyük Tan-hu vardır. Fakat büyük Tan-hu, bütün boy ve budunları ve orduyu doğrudan doğruya yönetmez. Doğrudan yönetiminde «hassa birliği» vardır. Bu hassa birliğinin kaganın kendi boyunun üyelerinden kurulma olasılığı büyüktür. Kagan bu boyu ve kendine ayrılmış olabilecek bâzı boyları, unagon-bogol boyları doğrudan yönetir. Tan-hu ve ailesi çok büyük sürülere sâhiptir. Bu boylar, en iyi otlaklarda Tan-hu ailesinin sürülerini otlatır. Çin Kuzeyinden Türkistan'a kadar uzanan büyük bir imparatorluk kuran, Çin ile sıkı ekonomik ve diplomatik ilişkilere girişen Mo-tun'un karargâhında (Orda) bir merkez bürokrasisi çekirdeğinin geliştiği açıktır. Mo-tun, bu işler için Çinlilerden yararlanır. Atilla da Germen ve Romalıları bakan yapar, Lâtinlerden Lâtince yazan sekreterya meydana getirir. Aynı biçimde Mo-tun, hizmetine gelen okumuş Çinlileri kullanarak saray memurlukları kurar, Çince yazan bir sekretarya geliştirir. Çevresine zenaatkârlar toplar. Askerî yönetimde Çin'e karşı savaşlarda danışman olarak yararlandığı Çinlilere yer verir. Mo-tun'dan sonra Çinlilerin komuta görevlerine de geldikleri görülür. Fakat Mo-tun döneminde, Çin etkisi merkezle sınırlıdır, boy ve budunların yönetiminde etkisi yoktur.

Bozkırda pek uzak köşelere dağılmış boyların yönetimi için, boylar sol ve sağ olarak bölünürler. Askerî ve idarî örgütlenmede de bu sol ve sağ ayırımı uygulanır. Sol, sağa üstün tutulur. Zira güneşi ululayan Türklerde, yüz Güneye çevrilince sol güneşin doğduğu yerdir. Hunlarda Sol Hsien ve Sağ Hsien mevkileri vardır. Bu Çince deyimler «Sol Bilge Elig», «Sağ Bilge Elig» diye çevrilebilir[222]. Bunlar sol ve sağ kanat krallarıdır. Sol Bilge Elig, Büyük Tan-hu soyundandır ve veliahttır. Aynı zamanda sol ve sağ orduların da komutanı olan bu iki Elig, sağ ve sol boyların yönetimi ile ilgilidir. Bunlar genellikle Tan-hu'nun kardeş ve oğullarıdır. Çoğu düşman olan, zorla bağımlı kılınmış bulunan boy ve budunları yönetebilmek için, sağ ve sol elig'lerin küçük miktarda da olsa, doğrudan kendilerine bağlı bir askerî güce ve büyük sürülerine bakacak insanlara gereksinmeleri vardır. Bunu, onlara ayrılmış boy ya da budun yerine getirir. *Göçebe sistemde arazi değil, boy ve budun paylaşılır, arazi ikincildir. Yererşik feodal sistemde ise, paylaşılan arazidir**. Elig'ler bu çekirdek or-

---

* Orhun yazıtlarında ilginçtir ki, kaganlar, hiçbir zaman yendiği düşman kaganların arazisini, yâni yurdunu aldık demezler, budununu aldık derler. Bilge Kagan, «Atam Bumin Kagan, dört taraftaki budunu hep almış» der. Kendisi de Karluk budunu, Az adlı budunu alır. Bâzen «ilini aldım» deyimini kullanır. İl, ülke anlamına gelmez, bu anlamı çok sonra Anadolu'da kazanır. «İlini almak», siyasal iktidarına yâni kaganlığına son verdim, anlamınadır. Savaşta öldürülen kaganların, «oğlunu, karısını, at sürüsünü, servetini aldım» denilir, arazisini aldım denilmez. Arazi ikincildir. Ülke anlamına «uluş» deyimi yazıtlarda bir kez geçer ki, o da yerleşik Buhara ülkesi anlamınadır. Bir göçebe kagana yapılabilecek en büyük hakaret, «oğlunu, karısını, kızını» düşmana kaptırmaktır. Cengiz Han, bir gün arkadaşı Bogurçi Noyan'a insanın en büyük mutluluğunun ne olduğunu sorar. Noyan, en büyük mutluluğun avlanma, ilkbaharda iyi bir ata binme ve elinde soylu bir şahin tutma olduğunu söyler. Cengiz, soruyu öteki şeflere de sorar,

du ve boya dayanarak öteki özerk boyları ve unagonbogol boyları yönetirler. Onların hemen altında sağ ve sol T'u-ch'i (Doğru) kralları vardır ki, bu en önemli dört oruna Hunlar «dört köşe» derler. Daha alt orunlar «altı köşe» adını alır.

Hunlarda, Tan-hu'nun boyundan başka ayrıcalıklı ve soylu sayılan dört boy daha bulunur. Çin kaynaklarına göre, bu boyların ikisi sağda, yâni Batıda, ikisi de solda, yâni Doğudadır[223]. Bu soylu boyların Doğuya ve Batıya doğru göçmeleri, onların da beylerinin liderliğinde, bağımlı boyların yönetimine katıldıklarını, onları bu işe koştuklarını gösterir. Bu soylu boylardan Hu-yen boyunun baş nâzırlığı elinde tuttuğu, Pu, Lan, Ch'iao adlı öteki soylu boylarla birlikte Tan-hu soyuna akraba oldukları belirtilir.

Ordu, yalnızca soylu boyların ve köle olmayan özerk boyların sağlayacağı askerlere dayanmaz. Savaşta yenilen ve «köleleştirilen» boylar da aynı biçimde asker sağlamakla yükümlüdür. Bu nedenle Mo-tun, bozkırda yüzyıllar boyu kullanılacak ve Cengiz Han zamanında

---

benzer yanıtlar alır. «Hayır, der. İnsanın en büyük mutluluğu, düşmanını yenmek, malını mülkünü aldıktan sonra, onu önüne doğru kovalamak, onun sevdiği yüzlerin ağladığını görmek, atlarına binmek, kızları ve karılarıyla sevişmektir» (Vladimirtsov, Cengis Khan, Paris 1948, s. 128). Bunu Mo-tun ile ilgili çok yaygın bir öykünün yanlışlığını belirtmek için yazıyoruz. Öyküye göre, Mo-tun tahta çıkınca, Tung-hu hükümdarı atını, karısını ister, Mo-tun da verir. Ama iki topluluk arasındaki boş çöl parçasını isteyince, «toprak ilin temelidir» diye vermez, savaşır. Oysa göçebe toplulukta ilin temeli toprak değil, budundur. Göçebe otlaklar için savaş verir, ama gerektiğinde budununu alıp gider, otlakları bırakır. Prof. Kafesoğlu, Mo-tun'un çöl parçasını vermeyişini, âni baskınlardan korunmak üzere, insan ve askerden arınmış bir arazi bırakma nedenine bağlar ki, günümüzün «no man's land» uygulamalarına bakılırsa, daha akla yakın bir varsayımdır. Bununla birlikte, bozkırda güçlenen bir boylar topluluğunun, öteki toplulukları bağımlı kılmak için harekete geçmesi genel kuraldır, başka nedenler aramaya pek gerek yoktur.

Mogol feodalitesini meydana getirecek en gelişmiş biçimine ulaşacak olan onlu düzenleme sistemini geliştirir. Ordu, herbirinin başlarında şefleri bulunan 10, 100, 1000, 10000 kişilik bölümlere ayrılır. Onbaşı, yüzbaşı, binbaşı, tümenbaşı deyimleri, bu düzenlemeden gelir. Bu birlikler, boylar çerçevesinde gerçekleştirilir. Örneğin aul (büyük aile) 10, boy 100, budun 1000 asker sağlamakla yükümlü tutulur. Doğaldır ki, bunlar değişmez rakamlar değildir. Boyların ne kadar asker çıkartabilecekleri bilinemez. Bâzı boylar 100 asker çıkartacak büyüklükte bulunmayabilir, bâzıları 100'ü aşabilir. Bu durumda 80 asker de 100 sayılır.

Bu 10'luk, 100'lük ve 1000'lik birimler Tan-hu'nun ili 24 Ch'ang'a ayrılarak bütünleştirilir. Tepede sol ve sağ eligler ve her iki kanatta da onbirer askerî şef vardır. Toplam sayıları iki elig ile birlikte 24'tür. Bu 24 şef içinde kagan soyundan gelen prensler ile büyük askerî şeflerin karmaşık bir hiyerarşisi vardır. Şefler derecelerine göre, az çok kalabalık bir askerî birliğin komutanıdırlar.

Aynı zamanda mülkî idarenin de temelini teşkil eden bu askerî sistem, ilk bakışta gerçek ya da fiktif akrabalığa dayalı boylar sistemini yıkıyor, merkeziyetçi bir yönetim getiriyor izlenimini verebilir. Nitekim Prof. Kafesoğlu, Hun Devleti'nde «dikkati çekecek kadar bâriz bir merkeziyetçilik»ten söz eder[224]. Oysa boylar sistemi değişmez. Zira pek çok halde askerî şef, komuta ettiği askerlerin beyidir. Bâzen kabile kökeninden kopmuş askerî şefler de kullanılmaktaysa da, yöresel beyler yönetimindeki boy örgütlenmesi ve boy dayanışması eskisi gibi durur. Barış zamanı, bir boyun 100 askeri, yabancı yüzbaşının komutasında askerlik değil, geleneksel beyinin yönetiminde çobanlık yapar. Hem beylerine, hem de beylerinin aracılığıyla Hun Devleti'ne vergi öder. Hun Devleti'nin Doğusunda Noyun-Ula'da açılan Hun mezarlarından dolikosefal Mogol cesetleri çıkar. Cesetlerin sâhipleri, hem Hun şefleri, hem de geleneksel Tunguz soylulandır. Prof. Öğel, «anlaşılıyor ki, Büyük Hun Devleti'nin Doğu kısımları Tunguzlar tarafından yönetiliyordu» der[225]. Böylece, boylar sistemi ile Hun Devleti'nin askerî ve idarî sistemi geniş ölçüde özdeşleşir. Ancak XIII. yüzyılda Cengiz Han, göçebe feodalizminin olanak verdiği ölçüde, hayli merkeziyetçi bir yönetim kurar. Fakat bunu yapabilmek için, bin yıl süreli ekonomik ve toplumsal gelişmeler sonucu akraba dayanışmasına dayalı boy düzeninin geniş ölçüde çözülmesi, Cengiz Han'ın kabile kökenlerinden koparılmış, Han'a bir hiyerarşi içinde kişisel olarak tam bağımlı feodalleri (noyanları) düzenlemesi ve boyları iyice parçalayarak yeni göçebe birimleri kurması gerekir. MÖ. II. Yüzyılda böyle bir olanak yoktur. Mo-tun devlet örgütü ve bürokrasisi, kabile sistemi üstüne örtülmüş ince bir örtüdür. Düzenli toplanan bir kurum olmamakla birlikte, boy ve budunların işleriyle, imparatorluğun politikasını koordine etmek için zaman zaman toplanan kurultay, kagan ailesini, büyük askerî şefleri, boy ve budun beylerini biraraya getirir. Kaganın otoritesi ve kurultayın gücü konusunda bilgilerimiz yok gibidir. Fakat Mo-tun başarıdan başarıya koşup Çin'den hububat ve ipekli kumaşı rahatlıkla sağladığı, ipek yolu ve yağma seferleriyle askerî şefleri ve boy beylerini zenginleştirdiği ölçüde, ilişkilerin iyi gittiği, Tan-hu'nun güçlü göründüğü kabul edilebilir. Mo-tun'dan sonra işler ters dönüp Çin ve Türkistan lüks maddeleri ve yiyecek sağlanamayınca, Tan-hu'ların güçlerini yitirdikleri, bağımlı boy ve budunların isyan ettiği ve devletin kolayca dağıldığı bellidir.

Eldeki kıt bilgilere göre, Mo-tun devleti, vergi ve asker sağlamakla yetinen ve bağımlı boy ve budunların iç düzenlerine pek az dokunan ince bir bürokrasiye ve hiyerarşik biçimde sıralanmış boy ve budunlara dayanır. Köle (unagon-bogol) durumundaki boylar bile, vergi ve hizmet yükümlülükleri dışında özerkliklerini korurlar ve kendi ekonomik uğraşlarını sürdürürler, kendi hayvan sürülerini geliştirebilirler. Bozkırda unagon-bogol boyun, bir süre sonra egemen boy olduğu sık sık görülür. Örneğin Göktürklerin kagan soyu, Altaylarda Juan-Juan'ların (Avar) unagon-bogol'udur, bir süre sonra bozkıra egemen olur. Etnik bakımdan bir kokteyl teşkil eden Dzi-Lu'lar (Köle Lu'lar) Hunların eski köleleridirler. III. Yüzyıl Çin kaynaklarına göre, Köle Lu'lar bir kısım Ting-ling (Töles), Çyang (Tibet) ve Hun boylarını yönetimleri altında bulundururlar[226]. Töles'lerden bir boylar grubu olan ve Uygurların atası bulunan Kao-ch'e'lerin (yüksek arabalılar) sırayla egemen soyları olan Ch'i-pi, Hu-lü, Piao-ho, Fu-fu-lo gibi soylu boylar, zaman zaman unagon-bogol durumuna düşerler. Ama bir süre sonra, Kao-che'e'lerin soylu boyları olarak varlıklarını sürdürürler. Bu nedenle, efendi boy-köle boy ilişkisine ve kollektif bir sömürünün varlığına karşın, bu geçici bir durumdur. Boylar içindeki gelişmeler, soylular ve «kara budun» ilişkisi, daha önemli ve anlamlı görünür. Nitekim Tunguzlar örneğinin gösterdiği üzere, köle boyların beyleri ve ileri gelenleri de, Hun beyleri ve askerî şefleri arasında yer alır.

Mo-tun döneminde boy ve budunlar içinde tabakalaşma ve sınıflaşma ne durumdadır? Boy ve budun üzerinde egemenliklerini babadan oğula ya da kardeşe geçiren bir soylu tabakanın ortaya çıktığı açıktır. Fakat elde destekleyici yeter bilgi bulunmamakla birlikte, beyler ve «kara budun» arasında keskin bir ayırımın bulunmadığı düşünülebilir. Beylerin otoritesinin artmasına ve servet farklılaşmasının gelişmesine karşın, boy içindeki ailelerin de az çok sürüleri vardır ve boyun az çok özgür üyeleridirler. Nitekim Sovyet bilgini A.N. Bernstam'a göre, Çin'de büyük arazi sâhiplerinin kiracısı durumundaki sözde özgür Çin köylüleri, toprak kirası yüzünden son derece borçlandıkları, çoluk ve çocuklarını ve kendilerini köle olarak satma durumuna düştükleri için, büyük kitleler hâlinde seddi aşıp Hunlara sığınırlar. Çin İmparatoru, bu kaçışları önlemek için Hunlara şöyle yazar:

«Memleketi genişletmek ve halkı çoğaltmak için kaçaklar yeterli değildir. Hunlar bizim sınırımıza, Çinliler de sınır dışına (yâni Hun yerine) geçmemelidir. Bu antlaşmayı bozan kişiler idam edilmelidir».

Fakat Çinli akını devam eder. Zira, Bernstam'a göre, Hunlarda boy dayanışmasına dayalı ata-erkil yaşam sürdüğünden, boy kitlesinin, hatta boylardaki kölelerin yaşama koşulları Çin'e göre daha elverişlidir[227]. Esasen T'u man döneminde Hun siyasal birliği, Çin itmesiyle otlakların yitirilmesi, beyler ve kara budun da dâhil genel bir fakirleşmenin meydana gelmesi üzerine kurulur. Bu nedenle, Hun Devleti'nin hiç değilse ilk dönemlerinde, boy dayanışmasının ve «boy içi demokrasi»nin bir ölçüde geçerli olduğu düşünülebilir. Her yılın dokuzuncu ayı, belli bir geniş alanda herkesin katıldığı bir toplantı düzenlenmesi, sayım yapılması ve ortak sorunlar üzerinde görüşme açılması, eski «demokratik» geleneğin bir devamı sayılabilir. Gerçi daha sonra Çin'le ilişkilerin gelişmesi, Çin'in haraca bağlanması ve ipek yolunun denetimi sâyesinde bu durum değişecek, geniş kitle fakirleşirken beyler zenginliğe ulaşacak ve çelişkiler keskinleşecektir. Köle çoban kullanma görülecektir. Çin kaynakları, MÖ. 49 yılında 10 bin baş hayvan ve 7 bin ata sâhip çok zengin Hun ailelerinin varlığından söz ederler. Hunların Tunguz kökenli prenslerine ait Noyun-Ula'da açılan mezarlarda bol miktarda ipekli kumaşlara ve zengin eşyaya rastlanır. MÖ. I. Yüzyıla ait bir mezardan çıkarılan 85 altın plaka, Tunguz prensinin zenginliğini göstermeye yeterlidir. Berel'de mezarı bulunan Hun şefi için ise, altınlarla süslü 16 at kurban edilir. Başka mezarlarda Çin elbiseleri, Çin usulü yemek çubukları, aynalar bol bol görülür. Şibe kurganında 7 metre derinlikte bulunan kalaslarla inşa edilmiş, Prof. Ögel'e göre, «tam anlamıyla Mogol tipli» Hun şefinin mezarından çıkan MÖ. 86-48 yıllarına ait eşyaların zenginliği şaşırtıcıdır[228]. Fakat ilk dönemlerde böyle bir aşırı farklılaşma yoktur. Bernstam, Mo-tun siyasal kuruluşunu, «askerî demokratik» diye tanımlar. Bu tanımlamanın gerçeğe uygun düştüğü kanısındayız*.

---

* Feodal'i «merkeziyetçi olmayan devlet» anlamına aldıkları için, Osmanlı düzenine feodal değil diyen birçok tarihçimiz, göçebe Türk devletlerini feodal sayarlar. Prof. Osman Turan'a göre, boy beyleri yönetiminde meydana gelen küçük siyasal kuruluşların kagan ve yabgu yönetiminde birleşmesiyle feodal Türk devleti ortaya çıkıyordu (Türk Cihan Hâkimiyeti, I, s. 118). Feodalizmi belli bir üretim biçimi, «feodalite»yi ise «askerî nitelikte ve siyasal-toplumsal sınıf ya da tabaka» diye tanımlayan Guy Dhoquois, üç tip feodaliteden söz ediyor. Batı Avrupa'daki klasik feodalizme «feodalist feodalite» diyor. «Asya tipi» sayılan toplumsal kuruluş içine yerleşen feodaliteye «Asyagil» adını veriyor. Konumuzu ilgilendiren üçüncü tipe ise, «aşiret feodalitesi» etiketini yapıştırıyor. Bu tip, Marx ve Engels'in «ilkel feodalite»sine uygun düşer. Aşiret feodalitesine, bütün yönleriyle siyasal iktidarı büyüyen ve askerî hiyerarşiye egemen olan bir aristokrasi yararına, ilkel demokrasinin yok olması yoluyla, askerî demokrasinin son aşamasında rastlanır. Bu feodalite, «soylu» olan klanlarda örgütlenir ve geniş kitleyi kendi çıkarına çevirdiği kollektif kurallar aracılığıyla sömürür (L'Homme et La Societé Dergisi, sayı 12, İlk Sınıflı Toplumlar, Asyagil Biçimleri). Tanımlama Hun ve benzeri topluluklara uygun düşebilir. Fakat bu tip yeni yeni sınıflandırmaların konuya aydınlık mı, yoksa daha karışıklık mı getirdiğinden pek güvenli değiliz. Örneğin Mo-tun'un aşiret feodalitesi ile Cengiz Han'ın aşiret feodalitesi arasında önemli fark olduğu kanısındayız. Dhoquois'nın tanımlaması, bu farkı gizliyor ve üretim biçimini yeter açıklığa kavuşturmadan «çeşitli feodalizmler»in egemen sınıflarından söz etmek, işleri kolaylaştırmıyor, daha da zorlaştırıyor. Dhoquois, Asyagil Üretim Biçimini de Asyagil, alt-Asyagil ve para-Asyagil diye üçe ayırıyor. Ona göre, Rus ve Osmanlı düzeni alt-Asyagil'dir, fakat Rusya kapitalizme geçmiş, Osmanlı geçememiştir. Osmanlı düzeni incelenirken konuya dönülecektir.

Prof. İdris Küçükömer ise, göçebe boy örgütlenmelerinin «askerî ve demokratik» niteliklerini yok sayarak, «Nomadik Asyagil» üretim biçiminden söz ediyor ve tarihsel verilere ters düşen bir kuram geliştirmeye çalışıyor (Toplum ve Bilim Dergisi, sayı 2).

MO-TUN ÇİN İSTİLÂSINDAN ÇEKİNİR

İpek yolunun denetimine yönelmeden önce, Mo-tun'un ilkin Kuzey Çin'i istilâya heveslendiği düşünülebilir. Eberhard'a göre, göçebe toplulukları daima uğraştıran ek besin sorunu, Çin'in istilâsını çekici kılar:

«Mo-tun ve ondan hemen sonra gelen Tan-hu'lar... bir gün Çin'e egemen olmak istiyorlardı. Bunun başlıca nedeni, daima göçebe olan efendilerin egemenliği altına mümkün olduğu kadar fazla köylü almak ve bu yolla ek besin sorununu her zaman için çözmektir. Böylece artık ticaret ve soygunculuk yapmaya gerek kalmazdı ve gerekli herşey, daha düzenli ve daha iyi sağlanırdı»[229].

Çin Seddi'nin yapıcısı ve merkezî bir devletin kurucusu Shih-huang-ti'nin MÖ. 210'da ölümünden sonra Çinli merkez bürokratları arasında çıkan kavgalar, eski feodallerin arazilerini ele geçirmek için ayaklanmaları ve Hunların ittifakını aramaları, Mo-tun'u bu yolda cesaretlendirir. Çin'de iç savaş sürer ve yeni Han sülâlesinin imparatoru Kao-çu feodallerle uğraşırken, Mo-tun, MÖ. 201'de Şansi eyaletini istilâ eder ve eyaletin başkentini kuşatır. Kurtarmaya gelen Çin İmparatoru, Turan taktiğine aldanır ve geri çekilen Mo-tun kuvvetlerinin peşine düşer. Uygun yerde dönüş yapan Tan-hu, Çin İmparatorunu MÖ. 200 yılında kuşatır. Çin ordusunu artık yok etmek kolaydır. Kuzey Çin'in istilâsı yolu açılmış gözükür. Fakat Mo-tun, bu büyük fırsattan yararlanmaz, kuşatmayı kaldırır, İmparator ve ordusunu serbest bırakır. Grousset, Çin İmparatorunun bu beklenmedik kurtuluşunu, Kao-çu'nun müzakere yoluyla «Hunları oyuna getirmesine» bağlar. Eberhard, Mo-tun'un ittifak ettiği Çin feodalinin kuvvetlerinin anlaşma gereğince gelmesini beklediğini, bu kuvvetler gecikip gelmeyince, onların Çin İmparatorunun safına geçtiğini sanarak geri çekilmeyi uygun bulduğunu söyler. Fakat Mo-tun'un en güçlü zamanında dahi bir daha Çin istilâsına girişmeyişi, temelli bir politika değişikliğini gösterir. Mo-tun, Çin'i istilâ edip tarımcıları köleleştirerek ek besin sorununu çözmek yerine, bunu haraç ve ticaret yoluyla sağlamayı yeğ tutmuşa benzer. Nitekim İmparatoru, bozkır bölgelerinin Hunlara kalması, ipek ve yıllık vergi ödeme, saraydan bir Çinli kız verme koşullarıyla serbest bırakır. İlginçtir ki, Attila da Roma ve Bizans'a karşı aynı politikayı izler. Her ne kadar Mo-tun, ihtiyar İmparatoriçe Lu zamanında, Çin'in iç karışıklıklara düşmesi üzerine, Lu'ya «evlenelim, Çin'i ortak yönetelim» önerisini yaparsa da, önerinin reddi karşısında bir harekete girişmez. Çin'den haraç almak, ticareti geliştirmek ve ipek yolunun denetiminden kâr sağlamakla yetinir.

Eberhard, Mo-tun'un Çin'i istilâdan vazgeçmesinin nedenini, boy beylerinin, karısının ve bâzı danışmanlarının istilâya karşı çıkışlarına bağlar[230]. Bu ileri gelenler, Çin'in ipekli kumaşından ve besininden yararlanmayı, fakat Çin'den uzak durmayı yeğlerler. Kalabalık nüfuslu, tarıma ve kentlere dayalı bir ülkeyi yönetmenin, bozkırdakinden farklı bir siyasal örgütlenmeyi ve belki de Çinlileşmeyi gerektirmesinden kaygı duyarlar. Bu, Orhun yazıtlarında Bilge Kagan'ın «Çin'in yumuşak ipek kumaşına aldanma... Çin'e doğru gidersen Türk budun öleceksin. Ötüken'de otur. Çin'e ticaret kervanı göndermekle yetin. Bunu yaparsan devletin (il) sonsuza kadar yaşar» biçiminde dile getirdiği kaygıların benzeridir*. Bir Çinli danışmanı da Tanhu'ya şu uyarıda bulunur :

---

* Prof. İbrahim Kafesoğlu, Bilge Kagan'ın görüşünü paylaşmaz. Tarıma ve kent yaşamına dayalı ülkeleri istilâ eden bozkır soylularının yeni ekonomik düzen içinde kökenlerinden kopmalarını, hoşgörülerine, yerli halkı yönetime katıp onlarla evlenmelerine bağlar. Şöyle der Prof. Kafesoğlu: «Zamanla öz yaradılışını yitirip yerlileşen Türk ögesi ile tarihte birçok kez karşılaşılmıştır (Çin'de Hunların bir kısmı, Tabgaçlar, Hindistan'daki Türk sülâleleri, Avrupa'da Bulgarlar vb. gibi).

«— Eğer sen Tan-hu, Çin bölgelerini yensen dahi, yine oralarda yaşayamazsın».

Doğaldır ki, bu, «değişmeden, yeni üretim biçimine uygun başka tip bir devlet kurmadan yaşayamazsın» anlamınadır.

Mo-tun'un oğlu Tan-hu Ki-ok (Chi-yü ya da Lao-Shang - MÖ. 174-160 -), Çin'le iyi geçinme, bozkır boylarını ve ticaret yolunu denetiminde tutma politikasını sürdürmeye çalışır. Batı Kansu'daki Hint - Avrupa kökenli sayılan mavi gözlü, açık tenli Yüe-çi'leri yener, krallarını öldürür ve kafatasından kendine kadeh yapar. Hunlar antlaşma imzalarken bir ak at kurban ederler, kurbanın kanını şarapla karıştırıp, daha önce öldürülmüş bir kralın kafatasından yapılmış kadehe koyarlar. Hun şefi, antlaşma imzaladığı şefle birlikte kanlı şarabı kafatası kadehten içer. Kralları ölen Yüe-çi'ler dağılır, bir kısmı Tibetlilere karışıp onların din ve kültürünü alarak erirken, bir kısmı da Asya İskitleri olan Saka'ları önlerine katarak Batı Türkistan'a ve Afganistan'a gelir. Orada İskender istilâsıyla kurulan Grek egemenliğine son verir ve Greko-budist sanatı geliştirir. Orta Asya'da budizmin yayılmasında ön planda rol oynar.

TOPLUMSAL ÇATIŞMALAR

Yüe-çi'lerin gitmesiyle, bozkırda Hun egemenliği güçlenir. Fakat Çin ile ilişkilerde sürtüşmeler başlar. Hun beyleri arasında, Çin lüks mallarına düşkünlük

---

Buralarda Türklükten kopma olayını, şimdiye kadar yapıldığı gibi yabancı, sözde yüksek kültürün çekiciliği ile değil, daha çok hoşgörülü Türk yönetimindeki esnekliğin neden olduğu toplumsal değişmelerle açıklamak daha doğrudur. Yoksa az nüfuslu da olsa, Türklerin insafsız bir idare kıskacı ile kendi varlıklarını korumaları her zaman mümkün olurdu» (İslâm Ansiklopedisi, Cüz 128, s. 227). Cengiz Han bunu denedi, kast sistemi kurdu, başaramadı. İleride göreceğiz.

artar. Çin ise az mal vermeye çalışır. Eberhard, durumu şöyle değerlendirir :

«Devlet büyüdükçe ve Hun sarayında lüks arttıkça Hun Devleti'nin gereksinmeleri de o ölçüde çoğalıyordu. Çinliler mümkün olduğu kadar az mal vermek istiyorlardı. Bunun için herhalde Hunları her biçimde kandırmaya çalışmışlardır»[231].

Ki-ok, Çin'i yükümlülüklerini yerine getirmeye zorlamak ve gereksinmeleri ticaret yerine yağma ile karşılamak için Çin topraklarına akınlara başlar. MÖ. 167 yılında Şensi içlerine girer, imparator sarayını yakar. Oğlu Kün-çin (MÖ. 160-126) döneminde de akınlar sürer. MÖ. 158 ve MÖ. 142 akınları, Çin'i sarsar. Fakat Çin, giderek akınları durdurmayı başarır, ödediği haracı savsaklamaya koyulur. Hun toplulukları içinde ilk gerginlikler böylece başlar. Prof. Kafesoğlu'na göre, «Ticaret metaı olarak memlekete sokulup Hun ileri gelenleri arasında revaç bulan Çin ipeği, lüks zevkini ve dolayısıyla rehaveti artırır»[232]. Lüks tüketim alışkanlığı, gevşemeden çok gerginlik yaratır. Çin'den alınan vergi ve haraçların büyük kısmı Tan-hu soyuna ve beylere gider. Bu durum, geniş kitlede hoşnutsuzluk doğurur. Soyluların artan tüketimine, Çin vergi ve haraçları yetmez. Bu tüketimi ticaret yoluyla karşılamak için geniş kitlenin vergilerini artırmak gerekir. Göktürklerde meydana gelen «Çinlileşen beyler - kara budun» çatışmasına benzer bir gerginlik, Hun toplumunda da görülür. Tan-hu, haraç, ticaret, yağma yoluyla lüks tüketim gereksinmelerini sağlayabildiği ölçüde, beyleri, buduna karşı çevresinde toplar. Bu sağlanamayınca çözülme başlar.

Çin'in saldırgan bir politika izlemeye yönelmesi, bu çözülmeyi hızlandırır. Çin İmparatoru Wu-Fı (MÖ. 141-89), Hunları Çin Kuzeyinden kovmayı ve ipek yolunu ele geçirmeyi kararlaştırır. İpek yolu hakkında bilgi edinmek ve Batıdaki boy topluluklarını Hunlara karşı ayaklandırmak için yüksek rütbeli bir asker olan Çang-k'ien Türkistan'a yollanır. Hunların elinde on yıl kadar tutsak kalan Çang-k'ien, Yüe-çi'leri Hun'a saldırtmayı başaramazsa da, ipek yolu seferini teşvik edici bilgi getirir.

Çin'in saldırgan politikaya geçişinin nedenleri çeşitlidir: Hunların Ordos bölgesinden ya da Kuzey Şensi'den yaptıkları yağma akınları, Çin başkentini ve çevredeki önemli hinterlandı sürekli tehdit altında tutabilmekte, çok dağlık Kuzey Şensi'den inen büyük sayıda atlı asker görülmeden içerilere kadar girebilmekte, Kuzey Şensi ve Ordos bozkırlarında pek az Çin işletmesi bulunduğundan atlılar hızla Çin içlerine kadar ilerleyebilmektedir. Wu-Fı, Hunları daha Kuzeye sürerek bu tehditten kurtulmak ister. Öte yandan Orta Asya - Çin ticareti büyük gelişme gösterir. Ticaret yolu Batı Şensi ve Kansu'dan Doğu Türkistan'a gider. Ticaretten yalnız tüccarlar değil, yol üzerindeki il ve bucaklardaki Çinli memurlar da kazanır. Çang-k'ien, raporunda bu ticaretin güvenli ve «aracısız» biçimde yapılmasını ister. Çin hükümeti, ticareti doğrudan doğruya kendi yapmayı düşünür. Bunun yolu da oradaki devletçikleri haraç* vermeye zorlamaktır. Haraç zorlaması, askerî harekâtı gerektirir. Oysa bu sıralarda Hunlar, Türkistan'a giden yollara egemendir, ticaret yolunu kesebilirler ya da değiştirebilirler. Çinli memurlar, ticaretten büyük kazanç sağlayacakları için kervanların düzenli gelmesi ve yağmadan korunması amacıyla, yolların doğrudan Çin denetimi altına alınmasını isterler. Ayrıca Hunların Kansu'da güçlenmeleri ve böylece Tibetlilerle birleşerek Çin'e birlikte saldırmaları olasılığı, imparatoru ürkütür. Tibet-Türk birleşmesini önlemek, Çinlilerin geleneksel politikası olur.

Bu nedenlerle Çin, bozkır savaşına hazırlanır. Bozkır savaşı, bozkır yöntemleriyle yapılır. Onun için Çin

---

* Haraç, bir cins ticarettir. Haraca bağlanan devlet, kendi hesabına bâzı mallar vermek zorundadır. Karşılığında, getirdiği haracın değerine yakın yerli malı «armağan» olarak alır.

büyük sayıda atlı birlikler kurar. Bozkır suvari giysisi olan ceket, pantolon, Hun başlığı ve çizme Çin'e girer. Ho-K'ü-ping, «Turan taktiği»ni bozkırda başarıyla uygulayan ilk yabancı komutan olur. Ne var ki, büyük sayıda atlı ordu kurmak demek, geniş ekili araziyi otlak yapmak, köylüleri buradan sürmek ve ekonomiyi bozmak demektir. Bozkır insanı için at hem bir ekonomik kaynak, hem savaş aracıdır. Atlı savaş, ekonomisini bozmaz, tamamlar. Yerleşik için ise durum, bunun karşıtıdır. Nitekim Attila karşısında Bizans, ekonomik olanakları geniş bir devlet olduğu halde, büyük çapta suvari birlikleri kurmaya kalkışmaz, gittikçe artan ağır bir haraç ödemeyi, ekonomisini bozmaya yeğ tutar. İmparator Wu-Fı ise, Kuzey Çin ekonomisini yıkma pahasına, kaynaklara göre, Hun tipi 140 bin kişilik bir atlı ordu kurar. Çin köylü ayaklanmaları ve Kuzey Çin'in altüst olmasıyla bu politikanın bedelini öder.

Çinliler ve Hunlar arasında aralıksız süren (MÖ. 127-115) savaşlar başlar. Daha önce Çinliler, bâzı başarılar elde ederler, Tan-hu Kün-çin geri çekilir. Kün-çin'in ölümüyle, oğlunun Çinlilere sığınması, Hun soyluları arasında gerginliklerin arttığını gösterir.

Çin atlıları saldırılarını sürdürür. Ordos ve Alaşan arasında askerî garnizonlar kurulur. Turan taktiğinin başarılı uygulayıcısı genç Ho-K'ü-ping, atlılarıyla Hunları Kansu bölgesinden çıkarır. Kansu'da yerleşmiş iki Hun boyu, Tan-hu'dan ayrılarak Çin hizmetine girer ve Nan-Şan Kuzeyine, Çin'e bekçilik yapmak üzere oturtulurlar. Çinliler, içeriden köylüler getirerek, Ordos bölgesine yerleştirirler. Turan taktiğini öğrenen Çinli generaller, Gobi'yi aşarak Dış Mogolistan'daki Hun merkezine kadar ulaşırlar. Tan-hu, kum fırtınası içinde çekilmek zorunda kalır. Çinliler 19 bin kişi öldürdüklerini ya da tutsak aldıklarını ileri sürerler. Ho-K'ü-ping, Dış Mogolistan'da bin kilometre kadar içeriye girer, Tula ve Orhun nehirleri kaynaklarına ulaşır. Çinliler, 80 Hun şefini tutsak alır ve Hun ülkesi

«MÖ. 63'ten sonraki üç yıl zarfında, Ting-ling'ler, Hunların arazisine girerek haydutluk ettiler. At ve hayvanları sürüp gittiler. Bunun üzerine Hunlar, on binden fazla suvari yolladılarsa da, birşey elde edemediler»[235].

Sovyet bilgini Bernstam, Hunların bu yağmalar sonucu hayvan ve insanlarının yarısından çoğunu yitirdiklerini belirtir :

«Hun Devleti için bu dönem pek sıkıntılı oldu. Ufak budunlar isyan ederek Hunların tek servet kaynağı olan hayvan sürülerini alıp götürdüler. Bu felâket yıllarında Hunlar, nüfuslarının ve hayvan sürülerinin onda altısını yitirdiler»[236].

Bu sırada Tarım bölgesinde, Çinliler ve Hunlar arasında ipek yolu mücadelesi sürer. Çeşitli savaşlardan sonra, Çinliler (MÖ. 77-60) Tarım bölgesinde yerleşirler, askerî garnizonlar kurarlar ve ipek yolunu denetim altına alırlar.

Prof. Kafesoğlu'na göre, «ekonomik darlık ve askerî güçsüzlük karşısında, maddî yardım sağlanır düşüncesiyle çıkar yol olarak Tan-hu Ho-han-yeh (MÖ. 58 - 31) Çin himayesine girmeyi» önerir[237]. Ho-han-yeh, ancak Çin'e dayanarak durumunu koruyabileceği inancındadır. Sol Bilge Elig Çi-çi (Chih-chih, Tsit-ki), onun Tan-hu'luğunu tanımaz. Çi-çi, Tan-hu olur. Hun prensleri arasında sert ve kanlı boğuşmalar, biribirlerini öldürmeler görülür. Hun siyasal topluluğu ikiye bölünür. Hatta bölünmeler daha geniştir. Çin himayesi isteyen Ho-han-yeh kendine bağlı bâzı Hun boylarıyla birlikte Çin'in Kuzeybatı sınırlarına çekilir. Çin sarayına gelir ve İmparatora bağımlılığını bildirir. Ho-han-yeh Tan-hu, Çin desteğiyle Orhon bölgesinde Hun karargâhını ele geçirir. Çi-Çi Tan-hu, kendine bağlı boylarla birlikte Batıya yönelir. Çi-Çi, Ogur, Kırgız, Ting-ling boy ve budunlarını yenip bağımlı kılar. Ağırlık merkezi Çu ve Talas nehirleri arasında bulunan yeni bir siyasal birlik kurar ve orada surlarla çevrili bir başkent (MÖ. 41) yaptırırsa da, Wu-sun'ların, Çinlilerin ve Ho-han-yeh'in saldırıları karşısında tutanamaz. Çin destekli Ho-han-yeh Tan-hu, Ogur, Kırgız ve Ting-ling'leri kendine bağımlı kılar. Çi-Çi'nin surlu başkentini kuşatan Çin generali, onu ve yakınlarını öldürür (MÖ. 36). Çi-Çi Tan-hu'ya bağlı Hunlar, bozkırda yüzlerce yıl adları duyulmadan sessiz ve hareketsiz kaldıktan sonra, yeniden güçlenerek IV. Yüzyılda Avrupa Hunları olarak meydana çıkarlar ve Attila döneminde Fransa içlerine kadar ilerlerler.

Büyük Hun Devleti, böylece sona erer. Çinliler Tarım bölgesini ve ipek yolunu yeniden ele geçirirler. Fakat Hunlarla bozkırda savaşlar Çin ekonomisini de çökertir. Devlet, savaş giderlerinden ve köylüler de ağır vergilerden fakirleşir. Klikler arasında boğuşmalar başlar. MS. 8 yılında eski güçlü Han sülâlesi çöker. MS. 18'de başlarını kırmızıya boyadıklarından kendilerine «kırmızı başlı» denilen Çin köylülerinin isyanı başlar. Köylüler, her yerde memurları ve ileri gelenleri öldürerek başkente doğru ilerlerler. Hükümet ordusu da yağmacılık yapar. Milyonlarca insan ölür. Nihayet devrilen Han sülâlesinden bir prens, tahtı tekrar ele geçirir (MS. 24). Bu fırsattan yararlanarak Ho-han-yeh'e bağlı Hunlar, biraz toparlanırlar. Yu Tan-hu (MS. 18-46), Mançurya'dan Batıda Kaşgar'a kadar uzanan bölgeyi yeniden az çok denetime alır. Ufak Türkistan devletçikleri, güçlenen Yarkent Kralı ile Hunlara karşı Çin desteği isterlerse de, Çin'den yardım gelmez. Çinliler sınırlarda Hunlara karşı başarısız savaşlar yaparlar. Fakat Yarkent Kralı karşısında Hunlar da pek başarılı olamazlar. MS. 45 yılında çok şiddetli bir kuraklık ve çekirge hücumu, Hun boylarının sürülerinin önemli kısmını yitirmelerine yol açar. Bu sırada Mogol kökenli sayılan ve aralarında herhalde Türkler de bulunan Sien-pi ve Wu-huan boylar toplulukları güçlenirler. Hunlar Şansi ve Şensi eyaletleri Kuzeyindeki en iyi otlaklarını yitirirken, Doğularındaki Sien-pi ve Wu-huan en iyi otlaklara sâhiptirler. Hunlar, Wu-huan ve Sien-pi baskılarına karşı koyamazlar ve MS. 48'de Güney ve Kuzey olarak bir daha birleşmemek üzere yeniden ikiye bölünürler. İç Mogolistan'daki Güney Hunları yeniden Çin egemenliğine girerler ve Kuzeyden gelecek hücumlara karşı Çin'in ileri karakolu olurlar.

Kuzey Hunları ise, Yarkent Kralı Kie'nin genel bir ayaklanma sonucu öldürülmesi üzerine, Doğu Türkistan'da az çok egemenlik kurarlar. Fakat Çin, bir imha saldırısına girişir. Çin generalleri, Hunların beş soylu boyundan biri olan Bartul gölü kıyısındaki Hu-yen'leri yenip dağıtırlar. Kaşgar ve Turfan'ı alırlar. Fakat Çinlilere karşı Tarım bölgesinde Hun destekli isyanlar başlar. Çin İmparatoru, askerî seferlerin yüksek giderlerinden korkarak çekilmek isterse de, Türkistan'da az kuvvetle baskın ve sürpriz yoluyla başarılar kazanan ünlü general Pan Çao direnir. İmparatorun «seferler yararsız» diyen mektubuna Pan Çao şu karşılığı verir:

«— Bu 36 krallığı ele geçirmek, Hunların sağ kolun kesmek demektir».

Pan Çao, baş eğdirilen küçük devletçiklerden topladığı askerleri, ötekilere karşı kullanarak, verimli Yarkent ve Kaşgar topraklarını bu askerlere ektirip beslenmelerini sağlayarak, Çin'den para ve destek istemeksizin Türkistan fethini başarır. Başlıca amacı, Hunları Dış Mogolistan'a itmek ve onların ipek yoluna müdahalelerine kesinlikle son vermektir. Mogolistan'da da öteki Çin generalleri Hunlara saldırır. Orhon'a kadar ilerleyen Çinliler, Tan-hu'nun karargâh personelini tutsak alırlar. Atadıkları yeni Tan-hu isyan edince, Çinliler Sien-pi'leri saldırtmayı başarırlar. Ardı kesilmeyen Sien-pi saldırılarıyla Kuzey Hunlar silinirler. Prof. Kafesoğlu, bir kısım Hunların Batıya göçüp Güney Kazakistan bozkırındaki Attila Hunlarının atası Çi-Çi Tan-hu'nun Hunlarına katıldıkları kanısındadır. Bâzı Hun toplulukları da yükselen yeni Sien-pi boylar topluluğu içinde yer alırlar. Çin kaynakları, Kuzey Hunlardan 100 binden fazla bir kısmın Sien-pi'lerin arasına göçtüğünü ve bunlarla karıştığını yazarlar[288]. Hunların soylu beş boyundan Hu-yen, Sien-pi topluluğunda da görülür. Çin kaynakları, Sien-pi'lerin* MS. 100 yılından başlayarak büyük güç kazandıklarını, Çinliler ile Ting-ling, Wu-sun, Fu-yü-li boy topluluklarına saldırdıklarını, eski Çin topraklarını tamamen ele geçirdiklerini belirtirler.

İMPARATORLUKLARIN KURULUŞ VE YIKILIŞ YASASI

Bozkırda bir boy ve budun konfederasyonun dağılması, sonra güçlü bir boy çevresinde yeni bir konfederasyonun doğması, «değişmez yasa» sayılır. Bu «değiş-

---

* Sien-pi'lerin Türk mü, Mogol mu, Tunguz mu oldukları tartışılmıştır. Pelliot ve Barthold, Türk oldukları kanısındadır. Franke ve Eberhard, aksi kanıdadır. Shiratori, dillerinin Mogolca ve Tunguzca karışımı bir dil olduğunu ileri sürer. Öyle görünür ki, Sien-pi'ler, Mogol boyları egemenliğinde karma bir topluluktur. Toplulukta Türk ve Hun boyları da vardır. Çin kaynaklarında ilk adları geçtiği zamanlarda «ana-erkil» düzenin hâlâ varlığını sürdürdüğüne bakılırsa, Mogol Sien-pi boylarının Hunlara göre daha geri bir evrim çizgisinde bulunduğu düşünülebilir. Çin kaynakları, Wu-huan'larla aynı saydıkları Sien-pi kültürü hakkında şu bilgiyi verirler: Şefleri, Hun ordusunda üç yıl süren bir seferde iken, gökten düşen bir damla sudan gebe kalan bu şefin karısından türerler. İlkbaharın üçüncü ayında ırmak kıyısında «serbest seçim» yoluyla bir eğlenti düzenlenir. İyi binici ve nişancıdırlar. Evleri çadır olup güneşe, Doğuya doğru açılır. Kımız içerler. Gençliğe değer verirler. Ana egemenliği vardır. Güvey kadının ailesine gider. Erkek, kadının bütün akrabalarına hizmet eder, kadının ailesi içinde çalışır. Siyasal işler için kadınlar öğüt verirler. Ölü için ağlanır, fakat gömülürken şarkı söylenir ve oyun oynanır. Ölüye bir köpek, bir de binek atı kurban edilir. Köpek, ruhlara yoldaşlık eder. Ruhlar, Kızıl Dağ'a giderler. Ruhlara, göğe, yere, dağlara, ırmaklara, yıldızlara, güneşe ve aya taparlar. Avcılık yaparlar. Yabani hububat tohumları ekerler. Demir işlemesini bilirler. Erkekler yay, ok, kantarma ve eyer yaparlar. Kadınlar saz örer, halı dokurlar.

mez» sayılan yasanın sosyo-ekonomik açıklamasını Eberhard, özet olarak şöyle yapar:

«Bunların ekonomisine büyük hayvan yetiştirme ekonomisi denilebilir. Özellikle at yetiştirilir, eti ve sütü yenir, içilir. Sığır ve koyun da beslenir. Aynı zamanda az miktarda yardımcı tarımla da uğraşılır, böylece kış yemi ile ek yem sağlanır idi. Avcılık da ek besin kaynağı olarak bir rol oynar idi. Fakat Çin Han sülâlesi (MÖ. 206 - MS. 220) döneminde Hunlarda tarım yavaş yavaş kalkar. Çünkü Çin'den buğdayın ticaret yoluyla elde edilmesi daha ekonomiktir. Çin tarım bölgesine yapılan yağma akınlarıyla avcılık da değer ve önemini yitirir. Böylece Han dönemi Hunların ekonomik yapısı, yağma (ya da ticaret) ile davar yetiştirme kültürüne dönüşür. Bundan sonra birçok bunalımlar biribirini izler: Yağmacılığın sonucu olarak, kısa bir süre için tarımcı Çinliler, göçebe Hunlara düzenli haraç verirler. Bununla ticaret başlar. Göçebenin yüksek tabakası olan hükümdar ile soylu aileler, yeni malların tüketimine yönelirler, gittikçe daha görkemli malları tüketirler. Böylece tarımcı ülkenin üretimine daha çok bağımlı olurlar. Göçebelerin soylu tabakasını hoşnut etmek için, değişimde tarımcı ülkeye sağlanması gereken mallar, göçebe halk tabakasının gittikçe daha çok vermek zorunda kaldıkları atlarından, kocabaş hayvanlarından ve onların ürünlerinden ibarettir. Bu nedenle, göçebe arasındaki toplumsal çelişkiler, daha çok belirginleşir. Aynı zamanda soylu tabakalar gevşerler, askerî güçlerini yitirirler.

Mallarının göçebeye akıp gitmesi, tarımcı ülke (Çin) ekonomisini elverişsiz yönde etkiler ve bu malların dışarıya gönderilmesinin önlenmesi eğilimi güç kazanır. Öte yandan, göçebenin bu mallar karşılığında verdiği at, bir savaş silâhıdır; at, tarımcı ülkenin askerî gücünü çoğaltır. Değişimden kaçınma eğilimi yeter derecede ilerlediği zaman, dostça (rüşvet) ya da düşmanca (savaş) çatışmalar olur.

Tarımcı ülkenin savaştan amacı, göçebe siyasal birliğini parçalamak, boyları dağıtmak ve bu yoldan onları güçsüzleştirmektir. Ayrıca göçebenin otlaklarını ele geçirince, Çin köylüsü bu otlaklara ekip biçmesi için yerleştirilir. Göçebeye haraç ödenmesi sona erer.

Göçebe siyasal birliği çözülür. Topluluk ayrı ayrı boylara bölünür. Ek besini de sağlayamadıklarından, göçebe halk kitlesi gibi, soylular da fakirleşir.

Fakirleşmeyi boylar arasındaki savaşlar izler. Boylar arasındaki savaşların amacı, bir boyun öteki boyun hayvan sürülerini ve otlaklarını zorla ele geçirerek, insanlarını köleleştirerek kendi beslenme sorununu çözmeye çalışmasıdır*. Savaşı kazanan boyun, bu yoldan yaşam düzeyi yükselir. Savaşta kazanan boyların kişisel yetenek sâhibi şefleri, böylece kısa zamanda parolaları savaşmak olan yeni boy birlikleri kurabilirler. Çok geçmeden savaş öteki boy birliklerine, tarımcı devlete karşı verilir.

Bunu tarım devletine karşı verilen daha büyük savaşlar izler ve yukarıda belirtilen bunalımlar yeniden başlar. Bozkır devletlerinin böyle meydana geldiklerini sanıyorum»[239].

---

* Bilge Kagan, Türk budun aç kalınca Uygur'a saldırıp sürüsünü aldığını, böylece kaganlık görevini yerine getirdiğini övünerek belirtir ve «Türk budun aç idi. O at sürüsünü alıp besledim» der.

ÇİN İÇİNDE ÇİN TİPİ TÜRK DEVLETİ KURMA DENEMELERİ

Asya Hun, Avrupa Hun ve Göktürk vb. devletlerinin kuruluşu ve dağılışları, yukarıdaki şemaya geniş ölçüde uyar. Fakat bir de bozkırı bırakarak Çin'de yerleşme ve Çin tipi Türk devleti kurma denemeleri vardır. Hunlar ve Tabgaç'lar (To-ba ya da T'o-pa) bu yolu denerler.

Sien-pi akınlarıyla Kuzey Hunları dağılırken, Güney Hunları MS. 48'den beri İç Mogolistan'da Gobi Çölü kenarlarındaki Kuzeyden gelecek Türk ve Mogol boyların akınlarına karşı Çin sınırını savunmak için ileri karakol olarak otururlar.. Sık sık çıkan isyanlardan, Güney Hunlarının sıkıntılı koşullarda olduğu anlaşılır. Geçim darlığı çeken Hun boyları, Çin İmparatoru hizmetindeki Tan-hu'lara karşı başkaldırırlar. MS. 124 ve 140 isyanları güçlükle bastırılır, ama bunu 153 ve 158 isyanları izler. Karışıklıklar içindeki Hun boyları, Sien-pi saldırıları karşısında, giderek Çin içlerine doğru gerilerler.

Bu sırada Çin'de, büyük karışıklıklar vardır. MS. 150 yılı sonralarında köylü sefaleti aşırı artar. Gizli ihtilâl örgütleri çoğalır. Büyük arazi sâhiplerine yönelen «sarı sarıklılar isyanı» hızla yayılır. Kurulu düzeni tehdit eden bu büyük köylü ayaklanması karşısında (MS. 184), aralarında kanlı biçimde boğuşan klikler, büyük arazi sâhipleri ve generaller birleşirler. Büyük çoğunluğunu bozkır boylarından topladıkları bir orduyla isyan bastırılır. Bu karışıklıklardan güçlenerek çıkan General Ts'ao Ts'ao, köylü isyanının bastırılmasındaki hizmetlerinden dolayı, bir ödül olarak, Güney Hunlarına Çin eyaleti olan Şansi'de otlaklar verir. Ne var ki Çinli general, onların boy birliğini dağıtmayı ve Çin memurlarının denetiminde tutmayı unutmaz. Güney Hunlarının 19 boyu, 5 bölgede Çinli memurlara bağımlı olarak yerleştirilir. General Ts'ao ise, eski Çin Han sülâlesini devirip kendisini imparator ilân eder.

Çin'de karışıklıklar sürer, fakat Hunlar imparatorluğa bağlı kalırlar. Yeni bir Çin sülâlesi (Batı Chin, 265-317) ülkeyi birleştirir. Bu sülâle, devamlı iç savaşlarda giderleri çok artan ordunun yükünü taşıyamadığından ordunun dağıtılmasını ve silâhların toplanmasını kararlaştırır. Askerlerin çoğu silâhlarını vermeyi reddederler ve silâhlarını Hunlar ile Sien-pi'lere satarlar. Hunlar ve Sien-pi'ler silâhlara karşılık, bu eski askerlere kendi bölgelerinde tarla verirler. Bu yerleşme ve alış-veriş, hem köylülerin, hem de göçebelerin işine gelir.

«Çünkü Hunlar ve Sien-pi'lerde iyi oturmuş bürokratik bir yönetim bulunmadığından, vergi toplama işleri de Çinlilerde olduğu gibi iyi işlemiyordu, gerektiğinden çok vergi alan büyük mal sâhipleri de yoktu. Hunlar ile Sien-pi'ler de bu köylü akınından şikâyetçi değillerdi, çünkü zâten gerekli olan tarım ürünlerini bu yoldan sağlıyorlardı. Aynı zamanda bu yoldan en modern silâhları büyük miktarda elde ediyorlardı»[240].

ÇİN'DEKİ HUN DEVLETLERİ

Göçebe toplulukları, silâh satışından Çin'de devletler kurmak için yararlanırlar. Sien-pi'ler güçlenirler. Şansi Kuzeyinde To-ba'lar, Güneybatıda Tibetliler «imparatorluklar» kurarlar. 19 Hun boyu da Mo-tun soyundan tam Çin adı taşıyan Liu Yüan liderliğinde bir devlet kuruluşuna (MS. 304) gider. Boyların ileri gelenleri toplanarak Hunların şu ya da bu Çinli general ve prens için savaşmalarına artık son verilmesini isterler. Prenslere değil, Çin İmparatoruna bağımlı olduklarını bildirirler. Ama Çin'de imparatorun kim olacağı belli değildir. Hunlar da imparatorluk yarışına katılmayı kararlaştırırlar.

Liu Yüan ve çevresi, Çin tahtına adaylıklarını bir Çin sülâlesi olarak koymayı uygun bulurlar. Beşyüz yıl önce Mo-tun'un Çinli Han sülâlesinin ilk imparatoruyla imzaladığı (MÖ. 200) iki devlete «kardeş» adı veren antlaşmaya dayanırlar. Ayrıca Mo-tun ve daha sonra gelen Tan-hu'lar Çin prensesleriyle evlendiklerinden, Hunların Çin hükümdar soyu ile akraba olduklarını ileri sürerler. Zâten Hun şefinin «Liu» soyadı, Han sülâlesi hükümdarının da soyadıdır. Bu gerekçelerle Liu Yüan, Şansi'de Han sülâlesi imparatoru olur*. Eberhard, bu kararı şöyle değerlendirir :

«Çin tahtına yabancı olarak değil, antlaşma ve akrabalığa dayanarak, Han sülâlesinin yasal ardılları olarak geçiyorlardı. Demek ki, Hunlar artık Mo-tun devletini, yâni Göçebe Hunların devletini yeniden kurmak istemiyorlardı. Onlar Çin hükümdarı olmak istiyorlardı. Mo-tun'un ardılı Çin İmparatoru, bir tarım memleketinin hükümdarı olacaktır. Eski Hun devleti ile bu yenisi arasındaki temel fark da burada bulunmaktadır»[241].

Fakat göreceğimiz üzere, Çinliler içinde yaşama, Hun soylularını hayli değiştirmiş olmakla birlikte, göçebe devletten tarım devleti çıkartmak kolay olmaz.

Liu Yüan, tam bir iç savaş içinde bulunan Çin'den Kuzeye göç eden soylu ve okumuş Çinlileri Şansi'deki sarayına toplar. Çin usulüne göre sarayını düzenler, memurluklar kurar. Çin'de genişlemeye koyulur. Oğlu Liu Ts'ung, genişlemeyi sürdürür. Çin İmparatorluğu başkenti Lo-yang'ı alır. Sarayı yakar ve imparatoru tutsak eder. Çin İmparatoru, öldürülmeden önce bir yıl

* O tarihte Güney Hunlarının 50 bin kişi kadar asker çıkardığı yazılıdır. 250 bini aşmayan bir topluluk oldukları düşünülebilir. Çinliler ise, çok kalabalıktır.

kadar Liu'ya içki sunuculuk yapar. Hunların dönüşünden sonra Batı Chin soyundan yeni bir imparator tahta çıkarsa da, tutsak alınır. Şölenlerde kadehleri yıkamakla görevlendirilir, sonra öldürülür. Chin soyu, iyice Doğuda, Nankin'e sığınır. Grousset, bunu Germenler karşısında Roma İmparatorlarının Milano ve Roma'yı bırakıp Istanbul'a yerleşmelerine benzetir.

«İlk Chao» adını alan yeni Hun İmparatorluğu, Şansi, Şensi ve Honan ile Güneyde de genişçe bir bölgeye egemendir. Fakat Çin'de nasıl bir ekonomi kurulacaktır? Nihayet Hun Devleti, Çin usulü bir saray ve Çin usulü bir bürokrasi kurmakla birlikte, boy beylerine ve onların askerî gücüne dayanmaktadır. Bu boy beyleri, hayvancılığı ve göçebeliği bırakarak, arazileri paylaşıp Çin köylülerinin başına yeni feodal soylular olarak mı geçeceklerdir? Yoksa Çin köylülerini topraklarından kovarak tarlaları otlaklara dönüştürüp bozkır ekonomisini sürdürebilecekler midir? «İlk Chao» sülâlesi bu soruna açık bir yanıt getiremez. Güçlü Hun beyleri, çoban köleler edinip geniş otlaklar üzerinde büyük çapta hayvancılığa girişmeyi yeğ tutarlar. Hunlar, bir yandan Çin köylülerini Kuzeye yerleştirip tarımsal besin gereksinmesini onlardan aldıkları vergilerle karşılamaya çalışırken, Eberhard'a göre, daha III. Yüzyıl başlarında köylüleri Güney Şansi'den, sonra da Doğu Şansi'den ve Hopei'nin bâzı kısımlarından çıkartırlar, tarlaları otlak yaparlar[242]. Bu otlaklarda beyler büyük sürüler edinirler, köleler eliyle sürüleri yetiştirirler. Çin'de kölelik vardır, fakat köle üretimde değil, kişisel hizmetlerde kullanılır. Hunlarla, üretimde köle kullanılması usulü yaygınlaşır. Çinliler, hayvancılıktan anlamadıklarından, bu köleler genellikle savaşlar ve akınlarda ele geçirilip köleleştirilen bozkır insanlarıdır. Bunlar arasında Hun kökenliler de vardır. Bir kısım Çin soyluları da üretimde köle kullanmaya yönelirler*.

* Hatta daha 300'lerde Chin sülâlesi prensi Sih-ma T'eng, Şan-

Hun Liu sülâlesi, Hun beylerinin daha öncelerden başlayan Kuzey Çin'i otlaklaştırma girişimiyle baş edemez. Hunların soylu olmayan bir boyundan (Chich boyu) gelen ve Çin'de çoban-köle iken Chich'lerin başına geçmeyi başaran Shih Lo, yerleşikliğe karşı bozkır beylerinin gösterdiği tepkinin şampiyonluğunu yapar. Hun İmparatoru Liu Yüan'a katılan Shih Lo, büyük askerî başarılar elde eder. Bütün Çin'i boydan boya geçerek terör yapar, Çinli imparator sülâlesi Chin'lerin 48 prensini yok eder. Ünü artar. Liu Yüan, Çin tipi bir devlet kurup Çin'e egemen olmaya çalışırken, Shih Lo daha çok göçebe geleneğe bağlı kalır, göçebe savaşçılarla yağma akınları yapar :

«Shih Lo, Orta ve Güney Çin'de zaptettiği bölgeleri tutmayı düşünmüyor, ilerideki soygunculuk akınlarına temel teşkil etmeleri için geri çekilerek sonraki yıllarda (314-315) Kuzey Çin'in daha büyük bölgelerini ve özellikle Sien-pi bölgelerini de doğrudan doğruya kendi egemenliği altına alıyordu... Liu Yüan'ın egemenliği altında bulunan birçok Hunlara, Shih Lo'nun davranışı uygun geliyor ve bu yaşam onlara Liu Yüan'ın kurmak istediği memur devletten daha çekici görünüyordu.... Shih Lo, köle iken zengin bir Çinlinin sürülerini otlattığı için Çince bilgisi yoktu. Çinlilerden nefret ediyordu ve herhalde daha çok Kuzey Çin'i göçebe Hun boyları için bir otlak bölgesi yapmak istiyordu»[243].

Shih Lo, ülkenin Doğu kısımlarına egemen olur. Hun İmparatoru, Batı bölgelerine çekilir ve zayıflar,

---

tung'da Hunları toplar, ikişer ikişer boyunlarına boyunduruk takarak pazarda satar. Bu adamların bir kısmı Şantung'da zenginler tarafından satın alınıp çoban olarak büyük otlaklarda çalıştırılır. Çin'in ilk köle isyanını bu insanlar yapar. Hun soylusu Shih Lo, bir çoban-köle durumundayken kölelerden topladığı ordu ile isyan eder, fakat sonradan yerleşik Çin devleti kurma yanlısı Hun Liu sülâlesine karşı köleliğe dayalı çoban ekonomisinin şampiyonluğunu yapar (Eberhard, To-ba'larda Köle Usulü, Belleten, sayı 38, s. 255).

Shih Lo, soylu bir Hun boyundan gelmediğinden ve Mo-tun soyuna bağlılık hâlâ canlı olduğundan kendini hemen imparator ilânına cesaret edemez. Fakat sonunda bütün Hun topraklarını ele geçirince, Mo-tun soyunun «İlk Chao» imparatorluğuna karşılık, kendisini «Sonraki Chao» (MS. 328) imparatoru ilân eder. Böylece Liu Yüan'ın «Çin devleti» kurma denemesi başarısızlıkla sonuçlanır. Liu Yüan, Çinlileşmeyle sonuçlanabilecek feodalleşme sürecine karşı çıkan bozkır boyları ve beylerinin tepkisi karşısında yenik düşer. Shih Lo da göçebe imparatorluk denemesinde başarılı olamaz. Tarıma düşmanlık, devletin ekonomik temellerini zayıflatır. Ayrıca Mo-tun soyundan bütün prensleri, tahtta hak iddia etmesinler diye yok ettiği halde, Hun boylarının tümünü çevresinde toplayamaz. Bağlı Hun boylarının sadakatına da güvenemez. Ölünce yerine geçen oğlu Shih Hu (334-349), görkemli bir saray yaşamına özenir, budizm şampiyonluğu yapar. Fakat bu, şamanizm ile iyice karışmış bir budizmdir. Shih Hu, taht kavgalarından kurtulamaz. Kendi oğlu ayaklanır, oğlunu öldürür*. Shih Hu ölünce beyler ve prensler arasında taht kavgaları sürer. Sien-pi'lerin bir kolu olan Mu-Jong'lar, Hun arazisini ele geçirir. Bunlar da Çin adlı «Sonraki Yen» İmparatorluğunu kurarlarsa da, bu, çabuk yıkılır. Çin kültürünü benimsemiş Tibetlilerin, yine Çinlilik iddiasındaki «İlk Chin» İmparatorluğu Kuzey Çin'e egemen olur ve Türkistan ticaretini ele geçirip hızla güçlenirse de, bütün Çin'i ele geçirmek için Güney ile giriştiği savaşlarda yenilince, Kuzey boylarının baskısı altında çöker. Çeşitli bozkır boyları, Çin İmparatorluğu iddiasında daha birçok küçük devletler kurarlarsa da, büyük bir olasılıkla Türk kökenli olan Tabgaç'lar (To-ba), bu küçük devletlere son verirler ve Mo-tun soyundan Liu Yüan'ın başaramadığını başa-

* Çin kaynakları, bu kişinin cariyelerinin en güzellerini kızarttırıp sofrada yediğini iddia ederler.

rarak Kuzey Çin'de göçebe bir boylar konfederasyonundan yerleşik feodal bir imparatorluk çıkarırlar. Yalnız bunun için, dayandıkları boy örgütlenmesini yok etmeleri, Çin büyük arazi sâhiplerine ve bürokratlarına yaslanmaları gerekir.

TÜRKLERİN ÇİN DEVLETİ: TO-BA

Orhun yazıtlarında «Tabgaç» diye geçen To-ba'lar bir boylar konfederasyonu teşkil ederler. Eberhard, bu topluluktan 119 boy - daha doğrusu boy kalıntıları - sayar. Hükümdar soyu, Kuzey Mogolistan ile Kuzey Mançurya sınır bölgesinde yaşarken, III. Yüzılyda Güneye göçüp Şansi'nin Kuzeyine gelir. Bu hükümdar soyunun çevresinde Türk ve Mogol boyları toplanırlar. Birçok bilgin, To-ba'lıları Mogol sayarlar. Prof. Kafesoğlu, bir Çin kaydına dayanarak, hükümdar soyunun Mo-tun'dan indiğini ileri sürer. Gerçekten To-ba'ların atası olarak kudretli bir K'o-han (Kagan) Mao'dan söz edilirse de, bu yeterli bir kanıt olmasa gerektir. Hun soyundan bile olsalar, To-ba'lar Hunlarla devamlı düşmanca ilişkiler içindedirler. Eberhard, hükümdar soyunun Türk olduğunu, ya da egemen çevrede Türk etkisinin Mogol etkisinden daha ağır bastığını düşünür. Eberhard'ın 119 To-ba boyunun 39'u üzerinde yaptığı bir incelemeye göre, bunların 20'si Sien-pi, 3'ü Hun, 7'si Ting-ling (Türk, Töles), 6'sı Jan-Juan ve geri kalanları Wu-hun, Tunguz ve Hint-Avrupalı Yüe-çi'dir. Kısaca, karma bir bozkır konfederasyonu söz konusudur. Konfederasyona damgasını vuran hükümdar soyunun Türk ya da Mogol olma olasılığı vardır. Kültür bakımından kurt efsanesi, ecdat mağarasından çıkma, aşılmaz dağlardan geçerken boğa sesli ata benzeyen bir hayvanın kılavuzluk edip onları dağlardan çıkarması, göğe, yere, ecdada kurban sunma, kaganın 20 atlıyla birlikte daireler çizerek kurbanı gök yolculuğuna çıkarması, ecdat mağarasında tören, orman ve dağ kültü vb. gibi Türk ve bozkır boylarının özellikleri To-ba'larda ya da Türkçe adıyla Tabgaçlarda görülür. Fakat Tabgaçlar bütün eski özelliklerini, bozkır ekonomisini ve yaşam biçimini bırakarak tam bir Çin devleti kurarlar. Bozkırda «Tabgaç» adı Çin'in adı olarak değişir. Bizanslılar ve Araplar dahi Çin'e «Tabgaç» adını verirler.

To-ba'lar III. Yüzyılda Güneye göçerken, Çin tarım bölgesine yaklaşınca, yağmacılık ve ticaretle zenginleşirler, büyük davar yetiştiricisi olurlar. Onlardan önce Hunlar, merkezleri olan Güney Şansi'den, sonra da Doğu Şansi ile Hopei'nin bir kısmından köylüleri çıkartıp otlaklar kurmuşlardı. IV. Yüzyılda, Hunları çıkardıktan sonra To-ba'lar köylüsü bulunmayan bu geniş otlakları elde ederler. Büyük sürüler, köleler elinde otlatıldığından, To-ba boyları arasında, zengin beyler, bir miktar hayvan sahibi özgür boy üyeleri ve köleler olarak bir sınıflaşma belirir.

Bölge, aynı zamanda Çin'in kültür merkezlerinden biridir. Tüccarı bol, gelişmiş kentler vardır. To-ba soyluları kentlere girerler ve Çinli tüccarlarla ilişki kurarlar. Örneğin ilkin To-ba'larla ticaret yapan Mo Han adlı zengin bir tüccar, sırayla elçi, general ve prens yapılır ve bu kişi, ilkel bir memur sistemi geliştirir. O dönemlerde Çin tipi saray, Çin tipi bürokrasi kurma ve Çin prensleri gibi yaşama, Çin içlerinde devletçikler kurmuş bütün bozkır soylularının özentisidir. To-ba'lar ayrıca, otlak kavgaları verdikleri Şansi ve Hopei Güneyindeki Hun, Mu-Jung vb. gibi bozkır boylarının Çin ile kavgalarında Çinlilerle birleşmeyi çıkarlarına uygun gördüklerinden, bölgelerine daha çok Çinli çekerler. Çinli büyük arazi sâhipleri ve tüccarlar, To-ba'ya gelirler, nüfus çoğalır. Tarım ürünü ve beslenme sorunu ortaya çıkar. Az köylüsü olan, büyük hayvan besleyicisi Hun ve Mu-Jung gibi komşu boyların, To-ba bölgesindeki tarımcıyı sık sık yağma etmeleri, besin sorununu daha güçleştirir.

Bu sırada To-ba'lar, bütün Kuzey Çin'i bir süre

birleştiren Tibetli Fu Kien devletinin istilâsına uğrarlar. Toprakları bölünür (MS. 376). Bu bölge de Mo-tun soyundan bir Hun prensinin eline geçer. Fu Kien, herhalde Hun - To-ba geleneksel düşmanlığı nedeniyle, bir kısım To-ba'ları Hun denetiminde tutmayı uygun bulmuş olabilir. Fakat Fu Kien devleti çökünce, To-ba hükümdar soyu, evlenmeler yoluyla akrabalık kurduğu boyların yardımıyla yeniden duruma egemen olur (MS. 385). Hunlar, topraklarından çıkartılır. Ordos'a giden Mo-tun soyundan Ho-lien P'o-P'o, orada Hsia sülâlesi devleti kurar. Hâlâ Kuzeyde yaşayan boylardan katılanlar o'u: ve To-ba boyları sayısı 119'a kadar çıkar. Fakat bunlar, daha çok savaşlar, yağmalar ve çeşitli nedenlerle kırıma uğramış, parçalanmış boy kalıntılarıdır. Bu boy kalıntıları ile Çince Wei denilen To-ba sülâlesi ve imparatorluğu meydana gelir (386-556). İlk imparator Kiu (386-409) ve ailesi ile To-ba soyluları, çöken Fu Kien devletinden ele geçirdikleri büyük sürülerle, bir ekonomik güvenliğe ulaşırlar. İleri sürülen rakamlara inanmak gerekirse, Tibetlilerden 300 bin at, 400 bin sığır ve koyun ve başka servetler alınır[244]. Bunların bir kısmı savaşçı boy üyelerine dağıtılsa da, soylu beylerin sürülerin önemlice kısmını aldıkları, büyük miktarda köle-çoban kullanışlarından anlaşılır. Otlaklar Kuzey Şansi'dedir. Güney Şansi'ye doğru genişlenir ve Hun kalıntılarının elindeki otlaklar, savaş yoluyla ve zaman zaman ayaklanmalar çıkmasına karşın alınır.

Ne var ki, imparatorluğun kurulmasıyla bürokrasi genişler, saray ve kent yaşamı gelişir. Lüks tüketim gereksinmesi artar. To-ba soylularının lüks tüketim gereksinmesini karşılamak için 396 ve daha sonraki yıllarda Doğu Çin ve Kore'den binlerce zenaatkâr getirttikleri görülür. Fakat hızla artan nüfus, besin sorununu daha da keskinleştirir. Bu nedenle To-ba'lar tarıma önem verirler. 391 yılından önce bile, devamlı akınlar yapan bâzı bozkır boylarına karşı, tarımsal askerî bölgeler kurarlar. 396 yılında da yüz binden çok köylü getirerek onlara öküz verirler ve tarımsal ürünü artırmaya çalışırlar. Bu köylülerden vergi yoluyla alınan ürün fazlasının, To-ba'ların besin sorununu çözmesi beklenir.

OLMAK YA DA OLMAMAK SORUNU

Bu önlemler yetersiz kalır. Temelli çözüm yolu, 409 yılında Doğu Çin'in zaptı ile gerçekleştirilir. To-ba'ların eline böylece, bir kısmını Kuzeye yerleştirdikleri büyük bir köylü nüfus ve verimli arazi geçer.

Bu geniş bölge nasıl yönetilecektir? Bölgede kiracı ve ortakçı olarak köylüleri çalıştıran büyük arazi sâhiplerini tasfiye edip, bölgeyi To-ba beyleri arasında paylaştırmak bir çözüm yoludur. Başka bir çözüm yolu, Çinli büyük arazi sâhiplerine dokunmayıp, onları aynı zamanda vergi memuru yapmak ve mümkün olduğu kadar fazla miktardaki buğdayı başkente yollamalarını sağlamak biçimindedir.

İlk çözüm, To-ba beylerinin, askerî gücü teşkil eden boyları ile birlikte, Şansi'deki otlaklardan ayrılıp Doğu'ya yerleşmelerini gerektirir. Yalnız bu durumda merkezin zayıflaması, feodal prensliğe yükselen herhangibir boy beyinin güçlenerek merkezi tehdit etmesi olasılığı vardır. Ayrıca bu yeni feodallerin, vergi yoluyla başkentin ek besin gereksinmesini karşılamakta ne ölçüde becerikli, ya da istekli olacakları belli değildir.

To-ba hükümdar soyu ve saray bürokrasisi, hayli bağımsız yaşamaya alışmış boy beylerine fazla güven duymazlar ve onların güçlenmelerini istemezler. Doğudaki büyük arazi sâhipleriyle ilişkili ve akraba olan To-ba sarayındaki Çinli yüksek memurlar da, vergi işinin güçlüğünü, ancak bölgeyi iyi bilen kişilerce başarılabileceğini, Çinli arazi sâhiplerinin çok eskiden beri bu işi yaptıklarını ileri sürerek, Doğu Çin'deki toplumsal düzenin eskisi gibi kalmasını ve vergiyle yetinilmesini sağlarlar. Bu durumda Doğudaki Çinli köylü kitlesi köle yapılmaz, kiracı olarak kalır. Çinli büyük arazi sâhipleri, durumlarını korurlar, hatta vergi toplama yetkisiyle daha da güçlenirler. Böylece, boy beylerine dayalı To-ba Devleti, çoğu Çinli olan To-ba bürokrasisiyle bütünleşmiş büyük arazi sâhipleriyle ikinci ve daha geniş bir temel kazanır. Bu ikinci temel, Eberhard'a göre, To-ba Devleti'nin geleceğini saptar[245], alınyazısını çizer.

Doğu Çin'in verimli topraklarının vergilendirilmesiyle sağlanan ekonomik temel, kabile askeri yerine, doğrudan doğruya merkeze bağlı bir askerî güç kurma olanağını sağlar. Kabile kökenlerinden kopmuş Sien - pi'ler, Doğudan başkente getirtilerek Merkez Ordusu kurulur. Merkez, çok güçlenir. To-ba İmparatorunun artık bağımsız ordusu ve doğrudan doğruya kendi buyruğu altında bulunan ve kendi Çinli memurları eliyle yönetilen milyonlarca köylüsü ve bunun sağladığı ekonomik fazla vardır.

İmparator, bu hızlı güçlenişinden cesaret alarak boyların hayli bağımsız yaşamaya alışmış soylularını, boylarından uzaklaştırmaya yönelir. Boy soylularını asker olarak sarayında oturmaya çağırır. Amaç, onları boylarından ayrı tutmak, böylece boyların bağımsız hareketlerine son vermektir. Doğaldır ki, bu karar, bâzı beylerin ayaklanmalarına yol açar. İsyanlar, yeni askerî güç sâyesinde kanla bastırılır. To-ba beylerinin bu ayaklanmaları, merkezin daha çok Çinli soylulara dayanması sonucunu verir. Yeni düzene ayak uyduran To-ba soyluları ise, büyük sürülerinin yanı sıra başkent çevresinde araziler edinerek gelirlerini artırırlar.

Doğu Çin'in sağladığı bu ekonomik temelle, To-ba imparatorları Sseu (409 - 423) ve T'a-o (T'ai-wu, 424 - 452) dönemlerinde, bozkır boylarına karşı büyük yıldırma, yağmalama ve fetih seferlerine girişilir. Eski Çin imparatorluklarının iki başkenti olan Lo-Yang ve Ç'an-g-an alınır. T'a-o güçlenmeye başlayan Juan-Juan'lara (Uar-Hun, Avar) Gobi çölünü geçip Orhon'a kadar ilerleyerek ağır darbeler indirir. Mo-tun soyundan Ho-lien P'o-P'o'nun Ordos'ta kurduğu Hsia Hun devleti (407-431) yıkılır. Hun boylarının önemli bir kısmı, köle ve asker olarak başkente getirilir. 435-439 seferlerinde Doğu Türkistan ele geçirilir, ipek yolu denetime alınır. Kansu'daki son Hun devletine (Kuzey Liang, 401-439) son verilir. Hun boyları köleleştirilir*. Özellikle Kansu'dan geniş ölçüde köle götürülür. Köleler, To-ba soylularına, savaşçılarına dağıtılır. Soylular bu köleleri, çobanlığın dışında, Kuzey Şansi'de yeni edindikleri arazilerin işletilmesinde kullanırlar. Çinli büyük arazi sâhipleri ise, kiracı köylülerden aldıkları kira bedeli, bir kölenin yarattığı artı üründen daha çok olduğu ve kiracı köylü, köleden daha verimli çalıştığı için, köleci tarım işletmelerine yönelmezler. Üretimde geniş çapta köle kullanma, daha çok To-ba soylularının tekelinde kalır.

440 yılına kadar süren bu yıldırma ve yağma seferleri ve ipek yolunun ele geçirilmesi, To-ba başkentine büyük hazine yığar. Şansi ve Kansu'nun alınmasıyla, Çin kaynaklarına göre, To-ba'ların eline 2 milyondan çok at, 1 milyondan fazla deve, sayısız sığır ve koyun geçer[246]. To-ba'lar zâten hayvancılık için elverişli olan bu bölgeleri otlak olarak kullanırlar. Bir kısım To-ba boylarını Şensi ve Kansu'ya göçürürler. Boylar, daha önceden askerî birimler olarak düzenlenmiş, onlara belli oturma ve otlak bölgeleri verilmiş, izinsiz göç yasaklanmış idi. Bu düzenli boyların bir kısmı, şimdi Kuzey Şansi'den Şensi ve Kansu'ya taşınır. To-ba beyleri ise, Kuzey Şansi'de sarayda kalırlar. Beylerin boylarından uzak tutulmasına dikkat edilir.

Bu büyük yağma akınları ve köleleştirme ile To-ba başkenti ve soyluları müthiş zenginleşirler. Aynı za-

---

* Göktürk kurucusu Aşına soyunun, Kuzey Liang başkentinin To-ba'larca yıkılması üzerine kaçarak Juan-Juan'lara sığındığı ve sonra Göktürk Devleti'ni kurduğu ileri sürülür.

manda, To-ba'ların içlerinden çıktıkları bozkır göçebelerinin akınları frenlenmiş olur. Daha sonraki yıllarda Juan-Juan'lara yeni ağır darbeler indirmek* gerekirse de, Kuzey sınırları güvenliğe kavuşur. To-ba'lar giderek Çinlileşirler ve aynı zamanda içlerinden çıktıkları bozkır boylarına karşı Çin'e güvenlik sağlarlar. Avrupa'daki gelişmelerle paralel kurmayı pek seven Grousset, To-ba'ları Burgond, Vizigot ve Lombard boylarının yıkıntıları üzerine imparatorluk kuran ve Roma geçmişi ile Germen'i birleştiren Frank'lara benzetir. Ona göre, To-ba'lar Kuzey Çin'in öteki Türk-Mogol devletlerini birleştirdikten sonra, Çin kitlesi içinde onları kaynaştırırlar. Frank sülâlelerinin hıristiyanlığın şampiyonluğunu yapması gibi, onlar da budizme coşkunlukla sarılırlar. Frankların Roma mirasını, yeni Germen istilâcılarına karşı savunmalarına benzer biçimde, To-ba'lar da bozkır boylarına karşı Çin'i korurlar. Biri Ren kıyısında, öteki Sarı Nehir'de bekçilik eder[247].

440'larda Çinlileşme, tamamlanmış olmaktan uzaktır. Yüe-çi ve Uar-Hun'ların Hindistan Kuzeyinde kurdukları devletlerden Çin'e doğru yayılan budizm, To-ba sarayında henüz hoş görülmez. Devlet, Çin bürokrasisine ve Çin büyük arazi sâhiplerine giderek daha fazla dayanmakla ve To-ba soyluları ikinci plana düşmekle birlikte, bozkır geleneği canlıdır. İçinden çıktığı bozkır boylarını, geleneğe uygun biçimde acımasızca yağmalayan İmparator T'a-o, Kuzeyde bozkır boylarıyla uğ-

---

* 458-459 yıllarının ağır yenilgisi üzerine Uar-Hun denilen Juan-Juan'ların bir kısmı Batıya kaçar. Türk Sabar boylarını daha Batıya sürer. Sabar'ların itişiyle Türk Ogur'lar da Kuzey Kafkasya'ya gelir, Bizans ile ilişkiler kurar. Daha önce de, 350'lerde Uar-Hun'lardan bir grup Güney Kazakistan bozkırına gelip Attila'nın adıyla anılan Avrupa Hunlarını Volga'ya sürmüşler, kendileri de Güneye yönelip Ak-Hun Devleti'ni kurmuşlardı. Bozkırda bir göçebe grubun göçü, tarihe damgasını vuran o göçle ilgisiz beklenmedik daha bir sürü gelişmeye yol açar.

raşırken, Güney Çin'in arkadan saldırıya geçebileceği söylenince, bir bozkır savaşçısı gibi konuşur:

«— Çinliler piyadedirler, bizler suvariyiz. Bir tay ve düve sürüsü, kaplanlara ya da bir kurt sürüsüne karşı ne yapabilir ki? Juan-Juan'lara (Avar) gelince, yazın onlar Kuzeyde otlaklardadırlar. Sonbaharda Güneye doğru inerler ve kışın sınırlarımızda haydutluk yapmaya gelirler. Ama otlaklarında iken onlara yazın saldırmak yeter. O sırada atlar hiçbir işe yaramaz. Aygırlar soylu kısrakların, kısraklar ise taylarının peşindedir. Onlara bu anda saldırmalı, sularını ve otlarını kesmeli. Birkaç gün içinde ya yok edilirler ya da tutsak olurlar»*.

Ne var ki, çinli piyadeyi küçümseyen To-ba'lar, bozkır savaşları hafifleyip zengin bir sulu tarım ve ticaret ülkesi olan Güney Çin ile savaşlara girişince, piyade birlikleri kurma durumunda kalırlar. Bu savaşlarda, surlar ve kalelerle çevrili kentleri almak, atlıları kanallar ve su yollarının geçtiği elverişsiz bölgelerde kullanmak gerekir. Buralarda ancak istihkâm işlerinden ve piyade askerliğinden anlayan uzmanların yönettiği savaşlar kazanılabilir. Nitekim To-ba'lar, Güney Çin savaşlarında Çinli generaller ve uzmanlar kullanmaya

---

* Bozkır boylarına karşı izlenecek diplomatik ve askerî tutum hakkında «taktik» kitapları yazan Bizanslılar, bu boylara saldırmanın en uygun zamanını kıştan bahara çıkarken, otun az olduğu ve atların en zayıf bulunduğu günler olduğunu söylerler. Göçebe boylara baskın için Gobi çölünü birkaç kez aşan T'a-o ise, yazı uygun buluyor. Avarları ve Hun boylarını terörize eden bu savaşçı, Çin kaynaklarına göre, tahta çıkınca gelenek gereği anasını öldürür. To-ba'larda geleceğin ana kraliçesinin girişeceği entrikaları, saray oyunlarını önceden önlemek için, tahta çıkan imparator, ilk iş olarak anasını öldürürmüş! Bozkırda böyle bir geleneğin varlığına rastlamadık. T'a-o, budizmi yasaklamamakla birlikte, budist propagandayı iyice sınırlar ve cezalandırır. Bozkır kıyısındaki başkentin Çin içine taşınmasına karşı çıkar. T'a-o, bir geçiş süreci içinde, hem bozkır savaşçısı, hem de Çin İmparatorudur. T'a-o'nun yerine torunu, onu öldürterek imparator olur.

başlarlar. O ana kadar askerlik To-ba'ların, sivil yönetim ise Çinlilerin tekelinde idi. Şimdi Çinlilerin askerlikte de önem kazanması, To-ba soyluluğunun zayıflamasına, Çin soyluluğunun daha da güçlenmesine yol açar. Ayrıca Kuzeyde savaşların azalması, Güneyde artması atın önemini azaltır. Bu da To-ba'ların ata dayalı ekonomilerinin temellerini sarsar. Bundan başka, Kuzeydeki savaşlar To-ba savaşçılarına büyük ganimetler getirirken bâzen başarılı, bâzen başarısız Güney seferleri ganimet bakımından verimsiz olur. Kuzey savaşları, suvari baskını biçiminde olduğundan zenginliklerin kaçırılması zordur. Güney savaşları ise, uzun sürdüğü ve piyadeye dayandığı için zenginliklerin iç bölgelere kaçırılmasına, dolayısiyle ganimetin azalmasına olanak verir. Ganimetlerin azalması, To-ba soylularının ve genellikle To-ba'ların önemli bir ekonomik kaynağını kurutur. To-ba'ların başka bir zenginlik kaynağı, Kuzey seferlerinde elde edilen Türk, Mogol, Tibetli tutsakların köleleştirilip üretimde kullanılmasıdır. To-ba soylularının zenginliği köle-çobana, Çin soylularının zenginliği kiracı-çiftçiye dayanır. Oysa Çin savaşlarında köle alınmaz. Kölecilik geriler. Bu da To-ba soylularını zayıflatan bir etken sayılabilir. Fakat To-ba soyluluğunun Çinliler içinde erimesinde ve boyların önemini yitirmesinde baş etken, Kuzeydeki başkent ve çevresinin besin sorununun yeniden belirmesi ve başkentin bu nedenle Güneye, tarım bölgelerine taşınması olur.

ÇOBAN EKONOMİSİNİN YENİLGİSİ

Gördük ki, To-ba'ların savaş başarıları ve bütün Kuzey Çin'i ve Doğu Türkistan'ı ele geçirmeleri, Çin'in Doğu bölgelerini alıp besin sorununu çözmeleri ve buradaki milyonlarca köylünün vergilendirilmesinden gelen ekonomik fazla ile merkeze bağlı büyük ordular kurabilmeleri sâyesinde mümkün olur. 440 yılına kadar süren müthiş kârlı ganimet alma ve ipek yolunu denetleme savaşları, bu ekonomik fazlanın getirdiği olanaklarla başarıya ulaştırılır. To-ba sarayı ve soyluları böylece zenginleşirler. Hazineler o kadar dolar ki, 461 yılında şölenlerde kullanılmak üzere 28 santimetre çapında 12 altın kâse yapılır ve yüksek memurlara para olarak da kullanılabilen 50 santimetre eninde 2 milyon metre ipekli kumaş dağıtılır. Kısaca Çin'in tarım bölgelerinden vergilerin dışında ticaret yoluyla da yeterli besin ve tüketim maddesi sağlama olasılığı artık vardır Ne var ki, tüketim arttığı ölçüde ulaştırma, büyük bir sorun teşkil eder. Çin'de taşıma genellikle nehir yoluyla yapılır. To-ba başkenti ise, nehirlerden uzakta ve dağlık bölgededir. Bir Çin raporu, ulaştırmanın önemini iyi anlatır: Sarı nehir kıvrımındaki askerî ilçelerden 400 kilometre kadar uzaktaki bir kente ordu ihtiyacı için 500 bin hu (10 milyon litre) tahıl taşınması gereklidir. Bu işe 5 bin araba ayrılır. Bir araba 2 bin litre tahıl taşıyabilir. Fakat yollar çok sarp dağlardan geçtiği için arabaların taşıma kapasitesi 600 kilograma düşer. Arabalar bu yolu 100 günde gidip gelebilirler ve 5 bin araba bir seferde 100 bin hu tahıl taşıyabilir. Arabalar yılda iki kez sefer yapabilirler. Böylece 500 bin hu tahılın taşınması üç yıla yakın bir zaman alır. Ayrıca köylülerin öküzlerinin alınması ve işten alıkonulmaları gerekir. Oysa bir gemi 13 araba yük taşır, daha az kişiyle ve daha çabuk taşıma yapar. 200 gemiyle 6 ay içinde 500 bin hu tahıl taşınabilir[218].

Nehirlerden uzak To-ba başkenti ve çevresinde, ordu ve kent nüfusu, memur ve zenaatkâr sayısı çoğaldığı ölçüde taşıma güçlükleri büyür. Tüketim biçimlerinin değişmesi de bunda rol oynar. Göçebe, esas itibariyle et ve süt tüketir. Wu-sun Kralına verilen Çin prensesi, «Ancak ettir yediğim, ancak süttür içtiğim» diye ağlar. Kaynaklar, «Kırgızlar et ve kısrak sütüyle geçinirler. Hakan hamur işleri, çörek yer» diye yazar. Anlaşılan To-ba saray ve kentlerinde at eti ve sütü yerine çörek yiyenler çoğalır, lüks tüketim eğilimi ve israf artar. Taşıma zorlukları doğar.

Taşıma güçlüklerinin yanı sıra, kötü hasat yıllarında büyük kıtlık olur ve acı çekilir. Bu nedenle, daha 415 yılında baş astrolog Wang Liang, başkentin, büyük bir tarım bölgesi içinde bulunan Yeh'e götürülmesini önerirse de reddedilir. Fakat başkentin tarım bölgesine ve nehir kıyısında bir yere götürülmesi sorunu, güncelliğini korur. Ayrıca, başkentin beslenmesi için, köylüden vergilerin tam olarak alınması gereklidir. Oysa başkent, devamlı vergi kaçakçılığından yakınır. Köylülerin bir ilçeden ötekine kaçarak, vergi listelerinin dışında kaldığı ve kaçakların vergiden kurtulduğu, rüşvetçi vergi memurlarının topladıkları vergileri yatırmadıkları, köydeki zenginlerin arazilerini iyice genişletip kiracılarını aşırı ölçüde soydukları, köylüde vergi ödeme gücü bırakmadıkları ileri sürülür. «Vergi reformu» sorunu, daima gündemde kalır. Ama vergiden kaçanları yakalamak için 420 ile 450 yılları arasında yapılan denemeler başarılı sonuç vermez.

Başkente daha yakın yerlerde, sulama şebekesi kurarak tarım üretimini artırma ve otakları tarla yapma planları önerilir. 443'te bir yüksek memur, Ordos bölgesinde 18 milyon ar arazinin sulanması planlarını yapar. 446 yılında başka bir yüksek memur, Ho-lien Hunlarının eski başkenti çevresinde 10 milyon litre tahıl yetiştirilebileceğini ve böylece beşin sorununun çözülebileceğini bildirir. Fakat bu tasarı, ulaştırma sorunu nedeniyle reddedilir. At yetiştirmeyi sınırlama ve otlakları azaltma yoluyla, ekim alanını ve üretimi artırmaya çalışılır. Bir kısım To-ba soylularını Kansu'ya gönderip, tüketimi kısma düşünülür.

Sonunda vergileri artırma ve vergi verimini çoğaltma yollarını aramaktan başka önlem bulunamaz. 90 metre kumaş, 600 kilogram tahıl, 250 gram ipek ipliği, 500 gram pamuk olarak saptanan vergiler, iyice çoğaltılır. Vergi verimini yükseltmek için, tarlalarını bırakıp kaçan köylülerin döndürülmesi, borçlanma yüzünden tarlalarını yitirip köle olarak satılan köylülerin özgür kılınması kararlaştırılır. Onların toprakları, büyük arazi sâhiplerine geçmiştir. Bu köylüleri uretime sokmak amacıyla, «*Herkese eşit toprak*» biçiminde çok ilerici bir görüş ortaya atılırsa da, güçlü büyük arazi sâhiplerinin direnişi karşısında bundan vazgeçilir. Bir tarla ölçme dairesi açıp, arazilerin verimine ve büyüklüğüne göre «müterakki vergi» alınması önerilir*. Fakat sorun çözülmüş olmaz. Sonunda başkentin tarım bölgesine taşınmasına karar verilir. 493 yılında Başkent Lo-yang'a götürülür. Çin İmparataroluğu'nun bu eski başkenti, tarım bölgesine su yoluyla bağlıdır. Taşıma, su yoluyla yapıldığından, ucuz ve yeterli besin sağlanır. 493-520 yılları arasında Lo-yang Hükümeti, büyük bölgesel sulama şebekesi yaparak, taşkınlara karşı kanal sistemini düzelterek, yel ve özellikle su değirmenleri kurarak, üretimi geliştirir.

Başkentin, To-ba soylularının büyük sürülerinin ve kendilerine bağlı boyların bulunduğu otlaklardan çok uzaklara götürülmesi, To-ba soylularını tamamen etkisiz duruma düşürür. Çinli büyük arazi sâhipleri, arazilerine yakın yere geldikleri için, ürünlerini daha kârlı biçimde satabilirlerken, To-ba soylularının uzaktaki hayvan ekonomisi çöker. Kuzeyden Güneye hayvan taşıması, yol çok uzun olduğundan olanaksız gibidir. Hayvanlar, yolda büyük yitik verirler. Hayvansal ürünler, yolda bozulurlar. Satışların azalması nedeniyle, sürülerin ve otlakların değeri düşer. Artık savaşlar daha çok Güneyde verildiğinden, atlıdan çok piyadeye

---

* 1961 yılında Devlet Planlama Teşkilâtı Danışmanı Prof. Kaldor, müterakki bir arazi vergisini, Türk vergi sisteminin belkemiği yapmayı önerir. İnönü Hükümetleri, büyük arazi sâhiplerinin direnişleri karşısında, öneriyi bir tasarı hâlinde sunmaya bile cesaret edemezler. «Teknik bakımdan uygulama olasılığı yok» derler. Yerine getirilen «Tarımda Gelir Vergisi» ise işlemez.

ve iç-donanmaya gerek vardır. At talebi azalır ve bu talep başkent Kuzeyinde, büyük bir olasılıkla devlete ait bir at çiftliği kurarak karşılanır. Böylece, Kuzey ve Güney arasındaki ekonomik bağlantı kopar ve To-ba soyluları iflâsa sürüklenir. Güneyde, kendilerine bağlı boylardan iyice uzak kaldıklarından, siyasal güçleri de sönmeye yüz tutar.

SINIF MÜCADELESİ VE ÇİNLİLEŞME

To-ba soylularının, bu iflâsın bilincinde olduklarını, başkentin değiştirilmesine direnişlerinden anlaşılır. To-ba soylusu Yükao, «Halk, Lo-yang'a gitmek istemiyor» der. Başka bir To-ba soylusu Mu P'i, «Devamlı savaşlarda kullanılabilecek iyi atlar, yalnız Kuzeyde vardır. Onun için başka yere gidilemez» gerekçesiyle, başkentin taşınmasına karşı çıkar. Buna karşılık Çinli yüksek memurlar, büyük arazi sâhipleri ve yandaşları ise, göçebe bölgesinden kurtulup, arazilerinin bulunduğu bölgeye yaklaşmakla hem zenginliklerinin, hem de etkinliklerinin artacağının bilincinde olarak, başkentin değiştirilmesini ısrarla savunurlar. Bu sırada Çin yanlısı grupla, Çin'e karşı çıkan grup arasında şiddetli bir mücadelenin geçtiği görülür. Çatışma, Çinlileşme ve Çinlileşmeye karşı olma biçiminde gözükür. Temeldeki çatışma ise, bozkır hayvan ekonomisi çıkarları ile tarım ekonomisinin çıkarları, bozkır toplumsal düzeni ile Çin feodal düzeni arasındadır. Bu çatışmada boyların «kara budun»u, beylerin safında yer alırlar ve birazdan göreceğimiz üzere, ayaklanmalara katılırlar.

Çatışmayı, tarımcılar, ya da Çin yanlıları kazanır. To-ba soylularına bir ödün olarak, kışın başkentte kalmakla birlikte, yazın sürülerinin ve kendilerine bağlı boyların başına dönebilmeleri hakkı tanınır. To-ba soyluları, 450-480 döneminde Doğu Çin'de araziler satın aldıkları halde, boylarından çok uzakta siyasal etkinlikleri azalır korkusuyla, tarımsal çıkarlarını küçümseyerek, eski başkent çevresinden ayrılmazlar. Ama zorla Güneye götürülürler. Kuzeye, boylarının başına dönüş izinleri de bir süre sonra kaldırılır. Eberhard, bozkır soylularının bu yeni durumunu şöyle anlatır:

«To-ba büyükleri ayrı olarak, Lo-yang'da alışamadıkları bir iklimde işsiz, şurada burada oturuyorlardı, çünkü en önemli işleri Çinliler almışlardı. Hükümet, onların Kuzeye dönmelerine izin vermiyordu. Böylece, gittikçe daha çok fakirleşiyorlar ve büyük bir kısmı Çinlileşiyordu»[249].

Artık tam bir feodal Çin devleti kurma ve Çinlileşme yolunda hiçbir engel kalmaz. Başkenti Lo-yang'a taşıyan Hong II (Wen-ti, 471-499), kendini bir To-ba değil, aldığı eğitim gereği, Çinli sayar... Bütün bozkır insanlarına, Türklere, Mogollara, resmî yerlerde dillerini konuşmayı yasaklar. Resmî dil, Çincedir. Yazışmalarda Türkçe deyimler kullanılamaz. Giyim ve âdetler, Çinlilerinki gibidir. İmparator Wen-ti, sokaklarda şapkalı, kısa cepkenli, dar yakalı, kısa kollu bozkır giysileri giymiş kadınlar görünce, neden Çin giysileri taşımıyorlar diye müthiş kızar. Wen-ti, bütün Çin'in imparatoru olduğundan, Güneydeki gerçek Çin İmparatorluğu'na âsi gözüyle bakar ve buranın istilâsına çalışır.

SOYLULARIN BUDİZMİ İLE HALKIN BUDİZMİ

Budizm, devletin resmî dini olur. Daha 479'da eski başkentte, 200 budist tapınağı ve 2 bin râhip vardır. Yasalar, budizm anlayışına göre «insancıl»laştırılır. Sanat anıtları olan buda mağara tapınakları yaptırılır. Grousset, «Uzak Doğu Frankları»nın Long-men ve Yünkang buda mağara tapınaklarını, Chartres ve Reims ile eşdeğerde tutar[250].

İmparatorların bir cins şamanizm ile karışık budizmin şampiyonluğunu yapmakta çıkarları vardır:

«Çin'deki yabancı hükümdarların kendi dinleri bir cins Gök dini ve şamanizm idi... Bunun için Çinli şamanlara ve 'Taoist' dinine büyük ilgi gösteriyorlardı. Fakat budizm, Orta Asya'ya giderken yolda çok değişmiş ve oradaki şamanizmden içine birçok şeyler almıştır. Demek ki, budist râhipler de şamanist pratiklerini yönetiyorlardı. Yabancı sülâle hükümdarları, iki dinin râhiplerinden bâzen birini, bâzen ötekin yeğ tutuyorlardı. Bunlar arasında iyi büyü yapan ve fala bakan râhipleri elde etmek için çoğunlukla kavga ediyorlardı...

To-ba sarayındaki râhipler, Buda'nın ruhu, imparatorun vücuduna girmiş (tenasuh) sayarak, onun buyruğu altına giriyorlardı. İmparator, budizmin bir cins koruyucu hükümdarı ve bir cins tanrısı oluyordu. Bu durum, imparatorun 'Gök'ün oğlu' olduğu görüşüne tam denk gelir, sülâlenin parlaklığını ve saygınlığını artırır. Bundan başka, eski şamanizm de, budizm olarak yorumlanma yoluyla meşru kılınır».

Bununla birlikte, Çin'de budizmin tam bir kök saldığı söylenemez. Çin soyluluğunun yükselmesi ve etkinliğinin artmasıyla, budizm «resmî din» olmaktan uzaklaşır, Konfüçyus dini yine yükselir. Bunun yanı sıra bir kısım fakir Çin köylüleri ile durumları kötüleşen Türk ve Mogol boyları «kara budun»u içinde, ihtilâlci pırıltılar taşıyan bir cins halk budizmi gelişir. Bu din, Türklerin islâm oluşu üzerine, saray ve ulemanın resmî dinine karşılık, Türkmenler arasında yarı şaman, yarı islâm gâzisi dervişlerin yaydıkları halk dinini anımsatır:

«Bütün budistler, tıpkı bütün Taoistler gibi resmî dine katılamazlar. Bir kısım ufak kentlerde ve köylerde kalarak, merkezî dinin baskısı altında ezilirler. Bu köy budizminin râhipleri, büyük ihtilâllerin elebaşıları olurlar. Onların budizmi, Maitreya tarikatıdır; bir yeni Buda'nın ortaya çıkacağını, acıları dindirip bir altın çağ yaratacağını vaadeder. Büyük arazi sâhipleri tarafından soyulan Çin köylüleri, Mesih vaadi ile, onlara yeni umutlar veren râhiplere katılırlar. Hükümet merkezinde yaşayan beyleri tarafından terkedilen, değerini yitiren sürüleri ile zavallı bir durumda göçebe yaşamı süren boylar da bu râhiplere katılırlar. Bu dönemde dinsel nedenli gibi görünen, fakat aslında kötüleşen ekonomik durumlarından doğan, Hun ve başka To-ba boylarının pek çok isyanlarını biliyoruz».[251].

KARA BUDUN'UN AYAKLANMALARI

Gerçekten başkent daha Lo-yang'a taşınmadan, Kuzey'deki göçebe boylar, özellikle kuraklık ve hayvan kırımı olduğu yıllarda acı çekerler ve karışıklıklar çıkartırlar. Merkezin bu ayaklanmalara karşı tepkisi, baskıyı artırmak ve âsi boyları dağıtıp, parçalayarak iç bölgelere sürmektir. Nitekim 434 yılında, bir Hun boylar topluluğunun önemli bir kısmı, Pekin Güneyindeki bölgeye taşınır. Töles'ler başka bir yere sürülür. 447 yılında 3 bin Töles ailesi başkente göçürülür. Bu sürgünler, tıpkı Osmanlı'da olduğu gibi* belli yerlerde oturtma, vergi listelerine kaydetme, vergi ve askerlik yükümlülükleri getirme yöntemleriyle tamamlanır.

Başkentin taşınmasıyla, To-ba soyluları gibi, kara budunun da ekonomik durumu, artık mallarını satacak yer bulamadıklarından iyice bozulur. Değişimin duruşuyla, ek gıda sorunu, kuraklık yıllarında dayanılmaz ölçülere ulaşır. Eberhard'ın deyimiyle, «Çinlileşmiş merkez ile Şansi ve Ordos bölgesinde sürülerinin yanında bulunan ve umutsuz biçimde fakirleşen boy kalıntıları arasındaki çelişki giderek büyür». Bu boylar, Çin'e ve Çinlilere düşman olurlar. Kara budun gibi fakirleşen boy beylerinden biri önayak olunca, hemen ayaklanırlar. To-ba kara budunu, Orhun yazıtlarında Bilge Kağan'ın anlattığı durumdadır :

---

* Osmanlı, Türkmenlere karşı sürgün yöntemini sık sık kullanır. Bugünkü Kıbrıs Türk halkı, Toroslardan sürülmüş Türkmenlerin çocuklarıdır.

«Türk kara budun şöyle timiş: İlli budun idim, ilim şimdi hani? Kime ili kazanıyorum. Kaganlı budun idim. Kaganım hani? Ne kagana işi gücü veriyorum der imiş. Öyle deyip Çin kaganına düşman olmuş. Düşman olup, kendini örgütlemeyi başaramadığından yine (Çin'e) bağımlı olmuş.

(Çin kaganı), bunca işi, gücü verdiğini düşünmeden, Türk budunu öldüreyim, kökünü kurutayım dermiş. (Türk budun), yok olmaya gidiyormuş».

Ne var ki, To-ba'larda Çin kaganı, To-ba soyundan bir kagandır. Göçebe kitle, Çinli saydığı bu kendi kaganına da karşıdır. İlteriş ve Tonyukuk, Çinlileşen beylerine düşman kara budunu kolayca çevrelerinde toplarken, To-ba'larda boylarla bağlantısını sürdüren bâzı To-ba soyluları, kagana karşı kara budunu kolayca ayaklandırabilirler. Mu-T'ai ayaklanması, bu göçebe çoban ayaklanmalarından biridir. 520'lerde Prens Yü-an Çu, durumunu yitiren soylulara ve Kuzey'deki çobanlara dayanarak, bir saray darbesi düzenlerse de, başarısı geçici olur. 524'te Ordos, Şensi ve Kansu'da büyük ayaklanmalar olur. Eberhard'a göre, bu ayaklanmalar «fakirleşen To-ba çobanları tarafından yönetilir»[252]. Merkez, bu geniş ayaklanmalara karşı Çinlilerce çok denenmiş olan, boyları boylara karşı savaştırma yöntemini izler. 520-521'de To-ba'ya teslim olup Ordos bölgesine yerleştirilen Juan-Juan şefi A-na Kuei ile Tibetli-Mogol karışımı olan T'u-yu-hun boylarını, çoban ayaklanmalarını ezmekte kullanır. İsyanlar bastırılamaz, fakat To-ba boylarının ağır savaşlar yüzünden sürüleri dağılarak çalınır. Ekonomik temellerini yitiren bir kısım To-ba'lar Kuzey Şensi'ye göç ederek, orada büyük çeteler kurarlar ve yeni ayaklanmalar çıkartırlar. 530'lardan itibaren ayaklanmalar daha tehlikeli olur. Merkez, isyanları bastırmakta başarılı olamaz, zira dayandığı tarımsal temel çöker. Güney Çinliler ile savaşlar nedeniyle, To-ba merkezinin belkemiğini teşkil eden Hopei tarım bölgesi sık sık elden çıkar. Başkente Batıdan buğday getirme sorunu doğar. Ulaştırma güçlükleri nedeniyle, çözüm, köylülerin ağır vergilendirilmesinde bulunur*. Köylüden altı yıllık vergi peşin alınır. 524'ten itibaren pek çok ayaklanmalar olur. Savaşlar ve ayaklanmalar sonunda, ekim için çift hayvanı bile bulunmaz. Devlet, ordu besleyecek bütçe kaynaklarından artık yoksundur. Vergileri artırmak ve memurların yemek ve et tüketimini yüzde 50 kısmak, yalnızca hoşnutsuzluğu çoğaltır. 528'den itibaren unvan satışlarıyla, buğday sağlamaya çalışılır: 240 ton buğday getiren zengin kişiye kont unvanı verilir. Bunun yarısını sunan râhibe, bulunduğu bölgenin yönetimi bağışlanır. Bu genel anarşi içinde, To-ba boyları bütün Şansi'yi ele geçirirler, başkenti bile alırlar. Durumlarından hoşnutsuz boylarla bağlantılı bâzı To-ba soyluları, kara budunun başına geçer. Çinliler ve Çin feodalizmi yanlıları kırıma uğrarlar. Kao liderliğinde büyük arazi sâhipleri, 534 yılında Doğuya giderler, Yen kentini başkent yaparlar. 550'de Kao, kukla To-ba imparatorunu tahttan indirerek, kendini «Ch'i sülâlesi» imparatoru yapar. Göçebe çobanlara dayalı To-ba soyluları ise, imparator soyundan birini bularak Batıda yerleşirler. İkiye ayrılan bu To-ba devletleri, aralarında savaşırlar. Ch'i (Ts'i) sülâlesi, yağma akınlarıyla uğraşan Juan-Juan'lara (Avar) başvurur. Batı To-ba, Juan-Juan'a bağımlı

* Çin'de köylülerin durumu her zaman kötüdür, fakat To-ba döneminde daha da ağırlaşır. Zira Çinli büyük arazi sâhiplerine dayanan To-ba'lar, yüz yıllık dönemde, topraklarını iyice genişletme ve kiracı durumuna düşürdükleri köylüleri daha acımasız biçimde sömürme olanağını bulurlar. Oysa Çin'de yeni sülâle kuruluşlarında, genelikle eski büyük arazi sâhiplerinin egemenliklerine son verildiğinden, köylü bir süre için az çok rahatlar idi (Eberhard, To-ba'larda Tarım, Belleten, sayı 37, s. 94). To-ba'lar ise, Kuzeydeki başkentin besin sorunu açısından vergi toplamada başarılı saydıkları Çinli büyük arazi sâhiplerine dayanmaktan başka çâre bulamadıkları için, onları güçlendirirler. Bu büyük arazi sâhipleri, To-ba Devleti sarsıntılar içinde zayıflayıp, Güney Çin güçlenince, To-ba soyunu başlarından atarlar.

luları da İran'da aynı sorunla karşılaşırlar ve To-ba'ların kinden pek farklı bir çözüm bulamazlar. Bu konuyu daha sonra göreceğiz; biz şimdi geriye dönerek, Avrupa'ya göç eden Hunlar üzerinde duralım.

li olmayanlara her türlü ayrıcalık tanınır. Çinli olmayan tüccar vergi vermez, her yere gidebilir, taşıma araçlarını kullanabilir ve her bakımdan korunur. Kısaca, tam bir kast ve sömürgeleştirme sistemi söz konusudur. Ama kısa bir süre sonra, ayaklanmalar başlar ve yayılır. Köylü isyanlarından Mogollar kadar korkan Çinli arazi sâhipleri de, ayaklanmalara karşı Mogollar gibi savaşır, fakat isyanlar önlenemez. Kast sistemi iyice kuvvetlendirilir, sonuç değişmez. Ege Denizi'nden Rusya ve Avrupa içlerine kadar yayılmış Mogollar, kısa bir süre sonra hemen hiç savaşmadan Çin'den kaçmak zorunda kalırlar. Mançu'lar ise, Mogolların karşıtı bir politika izlediklerinden, 1644'ten 1911'lere kadar egemenliklerini sürdürürler. Ama Mançu Devleti, tam bir Çin devleti olur.

AVRUPA HUNLARI

Asya Hunlarının Tanhu'su Çi-çi'nin Batıda Kankgü* bölgesinde kurduğu kısa ömürlü devlet (MÖ. 43 - MÖ. 36), Çin saldırısıyla yıkılınca, Çi-çi Hunları çevreye dağılırlar, Kazak bozkırına çekilirler. Bu Hun boyları hakkında, artık yüzlerce yıl herhangi bir bilgi yoktur. Hun adı, bu boylar ancak IV. Yüzyılın ikinci yarısında Bizans ile temasa geldiklerinde işitilir. Nasıl Asya Hunlarının tarihi, Çin kaynaklarından gelen bilgilerden ibaretse, Avrupa Hunlarının tarihi de, Grek, Romalı vb. gezgin ve tarihçilerin anlattıklarından ibarettir.

Çi-çi devleti çözülünce, Hun boylarının, bağımsız boylar ya da birkaç boy topluluğu olarak, biribirlerinden ayrı ve hayli bağlantısız biçimde, otlak ve su peşinde dolaştıkları anlaşılıyor. Prof. Öğel'e göre, Hunlar burada çeşitli etnik gruplar ile, İran kökenli boylar ile karışmış olabilirler[254]. Sonradan «Bulgar» olarak göreceğimiz, «Ogur» Türkleriyle ilişkiler kurarlar**.

MS. 350'de, Asya'dan gelen Uar-Hun akını, Hunları Volga kıyılarına doğru Batıya iter. Göç, az kalabalık, dağınık boylar hâlinde yapılır. Hunlar hakkında IV. Yüzyıla ait ilk bilgileri veren Ammianus'a göre, o ta-

---

* Kankgü, Kazak bozkırı Güney eteği ile Çu nehri vâdisine verilen addır.

** Avrupa Hun boyları topluluğunun çekirdeğini Türkler teşkil etmekle birlikte, Yale Üniversitesi profesörlerinden Vernadsky, toplulukta Tohar (Yüe-çi), Alan ve hatta Slav boylarının varlığını kesin sayar (Les Origines russes, s. 122).

rihlerde Hunların bir kralı yoktur. *«Boylar, kendi başkanlarının anarşik yönetimiyle yetinirler»*. Savaşa ayrı boylar olarak katılırlar. Savaş için, bir başbuğ liderliğinde geçici birlikler kursalar da, savaş bitince boylar kendi bağımsız yaşamlarına dönerler.

«Attila ve Hunlar» yazarı Thompson, yaklaşık 5 bin kişi civarında tahmin ettiği Hun boy topluluklarını, bağımsız birimler olarak düşünür. Bu kadar asker çıkartan bu büyük bağımsız boylar ya da budunlar, biribirleriyle hem dostluk, hem de düşmanlık ilişkileri içindedirler. Örneğin Got'larla Hunların savaşında, bâzı Hun boyları, Got'lar safında Hunlara karşı döğüşürler. Ammianus, Hun boylarının bu bağımsız askerî liderlerine «primates» adını verir[255].

Bu askerî liderlerin dahi, barış zamanında, boy ya da birkaç boy topluluğu üzerinde tartışmasız bir otoritesi yoktur. Otlak ve su koşulları, 5 bin kişinin birarada göç ve konaklamasına pek çok zaman olanak vermediğinden 50 ilâ 200-500 kişilik akraba grupları, biribirlerinden az çok uzak yerlerde, özerk kalırlar. Ortak işler, bu ufak akraba birimlerinin ileri gelenlerinin at üzerinde yaptıkları müzakerelerle düzenlenir. Bu durum, büyük şeflerin otoritesini bir hayli sınırlar. Hatta Thompson, bu askerî şefin görevini, oğul ve kardeşlerine geçiremediği kanısındadır. Asya Hunlarının gelenekleri göz önünde tutulursa, Thompson yanılmış olabilir. Fakat bu askerî şeflerin, Asya Hunlarının prestij sâhibi Tanhu soyundan gelip gelmedikleri belli değildir.

Ammianus'un verdiği bölük pörçük bilgilere inanmak gerekirse, Hun boylarının ekonomik koşulları ağır ve üretim düzeyi düşük gözükür. Ona göre, Hunlar, çiğ yabanıl kökler ve eyer altında yumuşatılmış çiğ et yerler. Yün elbise giymezler. Parça parça oluncaya kadar sırttan çıkarılmayan keten gömlek, deri ceket taşırlar ve bacaklarına keçi derisinden tozluk sararlar. Bu durumda hayvanların yününün keçe olarak kullanıldığı, dokumacılığa önem verilmediği, keten kumaşın değişim yoluyla sağlandığı ileri sürülebilir. Ok uçları da, demir yerine, kemikten yapılır. Maden işlemeciliği önemsizdir. Yerleşik tarımcıdan ek besin sağlama zorunluluğu vardır.

Çayırlar ortaktır, sürüler ise aile mülkiyetindedir. Ama ağır ve dağınık yaşam koşulları, keskin bir servet ve sınıf farklılaşmasına pek izin vermez. Kölelik sınırlı ve önemsizdir. Kısaca, Hun boyları, Çin Tanhu Devletinin çöküşünden sonra, 400 yıl kadar «askerî demokratik» topluluklar olarak, dağınık biçimde yaşarlar.

Bu dağınık ve ufak topluluklardan, 50 yıldan az bir süreç içinde Avrupa'da hâlâ unutulamayan ve çeşitli destanlara konu olan «Attila İmparatorluğu» meydana gelir.

Şimdi bu süreci belirtmeye çalışalım.

HUNLAR GELDİKLERİNDE DOĞU AVRUPA'NIN DURUMU

Hunlar, Volga kıyısında görünmeden çok önce, Karadeniz Kuzeyindeki bölgeye, İran kökenli sayılan, fakat aslında İran, Slav* ve belki de Türk boylarının bir siyasal birliği olan İskitler egemendir. İskitlerin etkinliği Altay dağlarına kadar uzanır. Sonra yerlerini, MÖ.

---

* Ruslar, yakın zamanlara kadar, İskitleri vahşi Mogol ya da İranlı sayarlar, ilkel Rus uygarlığının kurucuları olarak, İskandinav Vareg'leri ya da Bizanslı göçmenleri görürlerdi. Sovyetler, Kırım'da İskit başkenti Neapolis'te ve Karadeniz'e akan nehirler çevresinde yaptıkları kazılardan sonra, bu görüşü değiştirdiler. Şimdi İskitleri, atalarından saymakta ve ilkel Rus uygarlığının kurucusu olarak değerlendirmektedirler: «İskitleri daha iyi tanıdıkça, onları artan ölçüde eski Slavlara yaklaştırıyoruz. Doğu Slavlarının teşekkülünde İskitlerin büyük rol oynadığı gittikçe daha iyi gözüküyor. İlkel Rus uygarlığını yaratanlar, genellikle inanıldığı gibi, Vareg'ler ya da Bizans göçmenleri değildir... şair Lomonossov'un sezdiği üzere, Rus halkının ataları arasında İskitler en son yeri almazlar» (P. N. Schultz ve V. A. Golovkina, Neapolis des Scythes, Paris 1954, s. 103).

200 yılına kadar aynı biçimde bir topluluk olan Sarmat'lar alır. Sarmat'lar, orta Asya'nın Batı bölgelerinden ayrı ayrı boylar hâlinde göçerek, Karadeniz Kuzeyine yerleşirler. İskit-Sarmat egemenliği, MÖ. 700'den MS. 200'e kadar bin yıla yakın sürer. İran kökenli Alanlar, Orta Asya'dan Batıya yayılan Sarmat'ların en güçlü koludur.

Kırım bölgesinde, Karadeniz ve Akdeniz arasında canlı bir ticaret vardır. Ayrıca Ukrayna, çok eski zamanlardan beri büyük bir tarım bölgesidir. Buğday ticareti önemlidir. Göçebe İskit boyları, tarım bölgelerindeki çoğu belki Slav kökenli olan çiftçileri haraca bağlayarak, güçlenirler; tarımcıdan aldıkları ürün fazlası sâyesinde, askerlerin sayısını artırırlar. Yüz, bin, on bin biçiminde düzenlenen, Asya Hunları sistemine benzer bir ordu kurarlar. Kırım'daki tüccar ve zenaatçı, Grek kentlerini ele geçirirler, kendileri de berkitilmiş kentler yaparlar. «Bâb-ı âli» (yüksek kapı) denilen bir hükümet ve bürokrasi geliştirirler. Böylece İskitler, M Ö. IV. Yüzyıldan itibaren, göçebe boyların tarım bölgelerini ve tüccar kentleri, mevcut yapıyı değiştirmeden haraca bağlaması biçiminde bir göçebe devlete sâhip olurlar. MS. 200 yılında, Germenlerin bir kolu olan Got'lar meydana çıkar. Prof. Vernadsky, Got'ların Orta Asya'dan Baltık kıyılarına geldikleri ve oradan Güneye indikleri, Alanlarla çok eskiden beri yakın ilişkiler kurdukları, çoğunlukla yaya savaşan Got'ların Alanlardan suvariliği öğrendikleri kanısındadır[256]. Doğu Got'ları (Ostrogot), Kral Ermanarich (MS. 350-370) döneminde güçlenirler. Kırım'ı ele geçirirler ve pek çok Slav, Alan ve Fin topluluklarını bağımlı kılarlar. Bağımlı boylar, kendi beylerinin yönetiminde, yalnızca vergi ödemekle yükümlüdürler. Bu Slav ve Alan beyleri, yeni devletin soyluları olarak, Got kralının sarayında yer alırlar. Alan birlikleri, Got ordusunda önemli rol oynarlar. Tarımcı köylüler ise, az çok köleleştirilirler.

Got'ların, bütün Germen, Slav ve Sarmat boylarını egemenlikleri altına aldıkları sanılmamalıdır. Birçok boy, kendi yöresel şefleri yönetiminde, dağınık ve bağımsız yaşamlarını, «askerî demokratik» topluluklar olarak sürdürürler. Bir boyun öteki boy tarafından köleleştirilmesi (unagan - bogol) bu topluluklarda da görülür. Örneğin Orta Tuna bölgesinde «Sessiz Antlar» denilen «Özgür Sarmatlar» boyu, «Tatlı Antlar» denilen Slav boylarını köleleştirir. Köle boyun efendilerine isyanı, sömürünün şiddetini gösterir. İsyanı başaran boy, efendiye eşit olur.

Yağma akınları, bu Slav, Alan ve Germen boylarında da ekonomilerinin bir parçasıdır. Germen boyunun öteki Germen boyu ile savaştığı ve yağmaladığı sık sık görülür. Bazen Roma himayesine giren Germen boyu, akıncı Germen boyuna karşı döğüşür. Yer ya da ücret karşılığı, boylar, sık sık Bizans hizmetine girerler. Ücretli askerlik de bir ekonomik uğraştır.

Yalnız bağımsız göçebe boylar değil, göçebe devletler de yağma akınlarından vazgeçemezler. Roma İmparatorluğu sık sık yağmalanır, tutsaklar köle pazarlarında satılır, ya da fidye karşılığı serbest bırakılır. Köle ticareti, kârlıdır. Örneğin MS. 258'de Gotlar Tuna'yı geçip Trakya'yı yağmalarlar. Balıkçı kayıklarını ele geçirip denizden de saldırırlar. Gelibolu'ya gelirler, İzmit'e akın yaparlar. İki yıl önce Slav Borani'ler, deniz yoluyla Trabzon'u yağmalarlar. Daha sonra Germenler, Boğazları geçerek Selânik'i kuşatırlar. Yetişen Bizans ordusu önünde yenik düşerler. Yukarıda sözünü ettiğimiz «Özgür Sarmatlar», MS. 355'te Roma İmparatorunun ordusu tarafından ezilirler. Sarmatların başkanı, imparatoru görünce, kendini yere atar, ölü gibi kalır. Kendini savunamaz, dili tutulur. Başkanlarının bu durumu karşısında, bütün «Özgür Sarmatlar» konuşma yeteneklerini yitirirler. Onlara «Sessizler» adı verilir. Roma'ya bağımlı olurlar. Efendileri bağımlı olunca, «Özgür Sarmatlar»ın kölesi olan «Tatlı Antlar» ayaklanır. Efendilerini yenerler. Sessiz Antlar, Roma sınırını geçip sığındıkları imparatordan destek isterler. İmparator, Tatlı Antları bulundukları bölgeyi bırakıp Kuzeye çekilmeye çağırır. İnatla direnirler, hiçbiri bağışlanmayı istemez. Evleri yakılır, aileleri tutsak edilir. Tatlı Antların bir kısmı Tisa nehrini geçip Kuzeye kaçar. İmparator, Roma hizmetindeki Sessiz Antlar ile Germen boyu Taifali'yi sürer. Tatlı Ant ileri gelenleri toplanır, durumu umutsuz gördüklerinden boyun eğmeyi kararlaştırırlar ve Tatlılar yeniden Sessizlerin kölesi olurlar.

Bizans İmparatorluğu, o sıralarda güçlüdür. Barbar akınlarına karşı, Tuna kıyılarında kaleler yapar, askerî bölgeler kurar, lejyonlar yerleştirir. Yardımcı askerler olarak, «barbarlara» karşı «barbarları» kullanır. Askerî bölgelere barbarları, «federe» adıyla, başkanlarının yönetiminde yerleştirir. Arazi dağıtarak, aile başkanlarını kardeş ve çocuklarıyla birlikte tarımcı-asker yapar. Emekli askerlere ayrıca birkaç köle sağlar, kentlerde ufak idarî görevler verir. «Federe»ler, uslu durmayıp yerli köylüleri yağmalayınca, ya da güvenilmez olunca, onları iç bölgelere sürer. Pek çok Slav ve Germen boyu, Anadolu'ya yerleştirilir.

Roma üretim biçimi, köleciliğe dayanır. Fakat yine de eski özgür köylülerin çoğu özgürlüklerini korurlar. «Federe»ler özgürdürler. Üst sınıfı orta çiftçiler (curiaux) teşkil eder. Fakat Hunların Volga kıyılarına geldikleri sırada, büyük arazi mülkiyeti hızla gelişme yolundadır. Ağır vergiler ve memur baskısı altında ezilen özgür köylüler, topraklarının mülkiyetini vererek, büyük arazi sâhiplerinin himayesine (patronaj) girerler. «Barbar» akınları ve baskılar sonucu köylülerin kaçması üzerine, bu köylüler toprağa bağlanır. Böylece Balkan ülkeleri, köleci üretim biçiminden feodalizme doğru yol alır. Curiaux'lar, VI. Yüzyılın başında silinirler ve büyük arazi sâhipleri, siyasal bakımdan da egemen olurlar[257].

Köylü hoşnutsuzlukları ve ayaklanmaları artar.

Ayrıca köylüler, geniş çapta madenlerde kullanılırlar. Balkanlar, maden bölgesidir ve Bizans savaş sanayiinin yüzde 40'ı Balkanlardadır. Madencilerin kaçmaları üzerine, madencilerin çocuklarının da madenci olmaları kararlaştırılır. «Barbar» istilâlarına zaman zaman bu madenci-köylülerin de katıldıkları görülür. Ağır koşullar altındaki Bizans köylüleri, kendileri yağmalanıp köleleştirilmedikleri sürece, daha az vergi veren ve boy dayanışmasının 'demokratik' koşullarından yararlanan «konuksever» barbarların yaşamına imrenerek bakarlar. Kaçıp barbarlar arasına giden köylüler görülür.

AVRUPA HUNLARI HAKKINDA İLK HABERLER

İşte Hun boyları, aşağı Volga bölgesine geldiklerinde, Karadeniz Kuzeyi ve Balkanlardaki ekonomik, toplumsal ve siyasal durum böyledir.

Hunlar, ilkin Alan boyları ile karşılaşırlar. Savaş için bir birlik kurarak Alanlara saldırırlar ve onları ağır bir yenilgiye uğratırlar. Yenilen Alanlar, mücadeleyi sürdürmek yerine, Hunlarla ittifak antlaşması yaparlar. Hun ve Alan askerî güçleri, Ostrogot İmparatorluğu'nun çevre bölgelerini birlikte istilâ ederler. Ostrogot Kralı Ermanarich'i yenerler, kral intihar eder. Fakat bu ilk başarılarından sonra Hun ve Alan boyları, saldırılarını sürdürmezler ve Ostrogot İmparatorluğu'nu yok etmeye yönelmezler. Gevşek savaş koalisyonu çabucak dağılır. Her boy kendi çıkarı için, kendi başına davranır. Bir kısım Hun boyları, Hun'dan öç almak için hazırlanan yeni Ostrogot Kralı Vithimir'in hizmetine girerler. Bu durum, Hunların o tarihlerde boylar üzerinde yeterli otoriteye sâhip bir «başbuğ»ları bulunmadığını kanıtlar.

Vithimir, Hun-Alan yenilgisiyle sarsılan ordusunu iyice toparlayabilmek için Dnyeper kıyılarına doğru çekilir. Orada Batı yolunun, İç Oğuz ve Dış Oğuz'a benzer biçimde ikiye ayrılmış Alanların Ant* adlı boyları tarafından kapatıldığını görür. Vithimir, Dış Alanları bozguna uğratır, Ant başkanı Boz ve oğulları ile 70 boy ileri gelenini çarmıha gerer. İç Oğuz'un Dış Oğuz'un imdadına koşması gibi, İç Alanlar, akrabaları Dış Alanların yardımına gelirler. Kesin savaş 375 yılında olur, yenilen Ostrogotlar Batıya doğru çekilirler ve Tuna'ya ulaşırlar. Hunlar da bu savaşa katılmış olsalar gerektir.

Olayların çağdaşı Ammianus, Alan ve Ostrogotlar arasında bir savaştan söz eder. İkiyüz yıl sonra yazan Jordanes ise, Hun ve Ostrogot savaşı der. Savaşı, Hun Kralı Balamır ile Vithimir'in «ok düellosu» diye efsaneleştirir ve Balamır'ın bir okla Ostrogot Kralını öldürdüğünü belirtir.

Savaşta ister Hunlar, ister Alanlar kesin rolü oynasın, Ostrogot yenilgisi, Hunlara Tuna'ya doğru ilerleme yolunu açar. Hunlar, Ostrogotlar ile birlikte, Batı Got'ları (Vizigot) üzerine yüklenir ve yenerler. Eğer ele geçen bol ganimet, Hun birliklerinin hareket yeteneğini azaltmasaydı, Got'lar yok edilebileceklerdi. Paniğe kapılan Got'lar, karıları ve eşyalarıyla birlikte Tuna'ya doğru kaçarlar. Vizigot Kralı Athanarich, Tuna'yı geçip Roma arazisine çekilmeyi yalvararak ister. Gotlar, Trakya ve Kuzey Bulgaristan'a yerleşip tarımcı olmayı, buna karşılık orduya asker sağlamayı önerirler. İmparatorun bütün buyruklarına uyacaklarına yemin ederler[258].

İşte Got'ların bu sığınma isteğinden biraz önce, Hunlar hakkında ilk raporlar, Tuna garnizonlarına komuta eden Roma subaylarına ulaşır. Raporlarda şöyle denir :

«Kuzey barbarları arasında yeni ve görülmedik büyüklükte hareketler başladı. Tisa nehri ve Karadeniz arasındaki bütün halklar harekete geçti. Son derece yır-

* IV. Yüzyılda Ant'lar, «Dış Alanlar»dır. VI. Yüzyıl yazarları ise, Doğu Slavlara Ant adını verirler.

tıcı, vahşî bir topluluk, bu halkları terör ile çarptı. Hepsi evlerinden kaçıyor».

Subaylar, raporlara aldırmazlar. Dalgalanmanın, nehri geçmeden biteceğini düşünürler. Fakat sığınmak isteyen, yalvaran ilk Got'ları Tuna boyunda görünce, durumun ciddiyetini anlarlar, Got Krallığının çöktüğünü öğrenirler. Priscus'a göre, Hunlar, Got'ların üzerine «kurt gibi» atılmışlardır. Hun darbesiyle Avrupa'da, Fransa, İspanya ve Afrika'ya kadar uzanan «Büyük Göç» başlar. 200 bin kadar Got'a Tuna'yı geçme izni verilir. Got'lar Kuzey Bulgaristan'a yerleştirilir, bir kısmı Anadolu'ya geçirilir. Got'ların yarısı silâh kullanabilecek durumdadır. Got'lar, önceleri Kuzey Bulgaristan'da barışçı otururlar. Fakat yüksek memur ve generallerin baskı ve soygunu üzerine, ayaklanırlar (MS. 376-377). Madenlerde çalışan köylüler, ayaklanmaya katılırlar[259]. Got'lar bölgeyi talan ederler, fakat Trakya'da dağ geçitlerinde Roma ordusu tarafından kuşatılırlar. Yiyecekleri yoktur, durumları umutsuzdur. Got'lardan bâzıları kuşatmayı yarıp kaçarlar. Tuna Kuzeyi otlaklarında dolaşan Hun ve Alanlarla ittifak ararlar. Got elçileri, «büyük ganimet var» diye Hun ve Alanları Tuna'yı geçmeye râzı ederler. Hunlar, yendikleri Got'ların şimdi müttefikidirler. İttifak haberini duyunca, Roma komutanları çekilirler. Hunlar, 378'de Tuna'yı geçerler. Surlarla çevrili büyük kentlere dokunulamazsa da, Trakya köyleri yağmalanır, tutsaklar alınır, Edirne savaşına kadar, kurtarıcıları Hunlar Got'lardan ayrılmazlar. Hun atlıları, Edirne'de Roma kuvvetlerini ezer. Savaşlarda Roma İmparatoru Valens, bir büyük arazi sâhibinin berkitilmiş villasında yakılarak öldürülür. Roma'yı yenilgiye Got'lar değil, Hunlar uğratmışa benzer. Zira ganimetten büyük payı Hunlar alır. Yeni Roma İmparatoru Theodosius (379-395), çeşitli Hun, Alan ve Got gruplarını yener, Tuna Kuzeyine çekilmeye zorlar. Esasen bir fetih değil, yağma savaşı söz konusudur.

379 yılından 395'e kadar yeni bir önemli Hun akını görülmez. Akın olmayışında Hun boylarının genimetleri paylaşarak yeniden özerk yaşamlarına dönmüş olmaları rol oynamış bulunabilir. Nitekim IV. yüzyıl sonu ve V. Yüzyıl başı Hun akınları, küçük çapta bağımsız boy akınlarına benzer. Ancak 395 akını, önemli sayılabilir. 395, Roma İmparatorluğunun ikiye bölündüğü büyük istilâ yılıdır. O yıl Tuna donar. Tuna'yı geçen Hunlar, Trakya bölgesini yağmalayıp çekilirler. Doğu Roma İmparatorluğuna daha büyük bir Hun akını, Karadeniz Kuzeyindeki Hun boyları tarafından Kafkasları aşarak yapılır. Prof. Kafesoğlu'na göre, bu Anadolu akını, «Hun Devleti'nin Doğu kanadı» tarafından düzenlenir. Fakat henüz bir devletten söz edilip edilemiyeceği kuşkuludur. Don nehri çevresindeki Hun boylarının katıldığı akın (395-398), Basık ve Kursık adlı iki askerî şef tarafından yönetilir. Hun atlıları, Erzurum bölgesinden, Karasu ve Fırat vâdilerini izleyerek, Malatya ve Çukurova'ya yürürler, Urfa ve Antakya'yı bir süre kuşattıktan sonra, Suriye'ye inerler*. Geri dönüp Orta Anadolu'ya, Kayseri - Ankara bölgesine ulaşırlar. Roma ordusu, o sırada İtalya'dadır. Sonunda Hadım Eutropius, akını durdurur, 938'de barış sağlanır. Hadım, konsül olur. Bu da bir fetih değil, ganimet ve köle sağlamaya yönelik bir yağma akınıdır. Jerome, Anadolu akınını şöyle anlatır :

«İşte bak, Arabistan'ın değil, Kuzeyin kurtları, Kafkaslardan aktılar, büyük eyaletleri ezdiler. Birçok manastır teslim oldu. Nehirler kızıl aktı. Antakya ve daha birçok kent kuşatıldı. Tutsak sürüleri götürüldü... Bütün Doğu titredi».

Priscus'un Batı Romalı Romulus'den duyduğuna göre, Basık ve Kursık, Kafkaslardan ikinci bir akını,

* Uar-Hun'lardan saydığımız Ak-Hunlar da 359 yılında, İran hükümdarının hizmetinde Diyarbakır kuşatmasına katılırlar.

Roma-İran savaşı sırasında yinelerler. Hun ülkesinde o yıl kıtlık vardır. Hunlar, İran'a saldırırlar. Fakat müthiş ok yağdıran İran ordusu karşısında, aldıkları ganimeti bırakarak çekilmek zorunda kalırlar. Bu akın, 415-420 yılları arasında yapılmış olabilir.

Tuna bölgesinde önemli bir Hun akını, 408 yılında görülür. Hunların askerî şefi, Uldız'dır. Prof. Kafesoğlu, Uldız'ı imparatorluğun «Batı kanadı kralı» olarak düşünür. Fakat imparatorluk henüz kurulmuş mudur, tam belli değildir. Uldız, Tuna'yı geçer ve bir kaleyi alır, Trakya'ya yürüme niyetini açıklar. Roma'nın rüşvet önerisini reddeder. Güneşi gösterir ve «İstersem, güneşin battığı yere değin her yanı zaptedebilirim» diye meydan okur. Barış için çok büyük miktarda haraç ister. Roma generali, görüşmeleri uzatır ve öteki Hun askerî şefleriyle ilişki kurar. Onlara, Roma İmparatorunun büyük insanseverliğini anlatır, yiğit kişilere büyük armağanlar verdiğini söyler. Öneriler etkili olur. Uldız'ın komutasındaki birçok Hun askerî şefi çekilip gider. Uldız, güçlükle Tuna'yı geçip kaçar. Buyruğundaki birçok Hun boyunu ve Germen Skir boylarını yitirir. Skir'ler, Anadolu'da Bitinya'da yerleştirilir. Yenik Uldız, bir daha meydana çıkmaz.

Uldız olayı, bu dönemde Hunların bir siyasal örgütlenmeye gitmekle birlikte, örgütlenmenin hâlâ çok gevşek bulunduğunu, Bizans vaadleri karşısında, büyük bir olasılıkla boy beyleri olan ikincil askerî şeflerin hemen dağıldıklarını gösterir.

412 yılında da bir Bizans elçilik kurulu, Karadeniz Kuzeyinde başka bir Hun şefi ile — Bizans kaynaklarına göre Donatus — ilişki kurar, dostluk yeminlerinden sonra onu tuzağa düşürüp öldürür. Elçilik kurulu, yeni Hun şefi Karaton'a değerli armağanlar vererek barışı korur. Prof. Kafesoğlu, Karaton'un Hun İmparatoru olduğunu düşünür. Bu takdirde Donatus'u da imparator saymak gerekir ki, bu konuda bir bilgi yoktur. Fakat Donatus öldürülünce, Karaton'un hemen kral seçilme-

si, hiç değilse bir kısım Hun topluluklarında krallığın daimî bir kuruma dönüştüğünü gösterir.

HUN- ROMA İŞBİRLİĞİ

Hun-Roma ilişkilerinin devamlı düşmanlık ilişkileri olduğu sanılmamalıdır. Germenler gibi Hunlar da, birçok kez, Roma İmparatorluğu için savaşırlar. 379'da İmparator Theodosius, ilkin Hunları püskürtür. Fakat Hunlar hemen sonra İmparatorun müttefiki olurlar. İmparatorluk iddiasındaki Maximus'u Sava nehrinde kıstırınca, hızlı suvari zaferini, Theodosius'un ordusundaki Hun atlıları kazanır. Aynı yıl Maximus'un kardeşinin birliklerini, Hun atlıları yok eder.

Theodosius zamanınmda Roma ordusunun büyük bölümü Germenlerden kuruludur. Böylece başlarında Ganias bulunan Germenler, Istanbul'da büyük siyasal güç kazanırlar. Anadolu'daki Frikya Got'ları ayaklanınca, üzerlerine yollanan Gainas, onlarla gizlice anlaşır, Istanbul'a egemen olur. Ama bir halk ayaklanmasıyla Istanbul'da Got kırımına girişilince, Gainas, birlikleriyle Tuna'yı geçer. Uldız, ona saldırma kararı alır. Uzun çarpışmalar sonucu, güçlükle Gainas'ı yener. Gainas'ın az sayıdaki kuvvetini yenmekteki güçlük, o sıralarda Hun sefi Uldız'ın komutasında önemli miktarda Hun askeri bulunmadığını belirtir. Yenilen Germen generali Gainas'ın kesik başı Istanbul'a yollanır, karşılığında armağanlar alınır. Bizans, Uldız'a yıllık haraç öder.

Daha sonra Uldız, Roma hizmetinde görülür. 405 yılında Radagais ve Germenler, İtalya üzerine yürürler. Romalılaşmış Germen komutanı Stilikho, Uldız ile ittifak yapar. Roma-Hun ortak kuvvetleri, Germenleri yener. Uldız'ın askerleri, tutsakları kelle başına 1 Solidus'e satarlar. 408 yılında Roma-Hun antlaşması yapılır. Aetius, Hunlara rehin gider. Antlaşma, Roma'nın Germen akınları karşısında daha erken düşmesini önler. 409'da Alplerde görünen Germenleri, Roma ve Hun birlikleri durdurur. Aynı yıl, Got şefi Alarikh* ile Roma ilişkileri bozulunca, Dalmaçya'dan İtalya'ya 10 bin Hun askeri getirilir. Bunun üzerine Alarikh, Roma'ya yürümekten vazgeçer. 425 yılında Aetius, binlerce Hun askerini Roma'ya getirir, askerler güçlükle geri gönderilir.

Demek ki, Hun, yalnız düşman değil, aynı zamanda Roma ordusunda ücretli askerdir. Özel kişiler dahi, Roma'da özel Hun birlikleri kurarlar. Rufinus'un Hunlardan özel muhafız gücü vardır. Rakibi Stilikho da özel Hun ordusu kurar. Hun birlikleri, boylar olarak giderler ve kendi şeflerinin liderliğinde, Roma ordusunda hizmet yaparlar. Daha sonraları, kişisel olarak da, Roma ve Bizans hizmetine giren Hun soyluları görülür.

Bu Hun-Roma işbirliğine karşın, Hun tehdidi devam eder. Doğu Roma, 408 Uldız tehlikesi atlatılınca, Alarikh'in Roma'yı tehdidini de bir uyarı sayarak, geniş tahkimata girişir. 413'te Istanbul surları yeniden yapılır, berkitilir. Surlar, su dolu hendeklerle çevrilir. Başkentin geceleri aydınlatılmasına başlanır. Istanbul, 1453'e kadar alınamaz. Ayrıca Tuna donanması güçlendirilir. 412'de yedi yıllık gemi yapım programı planlanır. 200 gemi yapılır.

Öte yandan kilise, hıristiyanlaştırmak için Hunlar arasına misyonerler yollar. Hıristiyanlaştırma, Bizans'ın göçebe boyları yumuşatmak ve zararsız kılmak için başvurduğu bir yöntemdir. Bâzı Germen boyları için yöntem başarılı olur. Fakat Hunlarda hıristiyanlaştırma yöntemi başarı sağlamışa benzemez. V. Yüzyıl başında Theotimus, bu amaçla Hunlar arasına girer. Hun-

---

* Vizigot şefi, Alerikh, 395'lerde Bulgaristan ve Makedonya'ya yerleşir. Istanbul'u tehdit eder. Bizans diplomasisi, onu Istanbul'a yürümekten vazgeçirir. Alerikh, Teselya'ya geçip Yunanistan'ı yağmalar. Bizans, askerî komutan unvanını verdiği - ki aynı unvan Attila'ya da verilir - Alerikh'i İtalya'ya yöneltmeyi başarır.

lar saygı gösterirler ve iddiaya göre, ona «Romalıların Tanrısı» derler. Bu kişi şölenler, armağanlar verirse de, başarı sağlayamaz. Başka misyonerler de yollanır, sonuç değişmez. Bu misyonerler, «Hunları ihtiyarları yemekten, kan içmekten vazgeçirdik»* diye övünürlerse de, bu iddia daha çok, hıristiyanlaştırmaktaki başarısızlığın kanıtıdır. Hunlar, hıristiyanlaştırılmayı reddederler.

İMPARATORLUĞUN KURULUŞU

Uldız'ın birden silinmesi ve öldürülen Donatus yerine Karaton'un seçilmesinden sonra, Bizans ve Roma kaynakları, Hunlar hakkında 422 yılına kadar bilgi vermezler. Kaynaklar, 422 yılında Bizans'ın Pers ile savaşta bulunduğu ve Tuna sınırları boş kaldığı bir şırada, Hunların Tuna'ya geçtiklerini, Bizans'ı yıllık vergiye bağladıklarını belirtirler. Hunların başında hükümdar Rua vardır. Rua, kardeşleri Muncuk, Aybars ve Oktar ile birlikte, Hun boylarının tamamına değilse de, çoğuna egemendir. Kardeşlerin, Hun boyları ile Hunlara bağımlı boyların belli bir bölümüne hükmettiği görü-

* Kan içme, bozkır boylarında görülür. Asya Hunları, antlaşmaları, kan ve şarabı karıştırıp içerek kutlarlar. Uygur kaganı, mani dinini kabul edince, Karabalgasun Türk yazıtına göre, Uygurlar, «sıcak kan içicilik gibi barbar âdetlerini» bırakırlar. Kanda kut vardır. Fakat ihtiyarları öldürüp yeme iddiasına inanmak güçtür. Heredot'a göre, İran Doğusundaki eski bir boylar konfederasyonu olan Masaget'ler, ihtiyarlarını kurban ederler. Theodoret, Masaget diye adlandırdığı Hunların ihtiyarları öldürürp yediklerini iddia eder. Çin kaynaklarında da Hunların ihtiyarlığı hor gördükleri yazılıdır. Göktürkler için de «Hunlarda olduğu gibi, ihtiyarlara önem vermezler» denir. Oysa 70'lik Tonyukuk, Bilge Kagan'ı budistlikten caydıran en etkin kişilerden biridir. Bu iddia, erkeklerin yatakta ölmedikleri, genç yaşta savaşta ve vahşî hayvanlarla boğuşmada öldükleri çok eski çağlardaki avcılık dönemi için doğru olabilir. O koşullarda ihtiyarlar kötü gözle görülebilir, belki de kurban edilebilir. Fakat Hunlar dönemi için bu iddia bir yakıştırmadan ibaret olsa gerektir.

lür. Bu kardeşlerin babalarını, atalarını ve Hunların başına nasıl geldiklerini bilmiyoruz. Fakat artık Hun boylarının başında bir Hun soyunun egemen olduğu ve egemenliklerini oğul, kardeş ve yeğenlerine geçirdikleri ve bir siyasal örgütlenmeyi gerçekleştirdikleri açıktır. Attila'nın babası Muncuk, erken ölür. Aybars ve Oktar, sağ ve sol kanatların yönetimini paylaşırlar. Rua, 432'de tek lider görünür. 434'te Rua ölünce, yerini Attila ve Bleda kardeşler alır. Hun Devleti, Attila ile iyice güçlenir ve genişler.

Bu birlik nasıl meydana geldi? Doğaldır ki, her boy ve budun, kendi otlak ve av alanlarında, biribirlerinden hayli tecrid edilmiş biçimde yaşarlarken ve bağımsız hareket ederlerken, bir siyasal birlik ve uyarlılık sağlanamaz. Nitekim 420 yılına kadar, Hunlar arasında sağlanan bir siyasal birlikten pek söz edilemez. Boylar, savaş amaçlarında bir askerî şefin liderliğinde zaman zaman birleşirler, ama Uldız zamanında bir askerî ve siyasal örgütlenmenin varlığı sezilir, Karaton ile krallığın daimî bir kurum niteliği kazandığı görülür, fakat yine de birlik hayli gevşektir. Bununla birlikte, Hun siyasal birliği süreci, bunların Ostrogotları yenmeleri ve Karadeniz Doğusundan Ukrayna bölgesine gelmeleri ile başlar. Bu yer değiştrime, besin fazlası bulunmayan bir bölgeden, besin fazlası bulunan bir bölgeye gelme anlamınadır. Doğu Karadeniz'deki bağımlı Alanlar, ilkel göçebelerdir. Onların bağımlı kılınması ve sömürülmesi yeterli bir üretim fazlası sağlamaz. Batı Karadeniz'deki Ostrogotlar ise, tarımcıdır ve zengince köylerde yaşarlar. Ostrogot'tan besin fazlası sağlayabilme olanağı, Hun boylarına gelişme ve güçlenme yolunu açar. Güney Rusya tarımcılarının bağımlı kılınması ve besin fazlasına el konulması, daha çok sayıda savaşçı toplama olanağını getirir. Bu olgu, Ostrogot'a karşı daha kalabalık bir boylar konfederasyonu meydana getirmeyi ve onu yenmeyi sağlar. Savaş bitince, boylar dağılır. Savaşlar süreklilik kazanınca ve savaş, normal durum olunca, krallık az çok daimî bir kuruma dönüşür. Artan askerî güç, başarılar getirir; askerî şef çevresine daha çok savaşçı toplanır ve boylar konfederasyonu gittikçe genişler.

«Bakire Meryem, Tanrı'nın anası değil, İsa adlı bir adamın anasıdır» görüşünü ortaya atarak, Nasturî Kilisesinin doğuşuna yol açan Attila'nın çağdaşı Nestorius, bu gelişmeleri şöyle değerlendirir:

«İskitler halkı (Hunlar), önceden halklara ve krallıklara bölünmüş idi. Haydut sayılıyorlardı. Hareketlilik ve açgözlülük dışında pek zarar yapıyor değillerdi. Daha sonra bu halkları ve krallıkları bir krallık yaptılar. Çok güçlü oldular ve büyüklükte bütün Roma kuvvetlerini geçtiler».

Priscus ise, yerinde bir sezişle, bu güçlenişin temelinde yatan besin fazlası sorununu açıklar:

«Tarımı hor gördüklerinden, Got besin fazlasının üstüne atıldılar ve besini kurtlar gibi kapıp götürdüler. Böylece, Gotlar, köle durumuna düştüler ve Hunları beslemek için çalıştılar»[260].

İşte Attila, çoğu Slav köylüsü olan Got tarımcısının, Hunlar için çalıştırılmasıyla başlayan 50 yıllık bir sürecin sonunda ortaya çıkar. Attila'dan önce Rua, İmparatorluğun kurucusu sayılabilir.

OLAYLAR

Şimdi Rua ve Attila dönemi olaylarını ve bunların yol açtığı toplumsal gelişmeleri izleyelim.

ATTİLA'NIN YÜKSELİŞİ

Hun konfederasyonu içinde durumu güçlenen Rua, Batı Roma'ya egemen soylulardan Aetius ile ittifak yapar. Aetius, gençliğini Hunlar arasında geçirmiş bir Romalı asker ve yöneticidir. 432 yılında o, Roma'daki iktidar çekişmelerinde, rakibine yenilir, Rua'ya sığınır.

Aetius-Rua ittifakı sâyesinde, Hun askerî desteğiyle, Aetius, Roma'daki eski mevkiini kazanır. Hunlar, bâzı arazi elde ederler ve Aetius'un oğlunu rehin tutarlar.

Aetius, Hun askeriyle, Galya'da egemen olur. O sırada Galya'da büyük arazi sâhiplerine karşı köylü ve kölelerin ayaklanmaları (Bagauda'lar) vardır. Köylüler, liderleri Tibatto yönetiminde Göron ve Sen nehirleri arasındaki geniş bölgede, büyük arazi sâhiplerini kovmuşlar, yeni bir yönetim kurmuşlardır. Galyalı büyük arazi sâhipleri, Roma ve Aetius'un müttefikleridir. Aetius, köylü ve köle ayaklanmalarını bastırmak için, Hun askeri ister. Galya'daki Romalı komutan Litorius ve Hun askerleri, büyük arazi sâhipleri hesabına, köylülere saldırırlar, iki yıl kadar süren bir mücadele sonucu, Tibatto tutsak alınır ve köylü kırımı yapılır. Galyalı büyük arazi sâhipleri, Hunların müttefiki olur. İlginçtir ki, Doğu Roma'da köylüler ve köleler, yağmalanmayıp tutsak alınmadıkları ölçüde, Hun yönetimini daha iyi gözle görürlerken, büyük arazi sâhipleri Hun yönetiminin baş düşmanıdırlar. Batıda durum, tersinedir.

Hunlar, Galya'da Batı Roma'ya daha başka hizmetler de yaparlar. 413'te Orta Ren'in sol kıyısına Roma'ya federe olarak yerleştirilen Germen Burgond boyları, 430'larda genişlemeye çalışırlar ve Belçika bölgesine saldırırlar. Aetius'un isteğiyle, Hunlar, Burgond'ları cezalandırır, kralları Gundikar ve 20 bin Burgond öldürülür. Bu savaşlara, Hunların Ren kıyılarındaki «Sağ Kanat Kralı» Oktar da katılır. Roma generali Litorius komutasındaki Hun askerleri, Vizigot'ların kuşattığı Narbonne kentini kurtarır. Daha sonra Litorius ve Hunlar, Vizigot Kralı Tueodoric I.'i Toulouse'da kuşatır, fakat yenilirler. Litorius öldürülür, Hunlar ise büyük yitik verir (439). Galya'ya yeniden Hun kuvvetleri yollanmaz.

Galya'da bu gelişmeler olurken, Rua, Bizans ile uğraşır. Doğu Roma, Priscus'un deyimiyle, «Rua'dan barışı 350 libre altın ile satın almıştır». Fakat Rua, Bizans'ın büyük bir olasılıkla Hun kökenli olan boyları, Hunlara karşı kullanmasından yakınır. 434 yılında elçisi Elsa'yı Istanbul'a yollar ve kendi egemenliğindeki bölgeden kaçan toplulukların ve bu arada Bizans'a sığınmış Attila soyundan Mama ve Atakan'ın oğulları gibi Hun ileri gelenlerinin geri verilmesini, yoksa savaş çıkacağını belirtir. Zaman, iyi seçilmiştir. Zira Doğu Roma ordusu, İtalya ve Afrika'da savaşmaktadır.

Rua'nın geri istediği boyların kimliklerini saptamak güçtür. Karadeniz'in Kuzeyinde Azak Denizi bölgeside yaşayan bu boylar, kaynaklarda Amilzuri, Itimagri, Tunsures, Bouiseius gibi adlarla geçer, gerçek adları bilinmez. Jordanes, bu toplulukları, Hunlardan ayırırsa da, genellikle Hun diye düşünülür. Bunlar, Rua egemenliğini tanımayan ve Roma ordusunda kendi şeflerinin yönetiminde hizmet yapıp göreceli bağımsızlıklarını korumak isteyen boylardır.

Rua, ultimatumuna yanıt alamadan 434 yılı baharında ölür. Yerine yeğenleri Attila ve Bleda (Buda) geçer. İki kardeş, Hun boyları ile bağımlı boyları birlikte yönetirler. Boyların nasıl paylaşıldığı, herbirine hangi parçanın düştüğü hakkında bir bilgi yoktur*.

İki kardeş, Rua'nın ultimatomu üzerine, anlaşmak için gelen Bizans elçilerini, Tuna ve Morava nehirlerinin kavşak noktasındaki Bizans Margos kalesinin kar-

---

* Kaynaklar, Bleda'yı eğlenceye düşkün, zayıf bir kişi diye gösterirler. Attila'nın nefret ettiği bir zenci cüce onu eğlendirirmiş. Cüce, öteki kölelerle kaçar. Yakalanınca, «beni evlendirmiyorsun, ondan kaçtım» der. Bleda, cüceye Bizans sarayından gelin almayı vaadeder. Prof. Kafesoğlu'na göre, zevk düşkünü ağabey Bleda, devlet işlerini kardeşi Attila'ya bırakır. Ordu ve diplomasiyi Attila yönetir. Amcaları Aybars, imparatorluğun Doğu kanadını, Oktar Batı kanadını yönetir (İslâm Ansiklopedisi, Türkler, Cüz 127, s. 157). Ne var ki, Bleda'nın 445'te Attila tarafından öldürüldüğü iddia edilir. İddia doğru ise, iki kardeş arasında bir iktidar mücadelesi olduğunu, Bleda'nın pasif kalmadığını düşünmek gerekir.

şısındaki Konstantia surları önünde, at sırtında karşılarlar. Müzakerelerde atlarından inmezler, yerde durmayı küçültücü saydıklarından, Bizans elçileri de atlarına binerler. Attila, isteklerini kabul ettirir ve Margos barışı imzalanır (434). Koşullar şunlardır :

— Hunların egemenliğindeki yerlerden kaçan boy ve kişileri Romalılar almayacaklar, aldıklarını geri vereceklerdir.

— Kaçak Romalı tutsakları da geri yollayacaklar, ya da herbiri için 8 solidus ödeyeceklerdir.

— Romalılar, Hunların savaşta olduğu halklarla ittifak yapmayacaklardır.

— Eski antlaşma gereği, Hunlar belli Roma kentleri pazarlarında ticaret yapmaya devam edeceklerdir. Hunlar, eşit koşullarda ve tam güvenlik altında, Roma tüccarları ile ticaret yapacaktır.

— Yılda ödenen 350 bin libre altın, 700 libreye (50400 solidus) çıkarılacaktır.

Görüldüğü gibi, istekler, toprak fethiyle ilgili değildir. Güvenlik gereklerinin yanı sıra, daha çok gelir elde etme ve eşit ticaret yapma amacı güdülmektedir.

BALKANLARDA YAĞMA SEFERLERİ

435-439 yılları arasında, Hun tarihi yine karanlıktır. Priscus, Margos barışı üzerine, Bleda ve Attila'nın halkları bağımlı kılmaya İskitya'ya gittiğini ve Sorosgi* boylarıyla savaş yaptığını belirtir. Bu dönemde Attila'nın, Bizans ile barışı koruyup Doğu Avrupa ve Karadeniz Kuzeyi bozkırlarındaki boylar ve boy toplulukları üzerinde egemenliğini güçlendirmeye, onları düzenlemeye ve genişlemeye yöneldiği anlaşılır. Attila, Baltık kıyılarına, hatta Baltık adalarına kadar genişler.

---

* Prof. Kafesoğlu, Volga kıyılarındaki Şaragur (Ak-ogur) Türkleri diyor. Priscus ise, bu Ogur Türklerinin Ural Doğusundaki yurtlarından 461-465'te Sabar'lar tarafından Batıya itildiklerini yazar.

Bizans, Margos antlaşması koşullarını tam yerine getirmediği halde, barışçı tutumunu sürdürür. Bizans, antlaşma üzerine, aralarında Attila soyundan Mama ve Atakan oğullarının da bulunduğu bir kısım kaçakları geri verir. Bunlar, hemen asılır. Fakat Bizans, ordusunda asker olarak kullandığı kaçak boyları vermeyi reddeder. Theodosius II., yıllık haracı ödemeyi de durdurur. O yıllarda Bizans güçlüdür. Ne var ki, 440 yılında Afrika'da Kartaca düşer. İran'dan Yezdigert II. (438-453) saldırır. Heftalitler (Ak Hunlar), arkadan İran'a saldırırlarsa da, İran'a karşı büyük bir ordu yollamak gerekir. Kartaca'ya ise, 1100 gemilik donanma gönderilir. Tuna sınırı savunmasız kalır. Attila, harekete geçer. Gerekçe olarak, Margos Piskoposunun Konstantia yakınlarında, değerli madenlerden yapılmış silâh ve ziynet eşyası ile birlikte gömülen Hun büyüklerinin mezarlarını soymasını gösterir. Kaçakların da geri verilmediğini ileri sürer ve kaçaklar ile piskoposun teslimini ister. Attila, bir büyük kent yıkar, Margos kentini kuşatır. Kent halkı, piskoposu teslim etmek isterse de, o kaçıp Attila ile anlaşır. Kenti ve halkını teslim eder. Belgrad ve daha bir iki kent alınır. Aetius aracılık yapıp Bizans İmparatorunun antlaşmaya uyacağını garanti eyler ve mütareke yapılır (442). Attila, ertesi yıl, para ve kaçakları isterse de, Bizans vermez. Attila, Niş, Sofya ve Filibe'yi alır, Bizans ordularını yener, büyük ganimet sağlar. Istanbul'a yaklaşır, fakat Bizans başkentine saldırmaz, geri döner. Antlaşma koşulları şöyledir :

— Bizans, kaçakları geri verecektir.

— Yıllık vergiden ödenmeyen vergiye karşılık, 6 bin libre altın hemen yolanacaktır.

— Yıllık vergi 700 libreden 2100 libreye çıkartılacaktır.

— Kaçak Romalı tutsakların her biri için 12 solidus ödenecektir.

— Bizans, Hun egemenliğindeki yerlerden kaçak kabul etmeyecektir.

Attila'nın elçisi, kaçakları ve altınları almak üzere Istanbul'a gider. Kaçaklar arasında, Hun egemenliğini tanımayı reddeden Attila'nın akrabaları da vardır. Bizans, geri dönmek istemeyen Hun kaçaklarının öldürüldüğünü ileri sürer. Anlaşmaya varılır, ama Attila ikinci, üçüncü, dördüncü elçileri yollayarak kaçakları ister. Elçilere bol armağanlar verilir, kaçak kalmadığı söylenir.

Attila'nın 445'te Bleda'yı kendi eliyle öldürdüğü yazılır. Tarihçilerimiz ise, Bleda'nın eceliyle öldüğünü düşünürler. İster ölmüş, ister öldürülmüş olsun, Bleda'ya bağlı boy ve budunlar, Attila'nın egemenliğine girerler. Attila'nın gücü artar. O yıl Hun hükümdarı, «Savaş tanrısı Ares»in uzun süredir yitik olan kutlu kılıcını bulur. Bir inek, ya da boğanın otlar arasından çıkardığı kılıç, Attila'ya getirilir. «Tanrı'nın kılıcı»nı elinde tutanın bütün savaşları kazanacağına inanılır. Attila'nın üzerlerinde egemenlik kurduğu boyların çoğu, kılıca taparlar. Heredot, İskitlerin kılıca taptıklarını yazar. Ammianus, Alanların toprağa çıplak bir kılıç diktiklerini ve ona «savaş tanrısı» gibi taptıklarını belirtir. Kılıç, Tanrı değil, Tanrı'nın ongonu'dur. Slavların Büyük Tanrı'sı Svarog'un simgesi kılıçtır. Tanrı'nın kılıcını kuşanarak, Bleda'nın ölümüyle tek egemen olan Attilanın, otoritesini artırmak istediği düşünülebilir.

Attila, 447 yılında yine Bizans üzerine yürür. Ordusunda, kralların liderliğinde Gepid'ler, Got'lar ve başkaları bulunur. O sırada Bizans'ta kıtlık, açlık ve veba salgını vardır. Taşkınlar ve depremler olur. Deprem Istanbul surlarını yıkar. Surlar hızla onarılmaya çalışılırsa da, Attila, Trakya'yı yağmalamakla yetinir, Istanbul'a yürümez*.

---

* Batılı tarihçiler, genellikle Hunların Balkanları yerle bir ettiklerini yazarlar. Son zamanlarda bazı marksist araştırmacılar, yağmalardan tarımın çok zarar gördüğünü belirtmekle bir-

BARBARI BARBARA KIRDIRMA YÖNTEMİ

Bu sırada Bizans, Çinlilerin de çok kullandığı «barbarı barbara kırdırma» yöntemini dener. Karadeniz'de Azak nehri kıyısında oturan Akatzir (Akatir) boylarını Hunlara karşı ayaklandırmaya çalışır. Akatzir boy-

---

likte, akınların felâketli olmadığını yazıyorlar. Priscus, 447'de en çok zarar gören bölgede, köylülerin tarlalarını işlediklerini belirtir. Hunların fethettiği Sofya kentinin, Niş'ten farklı olarak, az zarar gördüğünü söyler. Marksist araştırıcı Velkov, Filibe, Sofya, Edirne gibi kentlerin tahribinin çok abartmalı olduğu kanısındadır. Velkov, «Hun akınları, bâzen bilimsel literatürde ileri sürüldüğü gibi, pek felâketli olmadı» der (Byzantino Bulgarica, I, s. 56).

Marksist araştırıcılar arasında ilginç bir tartışma da, Kuzeyden gelen yağmacı «barbar» akınları karşısında fakir kitlelerin gösterdiği tepkidir. Dimitrev gibi bâzı araştırıcılar, ezilen nüfusun barbarları «kurtarıcı» saydığını ileri sürer. Ona göre, akınlar karşısında, zenginler, götüremedikleri hazinelerini gömerler ve götürebildikleriyle birlikte, berkitilmiş büyük kentlere kaçarlar, ezilen kitle ise, Tuna'nın Kuzeyinden gelen düşman saymadığı yabancıları sevinçle bekler. Ezilenlerin barbarlar arasında yaşamaya gidişleri, bu savı destekler. Bu sava karşı çıkan Tapkova-Zaimova ise, şöyle der: «Doğu ve Batı Roma halkının işler kötü iken, barbar yaşamını ve âdetlerini idealize ettiği, bir kısmının onlara sığındığı doğrudur. Sınırlardaki barbarlarda sınıf farklılaşması iyice gelişmiş değildir, sömürü çok aşırı olmaktan uzaktır. Savaşmadıkları zamanlar, barbarlar konukseverdir. Toplumsal rejimi köleliğe dayanan Doğu Roma'da barbar, bu nedenlerle çekici olur. Ama yağma ve akına uğrayınca, ezilen kitlelerin görüşleri çabucak değişir. Akınlardan en çok büyük arazi sâhiplerinin zarar gördüğü doğrudur, ama fakirler de görür. Öyle olmasa, tarlalarını bırakıp, köylülerin yüzlerce yıl dağlarda kalmaları, sonra Valak adıyla ortaya çıkmaları nasıl açıklanabilir?» (Byzantino Bulgarica, I, s. 68-73). C. Cankova ise, kölelik rejiminin yıkılmasında, barbar akınlarının büyük katkısı olduğunu göz önünde tutarak, Bizans nüfusunun büyük kısmının barbarları iyi karşıladığını söyler ve Dimitrev'in savına katılır. Aksi kanıdaki Angelov, köleliğe dayalı rejimin yıkılmasında barbarların büyük katkısını kabul etmekle birlikte, bu katkı ile istilâcıya iyi davranmanın ve destekçi olmanın aynı şey olmadığını yazar (Byzantino Bulgarica, I, s. 9).

larının kimlikleri, tarihçiler arasında çok tartışılır. Bâzı tarihçilerimiz, ad benzerliğinden başka bir kanıta dayanmadan, onların XIII. Yüzyılda Maraş bölgesinde görülen Ağaçeri Türklerinden, Oğuzlardan olduklarını ileri sürerler. Hazar kollarından Ak-Hazar diyenler de vardır. Macar iddiası da ortaya atılır. Priscus, onlar için «Hun boyu» der. 448 yılından önce, Uzak Güneydoğudan göçmüşlerdir. Jordanes, «tarım bilmediklerini, hayvancılık ve avcılıkla geçindiklerini, boylara bölündüklerini, her boyu kendi şefinin yönettiğini» yazar. Akitzir'ler, Bleda'nın ölümüne kadar Hunlarla iyi geçinirler. Hunların gerisinde oturan bu gücü, Bizans kazanmak ister. Onlara zengin armağanlar yollar. Attila ile ittifaktan vazgeçip, Bizans ile ittifak yapmalarını önerir. Ne var ki, armağanları getiren Bizans elçileri, boyların arasındaki hiyerarşinin büyük öneminden habersizdir. Armağanı ilk önce, hiyerarşinin en üstündeki boy şefine vermesi gerekirken, başkasına verir. Ayrıcalığı çiğnenen bu şef, mevkiini tanımayan öteki Akatzir şeflerine saldırmak için, Attila'dan yardım ister. Attila kuvvet yollar, bir dizi savaştan sonra Akatzir boyları bağımlı kılınır. Attila, yardım isteyen şefi yanına çağırırsa da, o, korkarak gitmez. «Güneşe bakamam, insan Tanrı'ya bakamaz» gerekçesiyle, Attila'yı Güneş-Tanrı yaparak, itaatsizliğini bağışlatır. Bu Akatzir şefi, kendi boyunun başında bırakılırsa da, Attila kalan Akatzir boylarını yönetmek için, büyük oğlu İlek'i görevlendirir. Böylece Bizans'ın «barbarı barbara kırdırma» denemesi boşa çıkar.

ATTİLA'YI ÖLDÜRME PLANI

Attila, 448'de Bizans ile barış yapar. Tuna Güneyindeki 300 mil uzunluk ve 100-120 mil derinlikteki bölgenin Romalılar tarafından boşaltılmasını ister. Böylece Tuna ve müstahkem mevkileri sınır olmaktan çıkacak, Hun İmparatorluğunun güvenliği artarken, Bizans'a saldırı kolaylaşacaktır. Attila ayrıca, yıllık vergilerin ödenmesini, 600 libre altın savaş tazminatı verilmesini ve ticaret pazarının Tuna'dan Niş'e taşınmasını önerir. Bizans kabul etmiş görünür, vakit kazanmak ister. Attila, yardımcılarından Edekon* ile Romalı Orestes'i Istanbul'a yollar. Çevirmen Bigila'dır. Edekon, Attila'nın mektubunu sunar. Hun İmparatoru, mektubunda Romalıların kaçakları hâlâ tutmasından, Tuna Güneyindeki bölgeyi boşaltmayışından yakınır. İstekleri hemen yerine getirilmezse savaşacaktır. Attila ayrıca, öteki sorunların çözümü için sıradan elçi değil, eski konsül gibi yüksek mevkili kişi yollanmasını, bu yapılırsa müzakere için Sofya'ya kendisinin geleceğini bildirir.

Akatzir ayaklanmasını başaramayan Bizans, elçi Edekon'u elde edip Attila'yı öldürtmeyi planlar. Istanbul'un o sırada imparatordan sonra en güçlü kişisi Hadım Chrysaphius, «başkent saraylarının görkemliliğinden duyduğu şaşkınlığı» belirten Edekon'u satın almayı dener :

— Sen de İskitleri (Hun) bırakıp Roma hizmetine girersen, tavanları yaldızlı köşklerde yaşar, büyük zenginlik sâhibi olursun.

— Efendimizin iznini almam gerek.

— Attila'nın yanına serbestçe girme yetkin var mı? Hunlar arasında etkinliğin var mı?

— Attila'nın doğrudan hizmetindeyim, yardımcısıyım. Onu korumak için kapısında her gün belli bir süre nöbet tutarım.

— Sır tutma yemini edersen, sana bir öneride bulunacağım. Öneri senin çıkarına. Düşünmelisin, tek başına yemeğe gel.

Edekon, tek başına yemeğe gelir. Sır tutma yemini eder. Bigila çevirmenlik yapar. Hadım, önerisini açıklar :

* Edekon'un (Edeco), Germen Skirleri başkanı ya da Hun olduğu ileri sürülür.

— Attila'yı öldür, gel Istanbul'da refah içinde yaşa.

— Kabul, ama yönetimimdeki Hunların bağlılığını sağlayabilmem için 50 libre altın gerekli.

Hadım, parayı hemen vermek ister.

— Olmaz, der Edekon. Attila elçilerin aldıkları paraları soruşturur, yanımdakilerden bu kadar büyük parayı saklayamam. Ben hemen Bigila ile dönmeliyim. Bigila, Attila'nın kaçaklar konusunda istediği yanıtı götürmeli. Paranın nasıl yollanacağını Bigila dönüşte size bildirir.

Bu anlaşma üzerine İmparator, Hadım ve öteki danışmanlar toplantı yaparlar. Elçi olarak, Attila'yı öldürme planından habersiz ve önemli bir mevki sâhibi bulunmayan Maximinus'un yollanması kararlaştırılır. Bigila, üzerine kuşku çekmesin diye basit bir çevirmen gibi gözükecektir. Maximinus'un görevi, Attila'nın mektubuna Bizans İmparatorunun yanıtını götürmektir. Mektupta elde kalan son 17 kaçağın yollanacağı ve Maximinus'un soylu, yüksek mevkili ve İmparatora yakın bir kişi olduğu yazılıdır. Maximinus, sözlü olarak da en yüksek mevkili elçi istemenin geleneklerine aykırı düştüğünü, ne Attila, ne de öteki İskit hükümdarlarının şimdiye kadar böyle bir istekte bulunmadıklarını anlatacaktır.

Oysa Attila'ya daha önce eski konsül ya da büyük komutan elçiler yollanmıştır. Bizans İmparatoru, şimdi üstünlük taslama ve «barbarlar»a tepeden bakma çabasındadır. Elçilik kurulunda ayrıca, Attila hakkında yukarıdaki bilgileri sağlayan Bizans tarihi yazarı Priscus ve Hunca bilen Rusticus vardır. Ne var ki, Attila'yı öldürme planı yürümez. Edekon, ya Hadım'la başbaşa yediği yemekten yardımcısı Romalı Orestes kuşkulandıığndan, ya da gerçekte Attila'ya bağlı olduğundan, öldürme planını Attila'ya açıklar. Edekon, İmparatorun mektubunda yazılanları da Attila'ya bildirir. Bu koşullarda Attila, elçilik kurulunu kabul etmez, «eğer mektupta yazılanlardan başka önerileri yoksa, gitsinler» der. Priscus, Attila'nın yardımcılarından Scotta'yı armağanlara boğarak elde eder. «En etkin kişi senmişsin. Huzura kabulümüzü sağlarsan, buna inanırım» diyerek onun gururunu okşar. Kabul edilirler.

Attila, çadırda bir tahta iskemlede oturmaktadır. «Kısa boylu, kalınca, büyük yüzlü, düz burunlu, dibe batmış küçük gözlü, birkaç tel sakallı» bir kişidir. Elçinin «İmparator iyilik ve esenliğinizi ister» sözlerine karşılık, «Romalılar, bizim için arzuladıkları kadere sâhip olsunlar» yanıtını verir. Öldürme planına katılan çevirmen Bigila'yı şiddetle azarlar :

— Utanmaz hayvan. Anatolis ile yapılan antlaşmaya göre (448 antlaşması) kaçaklar geri verilmeden elçi yollanmayacak idi. Bunu bile bile niye geldin?

Bigila, «kaçak yok» derse de, Attila iyice kızar, hâlâ bir sürü Hun kaçağı bulunduğunu söyler. Sekreterini çağırtır ve kaçak Hunların adlarını okutur. Sonra kaçaklar sorununun kesin çözümü için, Rua'nın daha önce Istanbul'a yolladığı Elsa'yı elçi göndereceğini açıklar ve toplantıyı şu sözlerle kapar :

— Kölelerimin Roma ordusuna katılmalarına ve bana karşı savaşmalarına izin veremem. Gerçi ben savaşa gidersem, onların Romalıların pek işine yarayacağı düşünülemez. Ama kaçaklar yollanmazsa, mutlaka savaş yapacağım.

Toplantı biter. Çevirmen Bigila'nın Elsa ile Istanbul'a gitmesi, Bizans elçisinin ise Attila'nın yanında kalması kararlaştırılır. Elçilik kurulu, Attila'nın başkentine doğru yola çıkar. Kurul, yolda fırtınaya tutulur. Bleda'nın karılarından birinin yaşadığı bir köye sığınır. Bleda'nın karısı belki de bu köylerin yöneticisidir. Kadın, elçilik kuruluna yiyecek verir ve gece kadınlar sunmayı* önerir. Kurul, yiyeceklere evet, kadınlara hayır, der. Karşılığında kürkler, gümüşler ve Hin-

* Cinsel konukseverlik geleneği, Orta Asya'da vardır.

distan biberi verirler. Baharat, bozkırda çok sevilen bir nesnedir. Artık Ammianus'un 50 yıl önceki Hunlar için söylediği «Eti ne pişirirler, ne de baharatla lezzetlendirirler» görüşü, gerilerde kalmıştır. Hunlar ve öteki «barbar» şefleri, baharata düşkündürler. Roma'yı titreten ünlü Alarikh, Roma ile 408'de yaptığı antlaşmaya 3 bin libre Hindistan biberi sağlanması maddesini koydurur.

ATTILA'NIN BAŞKENTİ VE ŞÖLENLER

Elçilik kurulu, Bleda'nın karısının köyünde geçirilen geceden sonra yola koyulur, Attila'nın başkentine varır. Başkent, yolda rastladıklarından daha büyükçe bir köydür. Ağaç ve taş bulunmayan geniş bir ovada kurulmuştur. Atlıların kolayca manevra yapabileceği ve sürpriz baskınların önlenebileceği bir yerdir. Köyde, Attila'nın evi daha özenle, düz ve cilâlı tahtadan yapılmıştır. Ev, tahta kulelerle süslenmiş tahtadan bir çitle çevrilmiştir. Biraz uzakta başka bir çit içinde, elçilik kurulunun Attila'dan sonra en kudretli kişi saydığı Onegesius'un* evi vardır. Burada bir taş hamam da bulunur. Hamam, tutsak bir Romalı mimara yaptırılır. Mimar, hamam yapımı karşılığı serbest bırakılacağını sanırsa da, hamamcılıkla görevlendirilir. Bu iki evin dışındaki evler, çevrede ağaç ve taş bulunmadığından, saman ve çamurla yapılmış olsa gerektir.

Attila, Hun kadınlarının üstlerinde tuttukları beyaz keten örtülerin altında sıralanmış kızlar arasında ilerler. Kızlar, Hunca şarkılar söyleyerek Attila'nın atının yanında yürürler. Onegesius'un evinin önünden geçerken, onun karısı Attila'ya şarap ve çerez sunar. At üstünde şarabı içen ve çerezleri yiyen Attila, evine gider. Daha sonra Onegesius'un karısı, elçilik kurulunu

* Bu kişi Hun kökenli sayılır. Adının «Oniki» olduğu ileri sürülür. Prof. Öğel, Romalı der. Başkomutandan çok, «başbakan» olsa gerektir.

ağırlar. Kurul, çadırlarını Attila'nın çitine yakın bir yerde kurar.

Karargâhta, Hun ve Got dilleri, en çok konuşulan dillerdir. Hunlar Batı Romalılarla konuşurken bâzı Lâtince sözler de kullanırlar. Tutsaklar, Grekçe konuşur. Grekçe konuşan, Hun giysisi taşıyan kişilere de rastlanır.

Priscus, Onegesius'a armağanlar sunar. O da elçilik kurulunu çadırlarında ziyaret edr. Elçi, bu ikinci adamı, sorunları çözümlemek için Istanbul'a çağırır :

— Çözüm olursa, o, ailesi ve çocuklarıyla birlikte, Roma İmparatorunun sonsuza dek dostu olacaktır.

Ne var ki, Onegesius'un yanıtı sert ve kesindir :

— Bu, efendim Attila'ya ihanet demektir. Hunlar arasındaki yaşamımı, karı ve çocuklarımı bırakmak demektir. Romalılar arasında zengin adam olmaktansa, Attila'nın kölesi olmak yeğdir.

Ertesi gün Priscus, Attila'nın büyük oğlu İlek'in anası olan Hereca'ya* armağanlarını sunar. Hereca, çitin içinde bir çadırda yaşar**. Priscus içeri girince, Hereca'yı çadırı kaplayan bir halı üzerine uzanmış görür. Önünde keten işleyen kızlar vardır. Priscus, armağanlarını sunar ve çekilir, çevrede dolaşır. Attila, evinin kapısı önündedir. Bir Hun kalabalığı ona doğru koşuşur. Attila, bu kalabalığın yakınmalarını ve anlaşmazlık konularını dinler, yargıçlık yapar. Anlaşmazlıkları hemen sonuca bağlar. Sonra bir «barbar halk»tan gelen elçilik kurulunu kabul etmek için içeriye girer.

Priscus, Romulus başkanlığındaki Batı Roma kuruluyla konuşur. Onlar Attila'nın sert ve şiddetli mizacından yakınırlar :

— Attila artık haklı da olsa hiçbir savı dinlemiyor.

---

* Hereca'nın Türkçe adı, soylu anlamına Arıkan olarak düşünülüyor.

** Çitle çevrilmiş yer, daha önce gördüğümüz Orta Asya Türk boylarının «aul»larına benzer. Aul ya da ağıl, karılar, çocuklar, öteki akrabalar ve hizmetçilerle birlikte bir büyük aile teşkil eder.

Ancak kendine çıkar sağlayacağını düşündüğü savları dinliyor. İskit ülkesinde, ya da öteki bir yerde hükmeden başka bir kişi, bu kadar kısa sürede bu kadar çok şey elde etmedi. Kudretini artırmak için şimdi İran'a saldırması beklenir.

Bu konuşmalar olurken, Onegesius, Attila'nın yanından çıkar ve Priscus'e onun konsül sıfatlı elçi isteğinde ısrarlı olduğunu bildirir. Priscus, Onegesius'e Istanbul'a gelme dâvetini yineler, ama gelmezse Hunların seçecekleri herhangibir elçiyi kabul edeceklerini söyler. Onegesius, bu ödünü önemli sayar, hemen Bizans elçisini alıp Attila'ya götürür. Attila, daha önce görüşmeler yaptığı Nomus, Anatolius gibi kişiler, ya da senatör ister. Elçi olarak böyle biri gelmezse, Attila savaşacaktır. Şerefine uygun elçi yollanmasında Attila kararlıdır.

Kurul, gece şölene çağırılır. Şölen salonu, Attila'nın çitinin içindedir. Hun geleneğine göre, oturmadan önce içki sunulur. Şölen salonunun her iki yanında iskemleler vardır. Hunlar ve konuklar bu iskemlelere otururur. Attila'nın koltuğu odanın ortasında, giriş kapısına dönük konmuştur. Arkasında başka bir koltuk boş durur. Onun gerisinde, birkaç adım ötede ve biraz yüksekte bir yatak vardır. Yatak, işlemeli bir keten perdeyle şölen odasından ayrılmıştır. Burası belki de Attila'nın yatak odasıdır.

Attila'nın hemen sağındaki iskemle, en önemli kişinin oturduğu yerdir. Oraya «başbakan» durumundaki Onegesius değil, güçlü beylerden Hun soylusu Berichus oturur. Bizanslılar ikinci şeref mevkii ile yetinip Attila'nın hemen solunda yer alırlar. Attila'nın iki oğlu, babalarının önünde gözleri yere çevrilmiş olarak otururlar. Herkes oturunca bir şarap sunucu girer ve Attila'ya bir kâse şarap sunar. Attila alır ve Berichus şerefine içer. Berichus hemen ayağa fırlar ve şarap içilene kadar yerine oturmaz. O yerine oturduktan sonra, bütün konuklar Attila'ya aynı biçimde saygı gösterirler ve kâseden şarap içerler.

Bu tören bitince, masalar getirilir. Romalıların yaptığı gibi, üç-dört konuk bir masaya oturtulur. Masalar, Roma kentlerinden elde edilmiş gümüş tabaklar içinde sunulan et, ekmek ve mezelerle doludur. *Attila ise, tahta tabak içinde ve yalnız et yer. Kadehi de tahtadandır. Oysa adamları ganimet altın ve gümüş kadehlerle içerler. Adamların ayakkabıları, altın ve değerli taşlarla süslüdür. Herhalde Hun yapısı olmayan bu süslü ayakkabılar, o sıralarda Avrupa'da modadır. Attila ise, sâde bir ayakkabı giyer.*

Yemekler bitince, yenileri getirilir. Şarap içme törenleri yinelenir. Karanlık basınca meş'aleler yakılır. İki şarkıcı, Attila'nın önüne gelip besteledikleri şarkıları okurlar. Onun yengilerini, savaştaki yiğitliklerini överler. Konukların bâzıları coşar, bâzıları ağlar. Şarkıcılar çekilince, anlaşılmaz vahşi sözler söyleyen bir deli gelir. Konuklar, kahkahalarla gülerler. Sonra Bleda'nın cücesi çıkar. Bleda, onu istediği kadınla evlendirmiştir. Fakat Bleda ölünce, Attila, hoşlanmadığı cüceyi Aetius'a vermiştir, o da Alan kökenli Bizans generali Aspar'a sunmuştur. Ama cüce, Batıya gittiğinde karısını arkada bıraktığı için Hunlara geri gelmiştir. Derdi, karısına kavuşmaktır. Edekon'un telkiniyle Attila'ya yaklaşırsa da, o, kızgınlıkla dinlemeyi reddeder. Cüce, Attila eğlenirse fikrini değiştirir umuduyla şaklabanlıklar yapar. Herkes gülmekten kırılır. *Attila ise, ilgisizdir. Suratı asıktır, gülmez. Ne hareket eder, ne konuşur. Ama kapı açılıp küçük oğlu İrnek girince, sert gözleri yumuşar. Oğluna dönüp yanağını okşar. Oysa öteki oğullarına çok sert ve tepeden bakmaktadır. Priscus, Lâtince anlayan bir Hunluya bu şefkatin nedenini sorunca, Hun önce sır yemini ettirir ve şöyle der:*

— Falcılar bildirdi ki, Attila soyu kötü duruma düşecek, sonra İrnek soyunu yeniden yüceltecek.

Şölen, geç saatlere değin sürer. Ertesi gün elçilik

kurulunun gitme isteği kabul olunur. Onegesius, Bizans İmparatoruna verilecek Attila'nın mektubunu hazırlar. O gün Attila'nın karısı Hereca, kurul üyelerini ağırlar. Toplantıdaki Hunların herbiri, eğlencenin sonunda Romalılara şarap kâseleri sunar, içerken onları kucaklar ve öper.

Ertesi akşam Attila, aynı biçimde ikinci bir şölen verir. Bu kez Attila'nın sağındaki şeref mevkiinde, herhalde yönetiminde önemli bir Hun topluluğu bulunan amcası Aybars yer alır. Attila, şölende Bizans elçisiyle konuşur ve ondan Aetius'un gönderdiği Romalı sekreteri için, Bizanslı zengin bir kadın ister.

Kurul, üç gün sonra yola çıkar. Berichus, kurulla birlikte gidecek ve âdet olan armağanları toplayıp dönecektir. Yolda Attila'yı öldürme planı için gerekli 50 libre altını getiren çevirmen Bigila'ya rastlar. Bigila, küçük oğluyla birlikte Attila'ya gider. Sorguya çekilir. Doğruyu söylemezse, oğlunun kılıçla öldürüleceğini işiten Bigila, öldürme planını açıklar. Oğlunun zincire bağlı olarak rehin tutulması ve Bigila'nın Hun hizmetindeki Romalı Orestes ve Elsa ile Istanbul'a gidip daha 50 libre altın getirmesi kararlaştırılır. Altın, çocuğun serbest bırakılması için gerekli fidyedir. Orestes, ilk 50 bin altının içine konulduğu keseyi boynunda taşıyacak ve İmparatora, keseyi tanıyıp tanımadığını soracak ve sonra şu mesajı iletecektir :

— Babası Arcadius ve benim babam Muncuk soylu idiler. Attila, babasının soylu niteliklerini taşıyor, ama Theodosius taşımıyor. O, Attila'nın kölesi oldu ve ona haraç para ödedi. Ama efendisine karşı doğru davranmadı, kötü bir köle gibi gizlice saldırdı. Cezalandırmak için Hadım'ı Hunlara teslim ederse, ancak bağışlanacaktır.

Bununla birlikte, Hadım, ikinci 50 libre altın ile Attila'nın istediği kişileri elçi yollayınca, Hun İmparatoru, ilk isteklerinden vazgeçer. 450 yılı baharında anlaşmaya varılır. Elçiler, 448 antlaşması koşullarında banışı koruyacağına dair Attila'ya ant içirirler. Hun kaçakları sorununu, Bizans yeni kaçakları kabul etmediği sürece, tazelemiyeceği hususunda yemin alırlar. Attila 448'de ileri sürdüğü Kuzey Bulgaristan'ın boşaltılması ve askerden arındırılması isteğinden de vazgeçer. Sınır, yine Tuna olarak kalır. Bigila ile öteki Roma tutsakları, karşılığında fidye alınmadan serbest bırakılır. Attila'nın Romalı sekreterine karı olarak zengin, çeyizli bir Bizans soylusu verilir.

PRENSES HONORİA'NIN YÜZÜĞÜ

Hun İmparatoru, belki de Batı Roma'ya yöneleceği için, Bizans'a bu ölçüde yumuşak davranır. Attila, Batı Roma İmparatorluğu komutanı unvanını taşır. Bu unvan, Roma birliklerine komuta etmeyi gerektirmemekle birlikte, Attila'ya yüksek ücret sağlar. Komutan, Roma'dan kendi askerlerinin beslenmesi için büyük miktarda tahıl alır. Fakat iyi ilişkiler 449'da bozulur. Attila, kendine ait olduğunu söylediği altın tabağı çaldı diye banker Silvanus'un teslimini Aetius'dan ister.

Attila, önce Galya'ya yönelir. Güneye. Roma üzerine yürümek yerine, Batıya yönelişinin nedeni belli değildir. Amacın Galya'da güçlü Aetius'u uzaklaştırmak ve Roma'nın ona verdiği ordu komutanı unvanını, salt bir unvan kalmaktan çıkarıp gerçek yapmak olduğu düşünülebilir. Batı Roma, Aetius'un yerine, Attila'yı Galya yetkilisi tanırsa, Hunlar, Batı Roma İmparatorluğunu içinden denetleyebilecektir.

Attila, ilkin Toulouse'daki Vizigot Krallığına saldırmayı kararlaştırır. Batı Roma İmparatoru Valentinianus III.'e mektup yollayıp, onlarla bir kavgası olmadığını, yalnızca Vizigot'la hesaplaşacağını bildirir. Fakat bu sırada Honoria sorunu çıkar.

Honoria, Batı Roma İmparatorunun kızkardeşidir. Ravenna'da oturur. Burayı Eugenius yönetmektedir. O, 449'da Honoria'yı baştan çıkarır, hatta görünüşe göre gebe bile bırakır. Durum öğrenilir ve Eugenius öldürülür. Zira bu ilişki sâyesinde, onun imparatorluk iddiasına kalkışmasından kuşku duyulur. Honoria, böyle bir iddiada bulunma olanağından yoksun, zengin ve yaşlı bir senatöre nişanlanır. Kız, bu durumdan kurtulmak için Attila'ya başvurur. 450 yılı baharında, adamlarından bir hadımı, para karşılığı kendisini bu evlenmeden kurtarsın diye yollar. Mesajın gerçekliğine inanması için, Attila'ya sunmak üzere yüzüğünü hadıma verir. Honoria'nın amacı siyasaldır: Daha önce sevgilisi Eugenius'u imparator yapıp imparatoriçe olarak hükmetmek istemiştir. Şimdi de herhalde Attila'nın eşi olarak Ravenna'da değilse bile, Galya'da hükmetme amacını taşımaktadır.

İmparator Valentianus, Honoria'nın yüzük yollama işini geç öğrenir. Hadım, işkenceyle konuşturulup öldürülür. Bizans İmparatoru Theodosius, kızın Attila'ya verilmesini, sorun çıkarılmamasını öğütler. Fakat Valentianus, Honoria'nın annesiyle evli Got şefinin kızı saklama isteği üzerine, onu bu şefe yollar. Honoria hakkında artık başka birşey öğrenilmez. Yüzük ve kızın dâvetiyle güçlenen Attila ise, Honoria'nın karısı olduğunu ileri sürer.

Attila ile uzlaşma yanlısı olan Bizans İmparatoru Theodosius o sırada ölür, yerine geçen Marcian, sertlik ve mücadele yanlısıdır. Uzlaşmacı Hadım Chrysaphius'u asar ve Hun'a haraç ödemeyeceğini ilân eder. Attila, Batı ve Doğu Roma başkentlerine iki elçi yollar. Batıya şu ultimatomu bildirir :

— Honoria'ya dokunmayın, karımdır. Acı çeker ve miras olarak Batı Roma İmparatorluğunun yarısını almazsa, öç alırım.

Girişim, sonuçsuz kalır. Batı Roma,

— Honoria gönderilemez, çünkü başkasına nişanlı. Ayrıca imparatorluğun yarısı ona ait değil. Roma'da veraset kızdan değil, oğuldan işler, yanıtını verir.

Bizans, Attila'nın elçisinin «haracı yeniden ödemeye başla» önerisine sert biçimde karşı kor, «asla» der. Ancak Attila barışı korursa, «armağan» sunabilecektir. Savaş yaparsa, karşısında eşit güçte bir ordu bulacaktır.

Yeni bir olay, Ren kıyılarındaki Ripuar Franklarının taht kavgasıyla çıkar. Büyük oğul, ittifak için Attila'ya, küçük oğul da Aetius'a başvurur. Ne var ki, büyük oğulun Franklar içinde destekleyicisi azdır. Aetius, küçük oğulu kral yapmayı başarır. Ripuar Frankları Attila'ya düşman olur.

Attila, Batıya doğru ilerler. Ordusunda Hunların yanı sıra, Doğu Burgond, Rugi, Gepid, Skir, Turciling gibi Germen toplulukları ile Ostrogot Kralı ve kardeşleri, Slavlar vardır. Attila, yol üzerinden Batı Roma'ya yeni bir elçi yollar :

— Honoria, Attila ile evlenmeye söz vermiştir, kanıtı da yüzüktür. İmparatorluğun yarısı Honoria'ya babasından mirastır. Valentinianus, onun mirasını çalmıştır.

Attila'nın Got kökenli elçisi, isteğini şu tehditle tamamlar :

— Benim ve senin efendin olan Attila, benim aracılığımla sana, sarayını onun için hazırlamanı buyurdu.

FRANSA SEFERİ

Fakat tehdit olumlu sonuç getirmez. Tam tersine hem Batı Roma, hem de Vizigot'la düşmanlık gütme, Roma-Vizigot ittifakını sağlar. Aetius, Attila'nın dostu, Vizigot Kralı Theodorikh'in ise uzlaşmaz düşmanıdır. Diplomasi ustası Attila, görünüşe göre bu kez, kötü bir diplomasi örneği verir ve iki uzlaşmaz düşmanı birleştirir. Aetius'un ordusunda, onun Hun askeriyle yenip Savoy'a yerleştirdiği Burgond'lar, Vizigotlar, Ripuar Frankları, Alanlar, Saksonlar vb. vardır.

Attila 7 Nisan 451'de Metz'i alır. Orléans'a yürürse

de kenti alamaz. İki ordu 20 Haziranda Troyes kentinin hemen Batısında Catalaunum'da karşı karşıya gelir. İlk günkü savaşta iki taraf da büyük yitik verir. Vizigot Kralı ölür. Gece Attila, ordusunun gerisinde daire biçiminde dizdirdiği arabalarla çevrili karargâhına çekilir. «Küriyen» denilen bu daire biçiminde dizilme, baskınlardan korunmayı amaçlar ve Asya bozkır geleneğine uygundur.

Bu sonuçsuz savaşı kimin kazandığı belli değildir. Birçok Batı tarihçisi Romalıların, bizim tarihçiler Attila'nın kazandığını ileri sürerler. Jordanes, Attila'nın falcılarına danıştığını, onların kurbanların bağırsaklarını ve kemik damarlarını inceledikten sonra, kötü haberler verdiklerini yazar. Attila, iddiaya göre, belki de bu nedenle geri çekilir. Başka bir iddiaya göre ise, Vizigot Kralının oğlu, daire biçimindeki karargâhına çekilen Attila'yı abluka altına alıp açlıktan yok etme niyetindedir. Aetius önler, «acele ülkene dön, yoksa tahtı kardeşlerine kaptırırsın» der. Aynı gerekçeyle genç Frank Kralını da uzaklaştırır. Attila, serbestçe çekilme olanağını bulur. Prof. Kafesoğlu ise, «Attila'nın amacı, Galya'yı saf dışı edip Roma'yı desteksiz bırakmaktı. Bu amaca ulaştığı için geri çekildi» der. Kısaca, Fransa karşılaşması, her iki yanın da nedenleri ne olursa olsun, kesinlikle yenilmeden geri çekilmeyi yeğ tuttuğu bir savaştır. Attila için bir başarısızlık değilse de, başarı hiç değildir.

ATTİLA'NIN İTALYA'DA YAPTIRDIĞI TABLO

Attila 452 yılında, yine büyük bir orduyla, Alpleri geçer, Venedik düzlüğüne iner. Ünlü Aquileria kalesini kuşatır. Kuşatma, ilkin başarısızdır, Attila belki vazgeçecektir. Fakat surlar kenarında dolaşırken, yuvalarından yavrularıyla birlikte havalanan ve mevsimsiz bir göçe hazırlanan leylekleri görünce, bunu kalenin düşeceğine kanıt sayar, saldırır ve kenti alır. Birçok kent ele geçirilir, yağmalanır ve halkı tutsak edilir. Attila, Milano ve öteki bir kenti yakıp yıkmaz, halkına da dokunmaz. Milano sarayında Attila bir tablo görür: Tabloda, Doğu ve Batı Roma İmparatorları altın tahtlarına oturmuşlardır. Ayak uçlarında da İskit ölüleri vardır. Attila, yerli bir ressama yeni bir tablo yaptırır: Tahtta Attila oturur. İki Roma İmparatoru ise yerdedir, ellerinde bir torba vardır. Torbadan Attila'nın ayaklarına altınlar boşaltırlar.

Attila, Apenin'leri aşar, fakat savunmasız Roma'yı yağmalamadan geri döner. Bu birden geri dönüşün nedenleri çok tartışılır ve çeşitli öyküler uydurulur. Bir öyküye göre, Attila Roma'ya yürümek niyetindedir. Fakat çevresi, bunun uğursuzluk getireceğini, Alarikh'in Roma'yı yağmalar yağmalamaz öldüğünü söyler, Attila vazgeçer. Başka bir öykü, Attila'nın ayağına gelen Papa'nın ricasına uyup geri çekildiği biçimindedir. Ne var ki, 451 yılında İtalya'da kıtlık vardır ve kıtlık, veba getirir. Attila belki de bu nedenle geri çekilir. Üstelik saldırgan bir politika izlemeye heveslenen Bizans, Germenleri ayaklandırma umuduyla o sırada Tuna'da başarılı bir saldırı yapar. Bu da geri çekilmek için yeterli bir nedendir.

Attila ertesi yıl (453) herhalde Bizans'a sefer yapma niyetindedir. Fakat gece çok şarap içip yeni karısı olan bir Germen güzeliyle gerdeğe girdiğinde burun kanamasından ölür. Sık sık burnu kanayan Attila, bir iç kanamadan ölmüş olabilir.

Büyük bir ölüm töreni düzenlenir. İlginçtir ki, Asya'da «yuğ» denilen bu törene, Attila çevresinde Slavca «strava» denilir. Hunlar saçlarını keserler, kılıçlarıyla yüzlerini kana boyarlar. En seçkin atlılar, çevresinde daireler çizerek, onun gök yolculuğunu kolaylaştırır. Hizmetçileri, atları ve hazineleriyle Attila göğe uçar.

OĞULLAR, BOY VE BUDUNLARI PAYLAŞIYOR

Attila ölünce, oğulları, Hun boylarını ve bağımlı toplulukları aralarında paylaşırlar. Paylaşılan arazi değil, boy ve budunlardır. Arazi ikinci plandadır. Bu paylaşmada, kagan, sağ ve sol krallar biçimindeki bozkır sistemine ne ölçüde uyulduğunu bilmiyoruz. Bilinen, Attila ölünce, üç oğlu arasında boy ve budunları paylaşma kavgalarının başladığıdır. Bunu, bağımlı topluluklann ayaklanmaları izler. Tisa vâdisindeki Ostrogotlar, başı çekerler. Büyük Germen ayaklanmasını ise, Attila'nın en güvenli yakınlarından Gepid Kralı Ardarikh gerçekleştirir. Gepid'leri, Skir, Rugi, Sueb, Herul gibi Germen toplulukları destekler, Ostrogotlar katılmaz. Gepid'ler savaşı kazanırlar (454). Attila'nın 448'-da Akatzir boylarını yönetmekle görevlendirdiği büyük oğlu İlek, bu savaşta ölür; 30 bin Hun ve müttefik askeri dağılır. Öteki kardeşler, Karpatları aşıp 80 yıl önce Hunların Ostrogotları yendikleri Karadeniz bölgesine çekilirlerse de, bâzıları Tisa vâdisindeki eski yurtlarına dönerler. Fakat Ostrogotlar karşısında tutunamazlar. Bir kısım Hun, Attila'nın küçük oğlu İrnek'in liderliğinde ve İmparator Marcian'ın izniyle, Tuna ve Tisa kavşağına sığınır.

Bundan sonra, kaynaklarda, Bizans'a bâzı Hun akınları ve Hun yerleştirmeleri hakkında dağınık bilgiler vardır. Marcian, bâzı Hun boylarını, Attila soyundan şefleri başlarında olmak üzere Tuna bölgesine yerleştirir, bunlar «federe» olurlar ve üç Bizans kalesi onların denetimine verilir. Jordanes, «Hun boylarının her yerden Bizans arazisine geldiklerini, teslim olduklarını, bâzılarının yeni adlar aldıklarını» yazar.

Attila oğlu Dengizik, Tisa vâdisinde kalır ve topladığı bâzı Hun boylarıyla genişlerse de, Ostrogot'a yenilir. 468-469 yılında «Attila çocuklarından» Istanbul'a elçi geldiği bildirilir. «Attila çocukları», Roma sınırlarındaki pazarların Hunlara yeniden açılması koşuluyla, Barış yapmak isterler. İmparator Leo (457-474), eskiden çok zarar verdiklerini söylediği Hunları, ticaretten yararlandırmayı istemez. Red haberi gelince, Attila'nın çocukları anlaşmazlığa düşerler. Dengizik savaş yanlısıdır. Tuna-Tisa kavşağına Bizans'ın yerleştirdiği İrnek, «benim arazimdeki kavgalar bana yeter» gerekçesiyle, savaşa yanaşmaz. Dengizik, yalnızca kendine bağlı boylarla savaşa çıkar, fakat yenilir (469), kesik başı Istanbul'da törenle gezdirilir. Bizans'a son Hun akını, İmparator Zeno (474-479) dönemindedir, başarısız kalır.

ATTİLA DÖNEMİ HUN TOPLUMU

45 çeşitli dil ve etnik grubu barındıran imparatorluğun kurucusu Hunların etnik kökenleri, Batıda 200 yıldır tartışılır durur. Attila karargâhının kozmopolit görünüşü, karargâhta Hun, Germen, Lâtin dillerinin konuşuluşu, birçok Slav, Germen, Alan soylularının ve yöneticilerinin bulunuşu ve hatta imparator soyunun Rua, Bleda vb. gibi Gotça sanılan adlar taşımaları ve Hunlar hakkındaki Roma bilgi kaynaklarının Hun deyimini Tuna Kuzeyindeki bütün göçebe topluluklar için genel ad olarak kullanmaları gibi çok çeşitli nedenler, etnik köken sorununu karıştırır*. Avrupa Hunlarının Asya Hunlarından ayrı oldukları ileri sürülür. Hunların Fin, Fin-Ugor, Mogol, Germen, İranlı, Slav vb. kökeninden geldikleri yazılır. Rus yazarı Weltman, 1858'de Attila'yı «Bütün Rusya'nın otokratı» ilân eder. Fakat artık bu tartışmalar sona ermiş gibidir. Hun İmparatorluğunun çekirdeğini teşkil eden boylar topluluğu-

* Attila'yı yakından tanıyan Priscus dahi, kesin bir Hun-İskit ayırımı yapmaz. Ona göre dahi, bütün göçebe topluluklar İskit'tir, fakat bütün İskitler Hun değildir. Öteki pek çok yazar ise, Hunlara «İskit» genel adını verir, geçer. Daha sonraları «İskit» genel adı unutulur, İskit yerine «Hun» deyimi, etnik kökeni ne olursa olsun bütün göçebe boylara ad olur.

nun Asya Hunlarından geldikleri genellikle kabul edilmektedir. Kuşkusuz, Doğuda Mogol-Mançu v.b. boylarıyla karışan Hun boylarının Batıda da, üç-dört yüz yıllık bir süre içinde, Alan, Tohar, Slav, Fin-Ugor, Germen boylarıyla karışmış olmaları olasılığı güçlüdür. Bununla birlikte, dil ve kültür bakımından Hun boylarının Türklüğü konusunda kuşkuya yer bulunmasa gerektir. Hun İmparatorluğu ise, koşullar gereği, kozmopolit bir kuruluştur. Kuruluşun etnik yapısından çok, toplumsal yapısı önemlidir.

ZENGİNLEŞME

Daha önce gördük ki, tarımcının ürün fazlasına el konulması ve zenginleşme, Hun boy ve budunlarında daha açık bir toplumsal farklılaşmaya ve soylu bir ailenin yönetiminde daha sağlam bir siyasal örgütlenmeye yol açmakta idi. Başbuğ, eskiden boy ileri gelenleri arasında yeteneğe göre seçilir iken, savaşlar ve sürek avları dışında, başbuğun bir yetkisi yok iken, şimdi bu görev, babadan oğul, kardeş ve yeğenlere geçen bir soyun tekelindedir. Başbuğ seçiminde ölçü, artık yetenek değil, ailenin güç ve servetidir. Attila döneminde, servet ve zenginliğin daha büyük boyutlara ulaşmasıyla, toplumsal farklılaşma hızlanır ve devlet örgütlenmesi daha güçlenir.

Batı Roma'dan alınan yıllık haraç ve tutsak satışlarından sağlanan gelir, önemli ölçüde artar. 430 yıllarında Bizans'ın ödediği haraç yılda 350 libre altın iken, 2100 libre altına çıkar. Bu haraç, ilkin doğrudan Attila ve Bleda'ya, sonradan yalnız Attila'ya gider.

Tutsak satışı da kârlı bir uğraştır. Adam başı tutsak satışı 8 solidus'den 12 solidus'e çıkar. Önemli kişilerden 500 solidus fidye alınır. Fidye, tutsağı alan kişiye gider. Fakat ileri gelenlerin zengin tutsakları kendilerine ayırdıkları görülür. Bu bakımdan Hun kızı ile evlenip Hunlar arasında yaşamayı yeğ tutan ve Hunlar gibi giyinen bir Grek tüccarının öyküsü ilginçtir: Bu zengin tüccar, Hunlara tutsak düşer. Attila başkentinde rastladığı Priscus'a bu tutsak, «Hun âdetine göre, zengin tutsakları ileri gelenler alır, çünkü fidyesi yüksektir, beni de Onegesius'a verdiler» der. Tüccar, Bizans'a karşı verilen 443-447 savaşları ve 448 Akatzir seferine katılır, sağladığı ganimetle fidyesini öder. Onegesius'un yakınları arasında yer alır*. Tutsak sayısı arttıkça, ileri gelenler, en değerli tutsakları kendilerine ayırma yollarını bulmuş olsalar gerektir. İleri gelenler için başka bir kârlı alan — yüksek memurlar açısından günümüzde geçerliliğini koruyan — dış göreve gitme olanağıdır. Attila, sık sık, hatta gerçek bir neden olmadan, bahaneler yaratarak, çevresindeki ileri gelenleri Bizans ve Roma'ya elçi yollar. Çünkü elçilik kurullarına çok büyük armağanlar verilir, elçilik bir zenginleşme yolu olur.

Başka bir zenginleşme yolu, savaş ganimetleridir. Kent ve kırsal bölgeler yağmalanınca, savaşa katılanlar yağmadan pay alırlar. Fakat ganimet, giderek eşit paylaşılmaz. İleri gelenler, daha büyük pay alırlar. Ayrıca kendi bey ve krallarının yönetiminde bırakılan bağımlı göçebe topluluklardan haraç geliri sağlanır. Örneğin Got'lar hem kendilerinin kral ve soylularını beslemek, hem de Hunlara tahıl fazlası sağlamak durumundadırlar. Bu haraç ve yiyeceğin ne yolla, ne mik-

* Hun başkentinde, eskisinden daha rahat yaşayan bu zengin Grek tüccarı, «Barbarlar içinde yaşamın, Bizans İmparatorluğu'nda yaşamaktan daha iyi olduğu» görüşünü savunur: «İmparatorlukta, komutanların yetersizliğinden, savaş olursa ölürsün. Acımasız vergi toplamaları, zengin yasa çiğneyicileri karşısında vatandaşın çâresizliği nedeniyle, barış daha da kötü. Zengin cezadan kaçar, fakir ise mahkemede savunmasız. Rüşvet verilmedikçe, mahkeme bitmek bilmez. Fakirin tek umudu, karar verilmeden önce ölmek». Bizans'ta memurların baskı ve rüşvetçiliğinin, fakir kitleleri bezdirdiğini başka kaynaklar da doğrular. Bu nedenle, Bizans'a kaçan Hunlar olduğu gibi, Hun'a sığınan Grekler de vardır. Marksist tarihçilerin bu konudaki tartışmalarını daha önce belirtmiştik.

tar toplandığı ve nasıl paylaşıldığı hakkında bilgi yoktur. Fakat önemlice bir kısmının Attila ailesine ve Hun soylularına gittiği düşünülebilir.

ÜÇ ÇEŞİT SOYLU

Ticaretin sağladığı olanakları henüz hesaba katmıyoruz. Fakat yukarıdaki kaynaklar dahi, askerî güce dayalı egemen soyun elinde, gittikçe artan önemli miktarda bir zenginliğin toplandığını gösterir. Bu zenginlik, Hun boylarına bağımlı olmayan, hatta boyların bağımlılığını ve disiplin altına alınmalarını amaçlayan, doğrudan hükümdara bağlı bir askerî kuvvet ve bir merkez bürokrasisi kurma olanağını getirir. Nitekim Bizans yazarlarının Attila karargâhında rastladığı «başbakan durumundaki» Onegesius ve Edekon gibi kişiler, kudretlerini kendi boylarının beyi olmaktan değil de, Attila'ya bağlılıktan alan bir cins «hizmet soyluları»na benzerler. Onegesius ve Edeken, «Attila'nın kölesi» olduklarını söyleyerek, kişisel bağımlılıklarını belirtmek isterler. Edekon, her gün Attila'nın kapısı önünde nöbet tuttuklarını ve her gün onu görebildiğini, bir Hun askerî birliğine komuta ettiğini açıklar. Attila'yı öldürebilmek için önce, bu kendine bağlı askerlere para dağıtması gerektiğini ileri sürer. Bütün bunlara, boy örgütlenmesinin dışında ve üstünde, Attila'ya bağlı bir askerî gücün ve hizmet soyluluğunun varlığını gösterir.

Bu hizmet soyluları, imparatorluğun yönetiminde önemli bir rol oynarlar. Onegesius, elçilik kurulları ile yapılan görüşmelere katılır, Attila adına yabancı devletlere yazılacak mektupları hazırlar. Edekon, elçi gider. Onegesius, Akatzir boyları üzerine yapılan seferde komutanlık eder. Biçimsel olarak komutan, belki de Onegesius ile birlikte sefere giden Attila'nın büyük oğlu İlek'tir. Fakat Göktürklerin Kapgan zamanındaki Kırgız ve Turgiş seferlerinde, Kapgan'ın oğlu Küçük

Kagan ve yeğeni Bilge Şad, biçim bakımından komutan iseler de, orduyu gerçekte yöneten ve onların sözüne aldırmadan Turgişlere baskın yapan Tonyukuk'tur. Onegesius ve arkadaşlarının da benzer durumda oldukları düşünülebilir.

Attila'nın ordu ve idareyi nasıl düzenlediği konusunda bir bilgi yoktur. Bununla birlikte, Asya Hunlarında ve Güney Rusya bozkırlarında görülen 10, 100, 1000 ve 10 bin biçimindeki askerî örgütlenmenin Hunlarda da varlığı kuşkusuzdur[261]. Hizmet soyuları, binbaşı, tümenbaşı ve daha üst rütbede komutanlar olarak, boy ve budunların üzerine oturtulan bu askerî örgütlenmede önemli görevler alabilirler, kendi birliklerinin yanı sıra, seferlere katılan bağımlı yabancı boylara komuta edebilirler. Askerî komutanlık, idarî görevlerden ayrılmadığından, bağımlı boyların yönetimi, vergi ve yiyeceğinin toplanması, anlaşmazlıkların çözülmesi gibi görevleri yerine getirebilirler. Böylece hizmet soyluları, bir ölçüde geliştirilebilen bir merkez yönetiminin iskeletini teşkil ederler.

Bu hizmet soyluları arasında, mevkilerine göre bir hiyerarşinin varlığı açıktır. Onegesius, hiyerarşinin tepesindedir. Arşiv tutmak ve yazı, çeviri işleri yapmakla görevli Lâtin ve Grek kökenli sekreterler ise, hiyerarşinin en altındadır. Fakat Attila'nın Romalı bir sekreter için Bizans İmparatorundan dolgun çeyizli zengin bir kadın istemesi, onun en alttaki görevlilerin refahı ile de yakından ilgilendiğinin kanıtıdır. Onegesius ise, Attila'nınkine benzer çitle çevrili tahta evde yaşar. Hatta taştan hamamı vardır. Çitle çevrili alanda birçok karıları, cariyeleri, çocukları, akrabaları, hizmetçileri, köleleri çadırlarda barınır. Köle çobanların en iyi otlaklarda otlattığı geniş sürülerinin var olduğu ileri sürülebilirse de, bu konuda elde bilgi yoktur.

Bir «hizmet soyluluğu»nun az çok gelişmesine karşın, Hun topluluğunun temelini «kan soyluluğu» yâni Attila soyu ve boy ve budunların başındaki soylular teşkil eder. Attila soyu, Asya Hunları ve Göktürklerde olduğu gibi, imparatorluğun çekirdeğini teşkil eden Hun boylarını aralarında paylaşırlar. Herbiri kendi bölgelerinde, belli bir miktar boyun başı olarak, onları ve bağımlı boyları yönetir, asayiş ve vergi toplama işlerini yürütür. Onların altında geleneksel boy örgütlenmesi, beylerin yönetiminde devam eder.

Birkaç yüz bin kişilik az sayıdaki Hun topluluğunun Volga'dan Ren nehrine, Tuna'dan Baltık Denizi'ne kadar uzanan çok geniş bir bölgeyi, pek çok topluluğu ve milyonlarca insanı yönetme durumunda bulunması, Hun beylerinin önem ve gücünü artırmış olsa gerektir. Beylerin bu geniş bölgede kurulan çok sayıdaki askerî garnizonların komutanlığında kendi boyları ile birlikte bulundukları, kendilerine ayrılan bağımlı boyları yönettikleri, boylarının başında savaşlara katıldıkları ileri sürülebilir. Bu durum, beylerin güç ve servetini çoğaltır. IV. Yüzyılda boy beyleri, doğrudan doğruya sürüler ve üretimle ilgilenme durumunda kalırlarken, artık yalnızca savaş ve yönetim işleriyle uğraşırlar. Hun «kara budun»unun dahi, çok sayıda askerî garnizon gereksinmesi nedeniyle, çobanlıktan çok savaşçılığa yöneldiği ve elde edilen ganimet ve tutsaklardan alınan fidyeler sâyesinde, az çok durumunu iyileştirdiği düşünülebilir. Hatta Thompson, çok sayıda Hun askerine gereksinme duyulması ve Hun askeri yetersizliği nedeniyle, bütün Hun topluluğunun çobanlığı bıraktığını, «sürü gütmek yerine daha kârlı olan insan gütmeyi öğrendiklerini» ileri sürerse de[262], bu görüşün bir dayanağı yoktur. Thompson'un görüşü, kanımızca aşırıdır. Fakat başarılı savaş ve yağma akınlarının, artan garnizon görevlerinin, beyler ve kara budun arasındaki toplumsal farklılaşma hızla büyümekle birlikte, kara buduna da bir iyileşme sağladığı, onu temel gereksinmelerini karşılayacak bir düzeye ulaştırdığı söylenebilir.

«Kan soyluları» ile «hizmet soyluları»nın hiyerarşideki yerleri ve aralarındaki ilişkiler konusunda kaynaklar bilgi vermez. Oysa Selçuklular döneminde ilk büyük kavgalar, hizmet soylusu Nizamülmülk ile boy beyleri arasında çıkar ve boy beyleri, bu kavgalarda yenik düşerler. Hunlarda böyle bir çatışmanın var olup olmadığı belli değildir. Fakat Hun topluluklarının gelişme düzeyinde, gücünü dayandığı boylardan alan kan soyluluğunun çok daha ağır bastığı söylenebilir. Bizans sistemine göre düşünen Priscus, Attila'nın verdiği şölende, hükümdarın yanındaki şeref mevkiine «başbakan durumundaki» Onegesius'un oturmasını bekler, Berichus oturunca pek şaşırır. Oysa Türkçe adını bilmediğimiz Berichus, belli bir Hun topluluğunun beyidir ve kaynaklara göre, «İskit ülkesinde pek çok köylerin» ve toplulukların egemenidir. Hun beyinin hiyerarşideki yeri, «başbakan»ın üstündedir. Ertesi geceki şölene, belki de kanat kralı olan Attila'nın amcası katılınca, şeref mevkiini o alır. Zira sistemin tepesinde Attila soyu vardır. Bununla birlikte, bütün kan soylularının hizmet soylularından önce geldiklerini düşünmek yanıltıcı olabilir. Hiyerarşik yapı çok daha karmaşıktır.

«Hizmet» ve «kan» soylularının yanı sıra, üçüncü bir soylu grubu, bağımlı toplulukların bey ve kralları teşkil eder. Bağımlı toplulukların birçoğu, bozkır geleneğine göre, vergi ödeme ve seferlere katılma yükümlülüğü dışında, kendi bey ve krallarının yönetiminde bırakılırlar. Doğrudan yönetim, teknik bakımdan karşılanması olanaksız sayıda «askerî garnizon» kurulmasını da gerektirebileceğinden, bu çözüm yeğ tutulur. Bu beyler ve krallar, örneğin Ostrogot ve Gepid kralları, Attila sarayı soyluları arasında yer alırlar ve Hun soylularından daha alt mevkilerde bulunmazlar. Hükümdara bağlılıklarını devam ettirdikleri sürece, bağımlı bey ve krallar, zenginleşme olanaklarının yanı sıra, dış saldırılara ve iç ayaklanmalara karşı Attila'nın garantisi altındadırlar. Yönettikleri topluluklar, şimdi hem kendi krallarına, hem de Hun sarayına olmak üzere çifte vergi ödeme durumundadır. Kıtlık yıllarında bu çifte vergi, dayanılmaz bir yük olabilir ve ayaklanmalara yol açabilir. Ne var ki, Attila var oldukça, bu ayaklanmaların başarıya ulaşması ve kralların devrilmesi olanaksızdır. Bunun içindir ki, Got ve Gepid kralları ve benzerleri, kudretli Attila'ya karşı tam bir bağlılık gösterirler ve Hun soyluları arasında ön sıralarda yer alırlar.

ATTİLA, SOYLULARI ZENGİNLEŞTİRİR

Kaynaklar, Hun soylularının hızla zenginleştiklerini, lüks tüketime ve yeni yaşam biçimlerine alıştıklarını kanıtlar. Priscus'a göre Attila, yağmalarda en iyi payı bu soylulara verir, onları zenginleşsinler diye Istanbul'a elçi yollar. Attila'nın kudretinin ve başarısının sırrı, belki de Priscus'un bu gözlemiyle açıklanır. Gerçekten Attila, Bizans elçilerine verdiği şölende tahta tabak, tahta kadeh kullanır, yalnızca et yer. Hun soyluları ise, gümüş tabaklarda yemek yer, altın kadehlerle içerler. Attila sâde bir ayakkabı giyer, soylular altın ve değerli taşlarla süslü son moda ayakkabı taşırlar. Başarısız Fransa ve verimsiz İtalya seferlerine değin, Attila ele geçirdiği büyük miktardaki ganimetin önemli kısmını soylulara paylaştırır. Soylular, ipek kumaşlara, incilere, altın ve gümüş tabaklara, gümüş kâse ve tepsilere, mücevherlere, keten örtülü ve işlemeli yataklara, renk renk duvar halılarına sâhiptirler. Kımız yerine artık daha çok şarap ve bira içerler. Hindistan biberi, hurmalar ve çeşitli çerezler yerler. Şölenlerde Roma usulü masa, iskemle ve koltuk bulunur. Roma etkisiyle, masalar 3-4 kişilik hazırlanır. Elli yıl önceki «at sırtında çiğ et ve yabanıl kök» yeme dönemi artık çok geridedir. Ammianus, «Arabalı çadırlarda yaşarlar, bir Roma ve Got evinin içine girmeye korkarlar» der, ama şimdi soylular geniş evlerde otururlar.

«LÜKS TİCARET, İMPARATORLUĞUN TEMELİDİR!»

Soyluların yararlandığı bu lüks ve zenginliğin hemen hepsi, Hun üretimi değildir. Haraç, yağma ve armağanlar, lüks tüketimin kaynağıdır. İkinci bir kaynak, ticarettir.

Daha önce birkaç kez belirttiğimiz üzere, göçebe, yalnız kendi üretimiyle yaşayamaz. Yerleşik ile ticarete, göçebe yerleşikten çok daha fazla gerek duyar. Nitekim değişim zorunluluğu, Karadeniz Kuzeyindeki Hunları, Roma sınır kasabalarıyla temasa getirir. Göktürk Bumin Kagan, Juan-Juan bağımlılığından kurtulunca, hemen Çin sınırına ticaret için gider. Göçebelerarası iç ticaret yok gibidir, ama göçebe-yerleşik biçimindeki dış ticaret önemlidir.

Büyük çapta savaşlara girişince, göçebe, kendi silâhlarının bile önemlice bir kısmını dışarıdan sağlar. Göçebe, normal zamanda ok, yay, zıpkın ve mızrak yapmasını bilir. Fakat işler büyüyünce, bütün silâh gereksinmesini karşılamaya, zayıf üretim güçleri yetmez. Güçlenen budunlar, bağımlı köle boyları silâh yapımı ve özellikle gerekli madenleri sağlama işlerinde kullanırlar. Örneğin Juan-Juan'ların unagan-bogol'u olan Göktürkler, Altaylarda Juan-Juan için demircilik yaparar, onlara demir sağlarlar. Fakat artan silâh gereksinmesi, daha çok zenaat ve ticaretin geliştiği kentlerden karşılanır. XII. Yüzyılda dahi, Cengiz Han, silâhların önemli kısmını Çin ve Horasan'dan getirtir. Germenler, Roma'dan silâh ithal eder. Menander Protector'a göre, Türkler, silâhlanmakta ve özellikle demir cevheri elde etmekte güçlük çekerler. Bizans'a sefere hazırlanan Avar'ların 562'de Istanbul'a yolladıkları elçiler, yapımevlerinden silâh sağlamayı iş edinirler. Bizans, silâh vermeyi kabul eder, ama sonra elçileri tutuklar ve silâhları geri alır.

Hunlar da Ostrogotları yenip Bizans ile ilk temasa geldiklerinde silâh ya da demir ithaline gerek duyarlar. Keten kumaş ve tahıl ithali de önemli rol oynar. Karşılığında at, kürk, deri ve köle verilir. Bunlar, zorunlu temel ithalât maddeleri sayılabilir. Lüks madde ithali ise, sınırlıdır. Belki de beyler, çok sınırlı bir lüks tüketime yönelebilirler. Attila zamanında ise, lüks tüketim malları ticareti, büyük ölçülerde gelişir. Thompson, bu lüks tüketim ticaretini «*imparatorluğu yaşatmanın temel etkeni*» sayar :

«Lüks ticaretin önemini kavrayamayan okuyucu, Hun toplumsal örgütlenmesini anlayamaz. Bilinir ki, bir bozkır toplumu içinde, temel maddeler az çok genel biçimde sağlanınca, bu evreyi yüksek kişiler ile aşağı halk, soylular ile basit atlılar arasında zorunlu bir farkedilme yöntemi olarak, bozkır üretim alanının dışında kalan tüks tüketim maddeleri için vazgeçilmez bir talep izler. Onun içindir ki, Attila'nın Istanbul'a yolladığı elçilerine armağanlar verilmesi gerektiği yolundaki sayısız istekleri, Alföldi'nin sandığı gibi yalnızca bir prestij politikası diye açıklanamaz. Lüks tüketim, göçebeler arasında egemen toplumsal düzenin yaşamsal desteği idi. Çevre salt Attila'nın kişiliğine bağlı idi, ona bağımlı idi. Fakat bu bağlılık, ancak Attila bu çeşit armağanları öteki her kişiden çok daha büyük ölçüde sağlayacağı için var idi. Hunlar aralarında aylak bir sınıfın bulunmadığı eski günlerden beri hayli yol almışlar idi... Servetin büyümesi ,onların saflarını dağıtmıştı»[263].

Thompson'un açıklaması, «Beymen'le farkedilirsiniz» sloganı ile günümüzde de geçerli olan bir sınıf statüsünü açığa vurma gereksinmesine dayanır. Amerikan sosyologları, yüksek toplumsal «tabakalar»ı açıklarken, belli bir mahallede oturmanın, belli bir marka otomobil kullanmanın ve böylece «farkedilme» gereksinmesinin üzerinde önemle dururlar. Bu konunun tartışmasına girecek değiliz. Fakat lüks tüketimin, bir kez alışılınca, üst tabakalar için «vazgeçilmez yaşamsal tüketim»e dönüştüğü bir gerçektir*. Böylece eski bozkır topluluklarında başbuğların temel işleri, Orhun yazıtlarında belirtildiği üzere, savaş, yağma ve diplomasi yoluyla «açları doyurma, çıplakları giydirme» biçimindeyken, sınıf farklılaşması belirip soylular için lüks tüketim vazgeçilmez bir gereksinme durumuna gelince, «Çin'in ipeklsini sağlama sorunu» ön plana geçer. Bu nedenle, Bilge Kagan ısrarla «Çin'in yumuşak ipeklisine aldanma, mahvolursun» der, «yumuşak ipekli» sorununu Göktürk İmparatorluğunun dağılış nedeni sayar. Eskiden «açları ve çıplakları doyurup giydirmeyen» bir başbuğ mevkiini yitirirken, zenginlik artınca, «yumuşak ipekli»yi sağlayamayan bir kagan da, soyluların güvenini yitirir ve topluluk dağılabilir. Bu anlamda Thompson'un açıklaması, Bilge Kagan'ın açıklamasına yaklaşır ve geçerli sayılabilir. Onun içindir ki, daha Rua'nın günlerinden Hun imparatorları, temel maddelerin yanı sıra, lüks tüketim maddelerinin başlıca sağlayıcısı olan Bizans ile ticaretin düzenli yürümesine büyük önem verirler. Hunlar, aralarına gelen Roma tüccarlarına çok iyi davranırlar. Bizans ile yapılan antlaşmalarda, ticaretin devamı konusunda ısrarla dururlar. Attila ve Bleda, iktidara gelir gelmez Bizans'la 434 yılında imzaladıkları Margos antlaşmasına «eskiden açılmış

* 1960 öncesi Türkiyesinde özel otomobil bir lüks idi ve çok yaygın değildi. Şimdi döviz kaynaklarının tükendiği, temel maddeler ithalâtının sağlanamadığı, trafik sıkışıklıklarının iyice arttığı bir dönemde, Ordu Yardımlaşma Kurumu Yönetim Kurulu Başkanı olan Korgeneral, şöyle konuşabilmektedir: «Otomobil bugün lüks ihtiyaç olmaktan çıkmıştır. Artık Türkiye'de her ailenin otomobil sâhibi olma zorunluğu doğmaktadır. Bu nedenle, süratli ulaşım, yeterli yollar ister» (Milliyet, 26 Eylül 1977). Parlamentoda temsil edilen bütün siyasal partiler, hâlen kalkınmaya önemli bir engel teşkil eden ve daha uzun bir süre edecek olan ve kent yaşamını çok zorlaştıran özel otomobil sevdasına karşı çıkacak güç ve cesaretten yoksundurlar. Zira siyasal yaşamımızda, sayılarının çok üstünde ağırlığı olan üst ve orta sınıflardan 300-500 bin aile için. özel otomobil, vazgeçilmez tüketim hâline gelmiştir.

pazarların devam etmesini, Hunların pazara güvenlik içinde ulaşabilmesini ve ticaret hadlerinin âdil olmasını» önemli bir madde olarak koydururlar. Nitekim imparatorluğun dağılmasında, Attila'nın son yıllarındaki seferlerinin başarısız olması kadar, yeni Bizans İmparatoru Marcian'ın haraç ödemeyi reddedip ticareti dudurması ve Hunların savaş yoluyla ticareti yeniden açamayışı büyük rol oynar. Marcian,.Gepid isyanı başlayacağı sırada «barbarlar»a silâh ve yapım malzemesi ihracını yasaklar. Hun, Gepid'e yenilince, pazar kasabalarını kapar ve silâh ikmalini keser. Bu önlem, iç çatışmaları hızlandırır. Hun İmparatorluğunu çökertir. Birçok savaşlardan sonra «Attila çocukları» Bizans'la barış yapmak için tek bir önemli koşul ileri sürerler; Tuna boyundaki eski pazarların açılması.

Bu gelişmeler, lüks madde ticaretinin Hun İmparatorluğunun sürdürülmesi bakımından taşıdığı önemi vurgular. Bizans güçlüdür, ticaret yasağını uygular, dağılış tamamlanır. Böylece, Hun boylar konfederasyonu çöker, fakat bir cins «organik yaşam»a sâ:hip kan akrabalığına dayalı boylar, obalar yaşar. IV. Yüzyıldaki Hun toplumuna dönülür. Bu karışıklık ve dağılış içinde, Eberhard'ın yukarıda sözünü ettiği güçlü bir boyun öteki boyları bağımlı kılma ve yeniden bir siyasal birlik kurma çabaları gelişir. Ogur Türkleri, «Bulgar» adı altında devletler kurar, onları Avarlar ve Hazarlar izler.

ATTİLA VE HUNLARIN DEĞERLENDİRİLMESİ

Attila, Batı ülkelerinde günümüzde dahi belleklerde hâlâ canlı tutulan bir barbarlık, yıkıcılık ve kan içicilik simgesi diye tanınır. Michelet, «Ünlü Attila, geleneklerde tarihsel bir kişi olmaktan çok, belirsiz ve müthiş bir efsane, sınırsız bir yıkımın anısı ve simgesi olarak gözükür» der. İnsancıl Jaures, ilk dünya savaşını önleme çabaları sırasında, savaş sözü yerine «Attila» ya da «Attila'nın atı» deyimlerini kullanmayı daha çarpıcı ve renkli bir anlatım biçimi sayar. Sosyalist Enternasyonalin 29 Temmuz 1914 Brüksel toplantısında, barışı kurtarma çağrısını şöyle yapar:

«Attila'nın atı henüz tökezliyor... Barışı kurtarmak için atın tökezlemesinden yararlanmak biz sosyalistlere düşer».

XX. Yüzyıl Türkiyesinde ise, Attila, biraz da Batı üstünlüğü düşüncesinden kaynaklanan bir tepki olarak, Fatih ve Kanunî gibi «Batıyı titreten, dize getiren kişi» diye coşkunlukla kutlanır, ululanır*.

Bu karşıtlığın çarpıcı bir örneğini, «Barış Harekâtı» dediğimiz Kıbrıs çıkartması sırasında gördük. «Attila hattı», Kıbrıs Türk bölgesi sınırı için doğal bir ad diye düşünülürken, Türkiye'ye karşı Batıda yürütülen propagandanın etkin bir silâhı oldu. «Barış Harekâtı», Attila adı ileri sürülerek kötülendi. Bu nedenle, Batı'da ve Türkiye'de hâlâ güncelliğini koruduğu için, Attila üzerinde serinkanlılıkla kısa bir değerlendirme yapmak, yararlı olabilir.

«Sınırsız yıkıcılık, yakıcılık ve savaşçılık» iddialarına karşın, ilginçtir ki, Attila Hunları, V. Yüzyılda Roma İmparatorluğu Kuzeyinde yaşayan savaşçı topluluklar arasında, en az savaşçı olanıdır. Attila isteklerini savaştan çok, diplomasi yoluyla gerçekleştirmeyi yeğ tutar. Ne Roma ve ne de Istanbul'u fethe ve yağmaya yönelir. Bizans'tan isteklerini, antlaşmalarla sağlar. 442 ve 447 Balkan seferleri dahi, antlaşmaları uygulatma amacı güder. Batı Roma'nın ise Attila dostudur ve Hun

* Doğu Avrupa yahudilerinin Hazar kökenli olduğunu iddia eden ve «Onüçüncü Kabile» adlı ilginç bir yapıt yazan Arthur Koestler, doğduğu ülke Macaristan'da Attila'nın ululandığını yazar: «Macaristan'da ilkokul çocuklarına şanlı Hun atalarından gurur duymalarının öğretilmesi ilginçtir. Budapeşte'de pek kibar bir deniz sporları klübünün adı Hunya'dır. Macaristan'da birçok kimse çocuklarına Attila adını koymaktadır» (Onüçüncü Kabile, Istanbul 1977). Doğu Avrupa yahudilerinin Türk oldukları iddiası üzerinde bu yapıtın İkinci Kitap'ında geniş biçimde duracağız.

akınlarından daha çok yakıcı, yıkıcı ve yağmacı olan Germen saldırılarına karşı koruyucusudur! Bury ve Alföldi gibi tarihçiler, «*Roma uygarlığını Germen barbarlarına karşı korudu ve imparatorluğun Germen baskısıyla çöküşünü geciktirdi*» diye Attila'yı överler. Bu tarihçilere göre, Attila, Germenler eliyle Roma İmparatorluğunun parçalanması sürecini iki yoldan geciktirir: Germen topluluklarını denetiminde tutarak Roma üzerindeki baskıyı uzun yıllar kaldırır. Gerçi Hunlar da İtalya ve Balkanları istilâ ederlerse de, bunlar, Hunların yokluğunda Germenlerin gerçekleştireceği istilâlardan daha yıkıcı olmaz. İtalya, V. Yüzyılın başından itibaren, Tuna'dan gelen Germen baskılarından Hunlar sâyesinde serbest kalır. Öte yandan Rua ve Attila'nın Batı Roma hizmetinde tuttuğu Hun birlikleri, Bury'ye göre, «Vizigot ve Burgond gibi» Germen düşmanlarıyla girişilen mücadelelerde değeri biçilmez bir kaynak» olur. Gerçekten Batıda büyük arazi sâhibi Roma soyluları ve senatörlerinin savunuculuğunu yapan Aetius, 425-439 döneminde, Rua ve Attila'nın sağladığı güçlerle ancak ayakta durur. Aetius, 451 yılına kadar Hunlarla dost kalır. Hatta 451'den sonra bile Hun dostluğunu hesaplar. Thompson'a göre, Aetius, 452'de Alp geçitlerini savunmasız tutacak kadar Hunlara güvenlidir ve Roma ve Galya'da egemen büyük arazi sâhibi soylular, Hun İmparatorluğunun devamından yanadırlar[264].

Bu görüşe karşı çıkanlar, «Evet, Attila'nın Germenleri durdurduğu ve Germen istilâlarını önlediği doğru olabilir. Ama Hun baskısıyla yurtlarından itilmeselerdi, Germenler belki de Roma'ya saldırmazlardı. Onun içindir ki, 430-455 döneminde Hunlar, Germen istilâsını geciktirmiş olsa bile, bu dönemden önce ve sonra Germen istilâlarını hızlandırmışlardır» savını ileri sürerler.

Kanımızca, kesin bir sonuca vardırılması olanaksız bu tartışmaların fazla bir anlamı yoktur. Attila ve Hunların, Roma İmparatorluğunun ömrünü uzatmak ya da kısaltmak gibi bir sorunları olmasa gerektir. Attila ve Hunlar, büyük arazi sâhibi Roma soyluluğunun koruyucusu da sayılamazlar. Zira Batı Roma büyük arazi sâhipleri, Attila ile bir cins ittifak sürdürseler bile, Doğu Roma'da Attila'nın en uzlaşmaz düşmanları, büyük arazi sâhipleridir. Bir nokta kesindir: O da Attila'nın gereksinmeler, haraç ve ticaretle sağlanabildiği ölçüde, diplomasiyi büyük çapta savaşlara yeğ tutuşudur. Onun içindir ki, Attila'nın bir savaşçıdan çok, büyük bir diplomasi ustası olduğu ileri sürülür. Bu görüşte bir gerçek payi vardır. Fakat belki de Attila, karşı konulması çok güç büyük bir siyasal ve askerî güç kurmayı başardığı için, gerçekte usta bir diplomasi yürütmese bile, bu güç sâyesinde, isteklerini barış yoluyla elde edebildiğinden, usta bir diplomat gibi görünmüş olabilir. Hiç değilse Attila'nın 451 yılı Fransa seferinde usta bir diplomasi yürüttüğü ileri sürülemez: «Batı Roma'nın dostuyum, Vizigot ile savaşacağım» derken, Honoria işini çıkararak, iki uzlaşmaz düşmanı birleştirir. Roma ile mücadele eden Afrika Vandallarının ittifak önerilerine ilgisiz davranır. Oysa 451 Galya, ya da 452 İtalya kara harekâtına, Vandalların bir deniz harekâtı ile katılmaları, Fransa seferinin sonucunu değiştirebilirdi. Bunun gibi, köylü isyanlarının (Bagauda'lar) önemli liderlerinden Eudoksius, 448'de Attila'ya sığınır. Attila, onu Bagauda'ların başına geçirseydi, Vizigot ve Romalıların Galya'da tutunmaları çok güçleşirdi. Attila, bu diplomatik olanakların hiçbirini değerlendirmez, Aetius ise değerlendirir ve diplomasi yoluyla geniş bir koalisyon kurarak Hunları Fransa'da durdurur. Bu nedenle, Attila'nın usta diplomatlığı tartışma götürebilir. Hun İmparatoru, dağınık yaşamaya alışmış bozkır topluluklarını örgütlemede çok daha başarılı gözükür. Roma İmparatorluğu Kuzeyindeki göçebe Hun, Germen, Slav, Alan vb. topluluklarını tek yönetim altında örgütler. Bozkır örgütlenmesi yöntemlerini ve soyluların çıkarlarını iyi değerlendirir. Gerçi Attila, imparatorluğu Rua'dan miras alır, ama Attila döneminde imparatorluk büyür ve birlik kazanır. Gepid ve Got soyluları, Attila'nın en sâdık müttefikleri olurlar. Soyluların mevkiini garanti eder ve onlara bol ganimet dağıtır. Soyluların ortak çıkarlarına dayalı bu birlik sâyesindedir ki, Attila, kolay ekonomik, diplomatik ve askerî başarılar elde eder. Bununla birlikte, bozkırda pek çok kez görüldüğü üzere, göçebe soyluların çıkarları sağlanamayınca, siyasal birlik, Attila'nın ölümünden hemen sonra dağılır. Fakat Attila, belki de bozkırı örgütleme güç ve yeteneği ile, Avrupa'da korkuyla karışık büyük yankı uyandırır ve bu yankı, olumlu ya da olumsuz, çeşitli efsane ve destanlarla beslenerek günümüze kadar gelir.

Toplumsal açıdan Hunlar, Avrupa'ya ne getirdiler? Örneğin Roma İmparatorluğunu yıkan Germenler, göçebelikten vazgeçip, boylar hiyerarşisine göre, yerleşik yaşama geçince, köleciliğe dayalı Roma toplumsal rejiminin yıkılmasına, köylülerin bir ölçüde özgürlük kazanmasına, köleciliğe göre daha ileri bir rejime, yâni Batı feodalizmine geçişte katkıda bulunurlar. Aynı biçimde Balkanlarda, Türk kökenli Bulgarlar ile Slavlar, VI. ve VII. yüzyıllarda göçebeliği bırakıp yerleşik düzene geçince, köleciliğe dayalı rejim biçimlerinin kesinlikle yok olması ve Bizans toplumunda feodal rejim yolunun açılması açısından önemlice bir rol oynarlar[265].

Göçebe bir siyasal birliğin, göçebe kaldığı sürece, yeni toplumsal ya da üretici güçleri serbest bırakması, köylülüğün durumunu özgürlüğe doğru değiştirmesi beklenemez. Köylülük ile ilişkiler, mevcut durumun korunması ve köylü üretiminden pay alma biçiminde kalır. Bununla birlikte, Thompson, Hunların Bizans toplumu içindeki gelişmelerde, dolaylı yoldan olumlu bir rol oynadıklarını ileri sürer. Şöyle ki, V. Yüzyıl Bizans toplumu, Batıya göre daha ileri bir gelişme düzeyindedir. Batıda büyük arazi sâhipleri, hükümetleri etkisiz kılacak kadar güçlüdürler .Doğuda ise, tüccar, artizan, imalâtçı, gemici vb. büyük arazi sâhiplerine karşı bir ağırlık teşkil ederler. Bu iki güç, «maviler» ve «yeşiller» diye belirlenirler. «Maviler», büyük arazi sâhipleri ile müttefikleri, «yeşiller» ise, tüccarlar ve müttefikleridir. Bizans İmparatoru Theodosius II. (408-450), tüccarlara dayanır. «Yeşiller», Hunlarla iyi ilişkilerden yanadırlar. Zira Hunlarla gittikçe genişleyen ticaretten onlar yararlanırlar. Hunlar, bu ticaretin gelişmesini isterler ve Romalı tüccarlarla iyi ilişkiler kurarlar. Romalı tüccarlar, çok geniş Hun arazisi içinde güvenlikle ticaret yaparlar. Örneğin Suriye eşyaları, Kafkasya ve Ren nehri arasındaki bölgede serbestçe ve güven içinde satılır. Bizans'ın Hunlara ödediği haraç ve armağanlar, Hunların lüks tüketimi için kullanıldığından, son çözümde haraç tüccarların ve yapımcıların cebine gider. Bu nedenle, «yeşiller», Hunlara haraç ödenmesinden ve barışın korunmasından yanadırlar. Theodosius II.'nin haraçla barışı satın alması, «yeşiller»in yararına olur ve onları güçlendirir. Hunlara ödenecek haraç ise, büyük arazi sâhibi senatörlerin vergilendirilmesi yoluyla sağlanır. Doğuda iki bin senatör vergilendirilir. 443'te Attila'ya ödenecek 6 bin libre altın senatörlerden toplanır. Attila hakkındaki bilgileri bize ulaştıran büyük arazi sâhiplerinin temsilcisi Priscus, Hunlara verilecek haraç için senatörlerin vergilendirilmesinden yakınır. Bu nedenle, büyük arazi sâhipleri, Hunların yok edilmesinden ve savaştan yanadırlar. Attila'nın güçlü oluşu, «yeşiller»i güçlendirir, «maviler»i zayıflatır. Ama bu Hun katkısı, daha sonraki yüzyıllarda büyük arazi sâhiplerinin egemenliğini engelleyemez. Öte yandan bu dolaylı katkı, Hun İmparatorluğunun varlığını uzatmaya yaramaz. Theodosius'tan sonra tahta çıkan Marcian, «maviler»e dayanır. Haraç ödemez, ticareti durdurur ve savaşı yeğ tutar. Hun İmparatorluğu çöker.

Yüz yıl kadar sonra, Asya'da Çin sınırından Kafkaslara uzanan ve Karadeniz Kuzeyine kadar genişleyen Hunlarla bağlantılı yeni bir Türk İmparatorluğu kurulur. Bunlar Göktürklerdir.

Asya ve Avrupa Hunları hakkındaki bütün bilgilerimiz, Çin ve Roma kaynaklarına dayanırken, Göktürkler bize Türkler hakkında ilk yazılı belgeyi sağlayan ve aynı zamanda «Türk» adını ilk kullanan ve bu adı genelleştiren topluluktur.

BİRİNCİ KİTAP'IN SONU

GİRİŞ BÖLÜMÜNÜN NOTLARI

1. L'homme et la société dergisi, sayı 12, Les premières sociétés de classes, les formes asiatiques
2. Toplum ve Bilim Dergisi, Yaz 1977, Asyagil Üretim Biçimi, Yeniden Üretim ve Sivil Toplum
3. Sorokin, Bir Bunalım Çağında Toplum Felsefeleri, Mete Tunçay çevirisi, s. 61
4. Bekir Sıtkı Baykal, Atatürk ve Tarih, Belleten 140, s. 537
5. Rıza Nur, Türk Tarihi, I, s. 175
6. Faik Reşit Unat, Atatürk'ün Öğrenim Hayatı, Belleten 108, s. 608
7. Halit Ziya Uşaklıgil, Kırk Yıl, IV, s. 171
8. Afet İnan ve B. Sıtkı Baykal, Belleten 140, s. 520 ve 538
9. Belleten 140, s. 522 ve Belleten 42, s. 176
10. Hikmet Bayur, Atatürk'ten Anılar, Belleten 148, s. 470
11. Semavî Eyice, Türk Tarihinin Anahatları, Belleten 128, s. 514
12. y.a.g.e. s. 516
13. Uluğ İğdemir, Atatürk'ün Buyruğuyla Hazırlanan Program, Belleten 108
14. Belleten 140, s. 540
15. Fuat Köprülü ve Barthold, İslâm Medeniyeti Tarihi, Önsöz, s. 22
16. Afet İnan, Belleten 108, s. 560
17. Tarih I, s. 17 ve 19
18. Çınaraltı dergisi, sayı 35
19. Rıza Nur, Türk Tarihi, I, s. 35
20. Belleten 42, s. 179
21. Belleten 140, s. 526 ve Belleten 128, s. 565
22. Atsız, Çınaraltı dergisi sayı 1, Türk Tarihine Bakışımız Nasıl Olmalıdır?
23. Hüseyin Hüsnü Erkilet, Çınaraltı dergisi, sayı 24 ve Reha

Oğuz Türkkan, Gök Börü dergisi, sayı 1
24. Halikarnas Balıkçısı, Anadolu'nun Sesi, s. 167, 10, 151 ve 9
25. Sabahattin Eyüboğlu, Mavi ve Kara - Denemeler, s. 5, 263, 264 ve 10
26. Niyazi Berkes, Tarih ile Masal, Cumhuriyet, 28.10.1976
27. Melih Cevdet Anday, Yeni Tanrılar, s. 145
28. Aydın Taneri, Türk Devlet Geleneği, s. VII
29. Belleten 29, s. 12
30. Melih Cevdet Anday, Yeni Tanrılar, s. 146 ve 83
31. Belleten 128, s. 565
32. Melih Cevdet Anday, Yeni Tanrılar, s. 77 ve 148
33. Niyazi Berkes, İlk Türk Devleti, Cumhuriyet, 4.10.1976
34. Fuat Köprülü ve Barthold, İslâm Medeniyeti Tarihi, s. 99
35. Mustafa Akdağ, Genel Çizgileriyle XVII. Yüzyıl Türkiye Tarihi, 1966, s. 244-246
36. Maxime Rodinson, Marxisme et monde musulmane, s. 589
37. Lawrence Krader, Peoples of Central Asia, s. 127
38. A. Benningsen ve C. Lemercier-Quelquejay, L'Islam en Union Sovetique, s. 15
39. Zeki Velidi Togan, Hatıralar, s. 388
40. A. Benningsen, L'Islam en Union Sovietique, s. 36
41. Zeki Velidi Togan, Hatıralar, s. 147, 149, 152, 154, 171, 172, 583, 584
42. y.a.g.e. s. 217, 240, 377, 378, 388
43. Türk Dünyası El Kitabı, s. 1263 ve 1312
44. y.a.g.e. s. 1306
45. A. Benningsen, L'Islam en Union Sovietique, s. 138
46. Türk Dünyası El Kitabı, s. 1395
47. A. Benningsen, L'Islam en Union Sovietique, s. 215-216
48. André Fontaine, Le Monde, 14.10.1975
49. Le Monde, 29.3.1973
50. Belleten 128, s. 565-566
51. Belleten 68, s. 559
52. Jean Cuisinier, Economie et Parenté, Paris 1975, s. 100
53. C. Cahen, Pre-Ottoman Turkey, s. 33
54. Sorokin, Toplum Felsefeleri, s. 154
55. Halil İnalcık, Belleten 60, s. 629
56. Ernst Werner, Büyük Bir Devletin Doğuşu - Osmanlılar, Giriş Bölümü
57. Fuat Köprülü - Barthold, İslâm Medeniyeti Tarihi, s. XXIV
58. Birikim dergisi, Mayıs 1975, s. 53-54
59. Ömer Lütfi Barkan, İslâm Ansiklopedisi, Tımar maddesi

60. Toplum ve Bilim dergisi, Bahar 1977
61. Toplum ve Bilim dergisi, yaz 1977
62. Toplum ve Bilim dergisi, Bahar 1977, s. 69
63. Ömer Lütfi Barkan, İslâm Ansiklopedisi, Tımar maddesi
64. Y. Yücel, Osmanlı İmparatorluğunda Desantralizasyon, Belleten 152
65. A. Debbağoğlu, Osmanlı Tomlumu Kapitalizme Niçin Geçemedi?, Hareket, sayı 114, Mehmet Doğan, Marksist Şemacılık ve Osmanlı Toplum Yapısı, Hareket, sayı 115 ve ötekiler
66. Hikmet Kıvılcımlı, Tarih Tezi, s. 23
67. Murat Belge, Hikmet Kıvılcımlı ve Tarih Tezi Üzerine, Birikim dergisi, sayı 4
68. Toplum ve Bilim dergisi, Yaz 1977
69. M. Sencer, Osmanlı Toplum Yapısı, s. 187
70. Oya Sencer, Türk Toplumunun Tarihsel Evrimi, s. 16 ve Çetin Yetkin, Halk Hareketleri ve Devrimler, I, s. 27 ve 7
71. Stahl, Les anciennes communautés villagoises roumaines, Bükreş 1969, s. 246
72. Doğu Perinçek, Bozkurt Efsaneleri ve Gerçek, Aydınlık dergisi, sayı 66
73. Birikim dergisi, sayı 3, s. 61
74. y.a.g.e. s. 26
75. Ali Gevgilili, Milliyet, 26 Eylül 1976

BİRİNCİ KİTAP'IN NOTLARI

1. Bahattin Öğel, Uygur Devleti'nin Teşekkülü, Belleten, sayı 75, s. 358
2. R. Grousset, L'Empire des steppes, s. 178
3. Eberhard, Çin Tarihi, TTK 1947, s. 89
4. Belleten, Sayı 35, s. 47
5. F. Engels, Anti-Duhring
6. Thompson, Attila and the Huns, Oxford 1948, s. 173-174
7. İ. H. Danişmend, Türklük Meseleleri, 1966, s. 19
8. A.A. Vasiliev, History of the Byzantine Empire, s. 384
9. İ. Kafesoğlu, Belleten, Sayı 76, s. 477 ve Türk Tarih Kongresi 1956
10. Lawrence Krader, Peoples of Central Asia, 1966, s. 71
11. R. Grousset, La Face de l'Asie, Paris 1955, s. 92
12. A. Benningsen, L'Islam en Union Sovietique, s. 32
13. Barthold, Orta Asya Türk Tarihi Hakkında Dersler, s. 123
14. y.a.g.e. s. 326
15. A. Bennigsen, L'Islam en Union Sovietique, s. 33
16. Lawrence Krader, Peoples of Central Asia, s. 55
17. Barthold, Encyclopédie de l'Islam, Cilt IV, s. 182
18. İslâm Ansiklopedisi, Cüz 102, s. 237
19. Barthold, Orta Asya Türk Tarihi, s. 77
20. Faruk Sümer, Oğuzlar, s. 50
21. İslâm Ansiklopedisi, Cilt II, s. 609
22. Faruk Sümer, Oğuzlar, s. 92 ve 99
23. M. Altay Köymen, Tuğrul Bey'in Zamanı, s. 103
24. y.a.g.e. s. 22
25. M. A. Köymen, İslâm Ansiklopedisi, Cüz 126, s. 39
26. Faruk Sümer, Oğuzlar, s. 106
27. İslâm Ansiklopedisi, Cüz 50, s. 952
28. Claude Cahen, Pre-Ottoman Turkey, s. 80
29. Osman Turan, Selçuklular Zamanında Türkiye, s. 17

30. Claude Cahen, Pre-Ottoman Turkey, s. 80
31. Osman Turan, Selçuklular Zamanında Türkiye, s. 86
32. Claude Cahen, Pre-Ottoman Turkey, s. 92
33. Ernst Werner, Büyük Bir Devletin Doğuşu - Osmanlılar Yayınlanmamış Türkçe çeviri)
34. İ. H. Danişmend, Türklük Meseleleri, s. 122
35. Osman Turan, Selçuklular Zamanında Türkiye, s. 425
36. Claude Cahen, Pre-Ottoman Turkey, s. 259
37. Faruk Sümer, Oğuzlar s. 162 — Osman Turan, Selçuklular Zamanında Türkiye, s. 509
38. Fuat Köprülü, Belleten, Sayı 27, s. 455
39. Vryonis, The Decline of Medieval Hellenism in Asia Minor, s. 281
40. Adnan Sadık Erzi, Belleten, Sayı 70, s. 196
41. Tac-üt-Tevarih, I, Başbakanlık Kültür Müsteşarlığı Yayını, s. 66
42. İ. H. Uzunçarşılı, Candarlı Vezir Ailesi, s. 12
43. Neşri, Türk Tarih Kurumu baskısı, s. 196-197
44. Tac-üt-Tevarih, I, s. 150
45. Claude Cahen, Pre-Ottoman Turkey, s. 216
46. Belleten, Sayı 126, s. 237
47. Tac-üt-Tevarih, I. s. 303-319
48. E. Werner, Büyük Bir Devletin Doğuşu - Osmanlılar
49. Tac-üt-Tevarih, II, s. 160
50. y.a.g.e. s. 180
51. Aşıkpaşazâde, s. 130
52. Tac-üt-Tevarih, II, s. 239
53. İslâm Ansiklopedisi, Akkoyunlular maddesi, Cilt I, s. 258
54. F. Babinger, Mohamet II, Paris 1954, s. 384
55. y.a.g.e. s. 373
56. Belleten, Sayı 158, s. 290 - Mirza Abbaslı, Safevîlerin Kökenine Dair
57. y.a.g.e. s. 309
58. Şahabettin Tekindağ, İslâm Ansiklopedisi, Teke-Eli maddesi
59. Şahabettin Tekindağ, Şahkulu Baba Tekeli İsyanı, Belgelerle Türk Tarihi dergisi, Sayı 3, s. 35
60. Nejat Göyünç, XVI. Yüzyılda Mardin Sancağı, s. 17
61. Nazmi Sevgen, Kürtler, Belgelerle Türk Tarihi dergisi, Sayı 9, s. 70
62. y.a.g.e. s. 74

63. Ömer Lütfi Barkan, İslâm Ansiklopedisi, Tımar maddesi
64. Cengiz Orhonlu, Osmanlı İskân Siyaseti, s. 46
65. y.a.g.e. s. 55
66. Faruk Sümer, Oğuzlar, s. 280
67. y.a.g.e. s. 281
68. Neşet Çağatay, İslâm Ansiklopedisi, Tahtacılar maddesi
69. Jean Cusinler, Economie et Parenté, Paris 1975, s. 97-106
70. K. Kautsky, Der Ursprung des Christentums, eine historische Untersuchung, 1910, (Özel çeviri)
71. İbn-i Haldun, Mukaddime, I, s. 451-474
72. Gordon Childe, Doğu'nun Prehistoryası, Ankara 1971, s. 222
73. Ernest Mandel, Marksist Ekonomi El Kitabı, I, s. 39
74. F. Engels, Ailenin Kökeni, s. 224
75. Osman Turan, Türk Cihan Hakimiyeti, I, s. 103
76. E. Mandel, Marksist Ekonomi El Kitabı, I, s. 50
77. Business Week, 22 Eylül 1975
78. Asya Üretim Tarzı, Ant Yayınları, s. 67
79. K. Marx, Kapitalizm Öncesi Ekonomi Şekilleri, s. 37
80. Eberhard, Çin'in Şimal Komşuları, s. 67
81. Jean-Paul Roux, Faune et Flore Sacrées, s. 286
82. İnönü Ansiklopedisi, III, s. 69
83. Eberhard, Çin'in Şimal Komşuları, s. 105-106
84. Thompson, Attila and the Huns, Oxford 1946, s. 111
85. Osman Turan, Belleten, Sayı 42, s. 216
86. F. Engels, Ailenin Kökeni, s. 81-84 ve 227
87. Lawrence Krader, Social Organization of the Mongol - Turcio Pastoral Nomads, s. 78
88. Eberhard, Çin'in Şimal Komşuları, s. 59-65 ve 128
89. Abdülkadir İnan, Belleten, s. 314
90. Chavannes, Documents, s. 29
91. Bahattin Öğel, Uygur Devleti, Belleten, Sayı 75, s. 332
92. Sadri Maksudî Arsal, Eski Türklerdeki Soy-Oymak Teşkilâtı, IV. Tarih Kongresi, s. 118-120
93. Lawrence Krader, Social Organization, s. 78
94. y.a.g.e. s. 309
95. İnönü Ansiklopedisi, IV, s. 185
96. Abdülkadir İnan, Türk Dünyası El Kitabı, s. 388
97. F. Engels, Ailenin Kökeni, s. 140
98. B. Y. Vladimirtsov, Mogolların İçtimaî Teşkilâtı, s. 103-104
99. y.a.g.e. s. 101

100. Barthold, Orta Asya Türk Tarihi, s. 12
101. Hüseyin Namık Orkun, Eski Türk Yazıtları, s. 168
102. B. Y. Vladimirtsov, Mogolların İçtimaî Teşkilâtı, s. 233
103. Lawrence Krader, Social Organization, s. 135
104. Neşet Çağatay, III. Tarih Kongresi 1943, s. 493-500
105. Faruk Sümer, Oğuzlar, s. 163
106. İslâm Ansiklopedisi, Şaman maddesi
107. Abdülkadir İnan, Şamanizm, s. 39-40
108. Jean-Paul Roux, Les Traditions des Nomades de la Turquie, Paris 1970, s. 228
109. Jean-Paul Roux, Faune et Flore Sacrées, s. 178
110. Decei, İslâm Ansiklopedisi, Boğdan maddesi, Cilt V, s. 697
111. Mirza Bala, İslâm Ansiklopedisi, Karaçay maddesi
112. B. Y. Vladimirtsov, Mogolların İçtimaî Teşkilâtı, s. 240-246
113. Abdülkadir İnan, Türk Dünyası El Kitabı, s. 385
114. Zikreden: L. Krader, Social Organization, s. 325
115. B. Y. Vladimirtsov, Mogolların İçtimaî Teşkilâtı, s. 121-125
116. Zahoder, Belleten, Sayı 76, s. 522
117. y.a.g.e. s. 526
118. E. Werner, Büyük Bir Devletin Doğuşu - Osmanlılar
119. İbrahim Kafesoğlu, Türk Dünyası El Kitabı, s.
120. C. Bazin, Notes sur les mots Oğuz et Turc, Oriens 1953, VI/2
121. B. Y. Vladimirtsov, Gengis-Khan, Paris 1948, s. 10
122. Faruk Sümer, İslâm Ansiklopedisi, Tatar maddesi
123. Bahattin Öğel, Doğu Göktürkleri Hakkında Notlar, Belleten, Sayı 81
124. Hüseyin Namık Orkun, Eski Türk Yazıtları, s. 166
125. S. G. Klaştornıy, zikreden: Tarih Kongresi 1970, s. 341
126. Osman Turan, Türklerin Cihan Hâkimiyeti, I, s. 23
127. Hamilton, Les Ouıghours, s. 85 ve 158
128. İslâm Ansiklopedisi, Sayı 127, s. 109
129. Yakubovskiy, Altın Ordu ve Çöküşü, s. 248
130. G. Vernadsky, Essai sur les Origines russes, I. s. 113
131. Bahattin Öğel, Türk Kültür Tarihi, s. 3-5
132. y.a.g.e. s. 48
133. Eberhard, Çin'in Şimal Komşuları, s. 104
134. V. Türk Tarih Kongresi, 1956, s. 242
135. VII. Türk Tarih Kongresi, 1970, s. 155
136. Bahattin Öğel, Türk Kültür Tarihi, s. 92
137. y.a.g.e. s. 130

138. R. Grousset, L'Empire des Steppes, s. 55, 119 ve 122
139. Lawrence Krader, Peoples of Central Asia, s. 51 (Fizik tipler hakkındaki bilgi, bu yapıttan özetlendi)
140. Faruk Sümer, Oğuzlar, s. 139
141. Lawrence Krader, Peoples of Central Asia, s. 81
142. T. Tekin, Altay Dilleri Teorisi, Türk Dünyası El Kitabı, s. 127
143. Chavannes, Documents, s. 21 ve 29
144. Barthold, Orta Asya Türk Tarihi, s. 87
145. İslâm Ansiklopedisi, Cüz 90, s. 69
146. Lawrence Krader, Peoples of Central Asia, s. 5
147. Vladimirtsov, Mogolların İçtimaî Teşkilâtı, s. 60
148. E. Mandel, Marksist Ekonomi, s. 420
149. Yakubovskiy, Altın Ordu, s. 98
150. Vladimirtsov, Mogolların İçtimaî Teşkilâtı, s. 61
151. Vladimirtsov, Cengis-Khan, Paris 1948, s. 45
152. Bahattin Öğel, Türk Kültür Tarihi, s. 60
153. y.a.g.e. s. 165
154. Eberhard, Çin Tarihi, s. 38
155. Bahattin Öğel, Türk Kültür Tarihi, s. 165
156. Thompson, Attila and the Huns, s. 43 ve 215
157. Hamilton, Les Ouıghours, Paris 1955, s. 105-107'den özetle
158. L. Grousset, L'Empire des steppes, s. 118
159. Abdülkadir İnan, Türk Dünyası El Kitabı, s. 377
160. Vladimirtsov, Mogolların İçtimaî Teşkilâtı, s. 61
161. Jean-Paul Roux, Faune et Flore Sacrées, s. 35
162. Abdülkadir İnan, Tarihte ve Bugün Şamanizm, s. 188
163. Muharrem Ergin, Orhun Abideleri, s. 29
164. Jean-Paul Roux, Faune et Flore sacrées, s. 44 (Bu kitaptaki insan - hayvan - bitki ilişkisiyle ilgili örnek ve açıklamalardan geniş ölçüde yararlandık)
165. Abdülkadir İnan, Eski Türk Dini Tarihi, s. 18 ve 183
166. Jean Paul Roux, Faune et Flore sacrées, s. 43
167. Eberhard, Çin'in Şimal komşuları,, s. 87
168. Jean-Paul Roux, Faune et Flore sacrées, s. 51
169. Radlof, Sibirya'dan Seçmeler, Prof. A. Temir çevirisi, 1976, s. 212-303
170. F. Altheim, Attila et les Huns, Paris 1952, s. 77-78
171. S. Julien, Documents historiques sur les Tou-kioue, s. 107
172. Osman Turan, Belleten 35, s. 305
173. Vernadsky, Essai sur les origines russes, I, s. 40

74. Jean-Paul Roux, Faune et Flore sacrées, s. 124
75. y.a.g.e. s. 150
76. De Guignes, Histoire
177. Jean-Paul Roux, Les traditions des nomades de la Turquie, Paris 1970, s. 228
178. Jean-Paul Roux, Faune et Flore sacrées, s. 237
179. Radlof, Sibirya'dan Seçmeler, s. 241
180. Abdülkadir İnan, Şamanizm, s. 87
181. İt Başlı Ulus Hikâyesi, Belleten 49, s. 150
182. Eberhard, Çin'in Şimal Komşuları, s. 71
183. Bahattin Öğel, Belleten 81, Doğu Göktürkleri Hakkında Notlar
184. Zikreden Jean-Paul Roux, Faune et Flore sacrées, s. 392
185. y.a.g.e. s. 406
186. İbrahim Kafesoğlu, Türk Dünyası El Kitabı, s. 769
187. Bahattin Öğel, Türk Kültür Tarihi, s. 55
188. Jean-Paul Roux, Faune et Flore sacrées, s. 407-409
189. Thracia II, Academia Litterarum Bulgarica, 1974, s. 73
190. Dunlop, The history of the Jewish Khazars, 1967, s. 205
191. Yakubovsky, Altın Ordu, s. 142
192. L. Grousset, L'Empire des steppes, s. 37
193. Chavannes, Documents, s. 240
194. Muharrem Ergin, Orhun Abideleri, s. 29
195. F. Eckhart, Macar Tarihi, s. 15
196. Yakubovsky, Altın Ordu, s. 55
197. V. Başevliyev, Proto-Bulgar Din, Belleten 34, s. 246
198. Bahattin Öğel, Türk Kültür Tarihi, s. 242
199. S. Julien, Documents historiques sur les Tou-kioue, s. 331
200. Bahattin Öğel, İslâm Ansiklopedisi, Tatar maddesi
201. Muharrem Ergin, Orhun Abideleri, s. 31
202. Vernadsky, Les origines russes, I. s. 259
203. y.a.g.e. s. 204-205
204. y.a.g.e. s. 62
205. Jean-Paul Roux, Faune et Flore sacrées, s. 55 ve 148
206. Abdülkadir İnan, Şamanizm, s. 66
207. K. Inostrantsev, Eski Türklerin İnançları, Belleten 53, s. 47
208. Vernadsky, Les origines russes, s. 216-217
209. y.a.g.e. s. 467, 458, 461
210. Eberhard, Çin'in Şimal Komşuları, s. 115, 126, 132 ve 134
211. y.a.g.e. s. 122

212. Bahattin Öğel, İlk Töles Boyları, Belleten 48, s. 811
213. Eberhard, Çin Tarihi, s. 44
216. y.a.g.e. s. 369
215. Bahattin Öğel, Uygur Devletinin Teşekkülü, Belleten 75, s. 373
216.y.a.g.e. s. 369
217. Vernadsky, Les origines russes, I, s. 43
218. Barthold, Türk Tarihi Hakkında Dersler, s. 12
219. İbrahim Kafesoğlu, İslâm Ansiklopedisi, cüz 127, s. 148
220. Eberhard, Belleten 32, s. 567
221. Bahattin Öğel, Türk Kültür Tarihi, s. 47-48
222. İbrahim Kafesoğlu, Türkler, İslâm Ansiklopedisi, cüz 127, s. 149
223. Bahattin Öğel, İslâmdan Önceki Türk Devletlerinde Tımar Sistemi, IV. Tarih Kongresi, s. 245
224. İbrahim Kafesoğlu, Türkler, İslâm Ansiklopedisi, cüz 127, s. 150
225. Bahattin Öğel, Türk Kültür Tarihi, s. 49
226. Eberhard, Çin'in Şimal Komşuları, s. 99
227. Bernstam, Hunların Tarihi'nden özet, Belleten 28, s. 378
228. Bahattin Öğel, Türk Kültür Tarihi, s. 59, 72 ve 69
229. Eberhard, Çin Tarihi, s. 87
230. y.a.g.e. s. 89
231. y.a.g.e. s. 89
232. İbrahim Kafesoğlu, Türkler, İslâm Ansiklopedisi, cüz 127, s. 150
233. y.a.g.e. s. 151
234. Bahattin Öğel, İlk Töles Boyları, Belleten 48, s. 797
235. y.a.g.e. s. 800
236. Bernstam, Hunların Tarihi'nden özet, Belleten 28, s. 379
237. İbrahim Kafesoğlu, Türkler, İslâm Ansiklopedisi, süz 127 s. 151
238. Eberhard, Çin'in Şimal Komşuları, s. 46
239. Eberhard, Eski Türk Devletlerinin Ekonomisi Hakkında İncelemeler, I, Belleten 36, s. 489-490
240. Eberhard, Çin Tarihi, s. 134
241. y.a.g.e. s. 141
242. Eberhard, To-ba'ların Hayvancılığı, Belleten 36, s. 489
243. Eberhard, Çin Tarihi, s. 142 ve 145
244. Eberhard, To-ba'ların Hayvancılığı, Belleten 36, s. 490
245. Eberhard, Çin Tarihi, s. 163

246. Eberhard, To-ba'ların Hayvancılığı, Belleten 36, s. 492
247. L. Grousset, L'Empire des steppes, s. 104
248. Eberhard, To-ba'larda Ulaştırma, Belleten 38, s. 263
249. Eberhard, Çin Tarihi, s. 168
250. L. Grousset, L'Empire des steppes, s. 107
251. Eberhard, Çin Tarihi, s. 159-170
252. Eberhard, To-ba'larda Hayvancılık, Belleten 36, s. 494
253. Eberhard, Çin Tarihi, s. 175
254. Bahattin Öğel, Türk Kültür Tarihi, s. 92
255. Thompson, Attila and the Huns, Oxford 1948, s. 44-48
256. Vernadsky, Les origines russes, I, s. 112-114
257. Byzantine Bulgarica, I. Sofya 1962, Angelov, Velkov, Tapkova-Zaimova'nın incelemeleri
258. A. A. Vasiliev, History of the Byzantine Empire, s. 86
259. V. Velkov, IV-VI Yüzyıllarda Trakya'da Kırsal Alanlar ve Köylü Nüfus, Byzantine Bulgarica, I, s. 43
260. Thompson, Attila and the Huns Oxford 1946, s. 215 ve 62
261. Bahattin Öğel, İslâmdan Önceki Türk Devletlerinde Tımar Sistemi, Tarih Kongresi 1948, s. 246
262. Thompson, Attila, and the Huns, s. 177
263. y.a.g.e. s. 173-174
264. y.a.g.e. s. 210 ve 213
265. D. Angelov, Byzantino Bulgarica, I, s. 3